[떠먹는 국어문학] 3주만에 독파하

KB101828

	1일 ⬜⬜⬜	2일 ⬜⬜⬜	3일 ⬜⬜⬜	4일 ⬜⬜⬜	5일 ⬜⬜⬜		
1주차	I 현대시 Act 01 시적 화자 Act 02 운율 Act 03 심상 Act 04 비유 Act 05 상징	Act 06 객관적 상관물 Act 07 시상 전개 방식 Act 08 표현법	Act 09 어조와 분위기 Act 10 제목 Act 11 문장 성분 채우기	Act 12 시어 Act 13 조사와 어미 Act 14 상황·정서·태도 Act 15 현대시 문제풀이법	Act 16 실전 문제 현대시 복습	II 고전시가 Act 01 해독법 Act 02 어휘 정복 Act 03 시상 전개 방식	Act 04 표현법 Act 05 미적 범주 Act 06 고전 시가 갈래
공부한 날	월 일	월 일	월 일	월 일	월 일	월 일	월 일

	8일 ⬜⬜⬜	9일 ⬜⬜⬜	10일 ⬜⬜⬜	11일 ⬜⬜⬜	12일 ⬜⬜⬜	13일 ⬜⬜⬜	14일 ⬜⬜⬜
2주차	Act 07 충과 효 Act 08 자연과 풍류	Act 09 사랑과 이별 Act 10 풍자와 해학 Act 11 고전 시가 문제 풀이법	Act 12 실전 문제 고전시가 복습	III 현대소설 Act 01 서술자 Act 02 인물 Act 03 사건과 갈등	Act 04 배경 Act 05 구성 Act 06 문체	Act 07 제목·서술자·배경 Act 08 인물 관계도	Act 09 인물·사건·배경 Act 10 현대 소설 문제 풀이법
공부한 날	월 일	월 일	월 일	월 일	월 일	월 일	월 일

	15일 ⬜⬜⬜	16일 ⬜⬜⬜	17일 ⬜⬜⬜	18일 ⬜⬜⬜	19일 ⬜⬜⬜	20일 ⬜⬜⬜	21일 ⬜⬜⬜
3주차	Act 11 실전 문제 현대소설 복습	IV 고전소설 Act 01 고전 소설의 특징 Act 02 고전 소설의 어휘 정복	Act 03 유형 정복 Act 04 환몽 구조 소설과 판소리계 소설	Act 05 제목·배경·유형 Act 06 인물 관계도 Act 07 장면별 내용 이해	Act 08 인물·시간·배경 Act 09 고전소설 문제풀이법	Act 10 실전 문세 고전소설 복습	V 수필과 극 Act 01 수필 Act 02 고전 수필 Act 03 극문학 Act 04 전통극 수필과 극 복습
공부한 날	월 일	월 일	월 일	월 일	월 일	월 일	월 일

❶ **계획적인 공부** 가능하면 매일 일정한 학습 분량을 정해 꾸준히 공부하세요. 그리고 계획표에 맞춰 꼭 복습을 해야 제대로 된 실력을 갖추게 됩니다. 하지만 개인의 학습 속도나 상황에 따라 위의 계획표를 참고로 하여 자신만의 스케줄을 짜서 공부해도 됩니다. 예를 들어 좀 더 빠르게 『떠먹는 국어문학』을 끝내고 싶은 학생은 2일치 공부 분량을 하루에 소화하여 열흘 만에 끝낼 수도 있고, 반대로 시간 여유를 가지고 공부하는 것이 필요한 학생은 학습 시간을 좀 늘린다든지 할 수 있겠지요? 각자의 상황에 따라 나만의 스케줄을 세워 공부해 보세요.*^^*

❷ ⬜ **학습체크** 공부하고 나서 '공부한 날'도 기록하고, 그 아래에 있는 ⬜에 꼭 체크하세요. 1회독으로 충분한 학생도 있겠지만, 그렇지 않은 경우에는 2~3회독 하면서 역시 ⬜에 ✓체크하세요. 2~3회독을 할 때는 이전보다 좀 더 빨리 보는 게 좋습니다!

❸ 함께 공부하면 더 좋은 『떠먹는 국어문법』, 『떠먹는 국어 독서[비문학]』

어렵게만 느껴지는 국어문법을 누구나 이해하기 쉽게 풀어낸 문법 공부책 『떠먹는 국어문법』, 독해력 강화 초강력 2단계 프로그램을 통해 비문학 독해 능력을 레벨업 시켜 주는 『떠먹는 국어 독서[비문학]』! '떠먹는 국어' 시리즈를 통해 여러분의 국어 실력을 한 단계 더 업그레이드해 보세요. 『떠먹는 국어문법』과 『떠먹는 국어 독서[비문학]』를 통해 국어문법과 국어 독서(비문학)를 마스터한다면, 여러분들은 고등국어에 완벽하게 대비할 수 있는 개념과 문제해결력을 갖추게 될 거예요.

딱딱한 문학이 말랑말랑해진다!

떠먹는
국어문학

떠먹는
국어문학

9판 1쇄 2024년 1월 29일

지은이 서울대 국어교육과 페다고지 프로젝트
　　　　 정다운 · 박인태 · 유한아 · 윤성현
펴낸이 유인생
편집인 우정아 · 김명진
마케팅 박성하 · 심혜영
디자인 NAMIJIN DESIGN
삽화 이연
사진 Pixabay, ALLOWTO
편집조판 김미수
펴낸곳 (주) 쏠티북스
주소 (04037) 서울시 마포구 양화로 7길 20 (서교동, 남경빌딩 2층)
대표전화 070-8615-7800
팩스 02-322-7732
홈페이지 www.saltybooks.com
이메일 saltybooks@naver.com
출판등록 제313-2009-140호

ISBN 979-11-92967-12-7

{수능/내신 완벽대비} 대한민국에서 가장 쉽고 재미있는 문학개념서

떠먹는 국어문학

서울대 국어교육과 페다고지 프로젝트

정다운·박인태·유한아·윤성현 | 지음

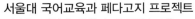

쏠티북스

아무런 확신도 없었지만, "재미있겠다. 보람차겠다!"라는 생각만으로, 무모하게(?) 도전해 『떠먹는 국어문법』 출간에 성공하고, 이에 힘입어 지난 2015년 4월, 첫 기획 회의에서부터 시작해 대략 1년의 시간을 거쳐 『떠먹는 국어문학』이 세상에 나오게 되었습니다. 그리고 시간이 흘러 벌써 여덟 번째 개정판을 내게 되었습니다. 이번 개정판은 큰 변화보다는 기존 책에서 부족했던 부분을 수정·보완하거나 학생들이 이해하기 어려웠던 설명을 보다 더 친절하고 쉽게 바꾸는 등 책을 재정비하는 데에 노력을 기울였습니다.

처음 『떠먹는 국어문학』을 기획할 때 가진 생각은 이런 것이었습니다.

"선생님이 불러 주는 대로 줄 치고 외우는 거 말고, 학생들이 문학 작품을 스스로 이해하고 감상하도록 도와줄 수는 없을까?"

"은유. 직유 같은 문학 개념들을 그저 배우는 데서 그치는 것이 아니라, 그걸 작품 이해에 어떻게 활용할 수 있는지 그 '방법'을 알려 줄 수는 없을까?"

"책 한 권만 가지고 문학 개념과 작품 적용. 실전문제 훈련까지 모두 가능하게 할 수 있는 그런 문학 개념책은 없을까?"

우리는 이러한 바람을 책 한 권에 실현하기 위해 매주 회의를 진행했습니다. 창작의 고통과 결과물이 엎어지는 일이 반복됨으로 인해 고난의 연속이었지만 포기하지 않았던 것은 『떠먹는 국어문학』이 지금까지의 문학 개념서와는 다른 새로운 책으로서 학생들에게 도움이 될 수 있으리라는 믿음 때문이었습니다.

『떠먹는 국어문학』은 '개념 이해 + 개념 적용 + 실전문제' 이 모두를 잡기 위해 노력한 책입니다. 그러니 여러분도 이 세 가지를 모두 잡겠다는 마음으로 책을 읽어 주면 좋을 것 같습니다. 이 책은 '현대시, 고전시가, 현대소설, 고전소설, 수필과 극'의 총 5파트로 되어 있습니다. 그렇다 보니 반복되는 내용도 있고, 각 파트별로 고유한 형식을 취하기도 합니다. 기본적으로 문학의 갈래별 특징과 그 특징을 이해하기 위해 반드시 알아야 할 개념어, 작품을 해석하는 방법, 실전문제 등의 순서에 따라 공부하시면 됩니다. 3주 정도면 1회독을 할 수 있을 텐데, 작품 해석이나 실전문제에 적용이 어렵다면 2~3회독 하는 것이 좋습니다.

『떠먹는 국어문학』에서는 문학 개념어를 비롯하여 작품을 해석하는 방법 등 문학과 관련된 전반적인 내용들을 최대한 쉽고 새미있게 쓰려고 노력했습니다. 그런 저희의 노력만큼 이 책이 문학에 대한 여러분의 막연한 두려움과 답답함을 해소해 줄 수 있기를 간절히 바랍니다.

직장 일을 하느라 바쁘면서도 시간을 쪼개 이 책을 쓰는 데 열정과 노동을 쏟아부어 준, 황금 같은 주말의 절반을 이 일에 투자해 준, 동고동락을 함께한 우리 팀원들에게 지극한 감사의 말을 전합니다. 미안하고, 고맙고, 사… 사…… 여기까지 하겠습니다.

끝으로, 이 책을 선택한 여러분, 당신들을 응원합니다. ♥

– 페다고지 프로젝트, 정다운

Contents

Index

현대시

Ⅰ

Prologue 1

 시의 언어를 익혀라!

여학생 : 아, 됐어. 가, 가 버려!

남학생 : (뒤돌아서 걸어간다.)

여학생 : 야, 가란다고 진짜 가냐?

남학생 : 아, 진짜 가라는 거 아니었어?

저 위의 남학생, 보니까 어때요? 여학생의 말을 전혀 이해하지 못하고 있죠? 여학생은 자신이 화가 났다는 것을 표현하기 위해 반어적으로 "가, 가 버려!"라고 외친 건데, 남학생은 그 의도와 맥락을 전혀 파악하지 못하고 진짜 가라는 말로 이해해 버렸잖아요.

시를 이해하지 못하는 우리의 모습은 바로 위의 남학생 모습과 같다고 할 수 있어요.
남학생이 여학생의 말을 물리적으로는 듣고 있지만 그 속뜻을 파악하지 못하는 것처럼, 우리도 시를 읽을 수는 있지만 그 속뜻을 파악하지 못하곤 하죠…

시 : 나 보기가 역겨워 가실 때에는 말없이 고이 보내 드리우리다.

학생 : 와, 되게 쿨하게 보내 주네!

시 : 아… 아니, 그게 아니잖아!

사실 우리가 시의 속뜻을 잘 파악하지 못하는 이유 중 하나는 시의 표현 방식이 독특하다는 데에 있어요. 시는 시만의 고유하고 독특한 표현 방식이 따로 있는데, 그게 우리가 평소 사용하는 일상 언어와 많이 다르다 보니, 시를 이해하는 데에 방해가 되는 거지요.

그러니 시를 이해하는 첫걸음은 일상 언어와는 좀 많이 다른 '시의 언어'를 배우고 익히는 거예요.

그럼 이제 시에서 자주 사용하는 표현 방식을 하나씩 배워 볼까요?

Act 01
시인의 목소리가 들려, 시적 화자

| 1 | 시적 화자란?

SNS에 글을 올리거나 일기 등을 쓸 때를 떠올려 보세요. 우리는 평소 글을 쓸 때 '나'의 생각을 '나'라는 사람이 직접 표현하잖아요. 뭐, 내 생각을 쓰는 거니까 이게 자연스럽겠죠.

그런데 시는 좀 달라요. 시에서는 시인을 대신해서 이야기해 줄 인물을 설정하여 내세우곤 하는데, 그게 바로 '시적 화자'예요. **시적 화자**의 정확한 뜻은 시 속에서 시인을 대신해서 이야기하는 사람이죠. 이때 시적 화자는 시인 자신일 수도 있고, 시인이 새롭게 창조한 대리인일 수도 있어요.

> 엄마야 누나야 강변 살자
> 뜰에는 반짝이는 금모래 빛
> 뒷문 밖에는 갈잎의 노래
> 엄마야 누나야 강변 살자
>
> — 김소월, 〈엄마야 누나야〉

꽤 익숙한 시죠? 이 시에서 시적 화자는 그 말투로 보아 '어린아이'일 것으로 추측이 되죠. 하지만 이 시를 발표할 당시에 김소월은 스물한 살의 청년이었어요. 시인과 시적 화자가 동일인일 때도 물론 있지만, 〈엄마야 누나야〉와 같은 경우처럼 시적 화자를 시인 본인이 아닌 다른 사람으로 설정하는 경우도 많아요.

그럼 왜 이렇게 본인과는 전혀 다른 인물을 시적 화자로 설정하는 것일까요? 〈엄마야 누나야〉를 통해 생각해 봐요. 만약 이 시의 화자가 어린아이가 아닌 시인 본인(스물한 살의 청년)이고, 그래서 제목도 〈어머니여, 누이여〉였다고 가정해 볼까요? 그렇게 되면 시인이 이 시를 통해 전달하고자 했던 순수하고 천진난만한 느낌은 사라지겠죠? 아마 중후한 느낌의 시가 되어 버렸을 거예요. 그럼 이제 왜 시인이 다른 사람을 화자로 설정하고는 하는지 이해할 수 있겠지요? 그건 바로 **시의 주제를 보다 효과적으로 나타내기 위해서인** 거예요.

그러니까 '시인=시적 화자'라는 말이 항상 옳은 건 아니에요. 시인과 시적 화자가 일치하지 않을 수도 있다는 것, 잊지 마세요!

┃ 2 ┃ 시적 화자가 등장하는 방식 3가지

시적 화자가 시에 등장하는 방식은 대략 3가지 정도가 있어요. 첫 번째는 시적 화자가 시에 표면적으로 드러나는 경우, 두 번째는 시적 화자가 시에 표면적으로 드러나진 않지만 누구인지 추측할 수 있는 경우, 세 번째는 시적 화자가 시에 드러나지도, 짐작되지도 않는 경우이죠.

죽는 날까지 하늘을 우러러
한 점 부끄럼이 없기를
잎새에 이는 바람에도
나는 괴로워했다.
별을 노래하는 마음으로
모든 죽어 가는 것을 사랑해야지.
그리고 나한테 주어진 길을
걸어가야겠다.

오늘 밤에도 별이 바람에 스치운다.

– 윤동주, 〈서시〉

보통 시적 화자는 '나'로 표현되는 경우가 많아요. 위에 제시된 〈서시〉에는 '나'가 직접적으로 드러나 있죠? 이런 경우에는 시적 화자를 어렵지 않게 찾을 수 있어요.

하지만 시에 시적 화자가 드러나지 않는 경우도 있어요. 앞서 다루었던 김소월의 시 〈엄마야 누나야〉를 다시 볼게요. 시적 화자가 누구인지 직접적으로 드러나지 않죠? 하지만 우리는 '엄마야 누나야'라는 시구를 통해 시적 화자가 '어린 소년'이라는 것을 짐작할 수 있어요.

한편 시적 화자가 어떤 사람인지 전혀 알 수 없는 시도 있어요. 다음 시를 살펴볼게요.

폭포는 곧은 절벽을 무서운 기색도 없이 떨어진다.

규정할 수 없는 물결이
무엇을 향하여 떨어진다는 의미도 없이
계절과 주야를 가리지 않고
고매한 정신처럼 쉴 사이 없이 떨어진다.

– 김수영, 〈폭포〉

위의 시에는 '나'도 나오지 않고 시적 화자가 어떤 사람인지 추측할 수 있는 단서조차 없지요? 이처럼 시적 화자를 알 수 없는 경우에는 시적 화자보다는 '시적 대상'을 중심으로 구성된 시일 가능성이 높아요. 그래서 이런 경우에는 핵심적인 '시적 대상'이 무엇인지를 찾고, 그 '시적 대상'의 속성을 파악하는 방향으로 시를 읽어야 해요. 위의 시를 읽을 때는 시적 대상인 '폭포'를 중심으로, 그것의 속성을 파악하면서 읽으면 되겠지요.

쌤의 팁 시적 대상 시적 대상은 시 속에서 화자가 바라보는 구체적인 사물이나 사람을 의미해요. 시에 등장하는 소재, 화자가 관찰하고 있는 인물, 화자가 말을 건네는 청자 등이 모두 시적 대상에 해당하는 거지요. 하나의 시 안에서 시적 대상이 여럿 나올 수도 있어요. 이럴 때에는 그 여러 가지 시적 대상들 중에서 화자가 주로 말하고자 하는 대상이 무엇인지를 파악해야 해요.

쌤의 팁 표면에 드러난 화자 시험에 자주 등장하는 말 중에 '표면에 드러난 화자'라는 말이 있어요. '표면에 드러난 화자'라는 말은 '나 / 우리'라는 말을 통해 시에 화자가 직접 드러난 경우를 일컫는 말이죠. 쉽게 말해서 시에 '나' 혹은 '우리'라는 말이 등장하면 '표면에 드러난 화자'를 내세운 것으로 이해하면 되는 거예요. 반대로 '나'나 '우리'와 같은 말이 등장하지 않으면, 화자가 누구인지 충분히 짐작할 수 있다 할지라도 표면에 드러나지 않았다고 이해하면 돼요. 그러니까 <엄마야 누나야>의 경우에는 화자가 표면에 드러나지 않은 시인 거예요. 알겠죠?

딱! 네 줄 요약

⊙ 시인과 시적 화자는 서로 다른 인물일 수 있다!

⊙ 시적 화자의 등장 방식 ① : 표면적으로 드러난다!

⊙ 시적 화자의 등장 방식 ② : 표면적으로 드러나진 않지만 누구인지 추측할 수 있다!

⊙ 시적 화자의 등장 방식 ③ : 표면적으로 드러나지도, 짐작되지도 않는다!

● 다음 시를 읽고 물음에 답하시오.

> 향단(香丹)아 그넷줄을 밀어라.
> 머언 바다로
> 배를 내어 밀듯이,
> 향단아.
>
> – 서정주, 〈추천사〉

01 위의 시에서 시적 화자를 드러내는 방식은?

① 표면적으로 드러남

② 표면적으로 드러나진 않지만 누구인지 추측할 수 있음

③ 표면적으로 드러나지도, 짐작되지도 않음

02 위의 시에서 시인과 시적 화자의 관계로 옳은 것은?

① 시인 = 시적 화자

② 시인 ≠ 시적 화자

● 다음 시를 읽고 물음에 답하시오.

> 아무도 그에게 수심(水深)을 일러준 일이 없기에
> 흰나비는 도무지 바다가 무섭지 않다.
>
> 청(靑)무우밭인가 해서 내려갔다가는
> 어린 날개가 물결에 절어서
> 공주(公主)처럼 지쳐서 돌아온다.
>
> 삼월(三月)달 바다가 꽃이 피지 않아서 서글픈
> 나비 허리에 새파란 초생달이 시리다.
>
> – 김기림, 〈바다와 나비〉

03 위 시는 시적 화자를 시의 표면에 직접 내세워 시인의 생각을 드러내고 있다. (○ / ×)

Act 02
시는 리듬을 타고, 운율

다른 장르와 구별되는 시만의 고유한 특징 중 하나를 꼽으라고 한다면 그건 단연 '운율'일 거예요. **운율**이란 시에서 느껴지는 리듬감을 말해요. 시를 두고 노래라고 하는 것을 들어 본 적 있죠? 시를 가장 시답게 하는 것은 어쩌면 운율일지도 몰라요. 운율이 없는 줄글은 시 같지가 않잖아요? 운율이 있기 때문에 시가 한층 더 아름다울 수 있지요.

운율을 형성하는 방법은 아주 간단해요. 무엇이든 반복하면 돼요. 그중에서도 '일정한 글자 수'나 '동일한 음보'를 반복함으로써 형성된 운율은 특별히 **외형률**이라고 불러요. 그 이유는 운율이 겉으로 잘 드러나기 때문이지요(외형률이라는 단어 자체가 '겉(外)'으로 잘 드러나는 운율'이라는 뜻이에요). 외형률 중에서도 '일정한 글자 수'의 반복으로 형성된 운율은 **음수율**, '동일한 음보'의 반복으로 형성된 운율은 **음보율**이라고 불러요. 참고로 '음보'는 시를 읽을 때 끊어 읽는 호흡의 단위를 말해요. 시를 읽다 보면 자연스럽게 끊어 읽게 되는데 그 호흡의 단위를 일정하게 맞추면 음보율이 생겨요. 아래의 시를 한번 볼까요?

나 보기가 ∨ 역겨워 ∨ 가실 때에는 → 3음보
　　7글자　　　　　5글자　　　➔ 7 · 5조

말없이 ∨ 고이 보내 ∨ 드리우리다 → 3음보
　　7글자　　　　　5글자　　　➔ 7 · 5조

위의 시는 김소월의 〈진달래꽃〉의 일부분이에요. 이 시는 '나 보기가 / 역겨워 / 가실 때에는', '말없이 / 고이 보내 / 드리우리다'에서 느껴지다시피 자연스럽게 세 덩어리로 끊어서 읽게 돼요. 이런 경우 '3음보'의 '음보율'이 있다고 하는 거죠. 그리고 글자 수가 '7글자 + 5글자'로 반복되어 나타나고 있는데, 이런 경우 7 · 5조의 '음수율'이 있다고 하는 거고요. 보다시피 3음보나 7 · 5조 같은 음보율, 음수율은 겉으로 눈에 띄게 드러나기 때문에 외형률로 분류하는 거지요.

쌤의 팁 3음보에 7 · 5조 = 전통적인 민요조의 가락　전통적으로 우리 민요에서는 3음보에 7 · 5조 운율을 많이 사용했어요. 그래서 3음보에 7 · 5조를 '민요조의 가락'이라고 부르지요. 김소월의 〈진달래꽃〉은 민요조의 가락을 계승한 시라고 볼 수 있어요. 그러니까 '민요조의 가락, 민요조의 율격'이라는 말이 나오면, 제시된 시가 '3음보에 7 · 5조'인지를 확인하면 돼요.

이외에 일정한 단어 혹은 시구의 반복, 유사한 통사 구조(문장의 구조)의 반복, 음성 상징어(의성어, 의태어)의 반복적 사용, 동일한 종결 어미의 반복 등을 통해 운율을 형성할 수도 있어요. 이런 경우에는 음보율이나 음수율처럼 율격이 겉으로 명확하게 드러나지 않기 때문에 **내재율**이라고 불러요. 내재율은 '작품 안(시)에 있는 운율'이라는 의미로 생각하면 돼요. 현대시의 경우 외형률보다는 내재율이 많이 사용되고 있지요.

- 산에는 꽃 피네 / 꽃이 피네 – 김소월, 〈산유화〉 → 시구의 반복
- 흔들리지 않고 피는 꽃이 어디 있으랴 / 이 세상 그 어떤 아름다운 꽃들도 / 다 흔들리면서 피었나니 / 흔들리면서 줄기를 곧게 세웠나니 / 흔들리지 않고 가는 사랑이 어디 있으랴
  – 도종환, 〈흔들리며 피는 꽃〉 → 유사한 통사 구조의 반복
- 나비는 너훌너훌 춤을 춥니다. // 봄바람 하늘하늘 넘노는 길에 – 김억, 〈연분홍〉 → 음성 상징어의 반복적 사용
- 소낙비는 오지요 / 소는 뛰지요 / 바작에 풀은 허물어지지요 – 김용택, 〈이 바쁜 때 웬 설사〉 → 종결 어미의 반복

쌤의 팁 반복되는 말 시에서 반복되는 말이 나온다면 아래의 두 가지를 본능적으로 떠올리면 돼요.
① 운율(리듬감)의 형성 ② 반복되는 말의 강조
비교적 짧은 글인 시에서 어떤 말을 굳이 반복한다는 것은 그 의미를 강조할 필요가 있기 때문이에요. 그리고 반복을 하면 운율은 자연스레 생기게 되지요. '~의 반복을 통해 리듬감을 형성하고 있다', '~의 반복을 통해 의미를 강조하고 있다' 같은 식의 문구는 선택지에 자주 등장하니까, 반복의 효과 두 가지를 꼭 기억해 두세요!

딱! 세 줄 요약

⊙ 운율은 시에서 느껴지는 리듬감을 말한다!
⊙ 음보율이나 음수율처럼 율격이 표면적으로 드러나는 경우를 '외형률', 그렇지 않은 경우를 '내재율'이라고 한다!
⊙ 운율은 반복을 통해 형성된다!

01 다음 두 시를 어떻게 끊어 읽을 수 있을지 '/'을 넣어 보고, 운율을 파악해 보자.

> **(가)** 산 너머 남촌에는 누가 살길래
> 해마다 봄바람이 남으로 오네
>
> – 김동환, 〈산 너머 남촌에는〉
>
> **(나)** 하늘은 날더러 구름이 되라 하고
> 땅은 날더러 바람이 되라 하네
>
> – 신경림, 〈목계장터〉

02 다음 시는 어떤 방법으로 운율을 형성하고 있는가?

> 별 하나에 추억과
> 별 하나에 사랑과
> 별 하나에 쓸쓸함과
> 별 하나에 동경(憧憬)과
> 별 하나에 시와
> 별 하나에 어머니, 어머니
>
> – 윤동주, 〈별 헤는 밤〉

① 종결 어미의 반복
② 음성 상징어의 반복
③ 일정한 단어 혹은 시구의 반복

예제풀이 **01** (가) 산 너머 / 남촌에는 / 누가 살길래 // 해마다 / 봄바람이 / 남으로 오네 ➡ 3음보에 7 · 5조 (나) 하늘은 / 날더러 / 구름이 / 되라 하고 // 땅은 / 날더러 / 바람이 / 되라 하네 ➡ 4음보 **02** ③

02 '별 하나에'라는 시구를 계속해서 반복하고 있어요.

Act 03
씹고 뜯고 맛보고 즐기고, 심상

| 1 | 심상이란?

지금 우리 눈앞에 '치킨'이 있다고 상상해 볼까요? 치킨과 관련해서 여러 가지를 떠올릴 수가 있겠지요. 치킨이 기름에 튀겨지는 황홀한 소리, 접시 위에 담긴 치킨의 먹음직스러운 모양, 치킨에서 풍겨져 나오는 고소한 냄새, 치킨을 한 조각 골라 들었을 때 손끝에 전해지는 따뜻함, 치킨을 한 입 베어 물었을 때 느껴지는 바삭하고 짭조름한 튀김의 맛과 부드러운 속살… 상상만 해도 입에 침이 고이죠? 아마 이 글을 읽으면서 여러분도 모르게 치킨과 관련된 어떤 이미지가 떠오르는 것을 느꼈을 거예요.

이처럼 시각, 청각, 촉각, 미각, 후각과 같은 감각을 바탕으로 마음속에 그려지는 이미지를 **심상**이라고 해요. 심상은 '心象' 또는 '心像'으로 쓰는데, 한자 그대로 '마음[心]'에 그려지는 '그림(象) 혹은 형상(像)'이란 뜻이죠.

시에서는 오감(시각, 청각, 촉각, 미각, 후각의 다섯 가지 감각)을 자극하는 심상이 자주 사용돼요. 심상이 나타나면 독자들은 머릿속에 어떤 구체적인 영상을 떠올리면서 시를 읽게 되지요. 위에서 치킨에 대한 묘사를 읽었을 때 자연스럽게 치킨을 상상하게 되었죠? 그런 게 바로 시인이 심상을 사용해서 얻으려는 효과랍니다.

> **쌤의 탭** 감각적 이미지 심상과 같은 뜻으로 '감각적 이미지'라는 말을 사용하기도 하는데, 시험 문제에서는 주로 감각적 이미지로 등장해요. 그러니 '심상'과 '감각적 이미지'가 같은 말임을 반드시 기억해 두도록 하세요!!

| 2 | 심상의 종류

이제 심상에 대해 조금 더 구체적으로 알아보도록 할까요? 오감과 관련이 있는 만큼, 심상에는 '시각적 심상', '청각적 심상', '후각적 심상', '미각적 심상', '촉각적 심상'의 다섯 가지 종류가 있어요. 그리고 여기에 '공감각적 심상'과 '복합적 심상'을 추가할 수 있죠.

시각적 심상은 눈으로 볼 수 있는, 시각에 의해 만들어지는 이미지이고, 청각적 심상은 귀로 들을 수 있는, 소리로 만들어지는 이미지예요. 후각적 심상은 코를 통해 접할 수 있는 냄새에 의해 만들어지는 이미지이죠. 그렇다면 미각적 심상은 맛에 의한, 촉각적 심상은 피부로 느낄 수 있는 촉감에 의한 이미지겠죠. 아래의 예문에서 각각의 심상을 한번 확인해 보아요.

- <u>파릇한</u> 풀포기가 돋아 나오고 – 김소월, 〈개여울〉 → 시각적 심상
- 계집아이들의 높고 쾌활한 <u>웃음소리에</u> – 양정자, 〈가을 소녀들〉 → 청각적 심상
- <u>매화 향기</u> 홀로 아득하니 – 이육사, 〈광야〉 → 후각적 심상
- 메마른 입술이 <u>쓰디쓰다</u> – 정지용, 〈고향〉 → 미각적 심상
- <u>밥티처럼 따스한</u> 별들이 뜬 마을을 지난다 – 도종환, 〈어떤 마을〉 → 촉각적 심상

그러면 이제 둘 이상의 감각이 결합하여 나타나는 공감각적 심상에 대해 알아볼까요? **공감각적 심상**은 한 종류의 감각을 다른 감각으로 옮겨서(전이시켜서) 표현한 것이라고 할 수 있어요.

- 분수처럼 흩어지는 푸른 종소리 – 김광균, 〈외인촌〉

위의 시구에서 '종소리'는 '소리'니까 청각적 심상이잖아요. 그런데 그 종소리를 어떻게 표현했나요? '분수처럼 흩어지는 푸른'이라고 표현했지요. 푸르다는 것은 색감이니까 시각적 심상에 해당돼요. 즉, '종소리'라는 청각적 심상을 '분수처럼 흩어지는 푸른'이라는 시각적 심상으로 전이시켜 나타낸 것이에요. 다시 말하면 청각을 시각화하여 표현했다고 할 수 있겠죠. 이런 것을 바로 공감각적 심상이라고 해요. 이러한 공감각적 심상은 시에서 느낄 수 있는 이미지를 보다 더 다채롭고 풍성하게 만들어 줘요.

끝으로 공감각적 심상과 많이들 헷갈려 하는 복합적 심상에 대해 설명해 줄게요. **복합적 심상**은 두 가지 이상의 감각을 나란히 나열하여 표현한 것이에요. 공감각적 심상이 하나의 감각을 다른 감각으로 바꾸어 표현한 것이라면(a → b), 복합적 심상은 여러 감각을 '단순히 나열'하여 표현한 것이죠(a + b).

- <u>전나무 우거진 마을</u> / 집집마다 <u>누룩을 디디는 소리</u>, <u>누룩이 뜨이는 내음새</u>… – 오장환, 〈고향 앞에서〉
  시각적 심상　　　청각적 심상　　　후각적 심상

위의 시구를 보면 시각적 심상('전나무 우거진 마을')과 청각적 심상('누룩을 디디는 소리'), 후각적 심상('누룩이 뜨이는 내음새')이 나란히 나열되어 있어요. 이런 것을 바로 복합적 심상이라고 해요.

딱! 세 줄 요약

⊙ 심상은 시각, 청각, 후각, 미각, 촉각과 같은 감각을 바탕으로 마음속에 그려지는 이미지를 의미한다!

⊙ 심상에는 시각적 심상, 청각적 심상, 후각적 심상, 미각적 심상, 촉각적 심상, 공감각적 심상, 그리고 복합적 심상이 있다!

⊙ 공감각적 심상은 한 종류의 감각을 다른 감각으로 옮겨서 표현한 것이고, 복합적 심상은 두 가지 이상의 감각을 나란히 나열해 표현한 것이다!

'여러분, 괜찮다면 조금 더 푸르게 연주해 주십시오. 이 키에는 그게 맞아요.'

헝가리의 피아노 연주자이자 작곡가였던 프란츠 리스트가 자신의 오케스트라 단원에게 했던 말이라고 해요. 음악(청각)을 푸르게(시각) 연주해 달라니, 마치 시에서 볼 수 있는 표현 같지 않나요? 영국 에든버러대학교의 한 교수는 단어를 맛으로 느낀다고 주장하면서, '캐스터네츠'라는 단어에서는 참치 맛이 느껴진다고 했대요.

프란츠 리스트나 영국의 한 교수처럼 두 가지 이상의 감각을 동시에 느낄 수 있는 사람들이 있어요. 이런 능력을 공감각 능력이라고 하는데, 그렇게 일반적인 능력은 아니라고 해요. 공감각 능력의 원인에 대해서는 여러 가지로 연구되어 왔지만 아직까지 뚜렷하게 밝혀진 것은 없어요.

대부분의 공감각 능력을 가진 사람들은 본인들이 공감각 능력을 가졌다는 것을 인지하지 못한대요. 다른 사람들도 자신처럼 똑같이 느낄 거라고 생각하는 거지요. 혹시 여러분들 중에도 이런 능력을 가진 사람들이 있지 않을까요? 자기가 느끼는 감각은 어떠한지 한번 생각해 봐요!

예제 연습문제

● 다음 시에서 밑줄 친 시구와 알맞은 심상의 종류를 연결하시오.

(1) 깨물면 점점 녹아드는 스트로베리 그 맛   •   • ㉠ 촉각적 심상

(2) 지직거리던 라디오에선 또 뻔한 love song   •   • ㉡ 시각적 심상

(3) 짭짤한 공기처럼 이 순간의 특별한 행복을 놓치지 마   •   • ㉢ 공감각적 심상

(4) 까칠한 내 턱을 만진 다음에 다시 너의 뺨에 갖다 대고 싶겠지   •   • ㉣ 후각적 심상

(5) 봄봄봄 봄이 왔네요 우리가 처음 만났던 그때의 향기 그대로   •   • ㉤ 청각적 심상

(6) 파랗게 blue blue 우리가 칠해지네 서로의 맘도 파랗게 멍들어 갈 때 •   • ㉥ 미각적 심상

(7) 석양 무렵의 붉은 하늘과 시원한 바람과 향긋한 커피 한 잔   •   • ㉦ 복합적 심상

예제풀이   (1) – ㉥ (2) – ㉤ (3) – ㉢ (4) – ㉠ (5) – ㉣ (6) – ㉡ (7) – ㉦

⑶ 후각인 공기를 미각으로 전이하고 있어요.

⑺ 시각(석양 무렵의 붉은 하늘), 촉각(시원한 바람), 후각(향긋한 커피)적 심상이 나열되어 있어요.

Act 04
너와 나의 연결 고리, 비유

| 1 | 비유란?

시에서는 직접적으로 말하는 걸 별로 좋아하지 않아요. 시는 늘 다른 것에 빗대어 설명하길 좋아하죠. 어떤 현상이나 사물을 직접 설명하지 않고 다른 비슷한 현상이나 사물에 빗대어 설명하는 방법을 **비유**라고 하는데, 시에서는 이 비유가 상당히 많이 사용돼요.

시에서는 왜 비유를 많이 쓰는 걸까요? 비유를 사용하면 직접적으로 말하는 것보다 **훨씬 더 선명하고 생동감 있게 표현할 수 있기 때문**이에요. 예를 들어 '내 마음은 호수요'라는 시구를 보면, 고요하고 잔잔한 호수의 이미지 덕에 고요한 내 마음의 상태가 더 생생하게 그려지지 않나요? 만약 비유 없이 '내 마음은 고요하다'라고만 한다면 내 마음의 상태가 추상적으로만 느껴졌을 거예요.

비유를 이해하기 위해 꼭 알아야 할 두 가지 개념이 있어요. 그건 바로 원관념과 보조 관념인데, 비유를 통해 표현하고자 하는 실제 현상이나 사물을 **원관념**, 원관념의 뜻이나 분위기가 잘 드러나도록 빗대어지는 현상이나 사물을 **보조 관념**이라고 해요.

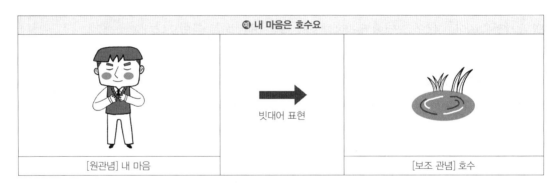

⑩ 내 마음은 호수요

| [원관념] 내 마음 | 빗대어 표현 | [보조 관념] 호수 |

비유가 성립되기 위해서는 꼭 필요한 것이 있는데, 바로 '유사성'이에요. 원관념과 보조 관념 사이에 유사성이 있어야만 비유가 가능해지고, 그것이 없다면 비유 자체가 성립될 수 없어요. 예를 들어 '내 연필은 태극기요'라는 문장이 있다고 해 볼까요? 이때 '연필'과 '태극기' 사이에 유사성이 없다면 이 문장은 비유가 아닌 거예요. 이해할 수 있나요?

시에서 뭔가 비유적 표현 같은 것이 보인다면, **원관념과 보조 관념 사이에 '유사성'이 있다고 전제하고 그 '유사성'이 무엇인지를 찾아보는 게 좋아요.** 그러면 원관념의 속성을 알 수 있게 될 거예요. 예를 들어 볼까요?

그립고 아쉬움에 가슴 조이던
머언 먼 젊음의 뒤안길에서
인제는 돌아와 거울 앞에 선
내 누님같이 생긴 꽃이여.

— 서정주, 〈국화 옆에서〉

위의 시에서는 원관념인 '꽃'을 '내 누님'이라는 보조 관념에 빗대어 표현하고 있어요. 그런데 원관념과 보조 관념 사이에는 유사성이 있어야 한다고 했죠? 그렇다면 '꽃'과 '내 누님' 사이에는 유사성이 있어야겠네요. 그런데 '내 누님'은 '젊음의 뒤안길에서 돌아와 거울 앞에 선 누님'이네요? 즉, 젊음을 다 보내고 나이가 든, 자기를 성찰하고 있는 누님이죠. 꽃은 이러한 누님과 유사해야 하니까, '삶의 원숙한 경지에 이른 아름다움'을 나타낸 것으로 추리할 수 있지요.

● {독자의 사고 과정}

▶ '꽃'과 '내 누님' 사이에는 유사성이 있을 거야.
▶ '꽃'은 뭐, 기본적으로 '아름다운 것'이지.
▶ '내 누님'은 '나이가 든, 자기를 성찰할 줄 아는 원숙한 누님'이군.
▶ '꽃'과 '내 누님'의 연결 고리를 찾으면 '삶의 원숙한 경지에 이른 아름다움'이라고 할 수 있겠어.
∴ 꽃 = 삶의 원숙한 경지에 이른 아름다움

이처럼 비유가 나오면 원관념과 보조 관념이 무엇인지 생각해 볼 필요가 있어요. 그리고 그 둘 간의 유사성을 찾아야 해요. 그것이 우리에게 아주 좋은 힌트가 될 수 있으니까요.

| 2 | 비유의 종류

비유는 그 방식에 따라 다양하게 분류해 볼 수 있어요. 꽤 많은 것들이 있지만 그중에서도 자주 나오는 것들만 추려 봤어요. 하나씩 보도록 해요.

● {직유법} : 비슷한 성질이나 모양을 가진 두 사물을 '같이, 처럼, 듯이'와 같은 연결어로 결합하여 직접 비유하는 방법을 말해요.

예 <u>사과</u>　<u>같은</u>　<u>내 얼굴</u>
　보조 관념　연결어　원관념

● {은유법} : 사물의 본뜻을 숨기고 표현하려는 대상을 암시적으로 나타내는 방법을 말해요. 직유와 달리 은유는 원관념과 보조 관념이 '같이, 처럼, 듯이'와 같은 연결어 없이 바로 연결되기 때문에 'A는 B이다'의 형태를 갖게 돼요.

예 스쳐 불어오는 <u>넌</u> <u>향긋한 바람</u>
　　　　　　　원관념　보조 관념

● {의인법} : 사람이 아닌 것을 사람에 빗대어 표현하는 방법을 말해요.

예 산이 웃는다.
원관념 : 산 / 보조 관념 : 사람

● {활유법} : 무생물을 생물인 것처럼 표현하는 방법을 말해요.

예 어둠은 새를 낳고, 돌을 / 낳고, 꽃을 낳는다. – 박남수, 〈아침 이미지〉
원관념 : 어둠 / 보조 관념 : 생명을 잉태하고 낳을 수 있는 생물체

● {대유법} : 사물의 한 부분이나 그 속성을 들어서 전체나 자체를 나타내는 방법을 말해요.

예 사람은 빵만으로 살 수 없다.
원관념 : 음식 / 보조 관념 : 빵

딱! 세 줄 요약

⊙ 비유란 어떤 현상이나 사물을 직접 설명하지 않고 다른 비슷한 현상이나 사물에 빗대어 설명하는 방법이다!

⊙ 원관념과 보조 관념 사이에는 유사성이 있어야 한다!

⊙ 비유의 종류에는 직유법, 은유법, 의인법 등이 있다!

예제 연습문제

● 다음 작품에서 원관념의 보조 관념이 무엇인지 파악하고 이때 사용된 비유법을 써 보자.

낙엽은 폴–란드 망명정부의 지폐
포화에 이즈러진
도룬 시의 가을 하늘을 생각게 한다.

길은 한 줄기 구겨진 넥타이처럼 풀어져
일광의 폭포 속으로 사라지고
조그만 담배 연기를 내어 뿜으며
새로 두 시의 급행 열차가 길을 달린다.   – 김광균, 〈추일서정〉

	원관념	보조 관념		비유법	
01	낙엽	(	)	(	)
02	길	(	)	(	)

예제풀이 | **01** 폴–란드 망명정부의 지폐 / 은유법 **02** 한 줄기 구겨진 넥타이 / 직유법

01 '망명정부의 지폐'는 아무런 쓸모가 없어요. 따라서 '낙엽'은 아무런 가치가 없는 사물을 뜻해요.
02 '한 줄기 구겨진 넥타이'에서 초라하게 구불구불 풀어진 모습을 연상할 수 있어요. 따라서 '길'은 초라하게 구불구불 이어지는 길을 의미해요.

Act 05
눈에 보이는 게 다는 아니야, 상징

| 1 | '상징'이란?

시에서는 '상징'이라는 것도 자주 사용해요. **상징**이란 말로는 설명하기 힘든 추상적인 의미를 구체적인 사물로 나타내는 방법이에요. 시에 등장하는 구체적인 사물은 그저 구체적인 사물로 끝나기보다는, 추상적인 의미를 상징하는 경우가 많아요. 그래서 시를 읽을 때에는 구체적인 사물이 상징하는 추상적인 의미가 무엇일지 시의 맥락을 통해 추측하면서 읽어야 해요. 그럼 이제 상징이 잘 사용된 시를 한 편 소개하면서 상징에 대해 보다 자세히 설명할게요.

님은 갔습니다. 아아, 사랑하는 나의 **님**은 갔습니다.
푸른 산빛을 깨치고 단풍나무 숲을 향하야 난 작은 길을 걸어서 차마 떨치고 갔습니다.

– 한용운, 〈님의 침묵〉

위 시에서 '님'을 표면적으로만 판단하면 화자의 연인을 가리킨다고 볼 수 있을 거예요. 그렇지만 시가 쓰였던 시대적 배경(일제 강점기)이나 승려였던 시인의 삶을 고려하여, '님'은 '조국' 혹은 '불도(佛道 : 부처의 가르침)'의 의미를 지닌다고 이해할 수 있어요. 이처럼 '조국'이나 '불도' 같은 추상적인 의미를 '님'이라는 구체적인 사물로 나타내는 방법을 '상징'이라고 하는 거예요.

상징과 비유는 둘 다 보조 관념을 통해 원관념을 표현한다는 공통점이 있기 때문에 이 두 가지가 다소 헷갈릴 수 있어요(앞의 예에서는 '조국, 불도'가 원관념, '님'이 보조 관념이죠). 그러나 상징과 비유는 몇 가지 차이가 있어요. 상징은 추상적인 의미를 구체적 사물로 표현하는 것에 한정되지만, 비유는 추상적인 의미뿐만 아니라 구체적 사물이나 현상 등도 원관념의 범위 안에 포함시킨다는 점이 달라요. 또한 상징은 비유와 달리 원관념을 숨기고, 보조 관념만으로 의미를 표현한다는 특징이 있어요. 〈님의 침묵〉에서도 '조국, 불도'라는 원관념은 시에 전혀 등장하지 않아요. 즉 원관념은 꼭꼭 숨기고 '님'이라는 보조 관념만으로 의미를 표현하는 거지요. 그래서 이 경우에는 비유라고 하지 않고, 상징이라고 하는 거예요.

| 2 | '상징'의 종류

그럼 이제 상징을 세 가지로 분류하면서 각각의 예시를 통해 설명해 볼게요. 상징을 분류해서 보면 상징이 어떤 것인지 보다 구체적으로 알 수 있을 거예요.

● {원형적 상징}

원형[*]**적 상징**이란 먼 옛날부터 인류가 삶의 경험 속에서 공통적 의미로 인식해 온 근원적 성격을 띠는 상징을 말해요. 예를 들어 볼게요. '물'은 생명 유지에 꼭 필요하지만 정작 그 물에 빠지면 죽게 되잖아요? 이는 먼 옛날부터 전 세계의 인류가 경험을 통해 공통적으로 체득해 온 사실이지요. 이러한 근원적 성격 때문에 시대가 변하고 시간이 흘러도 대다수의 나라에서 '물'을 '생명, 죽음'의 상징으로 되풀이하여 사용해 왔어요. 이처럼 전 인류가 공통적으로 인식하는 상징인 경우에 원형적 상징으로 분류하는 거예요. 원형적 상징에는 그 특성상 자연물이나 자연 현상에 관한 것이 아무래도 많겠죠.

[*] 원형 : 민족이나 문화를 초월하여 구성되는 보편적 상징

원형적 상징의 예로는 아래와 같은 것들이 있어요.

- **물** : 수평적, 하강적, 모성, 죽음, 정화와 재생, 생명, 순환, 시간의 흐름 등
- **불** : 수직적, 상승적, 남성, 생명, 파괴와 소멸, 정화와 재생, 정열 등
- **해** : 광명, 생명력, 희망, 탄생, 창조 등
- **하늘** : 공간의 영원성, 고고한 정신, 신(神), 순결, 무(無) 등
- **바다** : 죽음과 재생, 신비, 무한성 등

● {관습적 상징}

평화의 상징은 뭐죠? 그래요, 바로 비둘기죠. 그런데 혹시 이런 의문을 가져 본 적 없나요? 왜 하필 비둘기를 평화의 상징으로 사용하는 것일까요? 도시에서 쓰레기를 주워 먹고 사는 비둘기 대신 까치를 평화의 상징으로 바꾸면 안 되는 것일까요? 평화의 상징을 다른 것으로 바꾸고 싶을 수도 있지만 지금에 와서 한 개인이 자기 마음대로 평화의 상징을 까치로 바꿔 놓는 것은 거의 불가능에 가까워요. 이는 비둘기가 '관습적 상징'에 해당하기 때문이에요.

관습[*]**적 상징**이란 사회적 관습에 의해 인정되고 보편화된 상징을 말해요. 사람들끼리 서로 약속을 하고, 그렇게 약속한 대로 오랜 세월동안 보편적으로 사용해 온 상징이라는 거죠. 관습적 상징은 쓰는 사람도 으레 그렇게 사용하고, 보는 사람도 으레 그렇게 해석해요. 그러다 보니 관습적 상징이 사용되면 아무래도 참신성이 좀 떨어지는 면이 있어요.

[*] 관습 : 어느 일정한 사회 내부에서 오랫동안 지켜 내려와 일반적으로 인정되고 습관화되어 온 규범이나 생활 방식

원형적 상징 vs 관습적 상징 원형적 상징은 전 인류가 경험을 통해 인식해 온 의미이기 때문에, 같은 경험을 한 적이 있다면 굳이 따로 학습하지 않아도 그 의미를 어렵지 않게 이해할 수 있어요. 그러나 관습적 상징은 원형적 상징과 달리 학습 없이 바로 이해하기는 어려워요. 우리가 '비둘기'가 '평화'를 상징한다는 것을 아는 것도 실은 '학습'에 의한 것(언젠가 어릴 적에 들어서 알고 있는 것)일 뿐이에요. 비둘기와 평화의 관계는 배우지 않았다면 이해할 수 없는 것이지요. 이처럼 관습적 상징은 일정한 사회 내에서 학습되어 습관적으로 사용되는 것이에요. 그러다 보니 동일한 대상이더라도 그것이 의미하는 상징은 각 사회마다 다를 수 있어요. 예를 들어 동양 문화권에서는 '매화'가 '지조, 절개'를 상징하지만, 서양 문화권에서는 '매화'에 대한 상징이 특별하게 존재하지 않아요. 이게 바로 원형적 상징과는 다른 관습적 상징의 특징이죠.

● {개인적 상징}

상징 중에는 개인이 만드는 상징도 있어요. 한 작가가 자신의 작품에서만 독특하게 사용하여 함축성을 높이는 상징을 **개인적 상징**이라고 해요.

아, 아버지가 눈을 헤치고, 따 오신
그 붉은 <u>**산수유 열매**</u> —.

나는 한 마리 어린 짐승,
젊은 아버지의 서느런 옷자락에
열로 상기한 볼을 말없이 부비는 것이었다.

— 김종길, 〈성탄제〉

위 시에서 '산수유 열매'는 단순한 열매가 아니에요. 왜냐하면 산수유 열매는 열이 나는 어린 '나'를 위하여 아버지가 손수 눈을 헤치고 따 오신 사랑이 담긴 열매거든요. 그래서 이 시에서 '산수유 열매'는 '아버지의 사랑'이라는 의미를 상징하게 되는 거죠. 이는 작가가 작품에서 만들어 낸 의미이기 때문에, 개인적 상징이라고 볼 수 있어요.

이와 같이 상징은 여러 가지 종류가 있고 같은 사물이더라도 상황에 따라 그것이 상징하는 바가 달라질 수 있기 때문에, 시어의 상징적 의미를 파악할 때는 많은 주의를 기울여야 해요. 원형적 상징이나 관습적 상징에 대한 지식은 도움이 될 때도 많지만 때론 독이 될 수도 있거든요(고정관념에 사로잡혀 시어의 의미를 잘못 파악할 수 있기 때문이죠). 그러니 지식을 갖고는 있되 고정관념은 버리고, 시 속의 상황과 맥락을 잘 살펴서 시어의 상징을 파악할 것! 명심하세요~~

⊙ 상징은 말로는 설명하기 힘든 추상적인 의미를 구체적인 사물로 나타내는 방법이다!

⊙ 시에 등장하는 구체적인 사물은 추상적인 의미를 상징하는 경우가 많기 때문에 시의 맥락을 통해 이를 추측하면서 읽는 것이 좋다!

⊙ 상징의 종류에는 원형적 상징, 관습적 상징, 개인적 상징이 있다!

'비둘기'의 상징?

60년대 초 당신이 살던 성북동에서는
비둘기들이 채석장으로 쫓겨 돌부리를 쪼았다지만
20년이 지난 지금
성북동에 비둘기는 없는걸요
채석장도 없어요
요즈음은 비둘기를 보려면
도심으로 들어와 시청 광장쯤에서 팝콘을 뿌리지요
순식간에 몰려드는 비둘기 떼
겁 없이 손등까지 올라와
만져도 도망가지 않고
소리쳐도 그냥 얌전히 팝콘을 먹지만
나머지 부스러기 하나마저 먹으면
올 때처럼 어디론지 사라져 버리는
비둘기를 만날 수 있어요, 그때에는
눈으로 손으로 애원해도
다시 오지 않아요.

– 김유선, 〈김광섭 시인에게〉

위의 시에서 '비둘기'는 무엇을 의미할까요? 그리고 원형적 상징, 관습적 상징, 개인적 상징 중 어떤 상징이 쓰였을까요? 우선 우리가 앞에서 배운 내용을 바탕으로 떠올려 봐요! 관습적 상징으로 보면 '비둘기'가 '평화'를 상징한다고 했죠? 그런데 요즘 길을 걷다 비둘기를 보면 평화가 떠올라요? 쓰레기를 뒤지고 있는 비둘기를 보며 어쩌면 더럽다는 생각을 하는 친구들도 있을 거고, 새인데도 잘 날지 않는 비둘기를 보며 뚱뚱하고 게으르다고 느낀 친구들도 있을 거예요. 위의 시에서도 비둘기에 대해 팝콘을 뿌리면 몰려와서 배나 불리고 사라지는 부정적인 새로 표현했어요. 따라서 이 시에서는 비둘기를 관습적 상징이 아닌 개인적 상징으로 활용한 거죠.

아직까지는 비둘기를 평화의 상징으로 여기고 있지만, 앞으로도 비둘기가 쓰레기를 뒤지고 날지도 않는다면 그에 대한 사회적 관습이 변할 수 있겠죠? 그럼 비둘기의 관습적 상징 역시 평화가 아닌 부정적인 무언가로 바뀔지도 몰라요. 더러움? 게으름? 이런 식으로요!

● 다음 각 시들에서 밑줄 친 시어의 상징의 종류를 괄호 안에 써 넣으시오.

---

(1) 내가 그의 이름을 불러 주었을 때

　　그는 나에게로 와서

　　꽃이 되었다.　　　　　　　　　　　　　　　　　　　　　　　－ 김춘수, 〈꽃〉

(2) 눈 맞아 휘어진 대나무를 누가 굽었다 하는가

　　굽을 절개라면 눈 속에서 푸르겠는가

　　아마도 추운 세월을 이기는 절개는 너뿐인가 하노라　　　　　－ 원천석의 시조

(3) 우리가 물이 되어 만난다면

　　가문 어느 집에선들 좋아하지 않으랴.

　　우리가 키 큰 나무와 함께 서서

　　우르르 우르르 비 오는 소리로 흐른다면.　　　　　　　　　－ 강은교, 〈우리가 물이 되어〉

---

(1) (　　　　　　　　)

(2) (　　　　　　　　)

(3) (　　　　　　　　)

예제풀이 | (1) 개인적 상징 (2) 관습적 상징 (3) 원형적 상징

⑴ 이 시에서 '꽃'은 '의미를 부여받은 존재'를 의미해요. 시인이 만든 상징이죠.

⑵ '대나무'는 줄기가 곧게 뻗고 마디가 뚜렷하다는 점, 잎이 사시사철 푸르다는 점으로 인해 관습적으로 '절개'를 의미해 왔어요.

⑶ 앞에서도 설명했듯이 '물'은 생물체의 생명에 필수 불가결한 요소이면서도 물에 빠지면 죽을 수밖에 없기에 '생명', '죽음' 등을 의미했어요. 이 시에서는 '생명력'을 상징해요.

Act 06
대신 말해 드립니다, 객관적 상관물

앞에서부터 계속 봤으니 알겠지만, 시는 돌직구로 직접 말하기를 잘 하지 않아요. 대부분의 경우 간접적으로 돌려 말하고는 하죠. 이는 화자의 감정을 표현할 때도 마찬가지예요. 시에서 화자나 대상의 감정을 어떤 사물이나 자연(물)*을 통해 간접적으로 표현하는 방식 또는 이때 동원되는 사물이나 자연물을 **객관적 상관물**이라고 해요. 그 자체로는 시적 화자의 정서와 관련이 없지만, 화자의 정서를 보다 잘 전달하기 위해 임의로 연결된 대상이지요. '객관적 상관물'이 어렵다면 '객관적'인데 화자의 정서와 '상관'이 있는 '사물'이라고 생각해도 돼요.

* 자연(물) : 시에서는 인공적인 것이 아닌, 하늘, 구름, 새 등의 자연(물)이 소재로 등장하는 경우가 많음

> 참 오래오래, 노인의 자리맡에 밭은 기침 소리도 없을 양이면 벽 속에서 겨울 귀뚜라미는 울지요. 떼를 지어 웁니다. 벽이 무너지라고 웁니다.
>
> — 박용래, 〈월훈〉

위의 시에서 노인이 기침을 멈추고 잠든 뒤에 벽 속에서 겨울 귀뚜라미가 벽이 무너지라고 떼를 지어 운다고 했어요. 언뜻 '귀뚜라미가 슬퍼하는구나'라고 생각할 수도 있죠. 하지만 이것은 인간의 생각일 뿐, 실제 귀뚜라미의 감정은 우리가 알 수 없잖아요? 이는 곧, 귀뚜라미의 소리를 듣고 있는 사람이 본인의 감정에 맞춰 그 소리를 듣게 된다는 뜻이에요. 이 시에서 화자는 외딴 집에 혼자 사는 노인을 관찰하는 인물이에요. 따라서 화자는 노인의 절절한 외로움과 고독을 알고 있는 사람이죠. 그렇기 때문에 귀뚜라미 소리를 듣고 노인의 정서와 연결 지어 '귀뚜라미가 울고 있다'고 느끼는 거예요. 즉, 노인의 감정을 겨울 귀뚜라미를 통해 대신 보여 주고 있는 것이죠. 이와 같이 화자나 대상의 감정을 대신해서 표현해 주는 사물이나 자연물을 객관적 상관물이라고 해요. 이해되나요? 또한 아래와 같은 경우에도 객관적 상관물이 사용되고 있어요.

> 펄펄 나는 저 꾀꼬리 / 암수 서로 정답구나
> 외롭구나 이 내 몸은 / 누구와 함께 돌아갈까
>
> — 유리왕, 〈황조가〉

위의 시를 보면 암수가 서로 정다운 '꾀꼬리'가 화자의 외로움을 부각시키고 있죠? '꾀꼬리'는 화자의 감정과 정반대의 감정을 갖고 있지만, 화자의 정서를 부각시켜 주는 역할을 하고 있기 때문에 이

역시 객관적 상관물이라고 할 수 있어요.

또한 대상에 시적 화자의 감정을 이입하여 대상이 화자의 감정과 같은 감정을 느끼고 생각하는 것처럼 표현하는 방법인 **감정 이입** 역시 객관적 상관물 안에 포함된다고 할 수 있어요. 감정 이입도 결국 사물이나 자연물을 통해 화자의 감정을 간접적으로 표현하는 방식에 해당하기 때문이지요. 앞에서 예로 든 '겨울 귀뚜라미'는 노인과 동일한 감정을 가졌으니까 객관적 상관물이면서 동시에 감정 이입의 대상이라고 할 수 있어요. 객관적 상관물이 감정 이입을 포함하고 있기 때문에, 감정 이입이 된 대상은 무조건 100% 객관적 상관물이라고 말할 수 있어요. 그러나 반대로 객관적 상관물이라고 해서 그것이 무조건 감정 이입이 된 대상이라고 말할 수는 없겠지요.

위의 왼쪽 그림에서 '새'는 화자와 동일한 정서를 느끼고 있는 것처럼 표현되었기 때문에 감정 이입의 대상이라고 할 수 있어요. 감정 이입은 객관적 상관물에 포함되니까, 이때의 '새'는 객관적 상관물이라고 해도 맞아요. 그런데 오른쪽 그림의 '새'는 화자와 다른 정서를 나타내고 있어요. 이 경우 화자와 반대인 상황을 제시하여 화자의 정서를 부각시켜 주고 있으므로 객관적 상관물이라고 말할 수 있어요. 하지만 화자와 대상의 정서가 다르기 때문에 감정 이입이라고는 할 수 없는 거지요.

다음과 같이 정리해서 이해하면 돼요.

"객관적 상관물 중에서 화자의 정서와 대상의 정서가 같은 것은 감정 이입에 해당한다."

딱! 세 줄 요약

⦿ 객관적 상관물은 화자의 감정을 어떤 사물이나 자연물을 통해 간접적으로 표현하는 방식 또는 이때 동원되는 사물이나 자연물을 의미한다!

⦿ 감정 이입은 시적 대상에 시적 화자의 감정을 옮겨 넣어 대상과 화자가 같은 감정을 느끼듯이 표현한 것을 의미한다!

⦿ 객관적 상관물 ⊃ 감정 이입 (객관적 상관물은 감정 이입을 포함한다!)

Act 07

시마다 짜임이 달라요, 시상 전개 방식

| 1 | 시상 전개 방식이란?

혹시 연애편지 같은 거 써 본 적 있어요? 왜 드라마 같은 데 보면 편지지에 편지를 쓰다가 마음에 안 들면 찢어서 막 구겨 버리는 장면이 나오잖아요. 이런 내용도 생각해 보고 저런 내용도 생각해 보고, 어떤 내용을 앞에다가도 써 보고 뒤에다가도 써 보고 그러잖아요. 왜 그러는 걸까요? 아무래도 상대방에게 자신의 진심을 잘 전달하기 위해서 그런 거겠죠?

시의 경우에도 마찬가지예요. 같은 주제라고 할지라도 시의 구조를 어떻게 만드느냐에 따라서 주제의 전달 효과가 달라져요. 시에 나타난 화자의 생각이나 정서 등을 **시상**이라고 하고, 시상을 구현해 나가는 방식을 **시상 전개 방식**이라고 해요. 작가의 개성에 따라 여러 가지 방식이 사용될 수 있지만, 그중에서도 일반적으로 널리 사용되는 시상 전개 방식들을 살펴보도록 하죠.

| 2 | 기본적인 시상 전개 방식

가장 기본적인 시상 전개 방식으로는 다음의 세 가지가 있어요.

- 시간의 흐름에 따른 시상 전개
- 공간의 이동에 따른 시상 전개
- 시선의 이동에 따른 시상 전개

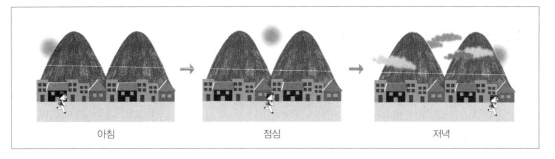

아침   점심   저녁

　우선 **시간의 흐름에 따른 시상 전개**는 말 그대로 시간이 흘러가는 순서대로 시를 전개하는 것을 말해요. '아침 → 점심 → 저녁', '어제 → 오늘 → 내일', '과거 → 현재', '봄 → 여름 → 가을 → 겨울'과 같이 시간의 흐름에 따라 순차적으로 시상을 배열하는 거죠. 예를 들어 볼까요?

하이얀 모색 속에 피어 있는
산협촌의 고독한 그림 속으로
파―란 역등을 달은 마차가 한대 잠기어 가고,
바다를 향한 산마룻길에 / 우두커니 서 있는 전신주 우엔
지나가던 구름이 하나 새빨간 노을에 젖어 있었다.

바람에 불리우는 작은 집들이 창을 내리고,
갈대밭에 묻히인 돌다리 아래선
작은 시내가 물방울을 굴리고

안개 자욱한 화원지의 벤치 위엔
한낮에 소녀들이 남기고 간
가벼운 웃음과 시들은 꽃다발이 흩어져 있었다.

외인 묘지의 어두운 수풀 뒤엔
밤새도록 가느란 별빛이 내리고,

공백한 하늘에 걸려있는 촌락의 시계가
여윈 손길을 저어 열 시를 가리키면
날카로운 고탑같이 언덕 위에 솟아 있는
퇴색한 성교당의 지붕 위에선

분수처럼 흩어지는 푸른 종소리

— 김광균, 〈외인촌(外人村)〉

위 시는 외인촌(외국인 마을)의 정경을 묘사한 시예요. 그런데 시간적 배경을 살펴보면 새빨간 노을 → 밤새도록 가느란 별빛이 내리고 → 열 시로 이어지고 있음을 확인할 수 있어요. 즉, '오후 → 밤 → 다음날 아침 열 시'로 시간의 흐름에 따라 시상을 전개하고 있는 거죠. 시간의 흐름에 따르면서 마을의 다양한 모습을 포착할 수 있었던 거예요.

● 〔공간의 이동에 따른 시상 전개〕

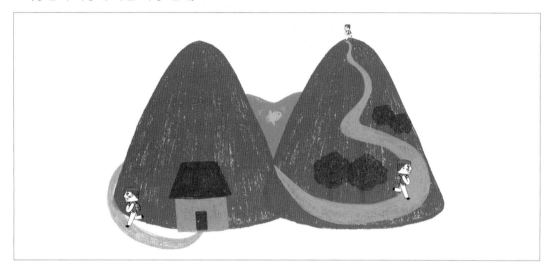

두 번째로 볼 것은 **공간의 이동에 따른 시상 전개**예요. 이는 화자가 장소를 옮기면서 각 장소에 대한 감회를 나타내는 방식으로 시를 전개하는 것을 말해요. 예를 들어 다음과 같은 작품이 공간의 이동에 따라 시상을 전개한 시죠.

> 유성에서 조치원으로 가는 어느 들판에 우두커니 서 있는 한 그루 늙은 나무를 만났다. 수도승일까, 묵중하게 서 있었다. 다음 날 조치원에서 공주로 가는 어느 가난한 마을 어귀에 그들은 떼를 져 몰려 있었다. 멍청하게 몰려 있는 그들은 어설픈 과객일까, 몹시 추워 보였다. 공주에서 온양으로 우회하는 뒷 길 어느 산마루에 그들은 멀리 서 있었다. 하늘 문을 지키는 파수병일까. 외로워 보였다. 온양에서 서울로 돌아오자 놀랍게도 그들은 이미 내 안에 뿌리를 펴고 있었다. 묵중한 그들의, 침울한 그들의, 아아 고독한 모습. 그 후로 나는 뽑아낼 수 없는 몇 그루의 나무를 기르게 되었다.
>
> — 박목월, 〈나무〉

위 시를 보면 화자가 '유성 → 조치원 → 공주 → 온양 → 서울' 순으로 장소를 이동하면서, 나무들을 보고 느낀 감회를 밝히고 있어요. 이러한 시상 전개 방식이 바로 공간의 이동에 따른 거예요.

● {시선의 이동에 따른 시상 전개}

마지막으로 시선의 이동에 따른 시상 전개를 배워 볼게요. **시선의 이동에 따른 시상 전개**는 화자가 시선👁을 움직여 눈에 닿는 대로 시상을 전개하는 것을 말해요. 공간의 이동과 다른 점은 화자가 장소를 바꾸지 않고 그 위치가 고정되어 있다는 거지요. 곧, 화자는 한 장소에 가만히 있되, 바라보는 대상만 달라지는 거예요. 예를 들어 볼까요?

> 머언 산 청운사 / 낡은 기와집 //
> 산은 자하산 / 봄눈 녹으면
>
> 느릅나무 / 속잎 피어가는 열두 굽이를
>
> 청노루 / 맑은 눈에
>
> 도는 / 구름
>
> — 박목월, 〈청노루〉

위 시는 봄눈이 녹는 봄의 정취를 그린 시인데, 화자의 시선이 청운사 → 자하산 → 느릅나무 속잎 → 청노루 맑은 눈 → (노루 눈 속의) 구름 으로 이동하고 있음을 확인할 수 있어요. 이와 같이 화자의 시선에 따라 시상을 전개하는 것이 바로 시선의 이동에 따른 시상 전개예요.

쌤의 팁 원경에서 근경으로의 이동 문학 문제의 선택지로 많이 나오는 것 중 하나가 바로 '원경에서 근경으로 이동'했다는 말이에요. 원경이라고 하는 건 먼 경치를 말해요. 근경은 그럼 반대로 가까운 경치겠죠? 따라서 '원경에서 근경으로 이동'했다는 얘기는 시선이 먼 곳에서 가까운 곳으로 옮겨졌다는 것을 의미해요. 무엇이 멀고 가까운 것인지는 상대적인 것인 만큼 시에서 보고 확인을 해 봐야겠지만, 대체로 '하늘', '바다', '산'과 같은 커다란 자연물이 원경에 해당해요. 그리고 '원경에서 근경으로 이동'은 '시선의 이동' 안에 포함시킬 수 있어요. 앞에서 배운 〈청노루〉의 경우도 화자가 멀리 있는 산과 청운사를 보다가 느릅나무 잎과 노루의 눈을 보게 되잖아요. 화자의 시선이 원경에서 근경으로 이동한 예라고 할 수 있죠.

| 3 | 그 밖의 시상 전개 방식

● 〈수미상관〉

 기본적인 시상 전개 방식 이외에 다른 방식들도 있어요. 우선 '수미상관'부터 배워 볼게요. **수미상관**이란 첫 번째 연이나 행을 마지막 연이나 행에서 반복하는 것을 말해요. '수미(首尾)'의 한자가 '머리 수, 꼬리 미' 자인 걸 알아 두면 수미상관을 더 쉽게 기억할 수 있을 거예요. 다른 말로는 수미상응, 수미쌍관이라고도 해요. 반복된 문장에 약간 변화가 있다 하더라도, 어느 정도 유사하다면 그건 수미상관으로 볼 수 있어요.

 혹시 광고 중에 '앞뒤가 똑같은 전화번호 15○○ - 15○○~♬'을 본 적이 있어요? 전화번호의 앞과 뒤가 똑같으니까, 어때요? 반복적이라서 운율감이 느껴지고 전체적으로 안정감이 느껴지죠. 강조도 되고요. 이것이 바로 수미상관이 주는 효과라고 볼 수 있어요. 그럼 예를 하나 볼까요?

나 보기가 역겨워 / 가실 때에는
말없이 고이 보내 드리오리다.

영변에 약산 / 진달래꽃,
아름 따다 가실 길에 뿌리오리다.

가시는 걸음 걸음 / 놓인 그 꽃을
사뿐히 즈려 밟고 가시옵소서.

나 보기가 역겨워 / 가실 때에는
죽어도 아니 눈물 흘리오리다.

－ 김소월, 〈진달래꽃〉

 다들 알고 있는 아주 유명한 시죠? 이 시에도 수미상관이 쓰였어요. 1연과 4연이 3행을 제외하고는 똑같죠? 약간의 변주가 있기는 하지만 마지막 연에서 첫 연을 반복하고 있기 때문에 수미상관으로 볼 수 있어요. 비슷한 시구를 반복함으로써 임을 보내는 화자의 한(恨)의 정서가 보다 강조되고 있는 거죠.

● 〈시상의 전환〉

 두 번째로 이야기할 것은 '시상의 전환'이에요. 시상은 '시에 나타나는 화자의 생각이나 정서'라고 바로 앞에서 배웠죠? 그래서 **시상의 전환**은 화자의 생각이나 정서가 급격히 바뀌는 것을 말해요. 다음 그림을 한번 보세요.

남자의 좋아한다는 고백에 대한 여자의 대답을 한번 보세요. 처음에는 막 남자를 칭찬하고 있죠? 마치 고백을 받아들일 것처럼요. 그러다가 '그런데'에서 갑자기 확 바뀌어서 거절하고 있네요. 이렇게 어떤 내용이 이어지다가 그것과 다른 내용으로 변화하는 경우가 바로 시상의 전환이에요. 다음 시를 보세요.

사랑도 사람의 일이라, 만날 때에 미리 떠날 것을 염려하고 경계하지 아니한 것은 아니지만, 이별은 뜻밖의 일이 되고, 놀란 가슴은 새로운 슬픔에 터집니다.

그러나 이별을 쓸데없는 눈물의 원천을 만들고 마는 것은 스스로 사랑을 깨치는 것인 줄 아는 까닭에, 걷잡을 수 없는 슬픔의 힘을 옮겨서 새 희망의 정수박이에 들어부었습니다.

우리는 만날 때에 떠날 것을 염려하는 것과 같이, 떠날 때에 다시 만날 것을 믿습니다.

― 한용운, 〈님의 침묵〉

위의 시를 보면 그러나를 기점으로 '슬픔 → 희망(슬픔의 극복)'으로 화자의 정서 및 태도가 변하는 것을 확인할 수 있어요. 이런 경우에 바로 시상이 전환되었다고 하는 거예요. 시상의 전환은 어조의 변화를 수반하는 경우가 많아요. 슬픔에서 희망으로 시상이 전환되었다면, 아무래도 말투 역시 이전과 달리 의지적 어조로 바뀔 수 있는 거죠. 시상의 전환과 어조의 변화를 함께 기억해 두세요~!

● {시상의 집약}

'시상의 전환'과 함께 기억해 둘 개념으로 '시상의 집약'이라는 것도 있어요. '집약'이라는 단어는 '한데 모아서 요약한다'는 뜻이에요. 그러니 **시상의 집약**은 시상을 한데 모아서 요약한다는 뜻이겠죠? **화자의 생각이나 정서가 압축되어 나타나면 시상의 집약으로 볼 수 있어요.** 예를 들어 볼까요?

얼어붙은 호수는 아무것도 비추지 않는다.
불빛도 산 그림자도 잃어버렸다.
제 단단함의 서슬만이 빛나고 있을 뿐

아무것도 아무것도 품지 않는다.
헛되이 던진 돌멩이들,
새 떼 대신 메아리만 쩡 쩡 날아오른다.

네 이름을 부르는 일이 그러했다.

– 나희덕, 〈천장호에서〉

1연에서 화자는 어떤 외부 자극에도 반응하지 않고, 돌멩이를 던져도 쩡 쩡 소리를 내며 튕겨 나오는 얼어붙은 호수의 모습을 묘사했어요. 그리고 2연에서 네 이름을 부르는 일이 그러했다며 화자의 감정(안타까움과 그리움)을 한 문장으로 압축해서 표현하고 있어요. 이렇게 앞에서 길게 얘기한 것을 한데 모아 요약하여 보여 주는 방식을 시상의 집약이라고 해요.

● 〔대화를 통한 시상 전개〕

마지막으로 살펴볼 것은 '대화를 통한 시상 전개'예요. 시는 보통 화자의 독백 형식으로 진행되는 경우가 많잖아요? 그런데 둘 이상의 화자가 등장해서 서로 이야기를 주고받는 형식으로 전개되는 경우도 있는데, 이것을 **대화를 통한 시상 전개**라고 해요. 예를 들어 다음과 같은 거죠.

붉은 이마에 싸늘한 달이 서리어
아우의 얼굴은 슬픈 그림이다.

발걸음을 멈추어
살그머니 앳된 손을 잡으며
'늬는 자라 무엇이 되려니'
'사람이 되지'
아우의 설은 진정코 설은 대답이다.

슬머시 잡았던 손을 놓고
아우의 얼굴을 다시 들여다본다.

싸늘한 달이 붉은 이마에 젖어
아우의 얼굴은 슬픈 그림이다.

– 윤동주, 〈아우의 인상화〉

위 시를 보면 2연에 아우와의 대화가 삽입되어 있죠? 이런 식으로 둘 이상의 화자가 말을 주고받는 형식으로 시를 구성할 수도 있는 거예요.

대화체의 범위) 시험 문제에 '대화체'라는 개념이 가끔씩 등장할 때가 있어요. 대화체는 범위가 상당히 넓어요. 아래 표를 보세요.

─── < 대화체 > ───

말을 주고받는 형식으로 서술하는 문체	
대화를 통한 시상 전개(= 대화의 형식)	**말을 건네는 방식**
둘 이상의 화자가 나와서 이야기를 주고받음	한 화자가 청자가 있는 것처럼 표현하는 방식

우선 '말을 건네는 방식'이란 개념이 처음 나왔는데요. 이는 다음 시와 같이, 화자의 말을 듣는 청자를 설정한 경우를 말해요.

향단아 그넷줄을 밀어라
머언 바다로
배를 내어 밀 듯이,
향단아　　　　　－ 서정주, <추천사>

보니까 어때요? 화자가 향단이에게 말을 걸고 있죠? 그런데 이걸 대화로 봐야 할까요, 독백으로 봐야 할까요? 향단이가 대답을 하고 있지 않으니 이게 대화인 건지, 독백인 건지 헷갈리지요. 자자, 정리해 드리겠습니다.

'말을 건네는 방식'에 대해 '대화'냐, '독백'이냐고 물으면 정답은 '독백'이에요. 청자를 설정하긴 했지만 화자가 혼잣말을 하고 있는 거니까 엄밀히 말해 '대화'는 아니죠.

단, '말을 건네는 방식'이 '대화체'냐, '독백체'냐고 물으면 이때는 '대화체'가 맞아요. 왜냐하면 청자의 대답이 없더라도 화자가 말을 건네는 말투(대화하는 말투)를 사용하고 있기만 하면 그건 무조건 '대화체'로 보거든요.

위의 표에서 보다시피 '대화를 통한 시상 전개'와 '말을 건네는 방식'은 모두 대화체에 포함돼요. 즉, 둘 이상의 화자가 대화를 주고받는 것뿐만 아니라 화자가 청자에게 말을 건네는 것도 모두 대화체로 본다는 거죠. 이처럼 대화체의 범위는 꽤 넓답니다.

여러분은 다음 내용을 기억하세요.

'대화를 통한 시상 전개'와 '말을 건네는 방식'은 엄연히 다르다!
'말을 건네는 방식'은 '독백'이지만, 문체의 측면에서 '대화체'의 일종으로 본다!

딱! 세 줄 요약

⊙ 시에 나타난 화자의 생각이나 정서 등을 시상이라고 하고, 시상을 구현해 나가는 방식을 시상 전개 방식이라고 한다!

⊙ 기본적인 시상 전개 방식에는 시간의 흐름, 공간의 이동, 시선의 이동에 따른 시상 전개 방식이 있다!

⊙ 그 외에도 수미상관, 시상의 전환, 시상의 집약, 대화를 통한 시상 전개 방식도 있다!

● 다음의 각 작품에 두드러지게 나타나는 시상 전개 방식을 찾아 표에 체크하시오.

(1) 이네들은 너무나 멀리 있습니다.
별이 아슬이 멀듯이.

어머님,
그리고 당신은 멀리 북간도에 계십니다.

나는 무엇인지 그리워
이 많은 별빛이 내린 언덕 우에
내 이름자를 써 보고,
흙으로 덮어 버리었습니다.

딴은, 밤을 새워 우는 벌레는
부끄러운 이름을 슬퍼하는 까닭입니다.

그러나 겨울이 지나고 나의 별에도 봄이 오면,
무덤 우에 파란 잔디가 피어나듯이
내 이름자 묻힌 언덕 우에도
자랑처럼 풀이 무성할 게외다.   – 윤동주, 〈별 헤는 밤〉

시상 전개 방식	☑
시간의 흐름	☐
공간의 이동	☐
시선의 이동	☐
수미상관	☐
시상의 전환	☐
시상의 집약	☐
대화체	☐

(2) 열무 삼십 단을 이고
시장에 간 우리 엄마
안 오시네, 해는 시든 지 오래
나는 찬밥처럼 방에 담겨
아무리 천천히 숙제를 해도
엄마 안 오시네, 배추잎 같은 발소리 타박타박
안 들리네, 어둡고 무서워
금 간 창틈으로 고요히 빗소리
빈 방에 혼자 엎드려 훌쩍거리던

아주 먼 옛날
지금도 내 눈시울을 뜨겁게 하는
그 시절, 내 유년의 윗목   – 기형도, 〈엄마 걱정〉

시상 전개 방식	☑
시간의 흐름	☐
공간의 이동	☐
시선의 이동	☐
수미상관	☐
시상의 전환	☐
시상의 집약	☐
대화체	☐

(3) 고향에 고향에 돌아와도
　　그리던 고향은 아니러뇨.

　　산꿩이 알을 품고
　　뻐꾸기 제철에 울건만,

　　마음은 제 고향 지니지 않고
　　머언 항구로 떠도는 구름.

　　오늘도 뫼 끝에 홀로 오르니
　　흰 점 꽃이 인정스레 웃고,

　　어린 시절에 불던 풀피리 소리 아니 나고
　　메마른 입술에 쓰디쓰다.

　　고향에 고향에 돌아와도
　　그리던 하늘만이 높푸르구나.　　　　　－ 정지용, 〈고향〉

시상 전개 방식	☑
시간의 흐름	☐
공간의 이동	☐
시선의 이동	☐
수미상관	☐
시상의 전환	☐
시상의 집약	☐
대화체	☐

(4) 들길은 마을에 들자 붉어지고
　　마을 골목은 들로 내려서자 푸르러졌다.
　　바람은 넘실 천 이랑 만 이랑
　　이랑 이랑 햇빛이 갈라지고
　　보리도 허리통이 부끄럽게 드러났다.
　　꾀꼬리는 여태 혼자 날아 볼 줄 모르나니
　　암컷이라 쫓길 뿐
　　수놈이라 쫓을 뿐
　　황금 빛난 길이 어지럴 뿐
　　얇은 단장하고 아양 가득 차 있는
　　산봉우리야, 오늘 밤 너 어디로 가 버리련?　　　－ 김영랑, 〈오월〉

시상 전개 방식	☑
시간의 흐름	☐
공간의 이동	☐
시선의 이동	☐
수미상관	☐
시상의 전환	☐
시상의 집약	☐
대화체	☐

예제풀이　　(1) 시간의 흐름, 시상의 전환, 대화체　(2) 시상의 집약　(3) 수미상관　(4) 시선의 이동, 대화체

(1) 제시된 부분 중 1연과 2연에는 과거에 대한 그리움이, 3연과 4연에는 현재의 자신을 성찰하는 모습이, 마지막 연에는 미래에 대한 희망과 의지가 드러나므로 '시간의 흐름'이 나타난다고 할 수 있어요. 또 마지막 연의 '그러나'를 기점으로 어조와 태도가 희망적·의지적으로 바뀌고 있으므로 '시상의 전환'을 찾아볼 수 있고, '어머님'이라는 청자를 설정한 점에서 '대화체'를 확인할 수 있어요.
(2) '그 시절, 내 유년의 윗목'이라는 마지막 시구에 시상이 집약되어 있어요.
(3) 1연과 마지막 연이 유사하게 반복되고 있으므로 '수미상관'이라고 볼 수 있어요.
(4) 화자의 시선이 '들길', '마을', '햇빛', '보리', '꾀꼬리', '산봉우리'로 이동하고 있어요. 그리고 마지막 행에서 산봉우리에게 말을 건네고 있으므로 '대화체'가 쓰였다고 할 수 있어요.

Act 08
한 번쯤은 날 들어 봤겠지, 표현법

　시에는 비슷한 표현을 반복하거나 어순을 도치하는 등 여러 표현법이 쓰여요. 평범한 말로도 내용을 전달할 수 있는데, 이처럼 여러 표현법을 쓰는 이유가 뭘까요? 이는 강조하고 싶은 내용이 있거나 단조로움을 피하기 위함이죠. 좋아하는 사람에게 멋있고 예쁘게 보이고 싶어서 새 옷을 입거나 화장을 하는 것과 마찬가지인 거지요. 그럼 시에 어떤 표현법들이 있는지 함께 살펴보도록 할까요? 여러분이 쉽게 익힐 수 있도록 비슷한 표현법 혹은 헷갈리기 쉬운 표현법들을 묶어서 설명할게요.

| 1 | 반어법 vs 역설법

반어법	역설법

　반어법은 표현과 의미가 서로 반대되게 나타나는 표현법을 뜻해요. 만약 접시를 깼을 때 엄마가 '잘~한다'라고 했다면 엄마가 정말 잘했다고 칭찬하는 걸까요? 아니죠? 이처럼 겉에 나타난 표현과 속뜻이 반대인 경우를 반어법이라고 해요.

표현 : 잘했다. ⟵
　　　　　　　　　　반대
의미 : 혼 좀 나야겠다. ⟵

"이 아이를 기억하지 마세요.
이름도, 나이도, 어디가 아픈지도 신경 쓰지 마세요.
당신이 돕지 않는다면 어차피 곧 세상을 떠날 아이니까요."

– 초록우산 어린이재단의 TV 광고

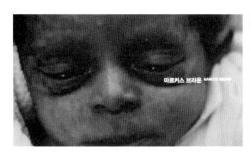

위는 반어법을 활용한 TV 광고예요. 이 광고에서는 아이를 기억하지도, 신경 쓰지도 말라고 해요. 하지만 실제로는 어려운 상황에 놓인 아이를 도와달라는 의미를 담고 있지요. 사람들이 메시지를 더 강렬하게 받아들일 수 있도록 반어법을 사용한 것이죠. 그럼 이제 반어법이 쓰인 시를 살펴볼까요?

먼 후일 당신이 나를 찾으시면
그때에 내 말이 "잊었노라"

– 김소월, 〈먼 후일〉

여기서 화자는 정말 '당신'을 잊었을까요? '먼 후일'에 당신을 잊겠다고 하는 걸로 봐서, 화자가 지금 당장은 당신을 잊지 못하고 있음을 알 수 있어요. 즉, 먼 후일에야 잊겠다고 표현함으로써 잊지 못하는 마음을 강조한 거지요. 그렇기 때문에 반어법에 해당해요.

표현 : 잊었다. ⟵
                      반대
의미 : 잊지 못했다. ⟵

반면 **역설법**은 겉으로 보기에는 말이 안 되는 것처럼 보이지만 그 속에 (말하고자 하는) 의미를 담고 있는 표현법을 뜻해요. 즉, 역설법은 모순적인 표현을 담고 있어요. 모순이라는 단어의 뜻을 알면 역설법을 이해하기 더 쉬울 거예요. 모순(矛盾)은 한자로 창[矛]과 방패[盾]를 뜻해요. 앞쪽에 나온 그림 기억나죠? 예전에 한 상인이 모든 것을 뚫을 수 있는 창과 모든 것을 막을 수 있는 방패를 함께 팔았다고 해요. 어떤 사람이 그 상인에게 물었죠. "그렇다면 당신의 창으로 당신의 방패를 찌르면 어떻게 됩니까?" 이에 상인은 아무 말도 못했대요. 여기서 모순이라는 단어가 만들어졌지요. 모순과 같이 말의 앞뒤가 안 맞는 표현을 통해 말하고자 하는 바를 효과적으로 전달하는 것이 바로 역설법이에요. 자, 그럼 예시를 통해 역설법에 대해 좀 더 살펴볼까요?

이것은 소리 없는 아우성

– 유치환, 〈깃발〉

▶ **표현** : 소리 없는 ↔ 아우성(모순)
▶ **의미** : 소리 없이 나부끼는 깃발의 모습

아우성은 떠들썩하게 지르는 소리를 뜻해요. 그런데 소리가 없는 아우성이라고요? 이건 말이 안 되죠? 시인은 소리 없이 나부끼는 깃발을 보며 깃발이 소리 없이 아우성치고 있다는 느낌을 받았을 거예요. 때문에 말이 안 되는 것 같지만 시인이 느끼는 진실을 담은 표현인 거지요.

아아, 님은 갔지마는 나는 님을 보내지 아니하였습니다.

– 한용운, 〈님의 침묵〉

▶ **표현** : 님이 갔다 ↔ 님을 보내지 않았다(모순)
▶ **의미** : 님과 이별했지만 언젠가 다시 만날 것이다

'님'이 떠났는데, '님'을 보내지 않을 수 있을까요? 이 역시 말이 안 되는 표현이에요. 하지만 시인은 비록 '님'과 이별했지만 언젠가 그 '님'과 다시 만날 것이라 믿고 있기 때문에 이렇게 말이 되지 않는 표현을 사용했어요.

위의 두 예시에서 살펴볼 수 있듯이, 역설법은 모순적인 표현을 쓰지만 그 속에는 (말하고자 하는) 의미가 담겨 있어요. 간략히 정리하면 다음과 같아요.

● **{반어법}** : 표현과 의미가 반대(표현 ↔ 의미)
● **{역설법}** : 표현 자체가 모순

반어법은 표현과 의미가 반대된다는 점, 역설법은 표현 자체가 모순이라는 점에 포인트를 두면 쉽게 찾을 수 있을 거예요. 역설법은 표현 자체가 모순이기 때문에 읽었을 때 말이 안 되지만, 반어법은 표현 자체는 문제가 없기 때문에 뜻은 통하죠. 이 점에만 집중한다면 반어법과 역설법을 구분할 수 있을 거예요!

| 2 | 대구법 vs 대조법

대구법	대조법

대구법은 비슷한 구절을 짝지어 나타내는 표현법을 말해요. 대구가 되려면 문법적인 구조(통사 구조)가 같고, 의미상 대응되어야 하죠. 다음 시를 살펴보죠.

> 씨나 뿌리며 살아라 한다.
> 밭이나 갈며 살아라 한다.
>
> – 박목월, 〈산이 날 에워싸고〉

'~며 살아라 한다 / ~며 살아라 한다'로 문법적인 구조가 비슷한 구절이 짝지어 나타나고 있죠? 또한 의미상으로도 대응되어 짝을 이루고 있고요. 이러한 표현을 대구법이라고 해요. 이처럼 대구법을 사용하면 말하고자 하는 바를 강조할 수도 있고, 시에 안정감을 줄 수도 있어요.

대조법은 서로 반대되거나 대립되는 것을 마주 세워 강조하는 표현법을 말해요.

> 내 마음은 연약하나 껍질은 단단하다.
>
> – 정호승, 〈달팽이〉

'내 마음은 연약하다'와 '껍질은 단단하다'라고 쓰여 있어요. 여기서 '내 마음'의 속성과 '껍질'의 속성으로 '연약'과 '단단'이라는 반대되는 시어가 맞세워져 있지요? '연약'과 '단단'을 맞세움으로써 '내 마음'과 '껍질'의 상반되는 속성을 강조할 수 있어요.

잠깐! 위의 시에는 대조법뿐만 아니라 대구법도 함께 쓰였다는 걸 눈치챘나요? '~은 ~하다'라는 비슷한 구절이 짝지어 나타나잖아요. 대조법은 상반되는 것을 짝지어 표현하는 경우가 많기 때문에 종종 대구법과 함께 쓰여요.

| 3 | 열거법 vs 점층법

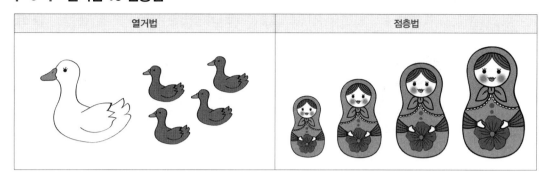

열거법	점층법

열거법은 단어나 구절을 나열하여 내용을 강조하는 표현법이에요.

> 붓 장사도 땜장이도 큰 개도 강아지도 모두 모닥불을 쪼인다
>
> – 백석, 〈모닥불〉

'붓 장사', '땜장이', '큰 개', '강아지'가 나열되어 있지요? 열거법이 사용되었어요. 그리고 점층법 역시 단어나 구절을 나열한다는 점에서 열거법과 비슷해요. 하지만 **점층법**은 작고 약한 것에서부터 점점 크고 강한 것을 순서대로 나열해요. 특정한 순서로 나열된다는 점에서 열거법과 차이가 있어요.

> 사과나무의 자양분 흙을 먹는다
> 사과나무의 흙을 붙잡고 있는 지구의 중력을 먹는다
> 사과나무가 존재할 수 있게 한 우주를 먹는다
>
> – 함민복, 〈사과를 먹으며〉

'흙 → 중력 → 우주'와 같은 방식으로 작은 것에서부터 큰 것이 나열되고 있어요. 이런 걸 점층법이라고 해요. 반대로 크고 강한 것에서부터 작고 약한 것을 순서대로 나열하는 표현법은 **점강법**이라고 해요.(점강법의 강은 降^{내릴강}이니 주의하세요!)

| 4 | 영탄법 vs 설의법

영탄법	설의법

영탄법은 슬픔, 놀라움 등의 감정을 강조해서 나타내는 표현법이에요. '아', '오'와 같은 감탄사를 쓰기도 하고, '이여', '이시여'와 같은 조사를 활용하기도 해요. 또한 '-도다', '-구나'와 같은 감탄형 어미도 쓰지요.

예 <u>아아</u> 묶인 이 가슴 – 김지하, 〈새〉

예 님<u>이여</u>, 사랑<u>이여</u>, 아침 볕의 첫걸음<u>이여</u>. – 한용운, 〈찬송〉

예 고운 봄의 향기가 어리우<u>도다</u>. – 이장희, 〈봄은 고양이로다〉

설의법은 누구나 쉽게 판단할 수 있는 사실을 의문의 형식으로 표현함으로써 그 의미를 강조하는 표현법이에요. 의문의 형식이지만, 답은 이미 정해져 있어요. 뜻을 강조하기 위해 의문의 형식을 활용했을 뿐이죠.

예 다닥다닥 달고 있는 애기똥풀

　얼마나 서운했을까요 – 안도현, 〈애기똥풀〉

시인은 애기똥풀이 얼마나 서운했는지에 대해 묻는 것이 아니라, 애기똥풀이 서운했음을 강조하고 있어요. 의문의 형식을 통해 의미를 강조했기 때문에 설의법에 해당해요.
　의문의 형식을 통해 슬픔, 놀라움 등의 감정을 강조한다면 설의법과 영탄법이 동시에 쓰일 수도 있어요.

예 나무 그늘에 앉아

　나뭇잎 사이로 반짝이는 햇살을 바라보면

　세상은 그 얼마나 아름다운가 – 정호승, 〈내가 사랑하는 사람〉

'아름다운가'에서 영탄법과 설의법이 함께 쓰였어요. 우선 의문의 형식을 통해 세상이 아름답다는 의미를 강조했기 때문에 설의법에 해당해요. 또한 감탄스러운 감정을 강조했기 때문에 영탄법에도 해당하고요.

| 5 | 도치법

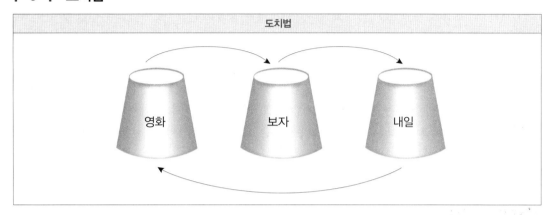

도치법은 어순을 바꿔 내용을 두드러지게 나타내는 표현법을 뜻해요.

예 그 길을 만들 줄도 몰랐었네, 나는 – 안도현, 〈연탄 한 장〉

'나는 그 길을 만들 줄도 몰랐었네.'라는 문장에서 주어인 '나는'을 맨 뒤로 보내어 '나'를 두드러지게 나타내고 있어요. 그리고 도치법은 주어뿐만 아니라 목적어나 부사어 등 다른 문장 성분의 순서가 바뀔 수도 있어요.

| 6 | 반복법

반복법은 같거나 비슷한 표현을 반복하여 뜻을 강조하는 표현법을 뜻해요.

너였다가
너였다가, 너일 것이었다가
다시 문이 닫힌다

– 황지우, 〈너를 기다리는 동안〉

'너였다가'라는 같은 표현이 두 번 쓰였어요. 또한 '너일 것이었다가'라는 비슷한 표현이 반복되기도 했고요. 같거나 비슷한 표현을 반복하니 '너'를 기다리는 화자의 마음이 더 강조되겠지요?

쌤의 팁 반복과 변주 변주는 일정 표현을 반복하되 그것을 약간씩 변형해서 반복하는 경우를 말해요. 위의 시 〈너를 기다리는 동안〉에서 '너였다가'라는 표현은 '너일 것이었다가'로 약간 변형되어 반복되었어요. 변주가 사용된 거지요. 이처럼 반복과 변주가 함께 쓰이는 경우가 많아요. 수능 문제의 선택지에서도 '시어의 반복과 변주를 통해 시상을 전개하고 있다.'와 같이 반복과 변주를 묶어서 묻곤 하니 반복과 변주를 함께 기억해 두세요!

딱! 세 줄 요약

⊙ 시인은 단조로움을 피하기 위해 혹은 무언가를 강조하기 위해 여러 표현법을 사용한다!

⊙ 한 구절에 두 가지 이상의 표현법이 동시에 쓰일 수도 있다!

⊙ 반어법은 표현과 의미가 반대된다는 점, 역설법은 표현 자체가 모순이라는 점에서 차이가 있다!

예제 연습문제

● **다음 시에 해당하는 표현법을 고르시오.** (복수 정답 가능)

(1) 가는 댓잎에 초승달 매달려 애틋한 밝은 어둠을 (반어법 / 역설법)

(2) 민들레가 피고 까치가 날고 / 아가씨가 지나고 바람이 일고 (열거법 / 점층법 / 대구법 / 대조법)

(3) 그의 향기로운 자랑 안에 자지러지노라! (영탄법 / 설의법)

(4) 산에는 꽃 피네 / 꽃이 피네. (도치법 / 반복법)

예제풀이 | (1) 역설법 (2) 열거법, 대구법 (3) 영탄법 (4) 반복법

(1) '밝은 어둠'에서 역설법을 찾을 수 있어요.
(2) 구절을 나열한다는 점에서 열거법, '~가 ~고'라는 비슷한 구절을 짝지어 나타낸다는 점에서 대구법에 해당해요.
(3) '-노라'라는 감탄형 어미를 통해 감정을 강조하고 있어요.
(4) '꽃 피네', '꽃이 피네'라는 비슷한 구절이 반복되고 있어요.

Act 09

'적'에 대한 모든 것, 어조와 분위기

뭐?

　위 그림에서 "뭐?"라고 말한 사내의 말투가 어떠할지 생각해 보세요. 상대의 공격에 화가 나서 반문하는 것일 수도 있고, 예상치 못한 상황에 놀람을 표현하는 것일 수도 있겠죠? 전자의 경우에는 다그치는 말투로, 후자의 경우에는 놀라는 말투라고 상상해 볼 수 있을 거예요. 사람들은 같은 말이라도 당시 처한 상황과 태도에 따라 각기 다른 말투로 말을 하잖아요. 시적 화자 역시 마찬가지예요. 시적 화자도 시 속에서 처한 상황과 그에 대한 태도에 따라 목소리가 달라져요. 이와 같이 화자가 말하는 특징적인 어투와 말의 분위기를 **어조**라고 해요. 어조는 시의 일부 구절만 보고 판단할 것이 아니라 시의 전반을 아우르는 어투와 분위기로 생각해야 해요. 그러니까 시에서 화자가 어떤 어조로 말하고 있는 건지 알고 싶다면 먼저 화자가 처한 상황과 그 상황에 대처하는 태도를 확인한 뒤, 전반적인 어투와 분위기를 파악하면 되겠지요.

　실제 수능 문제에서 어조와 관련해서 물어볼 때는 주로 '~적 어조', '~적 분위기' 혹은 '~적 태도[*]'와 같은 형식으로 물어보곤 해요. 그런데 앞부분의 '~적'에 들어가는 어휘가 다소 어렵다 보니, 그 어휘를 몰라 문제를 틀리는 학생들이 꽤 있더라고요. 그래서 이번 **Act 09**에서는 자주 출제되는 '~적'들을 파헤쳐 보려고 해요. 이를 통해 시에 자주 등장하는 어조에는 어떤 것들이 있는지 구체적으로 살펴보고, 더불어 실전 문제에도 대비해 보세요!

＊태도 : 화자가 시 속 상황에 대해 갖는 자세 혹은 대응하는 방식

| 1 | 예찬적 / 영탄적

예찬적	영탄적
예찬이란 훌륭한 것, 아름다운 것, 좋은 것을 존경하고 찬양한다는 뜻이에요. 그래서 시적 화자가 시적 대상을 우러러보고 존경하면서 찬양하는 경우에 **예찬적 태도, 예찬적 어조**라고 해요.	영탄이란 슬픔이나 기쁨, 감동 등의 벅찬 감정을 강조하여 표현하는 것을 말해요. 그래서 감탄사나 '─구나'와 같은 감탄을 나타내는 종결 어미 등을 사용하여 고조된 감정을 드러낸 경우에 **영탄적 어조**라고 해요.

| 2 | 비판적 / 냉소적

비판적	냉소적
시적 대상이나 사회 현실에 대해 비판할 때 **비판적 어조, 비판적 태도**라고 해요.	냉소(冷笑)란 한자를 해석하면 차갑게 웃는다는 뜻으로, 쌀쌀한 태도로 업신여겨 비웃는 것을 말해요. 그래서 시에서 어떤 대상에 대해 쌀쌀하게 비웃는 태도를 보일 때 **냉소적 태도, 냉소적 어조**라고 해요.

| 3 | 자조적 / 회의적

자조적	회의적
자조(自嘲)란 자기를 스스로 비웃는 일을 말해요. 그래서 시적 화자가 자기 자신을 비판하면서 비웃을 때 **자조적 태도, 자조적 어조**라고 해요.	회의적이라는 말은 어떤 일에 의심을 품는 것을 말해요. 보통 자신이 인생을 잘 살아왔는지 의심을 품거나, 어떤 일이나 사회 현실이 잘 되어 가는 것인지에 대해 의심을 품는 경우가 많아요. 이런 경우에 **회의적 태도**라고 해요.

| 4 | 성찰적 / 관조적

성찰적	관조적
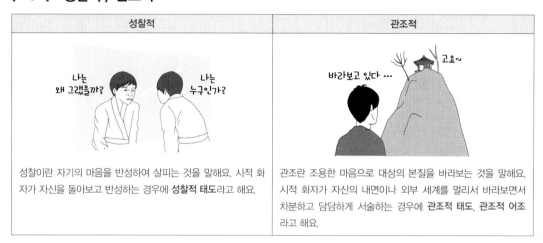	
성찰이란 자기의 마음을 반성하여 살피는 것을 말해요. 시적 화자가 자신을 돌아보고 반성하는 경우에 **성찰적 태도**라고 해요.	관조란 조용한 마음으로 대상의 본질을 바라보는 것을 말해요. 시적 화자가 자신의 내면이나 외부 세계를 멀리서 바라보면서 차분하고 담담하게 서술하는 경우에 **관조적 태도, 관조적 어조**라고 해요.

| 5 | 의지적 / 단정적

의지적	단정적
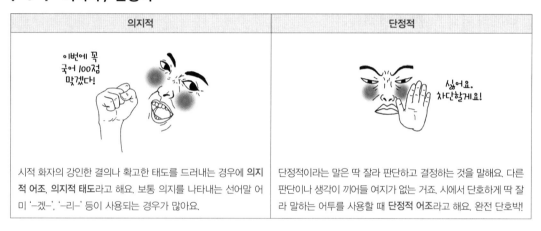	
시적 화자의 강인한 결의나 확고한 태도를 드러내는 경우에 **의지적 어조, 의지적 태도**라고 해요. 보통 의지를 나타내는 선어말 어미 '-겠-', '-리-' 등이 사용되는 경우가 많아요.	단정적이라는 말은 딱 잘라 판단하고 결정하는 것을 말해요. 다른 판단이나 생각이 끼어들 여지가 없는 거죠. 시에서 단호하게 딱 잘라 말하는 어투를 사용할 때 **단정적 어조**라고 해요. 완전 단호박!

| 6 | 향토적 / 탈속적

향토적	탈속적

사투리나 풍경 묘사로 푸근한 시골 느낌이 시에서 묻어나는 경우 **향토적 분위기**라고 해요.	탈속이란 세속적 현실에서 벗어난다는 뜻이죠. 시적 상황이 현실과 동떨어진 느낌을 주는 경우에 **탈속적 분위기**라고 해요.

| 7 | 애상적

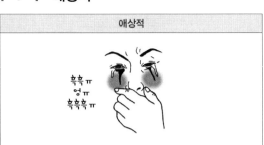

<table>
<tr><td>애상적</td></tr>
</table>

애상이란 슬퍼하고 가슴 아파하는 것을 말해요. 시에서 애상의 정서를 나타날 때 **애상적 어조, 애상적 분위기**라고 하지요. 보통 이별 혹은 그리움의 상황에서 애상적 분위기가 잘 형성되겠지요?

그럼 이제 예시를 통해 더 자세히 볼까요?

● {영탄적 어조} / {예찬적 어조}

> 가야 할 때가 언제인가를 / 분명히 알고 가는 이의 / 뒷모습은 얼마나 아름다운가.
>
> 봄 한 철 / 격정을 인내한 / 나의 사랑은 지고 있다.
>
> 분분한 낙화…… / 결별이 이룩하는 축복에 싸여 / 지금은 가야 할 때 — 이형기, 〈낙화〉

위의 시는 꽃잎이 떨어지는 '낙화' 현상을 이별에 대응함으로써 자연의 섭리와 인간사를 연결 지어 살피고 있어요. 그러면서 '가야 할 때가 언제인가를 분명히 알고 가는 이'의 뒷모습이 얼마나 아름다운지에 대해 예찬적인 모습을 보이고 있어요. '아름다운가'와 같은 시어에 이러한 감탄의 태도가 나타나 있죠. 이처럼 어떤 대상(여기서는 '떠날 때를 알고 떠나는 이')에 대해 찬양하면서 감탄하는 어투일 때 이를 영탄적 어조이자 예찬적 어조라고 할 수 있어요.

● {비판적 태도} / {냉소적 어조}

> 한강물 얼고, 눈이 내린 날
> 강물에 붙들린 배들을 구경하러 나갔다.
> 훈련받나봐, 아니야 발등까지 딱딱하게 얼었대.
> 우리는 강물 위에 서서 일렬로 늘어선 배들을
> 비웃느라 시시덕거렸다.

한강물 흐르지 못해 눈이 덮은 날
강물 위로 빙그르르, 빙그르르.
웃음을 참지 못해 나뒹굴며, 우리는
보았다. 얼어붙은 하늘 사이로 붙박힌 말들을.

언 강물과 언 하늘이 맞붙은 사이로
저어가지 못하는 배들이 나란히
날아가지 못하는 말들이 나란히
숨죽이고 있는 것을 비웃으며, 우리는
빙그르르. 올 겨울 몹시 춥고 얼음이 꽝꽝꽝 얼고.

– 김혜순, 〈한강물 얼고, 눈이 내린 날〉

위의 시는 한강물이 얼어붙고 눈이 내린 날, 얼어붙은 한강물 때문에 움직이지 못하고 늘어서 있는 배들의 모습을 통해, 자유가 억압되고 경직된 사회의 모습을 냉소적으로 비판하고 있어요. '비웃느라 시시덕거렸다', '비웃으며' 등의 시어에서는 배들과 말들에 대한 화자의 냉소적인 태도가, '붙박힌 말들을'이라는 시어에서는 개인의 언어 사용마저 제한된 상황에 대한 화자의 비판이 드러나지요. 따라서 위 시의 화자는 냉소적인 태도로 자유로운 의사소통이 제한된 경직된 사회에 대한 비판 의식을 드러내고 있다고 할 수 있어요.

● 〔비판적 태도〕 / 〔자조적 어조〕 / 〔성찰적 태도〕

왜 나는 조그만 일에만 분개하는가.
저 왕궁 대신에 왕궁의 음탕 대신에
오십 원짜리 갈비가 기름 덩어리만 나왔다고 분개하고
옹졸하게 분개하고 설렁탕집 돼지 같은 주인 년한테 욕을 하고 / 옹졸하게 욕을 하고

한 번 정정당당하게
붙잡혀 간 소설가를 위해서
언론의 자유를 요구하고 월남 파병에 반대하는
자유를 이행하지 못하고
이십 원을 받으러 세 번씩 네 번씩
찾아오는 야경꾼들만 증오하고 있는가. (중략)

모래야 나는 얼마큼 작으냐.
바람아 먼지야 풀아 난 얼마큼 작으냐.
정말 얼마큼 작으냐…….

– 김수영, 〈어느 날 고궁을 나오면서〉

앞의 시는 정작 중요한 일(언론의 자유 요구, 월남 파병 반대)에는 분개하지 못하고, 사소하고 작은 일에만 분개하는 옹졸한 자신의 모습을 비웃으며 반성하는 내용이네요. 특히 마지막 연에서는 자신을 매우 작고 보잘것없는 존재로 표현하면서 자조의 끝을 보여 주고 있죠. 따라서 위 시의 화자는 사회 현실에 대한 **비판적 태도**를 보이면서, **자조적 어조**로 자기 삶에 대해 반성하는 **성찰적 태도**를 보이고 있다고 할 수 있어요.

● {단정적 어조} / {의지적 태도}

> 내 죽으면 한 개 바위가 되리라.
> 아예 애련(愛憐)에 물들지 않고
> 희로(喜怒)에 움직이지 않고
> 비와 바람에 깎이는 대로
> 억 년(億年) 비정(非情)의 함묵(緘默)에
> 안으로 안으로만 채찍질하여
> 드디어 생명도 망각하고
> 흐르는 구름
> 머언 원뢰(遠雷)
> 꿈꾸어도 노래하지 않고
> 두 쪽으로 깨뜨려져도
> 소리하지 않는 바위가 되리라.
>
> — 유치환, 〈바위〉

위의 시는 어떤 감정에도 휩쓸리지 않고, 외부의 자극에도 동요되지 않고, 생명조차 망각할 정도로 초연한 바위처럼 살고자 하는 소망과 의지를 드러낸 시에요. '되리라'에 의지를 나타내는 선어말 어미 '-리-'를 사용한 것을 볼 수 있죠? 따라서 위 시의 화자는 **단정적 어조**로 바위처럼 살겠다는 자신의 **의지**를 드러내고 있다고 할 수 있어요.

● {회의적 태도} / {성찰적 태도}

> 땀내와 사랑내 포근히 품긴
> 보내 주신 학비 봉투를 받아
>
> 대학 노트를 끼고
> 늙은 교수의 강의 들으러 간다.

생각해 보면 어린 때 동무들
하나, 둘, 죄다 잃어버리고

나는 무얼 바라
나는 다만, 홀로 침전하는 것일까?

인생은 살기 어렵다는데
시가 이렇게 쉽게 씌어지는 것은
부끄러운 일이다.

- 윤동주, 〈쉽게 씌어진 시〉

위의 시에서 화자는 부모님이 보내 주신 학비 봉투를 받아서 대학 노트를 끼고 늙은 교수의 강의를 들으러 다닌다고 했어요. 이러한 일상을 '침전(가라앉음)'하고 있다고 표현하기도 했지요. 낡은 지식이나 배우러 다니는 자신의 삶을 현실에 안주하는 무기력한 것으로 느끼고 있다고 할 수 있어요. 또 시가 쉽게 써지는 것에 대해 부끄럽다고 했어요. 따라서 위 시의 화자는 자신의 삶을 **회의적 태도**로 바라보고 있고, 그런 자신의 모습에 대해 **성찰**하며 부끄러움을 느끼고 있다고 할 수 있어요.

● {애상적 분위기} / {향토적 분위기}

누나라고 불러 보랴
오오 불설워
시새움에 몸이 죽은 우리 누나는
죽어서 접동새가 되었습니다.

아홉이나 남아 되던 오랩동생을
죽어서도 못 잊어 차마 못 잊어
야삼경(夜三更) 남 다 자는 밤이 깊으면
이 산 저 산 옮아가며 슬피 웁니다.

- 김소월, 〈접동새〉

위의 시는 계모의 시기심 때문에 죽게 된 누나가 접동새로 환생했다는 고전 설화를 바탕으로 한 시예요. 화자는 죽은 누나의 동생으로, 접동새의 울음소리를 듣고 억울하게 죽은 누나의 한을 생각하며 안타까워하는 내용이에요. '불설워(몹시 서러워)', '오랩동생(남동생)'과 같이 향토색 강한 사투리의 사용으로 **향토적 분위기**가 형성되어 있고, 접동새가 되어 떠도는 누나에 대한 애절한 정과 슬픔이 주된 내용이기 때문에 전반적으로 **애상적 분위기**가 흐르고 있어요.

● {관조적 태도} / {탈속적 분위기}

> 노주인의 장벽에
> 무시로 인동(忍冬) 삼긴 물이 나린다.
>
> 자작나무 덩그럭 불이
> 도로 피어 붉고,
>
> 구석에 그늘 지어
> 무가 순 돋아 파릇하고,
>
> 흙냄새 훈훈히 김도 서리다가
> 바깥 풍설 소리에 잠착하다.
>
> 산중에 책력도 없이
> 삼동(三冬)이 하이얗다.
>
> — 정지용, 〈인동차〉

위의 시에서 화자는 삼동(三冬)의 추운 겨울에 산중에서 홀로 인동차('인동'은 한자를 풀이하면 겨울을 견딘다는 뜻이에요)를 마시며 추위를 견디고 있는 노주인의 모습을 객관적으로 묘사하고 있어요. 시적 대상을 멀리서 바라보면서 차분하고 담담하게 서술하고 있으므로, 화자의 태도는 **관조적 태도**라고 할 수 있어요. 또한 노주인은 산 속에서 '책력(달력)'도 없이 지내고 있다고 했어요. 이러한 모습에서 바깥 세상에 초연한 노주인의 태도를 엿볼 수 있고, 이는 이 시의 분위기를 **탈속적인 분위기**로 만들어 주고 있어요.

쌤의 팁 어조 지금까지 설명한 일곱 개의 어조 외에도 다양한 어조가 있어요. 각 시의 어조를 외우려고 하기보다는 화자의 어투와 태도, 작품의 분위기를 통해서 어조를 파악하는 능력을 길러야 해요.

딱! 세 줄 요약

⊙ 어조란 화자가 말하는 특징적인 어투와 말의 분위기이다!

⊙ 어조는 일부가 아니라 시의 전반을 아우르는 어투와 분위기로 파악해야 한다!

⊙ 어조는 화자가 처한 상황과 그에 대응하는 태도에서 결정된다!

01 다음 시의 시적 화자는 의지적 어조로 말하고 있다. (○ / ×)

> 비료값도 안 나오는 농사 따위야
> 아예 여편네에게나 맡겨 두고
> 쇠전을 거쳐 도수장 앞에 와 돌 때
> 우리는 점점 신명이 난다.
>
> — 신경림, 〈농무〉

02 다음 글에서 느껴지는 어조로 가장 적절한 것은?

> 봄날은 가네 무심히도 꽃잎은 지네 바람에
> 머물 수 없던 아름다운 사람들
>
> 가만히 눈 감으면 잡힐 것 같은
> 아련히 마음 아픈 추억 같은 것들
>
> — 김윤아, 〈봄날은 간다〉

① 향토적 어조　　　　② 애상적 어조　　　　③ 냉소적 어조

03 다음 중 어조가 다른 하나는?

① 산산이 부서진 이름이여! / 허공 중에 헤어진 이름이여!
② 아— 나는 사랑을 가졌어라 / 남 몰래 혼자서 사랑을 가졌어라!
③ 아버지의 침상 없는 최후의 밤은 / 풀벌레 소리 가득 차 있었다.
④ 얼음 금 가고 바람 새로 따르거니 / 흰 옷고름 절로 향기로워라.
⑤ 그런데 오, 내 안으로 들어오는 배여 / 아무 소리 없이 밀려들어오는 배여

예제풀이 | **01** ×　**02** ②　**03** ③

01 현실을 극복하려는 의지는 드러나지 않고, 현실에 대한 냉소적인 태도만 드러나고 있어요.
02 봄날이 가는 것에 대한 아련함과 쓸쓸함을 말하고 있으므로 애상적 어조라고 할 수 있어요.
03 ①, ②, ④, ⑤는 영탄적 어조로 말하고 있는 반면, ③은 차분하고 담담한 어조로 서술하고 있어요.

Prologue 2

추리하라, 시가 이해될지니!

남자 : 무슨 일 있어? 표정이 왜 그래.

여자 : (뒤돌아서며) 흥! 나 갈 거야.

남자 : 응? 어디가!

　　　(여자가 뒤돌아 떠난다.)

남자 : (혼잣말로) 내가 뭘 잘못했나? 약속시간에 늦었나? 뭔가
　　　바뀌었는데 내가 못 알아봤나? 밥이 맛이 없었나?

위의 대화에서 남자는 무엇을 하고 있나요? 여자친구가 기분이 상해 가 버리자 자신이 무언가 잘못한 일이 있어서 여자친구의 기분이 상했다고 생각하고, 자신이 무엇을 잘못했을지에 대해 하나씩 떠올리며 추리하고 있지요? 시를 이해하는 과정도 똑같아요. 시를 보다 잘 이해하기 위해서는 왜 그런 표현을 썼을지, 왜 그런 감정을 느꼈을지, 화자는 왜 그런 행동을 하는지에 대해 끊임없이 추리해 보아야 해요. 아래에서 시의 일부분을 짧게 한번 살펴보죠.

　　그러나 오렌지에 아무도 손을 댈 순 없다.
　　대는 순간
　　오렌지는 이미 오렌지가 아니고 만다.　　– 신동집, 〈오렌지〉

위의 구절은 신동집 시인의 〈오렌지〉라는 시의 일부분이에요. 먼저, '오렌지에 아무도 손을 댈 순 없다'고 말하고 있죠. 왜 오렌지에 손을 댈 수 없다고 하는 걸까요? 오렌지가 실물이 아니라 그림 속의 오렌지인 걸까요? 아니면 누군가 껍질에 독이라도 발라 둔 걸까요? 그다음에 손을 '대는 순간 오렌지는 이미 오렌지가 아니'라고 말하네요. 오렌지가 오렌지가 아니라니, 대체 이건 또 무슨 말일까요? 마이더스의 손처럼 오렌지에 손을 대면 '뿅!' 하고 오렌지가 금으로 바뀌는 것도 아닐 텐데 말이죠.

이렇게 시를 이해하는 과정은 시의 한 구절 한 구절에 대해 끊임없이 추측하고 추리하는 과정이라고 생각해도 좋아요. **Act 10~Act 14**는 시를 추리하기 위한 준비 과정이에요. 앞서 **Act 01~Act 08**에서는 시를 이해하기 위한 시의 언어에 대해 하나씩 배워 보았죠? 이제부터는 이전에 배웠던 시의 언어를 활용하면서 시에서 말하고자 하는 바를 추리해 내는 연습을 할 거예요. 제목을 활용하여 시의 내용을 예상하거나 짐작해 보고, 생략된 부분을 찾아내고, 또 조사나 어미 등을 통해 우리말의 미묘한 뉘앙스를 느껴 보는 거죠. 자, 그럼 이제 시작해 볼까요?

Act 10
시작이 반이다, 제목

시를 살펴볼 때 제목보다 내용을 먼저 보는 친구들 있죠? 시험 문제에는 시의 제목이 시의 오른쪽 아래에 배치되어 있어서 시를 다 읽고 제목을 만나는 일이 많을 거예요.

하지만 작품으로 들어가기 전에 시의 제목을 먼저 확인하고 시를 읽는 것이 좋아요. 제목은 여러분이 생각하는 것보다 더 중요해요. 제목을 단순히 시의 내용을 짧게 줄인 거라고 생각하지 말고, 시를 읽기 전에 우리에게 도움을 줄 수 있는 열쇠나 힌트 정도로 생각하자고요! 여러분들이 가볍게 여기는 것에 비해 제목이 시를 이해하는 데에 큰 역할을 하는 경우가 생각보다 많거든요. 제목이 왜 제목이겠어요!

제목을 먼저 확인하여 시의 내용을 짐작해 보면서 시를 읽으면 시 해석에 대한 막연한 두려움이나 거부감을 조금이나마 줄일 수 있어요. 다소 생소한 내용이 등장하더라도 제목에 등장하는 낱말과 연결 지어 생각한다면 보다 수월하게 이해할 수 있죠. **시에서 제목은 시 속에 등장하는 주요 소재이거나 화자가 처한 상황인 경우가 많아요.** 시를 이해하는 하나의 단서로서의 제목, 그 유형별로 하나씩 살펴볼까요?

┃ 1 ┃ 시의 제목에 주요 소재가 등장하는 경우

시의 제목에 사물이나 동물의 이름이 들어가 있을 때는 제목이 시 속에 등장하는 주요 소재인 경우가 많아요. 이런 경우에는 소재의 속성이나 특징을 먼저 떠올린 후 시의 내용과 관련지으며 읽으면 시를 보다 쉽게 이해할 수 있어요. 예를 들어 볼까요?

다음에 나올 시의 제목은 왼쪽 그림에서 보이는 것과 같은, 명태를 바짝 말린 〈북어〉예요. 북어를 보고 있으면 어떤 느낌이 드나요? 말라 비틀어졌다? 누렇게 떴다? 딱딱하다? 그런 느낌이 들죠?

북어

– 최승호

밤의 식료품 가게
케케묵은 먼지 속에
죽어서 하루 더 손때 묻고
터무니없이 하루 더 기다리는
북어들,
북어들의 일 개 분대가
나란히 꼬챙이에 꿰어져 있었다.
나는 죽음이 꿰뚫은 대가리를 말한 셈이다.
한 쾌의 혀가
자갈처럼 죄다 딱딱했다.
나는 말의 변비증을 앓는 사람들과
무덤 속의 벙어리를 말한 셈이다.

말라붙고 짜부라진 눈,
북어들의 빳빳한 지느러미
막대기 같은 생각
빛나지 않는 막대기 같은 사람들이
가슴에 싱싱한 지느러미를 달고
헤엄쳐 갈 데 없는 사람들이
불쌍하다고 생각하는 순간,
느닷없이
북어들이 커다랗게 입을 벌리고
거봐, 너도 북어지 너도 북어지 너도 북어지
귀가 먹먹하도록 부르짖고 있었다.

우리가 앞에서 북어의 모습을 떠올리며 생각해 두었던 속성들은 북어를 소재로 한 최승호 시인의 시 〈북어〉를 이해하는 밑바탕이 돼요. 시 속에서 시인은 '케케묵은 먼지 속에'서 '죽음이 꿰뚫은 대가리'로 '헤엄쳐 갈 데 없는' 것으로 북어를 묘사해 놓았어요. 우리가 떠올린 북어의 모습과 시에 드러난 북어의 모습이 크게 다르지 않다는 것을 알 수 있을 거예요. 이렇게 시의 제목인 북어에 대한 상상이 시의 내용을 이해하기 위한 첫걸음이자 밑바탕이 돼요. 이처럼 시의 제목에 소재가 딱 등장할 경우에는 그것의 속성을 꼭 떠올려 보도록 하세요! 시를 이해하는 밑바탕이 되어 줄 거예요.

| 2 | 시의 제목에 어떤 동작이나 상황이 등장하는 경우

두 번째는 시의 제목에 어떤 동작이나 상황이 제시되는 경우예요. 이번에도 앞에서처럼 시의 제목을 먼저 보고 난 후에 시를 읽어 보도록 해요.

새들도 세상을 뜨는구나

– 황지우

영화가 시작하기 전에 우리는
일제히 일어나 애국가를 경청한다.
삼천리 화려 강산의
을숙도에서 일정한 군(群)을 이루며

갈대 숲을 이륙하는 흰 새떼들이
자기들끼리 끼룩끼룩거리면서
자기들끼리 낄낄대면서
일렬 이열 삼열 횡대로 자기들의 세상을
이 세상에서 떼어 메고
이 세상 밖 어디론가 날아간다.
우리도 우리들끼리
낄낄대면서 / 깔쭉대면서
우리의 대열을 이루며
한 세상 떼어 메고
이 세상 밖 어디론가 날아갔으면
하는데 대한 사람 대한으로
길이 보전하세로
각각 자기 자리에 앉는다.
주저앉는다.

시의 제목이 시의 소재인 경우도 있지만, 위의 시와 같이 어떠한 동작이나 상황을 보여 주는 경우도 있어요. 황지우 시인의 시 〈새들도 세상을 뜨는구나〉를 보며 함께 생각해 보죠. 아까 '북어'를 보며 상상해 본 것처럼, '새들이 뜨는' 장면을 떠올리며 상상해 보세요. '새들이 뜨는' 모습은 세상으로부터 벗어난다는 느낌을 주는 것 같지 않나요?

이 시의 창작 시기(1983년)는 영화관에서도 영화가 시작되기 전에 모두 자리에서 일어나 '애국가를 경청'해야 했던 군사 독재 시절이에요. 시인은 독재의 억압을 받고 있는 자신의 상황과 정반대로 영상 속에서 자유로이 훨훨 날아가는 새들의 모습을 보며 부러움과 절망감을 느꼈을 거예요. 이 시는 제목이 보여 주는 상황으로부터 시인이 바라는 바가 무엇인지 추측해 볼 수 있는 경우죠.

▌3 ▌ 시의 제목이 마지막 퍼즐 조각인 경우

한편 시의 제목을 알아야지만 비로소 시의 전체적인 내용이 '아하!' 하고 눈에 들어오는 경우도 있어요. 먼저 쉬운 예시로, 신선한 시도로 사람들의 눈길을 끌었던 하상욱 시인의 시 중에서 하나를 보여 줄게요.

나의 진짜 모습
너의 진짜 모습
사라졌어.

이게 시 내용의 전부예요. 어떤 내용 같아요? 무엇에 대해 이야기하고 있는 것일까요? 마음껏 상상해 봐요! 제목이 주어지지 않는다면, 거짓을 일삼는 현대인의 세태를 비판하는 시로 해석할 수도 있고, 어린 시절의 순수한 모습을 잃어버린 어른들의 한탄을 담은 시로 해석할 수도 있을 거예요. 이 외에도 다양한 방향으로 생각해 볼 수 있겠지요.

그렇지만 사실 이 시는 알고 보면 위에서 추측했던 것처럼 그렇게 심오한 내용의 시는 아니에요. 이 시의 제목이 뭔지 듣고 나면 시의 내용을 바로 이해할 수 있지요. 이 시의 제목이 뭐냐면, 그건 바로… 〈포토샵〉이에요. 아! 제목을 들으니 무릎을 탁 치게 되죠? 이게 바로 제목의 매력이지요.

이처럼 제목을 알아야만 시의 내용을 온전히 이해할 수 있는 경우들이 있어요. 이번에는 조금 더 어려운 시로 예를 들어 볼게요.

이것은 소리 없는 아우성
저 푸른 해원을 향하여 흔드는
영원한 노스탤지어의 손수건
순정은 물결같이 바람에 나부끼고
오로지 맑고 고운 이념의 푯대 끝에
애수는 백로처럼 날개를 펴다.
아, 누구던가
이렇게 슬프고도 애달픈 마음을
맨 처음 공중에 달 줄을 안 그는.

이 시의 화자는 시에서 주요 소재를 '이것'이라고만 표현했어요. 그런데 시의 내용만으로는 '이것'이 무엇인지 정확히 알 수가 없지요. 다만 '푸른 해원(바다)'에 흔드는 '손수건'이자 '백로처럼 이념의 푯대 끝에'서 '바람에 나부끼고' 있는 것이라며 '이것'을 묘사하고 있을 뿐이죠. '이것'의 정체가 시 속에서는 파악되지 않는데… 이 시의 제목이 뭘까요? 바로, 〈깃발〉이에요!

원하는 곳까지 날아가고 싶지만, 깃대에 묶여 자유로이 날아갈 수 없는 '이것'은 바로 '깃발'이었어요. 바람에 자유로이 펄럭이고 있지만 단단히 묶여 있기에 푸른 해원에 닿을 수 없는 깃발의 모습을 시에서 표현하고 있는 거지요.

자, 이렇게 보니까 의외로 제목이 꽤나 중요하죠? 물론 제목을 안다고 해서 시의 내용이 저절로 머릿속에 들어오는 것은 아니에요. 그래도 제목을 염두에 두고 시를 읽는 것과 그렇지 않은 것에는 많은 차이가 있지요. 그러니 이제 앞으로는 시를 읽을 때, 습관처럼 제목을 먼저 읽고 내용으로 들어가기로 약속!

● 다음 시를 읽고 물음에 답하시오.

> 네가 오기로 한 그 자리에
> 내가 미리 가 너를 기다리는 동안
> 다가오는 모든 발자국은
> 내 가슴에 쿵쿵거린다
> 바스락거리는 나뭇잎 하나도 다 내게 온다
> 기다려 본 적이 있는 사람은 안다
> 세상에서 기다리는 일처럼 가슴 에리는 일 있을까
> 네가 오기로 한 그 자리, 내가 미리 와 있는 이곳에서
> 문을 열고 들어오는 모든 사람이
> 너였다가
> 너였다가, 너일 것이었다가
> 다시 문이 닫힌다
> 사랑하는 이여
> 오지 않는 너를 기다리며
> 마침내 나는 너에게 간다
> 아주 먼 데서 나는 너에게 가고
> 아주 오랜 세월을 다하여 너는 지금 오고 있다
> 아주 먼 데서 지금도 천천히 오고 있는 너를
> 너를 기다리는 동안 나도 가고 있다
> 남들이 열고 들어오는 문을 통해
> 내 가슴에 쿵쿵거리는 모든 발자국 따라
> 너를 기다리는 동안 나는 너에게 가고 있다

01 시의 소재로 제목을 짓는다면 어떤 제목이 좋을까?

(   )

02 동작이나 상황으로 제목을 짓는다면 어떤 제목이 좋을까?

(   )

03 시의 이해를 위한 마지막 퍼즐 조각으로서 제목을 짓는다면 어떤 제목이 좋을까?

(   )

예제풀이 | **01** 예 기다림, 사랑   **02** 예 너를 기다리는 동안   **03** 예 변비 탈출(미안^^;)

02 이 시는 황지우 시인의 〈너를 기다리는 동안〉이에요.

Act 11
어디어디 숨었나, 문장 성분 채우기

    여전히 시가 잘 이해되지 않고 화자가 무슨 말을 하는지 이해가 되지 않는다면 시 속의 문장들을 더 찬찬히 살펴볼 필요가 있어요. 그리고 각각의 문장을 제대로 이해하기 위해서는 생략되어 있거나 흩어져 있는 주어, 서술어, 목적어를 정돈해야 해요. 시 속의 문장들은 함축적으로 표현되어 있거나 도치법 등을 통해서 그 순서가 섞여 있기도 하거든요. 이처럼 뒤죽박죽된 것들을 정돈하려면 우선 주어나 목적어, 서술어 등을 찾아야겠죠? 만일 문장 성분이 생략되어 있다면 맥락을 통해 생략된 문장 성분이 무엇일지 적극적으로 찾아보아야 해요.

    자, 그럼 각각의 경우에 대해 보다 구체적으로 알아볼까요?

| 1 | 주어가 생략된 경우
다음 시의 한 구절을 먼저 보죠.

  ● 고향은 찾아 무얼하리   – 박용철, 〈고향〉

    여기서 서술어는 '찾아 무얼하리(뭐하리)'가 되겠네요. 그럼 고향은 찾아 뭐하겠냐고 이야기하는 사람은 누구일까요? 시에서 주어가 특별히 드러나고 있지 않다면, 대체로 시적 화자인 '나'가 이야기하고 있다고 생각하면 돼요. 주어를 무엇으로 해야 할지 모르겠다면 일단 '나'를 한번 넣어 보세요.

    물론 그렇다고 주어 자리에 항상 '나'를 넣는 것은 아니에요. 주어가 '나'인지 아닌지 혼동하지 않으려면 앞뒤 맥락을 통해 잘 파악해야 해요. 앞뒤 맥락을 보면서 서술어와 호응하는 주어가 따로 있는지 살펴보아야 하는 거지요. 서술어와 잘 어울리는 주어가 따로 있다면 '나'가 아니라 그 단어를 찾아 주어 자리에 채워 넣어야 해요.

  ● 열없이 붙어 서서 입김을 흐리우니
    길들은 양 언 날개를 파다거린다.   – 정지용, 〈유리창〉

    위 시에서 주어를 찾아 다음 ①과 ②를 채워 보세요.

- (①) 열없이 붙어 서서 입김을 흐리우니
  누가?
- (②) 길들은 양 언 날개를 파다거린다.
  무엇이?

①부터 보면, 누가 유리창(제목을 통해 알 수 있지요?)에 붙어 서서 입김을 불고 있는 걸까요? 딱히 나타나지 않으니 아마도 화자인 '나'가 되겠네요. 이번에는 ②를 봅시다. '날개를 파다거'리는 주체가 누구일까요? 만약에 ②도 '나'라고 하면 '내가 열없이 붙어 서서 입김을 흐리우니 / 내가 길들은 양 언 날개를 파다거린다'가 되는데, 뭔가 좀 이상하죠? 내가 입김을 흐리우는데(흐리게 하는데) 내가 날개를 파다거린다? 음, 이상하다고 느껴지니까 그대로 두면 안 되겠지요. 그럼 날개를 파다거릴 만한 다른 주체를 찾아볼까요? 아하! 첫 번째 행을 보니 유리창에 입김이 생겼다는 것을 알 수 있네요. 입김을 ②에 넣어 보면, '입김은 길들은 양 언 날개를 파다거린다'가 되겠죠. 입김이 서서히 사라지는 모습을 무언가가 날개를 파다거리는 모습으로 생각해 볼 수도 있지 않을까요? '날개를 파다거'리는 것의 주체로 '나'와 '입김' 두 가지 경우를 생각해 보았는데, '나'일 때보다는 '입김'일 때 표현이 더 자연스럽지 않나요? 그렇다면 ②에 들어갈 말은 '입김'이라고 할 수 있겠네요.

- (내가) 열없이 붙어 서서 입김을 흐리우니
  (입김이) 길들은 양 언 날개를 파다거린다.

어때요? 한결 자연스럽죠? 이렇게 차근차근 주어를 찾아 나가야 해요.

| 2 | 목적어가 생략된 경우

시에서 목적어는 대체로 생략되지 않아요. 목적어는 문장에서 상당히 중요한 정보들을 가지고 있거든요. 그래서 목적어는 생략되기보다는 도치되는 경우가 많아요. 문장에서 목적어가 보이지 않으면 혹시 다른 곳에 가 있는 것은 아닌지 문장 주변을 잘 살펴보세요. 만약 아무리 찾아도 나오지 않는다면, 문맥을 통해 유추해 보아야 해요.

- 나는 아직 기다리고 있을 테요, 찬란한 슬픔의 봄을 – 김영랑, 〈모란이 피기까지는〉

이 시의 앞부분에는 목적어가 없어요. '나'가 무언가를 기다리고 있다는 것만 알 수 있죠. 무엇을 기다리는 걸까요? 앞부분에 나와 있지 않으니까 뒷부분을 보세요. '찬란한 슬픔의 봄을'이라는 목적어가 도치되어 있었네요. 문장을 완성해 보면 '나는 아직 찬란한 슬픔의 봄을 기다리고 있을 테요'가 돼요.

| 3 | 서술어가 생략된 경우

서술어 역시 목적어처럼 문장에서 잘 생략되지는 않지만, 간혹 생략되는 경우가 있어요. 그런 경우, 앞말만 보아도 생략된 서술어가 무엇인지 어렵지 않게 떠올릴 수 있어요. 예를 들어, '밥을'이라는 목적어를 보면 '먹는다'가 떠오르고, '잠을'이라는 목적어를 보면 '잔다'가 떠오르잖아요. 영화 제목이자 노래 제목이기도 한 〈님은 먼 곳에〉를 떠올려 보세요. 이 표현 또한 서술어가 생략되어 있지만, 우리는 '먼 곳에'라는 부사어만으로도 '님은 먼 곳에 있다' 혹은 '님은 먼 곳에 갔다' 정도를 쉽게 떠올릴 수 있어요. 우리가 흔히 쓰는 말이다 보니 앞에 나오는 말만으로도 충분히 생략된 서술어를 추측해 내는 것이 가능하죠.

- 죽는 날까지 하늘을 우러러
  한 점 부끄럼이 없기를,   – 윤동주, 〈서시〉

위 시는 '없기를'에서 끝이 났네요. 서술어가 없으니 아쉽죠? 목적어로 끝이 나니까 나도 모르게 서술어를 채우고 싶어지네요. '부끄럼이 없기를'만 들으면 자연스레 머릿속에서 어떤 서술어가 떠오르나요? 그렇죠! '바란다'가 떠오르지요? 그럼 생략된 주어까지 채워서 '나는 한 점 부끄럼이 없기를 바란다'라고 완성할 수 있겠네요.

한 가지 더 추가하자면, 문장이 명사로 끝나는 경우에는 조사 '이다'를 붙이면 서술어를 완성할 수 있어요. 시에서는 '이다'를 생략하는 경우가 많거든요.

- 낙엽은 폴란드 망명 정부의 지폐 – 김광균, 〈추일 서정〉

위 시의 맨 끝에 '이다'를 한번 붙여 볼까요? '낙엽은 폴란드 망명 정부의 지폐이다' 이렇게 하니 문장이 확실해지죠?

● 다음 시의 빈칸을 채워 완전한 문장으로 완성해 보자.

> 고향에 고향에 돌아와도
> ((1) : _____) 그리던 고향은 아니러뇨.
>
> 산꿩이 알을 품고
> 뻐꾸기 제 철에 울건만,
>
> 마음은 제 고향 지니지 않고
> 머언 항구로 떠도는 구름((2) : _____)
>
> 오늘도 뫼 끝에 홀로 오르니
> 흰 점 꽃이 인정스레 웃고,
>
> 어린 시절에 불던 풀피리 소리 아니 나고
> ((3) : _____) 메마른 입술에 쓰디쓰다.
>
> 고향에 고향에 돌아와도
> ((4) : _____) 그리던 하늘만이 높푸르구나.
>
> – 정지용, 〈고향〉

Act 12
말 한마디 한마디, 시어

"인태야, 너 표정이 왜 그래? 시험 잘 못 봤어?"
"하… 말도 마. 나 완전 지금 기분 ⬚ 같아."

자, 위 대화에서 ⬚에 뭘 채워 넣으면 좋을까요? 응? 아, 멍멍이를 가리키는 한 글자짜리 욕은 말고요. ㅎㅎ 욕 말고 다른 걸 한번 넣어 보세요. 떠오르는 게 뭐가 있나요? 꽃, 판다, 펭귄 등을 한번 넣어 볼까요?

"하… 말도 마. 나 완전 지금 기분 '판다' 같아." 어때요? 뭔가 애매하죠. 그럼 이건 어때요?

"하… 말도 마. 나 완전 지금 기분 '지옥' 같아." 어때요? 이건 좀 와 닿네요.

시어는 바로 이 ⬚와 같아요. 시인이 시적 화자의 입을 빌려서 자신이 하고 싶은 말을 가장 잘 표현해 줄 수 있는 단어들인 거지요. 그렇기에 당연히 시인들은 여기에 무엇을 넣을지 고민을 하게 되고, 여기에 들어가는 단어들은 의미를 추가적으로 더 갖게 되겠지요. 여기서 우리는 이 의미들에 관해 한번 생각해 볼 거예요.

이렇게 한 시어가 어떤 내용이나 요소를 깊이 압축하여 담고 있는 것을 가리켜 시어의 **함축적 의미** 라고 해요. 함축적 의미를 잘 알아야 시를 이해할 수 있어요. 다음의 네 가지를 고려하면 시어의 함 축적 의미를 파악하기 쉬워요.

❶ 시어의 속성
❷ 수식하는 말
❸ 지시어
❹ 같은 뜻, 다른 말

| 1 | 시어의 속성

가장 먼저 생각할 부분은 시어가 가지고 있는 속성이에요. 속성이라고 하는 건 해당하는 단어가 지 니고 있는 특징이나 성질을 가리켜요. 시어가 가지고 있는 의미는 이 속성과 밀접한 관련이 있어요. 우리가 앞에서 배운 비유와 상징도 당연히 시어의 속성과 관련이 있고요. 그렇기에 일단 눈길을 끄 는 한 단어가 나오면 그 단어가 지니는 속성들을 생각해 보세요.

여러분이 "너, 판다 같아."라는 말을 들었다고 해 보자고요. 그러면 판다의 어떤 속성과 여러분이 연관이 된다는 얘기일 거예요. '판다'라고 하면 어떤 특징이 떠오르나요? 귀엽다, 느리다, 뚱뚱하다, 뒹구는 걸 좋아한다, 얼룩이 있다, 대나무를 먹는다, 다크서클이 짙다 등등이 있을 수 있겠지요.

만약 여러분이 걷는 모습을 보고 판다 같다고 했다면 동작이 느리거나 귀엽다는 의미로 한 얘기일 거고, 피곤한 여러분의 두 눈을 보고 한 얘기라면 다크서클이 짙다고 하는 것이 되겠지요. 이러한 점을 시에 연결 지어 생각해 봐요. 단어로부터 연상되는 특징(속성)과 문맥을 고려하면 시어가 가지고 있는 함축적 의미를 보다 잘 파악할 수 있으리라는 것을 알 수 있을 거예요. 결국 시 속에서 특정 단어가 가지고 있는 함축적 의미를 잘 파악하기 위해서는, 그 단어가 가진 속성이나 특징에 대해서 한번쯤 떠올려 볼 필요가 있다는 거죠. 실제 시를 토대로 한번 생각해 볼게요.

> 우리가 눈발이라면 / 허공에서 쭈빗쭈빗 흩날리는
> 진눈깨비는 되지 말자.
> 세상이 바람 불고 춥고 어둡다 해도 / 사람이 사는 마을
> 가장 낮은 곳으로 / 따뜻한 함박눈이 되어 내리자.
> 우리가 눈발이라면 / 잠 못 든 이의 창문 가에서는 편지가 되고
> 그이의 깊고 붉은 상처 위에 돋는 / 새살이 되자.
>
> — 안도현, 〈우리가 눈발이라면〉

위 시에는 '진눈깨비'와 '함박눈'이라는 시어의 속성이 두드러지게 나타나고 있어요. 진눈깨비와 함박눈이 시에서 어떤 의미를 가지고 있는지 알기 위해서는 먼저 이 두 단어의 속성에 대해 생각해 보아야 해요. 시에서도 찾아볼 수 있듯이 진눈깨비의 특징은 쭈빗쭈빗 흩날리는 것이고, 함박눈의 특징은 포근하고 따뜻한 것이죠. 이 속성을 시와 연결 지어 본다면 진눈깨비는 세상을 감싸 주지 못하는 존재를, 함박눈은 세상을 감싸고 희망을 주는 존재를 의미한다는 것을 알 수 있어요.

예제 연습문제

● 다음 시를 읽고 괄호에 적절한 말을 넣어 보자.

> 껍데기는 가라.
> 4월도 알맹이만 남고 / 껍데기는 가라.

껍데기는 가라.
동학년(東學年) 곰나루의, 그 아우성만 살고 / 껍데기는 가라.

– 신동엽, 〈껍데기는 가라〉

시어	속성(특징) 및 의미
껍데기	(1) ( )
알맹이	(2) ( )

예제풀이 | (1) 허례허식, 겉모습, 외양 등 (2) 본질, 실제, 내면 등

| 2 | 수식하는 말

시어의 의미를 확실히 알기 위해서는 시어를 수식하는 말에 주목을 해야 해요. 수식하는 말이 무엇이냐에 따라서 시어가 가지는 의미가 확실히 정해지기 때문이에요.

가령 '비'를 놓고 생각해 볼까요?

① 추적추적 내 앞길을 가로막는 비
② 농민들의 숨통을 틔우게 해 줄 생명의 비

①에서 비는 부정적인 비가 되겠지요. '나'를 방해하는 장애물이니까요. 반면에 ②에서 비는 긍정적인 비예요. 농민들을 살리는 생명의 비니까요. 이처럼 같은 비라고 하더라도 앞에서 무엇이 수식하느냐에 따라서 전혀 다른 의미가 돼요.

그럼 시를 통해서 좀 더 살펴볼까요?

어제를 동여맨 <u>편지</u>를 받았다
늘 그대 뒤를 따르던
길 문득 사라지고
길 아닌 것들도 사라지고

– 황동규, 〈조그만 사랑 노래〉

이 시에서 '편지'를 보세요. 편지라고 하면 무언가 내용을 전달해 준다는 속성이 있겠죠? 그런데 수식하는 말을 보니까 '어제를 동여맨'이라고 하네요. 어제를 묶었다는 말은 더 이상 나아가지 않게 막았다는 게 되겠지요. 어제에서 끝이 났다는 말로 단절, 상실 같은 단어가 떠오르네요. 아, 그렇다면 이 편지는 이별의 편지일 거라는 생각이 들지요? 아니나 다를까, 다음 행을 보니 다 사라진다고 하네요. 역시 이별의 편지가 맞겠네요.

● 다음 시를 읽고 수식하는 말에 유의하여 밑줄 친 시어의 의미를 추측해 보자.

> 피하지 마라
> 빈 들에 가서 깨닫는 그것
> 우리가 늘 흔들리고 있음을.
>
> — 오규원, 〈살아 있는 것은 흔들리면서 – 순례11〉

(1) '들'을 수식하는 말 : (   )

(2) '들'이 지니고 있는 의미 : (   )

> 무성한 녹음과 그리고
> 머지않아 열매 맺는
> <u>가을</u>을 향하여
>
> — 이형기, 〈낙화〉

(3) '가을'을 수식하는 말 : (   )

(4) '가을'이 지니고 있는 의미 : (   )

예제풀이 | (1) 빈 (2) 비어 있는 장소, 고독한 곳 (3) 열매 맺는 (4) 풍성한 시기, 결실의 시기

| 3 | 지시어

시에 지시어가 나올 때가 있어요. 그런 경우, 우리는 그 지시어가 가리키는 말이 무엇인지 찾아봐야 해요. 다음 시를 볼까요?

> 내 볼에 와 닿던 네 입술의 뜨거움, / 사랑한다고 사랑한다고 속삭이던 네 숨결,
> 돌아서는 내 등 뒤에 터지던 네 울음. / 가난하다고 해서 왜 모르겠는가,
> 가난하기 때문에 <u>이것들</u>을
> <u>이 모든 것들</u>을 버려야 한다는 것을.
>
> — 신경림, 〈가난한 사랑 노래〉

이 시에서는 가난 때문에 '이것들'을, '이 모든 것들'을 버려야 한다고 말하고 있어요. 이 지시어들은 무엇을 가리키는 걸까요? '네 입술의 뜨거움', '네 숨결', '네 울음' 등을 가리키는 거겠죠. 이건 모

두 사랑을 의미하는 말이네요. 결국 가난하기 때문에 사랑을 버려야 한다는 거지요. 지시어가 무엇을 가리키는지를 찾아보고 나니 이해가 한결 쉬워지지요?

예제| 연습문제

● 다음 시를 읽고 밑줄 친 지시어가 무엇을 가리키는지 적어 보자.

> 까마득한 날에 / 하늘이 처음 열리고
> 어디 닭 우는 소리 들렸으랴.
>
> 모든 산맥들이 / 바다를 연모해 휘달릴 때에도
> 차마 이곳을 범하던 못하였으리라.
>
> 끊임없는 광음을 / 부지런한 계절이 피여선 지고
> 큰 강물이 비로소 길을 열었다.
>
> 지금 눈 내리고 / 매화 향기 홀로 아득하니
> 내 여기 가난한 노래의 씨를 뿌려라.
>
> 다시 천고의 뒤에
> 백마 타고 오는 초인이 있어
> 이 광야에서 목놓아 부르게 하리라.
>
> — 이육사, 〈광야〉

(1) '이곳', '여기'가 가리키는 말 : (   )

예제풀이 | (1) 광야

(1) 광야는 '텅 비고 아득히 넓은 들'을 가리키는 말로, 이 시에서는 '조국' 혹은 '민족사의 공간'을 의미해요.

| 4 | 같은 뜻, 다른 말

시에서는 하나의 대상이 여러 가지 시어로 표현되기도 해요. 다음 시를 살펴볼까요?

> 어느 머언— 곳의 그리운 소식이기에,
> 이 한밤 소리 없이 흩날리느뇨.

처마 밑에 호롱불 야위어 가며
서글픈 옛 자취인 양 흰 눈이 내려

– 김광균, 〈설야(雪夜)〉

　시를 볼 때는 제목부터 보라고 했죠? 제목이 〈설야〉네요. '설야'는 눈 내리는 밤을 의미해요. 그럼 이 시에는 눈 내리는 밤의 모습이 드러나겠다는 걸 생각할 수 있지요. 연을 보니 무언가가 그리운 소식이고, 한밤에 소리 없이 흩날린다고 하네요. 〈설야〉라는 제목을 생각한다면 이 대상이 '눈'이라는 것을 알 수 있어요. 제목의 의미를 잘 모른다고 하더라도 흩날린다고 하면 눈이 연상이 되겠죠? 연을 보면 그게 더 확실해지네요. 서글픈 옛 자취인 양 흰 눈이 내린다고 하고 있으니까, 내리는 존재가 흰 눈이라고 말해 주잖아요. 정리해 보면, 이 시에서는 눈이라고 하는 하나의 대상을 '그리운 소식', '서글픈 옛 자취'와 같이 다양한 시어로 표현하고 있어요. 이를 통해 흰 눈이 지니고 있는 함축적 의미는 그리운 소식이면서, 서글픈 과거가 떠오르게 하는 존재로 생각해 볼 수 있을 거예요.

예제 연습문제

● 다음 시를 읽고 서로 같은 뜻을 가진 두 시어를 찾아보자.

누가 하늘을 보았다 하는가
누가 구름 한 송이 없이 맑은
하늘을 보았다 하는가.

네가 본 건, 먹구름
그걸 하늘로 알고
일생을 살아갔다.

네가 본 건, 지붕 덮은
쇠항아리,
그걸 하늘로 알고
일생을 살아갔다.

– 신동엽, 〈누가 하늘을 보았다 하는가〉

(1) 같은 뜻의 두 시어 : (　　　　　　　　　　　)

예제풀이 | (1) 먹구름, 쇠항아리

(1) '먹구름'과 '쇠항아리'는 모두 부정적 현실, 억압적이고 위선적인 현실을 뜻해요.

Act 13
디테일이 차이를 만든다, 조사와 어미

우리가 아주 쉽게 그냥 지나치는 게 있는데 그게 바로 '조사와 어미'예요. 하지만 조사와 어미에도 시 해석의 단서가 있을 수 있으니까 신경 써야 해요.

| 1 | 짧은 글자에 담은 사연 – 보조사 '만', '도', '까지', '조차'

보조사에서 힌트를 얻는 경우도 많아요. '나는 떡볶이를 먹었다.'라는 문장과 달리 '나는 떡볶이만 먹었다.'라는 문장은 다른 건 안 먹고 '떡볶이'만을 먹었다는 걸 말해 주잖아요. 시 해석에서는 보조사 하나도 소홀히 하지 않아야 해요.

> 이제
> 네 음성을
> 나만 듣는 여기는 눈과 비가 오는 세상.
>
> – 박목월, 〈하관〉

시인은 보조사 '만'을 활용해 '나만'이라고 표현했어요. 다른 사람은 못 듣고 '나'만 너의 음성을 들을 수 있다는 걸 알 수 있지요.

> 네가 오기로 한 그 자리에
> 내가 미리 가 너를 기다리는 동안
> 다가오는 모든 발자국은
> 내 가슴에 쿵쿵거린다
> 바스락거리는 나뭇잎 하나도 다 내게 온다
>
> – 황지우, 〈너를 기다리는 동안〉

'나뭇잎 하나도'라는 표현이 있죠? 보조사 '도'를 통해 화자가 '바스락거리는 나뭇잎 하나'마저도 자신에게 오는 것처럼 느끼고 있다는 것을 알 수 있어요. 보조사 '도'를 활용하여 작은 것 하나마저도 화자가 신경 쓰고 있다는 것을 느낄 수 있도록 표현한 거예요.

| 2 | 지금은 닿을 수 없는 옛날이야기 – 선어말 어미 '–더–', 관형사형 어미 '–던'

다음으로 과거 시제를 표현할 때 쓰이는 것들을 살펴보려 해요. '–더–'는 선어말 어미, '–던'은 관형사형 어미로 회상의 의미를 가지고 있어요. 예전에는 어떠했는데 지금은 그렇지 않다는 의미를 표현하고자 할 때에 주로 써요.

> 지난 오월 단옷날, 처음 만나던 날 / 우리 둘이서 그늘 밑에 서 있던
> 그 무성하고 푸르던 나무같이 / 늘 안녕히 안녕히 계세요.
>
> – 서정주, 〈춘향유문〉

위 시를 보면 '–던'이라는 관형사형 어미가 무려 세 번이나 등장하고 있어요. '만나던', '서 있던', '푸르던'의 '–던'을 통해 지금과 시간적 거리가 먼 과거라는 느낌을 받을 수 있지요? 또 지금은 상대방과 내가 만나지 못하고 있다는 상황이라는 것도 알 수 있어요. 더 나아가 시적 화자는 처음 만났던 때와 함께 있던 때, 그러니까 상대방(임)과 함께했던 과거를 그리워하고 있다고까지 추측해 볼 수 있겠네요. 이처럼 '–더–' 혹은 '–던'은 현재와는 다른 과거 상황을 회상할 때 쓰여요. 회상이 과거의 일이나 상황을 떠올리는 것이다 보니 자연스레 그러한 상황에 대한 그리움이 시의 주된 정서를 이루는 경우가 많아요.

| 3 | 미래에 대한 소망, 추측 또는 의지 – 선어말 어미 '–겠–'

마지막으로 선어말 어미 '–겠–'에 대해 살펴봅시다. 우선 이 선어말 어미는 앞서 배운 선어말 어미 '–더–'와는 달리 미래 시제를 나타낼 때에 쓰여요. '그녀가 곧 돌아오겠다.'라는 문장에서 볼 수 있듯이 미래에 일어날 일을 나타내기 위해 주로 사용돼요. 그런데 '–겠–'이라는 선어말 어미는 소망이나 추측, 의지를 나타내기 위해서도 쓰여요. 사실 '소망, 추측, 의지'가 미래에 일어날 일에 대한 것이기 때문에 그러한 면도 있어요. 미래에 일어날 일에 대해서 소망하고 추측하고, 혹은 미래에 어떻게 하겠다고 의지를 드러내는 거니까요.

다음 시를 한번 읽어 봅시다.

> 나는 이제 너에게도 슬픔을 주겠다.
> 사랑보다 소중한 슬픔을 주겠다.
> 겨울밤 거리에서 귤 몇 개 놓고
> 살아온 추위와 떨고 있는 할머니에게
> 귤 값을 깎으면서 기뻐하던 너를 위하여
> 나는 슬픔의 평등한 얼굴을 보여 주겠다.
>
> – 정호승, 〈슬픔이 기쁨에게〉

'슬픔을 주겠다', '얼굴을 보여 주겠다'와 같은 표현에서 미래 시제의 선어말 어미인 '−겠−'이 사용되고 있는 것 보이죠? 여기서 화자는 '너에게도 슬픔을 주겠다, 얼굴을 보여 주겠다'라고 표현함으로써 본인이 그렇게 하겠다는 의지를 드러내고 있어요.

시 한 편을 더 살펴볼게요.

이 비 그치면
내 마음 강나루 긴 언덕에
서러운 풀빛이 짙어 오것다.

푸르른 보리밭 길
맑은 하늘에
종달새만 무어라고 지껄이것다.

— 이수복, 〈봄비〉

'이 시에는 소망이나 의지를 드러내는 선어말 어미가 쓰이지 않고 있는데?'라고 생각할 수도 있을 거예요. 하지만 이 시에도 추측, 의지를 나타내는 말이 있어요. '오것다', '지껄이것다'에서 '−것다'가 바로 추측의 의미를 드러내는 어미예요. 이 시에서 화자는 '이 비가 그치면 풀빛이 짙어 오'것(겠)다'라고 말하고 있어요. 이 표현을 통해 화자는 미래에 이 비가 그치고 나면 언덕에 풀빛이 짙어지고 서러움이 깊어질 것이라고 추측하고 있다고 생각해 볼 수 있겠지요.

이렇게 미래 시제 선어말 어미인 '−겠−'은 단순히 미래에 어떻게 될 것이라는 상황을 이야기하기 위해 쓰이기도 하지만, 화자의 소망이나 의지, 추측을 나타낼 때에도 쓰여요. 그러니까 시에서 '−겠−'을 만난다면, 화자의 소망이 드러나 있는지, 화자가 추측을 하고 있는 건지, 그것도 아니라면 단순히 미래의 상황을 이야기하고 있는 건지에 대해 생각해 보아야 해요!

Act 14
사건의 재구성, 상황·정서·태도

시를 이해하는 마지막 과정은 '상황, 정서, 태도'를 파악하는 거예요. 이 세 가지를 파악했다면 사실상 시의 이해는 모두 끝난 거라고 볼 수 있어요. 여기서 **상황**이란 시적 화자가 처한 환경을, **정서**란 그 상황 속에서 화자가 느끼는 감정을, **태도**란 화자가 상황 및 정서에 대응하는 자세를 의미해요. 앞에서 배운 시와 관련된 여러 개념들과 '제목 보기, 문장 성분 채우기, 시어의 의미 파악하기, 조사와 어미 살피기' 같은 방법들도 결국 이 세 가지를 파악하기 위해 필요한 것이었어요.

이번 **Act 14**에서는 앞에서 배운 내용들을 토대로 시의 내용을 재구성하여 상황, 정서, 태도를 파악하는 연습을 해 볼 거예요. 시를 이해하는 과정을 단계별로 다음과 같이 나눠 볼 수 있어요.

먼저 첫 단계는 '제목'을 확인하는 일이에요. 앞에서도 말했었죠? 시를 읽기 전에 제목을 통해 시의 내용을 짐작한 뒤에 읽어 나가는 게 좋다고요(제목이 너무 어렵거나 제목의 의미를 잘 모르겠다면 그냥 가볍게 넘어가도 괜찮아요).

이 단계를 지나면 이제는 각각의 시행을 정성껏 읽으면서 장면을 상상해 봐야 해요. 이때 상상력은 매우 중요해요. '상상'을 해야 시인이 남긴 단서를 모아 사건을 재구성하는 것이 가능하거든요(여기서 상상은 근거를 갖고 하는 거라 그냥 멍청하게 생각하는 것과는 달라요!). 상상하지 않고는 시의 내용을 온전히 이해하고 그 내용에 감동을 느끼기 어려워요. 따라서 시를 읽을 때는 늘 상상력을 'ON'해 두세요. 이처럼 상상력을 켜 둔 상태에서, 앞에서 배운 내용들 있지요? 그 배운 내용들을 시구를 이해하는 데 적용해 보는 거예요. 예를 들어 문장에 생략된 성분이 많다면 문장 성분을 채워서 읽어 보기도 하고, 비유가 사용되었다면 원관념과 보조 관념의 유사성을 찾아보기도 하고, 자연물이 나오면 감정 이입이나 객관적 상관물은 아닌지 생각해 보기도 하고 말이죠.

그렇게 문장들을 살피다 보면 화자가 어떤 사람인지, 화자가 처한 상황은 어떤지, 그 상황 속에서 화자는 어떤 감정을 느끼고 어떤 태도를 보이고 있는지를 알 수 있게 돼요. 위에서 말했듯이 이 부분이 핵심이에요! 상황, 정서, 태도가 바로 시의 주제이자 시인이 말하고자 하는 내용이라고 할 수 있거든요.

혹시 자습서나 문제집에 나오는 시의 주제의 비밀을 알고 있나요? 어렵게만 보이는 그 주제가 사실은 일정한 패턴을 갖고 있어요. 그건 바로 상황, 정서, 태도를 골라 묶어 놓았다는 거예요. '상황 + 정서', '상황 + 태도', '상황 + 정서 + 태도' 혹은 '정서 + 태도' 이런 식으로 이루어져 있거든요.

예 - 우리 민족의 고단한 삶에 대한 연민(상황 + 정서)

　 - 어두운 시대 상황에 굴복하지 않는 강인한 의지(상황 + 태도)

그러니까 시의 '상황, 정서, 태도'만 파악할 수 있으면 시의 주제를 알 수 있다는 거죠.

　그럼 이제 한 편의 시를 가지고 먼저 시범을 보여 줄게요. 두 눈 부릅뜨고 잘 봐요!

이제 바라보노라.
지난 것이 다 덮여 있는 눈길을.
온 겨울을 떠돌고 와
여기 있는 낯선 지역을 바라보노라.
나의 마음 속에 처음으로
눈 내리는 풍경
세상은 지금 묵념의 가장자리
지나온 어느 나라에도 없었던 / 설레이는 평화로서 덮이노라.
바라보노라 온갖 것의 / 보이지 않는 움직임을.
눈 내리는 하늘은 무엇인가. / 내리는 눈 사이로
귀 기울여 들리나니 대지의 고백. / 나는 처음으로 귀를 가졌노라.
나의 마음은 밖에서는 눈길 / 안에서는 어둠이노라.
온 겨울의 누리 떠돌다가 / 이제 와 위대한 적막을 지킴으로써
쌓이는 눈 더미 앞에 / 나의 마음은 어둠이노라.

– 고은, 〈눈길〉

| 1 | 제목 확인하기

　우선 제목부터 볼까요? 제목이 '눈길'이에요. 눈이 나오는 걸 보니 겨울이겠네요? 눈길을 바라보면서 썼거나, 눈길에 대해 쓴 시라고 추측해 볼 수 있어요. 좀 더 상상력을 발휘해 본다면 소복하게 새하얀 눈이 쌓인 조용한 길을 떠올려 볼 수도 있겠지요.

| 2 | 문장 확인하기

이제 바라보노라. / 지난 것이 다 덮여 있는 눈길을.

● **{문장 성분 생략}** : 1행에 주어와 목적어가 빠져 있네요. 시작부터 쉽지 않군요. '누가' '무엇을' 바라본다는 걸까요? 계속해서 2행도 읽어 볼까요? 아하! 2행에서 목적어가 나오네요? 목적어는 도치되는 경우가 많다고 했던 거 기억하죠? 두 행을 종합해 보면 '나는 이제 지난 것이 다 덮여 있는 눈길을 바라보노라'라고 이해할 수 있겠죠! 시적 화자는 '나'이기 때문에 내가 바라보겠고요.

> 온 겨울을 떠돌고 와 / 여기 있는 낯선 지역을 바라보노라.

● **{상징}** : 화자는 겨울을 '떠돌고' 왔네요. '떠돌고'라는 단어에서 방황이 느껴지죠? 따라서 문맥상 '겨울'은 고난을 상징한다고 파악할 수 있군요.

● **{대명사의 정체}** : '여기 있는 낯선 지역'은 어디일까요? 위에서 내가 바라보고 있는 게 '눈길'이었으니 '눈길'이라고 추측해 볼 수 있어요. '여기 있는 낯선 지역 = 눈길'

> 나의 마음 속에 처음으로 / 눈 내리는 풍경

● **{문장 성분 생략}** : 문장이 명사로 끝났으니 '이다'를 붙여 볼게요. '나의 마음 속에 처음으로 눈 내리는 풍경이다'가 되네요. 바로 앞의 '여기 있는 낯선 지역'과 연결 지어 보면, 눈 내리는 모습은 화자에게 있어 '처음 보는 풍경'이고, 그렇기에 눈이 내린 이곳은 '낯선 지역'이 되는 것이군요.

● **{상징}** : 앞의 내용들을 고려해 보면 화자는 과거에 고난을 겪으며 방황했고, 이제는 그것들이 다 덮인 눈길을 바라보고 있다고 할 수 있어요. 즉 현재는 화자의 고난이 다 끝나고 평온한 상태가 되었다고 이해할 수 있지요. 그럼 이 시에서 '눈'의 상징적 의미를 떠올려볼 수 있어요. 그건 바로 '평화'죠.

> 세상은 지금 묵념의 가장자리

● **{문장 성분 생략}** : 명사로 끝난 문장이네요. 역시 '이다'를 붙여 볼게요. '세상은 지금 묵념의 가장자리이다'가 되겠군요. 묵념이라고 하면 고요한 분위기겠지요? 화자가 지금 눈길을 바라보는 상황이니까, 결국 '눈길 = 세상 = 묵념(고요함)'이라고 볼 수 있겠네요.

● **{상징}** : 앞에서 '눈'이 '평화'를 상징한다고 했죠? 여기에 이제 '고요함'도 추가할 수 있겠어요.

> 지나온 어느 나라에도 없었던 / 설레이는 평화로서 덮이노라.

● **{문장 성분 생략}** : 이 문장을 보니까 주어가 없네요. 주어 자리에 '나'가 들어가는 건 어색하니, 이런 경우에는 앞에 나오는 문장을 봐야겠죠. 앞 문장의 '세상'이 주어가 되는 게 적합하겠군요! '세상은 지나온 어느 나라에도 없었던 설레이는 평화로서 덮이노라.'가 되네요.

● **{비유}** : 위에서 '세상'을 '눈길'이라고 했지요? 그렇다면 '눈길'을 덮는 '설레이는 평화'는 자연스레 '눈'을 의미하는 거겠네요? 비유(은유법)가 사용되었고, 원관념은 '눈', 보조 관념은 '설레이는 평화'예요.

> 바라보노라 온갖 것의 / 보이지 않는 움직임을.

● **{문장 성분 생략}** : 도치가 보이네요! 도치를 원래대로 돌려주면 '온갖 것의 보이지 않는 움직임을 바라보노라.'가 되죠. 주어가 없네요? 누가 바라보는 걸까요? 역시 '나'겠지요. '나는 온갖 것의 보이지 않는 움직임을 바라보노라.'라고 이해하면 돼요.

● **{변화법(역설법)}** : 근데 이 문장 뭔가 이상하지 않아요? '보이지 않는 움직임'을 어떻게 바라본다는 걸까요? 말이 안 되죠? 눈길을 바라보며 평화로움을 얻은 시적 화자가 세상의 순리같이 보이지 않는 것들을 볼 수 있는 '눈(eye)'을 가지게 되었음을 표현하기 위해 역설법이 쓰였어요.

> 내리는 눈 사이로 / 귀 기울여 들리나니 대지의 고백.
> 나는 처음으로 귀를 가졌노라.

시적 화자는 내리는 눈 사이로 '대지의 고백'을 들었어요. 이제껏 시적 화자는 한 번도 '대지의 고백'을 들은 적이 없었을 거예요. 그렇기에 시적 화자는 처음으로 귀를 가진 것 같은 느낌을 받았겠지요. 위에서 새로운 눈을 가진 것과 같이 새로운 귀도 가지게 되었어요.

> 나의 마음은 밖에서는 눈길 / 안에서는 어둠이노라.

● **{상징}** : '밖'은 시적 화자가 바라보고 있는 '눈길'이고, '안'은 시적 화자의 마음을 의미해요. '눈길'은 평온함, 평화 등을 보여 주는 거였죠? 그럼 '어둠'은 무엇일까요? 이 시에서 '어둠'은 평온함을 상징해요. 조용하고 고요한 '어둠'의 분위기에서 평온함을 느낄 수 있잖아요. '어둠'은 부정적인 시어로 많이 쓰이곤 하지만, 이처럼 문맥에 따라 긍정적인 시어로 쓰이기도 해요.

> 온 겨울의 누리 떠돌다가 / 이제 와 위대한 적막을 지킴으로써
> 쌓이는 눈 더미 앞에 / 나의 마음은 어둠이노라.

드디어 마지막이네요. 지금까지의 내용들을 정리하고 있어요. 일단 화자는 여기저기를 떠돌며 방황하다가, '위대한 적막'이 있는 '눈길'로 왔어요. 눈길을 보며 나의 마음은 '어둠'과 같이 평온해졌지요.

자, 지금까지 시를 한 문장, 한 문장씩 살펴보았어요. 이렇게 한 문장씩 뜯어 보니까 시의 내용이 쉽게 이해되죠? 물론 혼자서 이렇게 시를 해석하는 것은 쉽지 않을 거예요. 앞의 작품을 해석했던 것처럼 완벽하게 이해하지는 못하더라도, 시를 이런 방식으로 읽어야 한다는 것을 잊지 않고 계속해서 해석 연습을 했으면 해요!

이제 가장 중요한 부분이 남았어요. 시의 각 문장들을 살펴보며 이해한 내용을 바탕으로 시의 상황, 정서, 태도를 파악해야 해요!!!

| 3 | 상황, 정서, 태도 파악하기

우선 **상황**을 살펴봅시다! 시적 화자는 온 겨울을 떠돌며 방황을 하던 사람이었어요. 그러다 '낯선 지역'에 도착해 '눈길'을 바라보고 있지요. 간단하게 정리하면 <u>눈길을 바라봄</u>이 되겠네요. 너무 어렵게 생각하지 마세요!

이러한 상황에서 시적 화자는 어떤 **정서**를 지니고 있을까요? '눈길'을 '묵념의 가장자리'라고 표현한 데에서 시적 화자가 고요함을 느끼고 있음을 알 수 있어요. 더 나아가 '나의 마음은 어둠'이라고 표현한 부분에서 시적 화자가 평온함 또한 느끼고 있음을 알 수 있지요. 따라서 시적 화자의 정서는 <u>고요함, 평온함</u>이라고 정리할 수 있어요.

마지막으로 **태도**네요. 시적 화자는 눈길을 바라보며 느끼는 고요함, 평온함에 대해 어떤 태도를 지니고 있을까요? 시적 화자는 눈길을 바라보며 느끼는 고요함과 평온함을 통해 '보이지 않는 움직임'을 바라볼 수 있는 '눈(eye)'을 가지게 되었어요. '대지의 고백'을 들을 수 있는 '귀'도 가지게 되었고, 이에 대해 긍정적으로 받아들이고 있어요. 또한 '위대한 적막'을 지킨다고도 했어요. 시적 화자가 지금 느끼고 있는 고요함과 평온함을 계속 유지하고자 한다는 걸 알 수 있겠죠? 따라서 시적 화자의 태도는 <u>눈길을 바라보면서 느끼는 평온함을 계속 유지하고자 함</u>이라고 정리할 수 있어요.

쌤의 팁 에서 상황, 정서, 태도만 파악하면 시의 주제를 알 수 있다고 했었죠? 고은의 〈눈길〉에도 이 방법을 적용해 보자고요! 〈눈길〉의 주제는 <u>눈길을 바라보면서 느끼는 마음의 평화</u>라고 볼 수 있지요.

그럼 이제 해석하는 훈련을 해 볼까요?

첫 번째 해석 훈련

※ 작품 해석과 관련한 자신의 생각을 점선 아래나 위에 적어 보세요.

자화상(自畫像)

①제목? '자화상'이 뭐지?

윤동주

산모퉁이를 돌아 논가 외딴 우물을 홀로 찾아가선 가만히 들여다 봅니다.

②주어가 빠졌으니 채워야겠지?

우물 속에는 달이 밝고 구름이 흐르고 하늘이 펼치고 파아란 바람 이 불고 가을이 있습니다.

그리고 한 사나이가 있습니다.

③'한 사나이'는 지금 어디에 있을까? 이 사나이는 누굴까?

어쩐지 그 사나이가 미워져 돌아갑니다.

④화자의 정서가 드러난 단어가 있어!

돌아가다 생각하니 그 사나이가 가엾어집니다.
도로 가 들여다보니 사나이는 그대로 있습니다.

⑤우물로 다시 돌아간 이유가 나오네.

다시 그 사나이가 미워져 돌아갑니다.
돌아가다 생각하니 그 사나이가 그리워집니다.

⑥감정이 어떻게 바뀌고 있지?

우물 속에는 달이 밝고 구름이 흐르고 하늘이 펼치고 파아란 바람 이 불고 가을이 있고 추억처럼 사나이가 있습니다.

⑦2연과 비슷한 듯 다른 느낌! 뭐가 다르지? 이유는 뭘까?

상황, 정서, 태도 파악하기

● **상황** 화자는 □□ □□을 □□ 찾아가 가만히 들여다보는 행위를 하고 있다.
그리고 화자는 □□을 매개체로 하여 자기 자신을 들여다보고 있다.
↳자아 □□

● **정서** 자아에 대한 심리가 □□ → □□ → □□ → □□□ 순으로 변하고 있다.

● **태도** 화자는 '□□적 태도'를 보이고 있다.

● **주제 정리하기**
□□ □□과 자신에 대한 □□과 □□.□□□
↳태도   ↳정서

자화상(自畵像)

윤동주

산모퉁이를 돌아 논가 외딴 우물을 홀로 찾아가선 가만히 들여다
봅니다.

우물 속에는 달이 밝고 구름이 흐르고 하늘이 펼치고 파아란 바람
이 불고 가을이 있습니다.

그리고 한 사나이가 있습니다.
어쩐지 그 사나이가 미워져 돌아갑니다.

돌아가다 생각하니 그 사나이가 가엾어집니다.
도로 가 들여다보니 사나이는 그대로 있습니다.

다시 그 사나이가 미워져 돌아갑니다.
돌아가다 생각하니 그 사나이가 그리워집니다.

우물 속에는 달이 밝고 구름이 흐르고 하늘이 펼치고 파아란 바람
이 불고 가을이 있고 추억처럼 사나이가 있습니다.

① 자화상은 '자기가 그린 자신의 초상화'잖아. 제목을 통해 화자가 자신을 묘사한 시일 것임을 짐작해 볼 수 있어.

② 주어를 '나'로 채우면 '나'가 외딴 우물을 들여다보는 상황임을 알 수 있지.

③ 1, 2연에서 우물을 들여다보고 있으니까, 이 사나이가 있는 곳은 '우물'이겠지. 그럼 이 사나이는 누구? 그래, 우물 속에 비친 화자 자신이겠지!

④ 화자는 우물에 비친 자신이 왠지 미워졌다고 했어.

⑤ 돌아가다가 생각하니 자신이 가엾기에 우물로 다시 돌아갔대.

⑥ 자기 자신에 대한 화자의 감정이 그리움으로 바뀌었어.

⑦ 2연에다가 뒷부분이 덧붙은 모양새야. 우물 속에 사나이가 추억처럼 남아 있다네? 우물을 통해 자신을 성찰하는 행위가 끝나고, 이제는 과거의 자신이 추억처럼 우물에 남아 있다고 표현한 거야.

상황, 정서, 태도 파악하기

● **상황** 화자는 외딴 우물을 홀로 찾아가 가만히 들여다보는 행위를 하고 있다.
그리고 화자는 우물을 매개체로 하여 자기 자신을 들여다보고 있다.
　　　　　　　　　　　　└→자아 성찰

● **정서** 자아에 대한 심리가 미움 → 연민 → 미움 → 그리움 순으로 변하고 있다.

● **태도** 화자는 '성찰적 태도'를 보이고 있다.

● **주제 정리하기**
자아 성찰과 자신에 대한 미움과 연민, 그리움
　└→태도　　　　　　　　└→정서

두 번째 해석 훈련

※ 작품 해석과 관련한 자신의 생각을
점선 아래나 위에 적어 보세요.

모란이 피기까지는

김영랑

① 제목? '모란'이 중요한 소재인가 봐!

모란이 피기까지는
나는 아직 나의 봄을 기다리고 있을 테요.
모란이 뚝뚝 떨어져 버린 날,
나는 비로소 봄을 여읜 설움에 잠길 테요.

② '나'에게 모란과 봄의 관계는 어떤 것?

오월 어느 날, 그 하루 무덥던 날,

③ '던'이 쓰였어!

떨어져 누운 꽃잎마저 시들어 버리고는
천지에 모란은 자취도 없어지고,
뻗쳐 오르던 내 보람 서운케 무너졌느니,

④ 모란이 왜 화자에게 '보람'일까?
어떤 보람을 말하는 거지?

모란이 지고 말면 그뿐, 내 한 해는 다 가고 말아,
삼백예순 날 하냥 섭섭해 우옵내다.

⑤ 모란이 지고 난 후 화자가
느끼는 감정은?

모란이 피기까지는,
나는 아직 기다리고 있을 테요, 찬란한 슬픔의 봄을.

⑥ 도치가 사용되었군!
그런데 왜 '찬란한', '슬픔의' 봄일까?

상황, 정서, 태도 파악하기

● **상황** 화자인 '나'는 □□이 □□를 기다리고 있다. '나'에게 있어 '모란 = □'이다.
　　　'나'는 한 해 동안 이루어지는 일련의 과정을 계속해서 반복하고 있다.

(화자는 간절한 소망과 긴 기다림 뒤에 얻은 달성의 기쁨, 기쁨의 소멸과 좌절,
그리고 다시 기다리는 일련의 과정이 바로 우리의 삶 자체임을 깨달음)

□□이 □□□ □□□
(간절한 소망)

□□이 짐 = □이 감　　모란이 핌 = 봄이 옴
(기쁨의 소멸과 좌절)　　(달성의 기쁨)

● **정서** '나'는 모란이 피면 □□을 느끼고, 모란이 지면 □□, □□□, □□□을 느끼면서 다시 모란이 피기를 기다리고 있다.

● **태도** 화자는 모란이 지고 났을 때의 설움을 예상하면서도 모란에 대한 기다림을 지속하겠다는 □□를 보이고 있다.

● **주제 정리하기**
　　□(□□)을 □□□는 □□□□ □□과 □□
　　　└→상황　　　　└→정서　　└→태도

모란이 피기까지는

김영랑

모란이 피기까지는
나는 아직 나의 봄을 기다리고 있을 테요.
모란이 뚝뚝 떨어져 버린 날,
나는 비로소 봄을 여읜 설움에 잠길 테요.
오월 어느 날, 그 하루 무덥던 날,
떨어져 누운 꽃잎마저 시들어 버리고는
천지에 모란은 자취도 없어지고,
뻗쳐 오르던 내 보람 서운케 무너졌느니,
모란이 지고 말면 그뿐, 내 한 해는 다 가고 말아,
삼백예순 날 하냥 섭섭해 우웁내다.
모란이 피기까지는,
나는 아직 기다리고 있을 테요, 찬란한 슬픔의 봄을.

① 제목을 보니 서술어가 생략되었네. '모란이 피기까지는 ~한다'는 것일 텐데, 뭘 한다는 건지는 시를 읽어 봐야 알겠지?

② '나'에게 있어 봄은 모란이 피어야만 오는 것이고, 모란이 뚝뚝 떨어져 버린 다음에야 봄을 여의게 된다고 했어. 즉 화자에게는 모란이 곧 봄인 셈이지.

③ '던'이 사용된 것으로 보아, 과거에 모란을 여읜 경험이 이미 있었던 것임을 알 수 있어.

④ 화자는 모란이 피기를 계속 기다려 왔어. 모란이 진다는 것은 곧 그렇게 열심히 기다린 보람이 서운하게 무너지는 셈이지.

⑤ 모란이 지고 나면 한 해가 다 간 것이나 마찬가지라서, 360일을 마냥 섭섭해 운다고 했어.

⑥ 화자에게 봄은 모란이 피는 계절이자, 모란이 지는 계절이야. 그러니 찬란한 것이기도 하고 슬픈 것이기도 한 거지. 그것을 '찬란한 슬픔의 봄'이라고 역설적으로 표현하고 있는 거야.

상황, 정서, 태도 파악하기

● **상황** 화자인 '나'는 <u>모란</u>이 <u>피기</u>를 기다리고 있다. '나'에게 있어 '모란 = <u>봄</u>'이다.
'나'는 한 해 동안 이루어지는 <u>일련의 과정</u>을 계속해서 반복하고 있다.

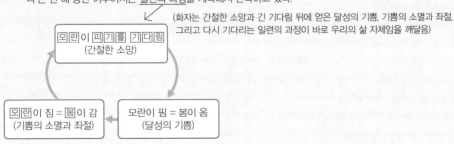

(화자는 간절한 소망과 긴 기다림 뒤에 얻은 달성의 기쁨. 기쁨의 소멸과 좌절. 그리고 다시 기다리는 일련의 과정이 바로 우리의 삶 자체임을 깨달음)

모란이 피기를 기대림
(간절한 소망)

모란이 짐 = 봄이 감
(기쁨의 소멸과 좌절)

모란이 핌 = 봄이 옴
(달성의 기쁨)

● **정서** '나'는 모란이 피면 <u>보람</u>을 느끼고, 모란이 지면 <u>설움</u>, <u>섭섭함</u>, <u>서운함</u>을 느끼면서 다시 모란이 피기를 기다리고 있다.

● **태도** 화자는 모란이 지고 났을 때의 설움을 예상하면서도 모란에 대한 기다림을 지속하겠다는 <u>의지</u>를 보이고 있다.

● **주제 정리하기**
<u>봄(모란)</u>을 <u>기다리</u>는 <u>간절한 마음</u>과 <u>의지</u>
└→상황　　└→정서　　└→태도

세 번째 해석 훈련

※ 작품 해석과 관련한 자신의 생각을 점선 아래나 위에 적어 보세요.

농무

신경림

징이 울린다 막이 내렸다.
오동나무에 전등이 매어 달린 가설 무대
구경꾼이 돌아가고 난 텅 빈 운동장

① 제목이 '농무'라는데, 이게 뭘까?

② 1~3행의 시어들을 봐 봐. 어떤 상황으로 보이니?

우리는 분이 얼룩진 얼굴로
학교 앞 소줏집에 몰려 술을 마신다.
답답하고 고달프게 사는 것이 원통하다.

③ 이들이 술을 마시는 이유는?

꽹과리를 앞장 세워 장거리로 나서면
따라붙어 악을 쓰는 건 쪼무래기들뿐
처녀 애들은 기름집 담벽에 붙어 서서 / 철없이 킬킬대는구나.

④ 왜 쪼무래기들과 처녀애들만 따라붙을까? 뒤에 더 읽어 보고 그 이유를 생각해 보자.

보름달은 밝아 어떤 녀석은 / 꺽정이처럼 울부짖고 또 어떤 녀석은
서림이처럼 해해대지만 이까짓
산 구석에 처박혀 발버둥친들 무엇하랴.

⑤ 여기서 '어떤 녀석'들은 누굴까?

비료값도 안 나오는 농사 따위야
아예 여편네에게나 맡겨 두고
쇠전을 거쳐 도수장 앞에 와 돌 때
우리는 점점 신명이 난다. / 한 다리를 들고 날라리를 불꺼나.
고갯짓을 하고 어깨를 흔들꺼나.

⑥ 농사를 다 내팽개치고 악기를 들고 나온 이유는?

⑦ 신명 나게 악기를 연주하고 춤을 추고 있어. 이 '신명'에는 어떤 감정이 실려 있을까?

상황, 정서, 태도 파악하기

● **상황** 운동장의 가설무대에서 공연을 마친 '우리(화자)'는 □□□으로 몰려가서 술을 마셨다. 그런 다음 □□□ → □□ → □□□으로 이동하면서 농무를 행하고 있다.

〈시에서 알 수 있는 농촌이 처한 상황〉

시구	농촌이 처한 상황
따라붙어 악을 쓰는 건 쪼무래기들뿐 처녀 애들은 기름집 담벽에 붙어 서서 / 철없이 킬킬대는구나.	□□□들이 □□을 □□ □□와 □□□□만 □□ □□
□□□□□ □ □□□□ □□ □□□□	농사를 지어도 이득이 남지 않는 농촌의 구조적 모순

→ 황폐해진 농촌의 비참한 현실

● **정서** 화자는 답답하고 고달픈 삶에 □□□을 느끼고 있다. '산 구석에 처박혀 발버둥친들 무엇하랴.'에서는 □□과 자조(自嘲 : 스스로를 비웃음)의 정서를 엿볼 수 있다.

● **태도** 화자는 현실에 대한 울분을 토로하고, 분노와 한을 □□으로 전환하여 표출하고 있다.

● **주제 정리하기** □□□□ □□을 살아가는 농민들의 □
　　　　　　　　└→상황　　　　　　└→정서

농무

신경림

징이 울린다 막이 내렸다.
오동나무에 전등이 매어 달린 가설 무대
구경꾼이 돌아가고 난 텅 빈 운동장
우리는 분이 얼룩진 얼굴로
학교 앞 소줏집에 몰려 술을 마신다.
답답하고 고달프게 사는 것이 원통하다.
꽹과리를 앞장 세워 장거리로 나서면
따라붙어 악을 쓰는 건 쪼무래기들뿐
처녀 애들은 기름집 담벽에 붙어 서서 / 철없이 킬킬대는구나.
보름달은 밝아 어떤 녀석은 / 꺽정이처럼 울부짖고 또 어떤 녀석은
서림이처럼 해해대지만 이까짓
산 구석에 처박혀 발버둥친들 무엇하랴.
비료값도 안 나오는 농사 따위야
아예 여편네에게나 맡겨 두고
쇠전을 거쳐 도수장 앞에 와 돌 때
우리는 점점 신명이 난다. / 한 다리를 들고 날라리를 불꺼나.
고갯짓을 하고 어깨를 흔들꺼나.

① '농무'는 농촌에서 힘든 일을 마친 다음 피로를 풀고 싶의 활력을 얻기 위해 추던 농민들의 춤을 말해. 제목이 '농무'니까 시에서 농악을 연주하며 춤추는 장면이 나오지 않을까?

② '막이 내렸다', '가설 무대', '구경꾼' 등을 보면, 공연을 방금 마친 상황임을 알 수 있지.

③ 이들은 공연을 마치고 바로 소줏집으로 몰려가서 술을 마시는데, 그 이유가 고달프고 원통해서임을 알 수 있어.

④ 뒤에 더 읽어 보면 '비료값도 안 나오는 농사'라는 시구가 나와. 이런 상황이라면 농촌에 젊은이들이 남아 있겠어? 다들 도시로 떠나겠지. 청년들은 모두 떠나고 여자와 아이들만 남은 농촌의 현실을 보여 주는 시구야.

⑤ '어떤 녀석'은 농무를 함께 추고 있는 마을 사람들을 가리키는 거겠지. '꺽정이'는 조선 시대 모순된 현실에 울분을 갖고 의적이 된 임꺽정을 말하고, '서림이'는 현실에 타협하고 임꺽정을 배신한 인물의 이름이야.

⑥ 비료값도 안 나올 정도로 농촌이 피폐해졌기 때문에 울분에 차서 농사는 내팽개치고 농무나 추고 있는 거지.

⑦ 앞의 내용을 볼 때 신이 날 만한 상황은 아니지? 신명 나는 몸짓에는 오히려 농민들의 울분과 한이 담겨 있다고 할 수 있어. 그러니까 '역설적인 신명'이라고 할 수 있지.

상황, 정서, 태도 파악하기

● **상황** 운동장의 가설무대에서 공연을 마친 '우리(화자)'는 소줏집으로 몰려가서 술을 마셨다. 그런 다음 장거리 → 쇠전 → 도수장으로 이동하면서 농무를 행하고 있다.

〈시에서 알 수 있는 농촌이 처한 상황〉

시구	농촌이 처한 상황
따라붙어 악을 쓰는 건 쪼무래기들뿐 처녀 애들은 기름집 담벽에 붙어 서서 / 철없이 킬킬대는구나.	젊은이들이 농촌을 떠나 여자와 아이들만 남아 있음
비료값도 안 나오는 농사 따위야	농사를 지어도 이득이 남지 않는 농촌의 구조적 모순

→ 황폐해진 농촌의 비참한 현실

● **정서** 화자는 답답하고 고달픈 삶에 원통함을 느끼고 있다. '산 구석에 처박혀 발버둥친들 무엇하랴.'에서는 체념과 자조(自嘲: 스스로를 비웃음)의 정서를 엿볼 수 있다.

● **태도** 화자는 현실에 대한 울분을 토로하고, 분노와 한을 신명으로 전환하여 표출하고 있다.

● **주제 정리하기** 비참한 현실을 살아가는 농민들의 한
└→상황   └→정서

Act 15
이제는 실전이다, ❶ 현대시 문제풀이법

  수능에서 현대시는 세 작품이 나올 때도 있었고, 한 작품, 두 작품이 나올 때도 있었어요. 앞으로 어떻게 출제될지는 알 수 없지만, 두 작품 이상이 나올 경우에 대비해서 두 작품 간의 공통점과 차이점을 파악하는 노력을 해야 해요.

  수능이 다가오면 고3 학생들이 제일 많이 하는 질문이 "선생님, 이번 수능에 어떤 시가 나올까요?"예요. 사실 그건 그냥 추측만 할 수 있을 뿐 누구도 단정할 수는 없어요. 다만 수능에 연계되는 EBS 교재와 지금까지 출제된 작품들을 통해서 예측은 해 볼 수 있겠죠? 여기서는 앞으로 어떤 작품이 나올지 궁금한(!) 여러분을 위해 역대 수능과 평가원 모의고사에 나왔던 시인 TOP 11을 알려 줄게요! 어떤 시인이 자주 나왔는지 한번 보세요!

순위	평가원 출제 횟수(수능)	시인	출제 작품
1	10회(4회)	윤동주	서시(2회), 별 헤는 밤, 사랑스런 추억, 또 다른 고향(2회), 길, 자화상, 병원, 바람이 불어
2	6회(5회)	이육사	자야곡, 꽃, 교목, 소년에게, 강 건너간 노래, 초가
	6회(3회)	김소월	삼수갑산, 진달래꽃, 나의 집, 길, 산, 접동새
	6회(2회)	조지훈	마음의 태양, 승무, 석문, 고풍의상, 산상의 노래, 맹세
	6회(1회)	김영랑	내 마음을 아실 이, 독을 차고, 거문고, 모란이 피기까지는, 청명, 연 1
	6회(1회)	백석	고향, 흰 바람벽이 있어, 여승, 적막강산, 팔원 – 서행시초 3, 수라
	6회(1회)	신경림	가난한 사랑 노래, 목계 장터, 갈대, 고향길, 나무를 위하여, 농무
8	5회(4회)	김수영	사령(2회), 폭포(2회), 구름의 파수병
	5회(3회)	정지용	향수, 인동차, 조찬, 발열, 달
	5회(2회)	김광균	외인촌, 와사등(2회), 수철리, 추일서정
	5회(2회)	서정주	귀촉도, 외할머니의 뒤안 툇마루(2회), 추천사, 꽃밭의 독백 – 사소 단장

  학생들이 많이 하는 질문 중에는 또 이런 것도 있어요. "선생님, 지문을 먼저 봐야 하나요? 아니면 문제를 먼저 읽어 봐야 하나요?" 글쎄, 딱히 정해진 답은 없어요. 본인에게 가장 잘 맞는 방법으로 보는 게 맞죠. 그런데 나에게 뭐가 잘 맞는지 모르겠는 친구들이 있다면, 지금 소개하는 다음의 방법을 한번 시도해 보길 권해요.

  우선 어떤 시가 나왔는지를 대강 살펴봐요. 이때는 시 내용을 읽는다기보다는 시의 길이나 시인, 제목 등을 살펴보는 거예요. 자기가 아는 작품인지, 친숙한 시인의 작품인지 등을 확인하는 거죠. 그러고 난 다음에 문제를 읽어요. 이때, 문제만 보고 선택지는 읽지 않아요. 선택지는 읽어 봤자 다시 지문을 읽으면 거의 까먹게 되더라고요. 무엇을 중점적으로 봐야 할지를 문제를 통해 확인하고 나서 시를 읽기 시작하는 거예요. 시를 읽을 때는 내가 아는 작품부터, 지문에 나오는 작품들이 모두 잘 모르는 작품이라면 친숙한 시인의 작품부터 봐요. 작품과 시인 전부 다 낯설다면 뭔가 쉬워 보이는 시(글자가 더 적어서 보기 편하다거나 하는)부터 공략하는 거예요!

그럼 이제 현대시의 문제 유형들을 살펴볼까요? 현대시에서 자주 나오는 문제 유형에는 다음과 같은 것들이 있어요.

유형 ❶ 표현상의 특징
유형 ❷ 내용 이해
유형 ❸ 〈보기〉 활용 문제

우리는 이 세 가지 실전 유형에 대해서 제대로 파헤칠 거예요.

| 1 | 표현상의 특징

표현상의 특징을 묻는 문제는 대개 다음과 같은 형태로 나와요.

---

31. 윗글의 표현상 특징으로 가장 적절한 것은? | 2014 수능 A |

① 자조적 표현을 통해 삶의 모순을 드러내고 있다.
② 의성어들 활용하여 경쾌한 분위기를 자아내고 있다.
③ 영탄과 독백의 어조를 통해 화자의 심정을 드러내고 있다.
④ 감각적 이미지를 활용하여 대상의 불변성을 부각하고 있다.
⑤ 동일한 문장 형태를 반복하여 순환의 의미를 강조하고 있다.

위에서처럼 표현상의 특징이라는 말이 직접 언급되기도 하고, 그냥 '특징'이라는 말로 나오기도 해요. 시가 여러 개인 경우에는 (가)~(다)의 공통점으로 가장 적절한 것이 무엇인지 묻거나 각 시구를 ㉠~㉤으로 표시한 후에 이에 대한 설명을 물을 수 있어요. 그럼 이런 유형은 어떻게 하면 좋을까요? 앞에서 배운 개념들을 하나하나 떠올리며 다음의 순서대로 풀어 보세요.

❶ 선택지를 먼저 본다.
❷ 선택지에서 '통해', '하여' 등을 찾아서 선택지를 반으로 나눈다.
❸ 선택지의 표현 방법(앞부분)이 시에 나왔는지 확인한다.
❹ 해당 표현 방법이 주는 효과(뒷부분)를 확인한다.

❶ 선택지를 먼저 봐야 해요. 선택지에 나온 표현상의 특징을 시에서 찾는 것이 훨씬 편하기 때문이지요.
❷ 대부분의 표현상의 특징을 묻는 선택지에는 다음의 예시처럼 **'통해'**나 **'하여'**와 같은 말이 있어요.

- 색채의 선명한 대조를 통해 시적 분위기를 환기한다.
- 명령형의 문장을 사용하여 주제 의식을 부각하고 있다.

그럼 이 '통해', '하여'를 기점으로 문장을 끊어 주는 거예요. 그러면 **앞부분은 표현**, **뒷부분은 효과**로 나누어져요.

- 색채의 선명한 대조를 통해 / 시적 분위기를 환기한다.
  표현   효과

- 명령형의 문장을 사용하여 / 주제의식을 부각하고 있다.
  표현   효과

그러면 이제 ❸ 선택지의 표현(앞부분)이 실제 시에 쓰였는지 확인해 봐야 해요. **Act 01~ Act 09** 까지 배운 여러 표현상의 특징이 제대로 쓰이고 있는지를 보는 거지요. 그 다음에는 ❹ 그 효과가 제대로 나타나고 있는지 확인을 하면 돼요. 선택지에서 언급하고 있는 표현과 효과가 모두 시와 맞아야 하니까요.

| 2 | 내용 이해

내용에 대한 이해를 묻는 문제는 대개 다음과 같은 물음 형태로 나와요.

---

44. (가)에 대한 이해로 가장 적절한 것은? | 2016 수능 B |

① '무거운 어깨를 털고'는 지상으로부터 벗어나기 위해 사물들이 몸부림치는 모습을 표현한 것이다.

② '노동의 시간을 즐기고'는 노동의 고단함을 잊기 위해 사물들이 경쾌하게 움직이는 모습을 표현한 것이다.

③ '즐거운 지상의 잔치'는 기존의 사물들이 새로 태어난 사물들을 반갑게 맞이하는 모습을 표현한 것이다.

④ '태양의 즐거운 울림'은 하늘의 태양이 지상에 있는 사물들과 서로 어울려 생기를 띠는 모습을 표현한 것이다.

⑤ '세상은 개벽을 한다'는 사물들이 새로운 형태로 변화하면서 혼란을 겪는 모습을 표현한 것이다.

위에서 보다시피 대체로 내용 이해에 해당하는 문제에는 '이해'라는 말이 문제에 자주 등장해요. 지문에 쓰인 시가 여러 개인 경우에는 각 시에 대한 이해를 묻기도 하고, 경우에 따라서는 시어나 시구에 밑줄을 치고 그에 대한 이해를 묻기도 하죠. 이런 유형은 어떻게 해결하면 좋을까요? 다음의 순서대로 따라 해 보세요.

❶ 시의 상황, 정서, 태도를 이해한다.

❷ 선택지와 시의 상황, 정서, 태도의 일치 여부를 파악한다.

❶ 이 유형의 문제는 시의 내용을 확인해야 하기 때문에 시의 상황, 정서, 태도를 이해하는 것이 먼저 진행되어야 해요. **Act 10~Act 14**에서 배웠죠? 이렇게 상황, 정서, 태도를 파악한 뒤에는 ❷ 선택지와 시 지문을 비교해 보는 게 중요해요. 가령, 시에서는 현실을 극복하고자 하는 태도가 나오는데 선택지에서 절망감에 빠져 있다고 하면 맞지가 않잖아요? 시에서 파악한 상황, 정서, 태도와 선택지가 일치하는지를 따져 나가면 되는 거죠.

| 3 | 〈보기〉 활용 문제

45. 〈보기〉를 참고하여, (가)와 (나)를 감상한 학생들의 반응으로 적절하지 <u>않은</u> 것은? | 2015 수능 B |

〈보기〉

고향을 떠난 사람들이 고향을 각박하고 차가운 현실과 대비되는 공간으로 인식하고, 그곳으로 복귀하려는 것을 귀향의식이라고 한다. 이때 고향은 공동체의 인정과 가족애가 살아 있는 따뜻한 공간으로 표상된다. 이들의 기억 속에서 고향은 평화로운 이상적 공간으로 남아 있기도 하다. 그러나 고향으로 돌아가더라도 고향이 변해 있거나 고향이 고향처럼 느껴지지 않을 때 귀향은 미완의 형태로 남게된다.

① (가)에서 주인집 늙은이의 슬픔에 공감하는 것을 보니, 화자는 나인과의 소화를 통해서 현실을 따뜻한 공간으로 만들어 귀향을 완성하려 하겠군.

② (가)에서 전나무가 울창하고 집집마다 술을 빚고 있는 모습으로 고향을 묘사한 것을 보니, 화자의 의식 속에서 고향은 평화로운 공간으로 기억되고 있겠군.

③ (나)에서 고향의 가족들이 궁핍한 삶을 살고 있는 것을 본 화자는 현재의 고향을 이상적인 공간이라고 생각하지 않겠군.

④ (나)에서 어머니가 군불을 피우고 아버지가 오리를 잡아 주는 것을 본 화자는 고향에 와서 가족애를 느낄 수 있겠군.

⑤ (가)에서는 고향을 앞에 두고도 고향 근처 주막에 머물고 있고 (나)에서는 고향에 와서도 마음이 편치 않아 보인다는 점에서, 화자의 귀향이 완성되었다고 보기 어렵겠군.

❶ 우선 〈보기〉가 주는 정보가 무엇인지 알아야 해요. 〈보기〉는 시를 해석하는 방향을 제시해 줘요. 〈보기〉에 나오는 말 한마디, 한마디가 다 힌트가 되니까 **비문학 지문을 읽듯이 〈보기〉의 내용을 확실히 이해해야 해요.** ❷ 〈보기〉의 내용을 이해했다면 이번에는 선택지가 〈보기〉, 시와 모두 일치하는지를 **봐야 해요.** 〈보기〉의 설명에도 부합하고, 시 전체의 상황, 정서, 태도와도 일치해야 해요.

이렇게 말로만 공략법을 들으니 감이 잘 안 오죠? 뭐든지 해 봐야 아는 거니까. 실전 문제를 같이 풀어 보아요.

01~06 | 다음 글을 읽고 물음에 답하시오. 2024 9월

(가) 첩첩산중에도 없는 마을이 여긴 있습니다. 잎 진 사잇길 저 모랫둑, 그 너머 강기슭에서도 보이진 않습니다. 허방다리* 들어내면 보이는 마을.

겡 속 같은 마을. ㉠ 꼴깍, 해가, 노루꼬리 해가 지면 집집마다 봉당에 불을 켜지요. 콩깍지, 콩깍지처럼 후미진 외딴집, 외딴집에도 불빛은 앉아 이슥토록 창문은 모과빛입니다.

기인 밤입니다. 외딴집 노인은 홀로 잠이 깨어 출출한 나머지 무우를 깎기도 하고 고구마를 깎다, 문득 바람도 없는데 시나브로 풀려 풀려 내리는 짚단, 짚오라기의 설레임을 듣습니다. 귀를 모으고 듣지요. ㉡ 후루룩 후루룩 처마 깃에 나래 묻는 이름 모를 새, 새들의 온기를 생각합니다. 숨을 죽이고 생각하지요.

참 오래오래, 노인의 자리맡에 밭은기침 소리도 없을 양이면 벽 속에서 겨울 귀뚜라미는 울지요. 떼를 지어 웁니다, 벽이 무너지라고 웁니다.

어느덧 밖에는 눈발이라도 치는지, 펄펄 함박눈이라도 흩날리는지, 창호지 문살에 돋는 월훈(月暈).

– 박용래, 〈월훈〉

* 허방다리 : 짐승 따위를 잡기 위해 풀 등을 덮어 위장한 구덩이.

(나) 내 어린 날!
아슬한 하늘에 뜬 연같이
바람에 깜박이는 연실같이
내 어린 날! 아슴풀하다*

하늘은 파랗고 끝없고
편편한 연실은 조매롭고*
오! 흰 연 그새에 높이
㉢ 아실아실* 떠 놀다 내 어린 날!

바람 일어 끊어지던 날
엄마 아빠 부르고 울다
㉣ 희끗희끗한 실낱이 서러워
아침저녁 나무 밑에 울다

오! 내 어린 날 하얀 옷 입고
외로이 자랐다 하얀 넋 담고
㉤ 조마조마 길가에 붉은 발자욱
자욱마다 눈물이 고이었었다

– 김영랑, 〈연 1〉

* 아슴풀하다 : '아슴푸레하다'의 방언.   * 조매롭고 : '조마롭다'의 방언. 보기에 마음이 초조하고 불안하다.
* 아실아실 : '아슬아슬'의 방언.

(다) ⓐ 신위가 자기 집 이름을 '문의당'이라 하고 ⓑ 나에게 편지를 보내 말했다.

"내 천성이 물을 좋아하는데, 도성 안이라 볼만한 샘이나 못이 없어 비록 물을 보는 법을 알고 있어도 써 볼 데가 없는 것이 늘 아쉬웠습니다. 그런데 천하의 지도를 보고 깨우친 점이 있었습니다.

넘실거리는 큰 바다 사이로 아홉 개 대륙, 일만 개 나라가 펴져 있는데 큰 나라는 범선이 늘어선 듯하고, 작은 나라는 갈매기와 해오라기가 출몰하는 듯했습니다. 천하만국에 두루 살고 있는 사람들은 모두 물 가운데 있는 존재일 뿐입니다. 이것이 제 집의 이름을 '문의(文漪)*'라고 한 까닭입니다. 그대는 저를 위해 이 집의 기문을 지어 주시기 바랍니다."

나는 편지를 보고 웃으며 말했다.

"세상에는 본래 그 실물은 없으면서도 이름을 차지하는 경우가 있으니, 지금 그대가 집에 이름을 붙인 것이 바로 그 실물이 없는 것이라고 할 수 있겠소. 비록 그러하나 그대도 이에 대해 할 말이 있을 것이오. 지금 **바다의 섬 가운데 집을 짓고 사는 사람**이 있다면, 사람들은 반드시 **물에 산다고** 하지 산에 산다고 하지 않겠지요. 섬 사람 중에는 담장을 두르고, 집을 짓고, 문을 닫고 **들어앉아 사는 사람**도 있게 마련이니, 그가 날마다 파도와 깊은 물을 가까이 접하지는 않는다고 하여, 물에 사는 게 아니라고 한다면 옳지 않겠지요. 이와 같은 이치를 **사람들이 모두 그렇다고 인정하는데,** 어찌 유독 그대의 말에만 의심을 품겠소?

대지는 하나의 섬이고, 세상 사람들은 섬사람이라오. 비록 **배를 집으로 삼아** 물 위를 떠다니면서 날마다 **물과 더불어** 살아가는 사람이라 하더라도, 그 형편상 눈을 한곳에 두고 꼼짝하지 않을 수는 없을 것이고, 잠시 **눈길을 돌려서** 잠깐 동안이나마 물이 있다는 것을 생각하지 못할 때가 반드시 있을 것이오. 이때에는 겨우 반 걸음을 움직인 것이나 천 리를 간 것이나 매한가지라 할 것이오."

– 서영보, 〈문의당기〉

* 문의 : 물결무늬.

---

01 (가)~(다)의 공통점으로 가장 적절한 것은?

① 설의적 표현을 사용하여 인물의 정서를 강조하고 있다.
② 묘사의 방식을 활용하여 대상의 특징을 구체화하고 있다.
③ 말을 건네는 방식을 사용하여 주제 의식을 심화하고 있다.
④ 과거의 장면을 회상하여 현재 상황에 대한 원인을 포착하고 있다.
⑤ 가상의 상황을 설정하여 현실에 대한 긍정적 인식을 이끌어 내고 있다.

02 〈보기〉를 참고하여 (가)를 감상한 내용으로 적절하지 <u>않은</u> 것은?

〈보기〉

(가)는 적막한 산골 마을을 배경으로 그곳에 사는 한 노인의 모습을 관찰하여 들려주는 시이다. 향토적인 정경 속에서 낯설게 느껴지는 일상에 감각적으로 집중하는 노인을 통해 점점 사라져 가는 것들에 대한 관심을 드러내고, 노인의 삶이 마주한 깊은 정적 속 울음소리를 통해 인간의 쓸쓸함을 고조하고 있다. 이러한 노인의 모습은 외딴집 창호지 문살에 비친 달무리의 이미지로 형상화되고 있다.

① '첩첩산중에도 없는 마을'을 '여긴 있'다고 한 데서, 노인이 살아가는 곳은 쉽게 보기 어려울 것 같은 장소임을 짐작할 수 있겠군.
② '강기슭에서도 보이진 않는 '후미진 외딴집'이라는 배경 설정에서, 적막한 공간의 분위기를 추측할 수 있겠군.
③ '봉당에 불을 켜'는 분위기와 '콩깍지'의 이미지로 나타낸 향토적 정경에서, 사라져 가는 것들에 대한 관심을 유추할 수 있겠군.
④ '짚오라기의 설레임'을 '귀를 모으고 듣'고 '새들의 온기'를 '숨을 죽이고 생각하'는 것은, 일상을 자연스럽게 받아들이는 노인의 감각을 부각한 것으로 볼 수 있겠군.
⑤ '밭은기침 소리도 없'는데 '겨울 귀뚜라미'가 우는 상황과 눈발이 치는 듯한 '밖'의 달무리 이미지가 어우러져, 노인의 고독을 형상화한 것으로 이해할 수 있겠군.

03 (나)에 대한 설명으로 적절하지 <u>않은</u> 것은?

① 1연에서 '연'과 '연실'의 모습에 빗대어 '내 어린 날'의 기억을 '아슴풀하다'라고 표현하고 있다.

② 2연에서 '조매롭고'로 표현된 '연실'의 긴장은 3연에서 연실이 '바람 일어 끊어지던 날'의 정서를 고조하고 있다.

③ 3연에서 '울다'의 반복과 4연에서 '눈물이 고이었었다'를 통해 '내 어린 날'의 상황을 짐작할 수 있게 하고 있다.

④ 4연에서 '외로이 자랐다'와 이어진 '하얀 넋'은 '붉은 발자욱'에 함축된 정서와 상반되는 의미를 이끌어 내고 있다.

⑤ 1연과 4연의 '내 어린 날'은 2연의 '내 어린 날의 기억'을 통해 떠올린 유년 시절을 표상하는 의미를 지니고 있다.

04 ㉠~㉤에 대한 설명으로 적절하지 <u>않은</u> 것은?

① ㉠ : 아주 짧은 순간에 해가 지는 모습을 나타낸 말로, 시간의 변화를 함축하고 있다.

② ㉡ : 소리를 통해 연상되는 새의 모습을 감각적으로 형상화하고 있다.

③ ㉢ : 높이 날아오른 연을 동경하는 심리를 드러내고 있다.

④ ㉣ : 서러움을 느끼게 하는 대상인 실낱의 모습을 표현하고 있다.

⑤ ㉤ : 외롭고 슬픈 어린 시절의 정서를 함께 담아내고 있다.

05 ⓐ, ⓑ에 대한 이해로 적절하지 <u>않은</u> 것은?

① ⓐ는 '볼만한 샘이나 못'이 없는 곳에 산다고 생각하다가, '천하의 지도를 보고' 깨달은 바에 따라 자신이 물 가운데 살고 있는 것이나 다름없다는 발상으로 사고를 전환한다.

② ⓐ가 '자기 집'을 '문의'라고 한 것에 ⓑ가 동의한 이유는 ⓐ의 상황이 '배를 집으로 삼아' 사는 사람의 상황보다 집에 '들어앉아 사는 사람'의 상황에 가깝다고 생각했기 때문이다.

③ ⓑ는 '바다의 섬'에 '집을 짓고 사는 사람'의 삶에 주목하여, 바라보는 관점을 달리하면 세상 모든 사람들이 섬에 살고 있다는 논리가 성립한다고 생각한다.

④ ⓑ가 ⓐ의 발상이 타당하다고 하는 이유는, '바다의 섬 가운데' 살더라도 그것을 가리켜 '물에 산다고' 보는 것이 ⓑ의 생각만이 아니라 '사람들'의 판단과도 일치하기 때문이다.

⑤ ⓑ는 '물과 더불어' 사는 사람도 눈길을 돌리는 순간이 있는 것과 ⓐ가 '물을 보는 법'을 '써 볼 데가 없다' 하는 것은 물을 보지 못할 때가 있다는 점에서 유사하다고 생각한다.

06 〈보기〉를 바탕으로 (가), (다)를 이해한 내용으로 가장 적절한 것은?

〈보기〉

　　문학 작품 속의 소재들은 연관성 속에서 서로 유사 혹은 대립의 관계를 이룸으로써 의미를 생성하거나 그 특징을 부각하는 효과를 드러낸다.

① (가)의 '허방다리 들어내면 보이는 마을', '갱 속 같은 마을'은 얕음과 깊음의 대비를 이루어 숨어 있는 두 공간의 차이를 부각하고 있군.

② (가)의 '무우'와 '고구마'는 차가움과 따뜻함의 대비를 이루어 밤에 출출함을 달래기 위해 먹는 다양한 음식의 속성을 부각하고 있군.

③ (다)의 '아홉 개 대륙'과 '일만 개 나라'는 바다 안의 육지라는 유사성으로 관계를 맺으며 '천하의 지도'라는 새로운 의미를 생성하고 있군.

④ (다)의 '파도'와 '깊은 물'은 바다의 형상이라는 유사성으로 관계를 맺으며 물에 사는 사람이 살면서 만나게 되는 환경이라는 의미를 생성하고 있군.

⑤ (가)의 '창문은 모과빛'과 '기인 밤'은 밝음과 어둠의 대비를, (다)의 '갈매기'와 '해오라기'는 크고 작음의 대비를 이루어 각 소재가 가진 특징을 부각하고 있군.

07~10 | 다음 글을 읽고 물음에 답하시오. 2023 수능

> **(가)** 한여름 채전으로 ⓐ 가 보아라
>
> 수염을 드리운 몇 그루 옥수수에 가지, 고추, 오이, 토란, 그리고 **울타리**엔 덤불을 이룬 **넌출** 사이로 반질반질 윤기 도는 크고 작은 박이며 호박들!
>
> 이 ⓑ 지극히 범속한 것들은 제각기 타고난 바탕과 생김새로 주어서 아낌없고 받아서 아쉼 없는 황금의 햇빛 속에 일심으로 자라고 영글기에 숨소리도 들릴세라 적적히 여념 없나니
>
> ⓒ 과분하지 말라 의혹하지 말라 주어진 대로를 정성껏 충만시킴으로써 스스로를 족할 줄을 알라 오직 여기에 목숨의 유열과 천지와의 화합에 있거니
>
> 한여름 채전으로 가 보아라
>
> 나비가 심방 오고 풍뎅이가 찾아오고 잠자리가 왔다 가고 바람결에 스쳐 가고 **그늘**이 지나가고 **비**가 내리고 햇볕이 다시 나고…… 이같이 ⓓ 많은 손님들의 극진한 축복과 은혜 속에
>
> 이 지극히 범속한 것들의 지극히 충족한 ⓔ 빛나는 생명의 양상을 한여름 채전으로 와서 보아라
>
> — 유치환, 〈채전(菜田)〉

> **(나)** 우리는 썩어 가는 참나무 떼,   ┐
> 벌목의 슬픔으로 서 있는 이 땅   **[A]**
> 패역의 **골짜기**에서   │
> 서로에게 기댄 채 **겨울**을 난다   ┘
> 함께 썩어 갈수록   ┐
> 바람은 더 높은 곳에서 우리를 흔들고   **[B]**
> 이윽고 잠자던 **홀씨**들 일어나   ┐
> 우리 몸에 뚫렸던 상처마다 버섯이 피어난다   **[C]**
>
> 황홀한 **음지**의 꽃이여
> 우리는 서서히 썩어 가지만   ┐
> 너는 **소나기**처럼 후드득 피어나   **[D]**
> 그 고통을 순간에 멈추게 하는구나   ┘
> 오, 버섯이여
> 산비탈에 구르는 낙엽으로도   ┐
> 골짜기를 떠도는 바람으로도   **[E]**
> 덮을 길 없는 우리의 몸을   ┐
> 뿌리 없는 너의 독기로 채우는구나   **[F]**
>
> — 나희덕, 〈음지의 꽃〉

07 (가)와 (나)의 공통점으로 가장 적절한 것은?

① 사물의 모습에 대한 긍정적 인식을 바탕으로 중심 제재에 대한 예찬적 태도를 드러내고 있다.

② 주어진 현실에 순응하는 모습을 통해 중심 제재를 바라보는 비관적 태도를 암시하고 있다.

③ 풍경을 관조적으로 응시하는 시선으로 중심 제재의 외적 아름다움을 표현하고 있다.

④ 인간의 행위에 대한 우호적 관점을 토대로 중심 제재의 심미적 속성을 강조하고 있다.

⑤ 장소에 대한 부정적 인식을 심화하여 중심 제재와의 정서적 거리를 부각하고 있다.

08 ⊙~ⓜ의 시적 기능에 대한 설명으로 적절하지 <u>않은</u> 것은?

① ⊙을 반복하고 변주하여 '채전'에서 겪을 수 있는 경험의 소중함을 느끼게 하려는 화자의 의도를 드러내고 있다.

② ⓛ을 수식어로 반복하여 '범속한 것들'로부터 '충족한' 느낌을 받는 화자의 정서를 강조하고 있다.

③ ⓒ에서 부정 명령형을 사용하여 '주어진 대로' '족할 줄을 알'아야 한다는 화자의 인식을 제시하고 있다.

④ ⓡ에서 사물을 인격화하여 '극진한 축복과 은혜'와 대비되는 화자의 시선을 반영하고 있다.

⑤ ⓜ에서 관념을 시각화하여 '목숨의 유열과 천지와의 화합'이 이루어진 대상에 대한 화자의 생각을 표현하고 있다.

09 [A]~[F]에 대한 이해로 가장 적절한 것은?

① [A]에서 참나무가 벌목으로 썩어 가는 모습은, [B]에서 바람에 흔들리는 나무의 모습과 순환적 관계를 형성한다.

② [B]에서 참나무의 상태에 변화를 가져온 움직임은, [C]에서 버섯이 피어나는 상황과 순차적 관계를 형성한다.

③ [C]에서 참나무의 상처에 생명이 생성되는 순간은, [D]에서 나무의 고통이 멈추는 과정과 대립적 관계를 형성한다.

④ [D]에서 참나무의 모습에 일어난 변화는, [E]에서 낙엽이나 바람이 처한 상황과 인과적 관계를 형성한다.

⑤ [E]에서 참나무의 주변에 존재하는 사물들은, [F]에서 나무를 채워 주는 존재로 제시된 대상과 동질적 관계를 형성한다.

10 〈보기〉를 바탕으로 (가)와 (나)를 감상한 내용으로 적절하지 <u>않은</u> 것은?

---〈보기〉---

　　생명 현상을 제재로 삼은 시는 대체로, 생명체들의 풍요로움을 감각적으로 형상화하거나, 생명 파괴의 현실을 극복하는 모습을 형상화한다. (가)는 만물의 조화로운 성장과 충만한 생명력에 자족하는 태도를, (나)는 인간의 욕망에 의한 상처와 고통으로 황폐화된 현실을 강인한 생명력이 피어나는 공간으로 변화시키는 모습을 드러낸다. 이러한 두 양상은 표면적으로 드러난 생명의 모습에서는 차이를 보이지만, 생명체들이 어우러져 살아가는 모습을 보여 준다는 점에서는 동일한 지향성을 지닌다고 할 수 있다.

---

① (가)의 '한여름'은 생명체들의 풍요로움을 감각적으로 드러내는, (나)의 '겨울'은 생명 파괴의 현실을 이겨 내는 시간적 배경으로 설정되어 있군.

② (가)의 '울타리'는 만물이 함께 살아가는 공간을 드러내는 경계로, (나)의 '골짜기'는 인간의 욕망이 투영된 장소로 제시되어 있군.

③ (가)의 '넌출'은 어우러진 생명체들이 현실의 삶에 자족하게 되는, (나)의 '홀씨'는 공존하던 생명체들이 흩어지게 되는 계기를 드러내고 있군.

④ (가)의 '그늘'은 만물이 성장을 이루어 가는 배경으로서의, (나)의 '음지'는 현실의 고통을 극복하는 장소로서의 의미를 함축하고 있군.

⑤ (가)의 '비'는 생명의 충만함과 조화로움을 갖게 하는, (나)의 '소나기'는 황폐화된 현실에 생명력을 환기하는 대상으로 표상되어 있군.

(가) 돌담으로 튼튼히 가려 놓은 집 안엔 검은 기와집 종가가 살고 있었다. 충충한 울 속에서 거미 알 터지듯 흩어져 나가는 이 집의 지손(支孫)*들. 모두 다 싸우고 찢고 헤어져 나가도 오래인 동안 이 집의 광영(光榮)을 지키어 주는 신주(神主)*들은 대머리에 곰팡이가 나도록 알리어지지는 않아도 종가에서는 무기처럼 아끼며 제삿날이면 갑자기 높아 제상(祭床) 위에 날름히 올라앉는다. 큰집에는 큰아들의 식구만 살고 있어도 제삿날이면 제사를 지내러 오는 사람들 오조 할머니와 아들 며느리 손자 손주며느리 칠촌도 팔촌도 한데 얼리어 닝닝거린다. 시집갔다 쫓겨 온 작은딸 과부가 되어 온 큰고모 손구락을 빨며 구경하는 이종 언니 이종 오빠. 한참 쩡쩡 울리던 옛날에는 오조 할머니 집에서 동원 뒷밥*을 먹어왔다고 오조 할머니 시아버지도 남편도 동네 백성들을 곧―잘 잡아들여다 모말굴림*도 시키고 주릿대를 앵기었다고. 지금도 종가 뒤란에는 중복사 나무 밑에서 대구리가 빤들빤들한 달걀귀신이 융융거린다는 마을의 풍설. 종가에 사는 사람들은 아무 일을 안 해도 지내 왔고 대대손손이 아―무런 재주도 물리어받지는 못하여 종갓집 영감님은 근시 안경을 쓰고 눈을 찝찝거리며 먹을 궁리를 한다고 작인(作人)들에게 고리대금을 하여 살아 나간다.

― 오장환, 〈종가〉

* 지손 : 맏이가 아닌 자손에서 갈라져 나간 파의 자손.
* 신주 : 죽은 사람의 위패.
* 뒷밥 : 고사나 제사를 지낸 후 객귀를 위해 차리는 상.
* 모말굴림 : 곡식을 담는 그릇 위에 무릎을 꿇리는 형벌.

(나) 노래는 심장에, 이야기는 뇌수에 박힌다
　　　처용이 밤늦게 돌아와, 노래로써
　　　아내를 범한 귀신을 꿇어 엎드리게 했다지만
　　　막상 목청을 떼어 내고 남은 가사는
　　　베개에 떨어뜨린 머리카락 하나 건드리지 못한다　[A]
　　　하지만 처용의 이야기는 살아남아
　　　새로운 노래와 풍속을 짓고 유전해 가리라
　　　정간보가 오선지로 바뀌고
　　　이제 아무도 시집에 악보를 그리지 않는다
　　　노래하고 싶은 시인은 말 속에
　　　은밀히 심장의 박동을 골라 넣는다　[B]
　　　그러나 내 격정의 상처는 노래에 쉬이 덧나
　　　다스리는 처방은 이야기일 뿐
　　　이야기로 하필 시를 쓰며
　　　뇌수와 심장이 가장 긴밀히 결합되길 바란다.

― 최두석, 〈노래와 이야기〉

11 (가)에 대한 이해로 가장 적절한 것은?

① '이 집의 지손들'이 '거미 알 터지듯 흩어져 나'간다는 데서, 종가의 번성에 대한 자부심을 드러낸다.

② '오래인 동안 이 집의 광영을 지키어 주는 신주들'이 '제삿날이면 갑자기 높아 제상 위에 날름히 올라앉는다'는 데서, 종가에 대한 풍자적 태도를 드러낸다.

③ '동네 백성들을 곧―잘 잡아들여다 모말굴림도 시키고 주릿대를 앵기었다'는 데서, 종가의 위세에 대한 시기심을 드러낸다.

④ '종가에 사는 사람들은 아무 일을 안 해도 지내 왔고 대대손손이 아―무런 재주도 물리어받지는 못했다'는 데서, 종가의 내력을 존중하는 태도를 드러낸다.

⑤ '근시 안경을 쓰고 눈을 찝찝거리'는 '종갓집 영감님'이 '작인들에게 고리대금을 하여 살아 나간다'는 데서, 종가에 대한 선망을 드러낸다.

12 [A], [B]에 대한 이해로 가장 적절한 것은?

① [A]는 '노래'와 '가사'의 융합이 가져온 결과를 보여 준 것이다.

② [A]는 '노래'와 '이야기'가 결합되었을 때 나타나는 단점을 설명한 것이다.

③ [B]는 시인의 '말'에 '이야기'가 직접 연결된 상황을 표현한 것이다.

④ [B]는 '노래'의 성격이 약화된 '말'에 '노래'가 주는 감동을 불어넣는 상황을 보여 준 것이다.

⑤ [A]는 '이야기'의 도입이 지닌 한계를, [B]는 '노래'의 회복이 지닌 의의를 설명한 것이다.

13 (가), (나)에 대한 설명으로 적절하지 <u>않은</u> 것은?

① (가)는 '쩡쩡 울리던 옛날'과 '달걀귀신이 융융거린다는 마을의 풍설'을 통해 '종가'에 대한 인상을 감각적으로 나타내고 있다.

② (가)는 '돌담으로 튼튼히 가려 놓은 집'과 '검은 기와집'을 통해 '종가'의 분위기를 드러내고 있다.

③ (나)는 '그러나'라는 시상 전환 표지를 활용하여 '노래'만으로는 화자가 바라는 '시' 창작이 어렵다는 점을 부각하고 있다.

④ (나)는 '처용'이 부른 '노래'와 '처용'에 대한 '이야기'의 성격을 비교하여 주제를 구체화하고 있다.

⑤ (가)는 '지금도'를 통해 '종가'의 불변성을, (나)는 '이제'를 통해 '시'의 영속성을 강조하고 있다.

14 〈보기〉를 바탕으로 (가), (나)를 감상한 내용으로 적절하지 <u>않은</u> 것은?

〈보기〉

　　(가)에서 화자는 '종가'의 상황을 구체적으로 서술함으로써 종가와 연관된 사람들의 상처를·드러내고, 이러한 종가의 이야기가 현재의 상황과 연결되도록 현재 시제를 주로 사용하여 생동감 있게 표현했다. (나)에서 화자는 '시'가 '노래'의 성격을 되찾아야 할 뿐만 아니라, 감정의 과잉으로 상처가 오히려 깊어지기도 하는 노래의 한계를 극복하기 위해 '이야기'가 요구된다는 점을 강조했다. (가)는 종가에 대한 화자의 경험을 이야기한 산문 형식의 시이고, (나)는 〈종가〉와 같은, 이야기가 두드러진 시를 짓는 까닭을 제시한 시론 성격의 시이다.

① (가)는 종가 구성원들의 행동을 현재 시제로 생동감 있게 표현함으로써 종가의 이야기와 현실이 연관되도록 서술하고 있군.

② (가)는 '동네 백성들'이 받은 상처를 보여 줌으로써 종가의 부정적 측면을 드러내려는 화자의 의도를 부각하고 있군.

③ (나)는 상처가 노래에 쉽게 덧난다고 말함으로써 시에서 노래의 성격이 분리된 결과를 보여 주고 있군.

④ (나)는 '뇌수'와 '심장'의 결합을 희망한다고 말함으로써 시에 이야기도 필요하다는 생각을 담아내고 있군.

⑤ (가)는 종가에 얽힌 경험과 상처에 대한 이야기를, (나)는 시 창작에서 이야기의 활용이 지니는 의미를 제시하고 있군.

(가) 눈이 오는가 북쪽엔
함박눈 쏟아져 내리는가

험한 벼랑을 굽이굽이 돌아간
백무선 철길 위에
느릿느릿 밤새어 달리는 / 화물차의 검은 지붕에

연달린 산과 산 사이 / 너를 남기고 온
작은 마을에도 복된 눈 내리는가

잉크병 얼어드는 이러한 밤에
어쩌자고 잠을 깨어
그리운 곳 차마 그리운 곳

눈이 오는가 북쪽엔
함박눈 쏟아져 내리는가

– 이용악, 〈그리움〉

(나) 왜 그곳이 자꾸 안 잊히는지 몰라
가름쟁이 사래 긴 우리 밭 그 건너의 논실 이센 밭 / 가장자리에 키 작은 탱자 울타리가 쳐진.
훗날 나 중학생이 되어
아침마다 콩밭 이슬을 무릎으로 적시며 / 그곳을 지나다녔지
수수알이 ㉠짱짱 여무는 가을이었을까 / 깨꽃이 하얗게 부서지는 햇빛 밝은 여름날이었을까
아랫냇가 굽이치던 물길이 옆구리를 들이받아 / 벌건 황토가 드러난 그곳
허리 굵은 논실댁과 그의 딸 영자 영숙이 순임이가
밭 사이로 일어섰다 앉았다 하며 커다란 웃음들을 웃고
나 그 아래 냇가에 소고삐를 풀어놓고 / 어항을 놓고 있었던가 가재를 쫓고 있었던가
나를 부르는 소리 같기도 하고
㉡쏴르르 쏴르르 무엇이 물살을 헤짓는 소리 같기도 하여
고개를 들면 아, ㉢청청히 푸르던 하늘
갑자기 무섬증이 들어 언덕 위로 달려 오르면
들꽃 싸아한 향기 속에 두런두런 논실댁의 목소리와
㉣까르르 까르르 밭 가장자리로 울려 퍼지던 / 영자 영숙이 순임이의 청랑한 웃음소리
나 그곳에 오래 앉아 / 푸른 하늘 아래 가을 들이 ㉤또랑또랑 익는 냄새며
잔돌에 호미 달그락거리는 소리 들었다
왜 그곳이 자꾸 안 잊히는지 몰라
소를 몰고 돌아오다가 / 혹은 객지로 나가다가 들어오다가
무엇이 나를 부르는 것 같아
나 오래 그곳에 서 있곤 했다

– 이시영, 〈마음의 고향 2 – 그 언덕〉

15 (가)에 대한 이해로 가장 적절한 것은?

① '오는가'를 '쏟아져 내리는가'로 변주하여 대상에 대한 화자의 거부감을 드러내고 있다.

② '돌아간'과 '달리는'의 대응을 활용하여 두 대상 간에 조성되는 긴장감을 묘사하고 있다.

③ '철길'에서 '화물차의 검은 지붕'으로 묘사의 초점을 이동하여 정적인 이미지를 강화하고 있다.

④ '잉크병'이라는 사물이 '얼어드는' 현상을 활용하여 화자가 처한 현실의 변화 가능성을 암시하고 있다.

⑤ '잠'을 깬 자신에게 '어쩌자고'라는 의문을 던져 현재의 상황에서 느끼는 화자의 애달픈 심정을 드러내고 있다.

16 ㉠~㉤의 의미를 고려하여 (나)를 감상한 내용으로 적절하지 않은 것은?

① ㉠을 활용하여 유년의 화자가 경험한 가을이 단단한 결실을 맺는 시간임을 부각하고 있군.

② ㉡을 활용하여 냇가에서 놀던 유년의 화자가 누군가 자신을 부르는 소리를 물소리로 느낀 경험을 부각하고 있군.

③ ㉢을 활용하여 유년의 화자에게 순간적 감동을 느끼게 한 맑고 푸른 하늘의 색채를 부각하고 있군.

④ ㉣을 활용하여 무섬증에 언덕을 달려 오른 유년의 화자에게 또렷하게 인식된 이웃들의 밝은 웃음을 부각하고 있군.

⑤ ㉤을 활용하여 유년의 화자가 곡식이 익어 가는 들녘의 인상을 선명하게 지각한 경험을 부각하고 있군.

17 〈보기〉를 참고하여 (가)와 (나)를 이해한 내용으로 적절하지 않은 것은?

〈보기〉

　　이용악과 이시영의 시 세계에서 고향은 창작의 원천이 되는 공간이다. 이용악의 시에서 고향은 척박한 국경 지역이지만 언젠가 돌아가야 할 근원적 공간으로 그려지는데, (가)에서는 가족이 기다리는 궁벽한 산촌으로 구체화된다. 이시영의 시에서 고향은 지금은 상실했지만 기억 속에서 계속 되살아나는 공간으로 그려지는데, (나)에서는 이웃들과 함께했던 삶의 터전이자 생명이 살아 숨 쉬는 평화로운 농촌으로 구체화된다.

① (가)는 '함박눈'으로 연상되는 겨울의 이미지를 통해 '북쪽' 국경 지역의 고향을, (나)는 '햇빛'을 받은 '깨꽃'에서 그려지는 여름의 이미지를 통해 생명력 넘치는 고향을 보여 준다.

② (가)는 '험한 벼랑' 너머 '산 사이'라는 위치를 통해 산촌 마을인 고향의 궁벽함을, (나)는 '소고삐'를 풀어놓고 '가재를 쫓는' 모습을 통해 농촌 마을인 고향의 평화로움을 보여 준다.

③ (가)는 '남기고' 온 '너'를 떠올림으로써 고향에서 기다리는 사람에 대한, (나)는 '밭 사이'에서 웃던 이웃들의 이름을 떠올림으로써 고향에서 함께 살아가던 이웃에 대한 기억을 보여 준다.

④ (가)는 '눈'을 '복된' 것으로 인식함으로써 고향에 돌아갈 날에 대한, (나)는 '무엇'이 '부르는 것 같'았던 언덕을 회상함으로써 고향으로의 귀환에 대한 기대를 드러낸다.

⑤ (가)는 '차마 그리운 곳'이라는 표현을 통해 근원적 공간인 고향에 대한 애틋함을, (나)는 '자꾸 안 잊히는지'라는 표현을 통해 내면에 존재하는 고향에 대한 변함없는 애정을 드러낸다.

(가) 박용래, 〈월훈〉

● 지문 해설

> 첩첩산중에도 없는 마을이 여긴 있습니다. 잎 진 사잇길 저 모랫둑, 그 너머 강기슭에서도 보이진 않습니다. 허방다리* 들어
> <small>시적 대상인 노인이 사는 마을 – 쉽게 발견하기 어려운 장소　　　　　　　　　　　　　　　　　　　외부와 단절되어 고립된 마을 ①</small>
> 내면 보이는 마을.
>
> 　갱 속 같은 마을. ⊙ 꼴깍, 해가, 노루꼬리 해가 지면 집집마다 봉당에 불이 켜지요. 콩깍지, 콩깍지처럼 후미진 외딴집, 외
> <small>외부와 단절되어 고립된 마을 ②　　노루꼬리처럼 짧은 겨울 해가 순식간에 지는 모습　　　　　　노인이 세상에서 고립된 채 외롭게 살고 있음 – 적막한 공간의 분위기</small>
> 딴집에도 불빛은 앉아 이슥토록 창문은 모과빛입니다.
> <small>밤이 꽤 깊도록　　불이 켜져 있음</small>
> 　기인 밤입니다. 외딴집 노인은 홀로 잠이 깨어 출출한 나머지 무우를 깎기도 하고 고구마를 깎다, 문득 바람도 없는데 시나
> <small>노인이 외로움과 고독함을 느끼는 시간</small>
> 브로 풀려 풀려 내리는 짚단, 짚오라기의 설레임을 듣습니다. 귀를 모으고 듣지요. ⓒ 후루룩 후루룩 처마 깃에 나래 묻는 이름
> <small>누군가의 인기척을 상상하며 설렘을 느낌　　　　　　　　　　　　　　　　　　　새가 내는 소리를 표현한 것으로, 새의 모습을 감각적으로 형상화함</small>
> 모를 새, 새들의 온기를 생각합니다. 숨을 죽이고 생각하지요.
> <small>생명력 또는 사람의 온기, 노인이 그리워하는 대상</small>
> 　참 오래오래, 노인의 자리맡에 밭은기침 소리도 없을 양이면 벽 속에서 겨울 귀뚜라미는 울지요. 떼를 지어 웁니다. 벽이 무
> <small>아무 소리도 들리지 않는 깊은 적막과 고독　　　　감정 이입(= 외로운 노인)　　　　노인이 느끼는 외로움과 고독감의 깊이를</small>
> 너지라고 웁니다.
> <small>간접적으로 드러냄</small>
> 　어느덧 밖에는 눈발이라도 치는지, 펄펄 함박눈이라도 흩날리는지, 창호지 문살에 돋는 월훈(月暈).
> <small>외딴 마을의 적막함을 고조시킴　　　　　　　　　　　　　　　　　　　　　　　　달무리 – 그리움의 이미지</small>

<small>* 허방다리 : 짐승 따위를 잡기 위해 풀 등을 덮어 위장한 구덩이.</small>

● 상황 시의 화자는 관찰자의 입장에서 시적 대상인 외딴집과 노인의 모습을 감각적으로 묘사하고 있어요. 화자의 시선은 '첩첩산중의 마을 → 후미진 외딴집 → 홀로 있는 노인'으로 모아져요. 그리고 노인이 사는 마을과 집은 외부와 철저히 단절된 곳으로 묘사되어 있죠. 이곳에서 노인은 한밤에 잠에서 깨어 공연히 무나 고구마를 깎아 먹기도 하고, 외부에서 들려오는 소리에 신경을 집중하기도 해요.

● 정서 및 태도 시의 화자는 관찰자이므로, 화자가 아니라 시적 대상인 노인에 집중하여 작품의 정서와 태도를 파악해야 해요. 긴 겨울밤 무나 고구마를 깎는 노인의 행위는 무료함과 고독감을 견디기 위한 것으로 볼 수 있어요. 또한 짚단이 떨어지는 소리를 인기척으로 생각해 설렘을 느끼거나 새들의 온기를 생각하는 것은 누군가에 대한 그리움의 표현으로 볼 수 있지요. 겨울 귀뚜라미나 창호지 문살에 비친 달무리의 이미지도 노인의 저시를 부각하는 역할을 해요. 특히 귀뚜라미는 감성 이입의 대상으로 볼 수 있는데, 귀뚜라미가 벽이 무너지라고 운다는 표현을 통해, 노인의 고독과 외로움이 얼마나 절절한 것인지를 보여 주고 있어요.

● 주제 외딴집에 사는 노인의 외로움과 그리움

(나) 김영랑, 〈연 1〉

● 지문 해설

> 내 어린 날!
>
> 아슬한 하늘에 뜬 연같이　┐ <small>비유(직유법)를 통해</small>
> <small>연이 위태롭게 떠 있음</small>　├ <small>어린 날의 기억을 표현</small>
> 바람에 깜박이는 연실같이　┘
> <small>연실이 잘 보이지 않음</small>
> 내 어린 날! 아슴풀하다*
> <small>하늘에 떠 있는 연과 연실처럼, 이제는 기억이 어렴풋한 화자의 어린 시절</small>
> <small>(연을 매개로 자신의 어린 시절을 떠올림)</small>
>
> 『하늘은 파랗고 끝없고
>
> 편편한 연실은 조매롭고*
> <small>나는 모양이 가볍고 날쌘</small>
> 오! 흰 연 그새에 높이
>
> ⓒ 아실아실* 떠 놀다 내 어린 날!　『 』 <small>: 과거에 연을 날리던 추억 회상</small>
> <small>연이 끊어지지는 않을까 걱정하는 마음</small>
>
> 『바람 일어 끊어지던 날
> <small>연이 끊어져 버린 날</small>
> 엄마 아빠 부르고 울다
>
> ② 희끗희끗한 실낱이 서러워
> <small>끊어진 연줄을 보며 서러워하는 상황을 형상화함</small>
> 아침저녁 나무 밑에 울다　『 』 <small>: 연실이 끊어져 서럽게 울었던 기억</small>
>
> 『오! 내 어린 날 하얀 옷 입고
>
> 외로이 자랐다 하얀 넋 담고
> <small>화자의 외로움을 색채 이미지로 제시 ①</small>
> ② 조마조마 길가에 붉은 발자욱
> <small>화자의 외로움을 색채 이미지로 제시 ②</small>
> 자욱마다 눈물이 고이었었다　『 』 <small>: 외롭고 슬펐던 화자의</small>
> <small>슬픔의 정서 표출　　　　　　　어린 시절 형상화</small>

<small>* 아슴풀하다 : '아슴푸레하다'의 방언. * 조매롭고 : '조마롭다'의 방언. 보기에 마음이 초조하고 불안하다. * 아실아실 : '아슬아슬'의 방언.</small>

● 상황 화자는 하늘 높이 날고 있는 '연'을 매개로 자신의 어린 시절을 떠올리고 있어요.

● 정서 및 태도 화자는 '연'을 조마조마하고 아실아실한, 위태로운 대상으로 인식하고 있어요. 그리고 그것이 자신의 유년 시절과 비슷하다고 표현하고 있죠. 2연과 3연에서는 어린 시절 느꼈던 상실감과 아픔을, 4연에서는 외롭고 슬펐던 유년 시절을 선명한 색채 대비와 구체적인 이미지로 형상화하고 있어요. '외로이', '조마조마', '눈물' 등의 시어를 통해 이러한 화자의 정서를 짐작할 수 있어요.

● 주제 슬프고 외로웠던 유년 시절에 대한 회상

(다) 서영보, 〈문의당기〉

● 지문 해설

ⓐ 신위가 자기 집 이름을 '문의당'이라 하고 ⓑ 나에게 편지를 보내 말했다.

"내 천성이 물을 좋아하는데, 도성 안이라 <u>볼만한 샘이나 못이 없어</u> 비록 물을 보는 법을 알고 있어도 <u>써 볼 데가 없는</u> 것이
　　　　　　　　　　　집 근처에 물이 없음
늘 아쉬웠습니다. 그런데 <u>천하의 지도를 보고</u> 깨우친 점이 있었습니다.
　　　　　　　　신위에게 깨달음을 준 대상
　　넘실거리는 큰 바다 사이로 아홉 개 대륙, 일만 개 나라가 퍼져 있는데 큰 나라는 범선이 늘어선 듯하고, 작은 나라는 갈
　　　　세계 지도를 보고 바다 사이의 '대륙'에 퍼져 있는 '나라'를 '범선, 갈매기, 해오라기'에 비유하며 모든 땅이 물과 관련 있다고 생각함
매기와 해오라기가 출몰하는 듯했습니다. 천하만국에 두루 살고 있는 사람들은 모두 물 가운데 있는 존재일 뿐입니다. 이것
이 제 집의 이름을 '<u>문의(文漪)</u>*'라고 한 까닭입니다. 그대는 저를 위해 이 집의 기문을 지어 주시기 바랍니다."
　　　　　　　신위가 자신의 집 이름을 '문의'라고 지은 까닭　　　　　　기록한 문서
나는 편지를 보고 웃으며 말했다. / "세상에는 본래 그 실물은 없으면서도 이름을 차지하는 경우가 있으니, 지금 그대가 집

에 이름을 붙인 것이 바로 그 실물이 없는 것이라고 할 수 있겠소. 비록 그러하나 그대도 이에 대해 할 말이 있을 것이오. <u>「지</u>
　　　　　　　　　　　　　　　　　　　　　　　　　　　　　실제로는 근처에 물이 없음에도 집 이름을 물과 관련해 지었으므로 실물이 없는 상황임
<u>금 바다의 섬 가운데 집을 짓고 사는 사람</u>이 있다면, 사람들은 반드시 <u>물에 산다고</u> 하지 산에 산다고 하지 않겠지요. 섬사람

중에는 담장을 두르고, 집을 짓고, 문을 닫고 <u>들어앉아 사는 사람</u>도 있게 마련이니, 그가 날마다 파도와 깊은 물을 가까이
　　　　　　　　　　　　　　　섬사람 중에서도 물을 가까이 하지 않는 사람들이 있음
접하지는 않는다고 하여, 물에 사는 게 아니라고 한다면 옳지 않겠지요.」 이와 같은 이치를 <u>사람들이 모두</u> 그렇다고 인정하
　　　　　　　　　　　　　　　　　　　　　　　　　　『 』: 파도와 깊은 물을 가까이 접하지 않는 사람이라도 섬에 사는 사람은
는데, 어찌 유독 그대의 말에만 의심을 품겠소?　　　　　　　　　　　　　　물에 산다고 말할 것임
　　　　　　　신위의 생각에 동의를 표함 - 설의적 표현
　　대지는 하나의 섬이고, 세상 사람들은 섬사람이라오. <u>「비록 배를 집으로 삼아</u> 물 위를 떠다니면서 날마다 <u>물과 더불어 살</u>
　　　신위의 생각이 타당한 이유　　　　　　　　『 』: 배를 집으로 삼아 물 위를 떠다니는 사람이라도 물을 계속 보는 것은 아니며 물을 생각하지 않을 때도 있음
아가는 사람이라 하더라도, 그 형편상 눈을 한곳에 두고 꼼짝하지 않을 수는 없을 것이고, 잠시 <u>눈길을 돌려서 잠깐 동안이</u>

나마 물이 있다는 것을 생각하지 못할 때가 반드시 있을 것이오.」 이때에는 겨우 반걸음을 움직인 것이나 천 리를 간 것이나
　　　　　　　　　　　　　　　　　　　　　　　　　'잠깐 물을 인식하지 못한 것'이나 '물로부터 먼 곳에 사는 것'이나 결국 서로 같은 것임 → 상대적 관점
매한가지라 할 것이오."

*문의 : 물결무늬

● **작품 해설** 이 작품은 조선 시대의 문인인 신위가 자신의 집 이름을 '문의당'이라고 지은 것과 관련하여, 글쓴이가 〈문의당기〉를 쓰게 된 구체적
인 계기와 이유를 밝힌 고전 수필이에요. 신위는 천하의 지도를 보고 얻은 깨달음을 바탕으로 집 이름을 '문의'라 지었다고 밝히며, 글쓴이에게
이 집에 대한 기문을 써 달라고 부탁했어요. 글쓴이는 바다의 섬 가운데 집을 짓고 사는 사람과 배를 집으로 삼고 사는 사람의 예를 들어 신위의 생
각에 동의의 뜻을 표했어요. 대지의 모든 사람들은 결국 섬사람이므로, 물이 보이는 곳에 집을 짓고 살더라도 '물을 생각하지 못하는 순간'은 '물에
서 멀리 있는 것'과 다르지 않다는 거죠. 이를 통해 글쓴이는 세상을 상대주의적 관점으로 봐야 한다는 교훈을 우회적으로 전달하고 있어요.
● **주제** 상대적 관점으로 세상을 보는 태도의 중요성

01 〔유형 ❶ 표현상의 특징〕

이게 정답! ② (가)에서 '갱 속 같은 마을', '콩깍지처럼 후미진 외딴집' 등은 노인이 사는 곳을 묘사한 표현으로, 세상과 단절된 외딴집의 특징을 드
러내고 있어요. (나)의 2연에서는 '하늘은 파랗고 끝없고 / 편편한 연실은 조매롭고'에서 하늘을 날고 있는 연을 묘사함으로써 위태롭고 조마조마
해 보이는 연의 특징을 드러내고 있어요. (다)는 '넘실거리는 큰 바다 사이로 ～ 큰 나라는 범선이 늘어선 듯하고, 작은 나라는 갈매기와 해오라기
가 출몰하는 듯했습니다.'에서 천하의 지도를 묘사함으로써 천하만국의 사람들이 모두 물 가운데 있는 존재라는 특징을 드러내고 있어요. 이처럼
(가)~(다) 모두 묘사의 방식을 활용하여 대상의 특징을 구체화하고 있음을 확인할 수 있어요.
왜 답이 아니지? ① (다)에서는 '어찌 유독 그대의 말에만 의심을 품겠소?'에서 설의적 표현을 사용하여 글쓴이의 생각을 강조한 부분을 찾을 수 있
어요. 하지만 (가), (나)에는 설의적 표현이 사용되지 않았어요.
③ 말을 건네는 방식은 화자의 말을 듣는 청자를 설정하는 방식을 말해요. (가)는 높임 표현을 통해 청자에게 이야기를 들려주는 방식을 사용하고 있으
므로 말을 건네는 방식을 사용했다고 볼 수 있어요. (다)는 대화의 형식을 사용했지요. 그러나 (나)에서는 말을 건네는 방식을 사용하고 있지 않아요.
④ (나)에 화자가 과거의 장면, 즉 자신의 유년 시절을 회상하는 내용이 나오긴 하지만, 이를 통해 현재 상황에 대한 원인을 포착하고 있지는 않아
요. (가), (다)에는 과거를 회상하는 내용이 나오지 않았고요.
⑤ (다)는 '바다의 섬 가운데 집을 짓고 사는 사람이 있다면'에서 가상의 상황을 설정하고 있다고 볼 수 있어요. 하지만 이것이 현실에 대한 긍정적
인식을 이끌어 내는 것은 아니에요. (가), (나)에는 가상의 상황이 나오지 않았어요.　　　　　　　　　　　　　　　　　　　　　**정답 ②**

02 〔유형 ❸ 〈보기〉 활용 문제〕

이게 정답! ④ 〈보기〉에서 노인은 낯설게 느껴지는 일상에 감각적으로 집중한다고 했어요. 이를 고려할 때 노인이 '짚오라기의 설레임'을 '귀를 모
으고 듣'고 '새들의 온기'를 '숨을 죽이고 생각하'는 것은, 일상을 자연스럽게 받아들이는 것이 아니라, 낯설게 받아들이는 것이라고 해석하는 것이
적절해요. 낯선 일상에 감각적으로 집중하는 노인을 통해 삶의 깊은 정적과 쓸쓸함을 드러내고 있는 거죠.

왜 답이 아니지? ① '첩첩산중에도 없는 마을'이 '여긴 있다'고 한 것은 노인이 사는 마을이 쉽게 찾을 수 없는 곳임을 짐작하게 해 줘요.

② '강기슭에서도 보이진 않는 '후미진 외딴집'이라는 배경은 노인이 살고 있는 공간이 세상과 단절된 곳임을 드러낸 것으로, 공간의 적막한 분위기를 조성하고 있어요.

③ '봉당에 불을 켜'는 분위기와 '콩깍지'의 이미지는 향토적 정경을 드러내는 것으로 볼 수 있어요. 이는 〈보기〉의 '사라져 가는 것들에 대한 관심'과 연관 지을 수 있어요.

⑤ '발은기침 소리도 없는데 '겨울 귀뚜라미'가 우는 상황은 〈보기〉의 '노인의 삶이 마주한 깊은 정적 속 울음소리'와 연관 지을 수 있어요. 〈보기〉에서 이러한 '정적 속 울음소리'는 인간의 쓸쓸함을 고조한다고 하였으므로, '겨울 귀뚜라미'가 우는 것은 노인의 고독을 형상화한 것으로 볼 수 있죠. 또한 눈발이 치는 듯한 '밖'의 달무리 이미지는 〈보기〉의 '외딴집 창호지 문살에 비친 달무리'의 이미지와 연결되는 것으로, 이 역시 노인의 고독을 형상화한 것으로 이해할 수 있어요. **정답 ④**

03 {유형 ❷ 내용 이해}

이게 정답! ④ 4연에서 '하얀 넋'은 앞에 있는 '외로이'라는 시어에서 알 수 있듯이 유년 시절 화자가 느낀 외로움을 나타낸 표현이에요. '붉은 발자욱' 역시 뒤에 이어지는 '자욱마다 눈물이 고이었다'라는 시구에서 알 수 있듯 유년 시절 화자가 느낀 슬픔과 연관되고요. '하얀 넋'과 '붉은 발자욱'은 모두 유사한 정서를 내포하고 있으므로 '하얀 넋'이 '붉은 발자욱'에 함축된 정서와 상반되는 의미를 이끌어 낸다는 설명은 적절하지 않아요.

왜 답이 아니지? ① 1연에서는 하늘에 아슬아슬하게 떠 있는 연과 바람에 깜빡이며 보일 듯 말 듯한 연실같이 '내 어린 날'의 기억도 '아슴풀하다'고 표현하고 있어요.

② 2연에서 '연실'은 '조매롭다(조마조마하다)'라고 표현되어 있는데, 그렇게 위태롭던 연실이 3연에서 결국 끊어져 화자가 울던 상황과 연결되고 있어요. 따라서 2연에서의 연실의 긴장이 3연에서 연실이 끊어지던 날의 정서를 고조하고 있다고 볼 수 있어요.

③ 3연에서는 '울다'라는 시어를 반복하고 있고, 4연에서는 '눈물이 고이었다'라는 표현을 사용하고 있어요. 이는 '내 어린 날'의 상황이 슬프고 괴로웠음을 짐작할 수 있게 해 줘요.

⑤ 2연은 화자가 자신의 어린 시절을 떠올려 묘사한 장면이에요. 1연과 4연의 '내 어린 날'은 그 시절에 대한 인상과 정서를 표현한 것으로서, 화자의 유년 시절을 표상하는 의미를 지닌다고 할 수 있어요. **정답 ④**

04 {유형 ❶ 표현상의 특징 + 유형 ❷ 내용 이해}

이게 정답! ③ ⓒ '아실아실'은 높이 날아오른 연이 끊어질 듯 아슬아슬한 모습을 표현한 것으로, 연을 동경하는 심리를 드러낸 것은 아니에요.

왜 답이 아니지? ① ㉠ '꼴깍'은 해가 순식간에 지는 모습을 나타낸 말이므로, 시간의 변화를 함축하고 있다고 할 수 있어요.

② ㉡ '후루룩 후루룩'은 새가 날갯짓을 하는 모습을 표현한 것으로, 청각적 이미지를 활용해 새의 모습을 감각적으로 형상화하고 있어요.

④ ㉣ '희끗희끗한'은 원 빛깔이 보일 듯 말 듯한 모습을 나타내는 말로, 화자에게 서러움을 느끼게 하는 대상인 실낱의 모습을 표현한 것으로 볼 수 있어요.

⑤ ㉤ '조마조마'는 초조하고 불안한 심리를 나타내는 말로, 외롭고 슬픈 어린 시절의 정서를 함께 담아내고 있다고 볼 수 있어요. **정답 ③**

05 {유형 ❷ 내용 이해}

이게 정답! ② ⓐ '신위'가 '자기 집'을 '문의'라고 한 것에 ⓑ '나'가 동의한 이유는, 세상 사람들은 모두 물 가운데 있는 존재라는 신위의 생각에 동의했기 때문이에요. '나'는 '배를 집으로 삼아' 사는 사람의 상황과 집에 '들어앉아 사는 사람'의 상황 모두 물 가운데 산다는 점에서는 같다고 보고 있어요. 따라서 '나'가 신위의 생각에 동의한 이유를 신위가 전자의 상황보다 후자의 상황에 가깝다고 생각했기 때문이라고 보는 것은 적절하지 않아요.

왜 답이 아니지? ① ⓐ '신위'는 자기 집이 도성 안에 있기 때문에 '볼만한 샘이나 못'이 없는 곳에 산다고 생각하다가, '천하의 지도를 보고' 자신이 물 가운데 사는 것과 다름없다는 깨달음을 얻게 돼요.

③ ⓑ '나'는 '바다의 섬'에 '집을 짓고 사는 사람'은 날마다 파도와 깊은 물을 가까이 접하지 않아도 물에 산다고 할 수 있음에 주목했어요. 관점을 달리하면 대지도 바다에 둘러싸인 섬과 마찬가지이므로, 세상 모든 사람들이 섬에 살고 있다는 논리가 성립한다고 생각한 거죠.

④ ⓑ '나'는 '바다의 섬 가운데', 즉 바다에서 떨어진 곳에 살더라도 사람들은 '물에 산다'고 하지 '산에 산다'고 하지 않는다고 하며, 이는 사람들이 모두 그렇다고 인정하는 것이라고 했어요. '나'는 이와 같은 사람들의 판단과 신위의 생각이 일치함을 들어, 신위의 생각에 동의하는 뜻을 밝히고 있어요.

⑤ ⓑ '나'는 물과 가까이 있어도 물이 있다는 것을 생각하지 못할 때가 있으며, 이는 물에서 멀리 있는 것과 다르지 않다고 보았어요. 즉, '물과 더불어' 사는 사람이 '눈길을 돌'리는 순간이 있는 것과, ⓐ '신위'가 물을 보지 못해 '물을 보는 법'을 '써 볼 데가 없다'고 하는 것이 유사하다고 생각하고 있어요. **정답 ②**

06 {유형 ❸ 〈보기〉 활용 문제}

이게 정답! ④ (다)에서 '파도'와 '깊은 물'은 둘 다 섬사람들이 만나게 되는 바다의 형상을 나타내고 있어요. '나'는 이를 통해 섬사람들이 이러한 바다를 매일 만나지는 않지만 이들이 물에 사는 것은 분명하다는 주장을 하고 있죠. 따라서 '파도'와 '깊은 물'은 물에 사는 사람이 살면서 만나게 되는 환경이라는 의미를 생성하고 있다고 볼 수 있어요.

왜 답이 아니지? ① (가)에서 '허방다리 들어내면 보이는 마을'과 '갱 속 같은 마을'은 둘 다 쉽게 찾을 수 없는 공간이라는 유사성이 있어요. 얕음과 깊음의 대비를 이룬다고 볼 수 없고, 두 공간의 차이를 부각한 것도 아니에요.

② (나)에서 '무우'와 '고구마'는 노인이 밤에 무료함과 출출함을 달래기 위해 먹는 음식이에요. '무우'와 '고구마'가 차가움과 따뜻함의 대비를 이루는 것은 아니며, 다양한 음식의 속성을 부각하고 있지도 않아요.
③ (다)에서 '아홉 개 대륙'과 '일만 개 나라'는 물에 둘러싸인 공간이라는 유사성이 있지만, '천하의 지노'라는 새로운 의미를 생성하고 있지는 않아요.
⑤ (가)에서 '창문은 모과빛'과 '기인 밤'이 밝음과 어둠의 대비를 이루고 있는 것은 맞아요. 하지만 (다)에서 '갈매기'와 '해오라기'는 모두 '작은 나라'의 모습을 비유하는 데 활용된 것으로, 크고 작음의 대비를 이루고 있다고 볼 수 없어요.

정답 ④

(가) 유치환, 〈채전(菜田)〉
● 지문 해설

채소를 심어 가꾸는 밭
한여름 채전으로 ㉠ 가 보아라
시간적·계절적 배경   명령형 어미를 통해 중심 제재인 '채전'과 그 의미를 느끼게 하려 함
수염을 드리운 몇 그루 옥수수에 가지, 고추, 오이, 토란, 그리고 **울타리**엔 덤불을 이룬 **넌출** 사이로 반질반질 윤기 도는 크
                              채소밭에서 흔히 볼 수 있는 농작물들을 나열함, 열거법, 영탄법
고 작은 박이며 호박들!
                      범속한 것들의 특징 ①
이 ㉡ **지극히** 범속한 것들은 제각기 타고난 바탕과 생김새로 주어서 아낌없고 받아서 아쉼 없는 황금의 햇빛 속에 일심으로
          평범하고 속된 것들(비판의 의미 ×, 주변에서 흔히 볼 수 있는 것들)   범속한 것들의 특징 ②
자라고 영글기에 숨소리도 들릴세라 적적히 여념 없나니
범속한 것들을 통한 가르침 ① — 의심하지 말 것   범속한 것들의 특징 ③
        ㉢ 과분하지 말라 의혹하지 말라 주어진 대로를 정성껏 충만시킴으로써 스스로를 족할 줄을 알라 오직 여기에 목숨의 유열
          범속한 것들을 통한 가르침 ② — 분에 넘는 것을 바라지 말 것   범속한 것들을 통한 가르침 ③ — 만족할 줄 알 것   유래한 기쁨
과 천지와의 화합에 있거니
바탕과 생김새를 부여하는 존재('천지')와, 그것을 따라 열심히 자라고 있는 채소들

한여름 채전으로 가 보아라
동일 구절의 반복을 통해 채전으로부터 배워야 할 삶의 자세가 중요함 드러냄
나비가 심방 오고 풍뎅이가 찾아오고 잠자리가 왔다 가고 바람결에 스쳐 가고 **그늘**이 지나가고 **비**가 내리고 햇볕이 다시 나
채전에 찾아드는 곤충들   자연스러운 날씨의 변화
고…… 이같이 ㉣ 많은 손님들의 극진한 축복과 은혜 속에
      채소들이 자라는 과정을 함께하는 다양한 곤충들과 날씨들   동일 구절을 반복하고 변주함
이 지극히 범속한 것들의 지극히 충족한 ㉤ 빛나는 생명의 양상을 한여름 채전으로 와서 보아라
1연(채소들이 자람)과 2연(채소들이 자라는 데에 도움을 주는 존재들)이 조화를 이루는 터전으로서의 채전

● 상황 화자는 조용한 여름의 채소밭에서 타고난 바탕과 생김새로 열심히 영글어 가는 채소들을 보고 있어요.
● 정서 및 태도 작품 속 채전은 '옥수수, 가지, 고추, 오이' 등의 채소들이 제각기 타고난 바탕과 생김새로 자라고 영그는 공간이에요. 또한 '나비, 풍뎅이, 잠자리, 바람, 그늘, 비, 햇볕' 등의 극진한 축복 속에 채소들이 빛나는 생명의 양상을 이루는 공간이죠. 화자는 채전과 채전을 이루는 여러 존재들을 감각적으로 그려 냄으로써 만물의 조화로운 성장과 충만한 생명력에 대한 예찬적 태도를 드러내고 있어요. 아울러 그것을 통해 인간이 삶에서 마땅히 따라야 할 교훈을 제시하고 있죠.
● 주제 생명체의 조화로운 성장과 자족하는 태도

(나) 나희덕, 〈음지의 꽃〉
● 지문 해설

우리는 썩어 가는 참나무 떼,   ┐
    '우리'의 상태 화자는 '참나무'임   [A]
벌목의 슬픔으로 서 있는 이 땅   ┘
'우리'가 썩어 가는 이유
패역의 골짜기에서
도리에 어긋남, '우리'가 있는 곳의 특성
서로에게 기댄 채 **겨울**을 난다
버섯을 키우기 위해, 베어진 참나무를 ㅅ자 모양으로 서로 기대어 세워 둔 모습
함께 썩어 갈수록   ┐
                                [B]
바람은 더 높은 곳에서 우리를 흔들고 ┘

이윽고 잠자던 **홀씨**들 일어나 참나무에 구멍을 내어 ┐
버섯 균을 심어 둔 곳에서 버섯이 자람 — 시련을 통해 생명이 싹틈 [C]
우리 몸에 뚫렸던 상처마다 버섯이 피어난다   ┘
        상처에서 생명이 싹틈 — 생명력이 소멸되어 있는 데서
        생명이 싹트는 역설적인 상황

황홀한 **음지**의 꽃이여
버섯을 의미. 버섯은 보통 볕이 들지 않는 그늘에서 자람
우리는 서서히 썩어 가지만   ┐
                                    [D]
너는 **소나기**처럼 후드득 피어나   ┘
그 고통을 순간에 멈추게 하는구나
썩어 가는 참나무가 버섯이 자라는 것을 보면서 고통을 잠시 잊음을 영탄적 어조로 드러냄
오, 버섯이여
산비탈에 구르는 낙엽으로도   ┐
                                    [E]
골짜기를 떠도는 바람으로도   ┘
덮을 길 없는 우리의 몸을   ┐
낙엽과 바람으로는 베어진 참나무를 의미 있는 존재로 만들 수 없음 [F]
뿌리 없는 너의 독기로 채우는구나   ┘
화자의 몸통은 독기를 지닌(=왕성한 생명력을 지닌) 버섯이 채우고 있음

● 상황 시의 화자는 참나무로, 베어져서 서로 몸을 기댄 채 썩어 가고 있지만, 그 속에 '버섯'이라는 새로운 생명이 자라고 있어요. 산에서는 참나무 토막을 ㅅ자로 기대어 세워 두고 참나무에 상처를 내서 그 안에다 버섯 종균을 넣어 버섯을 재배하곤 해요. 시인은 아마 그러한 광경을 보고 이 작품의 시상을 떠올린 듯해요.

● 정서 및 태도 인간은 '벌목'을 통해 자연을 황폐한 '패역의 골짜기'로 만들었지만, 그러한 '음지' 같은 환경 속에서도 새로운 생명인 '꽃'이 피어나고 있어요. 화자는 자연을 파괴하는 인간에 대한 비판적 관점을 바탕으로, 생명을 잃어 가는 공간에 다시 생명을 불어넣는 '버섯'에 대해서 감탄과 예찬의 태도를 드러내고 있어요.
● 주제 인간에 의한 자연의 황폐화와 자연의 강인한 생명력

07 {유형 ❷ 내용 이해}

이게 정답! ① (가)의 화자는 채전 속 채소들과 채소들을 키우는 여러 존재를 통해 자신이 깨달은 교훈을 제시하고자 해요. 그렇기에 '채전으로 가 보아라'라는 표현을 반복하는 것이지요. 또한 1연에서는 채전에서 자라는 농작물을 나열하며 마지막에 느낌표를 붙임으로써, 채전의 채소들에 대한 영탄의 태도를 드러냈어요. (나)의 경우, 인간에 의해 황폐해진 자연이라는 배경 때문에 전체적으로 무거운 분위기가 깔려 있기는 하지만, 작품의 중심 제재인 '버섯'은 황폐된 환경('음지') 속에서도 결국 '꽃'을 피워 내는 존재예요. 화자는 썩어 가는 참나무('우리')의 고통을 순간에 멈추게도 하고, 참나무의 속을 독기로 채우기도 하는 버섯을 묘사하며 영탄적 어조로 시의 끝을 맺었고, '오'라는 감탄사도 사용했어요. 이는 '버섯'이라는 중심 제재에 대한 예찬적 태도를 보이는 것이라고 할 수 있어요. 여기서 '독기'를 부정적인 의미로 해석할 수도 있겠지만, 그보다는 전체적인 맥락을 고려할 때 '버섯'의 '독기'는 버섯의 생명력이 발현되는 것으로 이해하는 것이 좋아요. 즉, (가)와 (나)는 모두 사물에 대한 긍정적 인식을 바탕으로 중심 제재에 대해 예찬적 태도를 드러내고 있어요.

왜 답이 아니지? ② (가)의 채소들은 주어진 현실에 순응한다고 볼 수 있어요. '제각기 타고난 바탕과 생김새'대로 열심히 엉글고 있잖아요. 하지만 화자가 그러한 채소들을 비관적으로 바라보는 것은 아니에요. (나)의 '참나무 떼'는 서서히 썩어 가고 있지만, 그들의 상처에서는 새로운 생명인 버섯이 피어나고 있어요. 그러므로 현실에 순응하거나 비관적 태도를 암시하고 있다고 보기는 힘들어요.
③ (가)는 한여름의 채전을 통해 만물의 조화와 충만한 생명력을, (나)는 황폐해진 자연 속에서 피어나는 생명의 강인함을 보여 주고 있어요. 둘 다 중심 제재의 외적 아름다움을 표현하고 있다고 보기는 힘들겠죠. 또한 (나)에서 화자인 참나무의 심리 상태를 떠올려 보면, 고요한 마음으로 사물이나 현상을 관찰하는 관조적 시선으로 풍경을 응시한다고 보기도 힘들어요.
④ (나)의 '벌목의 슬픔', '패역의 골짜기'와 같은 표현에서 인간의 행위에 대한 비판적 관점을 확인할 수 있어요.
⑤ (나)의 공간에 대해서는 부정적 인식이 드러나지만, (가)의 공간인 '채전'은 부정적 인식과 관련된 공간이라고 볼 수 없어요. **정답 ①**

08 {유형 ❶ 표현상의 특징 + 유형 ❷ 내용 이해}

이게 정답! ④ 시상의 흐름으로 보아 ⓔ '많은 손님들'은 앞에 나온 '나비, 풍뎅이, 잠자리, 바람, 그늘, 비, 햇볕' 등을 가리키므로, ⓔ이 사물을 인격화하고 있는 것은 맞아요. 하지만 화자가 그것들에 대해 '극진한 축복과 은혜'와 대비되는 시선을 보내고 있는 것은 아니에요. 화자는 '많은 손님들'을 '극진한 축복과 은혜'로 여기기 때문에 채전과 채전을 이루는 여러 사물들에 대해 예찬적 태도를 나타내고 있는 거예요.

왜 답이 아니지? ① (가)의 1연과 2연은 모두 '한여름 채전으로 가 보아라'로 시작되며, '가 보아라'가 반복되고 있어요. 또한 2연의 마지막 행에서는 '한여름 채전으로 와서 보아라'로 변주되고 있죠. 이를 통해 화자는 자신이 겪은 경험의 소중함을 다른 이들도 느끼게 하려 하고 있어요.
② ⓛ '지극히'는 '범속한 것들' 앞에 제시되어 있고, '충족한 빛나는 생명의 양상' 앞에서도 수식어로 반복되어 있어요. 이는 화자가 채전의 채소들에서 느끼는 '충족한' 느낌을 강조하려는 것으로 볼 수 있어요.
③ 화자는 ⓒ '과분하지 말라'와 '의혹하지 말라'에서 부정 명령형을 반복적으로 사용하고 있는데, 이는 바로 뒤에 이어지는 '주어진 대로를 정성껏 충만시킴으로써 스스로 족할 줄을 알'아야 한다는 내용과 관련돼요. 즉, 화자는 '주어진 대로' '족할 줄을 알'아야 한다는 인식을 부정 명령형의 반복을 통해 제시하고 있는 거죠.
⑤ ⓜ '빛나는 생명의 양상'은 '생명의 양상'이라는 관념을 시각화하여 표현한 거예요. 이는 '목숨의 유열과 천지와의 화합'이 이루어지는 공간인 채전과 그 안의 생명들에 대한 화자의 예찬적 태도를 잘 드러내는 표현이에요. **정답 ④**

09 {유형 ❷ 내용 이해}

이게 정답! ② [B]에서 '바람'은 '함께 썩어' 가는 '우리를 흔들'지만, 그 '바람'이 [C]에서는 '잠자던 홀씨들'을 '일어나'도록 만들어요. 그리고 그것은 다시 '버섯이 피어'나는 것으로 이어지고 있어요. 그러므로 [B]에서 참나무의 상태에 변화를 가져온 움직임이 [C]에서 버섯이 피어나는 상황과 순차적인 관계를 형성한다는 이해는 적절해요.

왜 답이 아니지? ① [A]에서는 참나무가 벌목으로 썩어 가고, [B]에서는 참나무가 바람에 흔들리고 있지만, 이것이 순환적 관계를 형성한다고 볼 수는 없어요. 참나무가 썩어 가다가 바람에 흔들리고 다시 썩어 가는 과정이 되풀이되고 있지는 않죠.
③ [C]에서 참나무의 상처에 버섯이라는 생명이 생성되는 순간과, [D]에서 참나무의 고통을 버섯이 순간에 멈추게 하는 과정을 서로 대립적 관계로 볼 수는 없어요. 버섯이라는 생명이 생성됨으로 인해 참나무가 순간 고통을 멈출 수 있었을 테니까요.
④ [D]에서 참나무는 버섯이 피어남으로써 순간 고통을 멈추게 되는데, 이것을 참나무의 모습에 변화가 일어난 것으로 볼 수는 있어요. 하지만 그것을 [E]에서 낙엽이나 바람이 처한 상황과 인과적 관계로 설명할 수는 없어요.
⑤ [E]에서 참나무의 주변에 존재하는 낙엽과 바람이, [F]에서 참나무를 채워 주는 존재인 버섯과 동질적 관계라고 할 수는 없어요. **정답 ②**

10 {유형 ❸ 〈보기〉 활용 문제}

이게 정답! ③ '넌출'은 '길게 뻗어 나가 늘어진 식물의 줄기'란 뜻으로, (가)에서는 채전의 울타리에 덤불을 이뤄 자라는 작은 박이며 호박들을 나타내는 말이에요. 이는 어우러진 생명체들 자체와는 관련이 있지만, 이 생명체들이 현실의 삶에 자족하게 되는 계기로 보기는 힘들어요. 또한 (나)의 '홀씨' 역시 참나무의 몸에 뚫렸던 상처에서 피어나는 버섯의 홀씨잖아요. 이것은 공존하던 생명체들이 흩어지게 되는 계기가 아니라, 〈보기〉에서 말하는 생명체들이 어우러져 살아가는 모습으로 보는 것이 적절해요.

① (가)의 '한여름'은 채전의 생명체들이 풍요롭게 자라나는 시간적 배경이에요. (나)의 '겨울'은 '벌목의 슬픔'과 '패역의 골짜기'라는 생명 파괴의 현실이 드러나는 시간이기도 하고, 그러한 현실에서도 새 생명인 버섯이 피어나고 있으므로 생명 파괴의 현실을 이겨 내는 시간적 배경이기도 하지요.

② (가)는 만물의 조화로운 성장과 충만한 생명력을 채전을 통해 그리고 있으므로, '울타리'의 안쪽은 만물이 함께 살아가는 공간이 되겠지요. (나)의 '골짜기'는 베어진 참나무들이 '벌목의 슬픔으로 서 있는' 곳이에요. 이 공간은 '벌목'으로 인해 조성된 곳이므로, 인간의 욕망으로 인해 조성된 공간, 인간의 욕망이 투영된 장소라고 할 수 있어요.

④ (가)에서 '그늘'은 채전과 그곳에 사는 여러 존재들이 함께 조화로운 성장을 이루어 가는 배경의 하나로 볼 수 있어요. 반면 (나)의 '음지'는 '패역의 골짜기'로서 황폐화된 곳이지만 그곳에서 새 생명인 버섯이 피어나고 있으므로 현실의 고통을 극복하는 장소라고 볼 수 있어요.

⑤ (가)의 '비'는 채전과 그곳에 사는 여러 존재들이 생명의 충만함과 조화로움을 갖게 하는 역할을 해요. 비를 맞고 채소들이 쑥쑥 클 테니까요. (나)의 '소나기'는 '후두둑 피어나'는 버섯을 비유하는 소재예요. 즉, 썩어 가는 참나무들과 대비되어 생명력을 환기하는 대상으로 볼 수 있지요.

정답 ③

(가) 오장환, 〈종가〉

● 지문 해설

돌담으로 튼튼히 가려 놓은 집 안엔 검은 기와집 종가가 살고 있었다. 충충한 울 속에서 <u>거미 알 터지듯 흩어져 나가는 이 집</u>
외부와 단절된 '종가'의 폐쇄적 분위기 조성   음울한 분위기 조성   울타리   자손들이 대립하여 분열된 상태
<u>의 지손(支孫)</u>*들. 모두 다 싸우고 찢고 헤어져 나가도 오래인 동안 이 집의 광영(光榮)을 지키어 주는 <u>신주(神主)</u>*들은 대머리
구성원이 모두 분산됨 – 종가의 부정적 상황   '신주'는 종가의 위계와 권위를 상징함 → 과거의 영광을 버리지 못한 상태
에 곰팡이가 나도록 알리어지지는 않아도 종가에서는 무기처럼 아끼며 <u>제삿날이면 갑자기 높아 제상(祭床) 위에 날름히 올라</u>
평소에는 신주를 방치함   이미 퇴색된 '신주'를 중시하는 모습에 대한 냉소
<u>앉는다.</u> 큰집에는 큰아들의 식구만 살고 있어도 제삿날이면 제사를 지내러 오는 사람들 오조 할머니와 아들 며느리 손자 손주
며느리 칠촌도 팔촌도 한데 얼리어 닝닝거린다. 시집갔다 쫓겨 온 작은딸 과부가 되어 온 큰고모 손가락을 빨며 구경하는 이종
윙윙거린다   보잘것없는 종가의 지손들
언니 이종 오빠. 한참 쩡쩡 울리던 옛날에는 오조 할머니 집에서 동원 뒷밥*을 먹어왔다고 오조 할머니 시아버니도 남편도 동
주리를 트는 데에 쓰는 두 개의 긴 막대기
네 백성들을 곧 – 잘 잡아들여다 모말굴림*도 시키고 주릿대를 앵기었다. 지금도 종가 뒤란에는 중복사 나무 밑에서 대구리
동네 백성들을 부당하게 억압하던 종가의 행위 → 봉건적 지배 질서의 불합리성을 드러냄
가 빤들빤들한 달걀귀신이 융융거린다는 마을의 풍설. 종가에 사는 사람들은 아무 일을 안 해도 지내 왔고 <u>대대손손이 아–무</u>
<u>런 재주도 물리어받지는 못하여 종갓집 영감님은 근시 안경을 쓰고 눈을 찜찜거리며 먹을 궁리를 한다고 작인(作人)들에게 고</u>
<u>리대금을 하여 살아 나간다.</u> 『 』: 무능력한 종가의 모습과, 퇴락한 종가의 현재 상태

* 지손 : 맏아들이 아닌 자손에서 갈라져 나간 파의 자손.   * 신주 : 죽은 사람의 위패.
* 뒷밥 : 고사나 제사를 지낸 후 객귀를 위해 차리는 상.   * 모말굴림 : 곡식을 담는 그릇 위에 무릎을 꿇리는 형벌.

● 상황 제목인 '종가'는 한 문중에서 맏이로만 이어 온 집안을 뜻해요. 종갓집이라고도 하죠. 작품에 나오는 '종가'는 '튼튼히 가려'져 있는 공간, 즉 폐쇄적이고 암울한 형상으로 묘사되어 있어요. 또한 자손들은 '싸우고 찢고 헤어져 나가' 버렸고 '대대손손이 아–무런 재주도 물리어받지는 못하'였다는 것으로 보아, 지금은 종가의 상황이 예전만 못하다는 것을 짐작할 수 있죠. 이는 봉건적 질서, 유교적 질서가 무너졌음을 의미하는 것으로도 볼 수 있어요.
● 정서 및 태도 제삿날이면 갑자기 '신주'가 제상(祭床) 높은 곳에 '날름히 올라앉는다'고 한 것으로 보아, 화자는 이름만 남은 과거의 위신을 버리지 못하는 종가의 모습을 냉소적으로 바라보고 있음을 알 수 있어요. 그리고 그러한 종가의 분위기는 폐쇄적이고 암울하지요.
● 주제 쇠락한 종가의 모습을 통해 바라본 봉건적 질서의 와해

(나) 최두석, 〈노래와 이야기〉

● 지문 해설

노래는 심장에, 이야기는 뇌수에 박힌다
『 』 마음을 움직임. 감성   이성   깊게 각인됨
『처용이 밤늦게 돌아와, 노래로써

아내를 범한 귀신을 꿇어 엎드리게 했다지만 『 』: 노래가 지닌 힘에
대한 사례 – 처용가
막상 목청을 떼어 내고 남은 가사는

베개에 떨어뜨린 머리카락 하나 건드리지 못한다   **[A]**
노래와 대비되는 가사의 한계
하지만 처용의 이야기는 살아남아
기억에 깊게 각인되는 이야기
새로운 노래와 풍속을 짓고 유전해 가리라

정간보가 오선지로 바뀌고
과거 → 현재(시간의 흐름)
이제 아무도 시집에 악보를 그리지 않는다
현재의 상황 – 악보가 사라진 시대(시에서 노래가 분리됨)
『노래하고 싶은 시인은 말 속에

은밀히 심장의 박동을 골라 넣는다』   **[B]**
『 』: 노래하고 싶은 시인 – 말 속에 마음을 움직일 수 있는 요소를 담고 싶음
그러나 내 격정의 상처는 노래에 쉬이 덧나
노래는 감정의 과잉을 야기하여 상처를 깊게 하거나 사람을 지치게 할 수 있음
다스리는 처방은 이야기일 뿐
노래와 이야기가 균형 있게 결합되는 것을 지향하는 이유
이야기로 하필 시를 쓰며

뇌수와 심장이 가장 긴밀히 결합되길 바란다.
노래와 이야기가 결합된 이상적인 상태를 추구함

● **상황** 화자는 '노래와 이야기'에 대한 자신의 생각을 시라는 형식에 담아 풀어내고 있어요. '노래'는 마음을 움직이고, '이야기'는 오래도록 이어진다고 보고 있지요. 하지만 '목청을 떼어 내고 남은 가사'나 '말 속에 은밀히' '골라 넣'은 '심장의 박동'이 무언가 부족한 것으로 묘사되는 것을 보면, 화자는 '노래와 이야기'가 조화를 이루는 시를 지향하고 있음을 알 수 있어요. 이는 '이야기로 하필 시를 쓰며 / 뇌수와 심장이 가장 긴밀히 결합되길 바란다'라는 마지막 부분을 통해 명확히 드러나지요.

● **정서 및 태도** 화자는 '노래와 이야기'의 결합을, '심장과 뇌수'의 긴밀한 결합을 바라는 사람이기에, 더 이상 시집에 악보를 그리지 않는 현실을 안타까워할 거예요. 그리고 현재는 시집에서 빠진, 감정의 과잉으로 도리어 상처를 덧나게 할 수도 있는 그 '노래'를 다스리는 처방으로서 '이야기'가 필요하다는 인식은, 곧 화자가 이상적인 시의 형태로 '노래'와 '이야기'의 조화를 추구함을 보여 준다고 할 수 있어요.

● **주제** 노래와 이야기가 조화를 이루는 시에 대한 지향

11 〔유형 ❷ 내용 이해〕

이게 정답! ② '오래인 동안 이 집의 광영을 지키어 주는 신주들'은 '종가에서는 무기처럼 아끼'는 존재예요. 즉, 과거 종가가 융성한 시기에 누렸던 위계와 권위를 상징한다고 볼 수 있지요. 그런데 종가에서는 평소에 신주를 '대머리에 곰팡이가 나도록' 방치해 두다가, 제삿날이 되면 '갑자기' '제상(祭床)' 위에 날름히 올라앉'도록 귀하게 대접해요. 이는 평소에는 별 볼 일 없이 대하다가 특별한 때에만 신주를 중하게 모시는 종가의 모습을 희화화한 것으로, 종가에 대한 풍자적, 냉소적 태도를 드러내는 것으로 볼 수 있어요.

왜 답이 아니지? ① '이 집의 지손들'이 '거미 알 터지듯 흩어져 나'간다는 것은 자손들이 대립하여 분열된 상태임을 드러내는 거예요. 이는 이어지는 시구인 '싸우고 찢고 헤어져 나'갔다는 표현과 이어져 종가의 퇴락을 나타내는 것으로 볼 수 있죠. 그러므로 이를 종가의 번성에 대한 자부심을 드러내는 것으로 보는 것은 적절하지 않아요.

③ '동네 백성들을 곧-잘 잡아들여 모말굴림도 시키고 주릿대를 앵기었다'는 것은 종가에서 동네 백성들을 부당하게 억압했다는 것으로 볼 수 있어요. 이는 종가의 위세를 비판적으로 바라보는 화자의 태도가 나타나는 부분이므로, 종가의 위세에 대한 시기심을 드러낸다고 보는 것은 적절하지 않아요.

④ '종가에 사는 사람들은 아무 일을 안 해도 지내 왔고 대대손손이 아-무런 재주도 물리어받지는 못'했다는 것은 종가의 인물들이 허울뿐인 위세만 지니고 있었을 뿐, 다른 중요한 일들은 제대로 할 줄 아는 것이 없었다는 뜻으로 이해할 수 있어요. 무능력한 종가의 인물들을 꼬집는 표현을, 종가의 내력을 존중하는 태도와 연관시키기는 어렵겠죠?

⑤ '근시 안경을 쓰고 눈을 찝찝거리는' '종갓집 영감님'이 '작인들에게 고리대금을 하여 살아 나간다'는 것은, 과거의 권위도 잃고 능력도 없는 종가의 인물이 부정한 방법으로 생계를 유지하는 모습을 드러내는 거예요. 이를 통해 종가의 허위성을 풍자하고 있으므로, 종가에 대한 선망이 드러난다고 보는 것은 적절하지 않아요. **정답 ②**

12 〔유형 ❷ 내용 이해〕

이게 정답! ④ [B]에서 '노래하고 싶은 시인'이 '말 속에 은밀히 심장의 박동을 골라 넣는다'는 것은 감동을 유발하는 '노래'의 성격을 회복하고 싶다는 의미예요. 작품의 2~3행을 보면, '노래'는 '귀신을 꿇어 엎드리게' 할 정도로 상대방을 감동시킬 수 있는 힘을 가지고 있어요. 그런데 시간이 지나면서 '아무도 시집에 악보를 그리지 않'게 되었죠. 따라서 [B]는 '노래하고 싶은 시인'이, '노래'의 성격이 약화된 '말'에, '노래'가 주는 감동을 불어넣는 상황을 형상화한 것으로 볼 수 있어요.

왜 답이 아니지? ① [A]에서 '목청을 떼어 내고 남은 가사'는 '노래'의 성격이 약화된 것을 뜻해요. '노래'와 '가사'의 융합이 가져온 결과를 보여 주고 있는 것은 아니지요.

② [A]는 '노래'에서 '가사'만 남은 부족한 상태에서는 무언가를 제대로 이룰 수 없다는 뜻을 담고 있어요. 또한 이 작품에서는 '노래'와 '이야기'의 결합을 이상적인 상태로 바라보고 있으므로, 두 가지가 결합되었을 때 단점이 나타난다고 이해하는 것은 적절하지 않아요.

③ [B]에서 시인이 '말 속에' '심장의 박동을 골라 넣는다'는 것은, 1행을 참고할 때 시인의 '말'에 '이야기'가 아니라 '노래'를 연결하는 상황을 표현한 것으로 볼 수 있어요.

⑤ [A]는 '노래'와 대비되는 가사의 한계를, [B]는 '노래'의 회복을 염원하는 시인의 모습을 드러내고 있어요. **정답 ④**

13 〔유형 ❶ 표현상의 특징 + 유형 ❷ 내용 이해〕

이게 정답! ⑤ (가)에서는 '지금도 종가 뒤란에' '마을의 풍설'이 돈다는 것을 통해, 동네 백성들에게 횡포를 부리던 종가에 대한 부정적 인식이 여전히 남아 있음을 알 수 있어요. 하지만 종가에 대한 부정적 인식이 남아 있는 것과, 종가의 불변성을 강조하는 것은 큰 관련이 없어요. 한편 (나)에서는 '이제' 이후 악보가 사라진 시집을 제시함으로써, 오늘날 '시'에서 '노래'의 성격이 약화되었음을 나타내고 있어요. 하지만 이것이 시의 영속성을 강조하는 것은 아니에요.

왜 답이 아니지? ① (가)에서는 '쩡쩡'이라는 음성 상징어를 통해 과거에 동네 백성들 위에 군림하며 횡포를 일삼던 종가의 부정적 인상을 감각적으로 드러내고 있어요. 또한 달걀귀신이 '융융거린다'라는 청각적 표현을 통해 쇠락한 종가의 음산한 기운과 부정적 인상을 감각적으로 드러내고 있지요.

② (가)에서 '돌담으로 튼튼히 가려 놓은 집'은 외부와 단절된 종가의 폐쇄적 분위기를, '검은 기와집'은 색채 이미지를 통해 종가의 음울한 분위기를 나타내고 있어요. 작품 속에서 '종가'에 대한 이야기를 구체적으로 전개하기 전에 먼저 이러한 이미지를 통해 주요 소재에 대한 인상을 심어 주려는 것이라고 할 수 있어요.

③ (나)에서 '그러나' 이후 제시된 '내 격정의 상처는 노래에 쉬이 덧나'라는 시구는, '노래'가 감정의 과잉으로 '상처'를 '쉬이 덧나'게 만드는 한계가 있음을 강조하는 거예요. '노래'만으로는 화자가 만족할 만한 '시' 창작이 어렵다는 것을 나타내는 것이죠. 그래서 화자는 '이야기'라는 '처방'을 통해 '뇌수와 심장'이 긴밀히 '결합되'도록 하려는 거예요.

④ (나)에서 '처용'이 부른 '노래'는 '귀신을 꿇어 엎드리게' 했다는 것을 통해, 노래에는 마음을 움직이는 강력한 힘이 있음을 알 수 있어요. 또 '처용'

에 대한 '이야기'는 '새로운 노래와 풍속을 짓고 유전해 가리라'는 것을 통해, 이야기에는 후세에 전해지는 성격이 있음을 알 수 있어요. 이러한 두 가지 소재의 성격을 대비시키고 둘의 융화를 소망하는 모습을 통해 시의 주제를 구체화하고 있지요.

정답 ⑤

14 {유형 ❸ 〈보기〉 활용 문제}

어째청답 ③ (나)에서 상처가 노래에 쉽게 덧난다고 말한 것은, 감정의 과잉으로 오히려 상처가 깊어질 수도 있다는 뜻이에요. 이는 노래의 한계에 해당하죠. (나)의 시상 전개를 고려할 때, 시에서 노래의 성격이 분리되었다면 상처가 깊어지지 않았을 거예요.

왜 답이 아니지? ① (가)에서는 '닝닝거린다', '살아 나간다' 등의 시어에서 현재형 시제를 사용함으로써 종가 사람들과 종갓집 영감님의 모습을 생동감 있게 표현하고 있어요. 이러한 현재 시제의 사용은 종가의 이야기가 현실 상황과 연결되도록 만든다고 볼 수 있어요.

② (가)에서 '동네 백성들'은 과거에 부당하게 위세를 과시한 종가 구성원들에 의해 상처를 입었던 역사가 있어요. (가)에서는 이들이 받았던 억압과 상처를 상세히 보여 줌으로써 종가가 지닌 봉건적 지배 질서의 부정적 측면을 드러내고 있죠.

④ (나)에서 '뇌수와 심장이 가장 긴밀히 결합되길 바란다'는 것은 '시'가 노래의 성격을 되찾기를 바라고, 나아가 '노래'만으로는 자칫 덧날 수 있는 상처에 대한 처방으로서 '이야기'도 필요하다는 화자의 생각을 드러낸 것이라고 볼 수 있어요.

⑤ (가)의 화자는 종가에 얽힌 경험과 종가와 연관된 '동네 백성들'의 상처에 대해 이야기하고 있어요. 또한 (나)의 화자는 '이야기'를 통해 '노래'가 주는 상처를 극복할 수 있다고 말함으로써 시 창작에서 이야기의 활용이 지니는 의미를 제시하고 있어요.

정답 ③

(가) 이용악, 〈그리움〉

● 지문 해설

눈이 오는가 북쪽엔
　　　　고향을 의미함, 그리움의 대상
함박눈 쏟아져 내리는가
　1행의 '눈'과 함께 계절감과 색채감을 드러냄.
　그리움의 매개체이자 화자의 정서가 심화되는 계기
○ : 의문형 어미를 사용해 화자의 그리움을 강조함

험한 벼랑을 굽이굽이 돌아간
　　　　　음성 상징어를 활용해 철길의 모양을 묘사함
백무선 철길 위에
　화자가 과거에 본 적이 있는 기억 속의 대상
느릿느릿 밤새어 달리는
　음성 상징어를 활용해 화물차의 움직임을 묘사함
화물차의 검은 지붕에
　　　　시각적 이미지. 흰색의 눈과 색채 대비를 이룸

연달린 산과 산 사이
　고향이 위치한 곳
너를 남기고 온
　그리움의 대상
작은 마을에도 복된 눈 내리는가
　고향을 의미함　북쪽의 고향을 떠올리게 하는 그리움의 매개체
　　　　　　　　　포근한 고향의 이미지를 보여 줌

잉크병 얼어드는 이러한 밤에
　　　　　　　시간적 배경, 고향에 대한 화자의 그리움을 심화시킴
어쩌자고 잠을 깨어
　고향을 그리워하는 화자의 애달픈 심정을 드러냄
그리운 곳 차마 그리운 곳
　반복을 통해 고향에 대한 그리움의 정서를 드러냄

눈이 오는가 북쪽엔

함박눈 쏟아져 내리는가
　｝수미상관을 활용해 고향에 대한 그리움을 강조하고 구조적 안정감을 줌

● 상황 화자는 '눈'이 내리는 아주 추운 겨울날, 고향을 떠나와 있어요. 밤에 잠에서 깬 화자는 하늘에서 내리는 눈을 보며 북쪽의 고향을 떠올리고 있어요.

● 정서 및 태도 작품에 반복되어 나와 있는 것처럼 화자는 '그리움'을 강하게 느끼고 있어요. 내리는 눈을 보며 북쪽의 고향을 떠올리고 있죠. 고향에 대한 간절한 그리움을 계속 노래하고 있어요.

● 주제 고향(가족)에 대한 그리움

(나) 이시영, 〈마음의 고향 2 ― 그 언덕〉

● 지문 해설

　　　제목인 '마음의 고향'을 가리킴. 화자가 떠올리는 장소
왜 그곳이 자꾸 안 잊히는지 몰라
　　　　　　　　　　　　　　　○ : '그곳'에 해당하는 장소로 화자가 그리워하는 곳

가름쟁이 사래 긴 우리 밭 그 건너의 논실 이센 밭
　시인의 고향인 전남 구례에 있는 들판 이름
가장자리에 키 작은 탱자 울타리가 쳐진,
　'우리 밭'과 '논실 이센 밭'의 모습
훗날 나 중학생이 되어
　추억 속의 '나'가 중학생 이전의 어린 시절이었음을 드러냄
아침마다 콩밭 이슬을 무릎으로 적시며 / 그곳을 지나다녔지
　　　　　　　　　　　　　　　화자에게 익숙한 장소임을 드러냄
수수알이 ㉠ 꽝꽝 여무는 가을이었을까
　　　　　　　　음성 상징어를 활용해 가을의 결실을 드러냄
깨꽃이 하얗게 부서지는 햇빛 밝은 여름날이었을까
　　색채감이 드러나는 시어를 통해 여름의 이미지를 시각적으로 나타냄
아랫냇가 굽이치던 물길이 옆구리를 들이받아 / 벌건 황토가 드러난 그곳
　　　　　　　　　　색채감을 활용해 냇물에 의해 침식된 밭의 모습을 나타냄

허리 굵은 논실댁과 그의 딸 영자 영숙이 순임이가

밭 사이로 일어섰다 앉았다 하며 커다란 웃음들을 웃고
밭일을 하면서도 웃음을 잃지 않는 농촌 사람들의 모습
나 그 아래 냇가에 소고삐를 풀어놓고

어항을 놓고 있었던가 가재를 쫓고 있었던가

나를 부르는 소리 같기도 하고 □ : 소리를 반복하여 청각적 심상을 통해 고향의 모습을 드러냄

ⓛ 쏴르르 쏴르르 무엇이 물살을 헤짓는 소리 같기도 하여
음성 상징어를 활용하여 화자가 들은 어떤 소리를 묘사함
고개를 들면 아, ⓒ 청청히 푸르던 하늘
감탄사를 활용해 하늘의 푸른 색채에 대한 감탄을 드러냄
갑자기 무섬증이 들어 언덕 위로 달려 오르면

들꽃 싸아한 향기 속에 두런두런 논실댁의 목소리와
후각적 심상
ⓐ 까르르 까르르 밭 가장자리로 울려 퍼지던
음성 상징어를 활용해 웃음소리의 이미지를 강조함
영자 영숙이 순임이의 청량한 웃음소리

나 그곳에 오래 앉아

푸른 하늘 아래 가을 들이 ⓜ 또랑또랑 익는 냄새며

잔돌에 호미 달그락거리는 소리 들었다
밭에서 농사일을 하며 내는 소리
왜 그곳이 자꾸 안 잊히는지 몰라
동일한 시행을 반복함으로써 어린 시절의 고향에 대한 그리움을 강조함
소를 몰고 돌아오다가
13행의 '소고삐'와 이어져 어린 시절 '나'의 일을 보여 줌
혹은 객지로 나가다가 들어오다가
어른이 된 화자가 고향을 떠나 객지로 나가거나 고향으로 돌아오는 때를 의미함
무엇이 나를 부르는 것 같아 / 나 오래 그곳에 서 있곤 했다

> 화자가 떠올리는 어린 시절 고향 마을과 이웃들의 모습.
> 평화로운 농촌과 순수한 화자의 모습을 보여 줌

● **상황** 화자는 작품 안에 드러나 있는데, 과거를 회상하고 있는 어른인 '나'와, 추억 속 어린 시절의 '나'가 모두 나타나 있어요. 어른인 '나'는 '그곳'이 자꾸 잊히지 않아서 고향을 계속 떠올리고 있죠. 추억 속 어린 시절의 '나'는 밭이랑 냇가에서 지내며 이웃인 논실댁 가족들과 함께 평화로운 농촌 생활을 보내고 있고요.

● **정서 및 태도** 작품에는 화자의 추억이 아름답고 평화롭게 묘사되어 있는데, 이는 그만큼 화자가 그 추억에 애정을 지니고 있음을 보여 주는 거예요. 화자에게 그 시절이 너무나 소중한 만큼, 잊히지 않고 생생하게 기억나는 것이지요. 화자는 이처럼 소중한 고향을 떠올리며 그 시절을 추억하고 있어요.

● **주제** 어린 시절의 고향에 대한 추억

15 〔유형 ❶ 표현상의 특징〕

이게 정답! ⑤ (가)는 고향에 대한 화자의 그리움이 드러나는 시예요. 화자는 '잉크병 얼어드는' 방에서 '잠'을 깨게 되는데, 그런 자신에게 '어쩌자고'라며 자책하는 모습을 보이고 있어요. 이는 뒤에 이어지는 '그리운 곳 차마 그리운 곳'과 연결되어 고향을 그리워하는 화자의 간절하고 애달픈 심정을 짐작할 수 있게 해 주지요. 잠을 자야 고향에 대한 그리움을 잠시나마 잊을 수 있으니까요.

왜 답이 아니지? ① 1연 1행의 '오는가'를 2행의 '쏟아져 내리는가'로 변주하고 있는 것은 맞지만, 이를 화자의 거부감으로 보기는 어려워요. 이 작품에서 '눈'은 고향을 떠올리게 하는 매개체의 역할을 하고 있으니까요. '눈'이 오는 모습에 자연히 고향이 떠오르게 된 것이지요.
② 2연에서 '돌아간'은 백무선 철길의 휘어진 모양을, '달리는'은 화물차의 움직임을 보여 주고 있어요. 화물차가 달리는 곳은 백무선 철길이겠죠? 굽이굽이 돌아간 백무선 철길 위를 화물차가 느릿느릿 달리는 모습을 묘사하고 있는 상황이네요. 그러므로 철길과 화물차 사이에 긴장감이 조성되고 있다고 보는 것은 적절하지 않아요. 화자의 기억 속 고향의 모습이 그림처럼 그려지고 있는 것이지요.
③ 2연에서 '철길'에서 '화물차의 검은 지붕'으로 묘사의 초점이 이동하고 있는 것은 맞아요. 하지만 '화물차'는 그 '철길' 위를 달리고 있지요. 달리고 있다는 것은 움직이고 있다는 것이니까 오히려 동적이라고 볼 수 있어요. 따라서 정적인 이미지를 강화하고 있다는 이해는 적절하지 않아요.
④ '잉크병'이 '얼어드는' 것은 겨울의 혹독한 추위를 강조하여 나타내는 거예요. 이는 현재 처한 화자의 외롭고 쓸쓸한 모습을 부각하는 역할을 하죠. 이를 현실의 변화 가능성을 암시한다고 이해하는 것은 적절하지 않아요. **정답 ⑤**

16 〔유형 ❷ 내용 이해〕

이게 정답! ② ⓛ '쏴르르 쏴르르' 소리를 낸 정체가 무엇인지 작품에 명확히 드러나 있지는 않아요. 무슨 소리가 들린 것 같긴 한데, '나를 부르는 소리 같기도 하고' '물살을 헤짓는 소리 같기도' 하다고 하네요. 그러므로 ⓛ을 유년의 화자가 누군가 자신을 부르는 소리를 물소리로 느낀 것이라고 감상하는 것은 적절하지 않아요. 이 소리가 무엇이었을지 시의 뒷부분까지 같이 연결 지어 조금 더 추측해 보면, 아마도 이웃인 논실댁의 목소리와 논실댁 딸들의 청량한 웃음소리이지 않았을까요? ^^

왜 답이 아니지? ① ⊙ '꽝꽝'은 수수알이 여무는 것을 감각적으로 표현한 거예요. 알이 여무는 건 풍성한 가을의 결실을 보여 주는 것이니 적절한 감상이네요.

③ ⓒ '청청히'는 '싱싱하게 푸르게' 또는 '맑고 푸르게'란 뜻을 가진 말로, 뒤에 오는 '푸르던 하늘'을 수식하고 있어요. 이 푸른 하늘은 '아' 하고 감탄사를 내뱉을 정도로 화자에게 감동적인 대상이었으므로, ⓒ이 순간적 감동을 느끼게 한 맑고 푸른 하늘의 색채를 부각하고 있다는 감상은 적절해요.

④ ⓔ '까르르 까르르'는 '주로 여자나 아이들이 한꺼번에 자지러지게 자꾸 웃는 소리. 또는 그 모양'을 나타내는 말로, 무섬증이 들어 언덕 위로 달려 올라간 화자가 들은 논실댁의 딸 영자, 영숙, 순임이의 웃음소리예요. 작품에서는 이 웃음소리가 청랑하다고 표현하고 있는데, '청랑하다'는 것은 '맑고 명랑하다.'라는 뜻이에요. 그러니 이웃들의 밝은 웃음을 부각하고 있다는 감상 역시 적절하겠네요.

⑤ ⓜ '또랑또랑'은 '조금도 흐리지 않고 아주 밝고 똑똑한 모양'을 나타내는 말이에요. 가을 들이 익어 가는 냄새를 수식하면서 가을의 모습을 선명하게 드러내고 있지요. 그러므로 유년의 화자가 곡식이 익어 가는 들녘의 인상을 선명하게 지각한 경험을 부각하고 있다는 감상은 적절해요. **정답 ②**

17 〔유형 ❸ 〈보기〉 활용 문제〕

이게 정답! ④ 〈보기〉를 보니 (가), (나) 모두 고향을 소재로 하고 있다는 공통점이 있네요. 하지만 차이점도 있는데, 먼저 화자가 떠올리는 고향의 모습이 조금 달라요. (가)는 척박하고 궁벽한 산촌인 반면, (나)는 생명이 살아 숨 쉬는 평화로운 농촌이지요. 또 고향에 대한 화자의 생각에도 조금 차이가 있어요. (가)의 화자는 고향을 언젠가 돌아가야 할 근원적 공간으로 인식하는 반면, (나)의 화자는 고향을 지금은 상실했지만 기억 속에서 계속 되살아나는 공간으로 여기고 있지요. 〈보기〉의 내용과 작품을 토대로 선택지를 파악해 보면, (가)에서 '눈'을 '복된' 것으로 인식함으로써 고향에 돌아갈 날에 대한 기대를 드러내고 있다는 것은 적절해요. 그러나 (나)에서 '무엇'이 '부르는 것 같'았던 언덕을 회상함으로써 고향으로의 귀환에 대한 기대를 드러내고 있다는 것은 적절하지 않음을 알 수 있어요.

왜 답이 아니지? ① (가)에 그려진 고향은 '복된 눈'이 내리는 북쪽의 '작은 마을'로, 계절적 배경이 겨울임을 알 수 있어요. 즉, '함박눈'으로 연상되는 겨울의 이미지를 통해 '북쪽' 국경 지역의 고향을 보여 주고 있어요. 반면 (나)의 계절적 배경은 여름과 가을이에요. '햇빛'을 받은 '깨꽃'은 여름의 이미지를 나타내므로, 이를 통해 생명력 넘치는 고향의 모습을 보여 주고 있음을 알 수 있어요.

② (가)의 고향은 '험한 벼랑'에 놓인 철길이 아니면 왕래가 쉽지 않은 산과 산 사이의 산촌 마을이에요. 이는 〈보기〉에서 설명한 '가족이 기다리는 궁벽한 산촌'의 모습을 구체화한 것에 해당해요. 또한 (나)에서 '소고삐'를 풀어놓고 '가재를 쫓'는 모습은 어린 시절 화자가 고향 마을에서 지냈을 때의 평화로움을 보여 주는 것으로, 〈보기〉에서 설명한 '평화로운 농촌'의 모습을 구체화한 것에 해당해요.

③ (가)에서 화자는 고향에 '남기고' 온 '너'를 떠올리고 있어요. 이는 고향에서 기다리는 사람에 대한 기억을 보여 주는 것이라고 할 수 있어요. (나)에서는 '밭 사이'에서 웃던 이웃들의 이름을 나열하고 있는데, 이는 고향에서 함께 살아가던 이웃에 대한 기억을 보여 주는 것으로 볼 수 있죠.

⑤ (가)에서는 '그리운 곳 차마 그리운 곳'이라는 표현을 통해 고향에 대한 간절한 그리움을 보여 주고 있어요. 이는 〈보기〉에서 설명한 근원적 공간인 고향에 대한 애틋한 마음을 드러내는 거예요. (나)에서는 '자꾸 안 잊히는지'라는 표현을 통해 떠나온 고향, 그러나 화자의 내면에 늘 존재하는 고향에 대한 변함없는 애정을 드러내고 있어요. **정답 ④**

Ⅱ

고전시가

Prologue 1

고전시가의 언어를 익혀라!

이 책을 보는 여러분들이 고전시가를 잘 읽지 못하는 건 너무나 당연한 거예요. 왜냐하면 현재를 기준으로 가장 최근이라 할 수 있는 조선 시대만 하더라도, 당시에 쓰던 국어와 지금 우리가 쓰는 국어는 많이 다르거든요. 여러분들은 잘 모르는 한자어도 많이 들어가니까 더욱 그렇죠. 그래서 고전시가를 공부할 때는 '암기'가 필수예요. 선조들이 쓰던 국어가 현재 우리가 쓰는 국어랑 다르니, 어떡하겠어요. 외워야죠! 이건 마치 영어 공부를 시작할 때 영어 단어부터 외우는 것과도 같아요.

에휴, 다른 공부 하기도 바빠 죽겠는데 언제 옛말까지 다 암기하나… 싶죠? 그런데 희망적인 사실 하나 알려 줄까요? 옛날에는 저작권 개념이 없었다는 거예요. 지금이야 누군가 이미 쓴 내용을 다른 사람이 가져다 쓰면 표절이라고 하고 그러지만, 옛날에는 다른 작품에서 이 내용 저 내용 가져다 쓰는 것이 상당히 일반적인 일이었어요. 예를 들어 고대의 역사적 사실이나 어떤 유래가 있는 어휘를 인용하는 경우는 다반사였고, 기존에 나온 작품의 시구를 일부 갖다 쓰거나 비슷하게 패러디하는 경우도 많았죠. 이게 왜 희망적인지 알겠어요? 몇 개만 좀 암기해 두면, '여러 작품'의 해석에 도움이 되기 때문이죠. 일석이조! 꿩 먹고 알 먹고!

그러니 우리 함께 차근차근 고전시가의 언어를 익혀 보자고요. 앞으로 고전시가를 읽는 기초적인 방법부터 시작해서 자주 등장하는 어휘나 시구, 자주 사용되는 시상 전개 방식과 표현법 등에 대해 배워 볼 거예요. 잘 따라올 수 있겠죠?

Act 01

외계어를 우리말로, 해독법

다음을 마음껏 소리 내어 읽어 보세요.

● 둘하 이데
　서방(西方)□장 가샤리고. – 광덕, 〈원왕생가〉(김완진 해독)

위 시의 두 행을 읽을 수 있겠어요? 마치 외계어 같은 느낌이죠? 저 외계어를 우리말로 보이도록 해독하는 방법을 지금부터 알려 주도록 하겠어요.

우선 **고전시가를 읽을 때에는 소리 내서 읽으면 이해하기가 훨씬 수월해요.** 왜냐하면 옛날에는 말을 글자로 기록할 때 소리 나는 그대로 표기했거든요. 예를 들어 '달이'를 글로 쓴다고 하면 현대에 우리는 맞춤법에 맞춰(형태를 밝혀) '달이'라고 쓰지만, 옛날에는 그저 소리 나는 대로 '다리'라고 표기했었어요. 그런데 우리가 생각보다 현대의 표기법에 많이 익숙해져 있어서, 옛날 표기를 눈으로만 읽으면 그 뜻이 바로 이해되지 않는 경우가 꽤 많아요.

그러니까 눈으로만 읽기보다는 입으로 직접 소리 내어 읽는 것이 고전시가를 이해하는 데 훨씬 도움이 된다는 거! 소리를 내 보고 우리가 알고 있는 단어 중에 소리가 비슷한 단어를 떠올리면 바로 해석되는 경우가 많거든요.

예제 연습문제

● 다음 시구를 소리 내어 읽어 보고 뜻을 추측해 보자.

> 그 바미 우미 도다 싹이 나면

예제풀이 | 그 밤이 움이 돋아 싹이 나면

| 1 | 현대에는 사라졌지만 과거에 있었던 이상한 글자 읽는 법

"쌤의 말을 듣고 소리 내어 읽어 보려고 작품을 딱 봤는데요.

어라? 이상한 글자가 너무 많아 어떻게 읽어야 될지 모르겠어요."

훗, 이런 친구들을 위해 쌤이 또 준비했죠. 현대에는 사라졌지만 과거에 있었던 이상한 글자들 읽는 법!

● { ﹡ }(아래아)

고전시가를 보면 ﹡가 아주 많이 사용된 것을 볼 수 있을 거예요. ﹡의 이름은 '아래아'이고, 원래 소리는 'ㅏ'와 'ㅗ'의 중간쯤 되는 발음이었으리라고 추정돼요. ﹡는 시간이 흐르면서 점차 다른 모음(ㅏ, ㅡ)으로 대체되면서, 결국 우리 국어에서 사라지고 말았어요. 단어의 첫음절의 ﹡는 주로 'ㅏ'로, 첫음절을 제외한 다른 음절에서의 ﹡는 주로 'ㅡ'로 바뀌었지요.

그래서 우리는 ﹡가 나오면 'ㅏ' 또는 'ㅡ'로 바꿔 읽으면 돼요. ㅏ나 ㅡ 중에 자연스럽게 들어가는 걸 찾으면 되는 거죠.

그리고 ﹡에 ㅣ가 붙은 경우(예 ᄀ)에는, ﹡ㅣ를 'ㅐ'로 바꿔 읽으면 얼추 해석이 돼요. 예를 들어 '아ᄅᆡ'는 [아래]라고 읽으면 되는데, 읽고 나니 바로 뜻이 해석되죠?

예제 연습문제

● ﹡를 ㅏ 또는 ㅡ로 바꾸어 소리 내어 읽어 보고, 추측하여 현대어로 써 보자.

(1) ᄀᆞᄅᆞ치다 : (   )
(2) 새 ᄆᆞᅀᆞᆷ : (   )

예제풀이 | (1) 가르치다 (2) 새 마음

● {어두자음군}

고전시가를 읽다 보면 가끔 '쩌러지다'와 같이 초성에 자음이 여러 개 쓰인 단어들을 볼 수 있죠? 단어의 첫머리에 쓰인 이러한 ㅆ과 같은 것들을 **어두자음군**이라고 해요. 한자를 풀이하면 이는 '단어의 첫머리에 있는 자음의 무리'라는 뜻인데, 말 그대로 단어의 첫머리에 둘 또는 그 이상의 자음을 연속해서 쓴 것을 말해요.

어두자음군에는 ㅼ, ㅺ, ㅾ, ㅲ, ㅄ, ㅷ, ㅵ, ㅴ 등이 있는데, 현대국어로 넘어올 때 대체로 된소리로 바뀌었어요. 예를 들어 '쑴'은 현대에 '꿈'이 되었어요. 따라서 어두자음군이 나오면 가장 맨 뒤의 자음을 된소리로 바꿔서 읽으면 돼요. 'ㅺ, ㅵ → ㄲ / ㅲ, ㅼ, ㅷ → ㄸ / ㅺ → ㅃ / ㅄ → ㅆ / ㅾ → ㅉ' 이렇게요. 어때요, 엄청 쉽죠?

쌤의 팁 된소리는 언제부터 생겨났을까? 고전시가에서 오늘날에 된소리로 읽는 것들이 당시에는 된소리로 발음되지 않는 경우가 종종 있었다는 것을 염두에 두면 좋아요. 우리말에서 된소리는 상대적으로 늦은 중세국어 시기(고려 시대~임진왜란)부터 존재했고 오늘날로 이어지면서 그 쓰임새가 점차 확대되고 있기 때문에, 고전시가에는 된소리로 바뀌기 이전의 표현들이 종종 나타나요. 예를 들어 다음과 같은 경우죠.

• 강호(江湖)에 ᄀᆞ올이 드니 고기마다 슬져 잇다(강과 호수에 가을이 드니 고기마다 살쪄 있다)
• 청강(淸江)에 좋이 시슨 몸을 더러일까 ᄒᆞ노라(푸른 강에 깨끗이 씻은 몸을 더럽힐까 하노라) - 맹사성, <강호사시가>

예제 연습문제

● 다음 시구를 소리 내어 읽어 보고, 추측하여 현대어로 써 보자.
⑴ 늘근 뇽이 선좀을 ᄀᆞᆺ 씨야 : (   )
⑵ 날 조츨 뿐이로디 : (   )

예제풀이 | ⑴ 늙은 용이 선잠을 갓 깨어 ⑵ 날 좋을 뿐이로다

● {구개음화}

구개음화는 단모음 'ㅣ'나 이중 모음 'ㅑ, ㅕ, ㅛ, ㅠ, ㅖ, ㅒ' 앞에 오는 자음 'ㄷ, ㅌ'이 'ㅈ, ㅊ'으로 변화하는 현상이에요. 이 구개음화는 현대에는 아주 흔하게 일어나는 현상(예를 들어 현대인들은 '밭이'를 [바치]라고 발음하죠)인데, 사실 이 현상이 일어나기 시작한 지는 그리 오래되지 않았어요. 근대국어 시기(임진왜란~갑오개혁)에 들어와서야 구개음화가 일어나기 시작했죠. 우리가 배우는 고전시가는 구개음화 현상이 나타나기 전에 쓰인 게 많기 때문에, '구개음화가 일어나지 않은 상태의 단어'를 많이 볼 수 있어요. 그런 단어들은 현대로 오는 도중에 구개음화된 경우가 많아요. 예를 들어 옛날에는 '(꽃이) 디다'로 썼던 것을 현대에는 '지다'로 쓰게 된 경우가 바로 그런 거죠.

따라서 '디, 댜, 뎌, 됴, 듀, 뎨, 댸, 티, 탸, 텨, 툐, 튜, 톄, 태'는 모두 ㄷ과 ㅌ을 ㅈ과 ㅊ으로 바꾸어(현대에서 하듯이 구개음화시켜서) '지, 쟈, 져, 죠, 쥬, 졔, 쟤, 치, 챠, 쳐, 쵸, 츄, 쳬, 채'로 읽으면 뜻이 자연스럽게 해석될 때가 많아요.

● 구개음화를 고려하여 다음 시구를 읽어 보고, 추측하여 현대어로 써 보자.

(1) (해가) 텬중(天中)에 티쓰니 : (   )

(2) 풍속이 됴흘시고 : (   )

(1) 천중(하늘 가운데)에 치뜨니 (2) 풍속이 좋을시고

● {쉬운 한자 몇 가지로 한자어 읽는 법}

고전시가에서 한자어가 많이 나와서 무슨 말인지 모르겠다는 학생들이 많을 거예요. 그런데 쉬운 한자 몇 가지만으로도 의미 파악이 가능한 구절들이 꽤 있어요. 한번 볼래요?

> 제비는 물을 차고, 기러기 무리져서 거지중천(居之中天)에 높이 떠서 두 나래 훨씬 펴고, 펄펄 백운 간(白雲間)에 높이 떠서 천리 강산 머나먼 길을 어이 갈꼬 슬피 운다. 　　　　　　　　　　　－ 작자 미상, 〈유산가(遊山歌)〉

위에 나오는 작품을 쭉 읽어 내려가려니 중간에 끼어 있는 한자어에서 턱 막히죠? 괜히 긴장되고, 읽어 봤자 내용도 모를 것 같고…. 그런데 그거 알아요? 가장 중요한 건 지레 겁먹지 않는 거예요. 앞에서 쌤이 얘기했듯이 한자 몇 개만 알아도 해석이 가능할 수도 있다고요! 마음을 무겁게 먹지 말고 작품을 한번 차분히 들여다보세요. 여기에서는 '거지중천(居之中天)'과 '백운 간(白雲間)'이라는 한자어가 보이죠. 어? 뭔가 어디서 본 듯한, 왠지 알 것 같은 **천(天), 운(雲)**이라는 한자 두 글자가 보이네요? 각 한자어에서 저 한 글자씩만 알아도 해석에는 지장이 없어요. 봐 봐요~.

> 제비는 물을 차고, 기러기 무리져서 하늘에 높이 떠서 두 나래 훨씬 펴고, 펄펄 구름에 높이 떠서 천리 강산 머나먼 길을 어이 갈꼬 슬피 운다.

엄청 간단하죠? 바로 이어지는 부분도 한번 더 해 볼까요?

> 원산(遠山)은 첩첩(疊疊), 태산(泰山)은 주춤하여, 기암(奇巖)은 층층(層層), 장송(長松)은 낙락(落落), 허리 구부러져 광풍(狂風)에 흥을 겨워 우줄우줄 춤을 춘다. 　　　　　　　　　－ 작자 미상, 〈유산가(遊山歌)〉

여기서 우리가 주목할 한자어는 산(山), 암(巖), 송(松), 풍(風)이에요. 그다지 낯설지 않죠? 이제 산(山), 암(巖), 송(松), 풍(風)으로 구절을 풀어 나가자고요. 해석이 어려운 한자어는 그냥 지나쳐 버리세요!

> 산은 첩첩, 산은 주춤하여 바위는 층층, 소나무는 낙락, 허리 구부러져 바람에 흥겨워 춤을 춘다.

이렇게 보니 시적 화자는 '첩첩산중에 바람 부는 가운데 바위와 소나무를 보고 있는 사람'으로 정리가 되죠? 거 봐요, 하나도 어려울 거 없어요. 아는 걸로만 해석하고 지나쳐도 돼요.

| 2 | 작품 해석을 위해 알아 두면 좋은 한자어

그럼 이제 작품 해석을 위해 알아 두면 좋은 한자를 익혀 볼까요? 고전시가에는 반복적으로 나오는 한자가 있어요. 그래서 이들을 알아 두면 내용 파악에 큰 도움이 돼요. 다음 표에 정리해 두었으니, 지금부터 자세히 살펴보고 눈에 익혀서 써먹을 수 있도록 하세요!

자연물	생물	식물	송(松) – 소나무 화(花) – 꽃	죽(竹) – 대나무	엽(葉) – 나뭇잎
		동물	조(鳥) – 새		
	자연환경	물	강(江) – 강 호(湖) – 호수	소(沼) – 연못 파(波) – 파도	지(池) – 연못
		산	동(洞) – 골짜기	봉(峰) – 봉우리	
		기타	천(天) – 하늘 암(巖) – 바위	지(地) – 땅	석(石) – 돌
	시간 계절 날씨	시간	주(晝) – 낮 석(夕) – 저녁	야(夜) – 밤	조(朝) – 아침
		계절	춘(春) – 봄 동(冬) – 겨울	하(夏) – 여름	추(秋) – 가을
		날씨	우(雨) – 비 운(雲) – 구름 음(陰) – 그늘	상(霜) – 서리 하(霞) – 노을 양(陽) – 햇볕	설(雪) – 눈 풍(風) – 바람
이미지	색깔		색(色) – 색깔 홍(紅) – 붉다 녹(綠) – 푸르다(나무)	광(光) – 빛 청(靑) – 푸르다 청(淸) – 맑다	백(白) – 희다 벽(碧) – 푸르다(물)
	소리		적(笛) – 피리 소리		
기타 * 더 알아 두면 좋은 것			정(亭), 루(樓), 대(臺) – 정자, 누각(자연을 감상하는 장소) 흥(興) – 흥겨움 만(滿) – 가득 차다 독(獨) – 혼자서	향(香) – 냄새 락(樂) – 즐거움 호(好) – 좋다	물(物) – 사물 리(裏) – ~ 속(inside)

⊙ 고전시가는 소리 내어 읽는 것이 좋다!

⊙ · 는 ㅏ 또는 ㅡ로 바꿔 읽는다!

⊙ 어두자음군은 맨 마지막 자음을 된소리로 바꿔 읽는다!

⊙ 디, 티, 뎌, 텨 등은 구개음화시켜 지, 치, 져, 쳐 등으로 바꿔 읽는다!

⊙ 쉬운 한자만으로도 해석 가능한 구절이 있으니 자신감을 갖는다!

예제 연습문제

01 다음 글을 배운 대로 읽어 보고, 현대어로 풀이해 보자.

> 둘하 이뎨
> 서방(西方)신장 가샤리고
>
> – 광덕, 〈원왕생가〉(김완진 해독)

02 밑줄 친 한자를 활용하여 다음 글을 매끄럽게 읽어 보자.

> (1) 만리장천(萬里長天) 구름 되어 불려가서 보고지고
> 오동추야(梧桐秋夜) 달이 되어 비추어나 보고지고
>
> – 안조환, 〈만언사(萬言詞)〉
>
> (2) 산림(山林)에 뭇쳐 이셔 지락(至樂)을 무를 것가
> 도화행화(桃花杏花)는 석양리(夕陽裏)예 퓌여 잇고
> 녹양방초(綠楊芳草)는 세우중(細雨中)에 프르도다
>
> – 정극인, 〈상춘곡(賞春曲)〉
>
> (3) 청산(靑山)은 엇뎨호야 만고(萬古)애 프르르며,
> 유수(流水)는 엇뎨호야 주야(晝夜)애 긋디 아니는고.
> 우리도 그치디 말아 만고상청(萬古常靑) 호리라.
>
> – 이황, 〈도산십이곡(陶山十二曲)〉

예제풀이	**01** 소리 내어 읽기 : 달하 이제 서방까장 가샤리고 / 현대어 풀이 : 달님이시여 이제 서방까지 가십니까
	02 (1) 하늘 구름 되어 불려가서 보고지고(보고 싶구나)
	가을 밤 달이 되어 비추어나 보고지고(보고 싶구나)
	(2) 산에 묻혀 있는 즐거움을 모를 것인가
	꽃들은 석양 속에 피어 있고
	풀은 비 가운데 푸르도다
	(3) 푸른 산은 어찌하여 만고에(오랜 시간 동안) 푸르며
	물은 어찌하여 밤낮으로 그치지 아니하는가
	우리도 그치지 말아 푸르리라.

Act 02
이거 알면 술술 읽히지, 어휘 정복

우리에게 고전시가가 어려운 이유는 한자어가 많이 나오기 때문이기도 하지만, 한자어가 아니더라도 지금은 잘 사용하지 않는 낯선 어휘들이 많기 때문이기도 해요. 그래서 고전시가에 자주 나오는 어휘들의 경우, 따로 기억해 두어야 작품 해석에 지장이 없어요.

앞에서는 아는 한자 한두 개로 구절의 의미를 파악해 보는 연습을 해 보았죠? 하지만 안타깝게도 한두 개만 알아서는 해석이 되지 않는 한자 어휘도 있어요. 이번에는 그런 한자 어휘들과 그 의미를 쉽게 짐작하기 힘든 순우리말 어휘들을 정리해 봅시다.

단어의 중요도에 따라 별표를 해 두었고, 바로 옆에는 뜻과 예문을 실어 놓았어요. 가나다순이니까, 나중에 기억이 나지 않을 때 다시 찾아보기에도 좋을 거예요.

▶ ㄱ~ㄴ

* 간장(肝腸)	뜻	간과 창자 '마음'을 비유적으로 이르는 말 cf. 구곡간장(九曲肝腸) : 굽이굽이 서린 창자라는 뜻으로, 깊은 마음속 또는 시름이 쌓인 미음속을 비유적으로 이르는 말
	예문	간장(肝腸)이 구곡(九曲)되야 구비구비 쓴쳐서라 (허난설헌, 〈규원가〉) 구곡간장(九曲肝腸) 깊은 설움 그 말 끝에 실실 풀려 (작자 미상, 〈덴동어미화전가〉)
** 건듯	뜻	문득, 갑자기
	예문	동풍(東風)이 건듯 부러 적설(積雪)을 헤터 내니 (정철, 〈사미인곡〉)
** 고텨	뜻	다시
	예문	평ᄉᆡᆼ(平生)애 고텨 못홀 일이 이뿐인가 ᄒᆞ노라 (정철, 〈훈민가〉)
* 곳	뜻	(앞말을 강조하는 역할)
	예문	부모(父母)곳 아니면 이 몸이 이실소냐 (김상용, 〈오륜가〉) 밤비예 새닙곳 나거든 날인가도 너기쇼셔 (홍랑)
** 곳	뜻	꽃
	예문	ᄒᆞ믈며 못다 핀 곳이야 닐러 므슴 ᄒᆞ리오 (유응부)
*** 괴다	뜻	사랑하다
	예문	내 얼골 내 보거니 어느 임이 날 괼소냐 (허난설헌, 〈규원가〉)
*** 금수(錦繡)	뜻	수놓은 비단
	예문	청상(靑霜)이 엷게 치니 절벽(絕壁)이 금수(錦繡) l 로다 (이이, 〈고산구곡가〉)
*** 녀다 (녜다, 예다)	뜻	가다
	예문	고인(古人)을 몯 뵈도 녀던 길 알ᄑᆡ 잇ᄂᆡ (이황, 〈도산십이곡〉)
*** 녀다	뜻	살아가다
	예문	누릿 가온ᄃᆡ 나곤 몸하 ᄒᆞ올로 녈셔 (작자 미상, 〈동동〉)

★ 녹사의 (綠蓑衣)	뜻	도롱이(옛날식 비옷)
	예문	청약립(靑蒻笠)은 써 잇노라 **녹사이(綠蓑衣)** 가져오냐 (윤선도, 〈어부사시사〉) 삿갓세 **되롱이** 닙고 세우중(細雨中)에 호믜 메고 (김굉필)
★ 늣기다	뜻	흐느끼다
	예문	**늣기는** 듯 반기는 듯 님이신가 아니신가 (정철, 〈사미인곡〉)
★★ 니르다	뜻	이르다. 말하다
	예문	흐르며 못다 핀 곳이야 **닐러** 므슴 흐리오 (유응부)
★★ 뇌	뜻	안개
	예문	평무(平蕪 : 무성한 들판)에 **뇌** 걷으니 원근(遠近)이 글림이로다 (이이, 〈고산구곡가〉)

01 다음 고전시가 어휘를 현대어로 풀이해 보자.

(1) 괴다 : (   )   (2) 금수(錦繡) : (   )

(3) 뇌 : (   )   (4) 니르다 : (   )

02 다음 밑줄 친 단어를 현대어로 풀이해 보자.

> 져 믈도 뇌 안 굿하여 우러 밤길 **녜놋다**
>
> – 왕방연

어휘풀이 | **01** (1) 사랑하다 (2) 수놓은 비단 (3) 안개 (4) 이르다. 말하다 **02** (저 물도 내 마음 같아서 울면서 밤길) 가는구나.

▶ ㄷ∼ㅅ

★★★ 다정(多情)	뜻	생각이 많다
	예문	**다정(多情)**도 병인 냥흐여 줌 못 드러 흐노라 (이조년)
★★★ 단심(丹心)	뜻	굳은 마음, 일편단심
	예문	우리도 **단심(丹心)**을 직희여 명월(明月) 볼 날 기드리노라 (최헌, 〈명월음〉)
★★★ 머흘다	뜻	험하다. 먹구름이 끼다
	예문	세사(世事)는 구롬이라 **머흐도** 머흘시고 (정철, 〈성산별곡〉) 백설이 주자진 골에 구루미 **머흐레라** (이색)
★★★ 무심(無心)	뜻	욕심이 없다
	예문	구롬이 **무심(無心)**툰 말이 아마도 허랑(虛浪)흐다 (이존오)
★ 박주산채 (薄酒山菜)	뜻	변변치 못한 술과 안주(산나물). 손님에게 내는 술과 안주를 겸손하게 이르는 말
	예문	아희야 **박주산채(薄酒山菜)**ㄹ망정 업다 말고 내여라 (한호)
★★★ 백구(白鷗)	뜻	흰 갈매기(선비들이 자연에 동화되는 모습을 표현할 때 등장)
	예문	**백구(白鷗)**와 버디 되여 홈씌 놀자 흐엿더니 (조위, 〈만분가〉)
★★ 사창(紗窓)	뜻	여인이 머무는 방 cf. 동의어 : 옥창, 규방
	예문	**사창(紗窓)** 여왼 줌을 솔뜨리도 씌오는고야 (작자 미상)

★★★ 삼기다	뜻	만들다, 생기다
	예문	노래 **삼긴** 사룸 시름도 하도할샤 (신흠)
★ 성그다	뜻	듬성하다
	예문	어리고 **성근** 매화(梅花) 너를 밋지 안얏더니 (안민영, 〈매화사〉)
★ 수간모옥 (數間茅屋)	뜻	작은 초가집(동의어 : 초려삼간(草廬三間), 띠집, 모첨(茅簷))
	예문	**수간모옥(數間茅屋)**을 쟈근 줄 웃지 마라 (신흠)
★ 수이	뜻	쉽게
	예문	청산리(青山裏) 벽계수(碧溪水)ㅣ야 **수이** 감을 자랑 마라 (황진이)
★ 승지(勝地)	뜻	경치 좋은 곳
	예문	살룸이 **승지(勝地)**를 몰온이 알게 흔들 엇더리 (이이, 〈고산구곡가〉)
★★ 싀여디다	뜻	죽다
	예문	출하리 **싀어디여** 범나븨 되오리라 (정철, 〈사미인곡〉)
★★★ 시비(柴扉)	뜻	사립문(나뭇가지를 엮어 만든 문)
	예문	**시비(柴扉)**룰 여지 마라, 날 츠즈리 뉘 이시리 (신흠)
★★★ 실솔(蟋蟀)	뜻	귀뚜라미(쓸쓸한 감정을 불러일으키는 소재로 종종 쓰임)
	예문	님 글인 상사몽(相思夢)이 **실솔(蟋蟀)**의 넉시 되야 (박효관)

● 다음 고전시가 어휘에 해당하는 뜻을 바르게 연결하시오.

㉠ 다정(多情) •
㉡ 머흘다 •
㉢ 무심(無心) •

• ⓐ 험하다
• ⓑ 생가이 많다
• ⓒ 욕심이 없다

어휘풀이 | ㉠-ⓑ, ㉡-ⓐ, ㉢-ⓒ

▶ ㅇ ~ ㅈ

★ 약수(弱水)	뜻	신선이 살았다는 중국의 전설 속의 강. 길이가 3,000리나 되고 부력이 매우 약하여 기러기의 털도 가라앉는다고 함(화자와 대상 사이를 가로막는 장애물)
	예문	**약수(弱水)** ᄀ리진듸 구름 길이 머흐러라 (조위, 〈만분가〉)
★★ 양류(楊柳)	뜻	버드나무
	예문	지당(池塘)에 비 쑤리고 **양류(楊柳)**에 닉 씨인 제 (조헌)
★★★ 어리다	뜻	어리석다
	예문	ᄆᆞ음이 **어린** 후(後)ㅣ니 ᄒᆞᄂᆞᆫ 일이 다 **어리다** (서경덕)
★★★ 어엿브다	뜻	가엾다, 불쌍하다
	예문	**어엿븐** 그림재 날 조ᄎᆞᆯ ᄲᅮᆫ이로다 (정철, 〈속미인곡〉)
★★ 여희다	뜻	잃다
	예문	천만 리 머나먼 길히 고은 님 **여희옵고** (왕방연)
★ 역군은 (亦君恩)	뜻	역시 임금의 은혜
	예문	이 몸이 한가(閒暇)ᄒᆡ옴도 **역군은(亦君恩)**이샷다 (맹사성, 〈강호사시가〉)
★★ 외다	뜻	그르다, 틀리다
	예문	슬프나 즐거오나 옳다 하나 **외다** 하나 (윤선도, 〈견회요〉)

★★ 옥창(玉窓)	뜻	여인이 머무는 방
	예문	**옥창(玉窓)**에 심근 매화(梅花) 몃 번이ㅣ 픠어 진고 (히난설힌, 〈규원가〉)
★★ 인간(人間)	뜻	인간 세상
	예문	**인간(人間)**을 도라보니 머도록 더옥 됴타 (윤선도, 〈어부사시사〉)
★★ 임천(林泉)	뜻	은일지사가 세상을 등지고 자연을 즐기며 은거하는 장소로서의 자연
	예문	비록 못 이뤄도 **임천(林泉)**이 좋으니라 (권호문, 〈한거십팔곡〉)
★ 입신양명 (立身揚名)	뜻	세상에 나가 이름을 떨침(사회적 자아 실현)
	예문	장부로 삼겨 나셔 **입신양명(立身揚名)** 못 홀지면 (김유기)
★★★ 자규(子規)	뜻	접동, 두견, 소쩍새(외로움과 한의 정서를 환기하는 자연물)
	예문	일지춘심(一枝春心)을 **자규(子規)**ㅣ야 아라마는 (이조년)
★★ 져근덧	뜻	잠깐
	예문	**져근덧** 비러다가 마리 우희 불니고져 (우탁)
★★ 좋다	뜻	좋다, 깨끗하다
	예문	질가마 **조히** 씻고 바회 아래 샘물 길어 (김광욱, 〈율리유곡〉)

● 다음 단어의 설명에 해당하는 고전시가 어휘를 쓰시오.

(1) 화자와 대상 사이의 장애물(강) : (   )　　　(2) 틀리다, 그르다 : (   )

(3) 은거하는 장소로서의 자연 : (   )　　　(4) 여인이 머무는 방 : (   )

어휘풀이 | (1) 약수(弱水) (2) 외다 (3) 임천(林泉) (4) 옥창(玉窓)

▶ ㅊ ~ ㅎ

★ 청약립 (靑蒻笠)	뜻	비가 올 때 쓰던 삿갓(푸른 갈대로 만듦)
	예문	**청약립(靑蒻笠)**은 써 잇노라 녹사의(綠蓑衣) 가져오냐 (윤선도, 〈어부사시사〉)
★ 초야우생 (草野優生)	뜻	시골에 묻혀 사는 어리석은 사람(재야의 선비가 자신을 낮춰 말하기 위해 쓰는 표현)
	예문	**초야우생(草野優生)**이 이러타 엇더ᄒ료 (이황, 〈도산십이곡〉)
★ 태평연월 (太平烟月)	뜻	편안하고 즐거운 시절
	예문	어즈버 **태평연월(太平烟月)**이 쑴이런가 ᄒ노라 (길재)
★★★ 하다	뜻	많다
	예문	어버이 그린 뜻은 많고 많고 **하고 하고** (윤선도, 〈견회요〉)
★★★ ᄒ다	뜻	하다
	예문	님아 님아 온 놈이 온 말을 **ᄒ여도** 님이 짐작ᄒ쇼셔 (작자 미상)
★ 햐암, 향암(鄕闇)	뜻	시골에서 지내 세상물정에 어두운 사람
	예문	어리고 **향암(鄕闇)**의 뜻의논 내 분(分)인가 ᄒ노라 (윤선도, 〈만흥〉)
★★ 헌ᄉ다	뜻	야단스럽다(화려한 경치를 표현할 때 종종 쓰임)
	예문	조화 신공(造化神功)이 물물(物物)마다 **헌ᄉ롭다** (정극인, 〈상춘곡〉)
★★ 혀다	뜻	켜다(ㅎ과 거센소리는 서로 연관이 있으므로)
	예문	방 안에 **혓는** 촉(燭)불 눌과 이별(離別)ᄒ엿관ᄃᆡ (이개)

★★ 혬	뜻	생각(혜다 : 생각하다, 헤아리다)
	예문	요수이 고공(雇工)들은 **혬**이 어이 아조 업서 (허전, 〈고공가〉)
★★ 호시절 (好時節)	뜻	좋은 시절
	예문	삼춘 화류(三春花柳) **호시절(好時節)**의 경물(景物)이 시름 업다 (허난설헌, 〈규원가〉)
★★ 홍안(紅顏)	뜻	젊은 시절의 생기 있고 아름다운 얼굴
	예문	**홍안(紅顏)**을 어듸 두고 백골(白骨)만 무쳣ᄂᆞ이 (임제)
★★★ 홍진(紅塵)	뜻	인간세상의 더러움(붉은 먼지라는 뜻)
	예문	**홍진(紅塵)**에 뭇친 분네 이내 생애 엇더ᄒᆞᆫ고 (정극인, 〈상춘곡〉)

● 다음 고전시가 어휘에 해당하는 뜻을 바르게 연결하시오.

㉠ ᄒᆞ다 ●	● ⓐ 하다
㉡ 하다 ●	● ⓑ 생각하다
㉢ 혀다 ●	● ⓒ 켜다
㉣ 혜다 ●	● ⓓ 야단스럽다
㉤ 헌ᄉᆞ다 ●	● ⓔ 많다

어휘풀이 ㉠-ⓐ, ㉡-ⓔ, ㉢-ⓒ, ㉣-ⓑ, ㉤-ⓓ

예제 연습문제

01 다음의 한자어와 같은 의미의 고전시가 어휘와 그 뜻을 쓰시오.
  (1) 옥창(玉窓)　　　　　　　　　　　　(2) 인간(人間)

02 다음 중 '산수간(山水間) 바회 아래 띠집을 짓노라 하니'에서 '띠집'과 비슷한 뜻을 지닌 단어가 <u>아닌</u> 것은?
  ① 수간모옥(數間茅屋)　　　　　　　　② 모첨(茅簷)
  ③ 초려삼간(草廬三間)　　　　　　　　④ 초야우생(草野愚生)

03 다음 ㉠~㉣의 고전시가 어휘와 관련 깊은 작품의 내용으로 적절한 것을 바르게 연결하시오.

㉠ 백구(白鷗) ●	● ⓐ 화자의 쓸쓸한 감정을 불러일으키는 모습
㉡ 실솔(蟋蟀) ●	● ⓑ 화자가 자연과 완전히 동화되는 모습
㉢ 약수(弱水) ●	● ⓒ 화자가 자연 속에서 노닐며 즐기는 모습
㉣ 임천(林泉) ●	● ⓓ 화자와 시적 대상이 서로 떨어져 있는 상황

예제풀이 **01** (1) 사창(紗窓), 여인이 머무는 방 (2) 홍진(紅塵), 더러운 인간 세상 **02** ④ **03** ㉠-ⓑ, ㉡-ⓐ, ㉢-ⓓ, ㉣-ⓒ

02 ④는 시골에 묻혀 사는 어리석은 사람, 나머지는 초가집을 의미해요.

Act 03

고전시가 이렇게 흐른다, 시상 전개 방식

현대시 **Act 07**에서 시상 전개 방식이란 무엇인지, 자주 사용되는 시상 전개 방식에는 어떤 것들이 있는지 배웠었죠? 이번에는 고전시가에 단골로 등장하는 시상 전개 방식을 배워 볼 거예요. 현대시에서 배웠던 것들도 있고, 고전시가에 주로 등장해서 새로 배우게 되는 것들도 있을 거예요. 이미 배웠던 것들은 고전시가 작품을 통해 구체적으로 살펴보는 정도로만 하고 넘어가죠.

┃ 1 ┃ 기본적인 시상 전개 방식

● {시간의 흐름에 따른 시상 전개}

고전시가 중에는 시간의 흐름에 따라 시상을 전개하는 작품들이 많아요. 유형을 몇 가지로 나누어서 구체적인 작품으로 살펴보죠.

① 하루

우선 하루 동안의 평범한 일상을 시간의 흐름에 따라 쓴 작품들이 있어요. 다음에 볼 작품이 딱 그런 작품이에요. 한번 볼까요?

〈**논 밭 갈아 기음 매고 ~**〉 – 작자 미상 [사설시조]

논 밭 갈아 기음 매고 뵈잠방이 다임 쳐 신들메고
낫 갈아 허리에 차고 도끼 버려 두러매고 무림
산중(茂林山中) 들어가서 삭다리 마른 섶을 뷔거
니 버히거니 지게에 질머 지팡이 바쳐 놓고 새암
을 찾아가서 점심(點心) 도슭 부시고 곰방대를 톡
톡 떨어 닢담배 퓌여 물고 코노래 조오다가
석양이 재 넘어갈 제 어깨를 추이르며 긴 소래
저른 소래 하며 어이 갈고 하더라.

[현대어 풀이]

논밭 갈아 김(잡풀) 매고, 베잠방이(바지) 대님(발목을 졸라 매는 끈) 쳐 신을(발에) 잡아매고
낫 갈아 허리에 차고 도끼 갈아 둘러메고 울창한 산속에 들어가서 삭정이 마른 섶을 베거니 자르거니 지게에 짊어져 지팡이 받쳐 놓고 샘을 찾아가서 점심 도시락을 비우고 곰방대를 툭툭 털어 잎담배 피워 물고 콧노래를 부르면서 졸다가
석양이 재(고개) 넘어갈 때 어깨를 추스르며 긴 소리 짧은 소리 하며 어이 갈까 하더라.

이 작품에는 어느 농부의 평범한 일상이 나타나 있어요. 초장에서부터 중장까지 하루의 일과가 쭈욱 펼쳐지고 있죠. 그리고 종장에서 석양이 넘어가는 저녁이 오니까 이제 집에 갈 준비를 하고 있죠. 농사일을 하면서도 그 안에서 여유를 찾는 모습이 작품에 나타나 있어요.

② 한 해

　고전시가 작품에서는 시간의 흐름에 따라 한 해를 전부 표현하기도 했어요. 매달 각 달마다의 일을 쓴 경우도 있고, 계절의 변화에 따라 시상을 전개한 경우도 있죠. 전자는 전문 용어(?)로 '월령체(月令體)'라고 해요. 후자의 경우에는 〈어부사시사〉처럼 제목에 '사시(四時)'라는 말이 붙어 있는 경우가 많아요. 구체적인 작품을 통해 확인해 볼까요?

〈동동〉 – 작자 미상 [고려가요]

　정월(正月)ㅅ 나릿므른 아으 어져 녹져 흐논ᄃᆡ
누릿 가온ᄃᆡ 나곤 몸하 ᄒᆞ올로 녈셔.
　아으 동동(動動)다리.

　이월(二月)ㅅ 보로매 아으 노피 현 등(燈)ㅅ블
다호라.
　만인(萬人) 비취실 즈시샷다.
　아으 동동(動動)다리.

　삼월(三月) 나며 개(開)ᄒᆞᆫ 아으 만춘(晚春) 둘욋
고지여.
　ᄂᆞ미 브롤 즈슬 디녀 나샷다.
　아으 동동(動動)다리.

[현대어 풀이]
정월 냇물은 아아, 얼었다가 녹았다가 하는데
세상에 태어나서 이 몸이여, 홀로 살아가는구나.
아으 동동다리.

2월 보름에 아아, (임의 모습이) 높이 켜 놓은 등불 같구나.
만인을 비추실 모습이시다. (임의 훌륭한 인격을 높이 켜 놓은 등불에 비유함)
아으 동동다리.

3월 지나며 핀 아아, 늦봄의 진달래꽃이여.
남이 부러워할 모습을 지니고 태어나셨다. (임의 아름다운 모습을 진달래꽃에 비유함)
아으 동동다리.

　위 작품에서 각 연마다 매달의 얘기를 하고 있죠? 월별로 세시풍속(일상생활에서 계절에 맞추어 같은 시기에 반복되어 전해오는 풍속)과 함께 이별한 임에 대한 그리움과 연모의 정을 표현하고 있어요. 위의 〈동동〉과 같은 작품이 바로 '월령체'에 해당해요. 참고로 월령체는 각 달의 세시풍속을 포함하고 있거나, 1년 동안의 농사일과 관련 있는 경우가 많아요.

〈강호사시사〉 – 맹사성 [연시조]

강호(江湖)*에 봄이 드니 미친 흥(興)이 절로 난다.
탁료계변(濁醪溪邊)에 금린어(錦鱗魚)ㅣ 안주로다.
이 몸이 한가(閑暇)ᄒᆞ옴도 역군은(亦君恩)*이샷다.

강호(江湖)에 녀름이 드니 초당(草堂)*에 일이 업다.
유신(有信)ᄒᆞᆫ 강파(江波)ᄂᆞᆫ 보내ᄂᆞ니 ᄇᆞ람이다.
이 몸이 서늘ᄒᆞ옴도 역군은(亦君恩)이샷다.

강호(江湖)에 ᄀᆞ울이 드니 고기마다 슬져 잇다.
소정(小艇)에 그물 시러 흘리 ᄯᅴ여 더뎌 두고,
이 몸이 소일(消日)ᄒᆞ옴도 역군은(亦君恩)이샷다.

강호(江湖)에 겨월이 드니 눈 기픠 자히 남다.
삿갓 빗기 ᄡᅳ고 누역으로 오슬 삼아,
이 몸이 칩지 아니ᄒᆞ옴도 역군은(亦君恩)이샷다.

[현대어 풀이]
강호에 봄이 찾아오니 깊은 흥이 저절로 일어난다.
막걸리를 마시며 노는 시냇가에 싱싱한 물고기가 안주로다.
이 몸이 이렇듯 한가하게 노니는 것도 역시 임금님의 은혜이시다.

강호에 여름이 찾아오니 초당에 있는 이 몸은 할 일이 없다.
신의 있는 강 물결은 보내는 것이 시원한 바람이로다.
이 몸이 이렇듯 서늘하게 지내는 것도 역시 임금님의 은혜이시다.

강호에 가을이 찾아오니 물고기마다 살이 올라 있다.
작은 배에 그물을 실어 흐르도록 띄워 던져 두고
이 몸이 소일하며 한가롭게 살 수 있는 것도 또한 임금님 은혜이시다.

강호에 겨울이 찾아오니 쌓인 눈의 깊이가 한 자가 넘는다.
삿갓을 비스듬히 쓰고 도롱이로 옷을 삼으니
이 몸이 춥지 않게 지내는 것도 역시 임금님의 은혜이시다.

[필수 암기 어휘] * 강호 : 강과 호수. 여기서는 자연을 일컫는 말로 쓰임   * 역군은 : 이 또한 임금님의 은혜. 충성을 보여 줌
* 초당 : 띠풀로 엮어 만든 집. 소박한 생활을 보여 줌

　이 작품을 보니 초장이 비슷하게 시작하죠? '강호에 봄이 드니', '강호에 녀름이 드니' 이렇게 나아 가고 있잖아요. 강호라고 하는 같은 장소에 있으면서 봄, 여름, 가을, 겨울로 변해 가는 사계절의 모습을 보여 주고 있네요. 이를 통해서 한 해의 흐름을 확인할 수 있어요.

③ 일 년을 하루에 담아

　혹시 스핑크스가 냈다는 수수께끼 들어 봤어요? 아침에는 다리가 네 개, 낮에는 두 개, 밤에는 세 개가 되는 동물이 뭘까요? 정답은 사람이에요. 아기일 때는 기어 다니니까 다리가 네 개, 커서는 걸어 다니니까 두 개, 나이가 많이 들어서는 지팡이를 짚고 다니니까 세 개라는 거예요. 사람의 일생을 아침, 낮, 밤에 넣은 수수께끼죠. 우리 고전시가에서도 이와 유사하게 일 년을 하루의 일상 안에 담아서 노래한 작품이 있어요.

〈농가구장〉 – 위백규 [연시조]

(1수) 셔산에 도들 벗 셔고 굴움은 느제로 내다 / 비뒷 무근풀이 뉘밧시 짓터든고
두어라 차레 지운 닐이니 매난 대로 매오리라

(3수) 둘너 내쟈 둘너 내쟈 긴찬 골 둘너 내쟈 / 바라기 역고를 골골마다 둘너 내쟈
쉬 짓튼 긴 사래난 마조 잡아 둘너 내쟈

(4수) 땀은 듣난 대로 듯고 볏슨 쬘대로 쬔다 / 청풍에 옷깃 열고 긴 파람 흘리 불 제
어듸셔 길 가는 손님 아난 드시 머무는고

(6수) 돌아가쟈 돌아가쟈 해지거다 돌아가쟈 / 계변(溪邊)의 손발 싯고 홈의 메고 돌아올 제
어듸셔 우배쵸적(牛背草笛)이 함께 가쟈 뵈아난고

(7수) 면홰난 세다래 네다래요 일읜벼난 피난 모가 곱난가 / 오뉴월이 언제가고 칠월이 반이로다
아마도 하나님 너희 삼길제 날위하야 삼기샷다

(8수) 아해난 낫기질 가고 집사람은 저리 처친다 / 새밥 닉을 때에 새 술을 걸러셔라
아마도 밥 들이고 잔 자블 때에 호흥(豪興) 계워 하노라

[현대어 풀이]

(1수) 서산에 아침 햇볕이 비치고 구름은 낮게 떠 있구나 / 비가 온 뒤의 묵은 풀이 누구의 밭에 더 짙어졌는가
아아! 차례가 정해진 일이니 묵은 풀을 매는 대로 매리라

(3수) 쳐 내자 쳐 내자 꽉 찬 고랑 쳐 내자 / 잡초를 고랑고랑마다 쳐 내자
잡초 짙은 긴 사래는 마주 잡아 쳐 내자

(4수) (일하다 보니) 땀은 떨어질 대로 떨어지고 볕은 쬘 대로 쬔다
맑은 바람에 옷깃 열고 (쉬면서) 긴 휘파람을 멋들어지게 불 때
어디서 길 가던 손님이 (이 소리를, 우리를, 혹은 우리의 생활을) 아는 듯이 발걸음을 멈추는가?

(6수) 돌아가자 돌아가자 해 지겠다 돌아가자 / 시냇가에서 손발을 씻고 호미 메고 돌아올 때
어디서 소를 타고 가면서 부는 피리 소리가 함께 가자고 재촉하는가

(7수) 면화는 세 다래 네 다래로 듬뿍 피고 이른 벼는 피는 이삭이 곱더라
오뉴월이 언제 갔는지 모르게 가고 벌써 칠월 중순이로다
아마도 하늘이 너희(면화, 벼)를 만드실 때 바로 나를 위해 만드셨구나

(8수) 아이는 낚시질 가고 집사람은 절이 채(겉절이 나물) 친다 / 새 밥 먹을 때에 새 술을 거르리라
아마도 밥 들이고 잔 잡을 때 호탕한 흥에 겨워하노라

이 작품은 농가의 하루 일상을 담아내고 있어요. 1수에서 아침 햇살이 비친다고 하며 하루를 시작하죠. 4수에서는 낮의 모습이 펼쳐져요. 땀도 나고, 볕도 쬐면서 일을 하다가 옷깃을 열고 바람을 맞으며 휘파람도 불며 쉬고 있어요. 6수에서는 해가 지는 저녁의 모습이 펼쳐지고 있죠? 해가 진다고 하면서 돌아가자고 하니까요. 8수에서는 농사일을 끝내고 집에 돌아와 있는 모습이 보이네요.

그런데 이 하루는 그냥 하루에서만 끝나고 있지는 않아요. 3수를 보면 잡초를 쳐 내자고 하면서 지금이 한창 바쁜 농번기라는 것을 보여 주고 있어요. 4수에서도 햇볕을 쬔다는 얘길 하면서 여름임을 드러내고 있고요. 그런데 7수를 보니 시간이 흘러서 칠월이 되었음을 보여 주고 있어요. 오뉴월이 가고 칠월이 반이라고 하니까요. 이때의 칠월은 음력으로, 양력으로는 8~9월이 돼요. 가을로 넘어가는 시기죠. 8수를 보니 새 밥을 먹는다고 하네요. 그럼 수확을 시작했다는 얘기고, 가을로 완전히 넘어갔다는 얘기죠. 이렇듯 이 작품은 농가의 하루 일상을 보이면서도 그 안에 여름, 가을의 계절 변화를 담아내고 있어요.

● **{공간의 이동에 따른 시상 전개}**

다음으로 볼 건 공간의 이동에 따른 전개예요. 공간의 이동은 화자가 장소를 옮기면서 각 장소에 대한 감회를 나타내는 전개 방식이에요. 화자가 장소를 자주 옮기는 경우는 언제일까요? 맞아요, 여행이죠. 그렇기에 기행 가사와 같이 여행에서의 경험을 노래할 때 공간의 흐름에 따른 전개가 많이 보여요.

〈관동별곡〉 – 정철 [가사]

힝장*을 다 썰티고 셕경*의 막대 디퍼
빅쳔동 겨틱 두고 만폭동 드러가니 (중략)
금난굴 도라드러 총셕뎡 올라ᄒᆞ니
빅옥누 남은 기동 다만 네히 셔 잇고야.
공슈의 셩녕인가 귀부로 다ᄃᆞᆷ 가.
구토야 뉵면은 므어슬 샹톳던고.
고셩을란 뎌만 두고 삼일포를 ᄎᆞ자가니
단셔는 완연ᄒᆞ되 ᄉᆞ션은 어ᄃᆡ 가니.

[현대어 풀이]
행장을 다 떨치고 돌길에 막대 짚고서
백천동 곁에 두고(지나서) 만폭동에 들어가니 (중략)
금란굴 돌아들어 총석정에 올라가니
백옥루 남은 기둥이 네 개만 서 있는 듯하구나.
공수(중국의 이름난 장인)가 만든 작품인가 귀신의 도끼로 다듬었는가.
구태여 육면으로 된 것은 무엇을 본떴는가.
고성을 저만큼 두고 삼일포를 찾아가니
붉은 글씨는 뚜렷한데, 네 신선(신라의 네 화랑 '영랑, 남랑, 술랑, 안상랑'을 의미)은 어디 갔는가?

[필수 암기 어휘] ● 행장 : 여행에 필요한 채비 ● 석경 : 돌길

위 작품은 그 유명한 정철의 〈관동별곡〉이에요. 금강산을 돌아다니면서 그 경치를 적고 있는데, 위의 부분만 봐도 '백천동', '만폭동', '금난굴', '총석정', '삼일포' 등의 각종 장소들이 나오고 있어요. 각 장소를 이동하면서 그 경치를 얘기하고 있다는 것을 알 수 있어요.

● {시선의 이동에 따른 시상 전개}

시간과 공간 말고도 변하는 것이 또 있어요. 그게 뭘까요? 바로 '시선'(👁)이에요. 움직이지 않고 가만히 앉아 있지만, 여기 저기 시선을 바꾸면 거기에 맞추어서 시상이 전개될 수 있다고 했죠? 고전시가 작품을 한번 볼까요?

〈강설(江雪)〉 – 유종원 [한시]

|산|이란 산에는 새 한 마리 날지 않고   千山鳥飛絶
|길|이란 길에는 사람 흔적 끊어졌네   萬徑人蹤滅
외로운 |배| 안의 도롱이 입은 |늙은이| 孤舟蓑笠翁
눈 내리는 강에서 홀로 |낚시질|하네   獨釣寒江雪

위 시를 보면 처음에는 화자가 '산'을 보고 있네요. 그 다음에는 '길'을 보고 있고요. '길' 다음에는 시선이 '배 안의 늙은이'에게 갔어요. 그러다 마지막에는 '낚시질'로 옮겨 가죠. 한 경치를 묘사하고 있는 것 같지만 그 안에서 바라보는 대상이 바뀌고 있어요. 이 경우가 **시선의 이동**에 해당해요.

| 2 | 고전시가의 특징적인 시상 전개 방식

이번에는 고전시가에 자주 나오는, 특징적인 시상 전개 방식 세 가지를 살펴볼 거예요. '선경후정'과 '기승전결'의 경우, 현대시에도 물론 쓰이지만 주로 고전시가에 많이 나오기 때문에 고전시가에서 다루게 되었어요. 그럼 하나씩 살펴보죠.

● {선경후정}

연애편지를 쓴다고 하면 어떻게 쓰면 좋을까요? 그냥, '나 네가 좋아! 우리 사귀자!'라고 해도 되겠지만, 처음 시작부터 그러긴 좀 부끄러울 수도 있겠죠? 그래서 보통 날씨나 계절 인사로 시작하곤 하잖아요. "오늘, 날씨가 정말 좋네.", "이제 겨울이라 춥네."처럼요.

자, 그럼 이제 실제 예를 들어 볼게요. 왼쪽 사진의 자연을 한번 보자고요. 광대하고 멋있어서 속이 뻥 뚫리는 것 같죠? 이렇게 멋있는 자연에 감탄하면서 아름다운 자연 풍경에 대해 얘기하다가 마지막에 '이걸 보니 여기에 너와 함께 있고 싶다'라고 말한다면 어때요? 이런 식으로 쓰인 것이 '선경후정(先景後情)'이에요.

선경후정에서 '선'은 '먼저 선(先)', '경'은 '경치 경(景)', '후'는 '뒤 후(後)', '정'은 '정 정(情)'이에요. 즉, **선경후정**은 경치를 먼저 말한 후에 정서를 얘기하는 구성을 말해요. 꼭 상대방에 대한 사랑이 아니라고 하더라도 화자의 감정이 경치 뒤에 나타난다면 이건 모두 선경후정이 돼요. 시 하나를 예로 들어 볼게요.

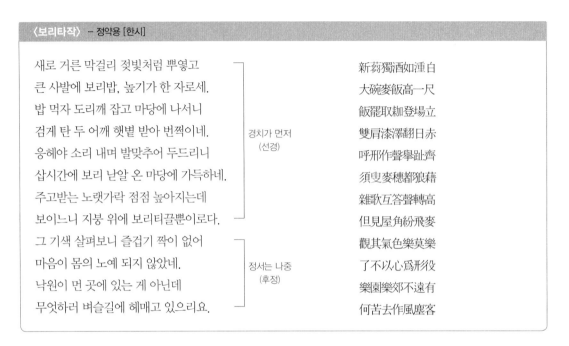

〈보리타작〉 – 정약용 [한시]

새로 거른 막걸리 젖빛처럼 뿌옇고	新蒭濁酒如渾白
큰 사발에 보리밥, 높기가 한 자로세.	大碗麥飯高一尺
밥 먹자 도리깨 잡고 마당에 나서니	飯罷取耞登場立
검게 탄 두 어깨 햇볕 받아 번쩍이네.	雙肩漆澤翻日赤
응헤야 소리 내며 발맞추어 두드리니	呼邪作聲擧趾齊
삽시간에 보리 낟알 온 마당에 가득하네.	須臾麥穗都狼藉
주고받는 노랫가락 점점 높아지는데	雜歌互答聲轉高
보이느니 지붕 위에 보리티끌뿐이로다.	但見屋角紛飛麥
그 기색 살펴보니 즐겁기 짝이 없어	觀其氣色樂莫樂
마음이 몸의 노예 되지 않았네.	了不以心爲形役
낙원이 먼 곳에 있는 게 아닌데	樂園樂郊不遠有
무엇하러 벼슬길에 헤매고 있으리요.	何苦去作風塵客

경치가 먼저 (선경)

정서는 나중 (후정)

위 작품을 보면 먼저 농민들이 보리타작을 하고 있는 모습을 보여 주고 있어요. 보리타작 하는 경치가 먼저 나오고 뒤이어 화자의 생각이 나타나 있죠. 농부들이 즐겁게 일하는 모습을 통해 낙원이 먼 곳에 있는 게 아니라는 깨달음을 얻고 있는 것이니까요. 이렇게 경치가 먼저 나오고 그에 대한 생각이나 정서가 나중에 나오는 것이 바로 선경후정이에요. 참고로 경치와 정서를 말하는 순서가 반대인 것도 있어요. 먼저 정서를 설명해 주고, 나중에 경치를 말하는 거죠. 이런 구조는 '선정후경'이라고 해요. '선경후정'과 헷갈리면 안 돼요!

● 〔기승전결〕

기승전결은 옛날부터 널리 쓰여 오던 시를 짓는 방법인데, 특히 한시에 많이 쓰였어요. 시를 네 부분으로 구성한 뒤, 제1구를 기구, 제2구를 승구, 제3구를 전구, 제4구를 결구라고 불러요. 기구에서 시상을 일으키고, 승구에서 그것을 이어받아 발전시키며, 전구에서 시상을 새롭게 전환시키고, 결구에서 전체를 묶어서 끝맺는 방법이 **기승전결**이에요. 앞에서 보았던 〈보리타작〉을 다시 가져와서 볼까요?

새로 거른 막걸리 젖빛처럼 뿌옇고	기구 : 농민들의 활기차고 건강한 모습	新蒭獨酒如湩白
큰 사발에 보리밥, 높기가 한 자로세.		大碗麥飯高一尺
밥 먹자 도리깨 잡고 마당에 나서니		飯罷取耞登場立
검게 탄 두 어깨 햇볕 받아 번쩍이네.		雙肩漆澤翻日赤
응헤야 소리 내며 발맞추어 두드리니	승구 : 타작 마당의 역동적인 모습	呼邪作聲舉趾齊
삽시간에 보리 낟알 온 마당에 가득하네.		須臾麥穗都狼藉
주고받는 노랫가락 점점 높아지는데		雜歌互答聲轉高
보이느니 지붕 위에 보리티끌뿐이로다.		但見屋角紛飛麥
그 기색 살펴보니 즐겁기 짝이 없어	전구 : 육체와 정신이 조화된 건강한 삶의 모습	觀其氣色樂莫樂
마음이 몸의 노예 되지 않았네.		了不以心爲形役
낙원이 먼 곳에 있는 게 아닌데	결구 : 벼슬에 집착했던 자신의 삶에 대한 반성	樂園樂郊不遠有
무엇하러 벼슬길에 헤매고 있으리오.		何苦去作風塵客

　　1~4구에서는 농민들의 활기차고 건강한 모습을 보여 주면서 시상을 일으키고 있고, 5~8구에서는 시상을 더욱 발전시켜 농민들의 역동적인 타작을 보여 주고 있어요. 9~10구에서는 농민들의 모습에 새로운 의미를 부여하면서 시상을 전환하고, 11~12구에서는 그런 농민들의 모습을 보고 화자가 깨달은 바를 제시하며 끝맺고 있어요. 이와 같은 구성을 바로 기승전결이라고 해요.

● {대화를 통한 시상 전개}

　　대화를 통한 시상 전개 방식이 고전시가에 자주 쓰였다고 했던 거 기억나요? '대화를 통한 시상 전개 방식'과 '말을 건네는 방식'을 통틀어서 대화체라고 하는 것도 앞에서 배웠죠? 고전시가에서 '대화를 통한 시상 전개 방식'과 '말을 건네는 방식'이 어떻게 나타나는지 구체적으로 살펴보죠. 아래 두 작품을 보고 '대화를 통한 시상 전개'와 '말을 건네는 방식' 중 어디에 해당하는 건지 한번 맞혀 보세요.

형님 온다 형님 온다 분고개로 형님 온다.
형님 마중 누가 갈까 형님 동생 내가 가지.
형님 형님 사촌 형님 시집살이 어떱뎁까?
이애 이애 그 말 마라 시집살이 개집살이.
앞밭에는 당추 심고 뒷밭에는 고추 심어,
고추 당추 맵다 해도 시집살이 더 맵더라.

어디에 해당하는 것 같나요? 맞아요, 이건 '대화를 통한 시상 전개'에 해당해요. 시를 보면 둘 이상의 화자가 나오고 있죠? 형님과 동생 둘이 있잖아요. 처음 세 줄은 동생이 하는 말이고, 뒤의 세 줄은 형님이 하는 말이니까요. 다음 작품도 해 볼까요?

〈상춘곡〉 - 정극인 [가사]

홍진*에 뭇친 분네 이내 생애 엇더ᄒᆞᆫ고.
녯사ᄅᆞᆷ 풍류ᄅᆞᆯ 미ᄎᆞᆯ가 못 미ᄎᆞᆯ가.
천지간 남자 몸이 날만ᄒᆞᆫ 이 하건마ᄂᆞᆫ*
산림*에 뭇쳐 이셔 지락(至樂)*을 ᄆᆞᄅᆞᆯ 것가.
수간 모옥* 벽계수(碧溪水)* 앏픠 두고
송죽(松竹) 울울리(鬱鬱裏)에 풍월 주인 되여셔라.

[현대어 풀이]
속세에 묻혀 사는 분들이여, 이 내 삶이 어떠한가?
옛 사람들의 풍류에 내가 미칠까 못 미칠까?
세상에 남자로 태어나 나만 한 사람 많지만
자연에 묻혀 있어 지극한 즐거움을 모르는 것인가?
몇 칸짜리 초가집을 맑은 시냇물 앞에 지어 두고
소나무와 대나무가 우거진 속에 자연의 주인이 되었구나.

[필수 암기 어휘] * 홍진 : 붉은 먼지. 대개 속세를 의미함 * 하건마ᄂᆞᆫ : 많건마는 * 산림 : 산과 숲. 자연을 의미함
* 지락 : 지극한 즐거움 * 수간 모옥 : 몇 칸짜리 초가집. 소박한 삶을 의미함 * 벽계수 : 푸른 시냇물

이건 어디에 해당하는 것 같나요? 둘 다 아닌 것 같다고요? 대화를 통한 시상 전개 방식이 맞냐고요? 이건 실제로 2014 수능에 나와서 많이들 어려워했던 문제인데, 첫 줄을 잘 봐야 해요. 이 작품에서는 '분네'를 이해하는 게 필요한데 '분'은 지금의 '분'과 같아요. 곧, 다른 사람을 높여 지칭할 때 쓰는 말이죠. '손님 여러분', '방금 손드신 분' 등과 같은 말이에요. '-네'는 '그 사람이 속한 무리'를 뜻하는 말이고요. 복수를 나타내는 거죠. '철수네', '아저씨네', '걔네' 등이 있어요. 그럼 '분네'는 '분들'이 되겠지요?

그다음을 보니 '이내 생애 엇더ᄒᆞᆫ고(어떠한고)'가 나오죠? '이 내 삶이 어떻습니까?'라는 의미가 되겠네요. 정리하면 첫 문장은 '속세에 묻혀 사는 분들이여, 이 내 삶이 어떻습니까?' 정도로 해석할 수 있어요. 대답하는 사람이 없이 혼자 말하고 있으니까 이건 확실히 말을 건네는 방식이죠.

딱! 세 줄 요약

⊙ 고전시가에 자주 등장하는 시상 전개 방식에는 '시간의 흐름', '공간의 이동', '시선의 이동', '선경후정', '기승전결', '대화' 등이 있다!

⊙ 선경후정은 경치를 먼저 언급한 뒤에 정서를 얘기하는 구성을 말한다!

⊙ 기승전결은 기구에서 시상을 일으키고, 승구에서 그것을 이어받아 발전시키며, 전구에서 시상을 새롭게 전환시키고, 결구에서 전체를 묶어서 끝맺는 방법을 말한다!

● 다음 작품을 읽고, 각 작품에 나타난 시상 전개 방식을 〈보기〉에서 모두 찾아 기호로 쓰시오.

〈보기〉

㉠ 선경후정   ㉡ 시간의 흐름   ㉢ 공간의 이동
㉣ 시선의 이동   ㉤ 대화체

(1) 강물이 푸르니 새가 더욱 희게 보이고,
　　산이 푸르니 꽃이 불붙는 듯하구나.
　　올봄이 보건대 또 지나가나니,
　　어느 날이 돌아갈 해인가.　　　　　　－두보

(2) 저기 가는 저 각시 본 듯도 하구나
　　천상 백옥경을 어찌하여 이별하고
　　해 다 져 저문 날에 누구를 보러 가시는고?
　　어와 너로구나 내 이야기 들어 보오.
　　내 얼굴 이 거동이 임 사랑함직 한가마는
　　어쩐지 나를 보시고 너로구나 여기시기에
　　나도 임을 믿어 딴생각 전혀 없어
　　아양과 교태로 어지럽게 굴었던지
　　빈기시는 얼굴빛이 옛날과 이찌 다르신고?　　－정철, 〈속미인곡〉

(3) 국화야, 너난 어이 삼월 동풍 다 지내고
　　낙목한천(落木寒天)에 네 홀로 피었나니
　　아마도 오상고절(傲霜孤節)은 너뿐인가 하노라.　－이정보

(4) 한 줄기 압록강이 양국의 경계를 나누었으니
　　돌아보고 돌아보니 우리나라 다시 보자.
　　구연성 다다라서 한 고개를 넘어서니
　　아까 보았던 통군정이 그림자도 아니 뵈고,
　　조금 보이던 백마산이 봉우리도 아니 뵌다. (중략)
　　날이 밝기를 기다려서 책문으로 향해 가니,
　　나무로 울타리를 하고 문 하나를 여러 놓고,
　　봉황성의 우두머리가 나와 앉아 사람과 말을 점검하며,
　　차례로 들어오니 검문이 엄절하구나.　　　　－홍순학, 〈연행가〉

예제풀이　｜　(1) ㉠ 선경후정, ㉣ 시선의 이동　(2) ㉤ 대화체　(3) ㉤ 대화체　(4) ㉡ 시간의 흐름, ㉢ 공간의 이동

Act 04

이렇게 말할까? 저렇게 말할까? 표현법

현대시에서 여러 가지 표현법에 대해 배웠었죠? 현대시에 다양한 표현법이 사용되는 것처럼 고전시가 역시 마찬가지예요. 이번 **Act 04**에서는 고전시가에 자주 사용되는 표현법 8가지를 살펴볼 거예요. 고전시가에서도 표현법에 대해 묻는 문제가 자주 출제되니 잘 알아 두는 게 좋겠죠?

| 1 | 이란성 쌍둥이처럼 같은 듯 달라, 대구와 대조

첫 번째로 볼 표현법은 대구와 대조예요. 현대시 공부할 때 배웠던 거 기억나죠?

다시 한 번 정리하자면, **대구법**은 비슷한 구절을 짝지어 나타내는 표현법이고, **대조법**은 서로 상반되거나 대립되는 것을 마주 세우는 표현법이에요.

이들은 고전시가에서부터 자주 사용되어 왔어요. 특히 비슷한 구절을 짝짓는 대구법은 매우 흔하게 사용되었죠.

- 시아버니 호랑새요 시어머니 꾸중새요 – 작자 미상, 〈시집살이 노래〉
- 한숨은 브람이 되고 눈물은 세우(細雨) 되어 – 작자 미상
- 브람도 쉬여 넘는 고기, 구름이라도 쉬여 넘는 고기 – 작자 미상

대조법 역시 자주 사용되었어요. 대조법은 '~나', '~ㄴ들', '~로되'와 같은 연결 어미를 통해 실현되는 경우가 많으니, 연결 어미를 통해 파악하는 방법도 가능해요.

- 산은 녯 산이로되 물은 녯 물이 안이로다 – 황진이
- 인사(人事)이 변흔들 산천(山川)이똔 가실가 – 황진이

쌤의 팁 자연과 인간의 대비(대조) 바로 위에 제시된 예문들에서 볼 수 있듯이, 고전시가에서는 자연과 인간(인간사, 인간 세상)을 대비하는 경우가 많아요. 자연과 인간의 대비는 주로 다음과 같은 방식으로 나타나요.

자연	vs	인간
불변성, 영원성	vs	가변성, 유한성
이상적 공간(탈속적 공간)	vs	세속적 공간
긍정적 정서(아름다움, 다정함 등)	vs	부정적 정서(슬픔, 외로움 등)

대조에 대해 나온 김에 이번에는 색채 대비에 대해서도 얘기해 볼게요. 사실 **색채 대비**는 그 이름 대로 색깔을 대비시키는 건데, 상반되는 색을 함께 배치함으로써 눈에 띄게 강조하는 것을 말해요.

〈가마귀 짜호는 골에 ～〉 - 정몽주의 어머니 [시조]

가마귀 짜호는 골에 백로ㅣ야 가지 마라.
성낸 가마귀 흰빗출 새오나니,
청강에 좋이* 시슨 몸을 더러일까 ᄒ노라.

[현대어 풀이]
까마귀 싸우는 골짜기에 백로야 가지 마라.
성난 까마귀 흰 빛을 시샘하니
맑은 물에 깨끗이 씻은 몸을 더럽힐까 하노라.

[필수 암기 어휘] * 좋이 : 깨끗이

까마귀와 백로의 색깔 때문에 색채의 대비가 확연히 나타나죠. 이 시에서 검은색은 부정적인 것을, 흰색은 순수, 순결과 같은 긍정적인 것을 의미하고 있어요. 물론 이러한 상징적인 의미는 당연히 시 전체의 맥락 속에서 이해해야 해요.

| 2 | 내 자리에 있고 싶지 않아, 도치

도치법 역시 현대시 공부할 때 배웠던 표현법이에요. 이미 잘 알고 있겠지만, 복습하는 의미로 다시 떠올려 보자면, **도치법**은 어순을 바꿔 강조하고자 하는 내용을 부각하여 나타내는 표현법을 말해요. 도치법은 고전시가에서도 여러 시인들에게 사랑받은 표현 방법이에요. 고전시가에서의 예를 볼까요?

● 묏버들 갈히 것거 보내노라 님의손딕 - 홍랑

이 시를 현대어로 해석하면 '산버들 (예쁜 것을) 가려 꺾어 보내노라 임에게'예요. 이 구절을 원래 문법대로 한다면 '님의손딕(임에게)'가 '보내노라'보다 먼저 나와야 하겠죠. 그런데 문장의 맨 뒤에 나오고 있죠? 즉, 도치법이 사용된 거예요.

| 3 | 마침표로 마무리하기엔 부족해, 영탄과 설의

다음은 영탄과 설의에 대해 살펴볼 거예요.
영탄법은 슬픔, 놀라움 등의 감정을 강조해서 나타내는 표현법이고, **설의법**은 누구나 쉽게 판단할 수 있는 사실을 의문의 형식으로 표현함으로써 그 의미를 강조하는 표현법이라고 했었잖아요.
영탄은 주로 감탄사나 감탄형 어미, 감탄형 조사를 통해 실현돼요. 그런데 고전시가에 나오는 말이 옛날 말이다 보니, 영탄을 못 알아보는 경우가 종종 있더라고요. 잘 봐 봐요. 다음에 있는 것들이 나오면 영탄법이 사용된 것이라고 할 수 있어요.

① 고전시가에 자주 등장하는 '감탄사' : 아으, 아소, 어즈버, 두어라

- 아으 잣ㅅ 가지 노파(아아, 잣나무 가지 높아)
- 아소 님하 / 어머님ㄱ티 괴시리 업세라(아아, 임이시여, 어머님같이 사랑하실 이 없어라)
- 어즈버, 태평연월이 쑴이런가 ᄒ노라.(아아, 태평성대가 꿈이런가 하노라)
- 두어라 단장춘심은 너나 닉나 달으리.(두어라, 애끓는 봄의 마음은 너나 나나 다르리)

② 고전시가에 자주 등장하는 '감탄형 어미' : ─져라(=─고 싶구나), ─(ᄒ)노라, ─로다/도다(=─구나)

- 넉시라도 님은 ᄒ딕 녀져라 아으(넋이라도 임과 함께 살고 싶구나)
- 석양에 홀로 셔 이셔 갈 곳 몰라 ᄒ노라.(석양에 홀로 서 있어 갈 곳 몰라 하노라)
- 뎌 촉불 날과 갓트여 속 타는 쥴 모로도다.(저 촛불도 나와 같아 속 타는 줄 모르는구나)

③ 고전시가에 자주 등장하는 '감탄형 조사' : 하(=이시여), 이여

- 둘하 이뎨 / 서방ㄱ장 가샤리고(달님이시여, 이제 서방까지 가셔서)
- 서리 몯누올 화반이여.(서리를 모르실 화랑의 우두머리여)

쌤의 팁 ▶ 이건 그냥 통째로 외우자! 하도 할샤 & 머흐도 머흘시고 '하도 할샤'와 '머흐도 머흘시고'는 고전시가에 자주 나오는 문구예요. '하도 할샤'는 '많기도 많구나'라는 뜻이고, '머흐도 머흘시고'는 '험하기도 험하구나'라는 뜻이에요. 이 둘도 해석을 보면 '~구나'로 끝나니까 영탄법에 포함시킬 수 있겠죠? 이 둘은 그냥 통째로 암기해 버리는 게 편해요.

자, 이번엔 '답정녀' 설의법이에요. 설의법은 고전시가에서 진짜, 정말, 많~이 사용되는 표현법인데, 역시나 옛날에 쓰이던 의문형 어미를 잘 몰라서 못 알아보는 경우가 많아요. 그래서 고전시가에 자주 등장하는 의문형 어미를 알려 주려고 해요. 물론 의문형 어미가 사용되었다고 해서 다 설의법이라고 하면 안 돼요! 의문형 어미가 있다 하더라도, 그 문장의 내용이 진짜 몰라서 묻는 질문이라면 그건 설의법이 아니라 그냥 의문문인 거니까요.

④ 고전시가에 자주 등장하는 '의문형 어미' : ─쏘냐/소냐, ─리(오), ─가, ─고, ─ㄴ다, 이시랴(=있으랴)

- 물아일체(物我一體)어니 흥이야 다를쏘냐(자연과 내가 하나가 되니 흥겨움이 다르겠는가)
- 아희야, 고국 흥망을 무러 무엇ᄒ리오(아이야, 옛 나라의 흥하고 망함을 물어 무엇하겠느냐)
- 구스리 바회예 디신들 긴힛ᄃᆞᆫ 그츠리잇가(구슬이 바위에 떨어진들 끈이야 끊어지겠습니까)
- 눈 마ᄌ 휘어진 딕를 뉘라서 굽다턴고(눈 맞아 휘어진 대나무를 누가 굽었다고 하였던가)
- 공산에 우는 접동 너는 어이 우지는다(빈 산에 우는 접동새야 너는 어찌 울부짖느냐)
- 님 향흔 일편단심이야 가셜 줄이 이시랴(임 향한 일편단심이야 없어질 줄 있으랴)

| 4 | 말은 안 되지만 다 이유가 있어, 과장

과장법은 어린이들의 말다툼을 떠올리면 돼요. "우리 집에 금송아지 백 개 있다!", "우리 집에는 금으로 만든 TV 백 개 있거든!", "흥! 우리 집은 전체가 다 금이거든!"과 같이 말이에요. **과장법**은 이렇듯 표현하고자 하는 대상을 실제보다 훨씬 크거나 많게 말하는 것을 얘기해요. 자세히 살펴볼까요?

〈정석가〉 – 작자 미상 [고려가요]

〈4연〉

므쇠로 한쇼를 디여다가
므쇠로 한쇼를 디여다가
텰슈산애 노호이다.
그 쇠 텰초를 머거아
그 쇠 텰초를 머거아
유덕ㅎ신* 님 여희ᄋ와지이다.

[현대어 풀이]

무쇠로 큰 소를 만들어서
무쇠로 큰 소를 만들어서
철로 된 나무가 있는 산에 놓습니다.
그 소가 철로 된 풀을 먹어야
그 소가 철로 된 풀을 먹어야
덕이 있으신 임과 이별하고 싶습니다.

[필수 암기 어휘] * 뮤덕ㅎ신 : 넉이 있으신

위 예시를 보면 무쇠로 소를 만들어서, 그 소를 철로 된 나무가 있는 산에 놓고, 그 소가 철초를 먹어야 그때서야 임과 이별하겠다고 했어요. 철로 만든 소가 철로 된 풀을 먹어야 이별이라니요. 현실적으로 불가능한 상황이죠? 이처럼 불가능한 상황을 설정해서 임과 이별하지 않겠다는 강한 의지를 보여 주고 있는 거예요. 그리고 전체적으로 보았을 때, 화자가 그만큼 임을 사랑한다는 것을 과장해서 말하고 있는 거죠.

| 5 | 여럿이 같이 다니고 싶어요, 열거와 연쇄

마지막은 열거법과 연쇄법이에요. 이 두 표현법은 혼자 다니지 않는다는 게 가장 큰 특징이에요. **열거법**은 단어나 구절을 나열하여 내용을 강조하는 표현법으로, 같은 범주에 있는 대상을 주르르 늘어놓으며 나열하는 것이라고 생각하면 쉬울 거예요. 주로 사설시조에 많이 쓰였었지요.

반면에 연쇄법은 ⦾⦾⦾⦾ 를 생각하면 돼요. 쇠사슬처럼 연결되어 있는 고리 같은 거요. **연쇄법**은 앞 구절의 끝 어구를 다음 구절의 첫머리에 이어받으면서 연결 짓는 표현법을 말해요. 예를 들어 호랑이는 무서워, 무서우면 사자, 사자는 털이 많아, 털 많으면 오랑우탄… 이렇게 말이죠. 앞 구절에서 나온 말을 뒤에서 이어받아야 해요. 어라? 이렇게 보니 뭔가 떠오르는 게 하나 있지 않아요?

그렇죠. 우리 어릴 때 많이 부른 노래, "원숭이 엉덩이는 빨개, 빨가면 사과, 사과는 맛있어, 맛있으면 바나나, 바나나는 길어…." 바로 이 노래가 연쇄법을 쓰고 있는 거죠. 그럼 시에서 한번 볼까요?

〈창 내고쟈 창을 내고쟈 ~〉 – 작자 미상 [사설시조]

창 내고쟈 창을 내고쟈 이 내 가슴에 창 내고쟈.
고모장지 세살장지 들장지 열장지 암돌져귀 수돌져귀 비목걸새 크나큰 쟝도리로 둑닥 바가 이 내 가슴에 창 내고쟈.
잇다감 하* 답답홀 제면 여다져 볼가 흐노라.

[현대어 풀이]
창을 내고 싶구나, 창을 내고 싶구나, 이내 가슴에 창을 내고 싶구나.
고모장지나 세살장지나 들장지나 열장지에 암돌쩌귀, 수돌쩌귀, 배목걸쇠를 커다란 장도리로 뚝딱 박아서 이 내 가슴에 창을 내고 싶구나.
이따금 몹시 답답할 때면 여닫아 볼까 하노라.

[필수 암기 어휘] * 하 : 몹시, 많이

위의 시를 보면 화자는 가슴이 답답해서 가슴에 창을 내고 싶대요. 중장에 '고모장지~비목걸새'는 창의 종류와 창문을 만드는 데 필요한 도구들로, 이러한 구체적인 소재들을 나열하고 있으니 열거법이 사용되었다고 할 수 있죠.

〈도산십이곡〉 – 이황 [연시조]

고인도 날 몯 보고 나도 고인 몯 뵈.
고인을 몯 뵈도 녀던* 길 알픠 잇닉.
녀던 길 알픠 잇거든 아니 녀고 엇뎔고.

[현대어 풀이]
옛 성현도 날 보지 못하고 나도 그분들을 뵙지 못하네.
성현들을 못 뵈어도 그분들이 가던 (학문의) 길이 앞에 있네.
가던 길 앞에 있는데 아니 가고 어찌할고.

[필수 암기 어휘] * 녀다 : 가다

이건 딱 봐도 연쇄법이 사용되었다는 걸 알 수 있죠? 초장의 끝에 '고인 몯 뵈'가 나오고, 이걸 중장에서 '고인을 몯 뵈도'로 받고 있으니까요. 그리고 또 중장 뒷부분의 '녀던 길 알픠 잇닉' 역시 종장에서 '녀던 길 알픠 잇거든'으로 이어지고 있어요.

딱! 한 줄 요약

⊙ 고전시가에 자주 쓰이는 표현법에는 대구, 대조, 도치, 영탄, 설의, 과장, 열거, 연쇄가 있다!

01 다음 ㉠~㉤에 해당되는 표현법을 각각 쓰시오.

"야아, 나 여자 친구한테 프로포즈하려고 하는데 뭐가 좋을지 한번 들어 봐 줄래?"

"오오, 그래 한번 해 봐!"

"첫 번째, ㉠눈을 뜨고 있으면 너만 바라봐. 눈을 감고 있어도 네가 떠올라."

"음… 그건 좀 이상해."

"그럼 두 번째, ㉡그대여! 그대는 너무나 아름답구나!

"그것도 이상해…."

"그래? 세 번째, ㉢내가 널 생각한 횟수는 한강의 물분자 수보다도 더 많아."

"이… 이상해…."

"네 번째, ㉣우리야말로 천생연분이지 않겠어?"

"이상해…."

"이제 마지막인데… ㉤넌 날 보지 않아도 난 너를 봐. 너를 보며 난 우리의 내일을 생각해. 우리의 내일은 무척 아름답겠지. 아름다운 내일을 나와 함께 만들래?"

"이상해!"

(1) ㉠ : (   )　　　　(2) ㉡ : (   )

(3) ㉢ : (   )　　　　(4) ㉣ : (   )

(5) ㉤ : (   )

02 다음 시에 사용된 표현법을 〈보기〉에서 모두 찾아보자.

　　어이 못 오던가, 무슨 일로 못 오던가.

　　너 오는 길 위에 무쇠로 성을 쌓고 성 안에 담 쌓고 담 안에 집을 짓고 집 안에 뒤주 놓고 뒤주 안에 궤를 놓고 궤 안에 너를 결박하여 놓고 쌍배목* 외걸새*, 용거북 자물쇠로 꽁꽁 잠가 두었더냐 네 어이 그리 아니 오던가.

　　한 달이 서른 날인데 나를 보러 올 하루가 없으랴.

　　　　　　　　　　　　　　　　　　　　　　　　　　　　　　－ 작자 미상

* 쌍배목 : 쌍으로 된 문고리를 거는 쇠　* 외걸새 : 외걸쇠. 문을 잠그기 위한 'ㄱ'자 모양의 빗장

〈보기〉

대조, 도치, 설의, 영탄, 열거, 연쇄

예제풀이 | **01** (1) 대구 (2) 영탄 (3) 과장 (4) 설의 (5) 연쇄 　**02** 연쇄, 열거, 설의

02 중장의 '무쇠로 성을 쌓고 ～ 궤 안에 너를 결박하여 놓고'에서 연쇄를, '쌍배목 외걸새, 용거북 자물쇠'에서 열거를 확인할 수 있어요. 그리고 종장에는 설의가 사용되었고요.

Act 05
아름다움은 어디에나 있다, 미적 범주

　미적 범주…. 뭔가 그 이름만으로도 어려울 것 같은 느낌이 엄습하나요? 수능이나 모의고사에 출제되는 빈도는 높지 않지만 학교 시험에 심심찮게 나오는 개념이니 이번 기회에 확실하게 알아 두세요.

　우리가 여기에서 이야기할 '미(美)'라는 것은 예술, 그중에서도 문학 작품 속에 작가가 구현한 아름다움이랍니다. 그 아름다움이 독자에게는 즐거움이나 감동으로 펼쳐지게 되는데, 문학에서는 이를 '숭고미', '우아미', '비장미', '골계미' 네 가지로 구분하고 있어요. 어디서 들어 본 거 같지요?

　자, 이제 미적 범주의 세계로 들어가 봅시다!

| 1 | 이보다 더 좋을 순 없다, 우아미

　우아미는 화자의 현재와 앞으로 바라는 상황이 아주 조화로워서 더 이상 좋을 수 없을 때 느낄 수 있는 아름다움이에요. 그래서 우아미가 잘 드러나는 문학 작품 속에서 화자는 자신의 현재 상태에 대해 걱정을 하지 않죠. 자신이 바라는 것이 지금 모두 이루어져 있는데, 뭘 더 바라겠어요?

　우아미의 가장 이상적인 모델은 아름답고 조화로우며 균형을 잘 갖추고 있는 '자연'이에요. 그래서 고전시가에서의 우아미는 주로 조화로운 자연 속에서 풍류를 즐기며 신선처럼 노니는 내용을 담고 있는 작품에서 나타나요.

　다시 말해서, 화자와 화자가 바라는 상황 사이에 갈등이 없는 상태에서 느껴지는 아름다움이 바로 '우아미'예요.

　이제 고전시가에서 예시를 찾아볼까요?

〈어부사시사(漁父四時詞)〉 – 윤선도 [연시조]

〈동사 4〉
간밤의 눈 갠 후에 경물*이 달랃고야.
　　이어라 이어라
압희는 만경류리 뒤희는 천텹옥산.
　　지국총 지국총 어사와
션계(仙界)*ㄴ가 블계(佛界)*ㄴ가 인간(人間)*이 아니로다.

[필수 암기 어휘] * 경물 : 계절에 따라 달라지는 경치 * 선계 : 신선 세계 * 블계 : 불교에서의 이상 세계. 극락세계

* 인간 : 인간 세상(원래 '인간(人間)'은 '사람'이 아니라 '인간 세상'을 가리키는 말이었어요. 한자만 봐도 '사람 사이'라는 뜻이잖아요!)

위 시조에서 시적 화자는 간밤에 내린 눈으로 하얗게 변한 세상을 보고 그 경치가 너무 아름다워서 감탄하고 있어요. 그리고 그 광경을 두고, 여기가 인간 세상이 아니라 화자가 지향하는 세계인 '선계'나 '블계' 같다고 이야기하고 있지요. '우아미'라는 건 이처럼 화자의 현재 상태와 화자가 지향하는 바가 서로 조화를 이룸으로써 갈등이 없는 상태에서 느낄 수 있어요.

어부사시사 동사 4	현재 상태(a)	만경류리, 천텹옥산(경물이 달라짐)	a≥b
	있어야 하는 것(b)	선계, 블계	(≧ : 더 바랄 게 없음)

| 2 | 남산 위에 저 소나무, 숭고미

숭고미는 도달하고 싶지만 어떻게 해도 도달할 수 없는 높은 경지를 추구하는 과정에서 느껴지는 아름다움이에요. 숭고미가 드러나는 문학 작품에서의 화자는 자신의 현재 상태에서 자신이 지향하는 바로 나아가고 싶어 해요. 현재 상태에 부족함을 느껴서 의지적으로 보다 만족스러운 단계로 올라가고 싶은 거죠. 초월적 가치를 추구하거나 현실을 벗  어나고자 하는 경우들도 이에 포함돼요. 대체로 숭고미는 경건하고 엄숙한 분위기를 자아내는 경우가 많아요. 예시를 통해 살펴보자고요.

〈제망매가(祭亡妹歌 : 죽은 누이의 명복을 비는 노래)〉 – 월명사 [향가, 10구체]

생사(生死) 길은

예 있으매 머뭇거리고,

나는 간다는 말도

못다 이르고 어찌 갑니까.

어느 가을 이른 바람에

이에 저에 떨어질 잎처럼

한 가지에 나고

가는 곳 모르온저.

아아, 미타찰(彌陀刹)에서 만날 나

도(道) 닦아 기다리겠노라.　　　　　〈김완진 해독〉

[현대어 풀이]

생사(삶과 죽음)의 길은

여기에 있음에 머뭇거리고

나는 간다는 말도

못다 이르고 갔는가?

어느 가을 이른 바람에

여기저기 떨어질 잎처럼

한(같은) 가지에 나고

가는 곳을 모르겠구나.

아아, 미타찰(극락)에서 만날 나

도를 닦으며 기다리겠다.

〈제망매가〉는 월명사가 누이동생을 잃은 뒤 동생의 명복을 빌기 위해 부른 노래예요. 노래의 내용을 살펴보면, 누이가 생사의 길에서 머뭇거리다가 화자에게 간다는 말도 미처 못하고 세상을 떠난 상황임을 알 수 있어요. 또한 '이른 바람'이라는 시구를 통해 누이가 어린 나이에 죽음을 맞이했음을 짐작할 수 있고요. 하지만 화자는 그저 슬퍼만 하고 있지 않아요. 마지막 두 줄을 보면 '미타찰'에서 누이를 다시 만날 것이라고 확신하고 있거든요. '미타찰'은 불교에서 말하는 '극락세계'를 일컫는 말이에요. 즉, 종교적 신념을 바탕으로 초월적 세계에서의 만남을 기약하고 있는 것이죠. 슬픔을 종교적으로 승화시키고 초월적 세계를 추구한다는 점에서 이 작품은 '숭고미'의 좋은 예시가 될 수 있어요.

제망매가	현재 상태(a)	누이의 죽음	a<b and a → b
	있어야 하는 것(b)	미타찰에서의 만남	(→ : 도를 닦으며 기다림(의지))

우아미와 숭고미는 화자의 현재 상태와 바람이 서로 조화를 이루는 방향으로 나아간다는 점에서 공통적이에요. 기억하세요!

| 3 | 가질 수 없는 너, 비장미

비장미는 아무리 노력해도 주어진 여건을 극복할 수 없을 때 느껴지는 아름다움이에요. 현재 상태에 만족하지 못하고 미래에 있어야 할 긍정적인 상황을 바라지만, 그 마음이 무참히 꺾여 버린 상황에서 느낄 수 있어요. 결국 비극인 셈이지만, 현실에 저항하는 인간의 모습 자체가 우리에게 감동을 선사하고 아름다움을 느끼게 해 줘요.

〈천만 리 머나먼 ~〉 – 왕방연 [시조]	
천만 리(千萬里) 머나먼 길희 고은 님 여희옵고 닉 무음 둘 딕 업서 냇구의 안쟈시니 져 믈도 닉 안 굿호여 우러 밤길 녜놋다.*	**[현대어 풀이]** 천 리 만 리 머나먼 길에 고운 임과 이별하고 내 마음 둘 데 없어 냇가에 앉았더니 저 물도 내 마음 같아서 울며 밤길 가는구나.

[필수 암기 어휘] * 녜놋다 : 가는구나

위 작품은 단종이 삼촌인 수양대군의 지시로 폐위당하고 영월로 유배갈 때, 그를 호송했던 왕방연이 읊은 시조예요. 깊은 두메산골에 어린 임금을 두고 돌아오면서 느꼈던 착잡한 심정이 잘 드러나 있지요.

여기에서 시적 화자는 마땅히 있어야 한다고 생각하는 '고은 님'과 이별하고 말았어요. 그러나 자신이 할 수 있는 일이 없었기에, 마음 둘 데가 없어 냇가에 앉아 밤길을 흘러 가는 물처럼 울어 버렸죠. 단종의 복위가 마땅히 옳기에 그걸 바라지만, 현실적으로 자신이 처한 상황에서 어쩔 수 없이 패배하고 만 거예요. 이처럼 화자의 의지와 기대가 현실적 여건에 의해 꺾인 상황에서 느낄 수 있는 아름다움을 비장미라고 해요.

왕방연의 시조	현재 상태(a)	고운 임 여읨	a<b and a ↛ b
	있어야 하는 것(b)	고운 임 만남	(↛ : 기대/의지가 무참히 꺾임)

┃ 4 ┃ 비웃음의 미학, 골계미

골계미는 앞에서 공부한 세 가지 아름다움과는 약간 차이가 있어요. 우아미, 숭고미, 비장미는 '현재 상태'와 '있어야 하는 것'이 서로 비슷하거나(우아미) '있어야 하는 것'이 더 바람직한(숭고미, 비장미) 경우였고, 당위적으로 그래야 하는 것과 현재 상태의 조화를 추구하는 것이었어요('비장미'는 결과적으로는 조화에 실패했지만 조화를 바란 것은 맞잖아요).

하지만 골계미를 느낄 수 있는 작품에서 시적 화자는 위에서 말한 조화를 추구하는 사람이 아니에요. 시적 화자는 현재 구현되어 있는 자연의 이치나 사회 질서 등을 바람직하다고 생각하지 않아요. 그래서 '현재 상태'와의 조화를 바라기는커녕 '있어야 하는 것'의 가치를 추락시키려고 함으로써 웃음이 유발되는데, 여기서 느껴지는 아름다움이 **골계미**예요. 풍자와 해학(**Act 10**에서 배울 거예요)이 나타나는 경우에는 대체로 골계미가 있다고 봐도 돼요.

두터비 프리를 물고 ~ – 작자 미상 [사설시조]

두터비 프리를 물고 두험 우희 치두라 안자
　것넌 산 바라보니 백송골이 떠 잇거늘 가슴이
금즉ᄒ여 풀덕 쒸여 내듯다가 두험 아래 쟛바지
거고.
　모쳐라* 놀랜 낼싀만졍 에헐질 번ᄒ괘라.

[현대어 풀이]
두꺼비 파리를 물고 두엄(거름) 위에 뛰어올라 앉아
　건너편 산 바라보니 흰 송골매가 떠 있거늘 가슴이
섬뜩하여 풀쩍 뛰어 내닫다가 두엄 아래 자빠졌구나.
　마침 날랜 나였기에 망정이지 피멍 들 뻔했구나.

[필수 암기 어휘] * 모쳐라 : 마침

위 작품은 두꺼비의 행동을 우스꽝스럽게 묘사함으로써 탐관오리의 횡포와 허세를 풍자하는 내용이에요(작품에 대한 좀 더 자세한 설명은 184~185쪽을 확인하세요). 즉, 화자는 당시의 사회 질서('있어야 하는 것')가 바람직하지 않다고 생각하고 있어요. 그래서 사회 질서의 가치를 추락시키며 웃음을 유발하고 대상을 풍자하고 있지요('현재 상태'). 이와 같은 과정에서 느껴지는 아름다움이 바로 골계미랍니다.

두터비 프리를 물고 ~	현재 상태(a)	화자가 탐관오리를 비꼬며 풍자함	a>b or a≠b
	있어야 하는 것(b)	사회 질서	(가치 추락 or 부조화)

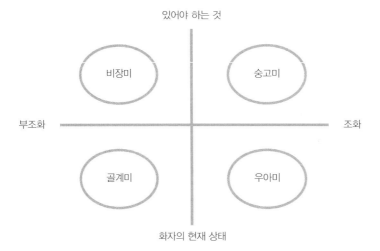

예제 연습문제

01 다음 작품이 각각 네 가지 미적 범주 중 어디에 해당하는지 쓰시오.

(1) 두류산(頭流山) 양단수(兩端手)를 예전에 듣고 이제 와 보니,
　　도화(桃花) 뜬 맑은 물에 산영(山影)조차 잠겨 있구나.
　　아이야, 무릉(武陵)이 어디냐? 나는 여기인가 하노라.
　　　　　　　　　　　　　　　　　　　　　　　　　　　　　　　　　　　　– 조식

(2) 산은 길고 길고 물은 멀고 멀고
　　어버이 그린 뜻은 많고 많고 하고 하고
　　어디서 외기러기는 울고 울고 가느니
　　　　　　　　　　　　　　　　　　　　　　　　　　　　　　　　　– 윤선도, 〈견회요〉

(3) 노나라 좁은 줄도 우리는 모르는데
　　넓고도 넓은 천하를 (공자님은) 어찌하여 작다고 하였는가?
　　아! (공자님과 같은) 그 경지를 어찌하면 알 수 있겠는가?
　　　　　　　　　　　　　　　　　　　　　　　　　　　　　　　　– 정철, 〈관동별곡〉

(4) 개를 열이 넘게 기르지만 요 개처럼 얄미울까.
　　미운 임이 오면은 꼬리를 홰홰 치며 뛰어올랐다 내리뛰었다 반겨서 내닫고, 고운 임 오면은 뒷발을 바둥
　바둥 물러섰다가 나아갔다가 캉캉 짖는 요 암캐야.
　　쉰밥이 그릇그릇 남을지라도 너 먹일 줄 있으랴.
　　　　　　　　　　　　　　　　　　　　　　　　　　　　　　　　　　– 작자 미상

예제풀이 | 01 (1) 우아미　(2) 비장미　(3) 숭고미　(4) 골계미

Act 06
이것만은 알고 가자, 고전시가 갈래

| 1 | 향가

★☆☆☆☆

- 한자의 음과 훈을 빌려서 향찰로 표기된, 신라 시대의 우리말 노래
- 4구체, 8구체, 10구체

〈제망매가(祭亡妹歌 : 죽은 누이의 명복을 비는 노래)〉 — 월명사 [향가, 10구체]

생사(生死) 길은 / 예 있으매 머뭇거리고,
나는 간다는 말도 / 못다 이르고 어찌 갑니까.
어느 가을 이른 바람에 / 이에 저에 떨어질 잎처럼
한 가지에 나고
가는 곳 모르온저.
아아, 미타찰(彌陀刹)에서 만날 나
도(道) 닦아 기다리겠노라.　　　　〈김완진 해독〉

[현대어 풀이]
생사(삶과 죽음)의 길은 / 여기에 있음에 머뭇거리고
나는 간다는 말도 / 못다 이르고 갔는가?
어느 가을 이른 바람에 / 여기저기 떨어질 잎처럼
한(같은) 가지에 나고
가는 곳을 모르겠구나.
아아, 미타찰(극락)에서 만날 나
도를 닦으며 기다리겠다.

- **{개요}** : **향가**는 신라 시대에 유행한 우리말 노래를 말해요. 그 당시는 훈민정음이 만들어지기 전인데 어떻게 우리말 노래를 기록했을까요? 당시 선조들은 한자의 음과 뜻(훈)을 빌려 우리 식대로 쓴 향찰로 표기했어요. 그리고 향가는 배경설화와 함께 전해 내려오는 경우가 많아요. 작품에 얽힌 배경설화를 함께 기억해 둔다면, 작품을 이해하는 데에 도움이 되겠지요?

- **{형식}** : 향가는 표면적으로 드러나는 형식에 따라 4구체, 8구체, 10구체로 나뉘어요. 4구체, 8구체, 10구체는 향가가 몇 줄로 구성되어 있느냐에 따라 구분할 수 있어요. 4구체는 4줄, 8구체는 8줄, 10구체는 10줄, 쉽죠?

- **{구성}** : 10구체는 보통 '기(4)-서(4)-결(2)'의 3단 구성으로 되어 있는 것이 특징인데, 그 마지막 두 줄을 '낙구'라고 불러요. 위의 〈제망매가〉에서 낙구가 '아아'라로 시작되는 것처럼 보통 낙구는 감탄사로 시작해요.

- **{대표작}** : 대표적 작품으로는 〈서동요〉, 〈처용가〉, 〈헌화가〉, 〈제망매가〉, 〈찬기파랑가〉 등이 있어요. 〈찬기파랑가〉, 〈모죽지랑가〉처럼 화랑의 높은 기개와 절개를 찬양하는 노래들도 종종 볼 수 있어요.

| 2 | 한시

★★★☆☆

● 한문으로 이루어진 정형시
● '기 – 승 – 전 – 결'의 4단 구성

〈탐진촌요(耽津村謠 : 탐진(오늘날 강진)에서 부르는 노래)〉 – 정약용 [한시]	
새로 짜낸 무명이 눈결같이 고왔는데,	棉布新治雪樣鮮(면포신치설양선)
이방 줄 돈이라고 황두가 뺏어 가네.	黃頭來博吏房錢(황두래박이방전)
누전 세금 독촉이 성화같이 급하구나,	漏田督稅如星火(누전독세여성화)
삼월 중순 세곡선이 서울로 떠난다고.	三月中旬道發船(삼월중순도발선)

● 【개요】 : 한시는 한문으로 이루어진 정형시예요. 그렇다고 긴장할 필요는 없어요. 한시가 시험에 나온다면 우리말로 풀어서 나올 테니까요. 그런데 우리말도 아니고 한문으로 쓰인 한시가 어째서 우리 문학이냐고요? 우리글로 쓰인 것은 아니지만, 한시를 우리 문학으로 보는 것은 한시가 처음 나타나던 시기에 우리의 글이 없었기 때문이죠. 그러한 상황에서 한자라는 표기 체계만 빌려서 우리나라의 이야기를 담아냈던 것이기 때문에, 한시 역시 우리 문학으로 보고 있어요.

● 【형식】 : 한시는 우선 한 줄이 몇 글자로 구성되느냐에 따라 5언, 7언으로 나뉘어요. 당연히 5언은 한 줄에 다섯 글자, 7언은 한 줄에 일곱 글자가 쓰인 거겠죠. 다음으로 작품이 총 몇 줄로 구성되느냐에 따라 절구, 혹은 율시로 구분해요. 절구는 총 4줄, 율시는 총 8줄로 구성된 것을 말해요. 정리하면, 한 줄에 5글자, 총 4줄로 구성된 작품은 '5언 절구', 한 줄에 7글자, 총 8줄로 구성된 작품은 '7언 율시'라고 할 수 있죠. 그럼 위의 〈탐진촌요〉는 7언 절구에 해당하겠지요.

● 【구성】 : 한시는 대체로 '기 – 승 – 전 – 결'이라는 4단 구성의 형태로 많이 나타나요. 앞에서 배웠던 선경후정 역시 한시에서 쉽게 찾아볼 수 있는 구성이고요. 앞부분에서 경치, 경관에 대해 이야기하고 뒤에서 그러한 경치, 경관을 보며 느끼는 감정이나 떠오르는 생각 등을 이야기하는 거죠. '선경후정'의 내용이 가물가물한 친구가 있다면 **Act 03** '시상 전개 방식' 단원으로 얼른 돌아가서 다시 확인하기!

● 【주제】 : 한시는 한자로 쓰는 것인 만큼 한자를 잘 아는 상류층 혹은 집권층이 한시의 주 향유 계층이었어요. 그렇다 보니 유교적 가치, 충절, 자연 예찬, 부조리한 현실 비판 등과 같은 내용을 주로 다뤘고요.

● 【대표작】 : 대표적 작품으로는 위의 〈탐진촌요〉 외에도 〈제가야산독서당〉, 〈송인〉, 〈고시〉, 〈보리타작〉 등이 있어요. 현대어로 되어 있어 읽는 데에 부담이 없는 만큼 미리 찾아서 한 번쯤 읽어 두는 것도 좋은 방법일 거예요.

| 3 | 고려가요

★★★☆☆

- 평민층에 바탕을 둔 갈래로 소박하고 진솔한 표현과 내용이 특징적
- 3음보, 분연체, 후렴구

〈쌍화점(雙花店 : 만두 가게)〉 – 작자 미상 [고려가요]

쌍화점(雙花店)에 쌍화(雙花) 사라 가고신딘
회회(回回) 아비 내 손모글 주여이다
이 말스미 이 점(店) 밧긔 나명들명
다로러거디러 죠고맛간 삿기 광대 네 마리라 호
리라 (밑줄 : 노랫가락을 맞추기 위한 여음구)
더러둥셩 다리러디러 다리러디러 다로러거디
러 다로러
그 자리예 나도 자라 가리라
위 위 다로러거디러 다로러
긔 잔 딘ㄱ티 덦거츠니 업다

[현대어 풀이]
만두 가게에 만두 사러 갔더니만
회회 아비(몽고상인 혹은 아랍상인) 내 손목을 쥐더
이다.
이 말(소문)이 이 가게 밖에 나며 들며 하면
(다로러거디러) 조그마한 새끼 광대 네 말이라 하리라.
(더러둥셩 다리러디러 다리러디러 다로러거디러 다
로리)
그 자리에 나도 자러 가리라.
(위 위 다로러거디러 다로러)
그 잔 데같이 답답한(난잡한) 곳 없다.

- {개요} : **고려가요**는 고려 시대에 평민층을 중심으로 향유되었던 노래예요. 원래 민요였는데 나중에 궁중 음악으로 편입되죠. 고려속요라고도 하는데, 평민들의 소박하고도 진솔한 감정들이 잘 드러나 있어요. 현전하는 고려가요는 원래 입에서 입으로 전해지다가 고려 왕실에서 궁중 음악으로 편입시켰고, 조선 시대에 이르러 문자로 정착된 것으로 알려져 있어요.

- {형식} : 고려가요에서 찾아볼 수 있는 형식적 특징은 3음보, 분연체, 후렴구예요. 3음보는 한 줄을 보통 세 개의 덩어리로 나누어 끊어 읽는다는 거예요. 예를 들어 위 작품의 첫 줄을 읽어 보면, '쌍화점에 / 쌍화 사라 / 가고신딘'과 같이 읽을 수 있겠죠. 분연체는 연을 나누어서 구성한 것을 의미하고, 후렴구는 행이나 연의 끝에 되풀이되어 나타나는 시구를 의미해요. 고려가요 중 〈청산별곡〉의 후렴구가 가장 유명하죠. 〈청산별곡〉은 잘 몰라도 '얄리얄리 얄라셩 얄라리 얄라'는 한 번쯤 들어 본 적이 있지 않나요?

- {주제} : 고려가요는 그 기본이 평민층을 중심으로 향유되었던 것이니만큼 다른 갈래들에 비해 그 내용이나 표현이 소박하고 진솔한 편이에요. 그러한 이유에서인지 남녀 간의 사랑이나 삶의 애환에 대해 다루는 작품들이 많아요.

- {대표작} : 대표적인 고려가요 작품에는 〈가시리〉, 〈청산별곡〉, 〈서경별곡〉, 〈동동〉, 〈정과정〉 등이 있어요. 이 작품들 중 〈가시리〉, 〈서경별곡〉, 〈정과정〉은 남녀 간의 사랑에 대해 이야기하고 있는 작품들이에요!

| 4 | 시조(평시조)

★★★★★

- 우리나라 고유의 정형시
- 3장(초장, 중장, 종장) 6구 45자 내외
- 3 · 4조, 4 · 4조의 4음보

〈방 안에 혓눈 촉불 ~〉 – 이개 [평시조]

방(房) 안에 혓눈* 촉(燭)불 눌과 이별ᄒ엿관딕,
것츠로 눈물 디고* 속 타는 쥴 모르눈고.
뎌 촉(燭)불 날과 갓트여 속 타는 쥴 모로도다.

[현대어 풀이]
방 안에 켜 놓은 촛불은 누구와 이별하였길래
겉으로는 눈물 흘리며 속 타는 줄 모르느냐.
저 촛불도 나와 같아서 속 타는 줄을 모르는구나.

[필수 암기 어휘] * 혀다 : 켜다 * 디다 : 떨어지다

- **[개요]** : **시조**는 우리나라 고유의 정형시예요. 고려 말부터 시작되어 조선시대에 양반층에 의해 주로 향유되었어요.

- **[형식]** : 시조는 정형시인 만큼 그 형식적인 특징에 대해서도 알아 둘 필요가 있어요. 위에서 다루었던 시조를 예로 그 형태를 한번 살펴보자고요.

방(房) 안에 혓눈 촉(燭)불 눌과 이별ᄒ엿관딕, – 초장
　　　　　　1구　　　　　　　　2구

것츠로 눈물 디고 속 타는 쥴 모르눈고. – 중장
　　　　3구　　　　　4구

3글자! → 뎌 촉(燭)불 날과 갓트여 속 타는 쥴 모로도다. – 종장
　　　　　　　5구　　　　　　　6구

위에서 살펴봤듯이 시조는 초장, 중장, 종장의 3장으로 구성되어 있고 각 장이 2개의 구로, 총 6구로 이루어져 있어요. 그리고 종장의 첫머리는 3글자로 그 글자 수가 고정되어 있어요.

- **[운율]** : 한 가지만 더 살펴볼게요. 위의 시조를 한 줄씩 소리 내어 읽는다고 생각해 봐요. 어떻게 읽게 되나요? '방 안에 / 혓눈 촉불 / 눌과 이별 / ᄒ엿관딕'와 같이 끊어 읽게 되죠? 한 줄을 4번에 나누어 읽게 된다는 점에서 시조에서는 보통 4음보의 운율을 확인할 수 있어요. 그리고 각 음보가 3자 혹은 4자로 구성된다는 점에서 3 · 4조, 4 · 4조가 되죠.

- **[주제]** : 시조는 충과 효 같은 유교적인 가치를 다룬 내용부터, 남녀 간의 사랑, 자연을 예찬하는 내용에 이르기까지 그 주제가 다양한 편이에요.

쌤의 팁 연시조 시조의 갈래에는 '연시조'라는 것도 있는데, 연시조는 평시조 여러 수를 연달아 나열한 거예요. 〈어부사시사〉, 〈고산구곡가〉 등이 그 예죠. 총 1수로 되어 있는 시조를 연시조와 구별하기 위해 '단시조'라고 부르기도 해요. 이것도 같이 기억해 두세요.

| 5 | 사설시조

★★★★☆

- 시조의 향유층이 평민층으로까지 확대되며 조선 후기에 유행함
- 대체로 평시조에서 2구 이상이 길어진 형태로 나타남(주로 중장이 길어짐)
- 대부분 해학적, 풍자적 성격을 띰

〈개야미 불개야미 ~〉 – 작자 미상 [사설시조]

개야미 불개야미 준등 부러진 불개야미,
압발에 정종(疔腫) 나고 뒷발에 종긔 난 불개야미 광릉(廣陵) 쉽재 너머 드러 가람의 허리를 ᄀ
르 무러 추혀 들고 북해(北海)를 건너닷 말이 이
셔이다. 넘아넘아.
온 놈이 온 말을 ᄒ여도 님이 짐쟉ᄒ쇼셔.

[현대어 풀이]

개미, 불개미, 잔등 부러진 불개미,
앞발에 종기 나고 뒷발에 종기 난 불개미가 광릉 샘
고개 넘어 들어가 호랑이의 허리를 가로 물어 추켜들고
북해를 건넜다는 말이 있습니다. 임아 임아.
모든 사람이 백 가지(온갖) 말을 하여도 임이 짐작하소
서.

- **[개요]** : 조선 후기로 접어들면서 시조의 향유층이 양반층에서 중인, 평민층에 이르기까지 확대되면서 시조의 형태에 변화가 나타나요. 이때 등장한 시조를 사설시조라고 해요. **사설시조**는 앞서 배운 평시조의 형태에서 2구 이상이 길어지는데 주로 중장의 길이가 길어진 형태로 나타나요. 위의 '개야미 불개야미 ~' 하는 시조에서도 기존에 비해 중장이 길어진 모습이 보이지요?

- **[형식]** : 사설시조는 평시조의 형태가 변형되어 나타난 것이지만, 사설시조에서도 지켜졌던 형식적인 특징이 하나 있어요. 그건 바로 종장의 첫머리를 3글자로 맞추는 거예요. 곧, 평시조에서 종장의 첫머리를 3글자로 맞추던 특징은 사설시조에서도 찾아볼 수 있어요. 위의 작품에서도 종장을 '온 놈이'라는 세 글자로 시작하고 있죠?

- **[주제]** : 사설시조는 형태뿐만 아니라 내용에서도 이전의 시조와는 다른 양상을 보여요. 앞서 얘기했던 것처럼 기존의 시조(평시조)가 유교적 가치, 자연 예찬, 풍류를 즐기는 내용 등을 주로 다루었다면 사설시조는 평민층의 삶의 모습과 애환 등을 다루는 경우가 많아요. 그렇다 보니 그 표현도 한층 더 꾸밈없고 솔직하고, 동시에 해학적, 풍자적인 성격이 강한 작품들이 많아요.

쌤의 팁 시조의 뿌리(향가와 시조) 시조의 형식적 특징 중에 종장 첫머리의 글자 수에 대한 것이 있었어요. 종장 첫머리는 몇 글자로 고정되어 있다고 했죠? 그래, 맞아요! 바로 세 글자죠. 이와 유사한 특징을 찾으러 '향가'로 거슬러 올라가

보자고요. 향가 중에 10구체 향가에서 낙구는 감탄사로 시작된다는 특징이 있었죠. '10구체 향가의 마지막 부분이라고 할 수 있는 낙구는 감탄사로 시작된다.' 이거 기억나요? 뭔가… 시조와 비슷한 것 같은 느낌이 오지 않나요? 둘 다 마지막 부분의 첫 단위를 형식적으로 고정해 두었잖아요. 게다가 시조에서 종장의 첫 머리는 마치 향가처럼 감탄사로 시작하는 경우가 많아요. 그래서 시조의 뿌리를 향가로 보기도 해요. 참고로 알아 두면 좋겠죠?

┃ 6 ┃ 가사

★★★★☆

- 넓은 향유층, 작품의 길이 제한이 없음
- 3·4조, 4·4조의 4음보(=시조의 운율)
- 운문 문학과 산문 문학의 중간 형태

〈관동별곡〉 – 정철 [가사]

강호(江湖)애 병(病)이 깁퍼 듁님(竹林)의 누엇더니
관동(關東) 팔빅니(八百里)에 방면(方面)을 맛디시니
어와 셩은(聖恩)이야 가디록 망극(罔極)ᄒ다.
연츄문(延秋門) 드리ᄃ라 경회남문(慶會南門) 브
라보며
하직(下直)고 믈너나니 옥졀(玉節)이 알픠 셧다.
평구역(平丘驛) 말을 가라 흑슈(黑水)로 도라드니
셤강(蟾江)은 어듸메오 티악(雉岳)이 여긔로다.

[현대어 풀이]
강호에 병이 깊어 죽림에 누웠더니
(임금께서) 관동 팔백 리나 되는 방면(관찰사의 직분)을 맡기시니
어와 임금의 은혜야 갈수록 망극하다.
연추문 달려들어가 경회남문을 바라보며
(임금께) 인사하고 물러나니 옥절이 앞에 섰다.
평구역에서 말을 갈아 타 흑수로 돌아드니
섬강은 어디인가 치악이 여기로구나.

- **[개요]** : 가사… 어마어마한 길이, 쏟아져 나오는 한자어, 무슨 말인지 잘 모르겠는 옛말까지. '가사'는 그 이름만으로도 우리를 긴장하게 만드는 힘이 있죠. 시조와 비슷하게 고려 말, 조선 초에 등장한 **가사**는 3·4조, 4·4조 4음보의 연속체 시가로, 운문 문학과 산문 문학의 중간 형태를 보여 주는 갈래죠. 여기서 3·4조, 4·4조의 4음보 연속체 시가라는 건 3·4조, 4·4조의 4음보의 형태가 연속적으로 나옴으로써 구성되는 시가라는 의미예요.

  가사는 운율을 가지고 있지만, 길이 제한이 딱히 없었어요. 그래서 운문 문학과 산문 문학의 중간 형태라고 하는 거예요. 가사는 길이 제한이 없었던 만큼 시조에 비해 하고 싶은 말이 많을 때 길이에 대한 걱정 없이 편히 쓸 수 있었어요. 그래서 어딘가에 다녀온 이야기를 하는 기행가사들도 나타나고 규방가사라고 해서 여성들이 쓴 작품들도 나타나죠. 가사는 그 향유층이 비교적 넓은 편이에요.

- **[형식]** : 가사는 시조와 같은 시기에 유행했던 만큼 시조와 형식상 비슷한 점이 많아요. 우선 3·4조 또는 4·4조의 음수율을 지니고 있어요. 또한 4음보의 율격도 지니고 있죠.

- **[구성]** : 가사와 시조의 차이점은 앞에서 이야기했던 것처럼 가사는 길이에 제한이 없다는 거예요. 그리고 가사는 내용적으로 '서사 – 본사 – 결사'로 나누어 볼 수 있다는 것도 참고로 알아 두세요.

● **[주제]** : 조선 전기에는 주로 양반들이 자연 속에서의 생활이나 임금에 대한 충성심 등을 주제로 가사를 짓곤 했어요. 그러다 조선 후기로 접어들면서 향유 계층이 평민으로까지 확대되었고, 사랑이나 사회 풍자 등 구체적인 실생활을 주제로 한 가사들이 나타나기도 했지요.

| 7 | 민요

★★☆☆☆

● 한글로 이루어진 정형시　　　　　● '기 - 승 - 전 - 결'의 4단 구성

〈잠노래〉 – 작자 미상 [민요]

잠아 잠아 짙은 잠아 이 내 눈에 쌓인 잠아
염치불구 이 내 잠아 검치두덕 이 내 잠아
어제 간밤 오던 잠이 오늘 아침 다시 오네
잠아 잠아 무삼 잠고 가라 가라 멀리 가라
시상 사람 무수한데 구테 너난 간 데 없어
원치 않는 이 내 눈에 이렇다시 자심하뇨
주야에 한가하여 월명동창 혼자 앉아
삼사경 깊은 밤을 허도이 보내면서
잠 못 들어 한하는데 그런 사람 있건마는
무상 불청 원망 소래 온 때마다 듣난고니

석반을 거두치고 황혼이 대듯마듯
낮에 못한 남은 일을 밤에 할랴 마음먹고
언하당 황혼이라 섬섬옥수 바삐 들어
등잔 앞에 고개 숙여 실 한 바람 불어 내어
더문더문 질긋 바늘 두엇 뜸 뜨듯 마듯
난데없는 이 내 잠이 소리없이 달려드네
눈썹 속에 숨었는가 눈 알로 솟아온가
이 눈 저 눈 왕래하며 무삼 요수 피우든고
맑고 맑은 이 내 눈이 절로절로 희미하다

● **[개요]** : 자, 이제 마지막, 민요예요. **민요**는 전통적인 운율감을 바탕으로 민중들 사이에서 자연스럽게 형성되어 입에서 입으로 전해지는 노래를 말해요. 한 번쯤은 다들 들어 봤을 〈아리랑〉 역시 민요의 하나예요. 입에서 입으로 전해져 내려온다는 것, 다시 말해 구전된다는 것이 민요의 큰 특징이라고 할 수 있어요. 그리고 민요는 우리 민족의 애환이 담긴 노래예요. 솔직하면서도 소박하되, 우리 **민족의 보편적인 감정을 담고** 있어요.

● **[형식]** : 민요는 대체로 3음보나 4음보의 율격을 가져요. 위에 보이는 〈잠노래〉 역시 4음보의 율격에 맞춰 읽을 수 있어요. '잠아 잠아 / 짙은 잠아 / 이 내 눈에 / 쌓인 잠아'처럼 말이죠.

민요적 율격('민요조'라고도 해요)은 현대시에서도 종종 다뤄지기도 해요. 보통 현대시에서 민요적 율격이 나타난다고 할 경우에는, 해당 작품이 7·5조의 음수율에 3음보의 율격을 갖는 것이 일반적이에요. 그래서 보통 우리는 '7·5조 3음보'를 민요조, 혹은 민요적 율격이라고 해요.

● **[주제]** : 민요는 민중들의 노래이기 때문에 그들의 보편적 생각과 정서를 소박하고 솔직하게 담아내고 있어요. 민중들이 느끼는 삶의 애환, 사랑 이야기, 사회에 대한 비판 등이 주된 주제였지요. 민요 중에는 일할 때 여럿이서 함께 부르는 노동요도 있어요.

Prologue 2

주제별 작품 정리

현대시와 달리 고전시가의 경우에는 그 주제가 비교적 다양하지 않고 한정되어 있어요. 그래서 몇 가지 주제만 기억해 두고 있으면 처음 보는 작품이라 할지라도 기억해 둔 주제 중의 하나로 쉽게 추측해 낼 수 있어요. 그래서 이번 단원에서는 고전시가에 자주 등장하는 주제에 대해 알아보고, 각 주제별 대표적인 작품들을 살펴볼 거예요.

자, 그럼 이번 단원을 어떻게 공부해야 할지 알려 줄게요.

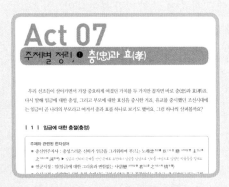

1. 우선 각 **Act**의 주제에 대한 설명을 읽어 봐요. 주제가 '충과 효'라면, 그 주제에 대한 전체적인 내용을 미리 훑어보는 거죠.

2. 그다음에 소주제를 확인하고 소주제와 관련된 한자성어를 외워야 해요. 필수적으로 알아 둬야 할 한자성어만 고르고 또 고른 거니까 꼭꼭 외워 두도록 하세요.

3. 이제 각 소주제별 작품을 살펴봐야 하는데, 처음에 작품을 볼 때에는 손이나 다른 종이로 우측의 현대어 풀이를 가리고 스스로 해석하는 연습을 해 봐요. 수능에서 생소한 작품이 나올 수도 있으니, 그럴 때를 대비해서 미리미리 연습하는 거예요. 스스로 해석하는 훈련이 되어야 나중에 당황하지 않겠죠?

4. 작품 아래에 제시된 필수 암기 어휘 역시 놓치지 마세요. 역시 꼭 알아 두어야 할 것만 골라 놓은 거니까요! 각 **Act**의 끝에 어휘 퀴즈가 준비되어 있어요. 그러니 각 작품을 읽을 때마다 잘 외워 두었다가 마지막에 퀴즈를 통해 암기 여부를 확인해 봐요. 만점에 도전하기!

5. 각 **Act**의 마지막엔 주제별 연습문제를 실어 두었어요. 이를 통해 작품을 스스로 해석하고 주제를 파악하는 연습을 하면서 마무리해 보세요.

Act 07

주제별 정리, ❶ 충(忠)과 효(孝)

    우리 선조들이 살아가면서 가장 중요하게 여겼던 가치를 두 가지만 꼽자면 바로 충(忠)과 효(孝)죠. 다시 말해 임금에 대한 충성, 그리고 부모에 대한 효심을 중시한 거죠. 유교를 중시했던 조선시대에는 임금이 곧 나라의 부모라고 여겨서 충과 효를 하나로 보기도 했어요. 그럼 하나씩 살펴볼까요?

▌ 1 ▌ 임금에 대한 충절(충정)

> **주제와 관련된 한자성어**
> - **충신연주지사** : 충성스러운 신하가 임금을 그리워하며 부르는 노래(忠 충성 충 臣 신하 신 戀 그리워할 연 主 임금 주 之 어조사 지 詞 말 사) ▶ 임금과 신하의 관계를 연인 관계로 표현해서 임금을 남성으로 신하를 여성으로 설정한 작품들을 말해요.
> - **연군지정** : 임(임금)에 대한 그리움과 변함없는 사랑(戀 그리워할 연 君 임금 군 之 어조사 지 情 뜻 정)
> - **오상고절** : 서릿발이 심한 추위 속에서도 굴하지 않고 홀로 꼿꼿하다는 뜻으로, 충신(忠臣) 또는 국화(菊花)를 말함(傲 거만할 오 霜 서리 상 孤 외로울 고 節 마디 절)
> - **세한고절** : 추운 계절에도 혼자 푸르른 대나무라는 뜻으로, 선비의 굳은 절개를 의미함(歲 해 세 寒 찰 한 孤 외로울 고 節 마디 절)
> - **아치고절** : 아담한 풍치(風致)나 높은 절개(節槪)라는 뜻으로, 매화를 이르는 말(雅 맑을 아 致 이를 치 高 높을 고 節 마디 절)

    과거에는 왕(임금)이 나라를 다스리던 시대이니만큼 선조들은 임금에 대한 충성심을 매우 중시했어요. 우리의 역사 속에서 가장 큰 죄는 역모를 일으키는 것이었다는 점에서 임금에 대한 '충(忠)'이 당시 선조들에게 얼마나 중요하게 여겨졌던 일인지 생각해 볼 수 있겠죠.

    다음에 살펴볼 작품은 윤선도가 쓴 연시조 〈견회요〉예요. 총 5수로 되어 있는 이 연시조에는 임금에 대한 충정을 다룬 부분도 있고, 이번 Act의 마지막에서 다룰 효에 대한 부분도 있어요. 전체적인 내용을 보겠지만, 여기서는 우선 충(忠)에 좀 더 집중해 보기로 해요.

〈견회요(遣懷謠 : 귀양지에서 부모와 임금을 그리워하는 노래)〉 제1수 – 윤선도 [연시조]

슬프다 즐거오나 옳다 하나 외다* 하나
내 몸의 해올 일만 닦고 닦을 뿐이언정
그 밧긔 여남은 일이야 분별할* 줄 이시랴.

[현대어 풀이]

　슬프나 즐거우나 옳다 하나 그르다 하나
　내 몸의 할 일(임금과 나라를 위한 일)만 닦고 닦을 뿐이로다.
　그 밖의 다른 일이야 생각(근심, 걱정)할 일이 있겠는가?

[필수 암기 어휘] * 외다 : 그르다　 * 분별하다 : 근심하다. 걱정하다

　위 작품에서 화자는 슬프나 즐거우나 옳다 하나 그르다 하나 자신이 할 일만 한다고 이야기를 하고 있어요. 여기서 '내 몸의 해올 일'은 임금을 위하는 일이 되겠지요. 그리고 그 일 이외의 일에 대해서는 생각도 근심도 하지 않는다고 하네요. 오로지 임금에 대한 일만 생각한다는 점에서 임금에 대한 신하로서의 충심, 충성심을 떠올려 볼 수 있어요.

제2수

내 일 망녕된 줄 내라 하여 모랄 손가.
이 마음 어리기도* 님 위한 탓이로세.
아뫼 아무리 일러도 님이 혜여* 보소서.

[현대어 풀이]

나의 일이 잘못된 줄을 나라고 하여 모르겠는가?
이 마음 어리석기도 (모두) 임(임금) 위한 탓이로세.
그 누가 아무리 모함하여도 임께서 헤아려 주소서.

[필수 암기 어휘] * 어리다 : 어리석다　 * 혜다 : 헤아리다

　제2수에서 화자는 자신이 하는 일이 잘못되었다고 한들 모두 누구를 위한 것이라고 하고 있죠? 그래요, 바로 임금을 위한 일이라고 하고 있어요. 여기서 화자는 자신의 마음이 어리석은 것도 다 임금을 위한 일이니, 누군가가 자신에 대해 모함을 하더라도 자신이 임금을 생각하는 마음을 떠올리며 임금이 헤아려 주기를 바라는 마음이 나타나고 있네요.

제3수

추성 진호루(鎭湖樓) 밧긔 울어 예는* 저 시내야.
무음* 호리라 주야(晝夜)에 흐르는다.*
님 향한 내 뜻을 조차 그칠 뉘*를 모르다.

[현대어 풀이]

경원성 진호루 밖에서 울며 가는 저 시냇물아.
무엇을 하려고 밤낮으로 흐르느냐?
(저 시냇물은) 임 향한 내 뜻을 따라 그칠 줄을 모르는구나.

[필수 암기 어휘] * 예다(녜다, 녀다) : 가다　 * 무음 : 무엇을　 * ～ㄴ다 : (의문형)～느냐?　 * 뉘 : ～줄. 때

　제3수에서는 화자가 임금에 대한 자신의 마음을 시냇물을 통하여 표현하고 있어요. 밤낮없이 그

치지 않고 흐르는 시냇물을 통해 밤낮 없이 임금을 생각하는 자신의 변함없는 마음을 나타내고 있는 거지요.

제4수

뫼*흔 길고 길고 물은 멀고 멀고,
어버이 그린 뜻은 많고 많고 하고* 하고.
어디서 외기러기는 울고 울고 가느니.

[현대어 풀이]
산은 길고 길고 물은 멀고 멀고
부모님 그리워하는 뜻은 많기도 하다.
어디서 외기러기는 슬피 울며 가는가.

[필수 암기 어휘] * 뫼 : 산(山) * 하다 : 많다

앞에서 이 연시조는 임금에 대한 충성심 이외에 뒤에서 다룰 '효'에 대한 부분도 담고 있다고 이야기했었던 것 기억나나요? 여기, 제4수가 바로 그 부분이에요. 어버이를 그리워하는 뜻이 얼마나 많으면 '많고 많고 많고(하고) 많다(하고)'고 하겠어요. 화자는 자신의 감정을 외기러기에 이입하여 외기러기가 울면서 간다고 표현함으로써 부모님을 그리워하는 마음을 더욱 절실하게 드러내고 있어요.

제5수

어버이 그릴* 줄을 처엄부터 알아마는
님군 향한 뜻도 하늘이 삼겨시니*
진실로 님군을 잊으면 긔 불효인가 여기노라.

[현대어 풀이]
어버이 그리워할 줄은 처음부터 알았지만
임금 향한 뜻도 하늘이 생기게 하셨으니
진실로 임금을 잊으면 그것이 불효인가 하노라.

[필수 암기 어휘] * 그리다 : 그리워하다 * 삼기다 : 생기다

〈견회요〉의 마지막, 제5수예요. 여기서는 충과 효의 사상 두 가지 모두 나오고 있어요. 부모님을 그리워하는 것은 당연한 것이고, 임금을 그리워하는 것 또한 하늘이 만들어 준 것이니 당연하다고 말하고 있지요. 그리고 종장에서 임금을 잊으면 그것이 바로 불효라고 이야기함으로써 충과 효의 개념을 하나로 합쳐 주고 있어요.

| 2 | 나라를 걱정하는 마음

주제와 관련된 한자성어
● 우국지정 : 나랏일을 근심하는 마음(憂근심우 國나라국 之어조사지 情뜻정)
　(= 우국지심[憂國之心], 우국충정[憂國衷情]
● 우국지사 : 나랏일을 근심하고 염려하는 사람(憂근심우 國나라국 之어조사지 士선비사)

한 나라에 임금이 있으려면, 그리고 임금에 대해 충성심을 가지려면 우선 나라가 있어야겠죠? 나라가 있어야 임금도 있을 수 있을 테니까요. 그러다 보니 나라가 잘 유지될 수 있도록 노력하고 나라에 대해 걱정하는 일도 충신들이 해야 할 일 중의 하나였어요. 이번에는 나라의 상황에 대해 걱정하는 작품들을 살펴볼 거예요.

〈가노라 삼각산아 ~〉 – 김상헌 [평시조]

가노라 삼각산아 다시 보자 한강수야
고국 산천(故國山川)을 떠나고쟈 하랴마는
시절(時節)이 하* 수상하니 올동 말동 ᄒ여라.

[현대어 풀이]
가노라 삼각산(북한산)아 다시 보자 한강아
고국산천을 떠나고자 하겠냐마는
시절이 매우 수상하니 (다시 고국으로) 올 듯 말 듯하여라(다시 돌아올지 모르겠다).

[필수 암기 어휘] * 하 : 매우

위의 시조는 병자호란 때, 당시 임금이었던 인조가 청나라에 치욕적인 항복을 하고 그의 아들들이 청나라에 볼모(나라 사이에 조약 이행을 담보로 상대국에 억류하여 두던 왕자나 그 밖의 유력한 사람)로 끌려가는 상황에서 쓰인 작품이에요. 한 나라가 다른 나라에게 항복을 했다니 걱정을 하지 않으려야 하지 않을 수 없었던 상황이겠죠. 참고로 이 시조의 작가인 김상헌 역시 같이 청나라에 끌려가는 중이었어요. 위의 작품은 그 과정에서 쓰인 시조고요.

위 시조에서 '삼각산'은 '북한산'을, '한강수'는 '한강'을 의미해요. 즉, '삼각산'과 '한강수'는 한양, 고국인 조선을 상징한다고 할 수 있어요. 그런데 나라의 상황으로 인해 신하의 입장인 화자(시인)는 고국을 떠날 수밖에 없어요. 그런 안타까운 심정을 마치 삼각산과 한강수가 사람인 것처럼 표현함으로써 드러내고 있지요.

중장에서는 고국을 떠나고 싶지 않은 마음이 직접적으로 드러나고 있지요. 그러한 안타까운 마음은 종장에서 올 듯 말 듯하다는 표현을 통해 극대화되고 있어요. 언제 돌아올지 모르는 상태로 기약 없이 떠나는 신하의, 나라의 안위에 대한 걱정이 넘쳐나는 작품인 거죠.

| 3 | 망국의 한

주제와 관련된 한자성어
- 맥수지탄 : 나라가 망한 뒤에도 보리만은 무성하게 잘 자란 것을 탄식한다는 뜻으로, 고국의 멸망을 탄식함(麥 보리 맥 秀 빼어날 수 之 어조사 지 歎 탄식할 탄)
- 망국지한 : 나라가 망함을 탄식함(亡 망할 망 國 나라 국 之 어조사 지 恨 한 한) (= 망국지탄[亡國之歎])
- 수구초심 : 고향을 그리워하는 마음(首 머리 수 丘 언덕 구 初 처음 초 心 마음 심)

여러분도 잘 알겠지만, 우리나라의 역사가 처음부터 끝까지 조선이었던 것은 아니잖아요? 나라가 세워지고, 멸망하면서 또 다른 나라가 세워지고…. 이렇게 건국과 멸망이 몇 번에 걸쳐 우리의 역사 속에서 일어났었죠. 한 나라가 멸망하고 다음 나라가 세워지던 시점에 새로운 나라의 건국을 환영하는 사람도 물론 있었겠지만, 멸망한 나라에 충성을 맹세하고 나라의 멸망을 탄식하는 사람들도 있었어요. 다음의 시조도 멸망한 조국에 대한 안타까움이 드러나는 작품이에요.

〈오백 년 도읍지를 ～〉 – 길재 [평시조]

오백 년(五百年) 도읍지를 필마(匹馬)로 도라
드니,
　산천(山川)은 의구ㅎ되 인걸(人傑)은 간 듸 업다.
　어즈버*, 태평연월(太平烟月)*이 꿈이런가 ㅎ
노라.

[현대어 풀이]
　오백년 도읍지를 한 필의 말을 타고 돌아드니,
　산천의 모습은 그대로인데 당대의 인재들은 간 데 없
구나.
　아, (고려의) 태평했던 시절이 (허무한) 꿈인가 하노라.

[필수 암기 어휘] * 어즈버 : (감탄사) 아, 아아　* 태평연월 : 세상이 평화롭고 안락한 때(시절)

위의 시조는 은둔하고 있던 작가가 고려의 도읍(수도)이었던 송도(개성)를 돌아보며, 고려의 멸망에 대해 그리고 인생의 무상함에 대해 탄식한 작품이에요. 한 필의 말을 타고 고려의 옛 수도를 돌아보며, 예전 그대로인 자연과 흔적도 없이 사라진 인간의 모습을 대조함으로써 오백 년에 걸쳐 융성했던 고려 왕조가 쇠락한 것에 대한 탄식과 너불어 허무감을 표현하고 있어요.

| 4 | 부모에 대한 효심

> **주제와 관련된 한자성어**
> ● 반포지효 : 까마귀 새끼가 자란 뒤에 늙은 어미에게 먹이를 물어다 주는 효성(孝誠)이라는 뜻으로, 자식이 자라서 부모를 봉양함(反 돌이킬 반 哺 먹일 포 之 어조사 지 孝 효도 효)
> 　(= 반포보은[反哺報恩])
> ● 풍수지탄 : 부모에게 효도를 다하려고 생각할 때에는 이미 돌아가셔서 그 뜻을 이룰 수 없음을 이르는 말(風 바람 풍 樹 나무 수 之 어조사 지 歎 탄식할 탄)
> ● 혼정신성 : 밤에는 부모의 잠자리를 보아 드리고 이른 아침에는 부모의 밤새 안부를 묻는다는 뜻으로, 부모를 잘 섬기고 효성을 다함을 이르는 말(昏 어두울 혼 定 정할 정 晨 새벽 신 省 살필 성)

앞서 윤선도의 〈견회요〉에서 살짝 봤던 것처럼 선조들은 충 못지않게 부모에 대한 효심을 중시했어요. 부모님에 대한 효심을 주제로 하고 있는 다음 박효관의 시조를 한번 읽어 봅시다.

〈뉘라셔 가마귀를 ~〉 – 박효관 [평시조]

뉘라셔 가마귀를 검고 흉타 ᄒ돗던고.
반포보은*이 긔 아니 아름다온가.
ᄉ롬이 져 식만 못ᄒᄆᆯ 못ᄂᆡ 슬허ᄒ노라.*

[현대어 풀이]
누가 까마귀를 검고 흉하다 하는가.
반포보은이 그 아니 아름다운가.
사람이 저 새만 못함을 못내 슬퍼하노라.

[필수 암기 어휘] * 반포보은(反哺報恩) : 자식이 부모가 길러 준 은혜에 보답하는 것   * 슬허ᄒ노라 : 슬퍼하노라

고전시가에서 종종 까마귀를 만날 수 있을 거예요. 까마귀는 그 색깔이 까맣다 보니 부정적인 대상으로 여겨지고는 했어요. 하지만 위 작품에서는 까마귀가 부모에 대한 지극한 효성을 품은 대상으로 그려지고 있어요. 초장에서 화자는 그 누가 까마귀를 검고 흉하다 여기느냐고 묻고 있죠. 그리고 바로 뒤이어 중장에서 '반포보은'을 이야기하며 까마귀는 그런 새가 아니라고 말하고 있어요. 더불어 종장을 통해 까마귀의 효심만도 못한 사람의 모습을 보며 탄식하고 있죠. 정리하자면, 위 작품에서 화자는 까마귀야말로 효성이 깊은 새라는 인식을 바탕으로, 인간이 새의 효심만도 못한 것에 대해 탄식하고 있다고 할 수 있겠죠.

〈상저가(相杵歌 : 방아를 찧으며 부르는 노래)〉 – 작자 미상 [고려가요]

듥긔동 방해나 디어 히애
게우즌 바비나 지서 히애
아바님 어미님ᄭᅴ 받줍고 히야해
남거시든 내 머고리 히야해 히야해

[현대어 풀이]
덜커덩 방아나 찧어, 히애
거친 밥이나 지어서, 히애
아버님 어머님께 드리고, 히야해
남거든 내가 먹으리, 히야해 히야해

위의 작품은 고려가요 중 하나인 〈상저가〉라는 작품이에요. 위 작품에서 '히애', '히야해'와 같은 여음구(시에서 흥을 돋우기 위해 일정 간격을 두고 반복되어 나타나는 말이나 소리)들을 제외하고 읽어 보면, '거친 밥을 지어 / 아버님 어머님께 드리고 / 남으면 내가 먹으리'라고 말하고 있다는 것을 알 수 있죠. 밥을 거칠다고 표현한 것을 통해 화자의 경제적 형편이 넉넉하지 않음을 짐작해 볼 수 있어요. 그럼에도 그런 거친 밥이나마 부모님께 먼저 드린 후에 남는 것을 자신이 먹겠다고 표현함으로써 소박하지만 부모를 먼저 위하고 챙기는 화자의 효심을 느껴 볼 수 있을 거예요.

육적이 어머니를 위해 귤을 품다, 육적회귤

효심이 지극했던 어린 소년에 대한 이야기 하나를 해 볼까 해요. 옛날 중국의 오나라에 육적이란 자가 있었어요. 당시 6살이었던 육적은 원술을 만나러 가게 됐지요. 원술은 육적에게 귤을 먹으라고 내주었어요. 그런데 육적이 귤을 먹는 시늉만 하다가 원술이 잠시 자리를 비운 사이에 얼른 귤을 집어 품 안에 감췄대요. 어느새 돌아갈 시간이 되어 육적이 원술에게 인사를 하는데 그때 그만 품 안에 감추었던 귤 3개가 떨어지고 만 거예요. 그것을 본 원술이 왜 귤을 감추었냐고 물었더니, 육적이 어머니께 드리려고 그랬다고 대답했대요. 6살짜리 꼬마가 이런 생각을 하다니, 정말 효자이죠? 원술 역시 어린 소년의 효심에 감복했어요. 이를 두고 회귤고사, 육적회귤('회(懷)'는 '품을 회'예요)이라는 말이 생겼지요.

어휘 퀴즈

01 다음의 설명에 해당하는 한자성어를 쓰시오.

(1) 고향을 그리워하는 마음 : (　　　　　　　　)

(2) 고국의 멸망에 대한 탄식 : (　　　　　　　　)

(3) 부모를 잘 섬기고 효성을 다함 : (　　　　　　　　)

(4) 부모님이 돌아가신 데에 대한 탄식 : (　　　　　　　　)

(5) 자식이 부모가 길러 준 은혜에 보답하는 것 : (　　　　　　　　)

02 다음 단어에 해당하는 뜻을 바르게 연결하시오.

ㄱ 혜다　　•　　　　　　　•　ⓐ 그르다

ㄴ 외다　　•　　　　　　　•　ⓑ 어리석다

ㄷ 분별하다　•　　　　　　•　ⓒ 근심·걱정하다

ㄹ 어리다　•　　　　　　　•　ⓓ 헤아리다

03 다음 단어의 알맞은 현대어 풀이를 고르시오.

(1) 하다 : 많다 / 하다

(2) 예다 : 가다 / 울다

(3) 삼기다 : 생기다 / 삼다

어휘풀이　**01** (1) 수구초심 (2) 맥수지탄(망국지한, 망국지탄) (3) 혼정신성 (4) 풍수지탄 (5) 반포지효
　　　　　　02 ㄱ-ⓓ, ㄴ-ⓐ, ㄷ-ⓒ, ㄹ-ⓑ　**03** (1) 많다 (2) 가다 (3) 생기다

● 다음 작품을 읽고, 각 작품에 해당하는 주제를 〈보기〉에서 찾아 기호로 쓰시오.

(가) 흥망이 유수호니 만월대도 추초(秋草)] 로다

오백 년 왕업이 목적(牧笛)에 부쳐시니

석양에 지나는 객(客)이 눈물계워 호노라

― 원천석

(나) 풍상이 섯거 친 날에 굿 픠온 황국화를

금분에 그득 담아 옥당에 보뇌오니,

도리(桃李)야, 곳이온 양 마라, 님의 쯧을 알괘라.

― 송순

(다) 반중 조홍감이 고아도 보이느다.

유자] 안이라도 품엄 즉도 호다마는

품어 가 반기리 업슬식 글노 셜워호느이다.

― 박인로

〈보기〉

㉠ 임금에 대한 충절(충정)

㉡ 망국의 한

㉢ 부모에 대한 효심

---

(1) (가) : (   )

(2) (나) : (   )

(3) (다) : (   )

---

(1) ㉡ (2) ㉠ (3) ㉢

(1) **(가)** 현대어 풀이 : 흥하고 망함이 하늘에 달렸으니 만월대도 가을 풀뿐이로다.

오백 년 왕업이 목동의 피리 소리에 담겨 있으니

석양에 지나는 객이 눈물겨워 하노라.

여기서 '만월대'는 고려 왕조의 궁터이고, '오백 년 왕업'은 고려 왕조의 업적을 의미해요(고려 왕조가 500년 정도 유지되다가 망했거든요). 화자는 고려 왕조의 옛 궁터에 풀만 무성히 자라 있는 모습을 보며 무상감과 슬픔을 느끼고 있어요.

(2) **(나)** 현대어 풀이 : 바람 불고 서리 내린 날에 갓 피어난 노란 국화를

금화분에 가득 담아 홍문관에 보내 주시니

복숭아꽃 자두꽃아, 꽃인 체하지 마라, 임(임금)이 (국화를 보낸) 뜻을 알겠구나.

대부분의 꽃들이 봄에 피는 것과 달리, 국화는 가을날에 피어요. 찬바람과 서리를 맞으면서도 말이에요. 그렇기에 국화는 고난과 시련에 굴하지 않고 지조와 절개를 지키는 충신을 비유하게 되었죠. 임금이 보내 준 황국화를 본 화자는 그것을 보낸 임금의 뜻을 받들어 국화처럼 지조와 절개를 지키겠다는 의지를 드러내고 있어요.

(3) **(다)** 현대어 풀이 : 상 위의 홍시가 고와도 보이는구나.

유자가 아니라도 품어 갈 만하다마는

품어 가도 반길 이 없으니 그것을 서러워하노라.

앞서 본 '육적회귤' 고사가 떠오르죠? 비록 육적이 품었던 유자(귤)는 아니지만, 화자는 상 위에 있는 먹음직한 홍시를 부모님께 가져다 드리고 싶어 해요. 하지만 부모님이 이미 돌아가셨기에 홍시를 가지고 가도 드릴 분이 계시지 않고, 이러한 생각 때문에 화자는 서러워하고 있어요.

Act 08
주제별 정리, ② 자연과 풍류

양반들이 좋아하는 두 가지를 꼽으라면 '임금&자연'이에요. 정말이지 조선시대에도 SNS가 있었다면, 올라오는 사진은 죄다 임금 사진 아니면 자연 속에서 노는 사진이었을걸요?

그들이 추구하는 삶의 모습은 대체로 '임금에게 충성을 다하며 입신양명하는 삶'과 '자연과 함께하는 삶' 두 가지 양상이었던 셈이죠. '임금에게 충성을 다하는 삶'은 **Act 07**에서 살펴보았으니, 이번 **Act 08**에서는 '자연과 함께하는 삶'에 대해 알아볼게요.

\# 세자저하랑 벚꽃축제 \# 브로맨스
\# 내가낫냐 저하가낫냐 \# 자연사랑 나라사랑

자연은 양반들에게 일종의 마음의 안식처였던 것으로 보여요. 고전시가들을 살펴보면 그들은 자연 속에서 풍류를 즐기고, 심신을 수양하고, 때때로 몸을 숨기기도 하고, 혹은 자연에 살면서도 속세를 잊지 못하기도 해요. 그럼 각각 하나씩 살펴볼까요?

| 1 | 자연 속에서 즐기는 풍류

> **주제와 관련된 한자성어**
> - 강호한정 : 자연 속의 한가로운 정(江 강 강 湖 호수 호 閑 한가할 한 情 뜻 정)
> - 유유자적 : 속세를 떠나 아무 속박 없이 자기 마음대로 자유롭고 마음 편히 삶(悠 멀 유 自 스스로 자 適 갈 적)
> - 물아일체 : 자연과 내가 어울려 하나가 됨(物 만물 물 我 나 아 一 하나 일 體 몸 체)
> - 천석고황 : 천석은 샘물과 돌로 자연을 의미함. 고황의 고(膏)는 심장의 아랫부분, 황(肓)은 횡격막의 윗부분을 가리키는 말로, 이곳에 병이 들면 천하의 명의도 고칠 수 없었다고 함. 천석고황은 '자연이 고황에 들었다'는 말로, 자연을 사랑하는 것이 몹시 지나쳐 자연이라는 불치병에 걸렸다는 뜻(泉 샘 천 石 돌 석 膏肓 심장과 횡격막 사이 고황)
> - 연하고질 : 연하는 안개와 노을로 자연을 의미함. 자연을 사랑하는 마음이 대단해 마치 고치지 못할 병이 든 것과 같음을 비유해 이르는 말. 천석고황과 같은 의미(煙 안개 연 霞 노을 하 痼 고질 고 疾 병 질)

선조들은 자연 속에서 한가롭게 풍류를 즐기는 걸 상당히 좋아했어요. 풍류란 '멋스럽게 노는 일'을 말해요. 풍류를 즐기기 위해서는 주변에 아름다운 경치가 꼭 있어야 해요. 그리고 술도 빼놓을 수 없죠. 자연을 예찬하기도 하고, 자연 속에 동화되어 물아일체의 경지까지 나아가기도 하지요.

자연 속의 풍류를 잘 보여 주는 작품을 하나 살펴봅시다. 정극인의 〈상춘곡〉이라는 가사 작품인데, 〈상춘곡〉만 제대로 알아 둬도 주제가 유사한 다른 작품들의 해석에 도움이 많이 돼요. 그러니 혼자서도 원문 해석이 다 될 정도로 반복해서 공부하는 게 좋아요. 그럼 내용을 살펴볼까요?

〈상춘곡(賞春曲 : 봄 경치를 감상하는 노래)〉 서사 – 정극인 [가사]

홍진*에 뭇친 분네 이내 생애 엇더흐고. 넷 사름 풍류를 미츨가 못 미츨가. 천지간 남자 몸이 날만흔 이 하건마는* 산림에 뭇쳐 이셔 지락을 모를 것가. 수간모옥을 벽계수* 앏픠 두고 송죽 울울리에 풍월 주인(風月主人) 되어서라.	**[현대어 풀이]** 속세에 묻혀 사는 분들이여, 이 내 생애 어떠한가? 옛 사람 풍류에 미치겠는가 못 미치겠는가? 세상에 남자의 몸이 나와 비슷한 사람이 많건마는 (그들은 왜) 자연에 묻혀 지내는 지극한 즐거움을 모르는 것인가? 몇 칸짜리 초가집을 푸른 시냇물 앞에 두고 소나무와 대나무가 울창한 속에서 자연(바람과 달)의 주인이 되었도다.

[필수 암기 어휘] * 홍진 : '붉은 먼지'라는 뜻으로 번거롭고 속된 세상(속세)을 비유하는 말 * 하다 : 많다(㉮. 흐다 : 하다) * 벽계수 : 푸른 시냇물

작품의 서사 부분이에요. 화자는 속세의 사람들에게 자연 속에 사는 자신의 삶과 풍류를 자랑하면서, 자연에 묻혀 사는 것을 매우 즐기고 있어요. 이렇게 좋은 걸 남들은 왜 모르는지 모르겠다고 할 정도죠.

본사 ①

엊그제 겨을 지나 새봄이 도라오니 도화* 행화*는 석양리에 픠여 잇고 녹양* 방초*는 세우(細雨) 중에 프르도다. 칼로 몰아 낸가 붓으로 그려 낸가, 조화 신공이 물물마다 헌스롭다.* 수풀에 우는 새는 춘기를 못내 계워 소리마다 교태로다.	**[현대어 풀이]** 엊그제 겨울 지나 새봄이 돌아오니 복숭아꽃과 살구꽃은 석양 속에 피어 있고 푸른 버드나무와 향기로운 풀은 가랑비 속에 푸르구나. 칼로 재단하여 내었는가, 붓으로 그려 내었는가? 조물주의 신비로운 재주가 사물마다 야단스럽다. 수풀에 우는 새는 봄기운을 못내 이기지 못해 소리마다 아양을 떠는 모습이구나.

[필수 암기 어휘] * 도화 : 복숭아꽃 * 행화 : 살구꽃 * 녹양 : 푸른 버드나무(㉮. 양류 : 버드나무) * 방초 : 향기로운 풀 * 헌스롭다 : 야단스럽다

본사는 좀 길어서 다섯 부분으로 나눠서 볼게요. 본사 ①에서는 봄의 아름다운 경치를 노래하고 있어요. 화자는 복숭아꽃과 살구꽃, 푸른 버드나무와 향기로운 풀의 모습을 묘사하면서 이러한 경치를

'칼로 잘라 냈는지, 붓으로 그려 냈는지' 궁금해했어요. 이러한 표현은 곧 자연이 그만큼 아름답다는 뜻이죠! 엥? 그게 뭐냐고요? 생각해 봐요. 우리들도 아름다운 경치를 두고 '그림 같다'고 표현하곤 하잖아요. 딱 그런 표현인 거죠. 그 다음 행의 '조물주의 재주가 야단스럽다' 역시 자연을 예찬하는 말이에요. 자연을 만들어 낸 것이 조물주일 테니, 자연이 이렇게 아름다운 것은 조물주가 야단법석을 떨었기 때문이라는 거죠.

쌤의 팁 아름다운 경치를 감탄할 때 고전에서 상투적으로 쓰던 표현

- 칼로 재단한 것 같다
- 붓으로 그려 낸 것 같다
- 조물주(의 재주)가 야단스럽다
- 수놓은 비단(= 금수) 같다
- 무릉(무릉도원) 같다
- 인세(인간 세상)가 아니다, 선계(신선 세계) 같다

본사 ②

물아일체어니 흥이이 다룰소냐.
시비*예 거러 보고 정자애 안자 보니
소요 음영ᄒᆞ야 산일이 적적ᄒᆞ디
한중 진미를 알 니 업시 호재로다.
이바 니웃드라, 산수 구경 가쟈스라.
답청으란 오늘 ᄒᆞ고 욕기란 내일 ᄒᆞ새.
아ᄎᆞᆷ에 채산ᄒᆞ고 나조희 조수ᄒᆞ새.

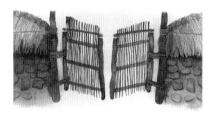

[현대어 풀이]
　자연과 내가 한 몸이 되니 흥겨움이 다르겠는가?
　사립문 주변을 걸어 보고 정자에 앉아 보니
　이리저리 거닐며 나직이 시를 읊조리고 산의 하루가 적적한데
　한가로움 속에 느끼는 참다운 맛을 알 사람이 없이 혼자로구나.
　여보게 이웃 사람들아, 산수 구경 가자꾸나.
　풀 밟고 노는 것은 오늘 하고 목욕하며 노는 것은 내일 하세.
　아침에는 나물을 캐고 저녁에는 낚시하세.

[필수 암기 어휘] * 시비 : 사립문. 나뭇가지를 엮어서 만든 문짝을 달아서 만든 문

　앞에서는 봄의 경치를 묘사했는데, 이번에는 자연과 하나가 되어 보내는 한가로운 일상을 묘사하고 있어요. 그러면서 이웃 사람들에게 산수 구경 가자고 권유하고 있네요.

ᄀᆞᆺ 괴여 닉은 술을 갈건으로 밧타 노코
곳나모 가지 것거 수 노코 먹으리라.
화풍이 건듯 부러 녹수를 건너오니
청향은 잔에 지고 낙홍은 옷새 진다.
준중이 뷔엿거든 날ᄃᆞ려 알외여라.
소동 아히ᄃᆞ려 주가에 술을 믈어
일운은 막대 집고 아히*는 술을 메고
미음 완보ᄒᆞ야 시냇ᄀᆞ의 호자 안자
명사 조흔 믈에 잔 시어 부어 들고
청류를 굽어보니 ᄯᅥ오ᄂᆞ니 도화(桃花)ㅣ로다.
무릉이 갓갑도다 져 ᄆᆡ이 긘 거이고.

[현대어 풀이]
막 발효하여 익은 술을 두건으로 걸러 놓고
꽃나무 가지 꺾어 (술잔의) 수를 세어 가며 먹으리라.
화창한 봄바람이 문득 불어 푸른 물을 건너오니
맑은 향은 잔에 스미고 붉은 꽃잎은 옷에 떨어진다.
술동이가 비었거든 나에게 말하여라.
아이에게 술집에 술이 있는지 물어
어른은 막대 짚고 아이는 술동이를 메고
시를 나직이 읊조리며 천천히 걸어가 시냇가에 혼자 앉아
고운 모래 (비치는) 맑은 물에 잔 씻어 (술을) 부어 들고
맑은 시냇물을 굽어보니 떠오는 것이 복숭아꽃이로다.
무릉도원이 가깝도다. 저 들판이 그곳인 것인가?

[**필수 암기 어휘**] * 아히 : 아이

화자는 술을 한 잔씩 마실 때마다 꽃나무 가지를 꺾어 몇 잔 마셨는지 세어 가며 먹겠다고 했어요. 거기다가 화창한 봄바람이 불어오고, 맑은 향은 술잔에 스미고 붉은 꽃잎은 옷에 떨어지고 있어요. 캬~ 멋스럽지 않나요? 이처럼 자연 속에서 풍류를 즐기는 거죠. 술이 떨어지자 시중드는 아이에게 술동이를 들고 오게 했어요. 이번에는 시냇가로 가서 혼자 앉아 술을 마시다가 시냇물에 복숭아꽃이 떠오는 것을 보고 무릉도원을 연상했고요.

송간 세로에 두견화를 부치 들고
봉두에 급피 올나 구름 소긔 안자 보니
천촌 만락이 곳곳이 버려 잇ᄂᆡ.
연하일휘*는 금수*를 재폇ᄂᆞᆫ 듯
엊그제 검은 들이 봄빗도 유여홀샤.

[현대어 풀이]
소나무 사이로 난 좁은 길에 진달래꽃을 붙잡아 들고
산봉우리에 급히 올라 구름 속에 앉아 보니
수많은 마을이 곳곳에 벌여져 있네.
안개, 노을, 빛나는 햇살은 수놓은 비단을 펼쳐 놓은 듯
엊그제(까지만 해도) 검었던 들판이 (이제) 봄빛도 넘치는구나.

[**필수 암기 어휘**] * 연하일휘 : 안개, 노을, 빛나는 햇살 * 금수 : 수놓은 비단

화자는 이제 산봉우리에 올라갔어요. 그곳에서 마을과 경치를 바라보면서 넘치는 봄빛을 노래하고 있네요.

공명도 날 씌우고 부귀도 날 씌우니
청풍 명월 외예 엇던 벗이 잇스올고.
단표누항*에 훗튼 혜음 아니ᄒᆞᄂᆡ.
아모타, 백년 행락이 이만ᄒᆞᆫ ᄃᆞᆯ 엇지ᄒᆞ리.

[현대어 풀이]
공명이 날 꺼리고 부귀도 날 꺼리니
맑은 바람과 밝은 달 외에 어떤 벗이 있겠는가?
누추한 곳에서 청빈한 생활을 하며 헛된 생각 아니하네.
아무튼 한평생 즐겁게 지내는 일이 이만하면 어찌하리.

[필수 암기 어휘] * 단표누항 : 단사표음 + 누항, 소박한 음식을 먹고 누추한 곳에 사는 것
(* 단사표음 : 대나무에 담은 밥과 표주박에 든 물. 소박한 음식을 의미 * 누항 : 누추한 거리)

공명과 부귀가 화자를 꺼린다고 표현했지만 실제로는 '화자가' 그것들을 꺼리고 있는 거겠죠? 화자는 세속적인 가치들은 멀리하면서, 자연과 벗하며 살고 있다고 했어요. 헛된 생각(공명과 부귀)은 하지 않고, 자연 속에서 한평생 즐겁게 지내는 일이 이만하면 좋다며 만족감을 드러내고 있어요. 마지막 결사는 자연 속의 풍류에서 더 나아가서 안빈낙도를 추구하는 모습을 보여 주고 있어요. 사실 이 결사는 바로 다음에 살펴볼 주제와 더 관련이 있어요. 그럼 다음 주제로 넘어가 볼까요?

쌤의 팁 **백구와 물아일체** 자연과 하나가 된 자신의 경지를 나타내기 위해 시가에서 많이 쓰는 표현 방식이 있는데, 그건 바로 '백구(갈매기)'를 활용하는 거예요. 고전시가를 읽다 보면 화자가 백구에게 말을 건네는 장면이 나오곤 하는데, 이는 화자가 백구와 친구가 되어 자연스럽게 대화를 할 정도로 자연과 하나가 된 상태, 즉 물아일체의 경지를 나타내는 것이라고 생각하면 돼요.

- 빅구야 ᄂᆞ디 마라 네 버딘 줄 엇디 아ᄂᆞᆫ(백구야 (놀라서) 날지 마라 (내가) 네 벗인 줄 어찌 알겠느냐?) – 정철, 〈관동별곡〉
- 무심ᄒᆞᆫ 빅구는 내 좃ᄂᆞᆫ가 제 좃ᄂᆞᆫ가(욕심 없는 갈매기는 내가 저를 쫓는가 제가 나를 쫓는가 → 갈매기와 자기 중에 누가 누굴 쫓는지 모르게 됐을 만큼 자연과 하나가 된 경지) – 윤선도, 〈어부사시사〉

| 2 | 자연 속에서의 심신 수양

주제와 관련된 한자성어
- 빈이무원 : 가난하지만 세상에 대한 원망이 없음(貧 가난할 빈 而 말 이을 이 無 없을 무 怨 원망할 원)
- 안빈낙도 : 가난에 구애받지 않고 도(道)를 즐김(安 편안할 안 貧 가난할 빈 樂 즐길 락 道 길 도)
- 안분지족 : 자기 분수에 만족하여 다른 데 마음을 두지 아니함(安 편안할 안 分 나눌 분 知 알 지 足 만족할 족)

양반들이 자연 속에서 풍류만 즐겼던 것은 아니에요. 풍류는 기본이고, 여기서 더 나아가서 심신(心身)을 수양하는 장소로서 자연을 택하곤 했었죠. 심신을 수양한다는 것은 '세속적인 가치(부귀, 공명)를 멀리하는 것'과 '학문을 수양하는 것'을 말해요.

제1수

산슈간(山水間) 바회 아래 뛰집*을 짓노라 ᄒ니
그 몰론 늠들은 웃는다 ᄒ다닛ᄂᆞᆫ
어리고* 햐암의 뜻듸ᄂᆞᆫ 내 분(分)인가 ᄒ노라.

제2수

보리밥 픗ᄂᆞᆫ 믈을 알마초 머근 후에
바횟긋 믉ᄀᆞ의 슬ᄏᆞ지* 노니노라.
그나믄 녀나믄 일이야 부룰 줄이 이시랴.

제4수

누고셔 삼공도곤 낫다ᄒ더니 만승이 이만ᄒ랴.
이제로 헤어든 소부 허유ㅣ 냑돗더라.
아마도 임천한흥*을 비길 곳이 업세라.

[현대어 풀이]

제1수

산수 간 바위 아래 초가집을 지으려 하니
그(나의 뜻을) 모르는 남들은 비웃는다마는
어리석은 시골뜨기의 뜻에는 내 분수인가 하노라.

제2수

보리밥과 풋나물을 알맞게 먹은 후에
바위 끝 물가에서 실컷 놀며 지내노라.
그 밖의 다른 일이야 부러워할 것이 있겠는가?

제4수

누가 (자연에 묻혀 지내는 삶이) 삼정승보다 더 낫다
고 하더니 일만 수레를 거느린 천자가 이만하겠는가?
이제와 생각해 보니 소부와 허유가 약았더라.
아마도 자연 속에서 한가롭게 지내는 흥취를 비할 데
가 없으리라.

[필수 암기 어휘] * 뛰집 : 초가집   * 어리다 : 어리석다   * 슬ᄏᆞ지 : 실컷   * 임천한흥 : 자연 속에서 한가롭게 지내는 흥취

제1수에서는 자연 속에서 분수에 맞게 살아가는 안분지족의 삶을, 제2수에서는 소박한 음식을 먹으며 세속의 부귀영화를 부러워하지 않는 태도를, 제4수에서는 자연 속에서 한가롭게 사는 삶에 대한 자부심을 드러내고 있어요. 이처럼 고전시가에는 안분지족이나 안빈낙도를 추구하며 자신을 수양하는 내용의 작품들이 무지무지 많아요. 이런 내용은 사실 앞에서 보았던 자연 친화 및 풍류의 정서와 함께 나타나게 되죠.

쌤의 팁 소부와 허유 소부와 허유는 속세를 떠나 자연에 파묻혀 살았던 중국 요순 시대의 대표적인 선비들이에요. 이들과 관련해서 전해지는 유명한 얘기가 있어요. 요 임금은 자신의 왕위를 허유에게 물려주려고 했는데, 허유는 그 얘기를 듣자마자 자신의 귀가 더럽혀졌다며 영천에서 귀를 씻은 후 기산으로 들어가서 은거해 버렸대요. 이 얘기를 들은 소부는 또 허유가 귀를 씻은 영천의 물이 더럽다며 몰고 왔던 소에게 그 물을 마시지 못하게 했다고 해요. 이처럼 소부와 허유는 애초부터 속세를 버리고 자연에서의 삶을 택한 사람들이기 때문에, 〈만흥〉의 화자가 이들을 두고 약았다고 얘기한 거예요. 소부와 허유(그들과 관련 있는 지명인 '기산'과 '영천'도!)는 여러 작품에서 언급되니까, 이 얘기는 알아 두는 게 좋아요!

자, 그럼 이번에는 자연 속에서의 학문 수양과 관련된 작품을 좀 볼까요?

제1수

이런들 엇더ᄒ며 져런들 엇더ᄒ료.

초야우생이 이러타 엇더ᄒ료.

ᄒ 물며 천석고황을 고텨 므슴하료.

제9수

고인도 날 몯 보고 나도 고인 몯 뵈

고인을 몯 뵈도 녀던 길 알ᄑ 잇ᄂ.

녀던 길 알ᄑ 잇거든 아니 녀고 엇덜고.

제10수

당시예 녀던 길흘 몃 ᄒ룰 ᄇ려 두고

어듸 가 ᄃ니다가 이제아 도라온고.

이제아 도라오나니 년 ᄃ 마로리라.

제11수

청산은 엇뎨ᄒ야 만고애 프르르며

유수는 엇뎨ᄒ야 주야애 긋디 아니ᄂ고.

우리도 그치디 마라 만고상청호리라.

[현대어 풀이]

제1수

이런들 어떠하며 저런들 어떠하리.

시골에 묻혀 사는 어리석은 사람이 이렇다 어떠하리.

하물며 자연을 사랑하는 병을 고쳐 무엇하겠는가.

제9수

옛 성현도 날 못 보고 나도 그 분을 뵙지 못하네.

옛 성현들을 못 뵈어도 그분들이 가던 (학문 수양의) 길이 앞에 있네.

그분들이 가던 길이 내 앞에 있으니 아니 가고 어쩔고.

제10수

당시에 가던 길(학문 수양의 길)을 몇 해를 버려 두고

어디(벼슬길) 가 다니다가 이제야 돌아왔는가.

이제야 돌아왔으니 다른 데 마음을 두지 않겠노라.

제11수

푸른 산은 어찌하여 변함없이 푸르르며

흐르는 물은 어찌하여 밤낮으로 그치지 아니하는가.

우리도 그치지 마라 (저 산과 물처럼) 변함없이 푸르리라.

제1수에서는 자연을 사랑하는 마음을 드러내고 있고, 제9수에서는 공자, 맹자와 같은 옛 성현들이 남긴 책을 읽으며 그들의 삶을 따르려는 의지를 드러내고 있어요. 제10수에서는 이제는 벼슬길에서 돌아왔으니 다른 데에는 마음 두지 않고 학문 수양에만 전념하겠다고 다짐하고 있고, 제11수에서는 변함없는 산과 물처럼 자기들도 끊임없이 학문을 수양하겠다는 의지를 나타내고 있어요.

쌤의 팁 과거 공부 vs 학문 수양 과거 시험을 보기 위해 하는 공부는 '세속적인 가치 추구'에 포함돼요. 그건 심신을 수양하기 위함이 아니라 입신양명을 위해 하는 공부니까요. 관직에 나아가 임금을 위해 일하는 것도 세속적인 것이라고 할 수 있어요. 반면 자연 속에서 책을 읽고 쓰는 것은 학문 수양으로서 세속적인 가치에 포함되지 않아요.

| 3 | 자연 속으로의 도피

복잡한 현실을 피해 몸을 숨기는 도피처로서 자연을 택하는 경우도 있어요. 인적 드문 자연 속에 숨어 버리면 속세에서 찾아오기가 힘드니 도피처로 딱인 거죠(사실 정치적인 문제로 귀양을 가게 되면서 자신의 의지와 상관없이 자연으로 가게 된 경우들도 왕왕 있어요).

실제로 사대부들 중에 관직을 버리고 자연으로 떠난 사람들이 많았는데, 이처럼 관직을 버리고 자연 속에서 학문에 정진한 선비들을 일컬어 은일지사(隱숨길은 逸달아날일 之어조사지 士선비사)라고 불렀어요. 앞의 **쌤의 팁** 에서 보았던 '소부 & 허유' 있죠? 이들은 사실 은일지사의 대명사라고도 할 수 있으니 이 점도 알아 두세요! 그럼 이제 작품을 좀 보죠.

〈제가야산독서당('가야산'에 있는 '독서당'이라는 집에서 창작함)〉 — 최치원 [한시]

첩첩한 돌 사이에 미친 듯이 내뿜어 겹겹 봉우리에 울리니	狂奔疊石吼重巒
사람 말소리 지척에서 분간하기 어렵네.	人語難分咫尺間
항상 시비하는 소리 귀에 들림을 두려워하기에	常恐是非聲到耳
짐짓 흐르는 물로 시켜 온 산을 둘러싸네.	故教流水盡籠山

속세의 사람들이 항상 시비(옳으니 그르니 하는 말다툼)를 일삼는데, 그 소리가 싫어서 흐르는 물로 온 산을 둘러싸게 하여 물소리로 속세의 소리를 차단했다는 내용의 작품이에요. 속세로부터 벗어나 자연 속에서 은둔하고 싶은 화자의 마음을 드러낸 거죠.

〈산촌에 눈이 오니 ~〉 — 신흠 [시조]

산촌에 눈이 오니 돌길이 무쳐세라. 시비를 여지 마라 날 츠즈리 뉘 이시리. 밤중만 일편명월이 긔 벗인가 ᄒ노라.	**[현대어 풀이]** 산촌에 눈이 오니 돌길이 묻혔구나. 사립문을 열지 마라. 나를 찾을 사람이 누가 있겠는가. 밤중의 한 조각 밝은 달 그것이 내 벗인가 하노라.

화자는 세속을 떠나 자연 속에 묻혀 사는 사람이에요. 그래서 자기를 찾을 사람이 없다고 하죠. 세상 사람들과는 거리를 두고 자연을 벗하며 살고 싶은 소망(자연 친화)을 노래한 작품이라고 할 수 있어요.

┃ 4 ┃ 자연과 속세 사이 그 어디쯤

자연 속에 있으면서 임금의 은혜를 떠올리는 경우도 있어요. 맹사성의 〈강호사시가〉가 그렇죠.

〈강호사시가〉 — 맹사성 [연시조]

〈추사〉 강호에 ᄀ올이 드니 고기마다 술져 있다. 소정에 그믈 시러 흘리 띄여 더뎌 두고 이 몸이 소일ᄒ옴도 역군은이샷다.	**[현대어 풀이]** 강호에 가을이 찾아오니 물고기마다 살이 올라 있다. 작은 배에 그물을 실어 흐르도록 띄워 던져 두고 이 몸이 소일하며 한가롭게 살 수 있는 것도 또한 임금의 은혜이시다.

또 이런 경우도 있어요. 관직을 떠나 자연 속에 있는데 자꾸 임금이 걱정되는 거예요. 속세에 미련을 갖는 경우인 거죠.

〈어부가〉 – 이현보 [연시조]

제5수

장안을 도라보니 북궐이 천 리로다.
어주에 누어신들 니즌 스치 이시랴.
두어라 내 시름 아니라 제세현이 업스랴.

[현대어 풀이]

서울을 돌아보니 궁궐이 천 리나 떨어져 있구나.
고깃배에 누워 있은들 잊은 적이 있으랴.
두어라, 내가 걱정할 바가 아니로다. 제세현(세상을 구할 어진 사람)이 없겠는가?

〈어부가〉의 제5수에서 화자는 자연 속에 있으면서도 임금이 걱정되어 나랏일을 한시도 잊은 적이 없다고 해요. 하지만 이내 종장에서 자기가 아니더라도 세상을 구할 어진 사람이 분명 있을 거라며 애써 미련을 버리려 하고 있어요.

깊은 산속에 숨겨진 낙원, 무릉도원

무릉도원이 고전시가에 자주 언급되는데, 사실 이 이야기는 중국의 시인 도연명이 쓴 『도화원기』에 나오는 이야기예요.
옛날 중국의 무릉이라는 시역에 한 어부가 있었어요. 이느 날 그 어부가 물고기를 잡기 위해 계곡 깊숙이 물길을 따라 들어갔는데, 어디선가 달콤한 향기가 나고 계곡물에 복숭아 꽃잎이 떠내려 왔어요. 그래서 고개를 들어 봤더니 양쪽 물가를 따라 복숭아나무에 꽃이 만발해 있는 거예요. 계속해서 나아가다가 계곡 물이 솟아나오는 샘물 근처까지 가게 됐는데, 거기에 웬 작은 동굴이 있었어요. 어부는 호기심에 그 동굴로 들어가 보게 되었죠.

한 사람이 겨우 지나갈 수 있을 정도의 좁은 동굴을 지나니 탁 트인 벌판이 나왔어요. 그곳에는 평화롭고 아름다운 마을이 있었고, 마을 사람들의 차림새는 동굴 밖 사람들과 큰 차이가 없었어요. 어리둥절하고 있던 어부를 발견한 마을 사람이 깜짝 놀라면서 어디서 왔느냐고 물었어요. 어부는 겪은 그대로 이야기했고, 마을 사람은 그를 자기 집으로 데려가 음식을 대접해 주었죠.
소문을 들은 마을 사람들이 몰려와 어부에게 이것저것 물었어요. 그들은 진나라 때 전란을 피해 이 산속으로 들어온 사람들인데, 그 이후로 대략 500년 동안이나 동굴 밖을 나간 적이 없었어요. 그래서 어부에게 물어보고 싶은 게 많았던 거죠.
어부는 이 마을에서 며칠을 지낸 후 자신의 마을로 돌아왔는데, 오면서 도중에 표시가 될 만한 곳을 눈여겨보았어요. 그리고 마을로 돌아오자마자 관리에게 자초지종을 보고했죠. 관리는 어부에게 부하를 동행시켜서 그 마을을 찾으려고 했지만, 복숭아꽃이 만발해 있던 그 평화로운 마을은 끝내 다시 찾을 수가 없었대요.

01 다음의 설명에 해당하는 한자성어를 쓰시오.

(1) 자연 속의 한가로운 정 : (   )

(2) 가난하지만 세상에 대한 원망이 없음 : (   )

(3) 자연과 내가 어울려 하나가 됨 : (   )

(4) 속세를 떠나 아무 속박 없이 자기 마음대로 자유롭고 마음 편히 삶 : (   )

(5) 대나무에 담은 밥과 표주박에 든 물(소박한 음식) : (   )

02 다음 한자성어와 유사한 뜻을 지닌 다른 한자성어를 쓰시오.

(1) 천석고황 – (   )

(2) 안빈낙도 – (   )

03 다음 단어에 해당하는 뜻을 바르게 연결하시오.

ㄱ 홍진   •   • ⓐ 야단스럽다

ㄴ 금수(錦繡) •   • ⓑ 수를 놓은 비단

ㄷ 녹양   •   • ⓒ 사립문

ㄹ 헌스럽다   •   • ⓓ 속세

ㅁ 시비(柴扉) •   • ⓔ 푸른 버드나무

04 다음 단어의 알맞은 현대어 풀이를 고르시오.

(1) 행화 : 배꽃 / 살구꽃

(2) 어리다 : 가엾다 / 어리석다

05 다음 문장에 밑줄 친 부분을 현대어로 바꾸시오.

(1) <u>벽계수</u> 앞에 <u>방초</u>와 <u>도화</u>가 만발해 있었다.

(2) 한 <u>아해</u>가 <u>누항</u>의 한 <u>뛰집</u> 앞에서 <u>슬ㅋ지</u> 뛰놀고 있었다.

어휘풀이	**01** (1) 강호한정 (2) 빈이무원 (3) 물아일체 (4) 유유자적 (5) 단사표음 **02** (1) 연하고질 (2) 안분지족
	03 ㄱ–ⓓ ㄴ–ⓑ ㄷ–ⓔ ㄹ–ⓐ ㅁ–ⓒ **04** (1) 살구꽃 (2) 어리석다
	05 (1) 푸른 시냇물, 향기로운 풀, 복숭아꽃 (2) 아이, 누추한 거리, 초가집, 실컷

● 다음 작품을 읽고, 각 작품에 해당하는 주제를 〈보기〉에서 찾아 기호로 쓰시오.

(가) 십 년을 경영ᄒ여 초려삼간 지여 내니
　　　나 ᄒ 간 달 ᄒ 간에 청풍 ᄒ 간 맛져 두고
　　　강산은 들일 ᄃ 업스니 둘러 두고 보리라.

－ 송순

(나) 청량산 육륙봉을 아ᄂ 니 나와 백구
　　　백구야 헌사ᄒ랴 못 미들손 도화(桃花)ㅣ로다.
　　　도화야 ᄲ여나지 마로렴 어주자(魚舟子) 알가 하노라.

－ 이황

(다) 두류산 양단수를 녜 듯고 이제 보니
　　　도화 ᄯ 묽은 물에 산영조ᄎ 잠겻셰라.
　　　아희야, 무릉이 어듸오 나는 옌가 ᄒ노라.

－ 조식

〈보기〉

㉠ 자연의 아름다운 경치 예찬
㉡ 자연과 더불어 사는 즐거움과 안빈낙도
㉢ 속세와 거리를 두고 자연과 더불어 살고 싶은 소망

(1) (가) : (　　　　　　)
(2) (나) : (　　　　　　)
(3) (다) : (　　　　　　)

(1) 십 년을 살아서 초가삼간 지어 내니
　　나 한 칸, 달 한 칸, 청풍 한 칸 맡겨 두고
　　강산은 들일 곳 없으니 둘러 두고 보리라.
(2) 청량산 열두 봉우리를 아는 것은 나와 갈매기
　　갈매기가 떠들겠는가, 못 믿을 것은 복숭아꽃이로다.
　　복숭아꽃아 (강물에) 떠서 흘러가지 말아라. 어부가 알까 (걱정)하노라.
(3) 지리산의 두 갈래로 흐르는 물을 옛날에 듣고 이제 보니
　　복숭아꽃이 뜬 맑은 물에 산 그림자조차 잠겨 있구나.
　　아이야, 무릉도원이 어디냐? 나는 여기인가 하노라.

Act 09

주제별 정리, ❸ 사랑과 이별

   음악 차트 100위 이내의 노래들을 죽 한번 살펴봐요. 어떤 노래들이 많나요? 단연, 압도적으로 사랑 노래가 가장 많아요. 시대가 언제이든, 장소가 어디이든 사람들이 가장 관심을 두는 건 역시 사랑이죠. 예전에도 마찬가지였어요. 고전시가에도 사랑을 소재로 한 시가 많았죠. 이번 Act는 좀 재밌겠죠? '사랑', '이별', '그리움'의 순으로 살펴봅시다.

| 1 | 나 너만 생각나 – 사랑(연정)

주제와 관련된 한자성어
- 오매불망 : 자나 깨나 잊지 못함(寤깰오 寐잠잘매 不아니불 忘잊을망)

그 눈빛은 날 아찔하고 헷갈리게 해. 내 이성적인 감각들을 흩어지게 해 Oh
마네킹 인형처럼 하나부터 열까지 다 어색하지. 평소같이 하면 되는데 또 너만 보면 시작되는 바보 같은 춤 (중략)
눈 코 입 표정도 팔 다리 걸음도 내 말을 듣지 않죠 Dumb Dumb Dumb Dumb
심장의 떨림도 날뛰는 기분도 맘대로 되질 않죠 Dumb Dumb Dumb Dumb

   위는 레드벨벳의 〈Dumb Dumb〉이라는 노래예요. 사랑에 빠졌을 때의 행동이 바로 떠오르죠? 떨리고 수줍어서 어떻게 하질 못하는 그런 모습이죠. 이와 유사하게 사랑하는 임과의 만남을 기대하며 목이 빠지도록 임을 기다리고 있는 한 여성의 이야기를 읽어 봅시다.

〈님이 오마 ㅎ거늘 ~〉 초장~중장 ① – 작자 미상 [사설시조]

님이 오마 ㅎ거늘 져녁 밥을 일지어 먹고
중문(中門) 나서 대문(大門) 나가 지방 우희* 치
ᄃ라 안자 이수(以手)로 가액(加額)ㅎ고 오ᄂ가
가ᄂ가 건넌 산 ᄇ라보니 거머횟들 셔 잇거늘 져
야 님이로다

[현대어 풀이]
  임이 온다 하기에 저녁 밥을 일찍 지어 먹고
  중문 지나 대문 나가 문지방 위에 달려 앉아 손을 이마에 두고 오는지 가는지 건너 산 바라보니 검고 흰 게 서 있기에 저게 임이로구나

[필수 암기 어휘] • 우희 : 위에

위 작품은 일단 화자가 임이 온다는 소식을 들은 상황으로 시작하고 있어요. 사랑하는 임이 온다고 하니 얼마나 설레겠어요. 그래서 평소보다 저녁밥을 일찍 지어 먹고 문밖으로 나가 임이 오는가 살펴보네요.

시에서 '중문 나서 대문 나가'라고 했어요. 이건 중간 문, 큰 문을 말해요. 민속촌 같은 곳을 가 본 친구들이면 알겠지만 조선시대의 집은 문이 여러 개 있잖아요. 지금 우리도 사실 그렇죠. 방문이 있고, 현관문이 있고, 바깥에 대문이 있는 집 있잖아요. 즉, 화자는 집의 가장 바깥의 대문까지 나가서 임이 오는지 살펴보고 있는 거죠.

'지방'은 문지방, 즉 문턱을 말해요. 화자는 문턱 위에 달려가 앉아서 '이수(以手)로 가액(加額)ᄒ고' 건너 산을 내다보고 있어요. '이수'는 '손으로써'라는 뜻이고, '가액'은 이마에 댄다는 뜻이에요. 멀리 내다볼 때 이마에 손 대고 쳐다보는 그런 행동 있죠? 바로 그 행동이죠. 그렇게 산을 바라보니 '거머횟들'이 서 있대요. '거머횟들'은 '검고 흰 것들'이라고 생각하면 돼요. 검게 보이기도 하고 희게 보이기도 하는 어떤 것이 서 있던 거죠. 어라, 화자가 임을 애타게 기다리고 있는 상황이었는데, 저 멀리 뭐가 보이네요? 그럼 뭐라고 생각했겠어요? 임이라고 생각했겠죠!

중장 ②~종장

보션 버서 품에 품고 신 버서 손에 쥐고 겻븨님븨 님븨곰븨 천방지방 지방천방 즌 듸 므른 듸 글희지 말고 위렁충창 건너가서 정(情)엣말 ᄒ려 ᄒ고 겻눈을 흘긧 보니 상년(上年)* 칠월(七月) 사흔날 굴가벅긴 주추리 삼대 슬드리도 날 소겨다.

　모쳐라 밤일싀망졍 힝혀 낫이런들 놈 우일 번 ᄒ괘라.

[현대어 풀이]

버선을 벗어 품에 품고 신발을 벗어 손에 쥐고 엎치락뒤치락 허둥지둥 젖은 데 마른 데 가리지 않고 우당탕탕 건너가서 정이 가득한 말을 하려고 곁눈으로 힐끗 보니 작년 7월 3일에 껍질 벗긴 삼대 줄기가 제대로 날 속였구나.

　마침 밤이기에 망정이지 행여 낮이었다면 남 웃길 뻔 하였구나.

[필수 암기 어휘] * 상년 : 작년(한자만 풀이하면 '위의 해'라는 뜻)

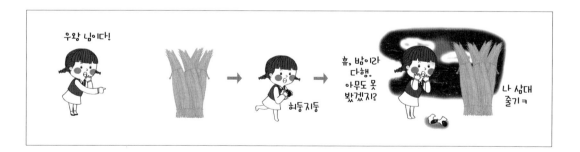

그래서 화자는 그 '거머횟들'한 것을 보고 임인 줄 알고 마구 뛰어가요. '님븨곰븨'는 고려가요 〈동동〉에도 나오는데 '엎치락뒤치락', '앞뒤' 이런 의미를 지니고 있어요. '천방지방'도 왔다갔다 허둥거리는 걸 말해요. 이 장면은 정신없이 달려 나가는 모습을 묘사하고 있는 거죠. '즌 되'는 잘 나오니까 기억을 좀 해 두어야 하는데, '진 곳(젖은 곳)'을 말해요. 뒤의 '무른 되'가 나오니까 비교가 바로 되겠죠? 그렇게 '워렁충창(우당탕탕)' 뛰어가서 '정엣말(정이 가득한 말)'을 하려고 곁눈으로 힐끗 보았어요. 임 앞이니까 부끄러워 정면으로 보지 못하고 곁눈으로 본 거죠. 그런데 보니까 그건 임이 아니라 '상년 칠월 사흗날 굴가벅긴 주추리 삼대'였어요. 작년 7월 3일에 껍질 벗긴 삼대 줄기를 보고 임인 줄 알고 미친듯이 뛰어온 거죠. 이에 대해 화자는 삼대 줄기가 자신을 제대로 속였다고 표현하고 있어요.

자신이 착각했음을 알게 된 화자는 그래도 화내지 않아요. 화를 내기보다는 오히려 밤이라서 다행이라고 생각하고 있어요. 낮이었다면 마을 사람들이 자신의 모습을 보고 비웃었을 테니 말이에요.

어때요? 임을 너무 기다린 나머지 다른 걸 보고 임이라고 착각해서 정신없이 헐레벌떡 뛰어가는 화자의 모습이 눈에 선하게 그려지죠?

| 2 | 안녕, 나의 사랑 – 이별의 정한

만남이 있으면 이별도 있는 법이죠.

> 총 맞은 것처럼 정신이 너무 없어. 웃음만 나와서 그냥 웃었어 그냥 웃었어 그냥
> 허탈하게 웃으며 하나만 묻자 했어. 우리 왜 헤어져 어떻게 헤어져 어떻게 헤어져 어떻게…
> 구멍 난 가슴에 우리 추억이 흘러 넘쳐. 잡아 보려 해도 가슴을 막아도 손가락 사이로 빠져나가.

위는 한때 엄청난 인기를 끌었던 백지영의 〈총 맞은 것처럼〉이라는 노래예요. 이별을 맞이하는 순간의 슬픈 마음이 잘 드러나죠. 그럼 고려 시대에 최고로 유행했던 이별 노래도 한 편 살펴볼까요?

〈가시리〉 – 작자 미상 [고려가요]	
가시리 가시리잇고 나는 / 브리고 가시리잇고 나는 　위 증즐가 대평셩딕(大平盛大)	**[현대어 풀이]** 가시렵니까 가시렵니까 / (저를) 버리고 가시렵니까 　위 증즐가 대평성대
날러는 엇디 살라 ᄒ고 / 브리고 가시리잇고 나는 　위 증즐가 대평셩딕(大平盛大)	나보고 어찌 살라고 / 버리고 가시렵니까 　위 증즐가 대평성대
잡ᄉ와 두어리마ᄂᆞᆫ / 선ᄒ면 아니 올셰라 　위 증즐가 대평셩딕(大平盛大)	붙잡아 두고 싶지만 / 서운하면 (임이) 아니 올까 봐 　위 증즐가 대평성대
셜온 님 보내옵노니 나는 가시는 듯 도셔 오쇼셔 나는 　위 증즐가 대평셩딕(大平盛大)	서러운 임 보내나니 / 가시자마자 돌아오세요 　위 증즐가 대평성대

위 작품은 고려가요인 〈가시리〉예요. 연마다 반복되고 있는 '위 증즐가 대평셩티'는 후렴구로 노래 내용과는 관계 없이 흥을 돋우기 위해 쓰인 거니까 해석할 때는 신경 쓰지 않아도 돼요. 마찬가지로 '나ᄂᆞᆫ'도 큰 의미 없이 노랫가락을 맞추기 위해 들어간 시구예요.

내용을 살펴보면 사랑하는 임을 보내는 여인의 애절한 마음이 담긴 시라는 걸 알 수 있을 거예요. 화자는 임에게 정녕 자신을 버리고 가시려는 거냐며 원망에 찬 하소연을 하고 있어요. 그러면서도 괜히 붙잡았다가 임이 서운한 마음을 품고 다시는 돌아오지 않을까 하여 차마 붙잡지 못해요. 그래서 마지막 연에서는 임을 보내 줄 테니 가자마자 돌아오라며 재회에 대한 소망을 드러내고 있어요.

ㅣ 3 ㅣ 나의 임은 왜 안 오실까 – 그리움

임을 오래 보지 못하면 그리운 마음이 가득하겠죠? 이런 그리운 마음을 담은 노래도 많아요. 사실, 이별이나 만남은 순간이지만 그리움은 한참이니까요. 이번에는 그리움을 담은 시들을 살펴볼까요?

〈묏버들 갈ᄒᆡ 것거 ∼〉 – 홍랑 [시조]

묏버들 갈ᄒᆡ 것거 보내노라 님의손ᄃᆡ 자시ᄂᆞᆫ 창(窓) 밧긔 심거 두고 보쇼셔. 밤비예 새닙곳 나거든 날인가도 너기쇼셔.	**[현대어 풀이]** 산버들 골라 꺾어 보내오니 임에게 주무시는 창 밖에 심어 두고 보소서. 밤비에 새잎 나거든 나처럼 여기소서.

위 작품에는 사랑하는 임을 향한 화자의 마음이 '묏버들'로 나타나 있어요. 자기가 임에게 못 가는 대신에 자신의 분신이라고 할 수 있는 '묏버들'을 보내면서, 부디 자신을 잊지 말고 기억해 달라는 당부의 말이 담겨 있는 작품이죠.

그런데 이렇게 간절하고 애틋한 그리움이 지속되다 보면 슬슬 짜증도 나고 원망도 생길 수 있겠죠. 게다가 옛날에는 자유롭게 연애해서 하는 결혼이 아니라 집에서 정해 주는 얼굴도 모르는 사람과의 결혼이다 보니까, 남편이 부인을 내팽개치고 밖으로 나돌아 다니는 경우도 있었어요. 그래서 평생 독수공방(여자가 남편 없이 혼자 지냄)하는 여자들이 많았죠. 이처럼 홀로 지내는 여자들이 남편에 대한 그리움과 원망의 심정을 표출한 작품들이 몇 있는데, 그중 하나가 다음에 보게 될 〈규원가〉라는 작품이에요. 한번 살펴볼까요?

〈규원가(閨怨歌 : 규방(안방)에서 원망하는 노래)〉 기 – 허난설헌 [가사]

엇그제 저멋더니 ᄒᆞ마* 어이 다 늘거니. / 소년 행락(少年行樂) 생각ᄒᆞ니 일러도 속절업다.
늘거야 서른 말ᄉᆞᆷ ᄒᆞ자니 목에 멘다.
부생모육(父生母育)* 신고(辛苦)ᄒᆞ야 이내 몸 길러 낼 제
공후 배필은 못 바라도 군자 호구(君子好逑) 원ᄒᆞ더니

삼생*의 원업(怨業)이오 월하*의 연분으로 / 장안 유협(長安遊俠) 경박자(輕薄子)를 꿈곤치 만나 잇서

당시의 용심ᄒ기 살어름 디디는 듯

삼오 이팔* 겨오 지나 천연 여질(天然麗質) 절로 이니

이 얼골 이 태도로 백년기약* ᄒ얏더니

연광(年光) 훌훌ᄒ고 조물이 다시(多猜)ᄒ야

봄바람 가을 믈이 뵈오리 북 지나듯

설빈 화안(雪鬢花顔) 어딕 두고 면목 가증(面目可憎) 되거고나. / 내 얼골 내 보거니 어느 님이 날 괼소냐.

스스로 참괴(慚愧)ᄒ니 누구를 원망ᄒ리.

[현대어 풀이]

엊그제 젊었는데 벌써 어찌 다 늙었는가. / 어릴 적 즐겁게 지내던 일 생각하니 말해도 소용없다.

늙어서 서러운 말하자니 목이 멘다.

아버지 날 낳으시고 어머니께서 기르시며 몹시 고생하여 이 내 몸 길러 낼 때

높은 벼슬아치의 배필은 바라지 못해도 군자의 좋은 짝이 되기를 바라셨는데

삼생의 원망스런 업보요 부부의 인연으로 / 장안의 풍류를 즐기면서도 가벼운 사람을 꿈같이 만나서

(시집갈) 당시에 마음 쓰기가 살얼음을 디디는 듯하였는데,

15, 16살 겨우 지나 타고난 아름다운 모습이 저절로 나타나니,

이 얼굴과 이 태도로 백년 약속을 하려고 하였더니

세월이 훌쩍 지나고 조물주가 시샘해서

봄바람, 가을 물이(세월이) 베틀의 올에 북이 지나가듯 (빨리 지나)

고운 머릿결과 아름다운 얼굴은 어디 가고 보기 싫은 모습이 되었구나.

내 얼굴 내가 보니 어느 임이 나를 사랑할까.

스스로 부끄러우니 누구를 원망하리.

[필수 암기 어휘] ＊ ᄒ마 : 순우리말로 '벌써'라는 뜻   ＊ 부생모육(父生母育) : 아버지는 낳고 어머니는 기름   ＊ 삼생(三生) : 전생, 현생, 내생의 세 가지 세상   ＊ 월하(月下) : 월하노인. 부부의 인연을 맺어 준다는 전설상의 늙은이   ＊ 삼오 이팔(三五二八) : 3×5=15, 2×8=16, 곧 15, 16살의 가장 예쁘고 잘생긴 시기   ＊ 백년기약(百年期約) : 100년을 함께하기로 한 약속

이 작품은 기 – 승 – 전 – 결로 이루어져 있어요. 꽤 기니까 내용을 나누어 살펴볼 건데, 여기는 '기' 부분이에요. 처음 시작에서 화자는 자신의 과거를 회상하고 늙음에 대해 한탄하고 있어요. 부모님이 자신을 낳아 기르실 때는 훌륭한 남자의 좋은 짝이 되길 바라셨는데, 삼생에 지은 업보와 부부의 인연 때문에 놀기 좋아하고 가벼운 사람을 남편으로 맞이하게 되었대요. 이 부분에서 남편에 대한 화자의 부정적 인식을 엿볼 수 있죠.

어쨌든 그래도 처음 만났을 때는 살얼음 디디듯 조심스럽게 남편을 섬겼어요. 그 당시 화자의 얼굴은 참 아름다웠죠. 그랬는데 세월이 훌쩍 지나가서 그때의 그 고운 머릿결과 아름다운 얼굴이 이제는 보기 싫은 모습이 되어 버렸대요. 현재 얼굴은 자기가 봐도 사랑하기 힘들 것 같다며 자괴감(부끄러움)을 드러내고 있어요.

- 세월이 물 <u>흐르듯</u> 하다　　• 세월이 유수(流水 : 흐르는 물) 같다　　• 세월이 쏜 화살 같다
- 연광(年光 : 해 년 + 빛 광 = 세월)이 지나다　　• 광음(光陰 : 빛과 그늘, 낮과 밤 = 세월)이 흘러가다
- 세월이 북 지나가듯 하다(숙련된 부인이 베를 짜면 북이 빨리 왔다 갔다 하니까 이것에 세월을 비유했던 거예요.)

승

삼삼 오오 야유원(冶遊園)의 새 사람이 나단 말가. 곳 피고 날 저물 제 정처 업시 나가 잇어 백마금편(白馬金鞭)*으로 어듸어듸 머무는고. 원근을 모르거니 소식이야 더욱 알랴. 인연을 긋쳐신들 싱각이야 업슬소냐. 얼골을 못 보거든 그립기나 마르려믄 열두 째 김도 길샤 설흔 날 지리ᄒ다.* 옥창에 심근 매화 몃 번이나 픠여 진고. 겨울 밤 차고 찬 제 자최눈 섯거 치고 여름날 길고 길 제 구준 비는 므스 일고. 삼춘 화류(三春花柳) 호시절*의 경물*이 시름업다. 가을 둘 방에 들고 실솔(蟋蟀)*이 상에 울 제 긴 한숨 디는 눈물 쇽졀업시 헴만 만타. 아마도 모진 목숨 죽기도 어려울사.	**[현대어 풀이]** 　무리 지어 다니는 술집에 새 기생이 나타났단 말인가. 　꽃 피고 날 저물 때 정처 없이 나가서 　화려한 차림새로 어디에 머물러 있는가. 　가까이 있는지 멀리 있는지를 모르는데 소식이야 더욱 (어찌) 알랴. 　인연을 끊으려고 한들 생각마저 없을까. 　얼굴을 못 보면 그립지나 않으면 좋으련만 　하루가 길기도 길다. 한 달이 지루하다. 　규방 앞에 심은 매화 몇 번이나 피었다 졌는가. 　겨울밤 춥고 추울 때 자국눈(발자국이 날 만큼만 겨우 내린 눈)이 섞어 내리고 　여름날 길고 길 때 궂은비는 무슨 일인가. 　봄날 꽃과 버들잎 피는 좋은 때의 아름다운 경치를 보아도 아무 생각이 없다. 　가을 달이 방에 들고 귀뚜라미가 침상에서 울 때 　긴 한숨, 지는 눈물 쓸데없이 생각만 많다. 　아마도 모진 목숨은 죽기도 어렵겠다.

[필수 암기 어휘] * 백마금편(白馬金鞭) : 흰 말과 금 채찍. 화려하게 꾸민 모습　* 지리하다 : 지루하다　* 호시절 : 좋은 시절
* 경물 : 계절에 따라 달라지는 경치. 아름다운 풍경　* 실솔(蟋蟀) : 귀뚜라미

　'야유원'은 기생집을 말해요. 남편이 삼삼오오 모여서 다니는 기생집에 새 기생이 나타났는지, 꽃 피고 날 저물 때 화려한 차림새로 밖에 나가서 집에 돌아오질 않고 있어요. 이 시절에는 휴대 전화가 없었으니 연락할 방법도 없고 엄청 답답했겠죠? 이렇게 놀러 나갔음에도 남편은 남편인지라 화자는 남편이 자꾸 생각나고 그립대요. 혼자 방에 있으려니 하루도 긴데 한 달은 오죽하겠어요? 그렇게 세월이 흘러 매화는 몇 번이나 피었다 졌고(1년에 한 번 피니까 몇 년이 흘렀다는 뜻이죠), 겨울에는 자국눈이, 여름에는 궂은비가 내렸어요. 봄에 아름다운 경치를 보아도 아무 생각이 없을 정도로 화자는 우울한 상태가 되었죠. 가을엔 달이 뜨고 귀뚜라미가 우는데, 그 와중에 화자는 한숨을 길게 쉬고 눈물을 흘리면서 이런 저런 생각만 많아요.

도로혀 풀쳐 헤니 이리ᄒ여 어리ᄒ리.
청등(靑燈)을 돌라 노코 녹기금(綠綺琴) 빗기 안아
벽련화(碧蓮花) 한 곡조를 시름 조ᄎ 섯거 타니
소상 야우(瀟湘夜雨)의 댓소리 섯도ᄂ 듯
화표(華表) 천 년의 별학(別鶴)이 우니ᄂ 듯
옥수(玉手)의 타는 수단(手段) 녯 소래 잇다마ᄂ
부용장(芙蓉帳)* 적막ᄒ니 뉘 귀에 들리소니.
간장*이 구곡되야 구븨구븨 ᄰᅥᆫ쳐서라.

[현대어 풀이]

돌이켜 풀어 생각하니 이렇게 살아 어떡하리.
등불을 돌려 놓고 푸른 거문고를 비스듬히 안아서
벽련화 한 곡조를 시름과 함께 연주하니
소상강 밤비에 댓잎 소리가 섞여 들리는 듯
망주석에 천 년 만에 찾아온 이별한 학이 우는 듯
아름다운 손으로 연주하는 솜씨는 옛 소리 남아 있지만
연꽃 무늬 휘장 드리워진 방이 적막하니 누구 귀에
들리겠는가.
간장이 아홉 굽이가 되어 굽이굽이 끊어지는구나.

[필수 암기 어휘] * 부용장(芙蓉帳) : 연꽃이 그려진 휘장. 지금으로 치면… 캐노피? * 간장(肝腸) : 간과 창자. 애가 타서 녹을 듯한 마음

하지만 마냥 이러고 있을 수는 없잖아요? 우리 기분이 우울할 때는 친구들과 어디 가죠? 그렇죠! 노래방에 가죠. 노래라도 한 곡 뽑으면서 우울한 마음을 달래야 하니까요. 그래서 이 화자도 우울한 마음을 달랠 겸 거문고를 타는데 그 솜씨가 또 좋네요. 하지만 혼자 연주하다 보니 들어 줄 사람도 없고, 이걸 생각하니 또 마음이 아파져서 간과 창자가 아홉 굽이로 끊어지는 것만 같대요.

출하리 잠을 들러 쑴의나 보려 ᄒ니
바람의 디ᄂ 닢과 풀 속에 우는 즘생
므스 일 원수로서 잠조차 쌔오ᄂ다.
천상의 견우 직녀 은하수 막혀서도
칠월 칠석 일년 일도(一年一度) 실기(失期)치 아
니거든
우리 님 가신 후는 무슨 약수(弱水)* 가렷관듸
오거나 가거나 소식조차 ᄰᅵ쳣는고.
난간의 비겨 셔서 님 가신 듸 바라보니
초로(草露)ᄂ 맷쳐 잇고 모운(暮雲)이 디나갈 제
죽림(竹林) 푸른 고듸 새 소리 더욱 설다.
세상의 서룬 사람 수업다 ᄒ려니와
박명(薄命)* ᄒ 홍안(紅顔)이야 날 가트니 ᄯᅩ 이
실가.
아마도 이 님의 지위로 살동말동 ᄒ여라.

[현대어 풀이]

차라리 잠이 들어 꿈에서나 임을 보려고 하니
바람에 지는 잎과 풀 속에 우는 벌레가
무슨 일로 원수가 되어 잠조차 깨우는가.
하늘의 견우와 직녀는 은하수가 막혔어도
칠월 칠일 저녁, 일 년에 한 번씩 때를 잊지 않고
만나는데
우리 임 가신 뒤에는 무슨 약수 가렸길래
온다 간다는 소식마저 그쳤을까.
난간에 기대서서 임 가신 데를 바라보니
풀에 이슬은 맺혀 있고 저녁 구름이 지나갈 때
대나무 숲 푸른 곳에 새소리가 더욱 서럽다.
세상에 서러운 사람 수없이 많다고 하지만
운명이 기구한 여자야 나 같은 사람이 또 있을까.
아마도 이 임의 탓으로 살 듯 말 듯하구나.

[필수 암기 어휘] * 약수(弱水) : 중국 전설에 나오는 건널 수 없는 강 * 박명(薄命) : 복이 없고 팔자가 사나움(박명과 관련된 한자성어로 '미인박명(美人薄命),
가인박명(佳人薄命)'이 있어요. 아름다운 미인은 불행하거나 병약하여 일찍 죽는 일이 많다는 얘기죠. 그러니 이 책을 보는 여러분도 조심…?ㅋ)

화자는 임이 너무 그리워서 꿈에서라도 임을 보기 위해 잠을 자려 해요. 그런데 잠을 방해하는 것들이 있죠. 우리도 자려고 침대에 누웠는데 시계의 째깍거리는 소리나 모기가 앵앵거리는 소리 때문에 잠 못 들 때가 있잖아요. 화자도 바람에 흔들려 떨어지는 잎 소리와 벌레 소리 때문에 잠들지 못하고 계속 뒤척거리면서, 견우직녀도 일 년에 한 번은 만나는데 나는 왜 임을 못 만나나 생각하다가 잠이 다 깨 버렸어요. 그래서 그냥 일어나서 난간에 기대어 임 가신 데를 바라봤죠. 이슬 맺힌 풀과 저녁 구름이 보이고 새소리가 들리는데 그 소리가 또 그렇게 서럽게 느껴지더래요. 감정이 이입된 거죠, 뭐. 그리고 마지막엔 자신의 기구한 운명을 한탄하면서 임을 원망하고 있어요. 하, 진짜 불쌍하죠?

쌤의 팁 간절한 그리움을 얘기할 때 상투적으로 쓰던 표현
- 견우 직녀도 칠월 칠석 한 번은 만나는데…
- 바람에 지는 잎 소리를 듣고(인기척으로 생각해서), 임이 온 줄 착각했다
- 꿈에서라도 보고 싶은데 잠조차 안 온다
- 꿈에 다니는 길이 자취가 남으면 임의 창 밖에 길이 닳아 없어질 것이다
- 약수(혹은 은하수)가 우리 둘을 갈라놓아

01 다음의 설명에 해당하는 한자성어를 쓰시오.

(1) 아버지는 낳고 어머니는 기름 : (   )

(2) 흰 말과 금 채찍. 화려하게 꾸민 모습 : (   )

(3) 100년을 함께하기로 한 약속 : (   )

(4) 자나 깨나 잊지 못함 : (   )

02 다음 단어에 해당하는 뜻을 바르게 연결하시오.

ㄱ 하마 •   • ⓐ 지루하다
ㄴ 상년 •   • ⓑ 벌써
ㄷ 지리하다 •   • ⓒ 연꽃이 그려진 휘장
ㄹ 부용장 •   • ⓓ 귀뚜라미
ㅁ 실솔 •   • ⓔ 작년

03 다음의 말을 한자어를 사용하여 두 자(혹은 네 자)로 간단히 줄여 보시오.

(1) 전생, 현생, 내생의 세 가지 세상 : (   )

(2) 부부의 인연을 맺어준다는 전설상의 늙은이 : (   )

(3) 15, 16살의 가장 예쁘고 잘생긴 시기 : (   )

(4) 복이 없고 팔자가 사나움 : (   )

어휘풀이 **01** (1) 부생모육 (2) 백마금편 (3) 백년기약 (4) 오매불망 **02** ㄱ-ⓑ, ㄴ-ⓔ, ㄷ-ⓐ, ㄹ-ⓒ, ㅁ-ⓓ
03 (1) 삼생 (2) 월하 (3) 삼오 이팔 (4) 박명

● 다음 작품을 읽고 ○× 퀴즈를 풀어 보자.

(가) 청산은 내 뜻이오 녹수는 님의 정이,
녹수 흘러간들 청산이야 변홀손가.
녹수도 청산을 못 니져 우러 예어 가는고.

— 황진이

(나) 어져 내 일이야 그릴 줄을 모로드냐.
이시라 ᄒ더면 가랴마는 제 구투여
보내고 그리는 정은 나도 몰라 ᄒ노라.

— 황진이

(다) 이화우 훗뿌릴 제 울며 잡고 이별ᄒ 님
추풍낙엽에 저도 날 싱각는가.
천 리에 외로운 꿈만 오락가락 ᄒ노매.

— 계랑

(라) 내 언제 신이 업서 님을 언제 소겻관듸
월침삼경에 온 뜻이 전혀 업늬.
추풍에 디는 닙 소리야 낸들 어이 ᄒ리오.

— 황진이

---

(1) (가)의 화자는 임의 마음이 변한다면 자신의 마음도 변할 거라고 하고 있다. (○ / ×)

(2) (나)의 화자는 임을 가라고 보냈다. (○ / ×)

(3) (다)의 화자는 임의 심정에 대해 궁금해하고 있다. (○ / ×)

(4) (라)의 화자는 임이 오리라는 확신을 갖고 있다. (○ / ×)

예제풀이 | (1) × (2) ○ (3) ○ (4) ×

[현대어 풀이]
(1) 청산(푸른 산)은 내 뜻이요 녹수(푸른 물)는 임의 정이로다.
녹수 흘러간들 청산이 변하겠는가? (임의 마음이 변해도 자신의 마음은 변하지 않음)
녹수도 청산을 못 잊어 울면서 흘러가는구나.

(2) 아! 내가 한 일을 이렇게 그리워할 줄 몰랐던가?
있으라고 했더라면 (굳이) 가셨겠냐만 굳이
보내고 (이제 와서) 그리워하는 마음은 나도 모르겠구나.

(3) 배꽃이 비 내리듯 흩날릴 때 울면서 이별한 임
가을바람에 낙엽이 지는 이때에 저도 날 생각하는가?
천 리나 떨어져 외로운 꿈만 오락가락하는구나.

(4) 내 언제 믿음이 없어서 임을 언제 속였기에
달도 자는 깊은 밤에 (임이) 오는 소리 전혀 없네.
가을바람에 떨어지는 잎 소리야 (그 소리가 임의 기척으로 들리는 것을) 낸들 어찌하겠는가.

Act 10
주제별 정리, ❹ 풍자와 해학

  우선 이번 Act에서 다루는 주제인 '풍자'와 '해학'이 무엇인지부터 설명할게요. 풍자와 해학은 대상을 있는 그대로 드러내지 않고, 대상을 과장하거나 왜곡하고 비꼼으로써 웃음을 유발하는 표현 방식이에요. 이 둘은 웃음을 유발한다는 점에서 공통점이 있지만, 대상을 바라보는 시각이 다르다는 점에서 차이가 있어요.

  풍자가 대상에 대한 부정적인 인식을 바탕으로 하여 대상을 공격하는 표현 방법이라면, **해학**은 대상에 대한 연민과 애정과 같은 긍정적인 인식을 바탕으로 하여 대상을 감싸 안는 표현 방법이에요.

  우리 선조들은 예로부터 현실을 고발할 때는 풍자를 즐겨 사용했고, 삶이 힘들 때는 해학을 통해 웃음으로 힘든 삶을 극복하곤 했어요. 그래서 풍자와 해학은 우리 문학의 전통적인 특질이라고도 할 수 있죠. 풍자의 경우에는 주로 탐관오리나 세태를 비판하는 작품에서 찾아볼 수 있고, 해학의 경우에는 선조들의 일상생활을 노래한 작품에서 자주 엿볼 수 있어요. 그럼 각각 하나씩 살펴볼까요?

| 1 | 탐관오리에 대한 풍자

> **주제와 관련된 한자성어**
> - 가렴주구 : 가혹하게 세금을 거두거나 백성의 재물을 억지로 빼앗음(苛 가혹할 가 斂 거둘 렴 誅 벨 주 求 구할 구)
> - 가정맹어호 : 가혹한 정치는 호랑이보다 무섭다는 뜻으로, 가혹한 정치의 폐해를 비유하는 말
>   (苛 가혹할 가 政 다스릴 정 猛 사나울 맹 於 어조사 어 虎 범 호)
>   - 공자가 길을 가다가 3개의 무덤 앞에서 슬피 울고 있는 여인을 만났다. 여인에게 사연을 물은즉 세 무덤은 각각 시아버지, 남편, 아들의 것으로, 그들은 모두 호랑이에게 잡아먹혔다고 했다. 이에 공자가 이곳을 떠나는 게 어떠냐고 묻자, 여인은 다른 곳으로 가면 무거운 세금 때문에 그나마도 살 수가 없다고 하였다. 이에 공자가 "가혹한 정치는 호랑이보다도 더 무섭다는 것을 알려 주는 말이로다."라고 했다.

제비 한 마리 치음 날아와	燕子初來時
지지배배 그 소리 그치지 않네.	喃喃語不休
말하는 뜻 분명히 알 수 없지만	語意雖未明
집 없는 서러움을 호소하는 듯	似訴無家愁
느릅나무 홰나무 묵어 구멍 많은데	楡槐老多穴
어찌하여 그곳에 깃들지 않니?	何不此淹留
제비 다시 지저귀며	燕子復喃喃
사람에게 말하는 듯	似與人語酬
느릅나무 구멍은 황새가 쪼고	楡穴鸛來啄
홰나무 구멍은 뱀이 와서 뒤진다오.	槐穴蛇來搜

동물에 빗대어 탐관오리의 횡포를 우회적으로 풍자한 작품이에요. 앞에서 읽어 본 '가정맹어호'의 유래와 사연이 비슷하죠? '집 없는 제비'는 괴롭힘 당하는 힘없는 백성이고, 제비를 괴롭히는 '황새'와 '뱀'은 탐관오리인 거죠. 양반이었던 정약용은 주로 한시를 통해 당대 현실을 고발하고 백성들의 입장을 대변하곤 했어요. 이 작품도 그런 시 중의 하나죠.

그럼 실제 괴롭힘을 당하던 서민들은 아무 작품도 남기지 않았을까요? 당연히 아니겠죠? 서민들의 경우 한시는 못 지었지만, 대신에 좀 더 편히 지을 수 있었던 사설시조를 통해 탐관오리를 풍자 및 비판했어요. 대표적인 작품을 하나 볼까요?

두터비 프리를 믈고 두험 우희 치두라 안자
　것넌 산 브라보니 백송골이 떠 잇거늘 가슴이
금즉ᄒ여 풀덕 쮜여 내둣다가 두험 아래 쟛바지
거고.
　모쳐라* 놀랜 낼싀만졍 에헐질 번ᄒ괘라.

[현대어 풀이]

　두꺼비 파리를 물고 두엄(거름) 위에 뛰어올라 앉아
　건너편 산 바라보니 흰 송골매가 떠 있거늘 가슴이
심뜩하여 풀쩍 뛰어 내닫다가 두엄 아래 자빠졌구나.
　마침 날랜 나였기에 망정이지 피멍 들 뻔했구나.

[필수 암기 어휘] * 모쳐라 : 마침

위 작품은 앞에서 배웠던 시조이죠? 이 시조에서도 역시 사람을 동물에 빗대어 우의적으로 풍자하고 있어요. 한번 상상해 보세요. 웬 두꺼비가 파리를 물고 거름을 쌓아 놓은 곳 위에 앉아 있는데, 건너편 산에 송골매가 보이자 깜짝 놀라 풀쩍 뛰어 내린 거죠? 그랬는데 잘못해서 넘어진 거고요. 그러자 두꺼비가 날랜 자기니까 망정이지 피멍 들 뻔했다며 허세를 부리고 있는 거예요. 두꺼비의 행동이나 자신을 합리화하는 모습이 우스꽝스럽지 않나요?

이 작품에서 두꺼비는 자기보다 약한 '파리'는 괴롭히면서, '송골매' 앞에서는 비굴해지는 모습을 보이고 있어요. 여기서 '파리 = 백성', '송골매 = 중앙 관리', '두꺼비 = 탐관오리(중간 착취 세력)'를 상징한다고 볼 수 있죠. 결국 백성에게 횡포를 부리고 강자 앞에서 비굴하며 허세 가득한 탐관오리의 행태를 '두꺼비'에 빗대어 풍자하고 있는 거죠.

[쌤의 팁] **희화화** 앞의 시조에서 '두꺼비'의 경우처럼, 어떤 인물의 외모나 성격 또는 사건을 의도적으로 우스꽝스럽게 묘사하거나 풍자하는 것을 일컬어 '희화화(戲 희롱할 희 畵 그림 화 化 될 화)'라고 해요. '희화화'는 내신 시험이나 수능 시험에 자주 등장하는 어휘니까 이참에 알아 두세요!

| 2 | 세태 풍자

세태란 '사람들의 일상생활, 풍습 따위에서 보이는 세상의 상태나 형편'을 말해요. 세상의 여러 부정적인 면모가 각각 풍자의 대상이 되곤 했어요. 그럼 대표적인 예들을 좀 살펴보죠.

〈붉가버슨 아해ㅣ들리 ~〉 – 이정신 [사설시조]

붉가버슨 아해* ㅣ 들리 거믜줄 테를 들고 기천으로 왕래ᄒ며
　붉가숭아 붉가숭아 져리 가면 쥭ᄂᆞ니라. 이리 오면 스ᄂᆞ니라. 부로나니 붉가숭이로다.
　아마도 세상일이 다 이러ᄒᆞᆫ가 ᄒᆞ노라.

[현대어 풀이]
　발가벗은 아이들이 거미줄 테를 들고 개천으로 왕래하며
　"발가숭아(고추잠자리) 발가숭아, 저리 가면 죽는다. 이리 오면 산다." 부르는 것이 발가숭이로다
　아마도 세상일이 다 이러한가 하는구나.

[필수 암기 어휘] * 아해 : 아이

위 작품은 초장과 중장에 어떤 특정한 상황이 제시되어 있어요. 발가벗은 아이들이 거미줄 테를 들고 왔다 갔다 하며 잠자리를 잡으려고 하고 있죠. 이때 거미줄 테라는 건, 옛날에는 잠자리채가 없었으니까 동그란 테를 만든 뒤 거미줄을 묻혀 잠자리채로 쓰던 걸 말하는 거예요. 어쨌든 이 아이들이 부르는 동요를 읽어 보면 고추잠자리를 부르면서 저리 가면 죽고 이리 오면 산다고 하고 있어요. 근데 그게 사실일까요? 당연히 아니죠? 오히려 저리로 가야 살고 이리 오면 죽는 거죠. 즉, 아이들이 잠자리를 잡으려고 속이는 내용이에요.

옛날에는 고추잠자리를 발가숭이라고 불렀는데, 공교롭게도(?) 잠자리를 잡으려는 아이들이 발가벗고 있었어요. 그래서 '발가숭이'는 '고추잠자리(속는 사람)'와 '발가벗은 아이들(속이는 사람)'을 중의적으로 지칭하는 말이 되었죠. 이로써 '속는 사람'이 곧 '속이는 사람'이고, '속이는 사람'이 곧 '속는 사람'이 된 셈이지요. 종장에서 화자는 이와 같은 상황에 대해 세상일이 다 이러한가 보다고 했어요. 즉, 서로 속고 속이는 각박한 세태를 풍자한 거예요.

퇴**ᄯᅳᆯ**에 동난지이 사오. 져 장**ᄉᆞ**야, 네 황후 긔 무서시라 웨**ᄂᆞᆫ**다. 사쟈.

외골 내육(外骨內肉), 양목(兩目)이 상천(上天), 전행후행(前行後行) 소(小)아리 팔족(八足), 대(大)아리 이족(二足), 청장 **ᄋᆞ**스슥**ᄒᆞ**는 동난지이 사오.

쟝**ᄉᆞ**야, 하 거복이 웨지 말고 게젓이라 **ᄒᆞ**렴은.

[현대어 풀이]

"댁들아, 동난젓 사오." "저 장수야, 네 물건 그것이 무엇이라 외치느냐, 사자."

"겉은 뼈요 속은 살이고, 두 눈이 하늘을 향하고, 앞 뒤로 다니는 작은 다리 8개, 큰 다리 2개, 진하지 않은 간장에 아삭아삭하는 동난젓 사오."

"장수야, 너무 거북하게 외치지 말고 게젓이라 하려무나."

위 작품은 장수와 손님의 대화로 이루어져 있어요. 초장에서 장수가 손님들을 부르며 '동난젓'이라는 것을 사라고 했어요. 그러자 한 손님이 그게 뭐냐고 물었죠. 중장에서 장수는 온갖 한자어를 사용해 가며 동난젓을 설명했어요. 겉은 딱딱하고, 두 눈이 하늘을 향하여 있고, 작은 다리가 8개에 큰 다리가 2개라고 했지요. 그게 뭘까요? 바로 '게'죠! 설명을 다 들은 손님들은 장수가 말하는 게 곧 '게젓(게장)'임을 알게 되었어요. 그러자 종장에서 그렇게 어려운 한자어 섞어 쓰면서 거북하게 외치지 말고, 그냥 '게젓'이라고 하라며 장수를 질책하고 있군요.

[쌤의 팁] 현학적 태도 위의 게젓 장수와 같이 자신의 학식을 뽐내고 자랑하려는 태도를 어려운 말로 '현학적 태도'라고 불러요. '현학(衒學)'의 한자가 '자랑할 현', '배울 학'이거든요. 그래서 위 작품의 주제를 간단히 얘기하면 '현학적 태도에 대한 풍자'라고 할 수 있어요.

| 3 | 웃음과 함께하는 일상

앞에서 풍자를 살펴보았으니 이번에는 해학을 좀 살펴볼까요? 우선 노년의 한 양반이 하는 한탄부터 들어 보죠.

춘산에 눈 녹인 **ᄇᆞ**람 건듯* 불고 간 **ᄃᆡ** 업다.
져근덧* 비러다가 마리 우희 불니고져*.
귀 밋**ᄐᆡ** 히묵은 서리**ᄅᆞᆯ** 녹여 볼가 **ᄒᆞ**노라.

[현대어 풀이]

봄 산에 (쌓인) 눈을 녹인 바람이 잠깐 불고 (어디론지) 간 곳 없구나.

잠시 동안 (그 바람을) 빌려다가 머리 위에 불게 하고 싶구나.

귀 밑에 여러 해 묵은 서리(백발)를 (다시 검은 머리가 되게) 녹여 볼까 하노라.

[필수 암기 어휘] * 건듯 : 잠깐, 문득 * 져근덧 : 잠시 동안 * −고져 : −고 싶구나

위 작품에서 화자는 눈을 녹인 봄바람을 빌려다가 자신의 머리 위에도 불게 하고 싶대요. 왜냐하면 귀 밑에 있는 서리(백발을 비유한 것)를 녹여서 다시 검은 머리로 돌아가고 싶기 때문이죠. 즉, 흘러간 청춘을 아쉬워하며 젊음을 되찾고 싶다는 소망을 드러낸 것인데, 표현 방식이 참신하고 참 재치 있죠?

〈시집살이 노래〉 – 작자 미상 [민요]

외나무다리 어렵대야 시아버니같이 어려우랴?
나뭇잎이 푸르대야 시어머니보다 더 푸르랴?
시아버니 호랑새요 시어머니 꾸중새요,
동세 하나 할림새요 시누 하나 뾰족새요,
시아지비 뾰중새요 남편 하나 미련새요,
자식 하난 우는 새요 나 하나만 썩는 샐세.

위 작품의 화자는 시집살이를 하는 며느리겠죠? 화자가 말하길 시아버지 앞에서 행동하는 것은 외나무다리를 건너는 것보다 어렵고, 시어머니는 나뭇잎보다 푸르다고 하고 있어요(서슬이 시퍼렇다는 뜻이죠). 그리고 시댁 식구들을 새에 비유하자면, 시아버지는 호랑이같이 무서우니 호랑새, 시어머니는 꾸중을 잘하니 꾸중새, 동서는 남의 허물을 잘 고해바치는 할림새, 시누이는 불만이 많은 뾰족새, 시아주버니는 성을 잘 내는 뾰중새, 남편은 어리석고 둔한 미련새라네요. 거기에 자식은 우는 새고, 자기만 썩는 새라는 거죠. 인물들의 성격을 새에 비유하여 해학적으로 표현하고 있는 부분이에요. 이처럼 눈칫밥을 먹어야 하는 힘든 시집살이임에도 웃음으로써 고난을 극복하려는 모습을 확인할 수 있어요.

쌤의 팁 언어유희 언어유희는 다른 의미를 암시하기 위해 말이나 동음이의어(소리는 같으나 뜻이 다른 단어)를 해학적으로 사용하는 표현 방법을 말해요. 위의 작품에서 '나뭇잎이 푸름 < 시어머니가 푸름'으로 표현하고 있는데, 이때 '시어머니의 푸름'은 '서슬이 시퍼렇다(권세나 기세 따위가 대단하다)'의 의미를 나타내는 '푸름'이죠. 즉, '푸르다'의 다의적인 의미를 활용하여 시어머니의 특징을 표현한 언어유희에 해당하는 거예요.

01 지나치게 세금을 거두거나 백성의 재물을 억지로 빼앗는 등의 가혹한 정치를 일컫는 한자성어 두 가지를 모두 쓰시오.

(   )

02 다음 문장의 밑줄 친 부분을 현대어로 바꾸시오.

(1) <u>무심한</u> 달이 구름 사이로 <u>져근덧</u> 보였다 사라졌다.

(2) <u>모쳐라</u> 내가 갔길 망정이지 <u>아해</u>를 잊어 버릴 뻔했다.

(3) 송골을 직접 <u>보고져</u>.

어휘풀이 | **01** 가렴주구 / 가정맹어호   **02** (1) 욕심 없는, 잠깐 사이   (2) 마침, 아이   (3) 송골매, 보고 싶구나

예제 연습문제

● 다음 작품을 읽고, 각 작품에 해당하는 주제를 〈보기〉에서 찾아 기호로 쓰시오.

(가) 창 밧이 어른어른커늘 님만 여겨 펄떡 뛰어 뚝 나서 보니

님은 아니 오고 으스름 달빛에 녈 구름 날 속였구나.

마초아 밤일세 망정 행여 낮이런들 남 우일 뻔하여라.

— 작자 미상

(나) 하하 허허 흔들 내 우음이 졍 우음가

하 어쳑 업서셔 느끼다가 그리 되게

벗님너 웃디를 말구려 아귀 쎡여디리라.

— 권섭

(다) 참새야 어디서 오가며 나느냐,

일 년 농사는 아랑곳하지 않고.

늙은 홀아비 홀로 갈고 맸는데,

밭의 벼며 기장을 다 없애다니.

— 이제현, 〈사리화〉

〈보기〉

㉠ 권력자들의 농민 수탈과 횡포에 대한 비판

㉡ 임을 기다리는 애타는 마음의 해학적 표현

㉢ 부정적 현실에 대한 풍자와 냉소

---

(1) (가) : (   )

(2) (나) : (   )

(3) (다) : (   )

(1) 창밖이 어른어른하거늘 임으로만 여겨 펄떡 뛰어 뚝 나서 보니
    임은 안 오고 어스름 달빛에 지나가는 구름이 날 속였구나.
    마침 밤이길 망정이지 행여 낮이었으면 남 웃길 뻔하였구나.

(2) 하하 허허 한들 내 웃음이 진짜 웃음인가
    매우 어처구니가 없어서 흐느끼다가 그리 되었지
    벗님들 웃지들 말구려 입아귀 찢어지리라.

(3) '참새'는 백성을 수탈하는 탐관오리를, '늙은 홀아비'는 힘없는 백성을 상징해요.

Act 11

이제는 실전이다, ❶ 고전시가 문제풀이법

　이전 수능에서는 고전시가가 현대시나 수필과 함께 지문으로 묶여 출제가 되기도 했었고, 단독으로 출제된 경우도 있었어요. 또 원문 그대로 나온 적도 있고 현대어로 바꾸어서 출제된 적도 있죠. 우리는 원문 그대로 나올 때를 대비해서 **Act 01**과 **Act 02**에서 옛글 읽는 법과 어휘 정복을 이미 공부했죠. 참고로 연시조나 가사처럼 비교적 긴 작품은 대체로 그 작품 하나만 제시되고, 평시조처럼 짧은 작품은 두세 개가 함께 묶여 제시되는 경우가 많아요.

　Act 06에서 배운 것처럼 고전시가에는 여러 하위 갈래가 있는데, 기존에 어떤 갈래의 작품이 많이 출제되었는지를 알면 공부에 도움이 되겠죠? 오른쪽 표에서 확인할 수 있듯이 시조와 가사가 압도적으로 시험에 많이 출제되었어요. 그러니 시조와 가사를 마스터하는 건 필수겠죠! 물론 다른 갈래들도 나올 가능성은 얼마든지 있어요. 단적인 예로 2016학년도 수능에는 뜬금없이 '악장'인 〈용비어천가〉가 출제되었어요.

순위	평가원 출제 횟수	갈래 종류
1	45회	가사
2	38회	연시조
3	24회	시조 / 사설시조
4	10회	한시
5	7회	고려가요
6	4회	민요
7	2회	향가
7	2회	잡가
9	1회	악장

악장은 내용을 기준으로 묶인 갈래라서, 형식적 특징이 따로 없어요. 그래서 **Act 06**에서는 따로 다루지 않았어요. 그래도 다른 것들은 **Act 06**에서 다 배운 거니까, 작품을 이해할 때 갈래별 특징들을 잊지 말고 활용하세요!

　그럼 시험에 자주 나오는 고전시가 작가와 작품들을 알아볼까요?

순위	평가원 출제 횟수 (수능)	작가	출제 작품
1	15회(8회)	정철	관동별곡(4회), 사미인곡(4회), 성산별곡(3회), 속미인곡(2회), 어와 동량재를 더리~, 장진주사
2	6회(2회)	윤선도	만흥(2회), 어부사시사(2회), 견회요, 오우가
3	5회(1회)	박인로	누항사(2회), 상사곡, 조홍시가, 소유정가
4	4회(2회)	이황	도산십이곡
4	4회(2회)	정극인	상춘곡
6	3회(2회)	위백규	농가
6	3회(1회)	송순	면앙정가
6	3회(1회)	조위	만분가
6	3회(0회)	안민영	매화사(2회), 금강 일만 ~

고전시가 역시 현대시와 마찬가지로 자신이 잘 아는 작품, 친숙한 작가의 작품부터 보는 것이 좋아요. 다 모른다면 쉬워 보이는 작품부터 보면 되고요. 참고로 표현상의 특징을 묻는 문제는 짧은 작품부터, 내용 파악은 긴 작품부터 보는 것이 나을 수 있어요. 왜냐하면 표현상의 특징은 내용 이해가 잘 안 돼도 찾을 수 있는데, 작품 길이가 짧은 것이 아무래도 더 빨리 찾을 수 있기 때문이죠. 반대로 전체 내용을 파악하는 데에는 내용이 많은 긴 작품이 유리해요. 몇 군데 해석이 안 되어도 전체 맥락을 잡을 수 있으니까요.

그럼 이제 자주 나오는 문제 유형을 살펴보죠. 같은 운문이니만큼, 대표 유형이나 푸는 방법은 현대시와 유사해요. 현대시와 마찬가지로 다음 세 가지 유형의 문제가 주로 출제돼요.

유형 ❶ 표현상의 특징
유형 ❷ 내용 이해
유형 ❸ 〈보기〉 활용 문제

현대시에서 배운 것을 떠올리면서 점검해 보죠.

| 1 | 표현상의 특징

현대시에서와 마찬가지로 고전시가에서도 표현상의 특징은 여전히 중요해요. 표현상의 특징을 묻는 문제는 대개 다음과 같은 형태로 나와요.

---

40. (가), (나)의 표현 방식에 대한 설명으로 가장 적절한 것은? | 2016 수능 |
　① (가)와 달리 (나)에서는 연쇄와 반복을 통해 리듬감이 나타나고 있다.
　② (나)와 달리 (가)에서는 설의적인 표현을 통해 안타까움의 정서가 강조되고 있다.
　③ (나)와 달리 (가)에서는 직유의 방식을 통해 대상의 이미지가 선명하게 드러나고 있다.
　④ (가), (나)에서는 모두 색채어를 통해 대상의 면모가 강조되고 있다.
　⑤ (가), (나)에서는 모두 과거와 현재의 대비를 통해 시상의 전환이 이루어지고 있다.

기억나죠? 표현상의 특징을 푸는 요령은 다음의 순서대로였어요.

❶ 선택지를 먼저 본다.
❷ 선택지에서 '통해', '하여' 등을 찾아서 선택지를 반으로 나눈다.
❸ 선택지의 표현 방법(앞부분)이 시에 나왔는지 확인한다.
❹ 해당 표현 방법이 주는 효과(뒷부분)를 확인한다.

고전시가도 현대시와 마찬가지로 풀면 돼요.

| 2 | 내용 이해

고전시가에서는 '핵심 시어' 혹은 '핵심 문장'을 통해 내용을 이해하는 형태의 문제가 자주 출제돼요. 각 구절의 의미를 제대로 이해하고 있는지 묻는 거죠. 그래서 이러한 문제는 대개 다음과 같은 형태로 나와요.

---

41. ㉠~㉤에 대한 이해로 적절하지 <u>않은</u> 것은? | 2016 수능 |

① ㉠ : 직분을 망각하여 화자에 의해 비판을 받고 있는 존재

② ㉡ : 가까운 곳에 있으며 화자에게 불안감을 주고 있는 세력

③ ㉢ : 잘못된 일을 고치도록 화자가 설득하고 있는 청자

④ ㉣ : 화자가 청자에게 당부하는 시급하고 중요한 행위

⑤ ㉤ : 화자가 공정하고 엄중하게 시행되기를 바라고 있는 일

위에서 보다시피 시어나 문장에 밑줄을 치고 그 의미에 대해 바로 물어볼 때가 많아요. 또는 두 작품에서 시어나 문장의 의미를 비교하는 문제로도 등장하고, 〈보기〉를 제시하여 좀 더 깊이 있는 이해를 유도하기도 해요. 연시조가 지문일 경우에는 밑줄 친 시어나 문장을 다른 수와 연관 지어 이해할 수 있는지 물어보는 문제도 출제돼요. 이 유형은 어떻게 해결을 하면 좋을까요?

❶ 작품의 대략적인 주제를 추리한다.

❷ 해당 시어나 문장을 현대어로 풀이한다.

❸ 앞뒤 맥락을 통해 시에서 어떤 의미를 지니는지 파악한다.

❹ 작품 전체의 주제와 관련해 어떤 역할을 하는지 파악한다.

이 유형의 문제는 ❶ 먼저 작품의 대략적인 주제를 추리하면 좋아요. 고전시가의 경우 문장의 세세한 해석이 어려운 경우가 많아요. 그럴 때는 대략적인 주제를 먼저 찾고, 그다음에 그 주제에 맞춰 문장을 해석하는 게 좋아요. 우리 왜 **Act 07~Act 10**에서 주제를 정복했었잖아요. '충, 효, 자연 친화, 사랑과 이별, 풍자와 해학' 기억나죠? 고전시가는 이 주제들이면 거의 다 커버할 수 있어요. 그래서 잘 모르는, 어려운 고전시가가 나오면 자기가 알고 있는 어휘들로 주제를 추론하는 거예요. 예를 들어 '누항', '백구'와 같은 단어가 나오면 '아, 이거 자연 친화, 안빈낙도 쪽이겠구나.'라고 추리할 수 있는 거죠(이를 위해 **Act 07~Act 10**을 열심히 배운 거였어요). 대략적인 주제가 잡히면 그 주제를 고려하면서 문장을 해석해 나가세요. ❷ 특히 문제에 제시된 시어나 문장은 더 잘 해석해야겠죠. **Act 01**과 **Act 02**에서 배운 내용을 최대한 활용해서 현대어로 제대로 풀이해 내야 해요. 주석이 달려 있다면 주석 역시 놓치지 말아야 하고요. ❸ 현대어로 바꾼 후에는 이게 그럼 무슨 의미를 지니는지 알아야 해요. 앞뒤에 나오는 말과 연관을 지어 보면 그 의미를 알 수 있겠죠. 앞뒤의 말과 연관 지

어 그 의미를 파악하면 끝나는 거예요. 만약 앞뒤 맥락만 가지고는 이해가 잘 가지 않거나 문제 해결이 안 된다면, ❹ 작품 전체와 연관 지어 그 역할을 파악할 필요가 있어요. 작품에서 말하고자 하는 주제가 있잖아요? 이 주제와 해당 시어 혹은 문장은 어떤 관련이 있는지를 생각하는 거예요.

▎3 ▎〈보기〉 활용 문제

현대시에서와 마찬가지로 고전시가에서도 해석의 방향을 설정해 주기 위해 〈보기〉를 제시해요. 여러 가지로 다양하게 뻗칠 수 있는 해석 중 특정 관점에 대해 문제를 낼 테니 풀어 보라는 맥락의 역할을 〈보기〉가 하는 것이죠. 아래와 같은 문제가 여기에 해당해요. 경우에 따라 다른 고전시가 작품이 〈보기〉로 등장하기도 합니다. 이는 지문과 〈보기〉의 작품을 비교하기 위한 경우로, 작품 간의 공통점과 차이점에 초점을 맞춰서 이해해야 해요. 그리고 앞에서 다룬 표현상의 특징과 내용 이해에서 한 것처럼 풀면 되죠.

문제 푸는 방법은 현대시 문제풀이법과 크게 다르지 않아요.

---

44. 〈보기〉를 바탕으로 (가)를 감상한 내용으로 적절하지 않은 것은? | 2018 6월 |

〈보기〉

　　교훈적 내용의 시조에는 설득력을 높이기 위한 몇 가지 특징적인 표현 전략이 있다. 우선 윤리적 덕목을 실천해야 하는 인물을 화자로 설정하여 대화 형식을 취하는 경우가 있다. 또한 비유나 상징, 유추, 다른 인물이나 사물과의 대비 등을 통해 화자가 개인 윤리는 물론 가정과 사회의 윤리를 실천하는 주체로서 추구해야 하는 가치를 정당화하기도 한다.

① 〈제3수〉에서는 '벌과 개미'의 생태로부터 윤리적 실천의 주체가 추구해야 하는 가치를 유추하고 있다.
② 〈제4수〉에서는 화자로 내세운 '지아비'와 지어미의 문답 방식을 통해 아내가 추구해야 할 윤리적 가치를 정당화하고 있다.
③ 〈제5수〉에서 어머니의 '젖'은 어머니의 사랑을 상징하는 표현으로서, '형님'과 '아우'가 이를 화제로 삼아 대화를 나누는 형식을 취하고 있다.
④ 〈제5수〉의 '개돼지'는 〈제1수〉의 '사람이라도 사람 아니니'의 의미를 비유적으로 표현한 것으로서 화자가 추구하는 가치를 따르는 윤리적 주체와 대비되고 있다.
⑤ 〈제6수〉에서 '부모'와 '형'은, 〈제2수〉의 '부모'와 〈제5수〉의 '형님'과는 달리, '늙은이'와 '어른'에 빗대어져 쓰임으로써 사회 윤리가 가정 윤리와 연결되어 있음을 보여 주고 있다.

---

❶ 〈보기〉에 주어진 정보가 무엇인지 파악한다.

❷ '선택지 – 〈보기〉 – 작품'의 일치 여부를 파악한다.

그럼 이제 실전 문제를 직접 풀어 볼까요?

Act 12

01~03 | 다음 글을 읽고 물음에 답하시오. 2024 9월

(가) 청강 녹초변에 소 먹이는 아이들이 / 석양에 흥이 겨워 피리를 빗기 부니

물 아래 잠긴 **용**이 잠 깨어 일어날 듯

내 기운에 나온 **학**이 제 깃을 던져 두고 반공에 솟아 뜰 듯

소선(蘇仙)* 적벽은 추칠월이 좋다 하되 / 팔월 십오야를 모두 어찌 칭찬하는가

구름이 걷히고 물결이 다 잔 적에 / 하늘에 돋은 달이 솔 위에 걸렸거든

잡다가 빠진 줄이 **적선(謫仙)***이 헌사할샤

공산에 쌓인 잎을 삭풍이 거둬 불어 / 떼구름 거느리고 눈조차 몰아오니 ⌉

천공이 호사로워 옥으로 꽃을 지어 / 만수천림을 꾸며곰 낼세이고

앞 여울 가리 얼어 독목교(獨木橋) 비꼈는데

막대 멘 늙은 중이 어느 절로 간단 말고

산옹의 이 부귀를 남더러 자랑 마오

경요굴(瓊瑤窟)* 숨은 세계 찾을 이 있을세라

산중에 벗이 없어 서책을 쌓아 두고 / 만고 인물을 거슬러 혜여하니   **[A]**

성현도 많거니와 호걸도 하도 할샤

하늘 삼기실 제 곧 무심할까마는 / 어찌한 시운(時運)이 흥망이 있었는고

모를 일도 하거니와 애달픔도 그지없다

기산의 늙은 고블* 귀는 어찌 씻었던고

박 소리 핑계하고 지조가 가장 높다

인심이 낯 같아야 볼수록 새롭거늘 / 세사는 구름이라 험하기도 험하구나 ⌋

엊그제 빚은 **술**이 얼마나 익었느냐

잡거니 밀거니 실컷 기울이니 / 마음에 맺힌 시름 조금은 풀리나다

– 정철, 〈성산별곡〉

* 소선 : 소동파를 신선에 빗댄 말.   * 적선 : 이태백을 신선에 빗댄 말.   * 경요굴 : 눈 내린 성산의 모습을 빗댄 말.   * 고블 : 기산에 은거한 인물인 허유.

(나) **생매** 잡아 길 잘 들여 먼 산 두메로 꿩 사냥 보내고 흰 말 구불구종* 갈기 솔질 활활 솰솰 하여 임의 집 송정 뒤 잔디 잔디 금잔디 밭에 말 말뚝 쾅쾅쌍쌍 박아 숭마 바 고삐 길게 늘려 매고

앞내 여울 **고기** 뒷내 여울 고기 오르는 고기 내리는 고기 자나 굵으나 굵으나 자나 주섬주섬 낚아 내여 시내 동으로 뻗은 움버들 가지 와지끈 뚝딱 꺾어 거꾸로 잡고 잎사귀 셋만 남기고 주루룩 훑어 아가미 너슬너슬 꿰어 시내 잔잔 흐르는 물에 납작 실죽 청바둑돌로 임도 모르고 아무도 모르게 가만히 살짝 자기사 장단 맞춰 지근지지 눌러 놓고 동자야 이 뒤에 학 타신 **선관**이 날 찾거든 그물 낚싯대 종이 종다래끼* 파리 밥풀통 고추장 **술병**까지 가지고 뒷내 여울로 오라고 일러만 주소

아마도 산중호걸이 **나**뿐인가 하노라

– 작자 미상

* 구불구종 : 말 모는 하인.   * 종다래끼 : 작은 바구니.

01 (가), (나)에 대한 설명으로 가장 적절한 것은?

① (가)는 영탄적 표현을 통해 인물에 대한 그리움을 드러내고 있다.

② (나)는 음성 상징어를 통해 인물의 역동성을 드러내고 있다.

③ (가)는 (나)와 달리 공간의 이동을 통해 다양한 대상의 면모를 드러내고 있다.

④ (나)는 (가)와 달리 시간의 흐름에 따라 인물의 심리 변화를 드러내고 있다.

⑤ (가)와 (나)는 모두 대구를 사용하여 대조적 대상의 속성을 드러내고 있다.

02 [A]에 대한 이해로 적절하지 않은 것은?

① '삭풍'이 가을 잎을 쓸고 간 자리에 구름을 불러와 '공산'을 눈 세상으로 만들었다고 한 것에는, 인물이 거처한 공간의 아름다움에 대한 인식이 계절에 따른 자연의 변화를 통해 드러난다.

② '앞 여울'을 건너가는 노승을 발견하고 '경요굴'이 들키지 않기를 바라는 것에는, 빼어난 경치를 소중하게 여기는 태도가, 숨어 있는 세계가 알려질 것에 대한 염려를 통해 드러난다.

③ 만족스러운 외적 풍경에서 눈을 돌려 벗이 없는 '산중'에서 '만고 인물'을 생각하는 것에는, 정신적 세계에 주목하는 태도가, 적적한 상황에 놓인 인물의 행위를 통해 드러난다.

④ 하늘의 이치가 제대로 구현되지 못했음을 '시운'의 '흥망'에서 발견하고도 모를 일이 많다고 한 것에는, 인물의 담담한 태도가, 이상에 미치지 못하는 현실을 수용하는 것을 통해 드러난다.

⑤ 세상을 등진 인물의 삶을 '기산'의 '고불'에 비유한 것에는, 험한 세사와의 단절과 은거 지향에 대한 긍정적 인식이 인물의 선택에 대한 평가를 통해 드러난다.

03 〈보기〉를 바탕으로 (가)와 (나)를 감상한 내용으로 적절하지 않은 것은?

〈보기〉

고전 시가에서 자연은 작품에 따라 다양하게 그려진다. (가)의 자연은 속세와 구별되는 청정한 이상 세계로 그려지며, 신선의 이미지를 통해 탈속적이고 고고한 가치를 추구하는 곳이다. (나)의 자연은 풍요롭게 그려지는 현실적 풍류의 장으로, 활달하고 흥겹게 놀이를 펼치는 곳이며, 신선의 이미지를 통해 멋이 고조된다.

① (가)의 '용'은 피리 소리로 조성된 탈속적 분위기를 환상적으로 표현하는 소재이고, (나)의 '생매'는 고고한 취향을 사실적으로 보여 주는 소재이군.

② (가)의 '학'은 이상적 세계의 아름다움을 구현하는 소재이고, (나)의 '고기'는 풍요롭고 생동하는 세계를 표현하는 소재이군.

③ (가)의 '소선', '적선'은 청정한 강호의 세계에서 떠올린 인물의 이미지이고, (나)의 '선관'은 '나'가 현재의 행위를 함께 하고 싶은 인물을 멋스럽게 표현한 이미지이군.

④ (가)의 '산옹'은 계절에 따른 산의 모습을 바라보며 이상 세계의 삶을 지향하는 인물이고, (나)의 '나'는 사냥과 고기잡이를 통해 현실의 즐거움을 향유하는 인물이군.

⑤ (가)의 '술'은 강호에서 세상에 대한 시름을 달래 주는 소재이고, (나)의 '술병'은 풍류의 장에 흥취를 더해 줄 소재이군.

(가) 이런들 어떠하며 저런들 어떠하료
　　초야우생(草野愚生)이 이렇다 어떠하료
　　하물며 **천석고황(泉石膏肓)**을 고쳐 므슴하료　　　　　　　　　　　〈제1수〉

　　연하(烟霞)로 집을 삼고 풍월(風月)로 벗을 삼아
　　태평성대에 병으로 늙어 가네
　　이 중에 바라는 일은 허물이나 없고자　　　　　　　　　　　　　　〈제2수〉

　　춘풍(春風)에 화만산(花滿山)하고 추야(秋夜)에 월만대(月滿臺)라
　　사시 가흥(佳興)이 사람과 한가지라
　　하물며 어약연비(魚躍鳶飛) 운영천광(雲影天光)이야 어느 끝이 있으리　〈제6수〉

　　　　　　　　　　　　　　　　　　　　　　　　　　　　　　－ 이황, 〈도산십이곡〉

[A]

(나) 산가(山家) 풍수설에 동구 못이 좋다 할새
　　십 년을 경영하여 한 땅을 얻으니
　　형세는 좁고 굵은 암석은 많고 많다
　　옛 길을 새로 내고 **작은 연못** 파서
　　활수＊를 끌어 들여 가는 것을 머물게 하니
　　맑은 거울 **티 없어** 산 그림자 잠겨 있다
　　천고(千古)에 황무지를 아무도 모르더니
　　일조(一朝)에 진면목을 **내 혼자** 알았노라
　　처음의 이 내 뜻은 물 머물게 할 뿐이더니
　　이제는 돌아보니 **가지가지 다 좋구나**
　　백석은 치치(齒齒)하여 은도로 새겨 있고
　　벽류는 콸콸 흘러 옥 술잔을 때리는 듯
　　첩첩한 산들은 좌우의 병풍이요
　　빽빽한 소나무는 전후의 울타리로다
　　구곡 상하대는 층층이 둘러 있고
　　삼경(三逕) 송국죽(松菊竹)은 줄지어 벌여 있다
　　하물며 바위 벼랑 높은 위에 노송이 용이 되어 구부려 누웠거늘
　　운근(雲根)을 베어 내고 ⊙ **작은 정자** 붙여 세워
　　띠 풀로 지붕 이고 자르지 않으니 이것이 어떤 집인가
　　남양의 제갈려인가 무이의 와룡암인가＊
　　다시금 살펴보니 필경 위언의 그림의 것이로다
　　무릉도원을 예 듣고 못 봤더니
　　이제야 알겠구나 이 진짜 거기로다

　　　　　　　　　　　　　　　　　　　　　　　　　　　　　　－ 김득연, 〈지수정가〉

[B]

＊ 활수 : 흐르는 물.
＊ 남양의 제갈려, 무이의 와룡암 : 옛 현인이 은거한 거처.

(다) 내 초로의 어느 가을날, 나는 겸재가 동해안을 따라 내려가면서 동해 승경을 화폭에 옮겼던 월송정, 망양정, 청간정, 성류굴을 일삼아 떠돌아다녔다. 망양정은 옛 기성면의 바닷가에서 지금의 근남면 산포리로 옮겨 세운 지가 140여 년이 넘어, 기성면의 ⓒ <u>옛 망양정 자리</u>는 도로 공사로 단애의 허리가 잘리워 나가, 바닷물은 단애 끝으로부터 멀찌감치 쫓겨났고 그 사이는 시멘트 칠갑이 되어 있었다. 정자 터는 사방이 깎여져 나갔고 화폭 속의 소나무 숲도 베어져 버린 채, 그 언덕은 그저 무의미한 흙더미로 변해 있었다. 마을의 고로(古老)들도 그곳에 들어서 있던 정자를 본 일은 없었고, 다만 그들의 증조나 고조로부터 전해 오는 구전에 의해 그 흙더미가 망양정 옛터였음을 옮길 뿐이었다.

겸재의 화폭을 마음속에 앞세우고 겸재 실경산수(實景山水)의 자리를 찾을 적에 그곳에 옛 정자가 이미 오래전에 없어져 버린 그 허전한 사태는 그다지 허전하지 않았다. 왜 그런가. 현실 속의 정자에 오르면 화폭 속의 정자는 보이지 않는다. 육신의 눈을 앞세워 정자를 찾아오는 자에게는 풍경 전체 속에서 인간세의 위치와 규모를 대표하는 상징으로서의 정자는 보이지 않는다.

(중략)

[C]
┌ 먼 산을 그릴 때 그는 그 산과 인간 사이의 거리를 그리는 것이 아니라, 그 거리를 들여다보는 시선의 깊이를 그린다. 먼 것들은 원근상의 거리에 의해 격리되는 것이 아니라, 깊이에 의해 자리 잡는다. 겸재의 화폭 속에서 풍경은 **가깝다는 이유만으로** 사실성을 **부여받지 않고** 또 멀다는 이유만으로 사실성을 박탈당하지 않는다. 대체로 그의 그림 속에서는 **인간과 인간에 직접 관련된 것들**─정자, 집, 배, 나귀, 가마, 화분, 성곽 같은 것들이 **비교적 명료한** 사실성을 띠고 있지만, 그 사실성은 원근에 의해 정립되는 사실성이 아니라, 세계를 관찰하는 인간과의 관계 속에서 **정립되는** 사실성이다.
└

– 김훈, 〈겸재의 빛〉

04 (가)~(다)의 공통점으로 가장 적절한 것은?

① 대상에 주목하여 대상과 관련된 가치를 추구하는 자세를 나타내고 있다.

② 부정적인 현실을 비판하며 좌절을 극복하려는 의지를 부각하고 있다.

③ 현실을 통찰하며 관용적 삶에 대한 지향을 보여 주고 있다.

④ 계절감을 활용하여 환경의 다양한 변화를 표현하고 있다.

⑤ 가상의 상황을 제시하여 환상적 분위기를 강화하고 있다.

05 [A], [B]에 대한 설명으로 적절하지 <u>않은</u> 것은?

① [A]의 〈제1수〉 초장은 유사한 어휘의 반복을 통해 리듬감을 형성하고 있다.

② [A]의 〈제2수〉 초장은 〈제1수〉 종장의 시상을 이어받아 자연 친화적인 모습을 드러내고 있다.

③ [B]에서는 '산 그림자'가 담긴 '작은 연못'의 경관을 묘사하여 깨끗한 자연의 형상을 보여 주고 있다.

④ [A]의 '집을 삼고'와 '벗을 삼아'는 화자와 대상의 가까운 관계를, [B]의 '끌어 들여'와 '머물게 하니'는 화자가 대상을 가까이 하려는 행동을 제시하고 있다.

⑤ [A]의 '허물이나 없고자'는 미래에 대한 화자의 바람을, [B]의 '티 없어'는 대상을 관찰하기 전에 나타난 화자의 심리를 표현하고 있다.

06 〈보기〉를 바탕으로 (가), (나)를 이해한 내용으로 적절하지 <u>않은</u> 것은?

〈보기〉

〈도산십이곡〉에서 강호는 자연의 이치와 인간이 지향하는 이치가 일치된 이상적 공간으로, 〈지수정가〉에서 강호는 자연에서 생활하면서 자연의 가치를 새롭게 발견할 수 있는 공간으로 나타난다. 〈도산십이곡〉에서는 조화로운 자연과 합일하는 화자가 등장하며, 〈지수정가〉에서는 자연의 구체적인 모습을 묘사하며 자연의 가치를 확인한 화자가 등장한다.

① (가)의 '초야우생'은 인간이 지향하는 이치와 자연의 이치가 일치된 공간에 존재하는 화자가 스스로를 이르는 말이겠군.
② (나)의 '내 혼자 알았노라'는 자연에서 생활하면서 자연의 가치를 발견한 화자의 심정을 드러내는 말이겠군.
③ (가)의 '천석고황'은 이상적 공간에 다다르지 못한 것에 대한 화자의 아쉬움이, (나)의 '무릉도원'은 현실적 공간을 이상적 공간으로 바라보는 화자의 인식이 나타난 말이겠군.
④ (가)의 '사람과 한가지라'는 자연의 이치와 인간이 지향하는 이치가 다르지 않음을 확인한 화자의 인식이, (나)의 '가지가지 다 좋구나'는 자연의 가치를 확인한 화자의 심정이 나타난 말이겠군.
⑤ (가)의 '춘풍에 화만산하고 추야에 월만대라'는 계절의 양상을 통해 조화로운 자연을, (나)의 '벽류는 콸콸 흘러 옥 술잔을 때리는 듯'은 화자가 발견한 자연의 아름다운 모습을 드러낸 말이겠군.

07 ㉠과 ㉡을 이해한 내용으로 가장 적절한 것은?

① ㉠은 화자가 노력을 기울여 만든 인공물이고, ㉡은 글쓴이가 의도하지 않게 찾아낸 장소이다.
② ㉠은 현실에서 명예를 실현하려는 의지를, ㉡은 현실에서 편의를 실현한 결과를 보여 준다.
③ ㉠은 화자에게 만족하며 머무르는 삶에 대해, ㉡은 글쓴이에게 허전하지 않은 이유에 대해 생각하게 한다.
④ ㉠은 화자에게 일상적인 유용성을 상실한 공간이고, ㉡은 글쓴이에게 본래적인 유용성을 상실한 공간이다.
⑤ ㉠은 화자에게 자신의 삶을 가다듬는 역할을 수행하고, ㉡은 글쓴이에게 자신의 삶을 비판하는 계기로 작용한다.

08 〈보기〉를 바탕으로 [C]를 읽은 독자의 반응으로 적절하지 <u>않은</u> 것은?

〈보기〉

겸재는 산을 그리면서도 뺄 건 빼고 과장할 것은 과장하면서 필요한 경우에는 자리를 옮겨 가면서까지 자신이 생각하는 구도로 풍경을 재구성하였다. 한 폭의 그림 속에서 물과 바다, 하늘과 땅, 그리고 정자와 인간을 포함한 모든 대상이 화가의 시선에 의해 재구성되어 회화의 구도상 의미를 지닌 자리에 놓일 때야말로 진정한 그림의 요체가 드러나기 때문에, 겸재의 그림은 실물과 똑같이 그리는 것이 능사가 아니라는 점을 증명하고 있다.

① '먼 산을 그릴 때' 그 거리에 집착하지 않는 까닭은, 실물과 똑같이 그리는 것이 능사가 아니기 때문이겠군.
② '그 거리를 들여다보는 시선의 깊이를 그린다'는 뜻은, 화가가 자신의 시선으로 풍경을 재구성하는 작업이 중요하다는 의미이겠군.
③ '가깝다는 이유만으로 사실성을 부여받지 않는 까닭은, 대상을 표현할 때 뺄 건 빼고 과장할 것은 과장할 수 있다는 화가의 생각 때문이겠군.
④ '인간과 인간에 직접 관련된 것들'을 '비교적 명료한 사실성을 띠'도록 그린다는 뜻은, 대상을 회화의 구도상 의미를 지닌 자리로 옮겨 풍경의 원근감을 보이는 그대로 실현해야 한다는 의미이겠군.
⑤ '세계를 관찰하는 인간과의 관계 속에서 사실성이 '정립'되는 까닭은, 화가의 의도에 따라 풍경을 재구성하는 창작 작업을 통해 그림의 요체가 드러나기 때문이겠군.

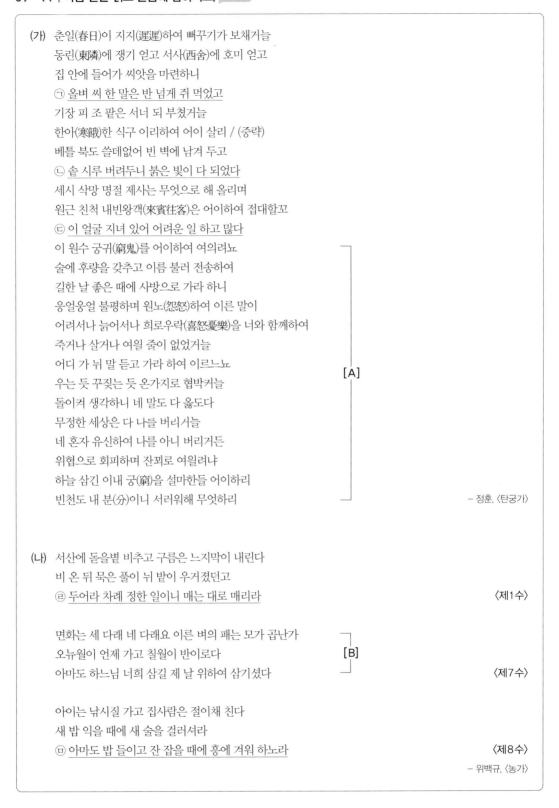

(가) 춘일(春日)이 지지(遲遲)하여 뻐꾸기가 보채거늘
　　동린(東隣)에 쟁기 얻고 서사(西舍)에 호미 얻고
　　집 안에 들어가 씨앗을 마련하니
　　㉠ 올벼 씨 한 말은 반 넘게 쥐 먹었고
　　기장 피 조 팥은 서너 되 부쳤거늘
　　한아(寒餓)한 식구 이리하여 어이 살리 / (중략)
　　베틀 북도 쓸데없어 빈 벽에 남겨 두고
　　㉡ 솥 시루 버려두니 붉은 빛이 다 되었다
　　세시 삭망 명절 제사는 무엇으로 해 올리며
　　원근 친척 내빈왕객(來賓往客)은 어이하여 접대할꼬
　　㉢ 이 얼굴 지녀 있어 어려운 일 하고 많다
　　이 원수 궁귀(窮鬼)를 어이하여 여의려뇨
　　술에 후량을 갖추고 이름 불러 전송하여
　　길한 날 좋은 때에 사방으로 가라 하니
　　웅얼웅얼 불평하며 원노(怨怒)하여 이른 말이
　　어려서나 늙어서나 희로우락(喜怒憂樂)을 너와 함께하여
　　죽거나 살거나 여읠 줄이 없었거늘
　　어디 가 뉘 말 듣고 가라 하여 이르느뇨　　　　　　　　[A]
　　우는 듯 꾸짖는 듯 온가지로 협박커늘
　　돌이켜 생각하니 네 말도 다 옳도다
　　무정한 세상은 다 나를 버리거늘
　　네 혼자 유신하여 나를 아니 버리거든
　　위협으로 회피하며 잔꾀로 여읠려냐
　　하늘 삼긴 이내 궁(窮)을 설마한들 어이하리
　　빈천도 내 분(分)이니 서러워해 무엇하리
　　　　　　　　　　　　　　　　　　　　　　　– 정훈, 〈탄궁가〉

(나) 서산에 돋을볕 비추고 구름은 느지막이 내린다
　　비 온 뒤 묵은 풀이 뉘 밭이 우거졌던고
　　㉣ 두어라 차례 정한 일이니 매는 대로 매리라　　　　〈제1수〉

　　면화는 세 다래 네 다래요 이른 벼의 패는 모가 곱난가
　　오뉴월이 언제 가고 칠월이 반이로다　　　　　　[B]
　　아마도 하느님 너희 삼길 제 날 위하여 삼기셨다　　〈제7수〉

　　아이는 낚시질 가고 집사람은 절이채 친다
　　새 밥 익을 때에 새 술을 걸러셔라
　　㉤ 아마도 밥 들이고 잔 잡을 때에 흥에 겨워 하노라　〈제8수〉
　　　　　　　　　　　　　　　　　　　　　　　– 위백규, 〈농가〉

09 (가)에 대한 설명으로 가장 적절한 것은?

① 계절의 변화에 조응하는 여러 자연물을 활용해 화자의 인식 전환을 보여 주고 있다.

② 계절감이 드러난 소재를 대등하게 나열해 시상을 전개하고 있다.

③ 특정 계절의 풍속을 화자의 시선 이동에 따라 묘사하고 있다.

④ 특정 계절을 배경으로 제시해 화자의 처지를 부각하고 있다.

⑤ 계절의 순환을 중심으로 자연의 섭리를 드러내고 있다.

10 [A], [B]에 대한 이해로 적절하지 <u>않은</u> 것은?

① [A]에서 '술에 후량'을 갖춘 화자는 의례를 통해 '궁귀'에 대한 예우를 표하고 있다.

② [B]에서 화자는 시간의 경과를 의식하며 '세 다래 네 다래' 열린 '면화'에 대한 만족감을 드러내고 있다.

③ [A]에서 화자는 '이내 궁'과의 관계를, [B]에서 화자는 '너희'와의 관계를 운명적인 것으로 여기는 관점을 취하고 있다.

④ [A]에서 화자는 '옳도다'라는 응답으로 '네 말'을 수용하는 태도를, [B]에서 화자는 '반이로다'라는 감탄으로 '패는 모'에 대한 기대감을 드러내고 있다.

⑤ [A]와 [B]에서 화자는 각각 초월적인 존재인 '하늘'과 '하느님'을 예찬하는 어조를 취하고 있다.

11 〈보기〉를 참고할 때, ㉠～㉤의 문맥적 의미에 대한 이해로 적절하지 <u>않은</u> 것은?

〈보기〉

　〈탄궁가〉는 향촌 공동체에서 경제적 기반이 취약한 사대부가 가정과 사회에 대한 책임을 다하기 어려운 자신의 궁핍한 삶을 실감 나게 그려 낸 작품이다. 한편 〈농가〉는 곤궁한 향촌 공동체의 발전을 위해 여러 방도를 모색한 사대부가 가난을 벗어난 이상화된 농촌상을 그려 낸 작품이다.

① ㉠은 파종할 볍씨를 쥐가 먹어 버린 상황을 제시해 가난한 향촌 사대부의 곤혹스러운 처지를 실감 나게 그려 낸다.

② ㉡은 솥과 시루가 녹슨 상황을 제시해 끼니조차 잇지 못하는 생활이 지속되는 향촌 사대부 가정의 궁핍함을 부각한다.

③ ㉢은 체면을 지키기 어려운 상황을 제시해 취약한 경제적 기반 때문에 사회적 책임을 내려놓는 향촌 사대부의 죄책감을 드러낸다.

④ ㉣은 밭을 맬 때 예정된 차례에 따라야 함을 나타내어 사회적 약속에 대한 존중을 향촌 공동체 발전의 방도로 여기는 관점을 드러낸다.

⑤ ㉤은 먹을거리에 부족함이 없이 즐거운 향촌 구성원의 모습을 통해 가난을 벗어난 이상화된 농촌상의 일면을 보여 준다.

(가) 이 몸 삼기실 제 님을 조차 삼기시니

혼싱 **연분(緣分)**이며 하눌 모를 일이런가

나 ᄒ나 **졈어** 잇고 님 ᄒ나 날 괴시니

이 ᄆ음 이 ᄉ랑 견졸 ᄃᆡ 노여 업다

평싱(平生)애 원(願)ᄒ요ᄃᆡ ᄒᆞᆫ ᄃᆡ 녜쟈 ᄒᆞ얏더니

늙거야 므ᄉ 일로 외오 두고 그리는고

엇그제 님을 뫼셔 광한던(廣寒殿)의 올낫더니

그 더ᄃᆡ 엇디ᄒᆞ야 하계(下界)예 ᄂᆞ려오니

올 저긔 비슨 머리 헛틀언 디 **삼 년**일쇠

연지분(臙脂粉) 잇ᄂᆡ마는 눌 위ᄒᆞ야 고이 ᄒᆞᆯ고

ᄆ음의 미친 실음 텹텹(疊疊)이 **ᄡ혀** 이셔

짓ᄂᆞ니 한숨이오 디ᄂᆞ니 눈믈이라

인싱(人生)은 유ᄒᆞᆫ(有限)ᄒᆞᆫᄃᆡ 시름도 그지업다

무심(無心)ᄒᆞᆫ 셰월(歲月)은 믈 흐르ᄃᆞᆺ ᄒᆞᄂ᎑고야

염냥(炎凉)이 ᄯᆡ를 아라 **가는 ᄃᆞᆺ** 고텨 오니

듯거니 보거니 늣길 일도 하도 할샤

동풍이 건듯 부러 젹셜(積雪)을 헤텨 내니

창(窓) 밧긔 심근 **미화(梅花)** 두세 가지 픠여셰라

ᄀᆞ득 닝담(冷淡)ᄒᆞᆫᄃᆡ 암향(暗香)은 **므ᄉ 일고**

황혼의 ᄃᆞᆯ이 조차 벼마틱 빗최니

늣기는 ᄃᆞᆺ 반기는 ᄃᆞᆺ **님이신가** 아니신가

뎌 미화 것거 내여 님 겨신 ᄃᆡ 보내오져

님이 너를 보고 엇더타 너기실고

– 정철, 〈사미인곡〉

(나) 창 밧긔 워석버석 **님이신가** 니러 보니

혜란(蕙蘭) 혜경(蹊徑)*에 낙엽은 므ᄉ 일고

어즈버 유한(有限)ᄒᆞᆫ 간장(肝腸)이 **다** 그츨가 ᄒ노라

– 신흠

* 혜란 혜경 : 난초 핀 지름길.

(다) 나는 예전에 장흥방의 길갓집에 살았다. 그 집은 저잣거리에 제법 가까워서 소란스러웠다. 문 옆에 한 칸짜리 초당이 있어 볏짚으로 덮고 흙을 쌓았더니 그윽하고 조용해서 살 만했다. 그러나 초당이 동쪽으로 치우쳐 햇볕을 받았기에 여름이면 너무 더웠다. 그래서 '고요함이 더위를 이긴다[靜勝熱]'는 말을 당호(堂號)*로 정해 문설주에 편액을 해 걸어 두고 위안을 삼았다.

대저 고요함에는 두 가지가 있으니 하나는 몸의 고요함이요, 다른 하나는 마음의 고요함이다. 몸이 고요한 사람은, 앉고 눕고 일어나고 서는 등 모든 행동에 있어 편안함을 취할 뿐이다. 마음이 고요한 사람은, 천하만사가 마치 촛불로 비춰 보고 거북으로 점을 치는 듯하니 시원한 날씨와 더운 날씨가 무슨 상관이 있겠는가? 그러므로 '고요함이 이긴다'고 한 지금의 말은 마음의 고요함을 가리킨다.

그 집에서 이십 년을 살고 이사하였다. 그로부터 삼 년이 흐른 뒤 옛집을 찾아가 보았다. 그새 주인이 바뀐 지 여러 번이지만 집은 옛 모습 그대로였다.

은은하게 처마에 들어오는 산빛, 콸콸콸 담을 따라 도는 골짜기 물, 밀랍으로 발라 번들번들한 살창, 쪽빛으로 물들여 놓은 늘어진 천막. / (중략)

내가 여기에 살던 시절은 집안이 번성하던 때였다. 선친께서 승명전에 봉직하실 때라, 퇴근하신 밤이면 우리 형제들이 모시고 앉아 학문과 예술을 담론하고 옛일을 기록하거나, 시를 읽거나 거문고를 들었으니 유중영의 옛일*과 비슷하였다. 그 즐거움을 잊을 수는 없건마는 다시 되찾을 수는 없다!

『서경』에 '그릇은 새것을 찾고, 사람은 옛 사람을 찾는다.'라고 했다. 집 역시 그릇과 같이 무언가를 담는 부류이긴 하나, 사람은 집이 아니면 몸을 붙여 머물 데가 없고 집보다 더 거처를 많이 하는 것은 없으므로, 집은 그릇보다는 사람에 가깝다 하겠다. 그러니 어찌 그리워하지 않을 수 있으랴!

그렇지만 인간사가 벌써 바뀌어, 사물에 닿을 때마다 슬픔만 더하므로 이 집에 다시 살고 싶지는 않다. 마땅히 임원(林園)*에 집터를 보아 집을 지어서 옛 이름의 편액을 걸어 옛집에서 지녔던 뜻을 잊지 않으려 한다.

누군가는 '임원이 이미 고요하거늘, 지금 다시 '고요함이 이긴다'고 하면 또한 군더더기가 아닌가?'라고 말할 수 있으리라. 나는 답하리라. '고요한데 또 고요하니, 이것이야말로 고요함이라네.'라고.

– 유본학, 〈옛집 정승초당을 둘러보고 쓰다〉

* 당호 : 집에 붙이는 이름.
* 유중영의 옛일 : 당나라 때 문신 유중영이 늘 책을 가까이하며 자식들을 가르치던 일.
* 임원 : 산림.

12 (가)와 (나)에 대한 설명으로 가장 적절한 것은?

① (가)의 '노여'와 (나)의 '다'라는 수식어는 모두 임에 대한 원망의 정서를 강조하기 위해 사용된 것이다.
② (가)의 'ᄒᆞᄂᆞ고야'와 (나)의 'ᄒᆞ노라'는 모두 화자의 의지를 단정적인 종결형으로 나타낸 것이다.
③ (가)의 '미화'와 (나)의 '혜란'은 모두 화자와 동일시되는 자연물을 의인화하여 나타낸 것이다.
④ (가)의 'ᄆᆞ스 일고'와 (나)의 'ᄆᆞ스 일고'는 모두 뜻밖의 대상과 마주하게 된 반가움을 영탄적 어조로 표현한 것이다.
⑤ (가)의 '님이신가'와 (나)의 '님이신가'는 모두 임을 만나고 싶은 간절함을 독백적 어조로 드러낸 것이다.

13 〈보기〉를 바탕으로 (가)를 감상한 내용으로 적절하지 <u>않은</u> 것은?

〈보기〉

(가)에는 천상의 시간과 지상의 시간이 모두 나타난다. 천상에서는 지상과 달리 생로병사의 과정 없이 끝없는 사랑이 지속된다. 이러한 시간적 질서는 지상에 내려온 화자를 힘겹게 하는데, 이 과정에서 화자는 지상의 물리적 시간을 심리적으로 변형하여 자신의 심경을 드러낸다.

① 임과의 '연분'을 '하ᄂᆞᆯ'과 연결 짓는 것은, 임과의 사랑이 천상의 시간 질서처럼 끝없이 이어지기를 바라는 마음이 반영된 것이라 볼 수 있겠어.
② '졈어 잇고'와 '늙거야'를 통해 화자가 천상의 시간에서 벗어나 지상의 시간으로 편입되었음을 알 수 있겠어.
③ '삼 년' 전을 '엇그제'로 인식하는 것에서, 임과 함께한 기억이 아직도 선명하게 남아 있어 지상의 물리적 시간이 심리적으로 압축되어 나타나고 있음을 알 수 있겠어.
④ '인ᄉᆡᆼ은 유ᄒᆞᆫ'과 '무심ᄒᆞᆫ 셰월'을 통해 지상의 시간적 질서에 따라 소망을 이룰 수 있는 시간이 줄고 있는 것에 대한 불안한 마음을 엿볼 수 있겠어.
⑤ '염냥이 '가ᄂᆞ 듯 고텨' 온다는 인식에서, 임과의 관계 단절에 따른 절망감으로 인해 지상의 물리적 시간이 심리적으로 지연되어 나타나고 있음을 알 수 있겠어.

14 〈보기〉를 바탕으로 (나), (다)를 감상한 내용으로 적절하지 <u>않은</u> 것은?

〈보기〉

　　고요함은 소리나 움직임이 없이 잠잠한 상태인 외적 고요와 마음이 평온한 상태인 내적 고요로 구분할 수도 있다. 이에 주목하여 (나)를 감상할 때, 화자가 처한 상황과 그에 따른 심리는 고요함의 측면에서 이해될 수 있다. 또한 (다)에서 필자는 고요함에 대한 통찰을 통해 자신이 처한 공간에서 내적 고요를 추구하려 하는데, 이를 통해 삶에서 느끼는 불편이나 슬픔을 이겨 내는 동력을 얻고 있다.

① (나)에서 '낙엽' 소리가 창 안에서도 들린다는 것은 화자가 외적 고요의 상태에 있었다는 것을 의미하겠군.

② (나)에서 '낙엽' 소리를 임이 오는 소리로 착각했다는 것은 화자의 심리가 내적 고요의 상태에 있지 못했기 때문이겠군.

③ (다)에서 '사물에 닿을 때마다 슬픔만 더'한다는 것은 옛집을 돌아본 경험이 필자로 하여금 내적 고요를 이루기 어렵게 만들었다는 인식이 반영된 것이겠군.

④ (다)에서 '옛집'의 '초당'에 붙였던 당호를 '임원'의 새집에서도 사용하겠다는 것은 필자가 외적 고요에 더해 내적 고요를 추구하고 있음을 보여 주는 것이겠군.

⑤ (다)에서 '누군가'가 '고요함이 이긴다'는 당호를 '군더더기'로 본다는 것은 외적 고요만으로는 삶에서 느끼는 불편이나 슬픔을 이겨 내기 어렵다고 여겼기 때문이겠군.

15 (가)와 (다)를 비교하여 이해한 내용으로 가장 적절한 것은?

① (가)와 (다) 모두 인간의 외양이 변화하는 상황에 대한 안타까움이 나타나 있다.

② (가)와 (다) 모두 오래된 것보다는 새로운 것을 더 중시하는 삶의 자세가 나타나 있다.

③ (가)와 (다) 모두 자신이 있는 공간에서 그 공간에 부재하는 대상을 떠올리는 상황이 나타나 있다.

④ (가)에는 인생의 허무함에 대한 순응적 태도가, (다)에는 인생의 허무함에 대한 극복 의지가 나타나 있다.

⑤ (가)에는 과거와 달라진 타인의 마음에 대한, (다)에는 과거와 달라진 자신의 마음가짐에 대한 아쉬움이 나타나 있다.

16 (다)에 대한 이해로 적절하지 <u>않은</u> 것은?

① 여름에 더웠던 경험을 바탕으로 옛집 초당의 당호를 정하게 된 내력을 서술하고 있다.

② 과거 인물의 행적에 비추어, 다시 찾은 옛집에서 떠올린 기억에 대한 감회를 드러내고 있다.

③ 새집에 붙이고자 하는 당호의 의미를 통해 옛집에서 다시 살고 싶어 하는 마음을 표현하고 있다.

④ 변함없는 옛집의 외양과 달리, 변해 버린 인간사로 인해 새집을 지으려는 마음을 갖게 되었음을 밝히고 있다.

⑤ 집이 그릇과 같은 부류이지만 사람을 담고 있는 존재라는 점에 주목하여 옛집에 대한 그리움을 부각하고 있다.

(가) 정철, 〈성산별곡〉

● 지문 해설

청강 녹초변에 소 먹이는 아이들이	맑은 강 푸른 풀에 소 먹이는 아이들이
석양에 흥이 겨워 피리를 빗기 부니	석양에 흥을 못 견뎌 피리를 비스듬히 부니
물 아래 잠긴 **용**이 잠 깨어 일어날 듯	물 아래 잠긴 용이 잠을 깨어 일어날 듯
내 기운에 나온 **학**이 제 깃을 던져 두고 반공에 솟아 뜰 듯	안개 기운에 나온 학이 제 보금자리를 던져 두고 허공에 솟아오를 듯
소선(蘇仙)* 적벽은 추칠월이 좋다 하되	소동파가 지은 적벽부에서는 음력 칠월이 좋다 하였으되
팔월 십오야를 모두 어찌 칭찬하는가	팔월 보름밤을 모두 어찌 칭찬하는가?
구름이 걷히고 물결이 다 잔 적에	구름이 흩어지고 물결이 잔잔한 때에
하늘에 돋은 달이 솔 위에 걸렸거든	하늘에 돋은 달이 소나무 위에 걸렸으니
잡다가 빠진 줄이 **적선(謫仙)***이 헌사할샤	(달을) 잡으려 (물에) 빠졌다는 이태백의 일이 야단스럽구나.
공산에 쌓인 잎을 삭풍이 거둬 불어	사람 없는 산에 쌓인 잎을 북풍이 거두어 불어
떼구름 거느리고 눈조차 몰아오니	떼구름을 거느리고 눈까지 몰아오니
천공이 호사로워 옥으로 꽃을 지어	조물주가 호사스러워 옥으로 꽃을 만들어
만수천림을 꾸며곰 낼세이고	만 가지 나무와 천 가지 수풀을 잘도 꾸며 내었구나.
앞 여울 가리 얼어 독목교(獨木橋) 비꼈는데	앞 여울 가려(덮어) 얼고 외나무다리 비스듬히 있는데
막대 멘 늙은 중이 어느 절로 간단 말고	막대를 멘 늙은 중이 어느 절로 간단 말인가?
산옹의 이 부귀를 남더러 자랑 마오	산에 사는 늙은이의 이 부귀를 남에게 자랑하지 마오.
경요굴(瓊瑤窟)* 숨은 세계 찾을 이 있을세라	눈 내린 성산의 숨은 세계를 찾을 이 있을까 두렵구나.
산중에 벗이 없어 서책을 쌓아 두고	산중에 벗이 없어 서책을 쌓아 두고
만고 인물을 거슬러 헤여하니	먼 옛날 인물들을 거슬러 생각하니
성현도 많거니와 호걸도 하도 할샤	성현도 많거니와 호걸도 많고 많구나.
하늘 삼기실 제 곧 무심할까마는	하늘이 (인간을) 만드실 때 어찌 무심하였겠냐마는
어찌한 시운(時運)이 흥망이 있었는고	어찌한 시대의 운수가 흥함과 망함이 있었는가?
모를 일도 하거니와 애달픔도 그지없다	모를 일도 많거니와 애달픔도 끝이 없다.
기산의 늙은 고블* 귀는 어찌 씻었던고	기산의 허유가 귀는 어찌 씻었던가?
박 소리 핑계하고* 지조가 가장 높다	표주박을 소리가 난다는 핑계로 버린 지조가 가장 높다.
인심이 낯 같아야 볼수록 새롭거늘	인심은 얼굴 같아서 볼수록 새롭거늘
세사는 구름이라 험하기도 험하구나	세상일은 구름이라 험하기도 험하구나.
엊그제 빚은 **술**이 얼마나 익었느냐	엊그제 빚은 술이 얼마나 익었느냐?
잡거니 밀거니 실컷 기울이니	(술잔을) 잡거니 밀거니 실컷 기울이니
마음에 맺힌 시름 조금은 풀리나다	마음에 맺힌 시름이 조금이나마 풀리는구나.

[A]

* 소선 : 소동파를 신선에 빗댄 말.　　* 적선 : 이태백을 신선에 빗댄 말.　　* 경요굴 : 눈 내린 성산의 모습을 빗댄 말.

* 고블 : 기산에 은거한 인물인 허유(許由). 허유는 고대 중국의 전설상의 인물로, 요임금이 자신의 후임자가 되어 천하를 다스려 달라고 하자 이를 거절하고 기산(箕山)에 은거했다고 전해짐. 기산에서 같은 부탁을 또 듣게 되자 근처 물가('영수(潁水)'로 가 귀를 씻었는데, 마침 소를 몰고 와 소에게 물을 먹이려던 '소부(巢父)'가 허유에게 귀를 씻는 연유를 묻자, 허유는 요임금에게 자신의 뒤를 이으라는 더러운 소리를 들어 귀를 씻는다고 하였고, 소부는 그런 물을 자신의 소에게 먹일 수 없다며 상류로 소를 몰았다고 전해짐.

* 박 소리 핑계하고 : 늘 빈손으로 홀가분하게 다니던 허유가 물가에서 손으로 물을 떠 마시자 누군가 그에게 표주박을 선물로 줌. 허유는 그 표주박으로 물을 떠 마시고 표주박을 나무에 걸어 두었는데, 늘 빈손으로 다니던 허유에게는 그마저도 짐이 됨. 마침 바람이 불어 달그락 소리가 나자 허유는 미련 없이 표주박을 버려 버림.

● **작품 해설** 이 작품은 정철이 벼슬길에 나서기 전 전남 담양의 성산에 머물 때 지은 가사예요. 성산에 있는 서하당과 식영정 주변의 아름다운 자연 경관과 그곳에 은거하는 이의 풍류 생활을 예찬하고 있어요. 계절의 변화에 따른 성산 주변의 아름다움을 묘사한 이 작품의 다른 부분에서는 작가인 정철로 추정되는 나그네('손')와 서하당, 식영정의 주인인 김성원으로 추정되는 '주인'이 등장하는데, 두 사람의 문답 형식을 통해 성산의 외적인 생활 환경과 내적인 정신 세계를 그려내고 있어요.

● **상황** 화자는 먼저 아름다운 성산의 풍경을 바라봅니다. 가을과 겨울의 경치가 나타나 있네요. 그러다 책을 읽으며 성현과 호걸들의 흥망을 확인하고는 은일지사로 알려진 허유를 떠올린 뒤, 험한 세상살이를 생각하며 술잔을 기울이고 있어요.

- **정서 및 태도** 화자는 성산의 풍경을 예찬하고 있어요. 용과 학이 나타난 듯하고, 중국의 이름난 문인들이 향유한 것보다 성산의 풍경이 더 멋지다고 하지요. 이후 책을 보던 화자는 성현들의 흥망 앞에서 애달픔을 느끼며, 벼슬하지 않고 숨어 지냈던 허유의 지조를 최고라고 생각하게 돼요. 그러고는 술을 마시며 세상살이의 걱정을 잊으려 하지요.
- **주제** 아름다운 성산에 묻혀서 사는 삶의 흥취

(나) 작자 미상, 〈생매 잡아 길 잘 들여~〉
- **지문 해설**

생매 잡아 길 잘 들여 먼 산 두메로 꿩 사냥 보내고 흰 말 구불구종* 갈기 솔솔 활활 솰솰 하여 임의 집 송정 뒤 잔디 잔디 금잔디 밭에 말 말뚝 꽝꽝쌍쌍 박아 숭마 바 고삐 길게 늘려 매고 앞내 여울 고기 뒷내 여울 고기 오르는 고기 내리는 고기 자나 굵으나 굵으나 자나 주섬주섬 낚아 내어 시내 동으로 뻗은 움버들 가지 와지끈 뚝딱 꺾어 거꾸로 잡고 잎사귀 셋만 남기고 주루룩 훑어 아가미 너슬너슬 꿰어 시내 잔잔 흐르는 물에 납작 실죽 청바둑돌로 임도 모르고 아무도 모르게 가만히 살짝 자기자 장단 맞춰 지근지근 눌러 놓고 동자야 이 뒤에 학 타신 **선관**이 날 찾거든 그물 낚싯대 종이 종다래끼* 파리 밥풀통 고추장 **술병**까지 가지고 뒷내 여울로 오라고 일러만 주소 아마도 산중호걸이 **나**뿐인가 하노라	야생 매를 잡아 길을 잘 들여 먼 산골로 꿩 사냥 보내고, 흰 말은 말 모는 하인에게 갈기 솔질을 하게 하여 임의 집 소나무 정자 뒤 잔디밭에 말뚝을 박아 고삐를 길게 늘려 매어 두고 앞내 여울의 고기 뒷내 여울의 고기, 올라가는 고기 내려가는 고기, 가늘거나 굵거나 굵거나 가늘거나, 주섬주섬 낚아 내어, 시내의 동쪽으로 뻗은 새싹 버들가지 꺾어 거꾸로 잡고 잎사귀 셋만 남기고 주르륵 훑어 아가미를 꿰어, 시내 잔잔히 흐르는 물에 납작한 청바둑돌로, 임도 모르고 아무도 모르게 가만히 살짝 장단 맞추어 지그시 눌러 놓고, 동자야, 이 뒤에 학 타신 선관(신선)이 날 찾거든 그물, 낚싯대, 작은 바구니, 파리 밥풀통, 고추장, 술병까지 가지고 뒷내 여울로 오라고 알려만 주소. 아마도 산중호걸이 나뿐인가 하노라.

*구불구종 : 말 모는 하인. *종다래끼 : 작은 바구니.

- **작품 해설** 이 작품은 자연 속에서 꿩 사냥과 고기잡이를 하는 일상적 삶의 즐거움과 풍류를 노래한 사설 시조예요.
- **상황, 정서 및 태도** 초장에는 화자가 야생 매를 길들여 꿩을 사냥하고 말을 돌보는 모습이, 중장에는 화자가 냇가에서 물고기를 잡으며 풍류를 즐기는 모습이 생동감 넘치는 장면으로 묘사되어 있어요. 그리고 화자는 이러한 자신의 삶의 모습이 신선에게 보여 줄 만하다고 생각하고 있죠. 스스로를 산중호걸이라 일컫는 데에서 이러한 지부심을 확인할 수 있어요.
- **주제** 동물을 길들이고 물고기를 잡으며 풍류를 즐기는 삶에 대한 자부심

01 {유형 ❶ 표현상의 특징 + 유형 ❷ 내용 이해}

이게 정답! ② (나)의 초장에서 하인이 말을 손질하는 모습, 중장에서 화자가 물고기를 잡는 모습을 묘사한 부분을 보면 여러 음성 상징어들이 나오는 것을 확인할 수 있어요. 초장의 '활활 솰솰'은 말을 손질하는 하인의 행위를, '꽝꽝쌍쌍'은 말뚝 박는 행위를 역동적으로 나타낸 표현이며, 중장의 '주섬주섬', '와지끈 뚝딱', '주루룩', '너슬너슬' 등은 물고기를 잡아 손질하는 화자의 행위를 역동적으로 나타낸 표현으로 볼 수 있어요.

왜 답이 아니지? ① (가)에는 '성현도 많거니와 호걸도 하도 할샤', '기산의 늙은 고블 귀는 어찌 씻었던고' 등에서 영탄적 표현이 나타나기는 하지만, 이를 통해 인물에 대한 그리움을 드러내고 있는 것은 아니에요.
③ (가)에서는 자연 정경의 변화를 묘사하고 있는데, 공간의 이동이 나타난다고 볼 수도 있지만, 시선의 이동과 계절의 변화가 더 두드러지게 나타나요. (나)에서는 초장에 야생 매 길들이기와 말 손질하기가, 중장에 개울에서의 물고기 잡기가 묘사되어 있어요. 두 개의 개별적 공간에서의 화자의 모습이 제시되어 있으므로 공간의 이동이 나타난다고 볼 수 있지만, 이를 통해 다양한 대상의 면모를 드러내고 있는 것은 아니에요.
④ (가)에서는 자연의 아름다움을 예찬하던 화자가 책을 읽고 애달픔을 느낀 후 술로 세상사의 고달픔을 잊으려 하고 있으므로 시간의 흐름에 따라 인물의 심리가 변화하고 있다고 볼 수 있어요. (나)에서는 화자가 야생 매를 길들여 꿩 사냥을 한 후 개울에서 고기잡이를 하는 등 시간의 흐름에 따라 시상이 전개되고 있기는 하지만, 이에 따라 화자의 심리가 변화하는 양상은 드러나지 않아요.
⑤ (가)의 '성현도 많거니와 호걸도 하도 할샤'나 '모를 일도 하거니와 애달픔도 그지없다'에 대구가 나타난다고 볼 수 있지만, 해당 시구에서 대조적 대상의 속성이 드러나지는 않아요. '성현'과 '호걸', '모를 일'과 '애달픔'을 대조적 대상으로 볼 수는 없죠. (나)의 중장에서는 '앞내 여울 고기 뒷내 여울 고기 오르는 고기 내리는 고기 자나 굵으나 굵으나 자나' 등에 대구가 사용되었는데, 여기서 '오르는 고기'와 '내리는 고기', '굵으나 자나 자나 굵으나'를 대조적 대상으로 볼 수도 있어요.

정답 ②

02 {유형 ❷ 내용 이해}

이게 정답! ④ [A]에서 화자는 책 속 성현과 호걸들의 삶을 생각하며 '어찌한 시운이 흥망이 있었는고', '모를 일도 하거니와 애달픔도 그지없다'라고 말하고 있어요. 이는 변화가 심한 인간사에 대한 안타까움을 드러낸 것이므로, 여기에 인물의 담담한 태도가 드러난다고 보는 것은 적절하지 않아요. 또한 화자가 이상에 미치지 못하는 현실을 수용하고 있다고 보는 것도 적절하지 않아요. 시운으로 인한 흥망성쇠는 이상에 미치지 못하는 현실이라고 볼 수 있지만, 화자는 이를 안타까워하고 있으므로 이러한 현실을 수용하고 있다고 보기는 힘들어요.

왜 답이 아니지? ① [A]에서 화자는 가을철 '공산'에 쌓인 잎을 '삭풍'이 쓸고 간 뒤 구름이 눈을 몰고 와 산이 눈으로 뒤덮인 것을 '천공이 호사로워 옥으로 꽃을 지'었다고 표현했어요. 이는 화자가 자신이 거처하는 공간인 성산의 아름다움을, 계절에 따른 자연의 변화를 통해 인식한 것으로 볼 수 있어요.

② '경요굴'은 눈 내린 성산의 모습을 빗댄 말이에요. 화자는 '앞 여울'을 건너가는 노승을 보고 경요굴 숨은 세계를 찾을 이가 있을까 봐 두렵다고 말하고 있어요. 이를 통해 화자가 성산의 빼어난 경치를 소중하게 여기고 있으며, 성산의 경치가 속세의 사람들에게 알려지는 것을 염려하고 있음을 짐작할 수 있죠.

③ [A]에서 외적 풍경의 아름다움을 예찬하던 화자는 눈을 돌려 벗이 없는 '산중'에서 '만고 인물'을 생각하고 있어요. 적적한 상황에 놓인 화자가 책을 보며 산중에서 성현과 호걸들을 떠올리고 애달파하는 것은 정신적 세계에 주목하는 것이라고 볼 수 있어요.

⑤ '기산의 늙은 고블'은 기산에 은거했다고 알려진 전설적 인물 허유를 가리키는 말이에요. 화자는 허유의 삶이 지조가 가장 높다고 표현했는데, 이는 세상과 단절하고 은거하는 삶을 화자가 긍정적으로 인식하고 있음을 드러내는 거예요. 즉, 험한 세사와의 단절과 은거 지향에 대한 화자의 긍정적 인식이 허유라는 인물의 삶에 대한 평가를 통해 드러나 있어요.　　　　**정답** ④

03 {유형 ❸ 〈보기〉 활용 문제}

이제 정답! ① (가)에서 소 먹이는 아이들이 피리를 불자 물 아래 잠긴 '용'이 잠에서 깨어 일어날 듯하다고 하였어요. 〈보기〉에 따르면 (가)의 자연은 신선들이 노닐 것같이 아름다운, 탈속적이고 고고한 가치를 추구하는 곳이므로 '용'은 그러한 분위기를 환상적으로 표현한 소재라고 할 수 있어요. 하지만 (나)에서 '생매'는 꿩 사냥에 동원된 새인 '매'를 가리키는 것으로, 이를 고고한 취향을 보여 주는 소재로 보는 것은 적절하지 않아요. (나)의 '생매'는 〈보기〉에서 풍요롭고 활달하며 흥겹게 놀이를 펼치는 곳으로서의 자연과 관련이 있는 소재라고 볼 수 있어요.

왜 답이 아니지? ② (가)의 '학'은 '용'과 비슷한 느낌의 소재로, 〈보기〉에서 속세와 구별되는 청정한 이상 세계로서의 자연의 아름다움을 구현하는 소재로 볼 수 있어요. 또한 (나)에서의 '고기'는 앞내 여울과 뒷내 여울을 오르내리는 물고기로, 화자는 이 물고기를 많이 잡아 움버들 가지에 꿰어 놓았죠. 이는 〈보기〉에서 풍요롭고 생동하는 세계로서의 자연을 표현하는 소재로 볼 수 있어요.

③ 〈보기〉에서 (가)의 자연은 신선의 이미지를 통해 탈속적이고 고고한 가치를 추구하는 곳이라고 하였어요. (가)의 화자는 아름다운 성산을 보며 '소선', '적선'을 떠올리고 있는데, '소선', '적선'은 옛 중국의 인물들을 신선에 빗댄 말이므로 청정한 강호의 세계에서 떠올린 인물의 이미지에 해당해요. 또한 〈보기〉에서 (나)는 신선의 이미지를 통해 멋이 고조된다고 하였는데, (나)의 화자는 학 타신 '선관'이 자신 곁으로 왔으면 좋겠다는 마음을 드러내고 있어요. 그러므로 '선관'은 화자가 함께 물고기를 잡으며 풍류를 즐기고자 하는 인물을 멋스럽게 표현한 것으로 볼 수 있어요.

④ (가)의 '산옹'은 서하당과 식영정의 주인인 김성원으로 알려져 있는데, 이를 모르더라도 문제를 푸는 데 크게 상관이 없어요. (가)에서 '산옹'은 계절의 변화에 따른 산의 모습을 바라보며 이상 세계의 삶을 지향하는 인물이에요. 〈보기〉에서 (가)의 자연은 속세와 구별되는 청정한 이상 세계라고 하였으므로 (가)에 대한 설명은 적절해요. (나)의 초장에는 화자가 매를 이용하여 꿩 사냥을 하는 모습이, 중장에는 화자가 물고기를 잡는 모습이 나타나 있어요. 이는 〈보기〉에 따르면 인물이 현실적 풍류와 즐거움을 향유하는 행위로 볼 수 있네요.

⑤ (가)에서 화자는 세상일이 구름처럼 험하다고 탄식하며 술을 마신 후에 시름이 조금 풀렸다고 하였으므로, '술'은 강호에서 세상에 대한 시름을 달래 주는 소재에 해당해요. (나)의 화자는 동자에게 학 타신 선관이 자신을 찾으면 낚시 도구와 술을 가져 오라는 말을 전해 달라고 당부하고 있으므로, '술병'은 물고기를 잡는 풍류의 장에 흥취를 더해 줄 소재로 볼 수 있어요.　　　　**정답** ①

(가) 이황, 〈도산십이곡〉
● 지문 해설

제1수	이런들 어떠하며 저런들 어떠하랴
이런들 어떠하며 저런들 어떠하료	시골에 묻혀 사는 어리석은 사람이 이렇다고 한들 어떠하랴
초야우생(草野愚生)이 이렇다 어떠하료	하물며 자연을 몹시 사랑하는 이 병을 고쳐서 무엇하랴
하물며 **천석고황(泉石膏肓)**을 고쳐 므슴하료	

[A]

제2수	
연하(煙霞)로 집을 삼고 풍월(風月)로 **벗을 삼아**	안개와 노을로 집을 삼고, 바람과 달로 벗을 삼아
태평성대에 병으로 늙어 가네	태평한 시대에 병으로 늙어 가는구나
이 중에 바라는 일은 **허물이나 없고자**	이 가운데 바라는 일은 허물이나 없고자 하노라

제6수	
춘풍(春風)에 화만산(花滿山)하고 추야(秋夜)에 월만대(月滿臺)라	봄바람에 꽃은 산에 가득 피어 있고, 가을밤에 달빛은 누대에 가득하구나
사시 가흥(佳興)이 사람과 한가지라	사계절이 각각 지닌 흥취는 사람과 한가지라
하물며 어약연비(魚躍鳶飛) 운영천광(雲影天光)이야 어느 끝이 있으리	하물며 물고기가 뛰놀고 솔개는 나는, 구름이 그늘을 짓고 햇빛이 빛나는 것에 어찌 다함이 있겠는가

● 작품 해설 이 작품은 작가가 만년에 은퇴하여 안동에 도산 서원을 세우고 후진을 양성하면서 지은 12수의 연시조예요. 12수는 두 부분으로 나눠지는데 전 6곡인 '언지(言志)'에는 자연과 더불어 살아가는 것이 작가가 추구하는 도를 지향하는 것임이, 그리고 후 6곡인 '언학(言學)'에는 학문의 즐거움과 학문 수양에 정진하는 삶의 자세가 나타나 있어요. (가)는 모두 전 6곡인 '언지'에 해당하는데, 자연에 동화된 생활을 하는 화자의 감흥과 자연을 바라보는 화자의 긍정적 태도가 잘 드러나 있어요.

● 상황 '초야우생(시골에 묻혀 사는 어리석은 사람)'이나 '천석고황(자연의 아름다운 경치를 몹시 사랑하고 즐기는 병)', '연하(안개와 노을)로 집을 삼고 풍월(바람과 달)로 벗을 삼아', '춘풍(봄바람)에 화만산(꽃이 가득한 산)하고' 등 작품 대부분에서 화자가 자연 속에서 자연과 하나 되는 삶을 살아가고 있음을 확인할 수 있어요.

● 정서 및 태도 화자는 자연과 더불어 살아가는 삶을 긍정적으로 여기고 있어요. '초야우생'이 어떠냐고 묻는 것이나 '천석고황'을 고칠 필요가 없다고 하는 것 등에서 화자가 이러한 자신의 삶에 만족하고 있음을 알 수 있지요. 또한 '사시 가흥(사계절이 각각 지닌 흥취)이 사람과 같다'고 하는 부분 등에서도 자연에 머물며 살아가는 삶을 긍정하는 화자의 정서와 태도를 살펴볼 수 있어요.

● 주제 자연과 더불어 사는 삶의 가치와 학문 수양의 길

(나) 김득연, 〈지수정가〉

● 지문 해설

산가(山家) 풍수설에 동구 못이 좋다 할새	산가의 풍수에 관한 학설에 동네 어귀에 연못 있는 게 좋다 하니
십 년을 경영하여 한 땅을 얻으니	십 년을 계획해서 한 땅을 얻으니
형세는 좁고 굵은 암석은 많고 많다	땅의 모양은 좁고 굵은 암석은 많고 많다.
옛 길을 새로 내고 작은 연못 파서	옛 길을 새로 내고 작은 연못을 파서
활수*를 끌어 들여 가는 것을 머물게 하니 [B]	흐르는 물을 끌어 들여 가는 물을 머물게 하니
맑은 거울 티 없어 산 그림자 잠겨 있다	맑은 거울(연못)은 티가 없어 산의 그림자가 잠겨 있다.
천고(千古)에 황무지를 아무도 모르더니	아주 오랜 세월 동안 황무지를 아무도 모르더니
일조(一朝)에 진면목을 내 혼자 알았노라	하루아침에 진면목을 나 혼자 알았노라.
처음의 이 내 뜻은 물 머물게 할 뿐이더니	처음의 이 내 뜻은 물을 머물게 할 뿐이었는데
이제는 돌아보니 가지가지 다 좋구나	이제는 돌아보니 가지가지 다 좋구나.
백석은 치치(齒齒)하여 은도로 새겨 있고	흰 돌은 나란히 있어 은빛 칼로 새긴 듯하고
벽류는 콸콸 흘러 옥 술잔을 때리는 듯	푸른 물은 콸콸 흘러 옥 술잔을 때리는 듯
첩첩한 산들은 좌우의 병풍이요	첩첩한 산들은 좌우의 병풍이요
빽빽한 소나무는 전후의 울타리로디	빽빽한 소나무는 앞뒤의 울타리로나.
구곡 상하대는 층층이 둘러 있고	아홉 굽이 상하대는 층층이 둘러져 있고
삼경(三逕) 송국죽(松菊竹)은 줄지어 벌여 있다	세 갈래 오솔길의 소나무, 국화, 대나무는 줄줄이 벌여 있다.
하물며 바위 벼랑 높은 위에 노송이 용이 되어 구부려 누웠거늘	하물며 바위 벼랑 높은 위에 늙은 소나무가 용이 되어 구부려 누웠거늘
운근(雲根)을 베어 내고 ㉠ 작은 정자 붙여 세워	구름(나무뿌리)을 베어 내고 작은 정자를 붙여 세워
띠 풀로 지붕 이고 자르지 않으니 이것이 어떤 집인가	띠 풀로 지붕을 이고 자르지 않으니 이것이 어떤 집인가.
남양의 제갈려인가 무이의 와룡암인가*	남양의 제갈려인가 무이의 와룡암인가.
다시금 살펴보니 필굉 위언의 그림의 것이로다	다시금 살펴보니 필굉과 위언의 그림 속의 것이로다.
무릉도원을 예 듣고 못 봤더니	무릉도원을 옛날에 듣고 못 봤더니
이제야 알겠구나 이 진짜 거기로다	이제야 알겠구나, 이곳이 진짜 거기로다.

＊ 활수 : 흐르는 물   ＊ 남양의 제갈려, 무이의 와룡암 : 옛 현인이 은거한 거처

● 작품 해설 제목인 '지수정가'는 '지수정'이라는 정자의 노래라는 뜻으로, 조선 중기의 문인 김득연이 지수정과 그 주변의 자연 풍광을 노래한 가사예요. 와룡산을 배경으로 하여 화자 자신이 직접 세운 정자인 지수정과 이를 둘러싼 자연물의 아름다움을 노래하고 있어요.

● 상황 화자는 '지수정'을 만들게 된 경위를 서술하고 이후 지수정의 아름다움을 노래하고 있어요. 즉, '작은 정자 붙여 세워'에서 지수정을 화자가 직접 조성했음을, '그림의 것', '무릉도원'과 같은 표현에서 그 경치를 즐기고 있는 상황임을 알 수 있어요.

● 정서 및 태도 화자는 '첩첩한 산들은 좌우의 병풍', '빽빽한 소나무는 전후의 울타리'와 같은 비유적 표현을 통해 지수정 주변의 아름다움을 노래하고 있어요. 또한 '남양의 제갈려인가 무이의 와룡암인가'와 같은 표현을 통해 지수정의 아름다움을 함께 드러내고 있죠. 즉, 화자는 지수정과 지수정 주변의 아름다움을 만끽하며 이에 만족해하고 있어요.

● 주제 지수정을 짓고 자연에 거하는 삶에 대한 만족감

(다) 김훈, 〈겸재의 빛〉

● 지문 해설

내 초로의 어느 가을날, 나는 겸재가 동해안을 따라 내려가면서 동해 승경을 화폭에 옮겼던 월송정, 망양정, 청간정, 성류
　　노년에 접어드는 나이　　　　　　　　겸재 정선 조선 후기의 화가로 산수화로 유명함　　　뛰어난 경치
굴을 일삼아 떠돌아다녔다. 망양정은 옛 기성면의 바닷가에서 지금의 근남면 산포리로 옮겨 세운 지가 140여 년이 넘어, 기
　　　　　　　　　　　경상북도 울진군 해안에 있는 정자. 관동팔경의 하나
성면의 ⓛ <u>옛 망양정 자리</u>는 도로 공사로 단애의 허리가 잘리워 나가, 바닷물은 단애 끝으로부터 멀찌감치 쫓겨났고 그 사이
　　　　　　　　　깎아 세운 듯한 낭떠러지　　　위치의 변화가 나타남
는 시멘트 칠갑이 되어 있었다. 정자 터는 사방이 깎여져 나갔고 화폭 속의 소나무 숲도 베어져 버린 채, 그 언덕은 그저 무의
물리적인 다른 물질을 흠뻑 칠하여 상황이어도　　도로 공사로 인해 화폭 속의 모습을 찾아볼 수 없음
미한 흙더미로 변해 있었다. 마을의 고로(古老)들도 그곳에 들어서 있던 정자를 본 일은 없었고, 다만 그들의 증조나 고조로
　　　　　　　　　　경험 많고 옛일을 잘 알고 있는 늙은이　　　　　　옛 망양정이 사라진 지 시간이 많이 흘렀음을 알 수 있음
부터 전해 오는 구전에 의해 그 흙더미가 망양정 옛터였음을 옮길 뿐이었다.

　　겸재의 화폭을 마음속에 앞세우고 겸재 실경산수(實景山水)의 자리를 찾을 적에 그곳에 옛 정자가 이미 오래전에 없어져
　　　　　　　　　　　　　　　　겸재의 그림 속에 나오는 실제 위치
버린 그 허전한 사태는 그다지 허전하지 않았다. 왜 그런가. 현실 속의 정자에 오르면 화폭 속의 정자는 보이지 않는다. 육신
현실 공간을 앞세워 정자를 찾아오는 글쓴이의 마음이 허전하지 않음　　　　　　　　　　글쓴이의 마음이 허전하지 않은 이유
의 눈을 앞세워 정자를 찾아오는 자에게는 풍경 전체 속에서 인간세의 위치와 규모를 대표하는 상징으로서의 정자는 보이지
실제 망양정을 보기 위해 오는 사람들　　　　실제 망양정을 보기 위해 오는 사람들은 망양정이 상징하는 진정한 가치를 알아보지 못함
않는다. / (중략)

[C]
　　먼 산을 그릴 때 그는 그 산과 인간 사이의 거리를 그리는 것이 아니라, **그 거리를 들여다보는 시선의 깊이를 그린다.**
　　　　　　　　　　겸재 실제 물리적 거리감　　　　　　　　　　　　　　세계를 관찰하는 인간과의 관계
　　먼 것들은 원근상의 거리에 의해 격리되는 것이 아니라, 깊이에 의해 자리 잡는다. 겸재의 화폭 속에서 풍경은 **가깝다는**
　　물리적인 거리감에 기초하는 것이 아니라, 세계를 관찰하는 인간과의 관계에 의해 그려짐
　　이유만으로 사실성을 부여받지 않고 또 멀다는 이유만으로 사실성을 박탈당하지 않는다. 대체로 그의 그림 속에서는 인
　　실물의 사실성이 아니라, 화가에 의해 재구성된 시선으로 그림이 그려짐을 의미함
　　간과 인간에 직접 관련된 것들 – 정자, 집, 배, 나귀, 가마, 화분, 성곽 같은 것들이 **비교적 명료한 사실성을 띠고 있지만,**
　　그 사실성은 원근에 의해 정립되는 사실성이 아니라, **세계를 관찰하는 인간과의 관계 속에서 정립되는 사실성**이다.
　　　　　겸재의 그림에 담긴 겸재의 그림 철학

● 작품 해설 글쓴이가 조선 시대의 화가 겸재 정선이 그림의 소재로 삼았던 동해안의 여러 승경을 찾아다니며 겸재의 그림에 담긴 의미를 반추한
내용을 서술한 수필이에요. 주어진 지문에서 글쓴이는 관동팔경의 하나인 망양정의 옛 터를 찾아가는데, 공사로 인해 화폭 속의 모습을 찾아볼 수는
없었어요. 이 경험을 통해 글쓴이는 현실의 풍경과 그림 속 풍경 사이의 괴리를 간파하게 되죠. 그리고 그 이유가 겸재의 그림에서 사실성은 물리적
거리감에 근거하는 것이 아니라, 세계를 관찰하는 인간과의 관계 속에서 정립되었기 때문이라고 설명하고 있어요.
● 주제 겸재의 그림에 나타난 원근과 사실성의 의미

04 {유형 ❶ 표현상의 특징 + 유형 ❷ 내용 이해}

이게 정답! ① (가)에는 조화로운 자연의 모습에 주목하여 이를 지향하고자 하는 화자의 자세가, (나)에는 주변 자연과 어우러져 하나가 되고
자 하는 화자의 자세가 나타나 있어요. 또한 (다)에는 겸재의 그림에 나타난 사실성이 주는 가치를 추구하는 글쓴이의 자세가 나타나 있지요. 즉,
(가)~(다) 모두 대상에 주목하여 대상과 관련된 가치를 추구하는 자세를 나타내고 있음을 알 수 있어요.

왜 답이 아니지? ② (가)~(다) 모두에서 부정적인 현실을 비판하는 모습은 나타나지 않아요. 또한 좌절을 극복하려는 의지도 부각하고 있지 않고요.
③ '현실을 통찰'한다는 것은 현실 세계가 지닌 문제점이나 모순 등을 분석하고 파악하는 것을 말하는데, (가)~(다) 모두에서 이러한 현실 통찰의
자세는 나오지 않아요. (가), (나)에서는 이상적인 자연의 모습을, (다)에서는 현실의 풍경과 그림 속 풍경을 비교하며 그림의 사실성이 주는 가치를
이야기하고 있지요. 또한 관용적 삶에 대한 지향 역시 세 작품 모두에서 나타나지 않고요.
④ (가)의 〈제6수〉에서는 '춘풍', '추야' 등의 시어에서 계절감을 활용하고 있지만, (나)와 (다)에서는 이러한 계절감을 활용한 부분을 찾을 수 없어요.
⑤ (가)~(다) 모두 가상의 상황은 제시되어 있지 않아요. 세 작품 모두 화자와 글쓴이가 실제 그 자리에 머물면서 주변의 자연을 보고 있으니까요.
또한 환상적 분위기도 드러나지 않아요.　　　　　　　　　　　　　　　　　　　　　　　　　　　　　　　　　　　　　**정답 ①**

05 {유형 ❶ 표현상의 특징 + 유형 ❷ 내용 이해}

이게 정답! ⑤ [A]의 '허물이나 없고자'는 화자가 자연을 벗 삼아 늙어 가는 과정에서 바라고 있는 것으로, 미래에 대한 화자의 바람이라고 볼 수
있어요. 하지만 [B]의 '티 없어'는 화자가 연못을 다 만든 후에 연못에 비친 '산'의 모습을 보고 연못을 '맑은 거울'에 비유하여 표현한 거예요. 즉, 대
상을 관찰하기 전이 아니라 관찰한 후에 나타난 화자의 평가에 해당해요.

왜 답이 아니지? ① [A]의 〈제1수〉 초장은 '이런들'과 '저런들', '어떠하며'와 '어떠하료'와 같은 유사한 어휘의 반복을 통해 리듬감을 형성하고 있어요.
② [A]의 〈제2수〉 초장 '연하로 집을 삼고'는 자연 친화적인 모습에 해당하며, 이는 〈제1수〉 종장의 '천석고황을 고쳐 므슴하료'에서의 자연 친화적인
모습과 연결되어 있어요. 즉, 자연을 너무 사랑하고 즐기는 화자의 모습이 〈제1수〉 종장에서 〈제2수〉 초장으로 이어지고 있는 거예요.
③ [B]에서는 '작은 연못'을 '맑은 거울'에 비유하면서 '티 없이' 깨끗하다고 하고 있어요. 이는 '산 그림자'가 담긴 '작은 연못'의 경관을 묘사한 것으
로, 깨끗한 자연의 형상을 보여 주는 것에 해당해요.
④ [A]에서 '집을 삼고'와 '벗을 삼는'는 각각 '연하(안개와 노을)'와 '풍월(바람과 달)'을 대상으로 삼고 있는데, 이는 연하와 풍월을 집과 벗으로 여길

만큼 화자가 대상을 가깝게 느끼고 있음을 보여 주는 거예요. 따라서 화자와 대상의 가까운 관계를 제시하고 있다고 볼 수 있지요. 또한 [B]의 화자는 '활수(흐르는 물)'를 '끌어 들여' '머물게 하'였다고 했어요. 이는 활수를 가까이 하고 싶어 하는 화자의 행동을 제시한 것으로 볼 수 있어요.

정답 ⑤

06 〔유형 ❸ 〈보기〉 활용 문제〕

이게 정답! ③ 〈보기〉를 보면, (가)에서는 강호가 자연의 이치와 인간이 지향하는 이치가 일치하는 이상적 공간으로, (나)에서는 강호가 자연에서 생활하며 자연의 가치를 새롭게 발견할 수 있는 공간으로 나타난다고 했어요. 그러면서 (가)의 화자는 조화로운 자연과 합일하고 있으며, (나)의 화자는 자연의 구체적인 묘사를 통해 자연의 가치를 확인한다고 하였죠. (가)의 '천석고황'은 화자가 자연에서 살아가는 자신의 삶에 대한 만족감을 드러낸 시어이지, 이상적 공간에 다다르지 못한 아쉬움을 표현한 것이 아니에요. (가)의 화자가 이상적으로 생각하는 곳은 '강호'이고, 이곳은 곧 자연에 해당하며, 화자는 조화로운 자연과 합일하고 있으니까요. 한편, (나)의 화자는 자신이 지은 정자를 스스로 '무릉도원'이라고 칭하며 자신이 생활하는 공간에서 이상적인 자연의 모습을 발견하였음을 드러내고 있어요. 그러므로 '무릉도원'이 현실적 공간을 이상적 공간으로 바라보는 화자의 인식이 나타난 말이라는 설명은 적절해요.

왜 답이 아니지? ① (가)의 '초야우생'은 '시골에 묻혀 사는 어리석은 사람'이라는 뜻으로, 화자 자신을 지칭하는 시어예요. 그리고 이러한 화자가 머무는 곳이 강호인데, 이 강호가 곧 〈보기〉에서 설명하고 있는 자연의 이치와 인간이 지향하는 이치가 일치된 이상적 공간이지요.
② (나)의 '내 혼자 알았노라'는 오랫동안 아무도 몰랐던 '황무지'의 '진면목'을 화자가 알았다는 뜻이에요. 〈보기〉에 의하면 (나)의 강호는 자연에서 생활하면서 자연의 가치를 새롭게 발견할 수 있는 공간이므로, '내 혼자 알았노라'는 자연에서 생활하면서 하루아침에 자연의 가치를 발견한 화자의 심정을 드러내는 말로 볼 수 있어요.
④ (가)의 '사람과 한가지라'는 '사시 가흥(사계절의 흥취)'이 '사람'과 같다는 의미예요. 이는 〈보기〉에서 강호를 '자연의 이치와 인간이 지향하는 이치가 일치된 이상적 공간'으로 봤다는 것과 연결되는 진술이네요. (나)의 '가지가지 다 좋구나' 뒤에 나오는 '백석', '벽류', '첩첩한 산들'과 같은 지수정 주변의 아름다운 자연 풍경에 대해 감탄하는 것이니까, 자연의 가치를 확인한 화자의 심정이 나타난 말로 볼 수 있어요.
⑤ (가)의 '춘풍에 화만산하고 추야에 월만대라'는 봄과 가을의 아름다운 자연을 이야기하는 것이므로, 계절의 양상을 통해 조화로운 자연을 드러낸 말이라고 볼 수 있어요. (나)의 '벽류는 콸콸 흘러 옥 술잔을 때리는 듯'은 맑고 푸른 물인 '벽류'가 힘차게 흐르는 모습을 비유한 것이므로, 화자가 발견한 자연의 아름다운 모습을 드러낸 말에 해당해요.

정답 ③

07 〔유형 ❷ 내용 이해〕

이게 정답! ③ ⊙ '작은 정자'는 '지수정'으로, 지수정에 대해 화자는 '남양의 제갈려, 무이의 와룡암'과 같은 옛 현인이 은거한 곳이자, '위언의 그림의 것'과도 같은 '무릉도원'이라 칭하고 있어요. 즉, 화자는 ⊙을 이상적인 공간으로 인식하고 있으며, ⊙은 화자에게 만족하며 머무르는 삶에 대해 생각하게 하는 공간임을 알 수 있어요. ⓒ '옛 망양정 자리'에서 글쓴이는 지금은 망양정이 없어졌지만 그럼에도 '그다지 허전하지 않았다'고 하면서 그 이유를 밝히고 있어요. 그러므로 ⓒ '옛 망양정 자리'는 글쓴이에게 허전하지 않은 이유에 대해 생각하게 하는 공간이라고 볼 수 있어요.

왜 답이 아니지? ① ⊙ '작은 정자'는 화자가 스스로 노력을 기울여 만든 인공물로 볼 수 있어요. 하지만 ⓒ '옛 망양정 자리'는 글쓴이가 의도하지 않게 찾아낸 장소가 아니라, 겸재의 화폭에 등장한 공간을 일삼아 찾아다니면서 방문한 곳이므로 적절하지 않아요.
② ⊙ '작은 정자'는 이상적 공간으로 화자가 만족하는 삶을 살게 하는 곳이지, 현실에서 명예를 실현하려는 의지를 보여 주는 곳은 아니에요. ⓒ '옛 망양정 자리'는 '도로 공사'로 인해 망양정이 사라졌으니까 현실에서 편의를 실현한 결과를 보여 준다고 볼 수도 있어요.
④ ⊙ '작은 정자'는 화자가 직접 자연에 머물기 위해 만든 곳인 만큼 일상적인 유용성을 상실한 공간이라고 보기는 어려워요. ⓒ '옛 망양정 자리'는 망양정을 보러 온 사람들의 입장에서는 옛 자리에 불과하기 때문에 본래적인 유용성을 상실한 공간이라고 볼 수 있지만, 글쓴이는 '그다지 허전하지 않았다'고 하면서 그 자리에서 겸재 그림의 의미를 밝히고 있으므로 적절하지 않은 설명이에요.
⑤ ⊙ '작은 정자'는 화자에게 만족하며 머무르는 삶을 생각하게 하는 공간이지만, 이것이 자신의 삶을 가다듬는 역할까지 하고 있는지는 정확히 알 수 없어요. ⓒ '옛 망양정 자리' 역시 글쓴이에게 자신의 삶을 비판하는 계기로 작용하고 있다고 보기 어려워요.

정답 ③

08 〔유형 ❸ 〈보기〉 활용 문제〕

이게 정답! ④ 〈보기〉에서 겸재는 눈에 보이는 그대로의 모습을 그리는 것이 아니라, 자신이 생각하는 구도로 풍경을 재구성하였다고 하였어요. 즉, 겸재의 그림은 실물의 모습을 그대로 옮겼다기보다는 그의 시선에서 재구성되었고 이것이 진정한 그림의 요체라는 것이지요. 이러한 관점에서 [C]를 보면, 겸재의 시선에서 '인간과 인간에 직접 관련된 것들'은 비교적 명료한 사실성을 띠고 있어요. 즉, 겸재의 시선은 '세계를 관찰하는 인간과의 관계'와 관련되며, 여기에서 정립되는 사실성이 곧 그림에서 나타나는 사실성에 해당하지요. 그런데 선택지 ④에서는 '비교적 명료한 사실성을 띠'도록 그리는 것은, 풍경의 원근감을 보이는 그대로 실현해야 한다는 의미라고 했어요. 풍경의 원근감을 보이는 그대로 실현하는 것은 〈보기〉의 '실물과 똑같이 그리는 것'에 해당하는데, 〈보기〉에서 이것이 능사가 아니라는 점을 증명한 것이 겸재의 그림이라고 하였으므로 적절하지 않은 반응이에요.

왜 답이 아니지? ① [C]에서 '먼 산을 그릴 때' 중요한 것은 '그 산과 인간 사이의 거리'가 아니라 '그 거리를 들여다보는 시선의 깊이'라고 하였어요. 이는 실물과 똑같이 그리는 것이 능사가 아니라는 〈보기〉의 내용에서도 확인할 수 있어요.
② '시선의 깊이를 그린다'는 건 곧 〈보기〉에서 말한 자신이 생각하는 구도로 풍경을 재구성하는 것이므로 적절한 반응이에요.
③ 〈보기〉와 [C]를 보면 겸재에게 중요한 건 거리가 아니라 화가의 시선이에요. 따라서 '가깝다는 이유만으로 사실성을 부여받지 않'는 까닭은, 대상을 표현할 때에 있는 그대로가 아니라 화가의 시선과 생각에 따라 재구성하여 빼거나 과장할 수 있기 때문임을 알 수 있어요.
⑤ 〈보기〉에서 진정한 그림의 요체는 '모든 대상이 화가의 시선에 의해 재구성'될 때 나타난다고 하였어요. '세계를 관찰하는 인간'은 그림을 표현하는 화가를 가리키는 것이므로, 화가가 바라보는 시선으로 세계가 재구성될 때에 사실성이 '정립'된다고 볼 수 있겠네요.

정답 ④

(가) 정훈, 〈탄궁가〉

● 지문 해설

춘일(春日)이 지지(遲遲)하여 뻐꾸기가 보채거늘	봄날이 늦이겨 뻐꾸기가 (농사일을) 재촉하거늘
동린(東隣)에 쟁기 얻고 서사(西舍)에 호미 얻고	동쪽 이웃에게서 쟁기 얻고 서쪽 집(이웃)에서 호미 얻고
집 안에 들어가 씨앗을 마련하니	집 안에 들어가 씨앗을 마련하니
㉠ 올벼 씨 한 말은 반 넘게 쥐 먹었고	올벼 씨 한 말은 반이 넘게 쥐가 먹었고
기장 피 조 팥은 서너 되 부쳤거늘	기장, 피, 조, 팥은 서너 되 심었거늘
한아(寒餓)한 식구 이리하여 어이 살리 / (중략)	춥고 배고픈 식구 이리해서 어찌 살겠는가. / (중략)
베틀 북도 쓸데없이 빈 벽에 남겨 두고	베틀 북도 쓸데없이 빈 벽에 남겨 두고
㉡ 솥 시루 버려두니 붉은 빛이 다 되었다	솥, 시루 버려두니 (녹이 슬어) 붉은 빛이 다 되었다.
세시 삭망 명절 제사는 무엇으로 해 올리며	세시 삭망 명절 제사는 무엇으로 준비해 올리며
원근 친척 내빈왕객(來賓往客)은 어이하여 접대할꼬	원근 친척, 손님은 어떻게 접대할까.
㉢ 이 얼굴 지녀 있어 어려운 일 하고 많다	이 얼굴 지니고 있어 어려운 일 많기도 많다.
이 원수 궁귀(窮鬼)를 어이하여 여의려뇨	이 원수 궁귀(가난 귀신)를 어찌해야 이별할까.
술에 후량을 갖추고 이름 불러 전송하여	술과 양식을 갖추고 이름 불러 배웅하여
길한 날 좋은 때에 사방으로 가라 하니	길한 날 좋은 때에 사방으로 가라 하니
웅얼웅얼 불평하며 원노(怨怒)하여 이른 말이	웅얼웅얼 불평하며 원망하고 화를 내며 하는 말이
어려서나 늙어서나 희로우락(喜怒憂樂)을 너와 함께하여	어려서나 늙어서나 기쁨, 분노, 걱정, 즐거움을 너와 함께하여
죽거나 살거나 여읠 줄이 없었거늘	죽거나 살거나 이별할 일이 없었거늘
어디 가 뉘 말 듣고 가라 하여 이르느뇨	어디 가서 누구 말을 듣고 가라고 이르는가.
우는 듯 꾸짖는 듯 온가지로 협박커늘	우는 듯 꾸짖는 듯 온갖 방법으로 협박하거늘
돌이켜 생각하니 네 말도 다 옳도다	돌이켜 생각하니 네 말도 다 옳구나.
무정한 세상은 다 나를 버리거늘	무정한 세상은 다 나를 버리거늘
네 혼자 유신하여 나를 아니 버리거든	너 혼자 나를 믿어 나를 버리지 않았거든
위협으로 회피하며 잔꾀로 여읠려냐	위협으로 회피하며 잔꾀로 이별하겠는가.
하늘 삼긴 이내 궁(窮)을 설마한들 어이하리	하늘이 만든 이 내 가난을 설마한들 어찌하리.
빈천도 내 분(分)이니 서러워해 무엇하리	빈천도 내 분수이니 서러워해 무엇하겠는가.

[A] 표시는 "이 원수 궁귀(窮鬼)를 ~ 빈천도 내 분(分)이니 서러워해 무엇하리" 구간에 걸쳐 있음.

● **작품 해설** 이 작품의 제목인 '탄궁가'는 '가난을 한탄(탄식)하며 부르는 노래'라는 뜻이에요. 곤궁한 생활을 벗어날 수 없음을 탄식하면서 결국 그 것을 수용하는 자세를 노래한 가사로, 일상적인 소재를 활용하여 가난을 사실적으로 그려 내고 있어요. '가난 귀신(궁귀)'과의 대화 상황을 제시한 부분에서는 인식의 변화를 바탕으로 자신의 삶을 수용하고자 하는 화자의 태도가 잘 드러나요.
● **상황** '한아(寒餓)한(춥고 배고픈) 식구'라는 표현, 베틀과 솥, 시루 등을 버려두고 있다는 점. 제사를 지내거나 손님을 대접할 수 없다는 표현 등을 통해 화자가 몹시 가난한 처지임을 알 수 있어요. 또한 '궁귀(가난 귀신)'라는 단어를 통해서도 화자의 처지를 직접적으로 확인할 수 있죠.
● **정서 및 태도** 화자는 자신의 처지로 인해 '어려운 일 하고 많다'며 가난으로 인한 고통을 드러내고 있어요. 그러면서 '궁귀'를 여의고자 하는 마음을 드러내기도 하죠. 그러나 '어려서나 늙어서나 희로우락(喜怒憂樂)'을 함께해 왔다는 궁귀의 말을 듣고 '빈천도 내 분'이라며 가난을 수용하려는 태도를 보이고 있어요.
● **주제** 가난으로 인한 고통과 이를 수용하려는 자세

(나) 위백규, 〈농가〉

● 지문 해설

제1수	
서산에 돋을볕 비추고 구름은 느지막이 내린다	서산에 아침 햇볕 비추고 구름은 느지막이 떠 있구나
비 온 뒤 묵은 풀이 뉘 밭이 우거졌던고	비 온 뒤 묵은 풀이 누구의 밭에 더 우거졌던가
㉣ 두어라 차례 정한 일이니 매는 대로 매리라	두어라 차례가 정해진 일이니 (묵은 풀을) 매는 대로 매리라
제7수	
면화는 세 다래 네 다래요 이른 벼의 패는 모가 곱난가	면화는 세 다래 네 다래요 이른 벼의 피는 모가 곱구나
오뉴월이 언제 가고 칠월이 반이로다	오뉴월이 벌써 가고 칠월 중순이구나
아마도 하느님 너희 삼길 제 날 위하여 삼기셨다	아마도 하늘이 너희를 만들 때 날 위하여 만들었도다

[B] 표시는 제7수 구간에 걸쳐 있음.

제8수

아이는 낚시질 가고 집사람은 절이채 친다	아이는 낚시질 가고 집사람은 절이채 친다
새 밥 익을 때에 새 술을 걸러셔라	새 밥 익을 때에 새 술을 거르리라
⑩ 아마도 밥 들이고 잔 잡을 때에 흥에 겨워 하노라	아마도 밥 들이고 잔 잡을 때에 흥에 겨워 하노라

- **작품 해설** 이 작품은 농촌 생활과 관련된 내용을 시간의 흐름에 따라 총 9수로 구성한 연시조예요. 농촌에서의 일상을 따뜻하면서도 편안한 시선으로 담아내고 있다는 점이 특징이지요. 농촌의 일상어를 사용하여 노동의 풍경과 일하는 사람들이 서로 유대하고 협력하는 모습, 밥상 앞에서 잔을 들고 흥겨워하는 모습 등을 친근감 있게 그려 내고 있어요. 또한 농촌을 건강한 노동이 이루어지는 공간으로 보는 동시에, 가난을 벗어난 이상화된 농촌상을 그려 냄으로써 색다른 느낌을 주고 있어요.
- **상황** 〈제1수〉에서는 비가 온 뒤 묵은 풀을 매고, 〈제7수〉에서는 농사의 결실인 면화와 이른 벼를 바라보고 있어요. 그리고 〈제8수〉에서는 농촌 생활의 풍요로움(밥과 술)을 누리고 있지요.
- **정서 및 태도** 화자는 농사일을 통해 얻은 결실, 풍요로움을 누리며 '흥에 겨워'하고 있어요.
- **주제** 농가의 생활과 농사일을 하는 즐거움

09 {유형 ❶ 표현상의 특징 + 유형 ❷ 내용 이해}

이게 정답! ④ '춘일'이라는 시어를 통해 이 작품의 계절적 배경이 '봄'이라는 것을 알 수 있어요. 그리고 봄이 되었는데도 뿌려야 할 씨앗이 부족하고 끼니조차 잇기 어려우며 명절과 제사를 치르기 힘든 자신의 가난한 처지를 드러내고 있지요. 따라서 특정 계절을 배경으로 제시해 화자의 처지를 부각하고 있다는 설명은 적절해요.

왜 답이 아니지? ① '춘일'이라는 시어에 '봄'이라는 계절적 배경이 드러나기는 하지만, 계절이 변화하고 있음을 드러내는 여러 자연물은 작품에 제시되어 있지 않아요.
② 작품의 앞부분에 '기장, 피, 조, 팥' 등의 곡식이 나열되고 있기는 하지만, 이것을 계절감이 드러나는 소재라고 보기는 어려워요. 또한 이러한 소재의 나열로 시상이 전개되고 있다고 보기도 어렵죠.
③ 봄의 풍속이 드러나 있지 않을 뿐 아니라, 그러한 풍속을 화자의 시선 이동에 따라 묘사하고 있지도 않아요.
⑤ 이 작품에는 계절의 순환이 드러나지 않아요. 또한 이 작품은 화자의 가난한 처지를 드러내고 있을 뿐, 자연의 섭리를 드러내고 있지는 않아요.

정답 ④

10 {유형 ❷ 내용 이해}

이게 정답! ⑤ [A]의 '하늘'과 [B]의 '하느님'은 초월적인 존재로 볼 수 있어요. 그러나 [A]의 '하늘 삼긴 이내 궁(가난)을 실마힌들 이이히리'라는 표현은 가난을 운명적으로 수용하겠다는 것이지, 초월적인 존재를 예찬하는 것은 아니에요. 또한 [B]의 '아마도 하느님 너희 삼길 제 날 위하여 삼기셨다'라는 표현도 '하느님'이 화자를 위해 '면화와 벼'를 만드셨다는 생각이 담겨 있는 것이지, 초월적인 존재를 예찬하는 것은 아니죠. 따라서 ⑤의 내용은 적절하지 않아요.

왜 답이 아니지? ① [A]에서 화자는 '술에 후량(음식)'을 준비하고 '궁귀'를 불러 배웅하며 '궁귀'와 이별하려 하고 있어요. 이는 의례, 즉 의식을 통해 궁귀에 대한 예우를 표하는 것으로 볼 수 있어요.
② [B]의 '오뉴월이 언제 가고 칠월이 반이로다'라는 표현에서 화자가 시간의 경과를 의식하고 있음을 알 수 있어요. 그리고 '면화는 세 다래 네 다래요'라는 표현은 풍성하게 열린 면화에 대한 화자의 만족감을 드러내는 것으로 볼 수 있어요.
③ [A]에서는 '하늘'이 '이내 궁'을 만들었으며, [B]에서는 '하느님'이 나를 위해 '너희'를 만들었다고 말하고 있어요. 초월적인 존재로 볼 수 있는 '하늘'과 '하느님'이 만들었다는 표현을 통해 [A]와 [B]의 화자는 각각 '이내 궁'과 '너희'와의 관계를 운명적인 것으로 보고 있음을 알 수 있어요.
④ [A]의 화자는 '어려서나 늙어서나 희로우락(喜怒憂樂)을 너와 함께'했다는 '궁귀'의 말에 대해 '네 말도 다 옳도다'라고 답함으로써 '궁귀'의 말을 수용하는 태도를 드러내고 있어요. 또한 [B]의 화자는 '이른 벼의 패는 모'를 보고, 벌써 칠월 중순이라 말하며 다가오는 수확의 계절에 대한 기대감을 드러내고 있지요.

정답 ⑤

11 {유형 ❸ 〈보기〉 활용 문제}

이게 정답! ③ (가)에서 화자는 '세시 삭망 명절 제사는 무엇으로 해 올리며 / 원근 친척 내빈왕객(來賓往客)은 어이하여 접대할고 / ⓒ 이 얼굴 지녀 있어 어려운 일 하고 많다'라고 이야기하고 있어요. 이는 화자가 사대부로서의 체면을 지키기 어려운 상황을 제시한 것으로 볼 수 있어요. 즉, 〈보기〉의 내용 중 향촌 공동체에서 경제적 기반이 취약한 사대부가 가정과 사회에 대한 책임을 다하기 어려운 자신의 궁핍한 삶에 대한 고뇌를 드러낸 것에 해당하죠. 그러나 여기서 화자가 사회적 책임을 내려놓거나 죄책감을 드러내고 있지는 않아요.

왜 답이 아니지? ① ㉠에서는 파종해야 할 '올벼 씨'의 반 이상을 쥐가 먹어 버렸다는 표현을 통해 향촌 사대부의 궁핍한 삶과 가난으로 인한 곤혹스러운 처지를 실감 나게 그려 내고 있어요.
② ㉡에서는 (먹을 것이 없어) 사용하지 못한 솥과 시루에 붉게 녹이 슨 상황을 제시함으로써 끼니조차 잇지 못하는 향촌 사대부 가정의 궁핍한 처지를 부각하고 있어요.
④ (나)의 〈제1수〉에서 '묵은 풀'은 농사를 위해 뽑아야 하는 잡초로 볼 수 있어요. 비가 오고 잡초가 무성히 자란 상황을 떠올려 볼 수 있겠죠? 각자의 밭에 무성히 자란 잡초들을 뽑아야 하는데(밭을 매야 하는데), 이러한 상황에 대해 화자는 ㉢ '차례 정한 일'이라 말하고 있어요. 여기에는 사회적인 약속을 존중하는 것이 '공동체의 발전'을 위한 방도라고 생각하는 화자의 관점이 담겨 있다고 볼 수 있어요.

⑤ ⓔ에는 풍요로운 농사의 결실을 바탕으로 밥과 술을 즐기며 흥겨워하는 모습이 드러나 있어요. 이를 〈보기〉의 '가난을 벗어난 이상화된 농촌상'이라는 설명과 연결하면, ⓔ은 먹을거리에 부족함이 없이 즐거운 향촌 구성원의 모습을 통해 이상화된 농촌상의 일면을 보여 주는 것으로 이해할 수 있는 거죠.

정답 ③

(가) 정철, 〈사미인곡〉

● 지문 해설

이 몸 삼기실 제 님을 조차 삼기시니	이 몸 생겨날 때 임을 따라(좇아) 생겼으니
혼싱 연분(緣分)이며 하늘 모룰 일이런가	일생에 연분임을 하늘이 모를 일이던가
나 ᄒᆞ나 졈어 잇고 님 ᄒᆞ나 날 괴시니	나는 젊어 있고, 임은 나를 사랑하시니
이 ᄆᆞᆷ 이 ᄉᆞ랑 견졸 ᄃᆡ 노여 업다	이 마음 이 사랑 견줄 데 전혀 없다
평싱(平生)애 원(願)ᄒᆞ요ᄃᆡ 혼ᄃᆡ 녜쟈 ᄒᆞ얏더니	평생에 바라건대 (임과) 함께 지내고자 하였더니
늙거야 므스 일로 외오 두고 그리ᄂᆞᆫ고	늙어서야 무슨 일로 외롭게(외따로) 두고 그리워하는가
엇그제 님을 뫼셔 광한뎐(廣寒殿)의 올낫더니	엊그제는 임을 모시고 광한전에 올랐는데
그 더딕 엇디ᄒᆞ야 하계(下界)예 ᄂᆞ려오니	그 사이에 어찌하여 속세에 내려오니
올 저긔 비슨 머리 헝틀언 디 삼 년일쇠	(임을 떠나 내려) 올 적에 빗은 머리 헝클어진 지 삼 년이구나
연지분(臙脂粉) 잇닉마ᄂᆞᆫ 눌 위ᄒᆞ야 고이 홀고	연지분(화장품) 있지만 누구를 위하여 곱게 하겠는가
ᄆᆞ음의 미친 실음 텹텹(疊疊)이 ᄡᅡ혀 이셔	마음에 맺힌 설움이 겹겹이 쌓여 있어
짓ᄂᆞ니 한숨이오 디ᄂᆞ니 눈믈이라	짓는 것은 한숨이오, 떨어지는 것은 눈물이라
인싱(人生)은 유혼(有限)ᄒᆞᆫ디 시름도 그지업다	인생은 유한한데 시름은 끝이 없구나
무심(無心)혼 셰월(歲月)은 믈 흐르ᄃᆞᆺ ᄒᆞᄂᆞᆫ고야	무심한 세월은 물 흐르듯 하는구나
염냥(炎凉)이 째를 아라 가ᄂᆞᆫ ᄃᆞᆺ 고텨 오니	덥고 서늘함이 때를 알아서 가는 듯 다시 오니
듯거니 보거니 늣길 일도 하도 할샤	듣거니 보거니 느낄(흐느낄) 일이 많기도 많구나
동풍이 건듯 부러 젹셜(積雪)을 헤텨 내니	동풍이 문득 불어 쌓인 눈을 흩어 내니(헤쳐 내니)
창(窓) 밧긔 심근 믹화(梅花) 두세 가지 픠여셰라	창 밖에 심은 매화가 두세 가지 피었구나
ᄀᆞᆺ득 닝담(冷淡)혼ᄃᆡ 암향(暗香)은 므스 일고	가뜩이나 차가운데 매화 향은 무슨 일인가?
황혼의 ᄃᆞᆯ이 조차 벼마틱 빗최니	황혼에 달이 따라와 베갯머리에 비치니
늣기ᄂᆞᆫ 듯 반기ᄂᆞᆫ 듯 님이신가 아니신가	흐느끼는 듯 반기는 듯 임이신가 아니신가?
뎌 믹화 것거 내여 님 겨신 ᄃᆡ 보내오져	저 매화 꺾어 내어 임 계신 곳에 보내고 싶구나
님이 너를 보고 엇더타 너기실고	임이 너(매화)를 보고 어떻다고 여기실까?

● **작품 해설** 이 작품은 정철이 고향 창평에 은거하고 있을 때 지은 가사로, 여성 화자가 이별한 임을 그리워하는 마음에 빗대어 임금을 향한 자신의 충절과 연군의 정을 고백한 작품이에요. 제목인 '사미인곡'은 '미인(임금)을 그리워하며 부르는 노래'라는 뜻으로, 자신을 임의 사랑을 받지 못하는 여인으로, 임금을 임으로 설정하여 임에 대한 그리움을 표현한 거예요. 임금에 대한 사랑과 충정을 형상화한 '충신연주지사'의 대표적인 작품이죠.
● **상황** 과거에는 임을 모시고 광한전(궁궐)에 올랐지만 지금은 속세에 내려와 있다는 표현이나, 평생 임과 함께 지내기를 바랐는데 늙어서 외롭게 지내고 있다는 표현 등을 통해, 현재 화자가 임과 떨어져 지내는 상황임을 알 수 있어요.
● **정서 및 태도** 화자는 자신의 베갯머리에 비친 달빛을 보며 '임이신가 아니신가'라고 생각할 정도로 임을 그리워하고 있어요. 그러면서 자신의 마음을 매화에 담아 임에게 보내고 싶어 하고 있지요.
● **주제** 임에 대한 변함없는 사랑과 그리움, '연군지정'

(나) 신흠

● 지문 해설

창 밧긔 워석버석 님이신가 너러 보니	창 밖에 바삭바삭 소리 임이신가 일어나 보니
혜란(蕙蘭) 혜경(蹊徑)*에 낙엽은 므스 일고	난초 핀 지름길에 낙엽은 무슨 일인가?
어즈버 유한(有限)혼 간장(肝腸)이 다 그츨가 ᄒᆞ노라	아아 유한한 간장이 다 끊어질까 하노라

* 혜란 혜경 : 난초 핀 지름길.

● **작품 해설** 임이 부재하는 상황에서 임이 오기를 간절히 바라는 화자의 마음을 드러낸 시조예요. 화자는 창밖에서 바삭바삭 소리가 나자 혹시 임이신가 하여 일어나 보았지만, 임이 오시는 소리가 아니라 낙엽이 바스락거리는 소리임을 알고 애달파하고 있어요. '워석버석'이라는 음성 상징어와 '착각 – 진실'의 구조를 통해, 임에 대한 그리움이라는 주제를 효과적으로 드러내고 있어요.
● **상황, 정서 및 태도** 화자는 임과 함께하지 못하는 상황에서, 창밖의 낙엽이 바스락거리는 소리에 임 오셨나 하고 일어나 확인하고 있어요. 하지만 그렇지 않음을 알아차리고, 간장이 다 끊어질 것 같다고 말하며 임의 부재에 대한 애달픔을 드러내고 있어요.
● **주제** 임에 대한 간절한 그리움

(다) 유본학, 〈옛집 정승초당을 둘러보고 쓰다〉

● **지문 해설**

나는 예전에 장흥방의 길갓집에 살았다. 그 집은 저잣거리에 제법 가까워서 소란스러웠다. 문 옆에 한 칸짜리 초당이 있어
　　　　　　　　　　　　　　　　　　　억새나 짚 따위로 지붕을 인 조그마한 집채. 흔히 집의 몸채에서 따로 떨어진 곳에 지었다.
볏짚으로 덮고 흙을 쌓았더니 그윽하고 조용해서 살 만했다. 그러나 초당이 동쪽으로 치우쳐 햇볕을 받았기에 여름이면 너무
　　　　　　　　　　　　　　　　　　　　　　　　　　　　종이, 비단, 널빤지 따위에 그림을 그리거나 글씨를 써서 방 안이나 문 위에 걸어 놓는 액자
더웠다. 그래서 '고요함이 더위를 이긴다[靜勝熱]'는 말을 당호(堂號)*로 정해 문설주에 편액을 해 걸어 두고 위안을 삼았다.
　　　　　　　　　　　　　　　　　　　　　　　　　　문짝을 끼워 달기 위하여 문의 양쪽에 세운 기둥
대저 고요함에는 두 가지가 있으니 하나는 몸의 고요함이요, 다른 하나는 마음의 고요함이다. 몸이 고요한 사람은, 앉고
대체로 보아서 　　　　　　　　　　　　　글쓴이가 생각하는 고요함의 두 가지 종류
눕고 일어나고 서는 등 모든 행동에 있어 편안함을 취할 뿐이다. 마음이 고요한 사람은, 천하만사가 마치 촛불로 비춰 보고
거북으로 점을 치는 듯하니 시원한 날씨와 더운 날씨가 무슨 상관이 있겠는가? 그러므로 '고요함이 이긴다'고 한 지금의 말은
마음의 고요함을 가리킨다. / 그 집에서 이십 년을 살고 이사하였다. 그로부터 삼 년이 흐른 뒤 옛집을 찾아가 보았다. 그새
　　　　　　　　　　　　　　　　　　　　　　　　시간이 흐름
주인이 바뀐 지 여러 번이지만 집은 옛 모습 그대로였다. / 은은하게 처마에 들어오는 산빛, 콸콸콸 담을 따라 도는 골짜기
물, 밀랍으로 발라 번들번들한 살창, 쪽빛으로 물들여 놓은 늘어진 천막. / (중략)
벌집을 만들기 위하여 꿀벌이 분비하는 물질 누런 빛깔로 상온에서 단단하게 굳어지는 성질이 있다.
내가 여기에 살던 시절은 집안이 번성하던 때였다. 선친께서 승명전에 봉직하실 때라, 퇴근하신 밤이면 우리 형제들이 모
　　　　　　　　　　　　　　　　　　　　공직에 봉사함
시고 앉아 학문과 예술을 담론하고 옛일을 기록하거나, 시를 읽거나 거문고를 들었으니 유중영의 옛일*과 비슷하였다. 그 즐
　　　　　　　　　이야기를 주고받으며 논의함
거움을 잊을 수는 없건마는 다시 되찾을 수는 없다! 『서경』에 '그릇은 새것을 찾고, 사람은 옛 사람을 찾는다.'라고 했다. 집
역시 그릇과 같이 무언가를 담는 부류이긴 하나, 사람이 집이 아니면 몸을 붙여 머물 데가 없고 집보다 더 거처를 많이 하는
것은 없으므로, 집은 그릇보다는 사람에 가깝다 하겠다. 그러니 어찌 그리워하지 않을 수 있으랴!
　　　　　　글쓴이가 옛집을 그리워하는 이유
그렇지만 인간사가 벌써 바뀌어, 사물에 닿을 때마다 슬픔만 더하므로 이 집에 다시 살고 싶지는 않다. 마땅히 임원(林園)*
에 집터를 보아 집을 지어서 옛 이름의 편액을 걸어 옛집에서 지녔던 뜻을 잊지 않으려 한다.
옛집에서 새긴 '고요함'의 의미를 새집에서도 잊지 않으려 노력함
누군가는 '임원이 이미 고요하거늘, 지금 다시 '고요함이 이긴다'고 하면 또한 군더더기가 아닌가?'라고 말할 수 있으리라.
나는 답하리라. '고요한데 또 고요하니, 이것이야말로 고요함이라네.'라고.

* 당호 : 집에 붙이는 이름. 　　* 유중영의 옛일 : 당나라 때 문신 유중영이 늘 책을 가까이하며 자식들을 가르치던 일. 　　* 임원 : 산림.

● **작품 해설** 이 작품은 예전에 살던 집의 당호를 소재로, '고요함'에 대한 생각을 드러내고 있는 글이에요. 글쓴이는 과거 '장흥방의 길갓집'에서 '고요함'의 의미를 새기며 살았던 과거를 떠올리며, 임원의 새집에서도 옛 이름의 편액을 걸어 그 의미를 잊지 않고 살아가겠다는 다짐을 드러내고 있어요. 소란스러움과 더위라는 외적인 번잡함에서 벗어나고자 했던 당시의 태도를 떠올리면서, 그 뜻을 잊지 않고 되새기고자 하고 있는 거지요.
● **주제** 마음의 고요함을 추구하며 살아가는 삶

12 〔유형 ❶ 표현상의 특징 + 유형 ❷ 내용 이해〕

이게 정답! ⑤ (가)에서 화자는 자신의 베갯머리에 비치는 달빛을 보며 임을 떠올리고 있어요. 임과 동일시되는 대상인 달을 보며 '님이신가 아니신가'라고 독백하는 것을 통해 화자가 임을 간절히 그리워하고 있음을 알 수 있어요. 또한 (나)에서 화자는 창밖에서 들리는 소리를 '님이신가' 착각하여 일어나 살피고 있어요. 역시 임에 대한 간절한 그리움을 독백적 어조를 통해 드러낸 것이라 할 수 있죠.

왜 답이 아니지? ① (가)의 '노여'는 '전혀'라는 뜻으로, 임에 대한 자신의 마음과 사랑은 견줄 곳이 전혀 없다는 것을 강조하여 나타낸 거예요. (나)의 '다'는 임에 대한 그리움으로 인해 간장이 '모두' 끊어질 것 같음을 강조하여 나타내는 표현이고요. 따라서 (가)의 '노여'와 (나)의 '다'가 임에 대한 원망의 정서를 강조한다는 설명은 적절하지 않아요.
② (가)의 물 흐르듯 '흐눗고야'에서는 세월이 흘러가는 것에 대한 화자의 인식을, (나)의 간장이 다 끊어질까 '흐노라'에서는 임에 대한 화자의 간절한 그리움을 드러내고 있어요. 이들을 화자의 의지를 단정적인 종결형으로 나타낸 것으로 보기는 어려워요.
③ (가)에서 화자는 창밖의 '매화'를 임에게 보내고 싶어 해요. 임이 '너(매화)'를 보고 어떻게 여기실까 생각하는 부분에서 '매화'가 화자와 동일시되는 자연물이자, 화자의 분신임을 알 수 있지요. 또한 '매화'를 '너'라고 표현했다는 점에서 자연물을 의인화했다고도 볼 수 있어요. 그러나 (나)에서의 '혜란'은 사전적 의미 그대로의 자연물을 뜻하며, 이것이 의인화된 부분은 작품에서 확인할 수 없어요.

④ (가)의 '므스 일고'는 추위 속에 핀 매화에 대한 감동과 반가움을 영탄적 어조로 드러낸 표현이에요. 하지만 (나)의 '므스 일고'는 임이 오신 줄 알았던 기대와는 다른 상황에 대한 낙담을 드러낸 것이므로, 뜻밖의 대상과 마주하게 된 반가움을 표현한 것이 아니에요. **정답 ⑤**

13 {유형 ❸ 〈보기〉 활용 문제}

이게 정답! ⑤ '염냥(덥고 시원한 기운)'이 '가ᄂ 둦 고텨(가는 듯 다시)' 온다는 표현은 임과 떨어져 지내는 시간이 무심하게도 계속 흘러가고 있음을 드러내는 거예요. 언제 임을 만날 수 있을지 모르는 상황에서, 임과 떨어진 채 흐르는 지상의 물리적 시간이 화자의 유한한 인생에 비해 빨리 흐르고 있다는 것이죠. 그러므로 지상의 물리적 시간이 심리적으로 지연되어 나타나고 있다는 감상은 적절하지 않아요.

왜 답이 아니지? ① 〈보기〉에 따르면 천상의 시간적 질서에서는 끝없는 사랑이 지속돼요. 그러므로 임과의 '연분'을 '하ᄂᆯ'과 연결 짓는 것은 임과의 사랑이 끝없이 이어지기를 바라는 화자의 마음이 반영된 것으로 감상할 수 있어요.

② 〈보기〉에 따르면 천상의 시간적 질서에서는 '생로병사의 과정'이 없어요. 그런데 (가)의 화자는 젊었을 때는 임과 함께했으나, 늙어서는 임과 떨어져 외롭게 지내고 있다고 말하고 있지요. 즉, '졈어 잇고'라는 시구는 화자가 광한전에서 임과 행복한 시간을 보내던 과거의 한때, 즉 천상의 시간임을 알 수 있고, '늙거야'는 화자가 임과 헤어져 하계에서 외로이 지내고 있는 현재, 즉 지상의 시간임을 알 수 있어요. 따라서 '졈어 잇고'와 '늙거야'를 통해 화자가 천상의 시간에서 벗어나 지상의 시간으로 편입되었음을 알 수 있다는 감상은 적절해요.

③ 〈보기〉에 따르면, 지상으로 내려와 힘겨워하는 화자가 지상의 물리적 시간을 심리적으로 변형하여 자신의 심경을 드러내고 있다고 했어요. 화자가 '삼 년' 전을 '엇그제'로 인식한다는 것은 '삼 년' 전이 마치 '엇그제'처럼 생생하다는 것을 드러내기 위해 물리적 시간을 심리적으로 압축해서 표현한 것이라고 볼 수 있어요.

④ 〈보기〉에 따르면 천상의 시간적 질서와는 다른 지상의 시간적 질서가 화자를 힘겹게 함을 알 수 있어요. '인싱은 유혼'과 '무심혼 셰월'은 인생은 유한한데 세월은 무심히도 흐른다는 의미로, 임과 함께하고자 하는 소망을 이룰 수 있는 시간이 점차 줄어들고 있음을, 그리고 화자가 이에 불안함을 느끼고 있음을 보여 주는 것으로 감상할 수 있어요. **정답 ⑤**

14 {유형 ❸ 〈보기〉 활용 문제}

이게 정답! ⑤ (다)에서 '누군가'가 '고요함이 이긴다'는 당호를 '군더더기'로 보는 것은, '임원'이 이미 소리나 움직임이 없이 잠잠한 상태인 외적 고요를 갖춘 곳이기 때문이에요. 그러므로 외적 고요만으로는 삶에서 느끼는 불편이나 슬픔을 이겨 내기 어렵다고 여겼기 때문이라는 감상은 적절하지 않아요.

왜 답이 아니지? ① 창밖에서 나는 낙엽 소리가 실내에 있는 (나)의 화자에게까지 들린다는 것은, 그만큼 화자가 있는 공간이 고요하기 때문이에요. 즉, (나)의 화자가 외적 고요 상태에 있었음을 알 수 있어요.

② (나)의 화자가 낙엽 소리를 임이 오는 소리로 착각했다는 것은, 그만큼 임을 그리워하고 기다리고 있었다는 뜻이겠지요. 이는 화자의 심리가 평온한 상태에 있지 못하다는 것을 의미하므로, 화자가 내적 고요의 상태에 있지 못했음을 알 수 있어요.

③ 〈보기〉에 따르면 (다)의 글쓴이는 내적 고요를 통해 삶에서 느끼는 슬픔을 이겨 내는 동력을 얻고 있어요. 그런데 슬픔을 느낀다는 것은 내적으로 평온하지 못한, 내적으로 동요된 상태라고 볼 수 있지요. 그러므로 '사물에 닿을 때마다 슬픔만 더'한다는 것은, 옛집을 돌아본 기억이 글쓴이로 하여금 내적 고요를 이루기 어렵게 만들었다는 인식을 반영한 것으로 볼 수 있어요.

④ (다)의 글쓴이는 '임원'이라는 공간이 이미 고요하지만, '옛집'의 '초당'에 붙였던 당호를 새집에서도 걸겠다고 말하고 있어요. 이는 글쓴이가 외적 고요에, 내적 고요까지 추구하고자 하는 것임을 알 수 있지요. **정답 ⑤**

15 {유형 ❷ 내용 이해}

이게 정답! ③ (가)의 화자는 광한전에서 임과 함께 지내던 시절을 떠올리고 있고, (다)의 글쓴이는 형제들과 함께 선친을 모시고 학문과 예술을 담론했던 시절을 떠올리고 있어요. 그러므로 자신이 있는 공간에서 부재하는 대상을 떠올리고 있다는 이해는 적절해요.

왜 답이 아니지? ① (가)의 '올 저기 비슨 머리 헛틀언 디'에 외양 변화에 대한 안타까움이 나타나 있지만, (다)에는 그러한 내용이 없어요.

② (가)와 (다) 모두에서 오래된 것보다는 새로운 것을 중시하는 삶의 태도를 확인할 수 없어요.

④ (가)에서 인생의 유한함을 언급하고 있긴 하지만, 인생의 허무함에 대한 순응적인 모습은 드러나지 않아요. 또한 (다)에 인간사가 바뀌어 사물에 닿을 때마다 슬픔을 더한다는 표현이 나타나 있긴 하지만, 이에 대한 극복 의지는 드러나지 않아요.

⑤ (가)에는 사랑하는 임과 함께 살았던 과거와 달리, 홀로 지내는 화자의 상황이 드러나 있어요. 즉, 과거와 달라진 임의 마음에 대한 화자의 아쉬움이 나타나 있다고 볼 수 있죠. 반면 (다)의 글쓴이에게 과거와 달라진 마음가짐에 대한 아쉬움이 나타난다고 보기는 어려워요. **정답 ③**

16 {유형 ❷ 내용 이해}

이게 정답! ③ 글쓴이는 7문단에서, '이 집에 다시 살고 싶지는 않다.'라고 단정적으로 이야기하고 있어요. 옛집에서 다시 살고자 하는 것이 아니라, 그때 지녔던 뜻을 기억하고자 하는 거죠. 그러므로 옛집에서 다시 살고 싶어 하는 마음을 표현하고 있다는 이해는 적절하지 않아요.

왜 답이 아니지? ① 글쓴이는 1문단에서 옛집이 여름에 너무 더워, '고요함이 더위를 이긴다'는 말을 당호로 정해 위안을 삼았다고 하였어요. 즉, 여름에 더웠던 경험을 바탕으로 옛집 초당의 당호를 정한 내력을 서술하고 있어요.

② 글쓴이는 '선친께서 승명전에 봉직하실 때'의 기억을 통해, 옛집에서 공부하고 이야기를 나누던 시절의 즐거움을 드러내고 있어요.

④ '집은 옛 모습 그대로였다.'에서 옛집의 외양이 변함없음을 알 수 있어요. 그리고 '인간사가 벌써 바뀌어, 사물에 닿을 때마다 슬픔만 더하므로 이 집에 다시 살고 싶지는 않다.'에서 변해 버린 인간사로 인해 글쓴이가 새집을 지으려는 마음을 갖게 되었음을 알 수 있어요.

⑤ 6문단에서 글쓴이는 '집 역시 그릇처럼 무언가를 담는 부류'이기는 하지만, 집에는 사람이 머물러야 하고, 사람이 가장 많이 머무는 곳이 집이므로 집은 사람에 가깝다고 말하고 있어요. 나아가 그러한 이유로 옛집을 그리워하지 않을 수 없다고 말하고 있지요. **정답 ③**

Ⅲ 현대소설

Prologue 1

소설의 언어를 익혀라!

잘 읽히고 이해도 잘되는 것처럼 보이는 현대소설이 은근히 복병일 때가 많아요. 현대소설에서 한 문제씩 틀리곤 하는 경우가 많지 않나요? 학생들 중에는 소설을 읽을 때 별다른 생각 없이 그저 있는 그대로 줄줄 읽어 내려가기만 하는 경우가 많더라고요. 이렇게 수동적으로 읽게 되면 소설을 잘못 이해하게 될 수 있어요.

소설을 읽을 때에는 소설의 구성은 어떠한지, 배경은 어떠한지, 서술자는 누구인지 등을 파악해야 해요. 또한 읽어 나가면서 인물이 왜 이런 행동을 하고 있는지, 앞으로 이 인물에게 어떤 일이 벌어질지 등 뒤에 나올 내용을 추측하면서 읽는 게 좋아요. 시를 읽을 때와 마찬가지로 소설 역시 끊임없이 추측하고 답을 확인하는 과정이 필요한 거죠. 이게 바로 소설을 대하는 올바른 자세예요.

그럼 이제 본격적으로 소설의 언어를 익혀 보자고요. 소설 역시 소설만이 지닌 독특한 표현 방식이 있거든요. 작가가 자기가 하고 싶은 말을 소설을 통해 어떻게 전달하는지, 그 방식을 하나씩 살펴봅시다.

Act 01
이야기를 들려주는 사람, 서술자

| 1 | 서술자란?

문학 작품을 읽다 보면, 독자인 우리에게 그 내용을 이야기해 주는 누군가가 있다는 걸 느낄 수 있을 거예요. 그래서 작가가 직접 들려주는 거라고 생각할 수도 있는데, 사실 작가는 본인이 직접 얘기하기보다는 '대리인'을 통해 이야기하는 경우가 많아요. 오른쪽 그림 속의 손가락 인형처럼, 자신을 대신해서 이야기를 들려줄 어떤 존재를 설정하는 거죠.

이와 같이 작가를 대신해 소설에서 이야기를 풀어내 주는 인물을 서술자라고 해요. 이전에 '현대시'에서 배웠던 내용을 한번 떠올려 보자고요. 시에서 말하는 사람, 목소리를 내는 사람이 누구였죠? 맞아요. '시적 화자'였죠. 소설의 서술자와 시의 화자는 비슷한 개념이에요. 목소리를 내는 사람, 이야기를 들려주는 사람. 시에서 화자가 그랬던 것처럼, 소설의 서술자 역시 작품 속에서 그 모습을 확연히 드러내기도 하고 그렇지 않기도 한답니다.

| 2 | 시점

서술자는 소설 속에서 다양한 모습으로 나타나요. 서술자 자신이 주인공이 되기도 하고, 보이지 않는 곳에서 주인공과 사건에 대해 객관적으로 서술하기도 하지요. 이는 시점이 다르기 때문인데, **시점**은 서술자가 이야기를 서술하는 방식이나 관점을 말해요. 영어로는 'Point of View'라고 하는데, 이름 그대로 '바라보는(View) 지점(Point)'인 거죠.

소설의 시점은 서술자가 어느 위치에서, 어느 정도까지 정보를 알고 사건을 말해 주느냐에 따라 달라져요. 그래서 시점은 ❶ 서술자가 어디에 있는지, ❷ 주인공의 내면을 알고 있는지, 이 두 가지 기준에 따라 분류됩니다. 이 두 가지 기준은 시점을 파악할 때 꼭 필요하니 반드시 기억해 두세요.

구분		주인공의 내면(마음)을 알고 있는가?	
		안다	모른다
서술자는 어디에 있는가?	작품 안	1인칭 주인공 시점 내가 주인공이니까 내 마음은 알아~ (서술자 = 주인공)	1인칭 관찰자 시점 나는 등장인물이지만 관찰만 할 뿐 주인공의 마음은 몰라~
	작품 밖	전지적 작가 시점(3인칭) 등장인물은 아니지만 모두 다 알아~	3인칭 관찰자 시점 등장인물도 아니고 그저 바라만 볼 뿐~

위의 표를 확인하면서 보세요. 우선 ❶ 서술자가 어디에 있는지에 대해서부터 설명할게요. 서술자가 있을 수 있는 곳은 두 군데예요. '작품 안'과 '작품 밖'이죠. 작품 안에 있다는 것은 서술자가 작품 속의 한 인물로 등장한다는 뜻이에요. 이때 서술자가 곧 주인공일 수도 있고, 주인공의 친구이거나 이웃일 수도 있어요. 이 경우 서술자는 자신을 가리키는 말로 '나'를 사용하게 돼요. '나는 카레를 먹었다.', '나는 영수가 카레를 먹는 것을 보았다.'처럼 말이죠. 반면에 서술자가 작품 밖에 있다는 것은 등장인물이 아니라는 뜻이에요. 주인공도 아니고, 주인공 친구도 아니죠. 이 경우 서술자는 독자에게 사건을 서술해 주지만 보이지 않는 존재라고 할 수 있어요. 예를 들어 '영호는 카레를 먹었다.'에서 우리는 영호의 행동을 서술해 주는 누군가가 있다는 건 알지만, 그게 누구인지 확정할 수는 없어요. (만약 서술자가 작품 안에 있다면, '서술자=영호, 서술자=영호의 친구인 민희'처럼 확실하게 알 수 있죠.) 이는 서술자가 작품 밖에 있기 때문에 그래요. 자, 이처럼 서술자가 작품 안에 있으면 1인칭, 작품 밖에 있으면 3인칭으로 분류한답니다.

이번에는 ❷ 주인공의 내면을 알고 있는지에 대해 알아볼까요? 앞서 말한 1인칭과 3인칭은 서술자가 주인공의 내면을 다 알고 있는지, 아닌지에 따라 더 세분화할 수 있어요. 1인칭 서술자가 주인공의 내면을 다 알고 있으면 '1인칭 주인공 시점'(서술자=주인공)이고, 반대로 주인공의 속내를 알지 못하면 '1인칭 관찰자 시점'(서술자 ≠ 주인공)이죠. 또한 3인칭 서술자가 주인공의 내면을 모두 다 알고 있으면 '전지적 작가 시점'이고, 그렇지 않으면 '3인칭 관찰자 시점'이에요. 그럼 이제 각각의 시점에 대해 보다 자세하게 알아볼까요?

● {1인칭 주인공 시점}

1인칭 주인공 시점은 작품 속의 서술자가 직접 자신의 이야기를 하는 거예요. 이 시점에서 '나'는 서술자이자 주인공이에요. 1인칭 주인공 시점을 앞에서 배운 두 가지 기준에 따라 다시 정리하면, **❶ 작품 안의 서술자('나')가 ❷ 주인공('나')의 내면 상태**에 대해 알고 있는 시점이에요. '나'가 '나'의 생각과 심리, 감정 상태 등에 대해 잘 알고 있는 건 당연하겠죠?

오늘도 또 우리 수탉이 막 쫓기었다. [내]가 점심을 먹고 나무를 하러 갈 양으로 나올 때이었다. 산으로 올라서려니까 등 뒤에서 푸드득 푸드득 하고 닭의 횃소리가 야단이다. 깜짝 놀라서 고개를 돌려 보니 아니나 다르랴 두 놈이 또 얼렸다.

점순네 수탉(대강이가 크고 똑 오소리같이 실팍하게 생긴 놈)이 덩저리 작은 우리 수탉을 함부로 해내는 것이다. 그것도 그냥 해내는 것이 아니라 푸드득하고 면두를 쪼고 물러섰다가 좀 사이를 두고 푸드득하고 모가지를 쪼았다. 이렇게 멋을 부려 가며 여지없이 닦아 놓는다. 그러면 이 못생긴 것은 쪼일 적마다 주둥이로 땅을 받으며 그 비명이 킥, 킥, 할 뿐이다. 물론 미처 아물지도 않은 면두를 또 쪼이며 붉은 선혈은 뚝뚝 떨어진다. 이걸 가만히 내려다보자니 [내] 대강이가 터져서 피가 흐르는 것같이 두 눈에서 불이 번쩍 난다. 대뜸 지게 막대기를 메고 달려들어 점순네 닭을 후려칠까 하다가 생각을 고쳐먹고 헛매질로 떼어만 놓았다.

이번에도 점순이가 쌈을 붙여 놨을 것이다. 바짝바짝 [내] 기를 올리느라고 그랬음에 틀림없을 것이다. 고놈의 계집애가 요새로 들어서 왜 [나]를 못 먹겠다고 그렇게 아르릉거리는지 모른다.

― 김유정, 〈동백꽃〉

위의 작품은 김유정의 소설 〈동백꽃〉의 도입부예요. 네모로 표시한 부분을 통해 서술자가 작품 안에 있음을 확인할 수 있겠죠? 또한 밑줄 친 부분을 통해 주인공인 '나'의 생각과 내면 심리를 확인할 수 있어요. '나'는 너무 화가 나서 두 눈에서 불이 번쩍 나고, 점순네 닭을 후려칠까 생각하다가 말았다고 하잖아요. 결국 이 작품은 '1인칭 주인공 시점'에서 서술되었다고 볼 수 있어요.

1인칭 주인공 시점은 다음과 같은 선택지로 시험에 등장할 수 있어요.

● 서술자가 자기 경험을 직접 서술하여 사건의 전모*를 드러내고 있다.
   * 전모 : 전체의 모양
● 서술자가 작품 속에서 사건을 주도적으로 이끌어 가고 있다.

이 시점에서 '나'는 서술자이자 주인공이니까, 이 시점을 위의 선택지와 같이 표현할 수 있어요. 이런 선택지가 나오면, 이것이 바로 1인칭 주인공 시점을 가리키는 거예요. 알겠죠?

{1인칭 관찰자 시점}

 1인칭 관찰자 시점은 '1인칭 주인공 시점'과 딱 한 단어만 다르죠? '주인공'이 '관찰자'가 되었어요. 1인칭 주인공 시점이 '나(서술자)'가 '나'의 이야기를 하는 것이었다면, **1인칭 관찰자 시점**은 서술자인 '나'가 다른 인물들을 중심으로 벌어지는 이야기를 보고 들려주는 거죠. 이름 그대로 '나'는 주인공이 아니라 관찰자인 거예요.

 1인칭 관찰자 시점의 서술자는 작품 안에서 주인공에게 벌어지는 일들을 관찰하고 이야기해 주는 역할을 해요. 그렇다 보니 주인공들의 내면 심리까지 속속들이 알지는 못해요. 독심술을 쓸 수 있는 것도 아닐 테니 말이죠. 1인칭 관찰자 시점에서 쓰인 아래의 소설을 한번 보세요.

 집에 오니 어머니는 문간에 기다리고 있다가 [나]를 안고 들어갔습니다.
 "그 꽃은 어디서 났니? 퍽 곱구나."
하고 어머니가 말씀하셨습니다. 그러나 [나]는 갑자기 말문이 막혔습니다.
 '이걸 엄마 드릴라구 유치원서 가져왔어.' 하고 말하기가 어째 몹시 부끄러운 생각이 들었습니다. 그래, 잠깐 망설이다가,
 "응, 이 꽃! 저, 사랑 아저씨가 엄마 갖다 주라고 줘."
하고 불쑥 말했습니다. 그런 거짓말이 어디서 그렇게 툭 튀어나왔는지 [나]도 모르지요.
 꽃을 들고 냄새를 맡고 있던 어머니는 [내] 말이 끝나기가 무섭게 무엇에 몹시 놀란 사람처럼 화닥닥하였습니다. 그러고는, 금시에 어머니 얼굴이 그 꽃보다 더 빨갛게 되었습니다. 그 꽃을 든 어머니 손가락이 파르르 떠는 것을 [나]는 보았습니다. 어머니는 무슨 무서운 것을 생각하는 듯이 방 안을 휘 한 번 둘러보시더니,
 "옥희야, 그런 걸 받아 오문 안 돼."
하고 말하는 목소리는 몹시 떨렸습니다. [나]는 꽃을 그렇게도 좋아하는 어머니가, 이 꽃을 받고 그처럼 성을 낼 줄은 참으로 뜻밖이었습니다. 어머니가 그렇게도 성을 내는 것을 보니까, 그 꽃을 [내]가 가져왔다고 그러지 않고, 아저씨가 주더라고 거짓말을 한 것이 참 잘 되었다고 [나]는 속으로 생각했습니다. 어머니가 성을 내는 까닭을 [나]는 모르지만, 하여튼 성을 낼 바에는 [내]게 내는 것보다 아저씨에게 내는 것이 [내]게는 나았기 때문입니다. 한참 있더니 어머니는 [나]를 방 안으로 데리고 들어와서,
 "옥희야, 너 이 꽃 이야기 아무보구두 하지 말아라, 응."
하고 타일러 주었습니다. [나]는, / "응." / 하고 대답하면서 고개를 여러 번 까닥까닥했습니다.
 어머니가 그 꽃을 곧 내버릴 줄로 [나]는 생각했습니다마는 내버리지 않고 꽃병에 꽂아서 풍금 위에 놓아두었습니다.

– 주요섭, 〈사랑손님과 어머니〉

 위의 작품은 주요섭의 소설 〈사랑손님과 어머니〉의 일부분이에요. 이 소설의 서술자인 '나'는 '어린 옥희'로, 어머니와 사랑손님 사이에 벌어지는 일련의 사건에 대해 관찰하고 그 이야기를 독자에게 들려주는 역할을 하고 있어요. 서술자인 옥희는 독심술사가 아니므로, 엄마의 속내를 정확히 알

진 못해요. 엄마의 얼굴이 빨개지고 목소리가 떨리는 건 정황상 아저씨가 꽃을 주었다는 사실이 부끄러워서 그런 거라고 봐야 맞잖아요? 그런데 옥희는 엄마가 화가 났다고 생각하고 있어요. 이게 바로 다 관찰자 시점이기 때문에 일어나는 현상이죠.

1인칭 관찰자 시점은 시험에 다음과 같은 선택지로 출제될 수 있어요.

- 작품 내의 서술자가 일정한 거리를 두고 사건을 관찰하고 있다.
- 주변 인물이 서술자가 되어 주인공의 행동과 심리를 제시하고 있다.
- 작중 인물인 서술자가 객관적 입장에서 인물의 행동을 관찰하여 전달하고 있다.

작중 인물이라는 말을 통해, 작품 속에 등장하는 서술자라고 생각해 볼 수 있겠죠. 작품 속 인물이 자신의 이야기가 아니라, 다른 이들의 행동과 사건을 관찰하여 이야기를 들려주고 있다면, '1인칭 관찰자 시점'이라고 볼 수 있겠네요.

샘의 팁 신빙성 없는 서술자 앞서 예시로 들었던 <사랑손님과 어머니>의 서술자 옥희에 대해 생각해 봅시다. 옥희는 엄마가 화가 났다고 생각하고 서술하고 있잖아요. 그럼 독자인 우리들도 옥희와 같이 어머니가 화난 것으로 여겨야 할까요? 그건 아니겠죠. 이처럼 작가는 종종 독자가 신뢰하기 힘든 사람을 서술자로 내세우기도 하는데, 이러한 서술자를 '신빙성 없는 서술자'라고 해요.
'신빙성'이란 '믿어서 근거나 증거로 삼을 수 있는 정도의 성질'을 뜻해요. 그러니까 신빙성 없는 서술자는 믿을 수 없는 서술자라는 뜻이지요. 이 경우 서술자는 미성숙한 사람(나이가 어린 경우)이나 무지한 사람(잘 몰라서 판단을 잘못하기 쉬운 사람)인 경우가 많아요.
<사랑손님과 어머니>의 경우에는 '옥희'가 어리고 순진해서 어머니와 사랑손님 사이의 썸(?)을 알아차리지 못하는데요. 이 지점에서 독자들은 '옥희'를 엄마(아빠) 미소로 바라보는 즐거움을 얻게 되지요. 또 어머니와 사랑손님의 사랑을 순수한 시선으로 바라보게 돼요. 사실 내용만 보면 어떤 한 과부가 사별한 남편의 친구와 사랑하는 이야기잖아요. 이러한 사랑이 순수하게 보일 수 있었던 것은 다 '옥희'가 서술자로 설정되었기 때문이에요.

● {전지적 작가 시점}
이번에는 전지적 작가 시점을 볼 거예요. 혹시 '전지전능'이라는 말 들어 본 적 있나요? 이 단어를 풀어 보면, '모든 것을[全] 알고[知] 모든 것을[全] 할 수 있다[能]'는 뜻이죠. 전지적 작가 시점의 '전지'는 전지전능의 '전지'와 같아요. '모든 것을 알고 있다!' 전지적 작가 시점의 소설에서 서술자는 작품에서만큼은 마음과 생각을 읽는 독심술사죠. 곧, **전지적 시점**은 서술자가 소설 속 모든 등장인물이나 사건에 대해 전지적인 위치에서(모든 것을 알고) 이야기를 하는 거예요.
전지적 작가 시점은 3인칭이라고 할 수 있어요. 왜냐하면 서술자가 작품 안에 위치하지 않거든요. 작품을 통해 전지적 작가 시점을 한번 확인해 봅시다.

일찍 점심을 먹고, 여느 날의 걸음걸이로 집을 나선 민 노인은, 나이에 어울리지 않는 설렘으로 흔들렸다. 아직 눈치를 채지 못한 아들 내외에 대한 심리적 부담보다는, 자기가 맡은 일 때문이었다. 수십 명의 아이들이 어우러져 돌아가는 춤판에 영감쟁이 하나가 낀다는 사실이, 새삼스럽게 어색하기도 하고, 모처럼의 북가락이 그런 모양으로밖에는 선보일 수 없다는 데 대한, 엷은 적막감도 씻어내기 힘들었다. 그러나 젊은 훈김들이 뿜어내는 학교 마당에 서자, 그런 머뭇거림은 가당찮은 것으로 치부되었다. 시간이 되어 옷을 갈아입고 아이들 속에 섞여 원진(圓陳)을 이루고 있는 구경꾼들을 대하자, 그런 생각들은 어디론지 녹아 내렸다. 그 구경꾼들의 눈이 자기에게 쏠리는 것도 자신이 거쳐 온 어느 날의 한 대목으로 치면 그만이었다.

– 최일남, 〈흐르는 북〉

위의 작품은 최일남의 소설 〈흐르는 북〉의 일부분이에요. 여기서 볼 수 있듯이, 작품 안에 드러나지 않는 서술자는 주인공인 민 노인의 내면을 모두 알고 그에 대해 서술하고 있어요. 민 노인이 느끼는 설렘과 어색함에서부터 아이들 사이에 노인 하나가 끼어 북을 치는 것에 대한 걱정까지 서술자가 속속들이 들려주고 있어요.

이런 전지적 작가 시점은 아래와 같은 형태로 시험에 등장하고는 해요.

● 여러 인물의 내면을 서술하여 인물들의 다양한 특성을 보여 준다.

한 명도 아니고 여러 명의 내면을 알 수 있는 서술자는 전지적 작가 시점의 서술자뿐이겠죠?

쌤의 팁 제한적 전지적 작가 시점(선택적 작가 시점) 일반적으로 전지적 작가 시점의 서술자는 모든 등장인물의 내면을 알고 있어요. 그러나 서술자가 한 인물에 초점을 두고 그의 내면만 상세히 묘사해 주는 경우도 있어요. 다른 인물들의 경우 그 인물의 시각에서 관찰된 내용만 서술되고요. 이 경우 전지적 작가 시점이긴 한데 특정 인물에 제한된 서술을 한다고 해서 '제한적 전지적 작가 시점(선택적 작가 시점)'이라고 따로 지칭하기도 한답니다.
사실 앞에서 본 〈흐르는 북〉이란 소설도 제한적 전지적 작가 시점으로 설명할 수 있는 작품이에요. 앞에 제시된 내용에는 드러나지 않지만, 서술자는 민 노인 이외의 다른 인물들의 내면에 대해서는 상세히 보여 주지 않거든요. 민 노인이 다른 인물들에 대해 관찰하고 추측한 내용만 서술될 뿐이에요. 이 경우 아래와 같은 선택지로 시험에 나오기도 해요.
예 특정 인물의 시각에서 사건과 인물을 바라보고 그 내면을 효과적으로 드러내고 있다.

제한적 전지적 작가 시점의 개념을 알아 두면 서술자와 서술 방식에 대한 이해의 폭을 넓힐 수 있으니 이번 기회에 기억해 두세요.

● [3인칭 관찰자 시점(작가 관찰자 시점)]

3인칭 관찰자 시점의 작품에서 서술자는 작품에 표면적으로 드러나지는 않지만, 등장인물들이 겪는 이야기를 관찰하여 들려주는 역할을 해요. 3인칭 관찰자 시점은 앞에서 다룬 1인칭 관찰자 시점과 비슷해요. 서술자의 위치만 다를 뿐이죠. 이 시점의 서술자는 등장인물들에게 벌어지는 일들을 관찰하고, 그 이야기를 독자들에게 들려주는 역할을 해요. 역시나 '관찰자'이기 때문에 등장인물들의 속사정까지 샅샅이 알 수는 없어요.

3인칭 관찰자 시점의 서술자는 주인공의 행동 등을 묘사함으로써 이야기를 풀어 나가고, 독자인 우리들은 그러한 묘사를 통해 인물의 생각이나 심리를 추측해야 해요. 작품을 통해 확인해 볼까요?

"저게 뭐냐?"

"원두막."

"여기 참외 맛나냐?"

"그럼. 참외 맛두 좋지만, 수박 맛이 참 훌륭하다."

"하나 먹어 봤으면."

소년이 참외 그루에 심은 무밭으로 들어가, 무 두 밑을 뽑아 왔다. 아직 밑이 덜 들어 있었다. 잎을 비틀어 팽개친 후, 소녀에게 한 밑 건넨다. 그러고는 이렇게 먹어야 한다는 듯이, 먼저 대강이를 한 입 베물어 낸 다음, 손톱으로 한 돌이 껍질을 벗겨 우적 깨문다.

소녀도 따라 했다. 그러나 세 입도 못 먹고,

"아, 맵고 지려."

하며 집어 던지고 만다.

— 황순원, 〈소나기〉

위의 작품은 황순원의 소설 〈소나기〉의 일부분이에요. 작품 안에 드러나지 않는 서술자가 인물의 행동, 그리고 대화 내용만 관찰해서 들려주고 있어요. 인물의 생각이나 심리 등은 드러나 있지 않죠. 이게 바로 3인칭 관찰자 시점에서 쓰인 작품이에요. 이 시점에 대한 내용은 시험에서 아래와 같은 형태로 종종 등장해요.

● 작품 밖의 서술자가 인물의 행동을 객관적 시점에서 서술하고 있다.

3인칭 관찰자 시점은 서술자가 작품 속에 등장하지 않고, 인물들의 행동을 관찰만 하기 때문에 시점 중에서 가장 객관적인 시점이라고 할 수 있어요.

쌤의 팁 서술자를 달리하여 상황을 제시한다(시점의 전환, 이중 시점, 복합 시점) 한 작품은 한 가지 시점에서 서술되는 것이 일반적이기는 하나, 한 작품이 반드시 한 가지 시점에서만 서술되어야 하는 것은 아니에요. 시점의 전환 등으로 한 작품 안에 두 가지 이상의 시점이 나타나기도 해요. 그리고 시점이 바뀌면 서술의 흐름 역시 달라지겠죠. 이러한 소설을 접할 때에는 어느 부분에서 시점이 달라지는지, 어떤 시점에서 어떤 시점으로 달라지는지 등을 파악해 두면 작품을 이해하는 데 도움이 될 거예요.

| 3 | 서술자의 개입

원래 전지적 작가 시점의 서술자는 본인의 존재를 작품 속에 드리내지 못해요(작품 밖에 존재하니까요). 그런데 이러한 서술자가 작품 속에 자신의 모습을 드러낼 때가 가끔 있어요. 이야기를 전해 주다가, 특정 인물이나 상황에 대해서 본인의 입으로 직접 평가를 해야겠다고 하는 순간이 오나 봐요. 그래서 그 순간만큼은 본인의 존재를 드러내고 작품 속에 짠! 하고 등장해서 하고 싶었던 말을 자기 입으로 하는 거죠. 이처럼 서술자가 작품 속에 등장해서 본인의 입으로 인물 혹은 상황에 대한 평가를 하는 것이 바로 **서술자의 개입**이에요.

현대소설에서 서술자가 작품 속에 개입할 때에는 '~하랴' 등과 같이 설의법을 활용하는 경우가 많아요. 아래의 작품을 통해 한번 확인해 보세요.

지금으로부터 9년 전, 그가 열일곱 살 되던 해 봄에(그의 나이는 실상 스물여섯이었다. 가난과 고생이 얼마나 사람을 늙히는가?) 그의 집안은 살기 좋다는 바람에 서간도로 이사를 갔다. **쫓겨 가는 운명이거든 어디를 간들 신신하랴.** 그곳의 비옥한 전야도 그들을 위하여 열려질 리 없었다. 조금 좋은 땅은 먼저 간 이가 모조리 차지하였고 황무지는 비록 많다 하나 그곳 당도하던 날부터 아침거리 저녁거리 걱정이라, 무슨 행세로 적어도 1년이란 장구한 세월을 먹고 입어 가며 거친 땅을 풀 수가 있으랴.

– 현진건, 〈고향〉

위의 작품은 현진건의 소설 〈고향〉의 일부분이에요. 여기서 밑줄 친 '쫓겨 가는 운명이거든 어디를 간들 신신하랴.'라는 문장 보이죠? '신신하다'라는 말은 '아주 시원하다, 마음에 들게 시원스럽다'라는 의미예요. 형편이 어려웠던 '그'의 가족이 살기 좋다는 말에 서간도로 이사를 간 상황이잖아요. 이 상황에 대해 서술자는 위와 같이 말하고 있죠. 쫓겨 가는 입장인데 어디로 간다 한들 새롭고 시원스럽겠냐고 말이죠. 서술자의 개입을 통해 그러한 상황에 대한 서술자의 판단을 알 수 있고, 더불어 설의적 표현을 통해 서간도로 이사를 간 후에도 인물들의 형편이 나아지지 않을 것임을 짐작할 수 있겠죠.

이렇게 전지적 작가 시점에서 서술자는 종종 자신의 모습을 작품 속에 직접 드러내어 상황 혹은 인물에 대한 평가, 판단을 내리기도 해요. 이러한 서술자의 개입은 고전소설에서 보다 더 쉽게 찾아볼 수 있어요.

딱! 세 줄 요약

⊙ 소설에서 이야기를 풀어 나가는 사람을 서술자라고 한다!

⊙ 작품 속 '나'의 등장 여부에 따라 '1인칭' 시점과 '3인칭' 시점으로 나눌 수 있다!

⊙ 서술자가 주인공의 내면을 알고 있는지에 따라 1인칭 시점은 '1인칭 주인공 시점'과 '1인칭 관찰자 시점'으로, 3인칭 시점은 '전지적 작가 시점'과 '3인칭 관찰자 시점'으로 나눌 수 있다!

01 다음 표의 빈칸에 들어갈 알맞은 시점을 쓰시오.

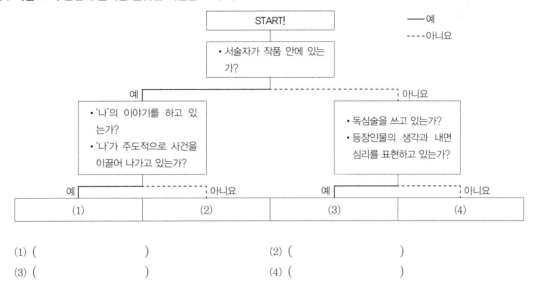

(1) (   )   (2) (   )

(3) (   )   (4) (   )

02 다음 작품에 나타나고 있는 시점이 무엇인지 쓰시오.

> 　사람들은 아버지를 난장이라고 불렀다. 사람들은 옳게 보았다. 아버지는 난장이였다. 불행하게도 사람들은 아버지를 보는 것 하나만 옳았다. 그 밖의 것들은 하나도 옳지 않았다. 나는 아버지·어머니·영호·영희, 그리고 나를 포함한 다섯 식구의 모든 것을 걸고 그들이 옳지 않다는 것을 언제나 말할 수 있다. 나의 '모든 것'이라는 표현에는 '다섯 식구의 목숨'이 포함되어 있다. (중략)
>
> 　나는 바깥 게시판에 적혀 있는 공고문을 읽었다. 거기에는 아파트 입주 절차와 아파트 입주를 포기할 경우 탈 수 있는 이주 보조금 액수 등이 적혀 있었다. 동사무소 주위는 시장 바닥과 같았다. 주민들과 아파트 거간꾼들이 한데 뒤엉켜 이리 몰리고 저리 몰리고 했다. 나는 거기서 아버지와 두 동생들을 만났다. 아버지는 도장포 앞에 앉아 있었다. 영호는 내가 방금 물러선 게시판 앞으로 갔다. 영희는 골목 입구에 세워놓은 검정색 승용차 옆에 서 있었다. 아침 일찍 일들을 찾아나섰다가 철거 계고장이 나왔다는 소리를 듣고 돌아온 것이었다. 누군들 이런 날 일을 할 수 있을까. 나는 아버지 옆으로 가 아버지의 공구들이 들어 있는 부대를 둘러메었다. 영호가 다가오더니 나의 어깨에서 그 부대를 내려 옮겨 메었다. 나는 아주 자연스럽게 그것을 넘겨주면서 이쪽으로 걸어오는 영희를 보았다. 영희의 얼굴은 발갛게 상기되어 있었다. 몇 사람의 거간꾼들이 우리를 둘러싸고 아파트 입주권을 팔라고 했다.
>
> 　　　　　　　　　　　　　　　　　　　　　　　　　　　　　　　－ 조세희, 〈난장이가 쏘아 올린 작은 공〉

시점 : (   )

예제풀이 | **01** ⑴ 1인칭 주인공 시점 ⑵ 1인칭 관찰자 시점 ⑶ 전지적 작가 시점 ⑷ 3인칭 관찰자 시점 　**02** 1인칭 주인공 시점

02 '나'가 주인공이 되어 가족에 대한 이야기를 하고 있죠.

Act 02
작품을 빛나게 하는 주연과 조연, 인물

오래 전에 본 영화를 떠올릴 때, 가장 먼저 머릿속에 떠오르는 건 보통 배우의 모습일 거예요. 창작자가 만들어 낸 작품이라는 또 다른 세계 속에서 **인물**은 뚜렷한 성격을 가지고 있는 존재이기에 그만큼 우리 머릿속에 깊이 자리하는 거죠. 그래서 '인물'이라는 단어를 영어로 번역할 때, 단순히 person(개인, 사람)이라고 하지 않고, character(성격, 기질)라고 하는 걸 거예요.

문학 작품 속에 나오는 인물들은 저마다의 특성을 가지고 있어요. 지금부터는 작품 속에 등장하는 인물을 특정한 기준에 따라서 분류해 보고, 인물의 성격을 드러내는 방법에 대해 알아볼게요.

| 1 | 인물의 유형

❶ 성격이 변하는지에 따라	
• 평면적 인물	• 입체적 인물

❷ 인물의 전체적인 성격에 따라	
• 전형적 인물	• 개성적 인물

❸ 작가가 의도하는 주제의식에 부합하는지에 따라	
• 주동 인물	• 반동 인물

● {성격이 변하는지에 따라 '평면적 인물 vs 입체적 인물'}

평면적 인물이란 하나의 한자성어로 딱 정리할 수 있어요. '초지일관(初志一貫)'. **평면적 인물**은 작품이 시작될 때 보여 준 특성을 끝날 때까지도 변함없이 지니고 있는 인물이에요. 처한 환경이 변화하면 사람이 조금 달라질 법도 한데, 평면적 인물은 시종일관 비슷한 생각과 행동을 보여 줘요. 그렇기 때문에 평면적 인물의 됨됨이에 대해서는 쉽게 파악할 수 있어요.

예를 들어 채만식의 소설 〈태평천하〉에서 소설의 주요 인물인 '윤 직원 영감'은 자신이 살고 있는 나라의 상황이 어떻든 신경 쓰지 않고 처음부터 끝까지 자신에게 이익이 되는 쪽으로만 생각하는 사람이에요. 국운이 기울어 가던 시절에 "우리만 빼고 어서 망해라!"라는 말을 서슴지 않는 모습, 일제 강점기라는 치욕의 역사 속에서도 자신의 이익은 보전이 되니까 "오죽이나 좋은 세상이여…."라고 읊어 대는 모습 등은 윤 직원 영감의 한결같은 이기심이 잘 드러나는 장면이죠. 평면적 인물의 예시로 딱!이에요.

반면에 **입체적 인물**은 작품에서 사건이 전개됨에 따라 성격이 바뀌는 인물이에요. 입체적 인물을 파악하기 위해서 독자는 인물들 간의 관계나 사건의 흐름, 배경의 변화 등에 주의를 기울여야 해요. 까딱하다간 '어, 이 사람이 갑자기 왜 이래?'라며 의아하게 생각할 수 있거든요.

예를 들어 윤흥길의 소설 〈아홉 켤레의 구두로 남은 사내〉에 등장하는 '권 씨'는 개발이 한창이었던 1970년대에 그 흐름에서 소외된 사람들이 살고 있던 지역(경기도 광주, '광주단지')의 주민이었어요. 하지만 그는 대학 교육을 받은 사람으로 직장이 서울에 있었고, 서울에서 오래 살았었기에 자신을 서울 사람이라고, 자신은 소외되지 않았다고 생각하며 살고 있었어요. 그런데 사람들이 시위를 하다 말고 참외를 '어적어적 깨물어 먹는' 모습을 보고 '살아남기' 앞에서 절실한 마음은 누구나 다르지 않다는 걸 깨닫게 되죠. 그러고는 갑자기 눈이 뒤집히듯 사람이 바뀌어서 가장 선봉에서 시위를 이끌다가 경찰서로 끌려가고 말아요. 권 씨처럼 사건이 전개되면서 인물의 태도나 성격이 바뀌어 가는 인물을 우리는 입체적 인물이라고 불러요.

● {인물의 전체적인 성격에 따라 '전형적 인물 vs 개성적 인물'}

작품 속에 등장하는 인물이 **전형적 인물**인 경우는 특정한 집단이나 계층을 대표할 수 있는 인물 유형일 때예요. 〈흥부전〉의 흥부나 〈심청전〉의 심청처럼 소설 속 인물의 행동과 모습에서 착한 사람, 효녀라는 특징을 오롯이 지닌 사람들을 전형적 인물이라고 할 수 있어요. 〈태평천하〉의 윤 직원 영감 역시 넉이 없고 돈만 많은 이기주의자의 전형적인 모습을 보여 주고 있죠. 전형적 인물들은 특징이 매우 뚜렷한 인물들이라 대개 한두 단어로 정의가 가능해요.

개성적 인물은 앞서 말한 전형적 인물과 상반되는 개념이죠. **개성적 인물**은 개인으로서의 독특한 성격을 가진 인물로 보편적인 성격을 지닌 인물이 아니에요. 한두 마디로 정의하기 어렵고, 설명하자면 복잡한 자기만의 색깔이 뚜렷한 인물이죠. 쉽게 말해서, 인물이 보여 주는 모습과 성격이 일반적이지 않고 새로운 경우에 우리는 그 인물을 개성적 인물이라고 해요.

고전소설에서 현대소설로 넘어오면서 그 내용은 점차 다양한 삶의 단면을 구체적으로 보여 주는 쪽으로 바뀌어 갔어요. 그래서 현대소설은 대체로 개성적 인물, 입체적 인물을 소설 속에 등장시켜서 주제를 효과적으로 구현하려고 해요(그렇다고 늘 현대소설의 인물이 언제나 개성적이고 입체적인 인물인 건 또 아니에요! 대체로 그렇다는 거예요). 그래서 고전소설에는 전형적 인물이 자주 등장하는 데 비해, 현대소설에서는 개성적 인물이 주로 등장하는 거예요.

● {작가가 의도하는 주제의식에 부합하는지에 따라 '주동 인물 vs 반동 인물'}

이외에도 소설 속의 인물은 작가가 정한 주제의식에 부합하는 인물인지, 어긋나는 인물인지에 따라 **주동 인물과 반동 인물**로 구분하기도 해요. 쉽게 말해 주인공은 주동 인물이고, 주인공과 갈등을 일으키는 인물은 반동 인물인 거죠. 주로 작가는 자신의 주제의식을 분명히 구현하는 쪽인 주동 인물의 편에 서서 이야기를 전개하는 경우가 많아요. 해리포터 시리즈를 예로 들면 해리포터를 비롯한 불사조 기사단이 주동 인물이고, 볼드모트를 중심으로 한 죽음을 먹는 자들은 반동 인물이 되겠죠.

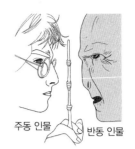

주동 인물   반동 인물

| 2 | 인물의 성격을 드러내는 방법

남자 1(왼쪽) : 얘가 네 여자 친구야? 예쁘다!

남자 2(오른쪽) : 응, 예쁘지? 그리고 _____

(1) 마음씨도 되게 착해.

(2) 피곤할 텐데도 매일 일 끝나고 부모님 가게에 가서 일 도와 드리는 애야.

위 그림에서 오른쪽의 남자가 자신의 여자 친구의 성격에 대해서 말할 때 (1)에서는 간단히 착하다고 말했고, (2)에서는 조금 길지만 어떤 행동을 하는지 눈에 보이듯이 얘기해 줬어요. (1)처럼 간단히 이야기하는 것과 (2)처럼 이야기하는 것이 약간 다르게 느껴지죠? 이처럼 작가가 작품 속 인물의 성격을 제시하는 방법도 두 가지로 나눌 수 있어요. 서술자가 인물의 가치관이나 특징에 대해 직접 간단하게 설명하는 **직접적 제시**와 인물이 하는 대화와 행동을 제시함으로써 독자가 인물에 대해서 파악하도록 만드는 **간접적 제시**로 나누죠.

직접적 제시	간접적 제시
말하기(telling)	보여주기(showing)
서술자가 직접 인물의 가치관, 심리, 과거 행적에 대해서 간단히 요약하여 설명함(때로는 평가까지도 내림)	서술자는 인물의 외양 묘사, 행동이나 대화를 통해 가치관, 심리 등을 독자가 짐작할 수 있도록 보여 줌
사건의 진행이 빠름	사건의 진행이 상대적으로 느림

이와 관련한 문제에서 자주 물어보는 내용은 ❶ 해당 부분이 직접적 제시인지, 간접적 제시인지 ❷ 간접적으로 제시된 부분을 통해 인물의 성격을 파악할 수 있는지의 여부예요.

특히나 ❷는 연습이 많이 필요해요. 글에 서술된 인물의 외양 묘사, 인물의 대화나 행동 등을 보고 인물의 성격을 '추론'해야 하거든요. 따라서 초보 독자에게는 다소 어려울 수 있어요.

예시를 한번 보여 줄게요.

[A]
　　"간절하다뿐이었겠냐. 신작로를 지나고 산길을 들어서도 굽이굽이 돌아온 그 몹쓸 발자국들에 아직도 도란도란 저 아그의 목소리나 따뜻한 온기가 남아 있는 듯만 싶었제. 산비둘기만 푸르륵 날아올라도 저 아그 넋이 새가 되어 다시 되돌아오는 듯 놀라지고, 나무들이 눈을 쓰고 서 있는 것만 보아도 뒤에서 금세 저 아그 모습이 뛰어나올 것만 싶었지야. 하다 보니 나는 굽이굽이 외지기만 한 그 산길을 저 아그 발자국만 따라 밟고 왔더니라. 내 자석아, 내 자석아, 너하고 둘이 온 길을 이제는 이 몹쓸 늙은 것 혼자서 너를 보내고 돌아가고 있구나!" / "어머님 그때 우시지 않았어요?"

　　"울기만 했겠냐. 오목오목 디뎌 논 그 아그 발자국마다 한도 없는 눈물을 뿌리며 돌아왔제. 내 자석아, 내 자석아, 부디 몸이나 성히 지내거라. 부디부디 너라도 좋은 운 타서 복 받고 살거라… 눈 앞이 가리도록 눈물을 떨구면서 눈물로 저 아그 앞길만 빌고 왔제…"

　　노인의 이야기는 이제 거의 끝이 나 가고 있는 것 같았다. 아내는 이제 할 말을 잊은 듯 입을 조용히 다물고 있었다.

　　　　　　　　　　　　　　　　(중략)

[B]
　　나 역시도 이젠 더 이상 노인을 참을 수가 없었다. 이제나마 노인을 가로막고 싶었다. 아내의 추궁에 대한 그 노인의 대꾸가 너무도 두려웠다. 노인의 대답을 들을 수가 없었다. 하지만 그 역시도 불가능한 일이었다. / 나는 아직도 눈을 뜰 수가 없었다. 불빛 아래 눈을 뜨고 일어날 수가 없었다. 사지가 마비된 듯 가라앉아 있는 때문만이 아니었다. 졸음기가 아직 아쉬워서도 아니었다. 눈꺼풀 밑으로 뜨겁게 차오르는 것을 아내와 노인 앞에 보일 수가 없었다. 그것이 너무도 부끄러웠기 때문이었다. 아내는 이번에도 그러는 나를 알고 있었던 것 같았다.

　　　　　　　　　　　　　　　　　　　　　　　　　　　　　　　　　－ 이청준, 〈눈길〉

　　윗글에서 [A]와 [B]의 차이가 느껴지시나요? 찬찬히 읽어 보면 [B]에는 '부끄럽다'라는 표현이 나와 있으니까, '나'의 심리에 대한 직접적 제시라고 파악하면 되겠죠? 반면에 [A]에서는 인물 간의 대화를 통해서 '나'를 향한 어머니의 애틋한 마음이 간접적으로 제시되어 있는 것을 확인할 수 있어요. 시험에서 간접적 제시와 관련한 선택지로는 아래와 같은 내용이 출제된 적이 있으니 주의 깊게 봐 두면 좋을 거예요.

● 인물의 외양 묘사를 통해 성격을 드러내고 있다. (2015 수능 B형)
● 인물의 행동을 객관적 시점에서 묘사하여 인물의 성격을 짐작하게 한다. (2014 수능)
● 주인공의 반복적 행위를 서술하여 성격을 구체화하고 있다. (2011 수능)

딱! 두 줄 요약

⊙ 인물은 성격이 변하는지에 따라 '평면적 인물'과 '입체적 인물'로, 인물의 전체적인 성격에 따라 '전형적 인물'과 '개성적 인물'로, 작가가 의도하는 주제의식에 부합하는지에 따라 '주동 인물'과 '반동 인물'로 그 유형을 나눌 수 있다.
⊙ 인물의 성격을 드러내는 방법에는 직접적 제시와 간접적 제시가 있다.

01 다음 작품을 읽고 '허 노인'의 인물 유형은 '평면적 인물'과 '입체적 인물' 중 어디에 해당하는지 쓰시오.

허 노인이 줄을 타는 모습은 정말 아름다웠다. 천장 포장을 걷어 젖히고, 넓은 밤하늘을 배경으로 허 노인은 흰옷에 조명을 받으며 줄을 건너는 것이었는데, 발을 움직이는 것 같지도 않게 그냥 흘러가듯 조용히 줄을 건너가는 노인의 모습은 유령 같기도 하고 어떤 때는 그냥 땅 위에서 하품을 하고 있는 것 같기도 했다. 이상한 것은 그렇게 줄을 타는 허 노인이었지만 줄에서 내려오면 그의 온몸은 언제나 땀에 흠뻑 젖어 있곤 했던 것이었다. 그리고 단장은 그런 허 노인의 줄타기를 몹시도 싫어했다.

— 구경꾼 놈들의 간덩이를 덜컹덜컹 내려앉게 해주란 말야. 재주를 좀 부려, 재주를.

단장은 허 노인을 매번 나무랐다. 허 노인은 얼굴이 파랗게 질려서 대꾸도 못하고 땀만 뻘뻘 흘리다가 단장 앞을 힘없이 물러나오곤 했다. 그러나 그 다음날도 허 노인은 여전히 전처럼 줄을 타는 것이었다.

(중략)

운은 비로소 허 노인이 끝내 줄타기 자세를 바꾸지 못하는 내력을 알 것 같았다.

— 아버지, 이젠 줄을 그만 두시고 좀 쉬십시오.

운이 말했으나 노인은 조용히 머리를 가로저었다.

– 이청준, 〈줄〉

인물 유형 : (   )

02 다음 작품을 읽고 표의 '근거'에는 알맞은 기호를, '성격'에는 알맞은 단어를 써 넣으시오.

"그런 벌이가 어디 있어요?"

촌뜨기 선생은 그 ㉠큰 눈을 더 둥그렇게 뜨고 큰 기대와 호기심을 가지고 마주 치어다보는 모양이다.

"왜요, 한번 해보시려우?"

그는 이렇게 한마디 충동이며, 무슨 의미나 있는 듯이 그 ㉡악독하여 보이는 얼굴에 교활한 웃음을 띠고 한참 마주 보다가,

"시골서 죽도록 땅이나 파먹다가 거꾸러지는 것보다는 편하고 재미있습넨다. 게다가 돈은 쓰고 싶은 대로 쓸 수 있고……."

여전히 뱅글뱅글 웃으면서 이 순실한, 어머니 뱃속에서 나온 그대로 있는 듯한 촌뜨기를 꾄다.

㉢"그런 선반에서 떨어지는 떡 같은 장사가 있으면 하다뿐이겠나요."

촌뜨기는 차차 침이 괴어오는 수작이다.

"그러나 밑천이 아주 안 드는 것은 아니지요. 우선 얼마 안 되지만 보증금을 들여놓아야 하고, 양복이나 한 벌 장만하여야 할 터이니까……. 그러나 당신이야 형님이 헌병대에 계시다니까 신분은 염려 없을 테니 보증금은 없어도 좋겠지."

제 딴은 누구를 큰 직업이나 얻어주는 듯싶이, 더구나 보증금은 특별히 면제하여 주겠다는 듯이 오만한 태도로 어깨를 뒤틀며 호기만장이다. 일편 촌뜨기는 양복 신사가 돼야 하는 직업이라는 데에 속으로 헤에하는 기색이다. 그러나 ㉣정작 그 직업의 종류가 무엇인가는 좀처럼 가르쳐 주지 않는다. 실상 곁에서 엿듣고 앉았는 나 역시 궁금하지만, 이러한 소리를 듣는 시골 궐자는 더 한층 호기의 눈을 번쩍이며 앉았는 모양이다. 그러나 그것을 토설치 않는 것은 나와 그 외의 두세 사람이 들을까 꺼리어서 그리하는 것 같기도 하고, 또는 그 시골뜨기가 좀 더 몸이 달아 덤비며 자기의 부하가 되겠다는 다짐까지 받고서야 이야기하려

는 수단 같기도 하다.

"그래 그런 훌륭한 직업이 무엇인데, 어데 있단 말요?"

이번에는 그 시골자의 동행인 듯한 사람이 가만히 듣고 있다가 욕탕에서 시뻘겋게 단 몸뚱어리를 무거운 듯이 끌어내며 물었다. 그자도 물속에서 불쑥 일어서서 수건을 등 뒤로 넘겨서 가로잡고 문지르며 한번 목욕탕 속을 휘돌아다보고, 다른 사람들이 자기네의 이야기에는 무심히 이 구석 저 구석에서 떡을 감는 것을 살펴본 뒤에, 안심한 듯이 비로소 목소리를 낮추며 입을 벌린다.

ⓒ"실상은 누워 떡 먹기지. 나두 이번에 가서 해오면 세 번째나 되오마는, 내지의 각 회사와 연락해 가지고 요보들을 붙들어오는 것인데……, 즉 조선 쿨리(苦力) 말씀요. 농촌 노동자를 빼내오는 것이죠. 그런데 그것은 대개 경상남북도나, 그렇지 않으면 함경, 강원, 그다음에는 평안도에서 모집을 해오는 것인데, 그중에도 경상남도가 제일 쉽습넨다. 하하하."

그자는 여기 와서 말을 끊고 교활한 웃음을 웃어버렸다.

나는 ⓑ여기까지 듣고 깜짝 놀랐다. 그 불쌍한 조선 노동자들이 속아서 지상의 지옥 같은 일본 각지의 공장과 광산으로 몸이 팔리어가는 것이, 모두 이런 도적놈 같은 협잡 부랑배의 술중(術中)에 빠져서 속아 넘어가는구나 하는 생각을 하며, 나는 다시 한 번 그자의 상판때기를 치어다보지 않을 수 없었다.

– 염상섭, 〈만세전〉

제시 방법	해당 인물	근거	인물의 성격
간접적 제시 (외양 묘사, 대화, 행동)	촌뜨기 선생	(1) ( )	돈을 쉽게 버는 일에 관심이 깊음 또한 자신을 충동하는 '그'의 말을 별 의심 없이 받아들이는 ((4)) 인물
	그	(2) ( )	비밀을 말해 줄 듯 말 듯 상대의 간을 보는 데서 ((5))이 느껴짐 궁핍한 조선 농민들을 인신매매하는 비인간적인 일을 통해 이익을 취하려 하는 ((6))한 인물
직접적 제시	나	(3) ( )	'그'가 이익을 취하는 방식을 듣고 깜짝 놀라 매우 못마땅하게 여기므로 ((7))을 가진 인물

(1) (   )

(2) (   )

(3) (   )

(4) (   )

(5) (   )

(6) (   )

(7) (   )

Act 03
대체 먹가 문제야? 사건과 갈등

| 1 | 사건과 갈등

먼저 우리에게 익숙한 〈흥부전〉 이야기를 한번 떠올려 볼까요? 〈흥부전〉에는 여러 일들이 발생하잖아요. 놀부가 흥부를 내쫓은 일, 흥부가 놀부 마누라에게 밥주걱으로 뺨을 맞은 일, 흥부가 제비 다리를 고쳐 주고 부자가 된 일 등등.

이와 같이 소설이나 극 속에서 발생하고 벌어지는 온갖 일들을 **사건**이라고 해요. 사건은 작중 인물들의 갈등이 구체적으로 드러나게 해 주고, 전체 이야기를 이끌어 주는 핵심적인 역할을 해요. 〈흥부전〉에서도 일련의 사건들로 인해 놀부와 흥부의 갈등이 구체화되고, 이전의 사건이 다른 새로운 사건을 야기하면서 전체 이야기가 진행돼요.

자, 그런데 만약 놀부가 흥부를 내쫓지 않았다면 어땠을까요? 그랬다면 흥부가 제비를 만나지 못했을지도 몰라요(쫓겨난 다음에 가난하게 살다가 제비를 만났으니까요!). 혹은 흥부가 제비를 만나 박씨를 얻었더라도, 어차피 집이 부자니까 굳이 박씨를 심지 않았을지도 모르죠. 그럼 아무 일도 벌어지지 않게 되잖아요. 그렇게 되면 〈흥부전〉은 그저 "놀부와 흥부가 우애 좋게 행복하게 살았습니다. 끝~"이 되어 버리는 거죠. 즉, 놀부와 흥부 사이에 갈등이 없었다면 원래처럼 흥미진진하고 반전 있는 이야기는 만들어질 수 없었을 거예요.

이처럼 갈등은 사건 전개에 있어서 매우 중요한 요소예요. 사건을 통해 갈등이 드러나기도 하지만, 갈등에서 새로운 사건이 발생하기도 하죠. 문학 작품에서의 갈등의 개념을 정확히 알려 주자면, **갈등**은 인물이 겪게 되는 대립적인 심리 상태를 의미해요. 작품을 읽을 때 인물이 겪는 갈등을 파악하는 일은 매우 중요해요. 갈등을 알아야 사건의 전모를 파악하고 이해할 수 있거든요.

쌤의 팁 갈등 갈등(葛藤)은 원래 칡나무 덩굴[葛]과 등나무 덩굴[藤]이 서로 얽힌 것을 뜻해요. 서로 얽혀 있는 덩굴의 모습이 사람들이 서로 다른 입장과 생각으로 얽힌 채 쉽게 풀어내지 못하는 모습을 연상시킨다 하여 갈등이라는 단어를 사용하게 되었어요.

| 2 | 갈등의 종류

작품 속에서 등장인물들이 겪는 갈등은 여러 가지로 나눠서 생각해 볼 수 있어요. 우선 크게는 '내적 갈등'과 '외적 갈등'으로 나눠 볼 수 있죠.

● {내적 갈등}

내적 갈등이란 한 인물의 내면에 존재하는 대립되는 두 심리로 인해 생기는 갈등을 말해요.

왜 우리도 평소에 상반되는 선택의 기로에서 고민할 때가 많잖아요. 친구와 싸웠을 때, "내가 먼저 사과해서 화해하는 게 좋겠어."와 "걔가 먼저 잘못했는데 내가 왜 사과를 해?"의 생각이 동시에 들어서 그 사이에서 갈등하게 되는 경우 같은 거죠.

소설 작품 속의 인물을 예를 들어 볼까요? 오상원의 〈모반〉이라는 소설이 있어요. 이 소설 속 주인공은 광복 후 조국을 위해 비밀결사 조직의 일원이 되어 암살의 임무를 맡은 사람이에요. 조직의 명령을 받고 암살을 시행하기로 한 날 병석에 누워 있던 그의 어머니가 위독한 상태에 빠져요. 그의 어머니는 내심 아들이 곁에 있어 주기를 바라고 있었지요. 그래서 주인공은 조국을 위해 암살 임무를 다할 것인가, 위독한 어머니의 곁을 지킬 것인가 사이에서 갈등하게 되는데… 그다음 이야기가 궁금하죠? 결말은 알려 주지 않겠어요. ㅎㅎ 어쨌든 이와 같이 대립되는 두 심리로 인해 생기는 갈등을 내적 갈등이라고 하는 거예요.

● {외적 갈등}

외적 갈등이란 인물과 그를 둘러싼 외부 요인의 대립으로 인해 생기는 갈등을 말해요. 이때 외부 요인이란 다른 인물일 수도 있고, 사회일 수도 있고, 그의 타고난 운명일 수도 있어요. 그래서 외적 갈등은 그 요인에 따라 '개인과 개인의 갈등', '개인과 사회의 갈등', '개인과 운명의 갈등'으로 분류할 수 있어요.

먼저 **개인과 개인의 갈등**은 말 그대로 개인들 간의 대립 때문에 일어나는 갈등을 말해요. 예를 들어 최일남의 〈흐르는 북〉이라는 소설에서는 민 노인과 그의 아들 민대찬 사이에 갈등 관계가 형성돼요. 이들이 갈등을 겪게 된 이유는 젊은 시절 민 노인이 예술 정신을 추구하며 가정을 돌보지 않은 탓에 민대찬이 불우한 어린 시절을 보냈기 때문이에요. 이처럼 등장인물들 사이에 일어나는 갈등을 개인과 개인의 갈등이라고 하는 거예요.

　두 번째로 **개인과 사회의 갈등**은 사회 제도나 사회적 윤리 등으로 인해 개인이 겪게 되는 갈등을 말해요. 앞에서 배운 주요섭의 〈사랑손님과 어머니〉 기억하죠? 그 소설에는 젊은 나이에 과부가 된 옥희 엄마와 옥희네 집의 사랑방에 세 들어 살게 된, 죽은 남편의 친구 '아저씨'가 나오잖아요. 아저씨는 옥희 엄마를 남몰래 좋아하여 옥희한테 잘해 주고 옥희 엄마한테 몰래 편지도 보내요. 그리하여 옥희 엄마는 잠시 고민하지만 결국엔 재혼에 대해 부정적인 당시의 사회적 시선 때문에 사랑을 포기하고 말지요. 즉, 당시 사회의 봉건적인 윤리 의식으로 인해 생긴 갈등이므로, 이러한 갈등을 개인과 사회의 갈등이라고 볼 수 있어요.

　마지막으로 **개인과 운명의 갈등**은 개인이 타고난 운명에 의해 겪게 되는 갈등을 말해요. 예를 들어 김동리의 〈역마〉라는 작품의 주인공 성기는 역마살(늘 분주하게 이리저리 떠돌아다니게 된 액운)을 타고난 사람이에요. 왜냐하면 그의 할아버지와 아버지 둘 다 평생 떠돌이 생활을 한 사람들이거든요. 성기는 대를 이어 자신에게까지 이어진 그 운명을 극복하려고 해요. 그러면서 갈등을 겪게 되죠. 주인공의 의지와 타고난 운명이 대립하여 일으킨 갈등으로, 이러한 갈등은 개인과 운명의 갈등이라고 볼 수 있어요.

쌤의 팁 기타 갈등 위에서 설명한 갈등 이외에도 '집단과 집단 간의 갈등', '계층 간의 갈등', '세대 간의 갈등', '개인과 자연 간의 갈등' 같은 것도 있어요. 이 네 가지는 모두 외적 갈등에 해당하는 것으로 보아야 하겠죠?

쌤의 팁 대결 의식 시험 문제의 선택지에 '대결 의식'이라는 단어가 등장할 때가 있어요. 자, 이게 뭔지 설명해 줄게요. 대결 의식이란 대결 상황에 정면으로 맞서려는 의식을 말해요. 한쪽이 일방적으로 당하는 상황이거나, 어느 한쪽이 물러서고자 한다면 그건 대결 의식으로 볼 수 없어요. 대결 의식이 있다고 말하려면, ① 외적 갈등이 있어야 하고, ② 대결 당사자가 물러서지 않고 맞서 대립하는 상황이어야 해요. 물론 이때 대결 상대는 개인일 수도 있고, 사회일 수도 있고, 운명일 수도 있어요.

▎ 3 ▎ 사건 제시 방법

　앞에서 사건과 갈등에 대해서 배웠죠? 이번에는 사건을 제시하는 방법에 대해서 배워 볼 거예요.

　'그것이 알고 싶다'라는 TV 프로그램 알죠? 그 프로그램을 보면 메인 MC가 사건을 요약해서 알려 주기도 하고, 재연 영상을 통해 인물들의 상황, 행동 등을 구체적으로 보여 주기도 하잖아요.

소설도 마찬가지예요. 서술자가 사건을 제시하는 방법에는 두 가지가 있어요. 메인 MC처럼 서술자가 사건과 인물의 심리 등에 대해 직접적으로 설명해 줄 수 있는데, 이를 **요약적 제시**라고 해요. 반면에 재연 영상을 보여 주듯이 서술자가 인물의 대화나 행동, 외양 묘사 등을 통해 상황을 있는 그대로 보여 줄 수도 있는데, 이를 **극적 제시**라고 해요. 다음 예시를 보면 어느 정도 이해가 될 거예요.

요약적 제시	극적 제시
뽀로로는 평소 친구 에디의 바이올린이 매우 탐났다. 그런데 마침 에디가 뽀로로에게 빌린 돈을 갚지 않은 것이었다. 그래서 뽀로로는 에디에게 빌린 돈 대신 바이올린을 내놓으라고 하였다.	뽀로로는 에디의 바이올린을 힐끗 쳐다보았다. "에디. 너 나한테 빌린 돈 안 갚을 거야?" "야. 친구끼리 뭘 또 갚으라고 난리냐?" 뽀로로는 속으로 '기회다!'라고 외쳤다. "돈 문제에 친구가 어딨어! 돈 없으면 네 바이올린이라도 내놔!"

요약적 제시와 극적 제시는 한 작품에 함께 나타날 수 있어요. 즉, 한 작품 내에서도 장면에 따라 어떤 부분에서는 요약적 제시를, 어떤 부분에서는 극적 제시를 사용할 수 있는 거죠.

쌤의 팁 '극적'의 의미 평소에 우리가 자주 쓰는 '극적'은 '극을 보는 것처럼 큰 긴장이나 감동을 불러일으키는'이란 뜻으로 쓰여요. 예를 들어, '영화 〈캐리비안의 해적〉에서 캡틴 잭 스패로우가 탈출하는 장면은 정말 극적이었어!'와 같은 식으로 쓰이는 거죠. 문학에서도 마찬가지 뜻으로 '극적'이라는 말을 많이 사용해요. '극적 긴장감이 높아지고 있다', '갈등이 극적으로 해소되고 있다'와 같이 말이죠.
그런데 '극적 제시'에서의 '극적'은 위의 것과는 다른 뜻이에요. 이때의 '극적'은 '극의 특성을 띤'이라는 되게 단순한 뜻이죠. '극적 제시'라는 방법 자체가 관객들에게 인물들의 대사와 행동을 그대로 보여 주는 연극의 방식과 유사하기 때문에, '극의 특성을 띤 제시 방법'이라는 뜻으로 '극적 제시'라고 부르게 된 거예요.
시험에서는 '극적'이라는 말이 앞의 두 가지 의미로 모두 사용돼요. 그러니 문제를 풀 때에는 글의 맥락을 통해 둘 중 어떤 의미로 쓰인 건지 생각하고 풀어야 해요!

쌤의 팁 인물의 성격 제시 방법과 사건 제시 방법 Act 02에서 '인물의 성격 제시 방법'으로 '말하기(직접 제시)와 보여 주기(간접 제시)'에 대해 배웠었죠? 그런데 사실 방금 배운 사건 제시 방법이나 인물 성격 제시 방법이 크게 구별되어서 나오지는 않아요. 그래서 사건 제시인지 성격 제시인지는 구별하지 않고 그냥 비슷한 방식들끼리 한데 묶어서 기억하는 것도 한 방법이에요. **말하기 = 직접 제시 = 요약적 제시 ↔ 보여주기 = 간접 제시 = 극적 제시**

｜ 4 ｜ 사건과 장면

사건 이야기가 나왔으니 장면도 같이 곁들여 이야기해 보자고요. 우선 **장면**이란 같은 인물이 동일한 공간 안에서 벌이는 사건의 광경을 말해요. 소설이나 극은 바로 이 장면을 단위로 구성되죠. 같은 사건을 다루더라도 장면을 어떤 방식으로 구성하느냐에 따라 작품의 느낌이 달라질 수 있어요. 그러다 보니 시험에서 해당 지문이 장면을 어떻게 구성하고 있는지에 대해 물어보기도 해요. 그러니 장면을 구성하는 방법에 어떤 것들이 있는지 알아 두는 게 좋겠죠?

먼저 기억해 둘 것은 '장면 전환'이에요. **장면 전환**이란 한 장면이 다른 장면으로 바뀌는 것을 말해요. 보통 서술의 중심에 있는 인물이 다른 인물로 바뀌거나 공간을 이동함으로써 이루어지죠. 장과 막을 통해 장면 전환을 이루는 희곡이나 S#(Scene Number)를 통해 장면을 표시하는 시나리오에서는 장면 전환을 쉽게 확인할 수 있는 반면에, 소설에는 그런 장치가 따로 없어요. 그래서 소설을 읽을 때는 장면의 전환에 대해 독자가 스스로 파악하면서 읽어야 하죠. 그렇게 어렵지는 않아요. 서술의 중심에 있는 인물이 다른 인물로 바뀌었는지 혹은 공간의 이동이 있는지를 파악하면 되니까요.

쌤의 팁 시간의 이동을 통한 장면 전환 시간이야 늘 흘러가는 것이니까 시간이 변하는 것을 모두 다 장면 전환이라고 볼 순 없지만, 시간이 훅 하고 뛰어서 어느 정도의 간격을 두고 이동하는 경우에는 장면 전환이라고 할 수 있어요. 예를 들어 처음에는 학생이 등교하는 장면이었는데, 그다음에 이어서 아까 그 학생이 교사가 되어 똑같은 학교로 출근하는 장면이 나왔다고 생각해 봐요. 이런 경우에는 장면 전환이 일어난 것으로 봐야 하겠죠?

장면을 연결하여 구성하는 방법에는 여러 가지가 있어요. 첫 번째로는 **장면을 빈번하게 전환시키는 방법**이에요.

　㉠어느 날 운종가에 나가 임금님의 거둥을 구경하고 돌아오던 길이었다. 건장한 여종이 자주색 명주 보자기로 한 처녀를 덮어씌워 등에 업고, 머리를 땋은 여종은 주홍색 비단신을 들고 뒤를 따르는 모습이 눈에 들어왔다. / 어림짐작으로 보자기 안의 몸을 재어 보니 어린 여자 아이는 아니었다. ㉡드디어 심생은 바짝 붙어 뒤를 쫓았다. 멀찍이 따르다가 소매로 스치며 지나가기도 하면서 눈은 한순간도 그 보자기를 떠나지 않았다. ㉢걸음이 소광통교에 이르렀을 때, 갑자기 회오리바람이 앞에서 일어나 자주색 보자기를 반이나 들추었다. 아니나 다를까 처녀가 나타나는데 복숭아 빛 발그레한 뺨에 버들가지 같은 가는 눈썹, 초록 저고리에 다홍치마, 연지분이 몹시 고와 설핏 보아도 절색이었다. (중략)
　㉣드디어 인정(人定)이 되기를 기다려 그 집으로 가서 담을 넘었다. 초승달이 어스름 빛을 드리운 창밖에는 꽃과 나무들이 제법 아담하게 가꾸어져 있고, 창호지에 비치는 등불은 아주 환하였다.　　　　－ 이옥, 〈심생전〉

사건이 일어나는 장면을 살펴보면 ㉠은 '운종가', ㉡은 처녀를 뒤따라가는 중이고, ㉢은 '소광통교', ㉣은 '처녀의 집'이에요. 공간이 계속 바뀌고 있죠? 즉, 장면이 빈번하게 전환된 것이라 볼 수 있어요. 이처럼 장면이 빠르게 자주 전환될 경우 긴장감이 고조되는 효과가 있죠. 수능에서도 아래와 같은 선지가 출제되었었죠.

● 빈번하게 장면을 교차하여 상황의 긴박한 분위기를 조성하고 있다. (2018 수능)

장면이 빈번하게 전환되고 있다고 말하려면, 위에서 보다시피 4~5번 정도는 장면이 바뀌어야 빈번하다고 말할 수 있어요. 한두 번 전환되는 걸로 빈번하다고 답을 고르면 안 돼요~!

두 번째로 **장면을 교차**시킬 수 있어요. 이는 서로 다른 장면을 교대로 번갈아 가며 보여 주는 방법을 말해요. 현재와 과거를 번갈아 보여 주거나, 동시간대에 일어나는 서로 다른 장소의 일을 교대로 보여 주는 경우가 이에 해당할 수 있어요. 현재와 과거를 교차시킨 예를 아래에서 보여 줄게요.

> **[현재]** 이번에도 점순이가 싸움을 붙여 놨을 것이다. 바짝바짝 내 기를 올리느라고 그랬음에 틀림없을 것이다. 고놈의 계집애가 요새로 들어서서 왜 나를 못 먹겠다고 그렇게 아르렁거리는지 모른다.
>
> **[과거]** 나흘 전 감자 쪼깐만 하더라도 나는 저에게 조금도 잘못한 것은 없다. 계집애가 나물을 캐러 가면 갔지 남 울타리 엮는데 쌩이질을 하는 것은 다 뭐냐. 그것도 발소리를 죽여 가지고 등 뒤로 살며시 와서
> "얘! 너 혼자만 일하니?"
> 하고 긴치 않은 수작을 하는 것이다. (중략)
>
> **[현재]** 이번에 내려가면 망할 년 등줄기를 한 번 되게 후려치겠다 하고 싱둥겅둥 나무를 지고는 부리나케 내려왔다.
>
> — 김유정, 〈동백꽃〉

마지막으로 **장면을 중간에 삽입**시킬 수도 있어요. 이는 계속해서 이어오던 장면의 중간에 이질적인 장면을 스윽 끼워 넣는 방법이죠. 보통은 회상 장면이 들어갈 때 많이 나타나는데, 다음과 같이 꼭 회상이 아니더라도 생뚱맞아 보이는 장면을 삽입하기도 해요.

> 그날 밤 승용차 안의 사나이가 우리 동네의 나머지 입주권을 모두 사 버렸다. 그는 다른 투기업자들이 이십이만 원에 사는 것을 이십오만 원씩 주고 모두 사 버렸다. ㉠그날 밤에도 영희는 팬지 꽃 앞에 앉아 기타를 쳤다. 영희는 팬지 꽃 두 송이를 따 하나는 기타에 꽂고 하나는 머리에 꽂았다. 그리고 꼼짝도 하지 않고 기타만 쳤다. 사나이가 아버지에게 담배를 권했다.
>
> — 조세희, 〈난쟁이가 쏘아올린 작은 공〉

승용차 안의 사나이가 동네의 입주권을 사는 상황이고, 영희네 입주권도 사기 위해 아버지한테 담배를 권했어요. 이러한 장면 사이에 이질적인 장면 ㉠이 삽입되어 있어요. 딸 영희가 팬지 꽃을 꽂고 꼼짝도 없이 기타만 치는 장면이 중간에 들어가니, 가족이 처한 비극적 상황이 부각되는 효과가 있지요.

딱! 세 줄 요약

⊙ 갈등에는 '내적 갈등'과 '외적 갈등'이 있는데, 외적 갈등은 '개인 간의 갈등, 개인과 사회의 갈등, 개인과 운명의 갈등'으로 나눠 볼 수 있다!

⊙ 사건 제시 방법에는 '요약적 제시'와 '극적 제시'가 있다!

⊙ 장면은 같은 인물이 동일한 공간 안에서 벌이는 사건의 광경으로, 장면을 구성하는 방법에는 '장면 전환, 장면 교차, 장면 삽입'이 있다!

01 다음 글에 나타나는 갈등의 종류가 무엇인지 구체적으로 쓰시오.

> 그의 고향은 대구에서 멀지 않은 K군 H란 외딴 동리였다. 한 백 호 남짓한 그곳 주민은 전부가 역둔토(驛屯土)＊를 파먹고 살았는데, 역둔토로 말하면 사삿집 땅을 부치는 것보다 떨어지는 것이 후하였다. 그러므로 넉넉지는 못할망정 평화로운 농촌으로 남부럽지 않게 지낼 수 있었다. 그러나 세상이 뒤바뀌자 그 땅은 전부가 동양 척식 주식회사의 소유에 들어가고 말았다. 직접으로 회사에 소작료를 바치게나 되었으면 그래도 나으련만 소위 중간 소작인이란 것이 생겨나서 저는 손에 흙 한 번 만져 보지도 않고 동척엔 소작인 노릇을 하며, 실작인에게는 지주 행세를 하게 되었다. 동척에 소작료를 물고 나서 또 중간 소작인에게 긁히고 보니 실작인의 손에는 소출의 삼 할도 떨어지지 않았다. 그 후로 '죽겠다', '못 살겠다' 하는 소리는 중이 염불하듯 그들의 입길에서 오르내리게 되었다. 남부여대하고 타처로 유리하는 사람만 늘고 동리는 점점 쇠진해 갔다.
> 　　– 현진건, 〈고향〉
> ＊역둔토 : 조선시대 역의 경비를 충당하는 역토(驛土)와, 경비(警備)를 위하여 역에 주둔하는 군대가 자급자족을 위하여 경작하는 둔전(屯田)을 아울러 이르는 말

갈등 : (　　　　　　　　　　)

02 다음 글을 읽고, ○× 문제에 답하시오.

> 점순네 수탉(은 대강이가 크고 똑 오소리같이 실팍하게 생긴 놈)이 덩저리 작은 우리 수탉을 함부로 해내는 것이다. 그것도 그냥 해내는 것이 아니라 푸드덕하고 면두를 쪼고 물러섰다가 좀 사이를 두고 또 푸드득하고 모가지를 쪼았다. (중략) 이번에도 점순이가 싸움을 붙여 놨을 것이다. 바짝바짝 내 기를 올리느라고 그랬음에 틀림없을 것이다. 고놈의 계집애가 요새로 들어서서 왜 나를 못 먹겠다고 그렇게 아르렁거리는지 모른다. / 나흘 전 감자 쪼간만 하더라도 나는 저에게 조금도 잘못한 것은 없다. 계집애가 나물을 캐러 가면 갔지 남 울타리 엮는데 쌩이질을 하는 것은 다 뭐냐. 그것도 발소리를 죽여 가지고 등 뒤로 살며시 와서 "얘! 너 혼자만 일하니?" / 하고 긴치 않은 수작을 하는 것이다.
> 　　– 김유정, 〈동백꽃〉

(1) 윗글에서는 과거를 회상한 장면이 삽입되어 있다. (○ / ×)

> 나의 추리는 완전히 빗나갔다. 그러나 그런 건 괘념할 필요가 없었다. 소설의 마지막에서 형은 퍽 서두른 흔적이 보였지만 결코 지워지지 않는 연필로 그린 듯한 강한 선(線)으로 〈얼굴〉을 이야기하고 있었다. 형이 낮에 나의 그림을 찢은 이유가 거기 있었다. 내일부터 병원 일을 시작하겠다던 말을 알 수 있을 것 같았다. 그리고 동료를 죽였기 때문에 천 리 길의 탈출에 성공할 수 있었다던 수수께끼의 해답도 거기 있었다.
> 　　– 이청준, 〈병신과 머저리〉

(2) 윗글에서는 사건을 극적으로 제시하고 있다. (○ / ×)

예제풀이 | 01 개인과 사회의 갈등(외적 갈등) **02** (1) ○　　(2) ×

Act 04

여긴 어디지? 지금은 언제지? 배경

여긴 어디죠? 오늘이 몇 월 며칠인지…

어머…

"여긴 어디야? 오늘이 몇 월 며칠이지?"

영화를 보다 보면 이런 장면이 자주 나오죠? 이번에 살펴볼 건 바로 '어디'와 '언제'예요. 이 둘처럼 주제를 뒷받침하는 시대적·사회적 환경 등이 **배경**이에요. 배경은 특정한 장소만을 말하는 것이 아니라 시대적·사회적 환경까지도 넓게 아우르고 있다는 것을 기억해야 해요.

| 1 | 공간적 배경

공간적 배경은 인물이 행동을 하거나 사건이 발생하는 장소를 말해요. 공간적 배경에는 구체적인 도시나 지방과 같은 넓은 범위의 장소도 있고, 집 안이나 일터와 같은 좁은 범위의 일상생활 영역도 있어요.

시나리오에서는 'S# 30. 동만네 마당'과 같이 공간적 배경을 미리 알려 줘요. 그렇기에 공간적 배경을 한눈에 바로 확인할 수 있죠. 하지만 소설에는 공간적 배경이 시나리오처럼 확연히 드러나지 않기 때문에, 글을 읽으면서 작품의 공간적 배경을 스스로 파악해야 해요. 공간적 배경이 주제를 드러내는 데 효과적으로 작용하기도 하니까요. 한번 볼까요?

> 어머니는 조각마루 끝에 앉아 말이 없었다. 벽돌 공장의 높은 굴뚝 그림자가 시멘트 담에서 꺾어지며 좁은 마당을 덮었다. 동네 사람들이 골목으로 나와 뭐라고 소리치고 있었다. 통장은 그들 사이를 비집고 나와 방죽 쪽으로 걸음을 옮겼다. 어머니는 식사를 끝내지 않은 밥상을 들고 부엌으로 들어갔다. 어머니는 두 무릎을 곧추세우고 앉았다. 그리고 손을 들어 부엌 바닥을 한 번 치고 가슴을 한 번 쳤다. 나는 **동사무소**로 갔다. **행복동** 주민들이 잔뜩 몰려들어 자기의 의견들을 큰 소리로 말하고 있었다. 들을 사람은 두셋밖에 안 되는데 수십 명이 거의 동시에 떠들어대고 있었다. 쓸데없는 짓이었다. 떠든다고 해결될 문제는 아니었다.
>
> – 조세희, 〈난장이가 쏘아 올린 작은 공〉

위 작품 안에 나타나는 장소들을 보세요. 위에 표시한 장소가 바로 이 작품의 공간적 배경이 되는데, 그 장소들 중에서 가장 큰 지역은 '행복동'이네요. 지역의 이름이 '행복동'이니까 엄청 행복한 동네 같은 느낌을 주지만, 사실 이 소설의 인물들은 전혀 행복한 삶을 살지 못해요. 그동안 살던 집을 떠나야 하는 처지거든요. 그렇기에 이 소설에서 '행복동'은 반어적인 의미를 지니고 있어요.

좁은 범위에서 보면 '나'는 집에서 동사무소로 이동하고 있다는 것을 알 수 있어요. 집에서는 어머니의 모습을 보여 주면서 가족의 상황을 다루고 있고, 동사무소에서는 주민들을 보여 주면서 마을 전체의 상황을 다루고 있죠. 공간적 배경이 달라짐에 따라 가족에서 마을 전체로 대상이 확대되고 있어요.

쌤의 팁 '고향'의 느낌 '고향'은 우리 문학에서 중요한 요소로 많이 등장하는데, 특히 고향을 상실한 모습으로 많이 나와요. 이는 역사적 현실과도 관련이 깊어요. 오른쪽의 도식은 20세기 우리나라의 상황이에요. 100년도 안 되는 시간 동안, 참 많은 일이 일어났죠? 그래서 이런 힘겨운 상황으로 인해 고향을 떠나야 하는 사람들이 많았어요. 고향을 떠나지 않고 지킨다고 하더라도 고향의 모습은 점차 많이 변해 갔죠. 수탈, 전쟁, 산업화 등으로 인해 황폐화되고, 그에 따라 사람들의 인심 또한 많이 사라져서 끈끈한 공동체의 모습도 사라진 거예요. 그러다 보니 자연히 예전의 따뜻한 고향에 대한 그리움이 많이 남아서 고향을 소재로 한 작품이 많이 보이죠.

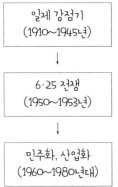

쌤의 팁 '길'의 의미 중요한 역할을 하는 공간 중의 하나는 '길'이에요. 길은 내가 지나왔고, 앞으로 지나가야 하는 곳이에요. 계속해서 이어져 오고 있지요. 그렇기에 '지나온 길'을 돌아본다면 자신의 삶의 여정을 돌아보는 것을 상징하기도 해요. 반대로 '남은 길'을 바라본다면 미래를 고민하는 것이 되겠죠. 이처럼 과거와 미래를 이어 주는 것이 길이 돼요.

❘ 2 ❘ 시간적 배경

시간적 배경은 인물이 어떤 행동을 하거나 사건이 발생했을 때의 시간을 말해요. 간단히 '언제'라고 생각하면 쉬워요. 앞서 공간적 배경이 넓은 범위와 좁은 범위 두 가지가 있었듯이, 시간적 배경 역시 크게 두 가지로 나눌 수 있어요.

첫 번째는 지금이 하루 혹은 일 년 중 언제에 해당하는지예요. 11월 18일 12시 28분과 같은 구체적인 시간이 나올 수도 있고, '아침, 낮, 저녁, 밤과 같이 나올 수도 있어요. '겨울로 넘어가는 문턱'과 같이 계절을 드러낼 수도 있고요. 두 번째는 지금이 어떤 시대에 해당하는지예요. 시대적 배경이라고도 하는데, '조선 시대, 일제 강점기, 6·25 전쟁 직후' 등이 여기에 해당해요. 시대적 배경은 당시의 분위기나 상황 등을 보여 주는 중요한 요소로, 작품 안에서 구체적으로 언제라고 말해 주는 경우가 드물기 때문에 **시대적 상황을 알려 주는 소재를 찾아내야 해요.** 작품을 토대로 살펴볼게요.

> 달은 지금 긴 산허리에 걸려 있다. 밤중을 지난 무렵인지 죽은 듯이 고요한 속에서 짐승 같은 달의 숨소리가 손에 잡힐 듯이 들리며, 콩 포기와 옥수수 잎새가 한층 달에 푸르게 젖었다. 산허리는 온통 메밀밭이어서 피기 시작한 꽃이 소금을 뿌린 듯이 흐뭇한 달빛에 숨이 막힐 지경이다. — 이효석, 〈메밀꽃 필 무렵〉

위 작품의 시간적 배경은 언제일까요? 제시된 부분만 봐서는 어느 시대인지, 몇 월 며칠인지 알기가 힘들어요. 하지만 하루 중 언제인지는 알 수가 있죠. 맞아요, 밤이에요. 정확히는 한밤중을 좀 지난 무렵이죠. '달'이라는 소재와 '밤중을 지난 무렵'에서 알 수가 있어요.

> 그럭저럭 구월도 열흘이 되고, 서울 거리에는 미국 병정이 꼬마차와 함께 그득히 퍼졌다.
> 그 미국 병정들이, 거리를 구경하면서 혹은 물건을 사려면서, 말이 서로 통하지를 못하여 답답해하는 양을 보고 삼복은 무릎을 탁 쳤다. (중략) 미국 장교는 담뱃대를 집어 들고 기물스러워하면서 연방 들여다보다가 값이 얼마냐고 / "하우 머취? 하우 머취?" 하고 묻는다.
> 담뱃대 장수 영감은, 삼십 원이라고 소래기만 지른다. 알아들을 턱이 없어, 고개를 깨웃거리면서 다시금 하우 머취만 찾는 것을, 기회 좋을씨고라고, 삼복이가 나직이,
> "더티 원." / 하여 주었다.
>   – 채만식, 〈미스터 방〉

위 작품의 시간적 배경은 언제일까요? 우선 '구월도 열흘이 되고'에서 9월 10일이라는 건 알 수 있어요. 그런데 서울 거리에 미국 병정이 꼬마차와 함께 그득히 퍼졌대요. 광복절이 8월 15일이고 서울 거리에 미군이 퍼졌다고 하는 것을 보니, 광복하고 한 달 정도 지난 1945년 9월 10일 정도로 추측할 수가 있겠네요. 그럼 시대적 배경은 광복 직후가 되겠군요.

| 3 | 사회적 배경

시간과 공간 외에 사회적 배경이라는 것도 있어요. **사회적 배경**은 인물을 둘러싼 사회 현실과 역사적 상황을 의미해요. 사회적 배경은 당시의 정치, 경제, 종교, 문화 등과 같은 사회 현실과 관련이 있어요.

> 이남에는 그런 정열이 없었습니다. (중략) 서양에 가서 소위 민주주의를 배웠다는 놈들이 돌아와서는, 자기 몇 대조가 무슨 판서 무슨 참판을 지냈다는 자랑을 늘어놓으면서, 인민의 등에 올라앉아 외국에서 맞춘 아른거리는 구둣발로 그들의 배를 걷어차고 있었습니다. 도시 어떻게 된 영문인지, 일본놈들 밑에서 벼슬을 지내고 아버지 같은 애국자를 잡아 죽이던 놈들이 무슨 국장, 무슨 처장, 무슨 청장 자리에 앉아서 인민들을 호령하고 있습니다. (중략)
> 저는 새로운 풍토로 탈출하기로 결정했습니다. 월북했습니다. (중략) 일이면 일마다 저는 느꼈습니다. 제가 주인공이 아니고 '당'이 주인공이라는 걸. '당'만이 흥분하고 도취합니다. 우리는 복창만 하라는 겁니다. '당'이 생각하고 판단하고 느끼고 한숨지을 테니, 너희들은 복창만 하라는 겁니다. 우리는 기껏해야 '일찍이 위대한 레닌 동무는 말하기를……'
>   – 최인훈, 〈광장〉

위 작품에서는 두 가지 사회적 배경이 등장해요. 남한과 북한이죠. 먼저 당시 남한의 정치 상황을 보면 외국에서 온 사람들이 기세등등하거나 친일파들이 높은 자리에 앉아 있는 모습 등이 나타나요.

북한을 볼까요? 북한에는 개인이 별로 존재하지 않아 보이네요. 개인의 의견은 무시하고 '당'만을 생각하며 바라보게끔 하고 있지요.

[샘의 탑] 시대적 배경과 사회적 배경 시대적 배경과 사회적 배경은 대개 같이 쓰이곤 해요. 그 사회의 모습은 당시의 시대를 반영하고 있기 때문이죠. 위의 〈광장〉에서 보이는 사회 모습 역시 남북한이 이데올로기로 대립되는 광복 이후의 시대를 반영하고 있는 거예요.

| 4 | 배경의 기능

지금까지 배경에 대해서 살펴보았어요. 배경은 단순한 시간, 공간 이상의 많은 기능을 지니고 있어요. 어떤 역할들을 하는지 한번 볼까요?

● {사실감 부여}

"성현아, 나 어제 '방탄소년단' 봤다!"

"뭐, 정말이야?"

"그럼, 저녁 7시 35분에 낙성대역 3번 출구에서 봤어."

"우와 대박이네."

이 대화를 보니 정말 방탄소년단을 본 것만 같죠? 시간이랑 장소를 정확하게 기억하고 있으니까요. 이렇게 시간과 장소 등이 구체적으로 나타나면 인물의 행동이나 사건이 실제처럼 느껴지게 돼요. 글을 읽는 사람에게 생생하게 다가오기 때문이지요.

> 1945년 8월 15일, 역사적인 날.
> 이날도 신기료장수 방삼복은 종로의 공원 건너편 응달에 앉아서 구두 징을 박으면서 해방의 날을 맞이하였다. 그러나 삼복은 감격한 줄도 기쁜 줄도 모르겠었다. 지나가는 행인이 서로 모르던 사람끼리면서 덥석 서로 껴안고 기뻐하고 눈물을 흘리고 하는 것이 삼복은 속을 모르겠고 차라리 쑥스러 보일 따름이었다.
>
> — 채만식, 〈미스터 방〉

위의 작품을 보면, '1945년 8월 15일', '종로의 공원'과 같은 말이 등장하고 있죠. 이와 같은 구체적인 배경은 소설의 내용이 마치 실제 일어난 일인 것 같은 느낌을 주게 돼요.

● {분위기 조성}

배경은 특정한 분위기를 조성하기도 해요. 언제인지, 어디인지에 따라서 분위기가 천차만별이니까요. 여름 바다와 겨울 바다만 해도 느낌이 다르죠?

> 달은 지금 긴 산허리에 걸려 있다. 밤중을 지난 무렵인지 죽은 듯이 고요한 속에서 짐승 같은 달의 숨소리가 손에 잡힐 듯이 들리며, 콩 포기와 옥수수 잎새가 한층 달에 푸르게 젖었다. 산허리는 온통 메밀밭이어서 피기 시작한 꽃이 소금을 뿌린 듯이 흐뭇한 달빛에 숨이 막힐 지경이다. 붉은 대궁이 향기같이 애잔하고 나귀들의 걸음도 시원하다.
>
> — 이효석, 〈메밀꽃 필 무렵〉

달밤의 환상적인 분위기가 작품에 나타나네요. 이 분위기에서는 왠지 비현실적인 일들도 다 일어날 것만 같잖아요. 왜, 드라마나 영화에서 주인공의 첫 키스 장면을 떠올려 봐요. 주로 시간은 밤이고, 장소는 가로등 밑이죠. 주변에 사람들은 없고. 이 배경이 낭만적인 분위기를 조성해 주기 때문이죠.

● {인물의 심리와 사건 암시}

배경은 인물의 심리와 사건을 암시하는 역할을 하기도 해요. 인물의 심리를 보여 주거나 앞으로 일어날 일을 예측하게끔 하는 거죠. 영화에서 주인공이 실연을 당하거나 우울할 때는 비가 오곤 하잖아요. 이는 주인공의 심리를 보여 주기 위함이겠죠. 또 주인공이 여행을 떠나는데 비가 몰아치고 회오리가 갑자기 생긴다면, 여행이 뭔가 불길하다는 기분이 들지요? 앞으로 일어날 사건을 암시하고 있는 거예요. 다음 예시에서 사건이 앞으로 어떻게 전개될지 배경을 토대로 한번 예측해 볼까요?

> 군데군데 좀구멍이 나서 썩어 가는 기둥이 비뚤어지고, 중풍 든 사람의 입처럼 문조차 돌아가서 — 북쪽으로 사정없이 넘어가는 오막살이 앞에는, 다행히 키는 낮아도 해묵은 감나무가 한 주 서 있다. 그러나 그게라야 모를 낸 후 비 같은 비 한 방울 구경 못한 무서운 가뭄에 시달려 그렇지 않아도 쪼그라졌던 고목 잎이 볼 모양 없이 배배 틀려서 돌배나무로 알려질 판이다. 그래도 그것이 구십 도가 넘게 쩌 내리는 팔월의 태양을 가리워, 누더기 같으나마 밑둥치에는 제법 넓은 그늘을 지웠다.
>
> — 김정한, 〈사하촌〉

위 작품의 등장인물들은 힘들게 살고 있는 농민들이에요. 그런데 가뭄까지 들어 이들의 생활은 더더욱 어려워지고 있죠. 가뭄이 든 마을의 모습을 묘사함으로써 앞으로 어떤 방향으로 사건이 흘러갈지 보여 주고 있어요. '가뭄'이라는 것만 보아도 앞으로의 생활이 순탄하지 않을 것이라는 생각이 들죠? 이런 식으로 앞으로 벌어질 사건의 양상을 간접적으로 제시, 혹은 암시해 주는 거예요.

● {주제 암시}

경우에 따라서 배경은 주제를 드러내기도 해요. 가령, 배경이 가뭄 때문에 바짝 타 들어간 농촌이라고 한다면, 피폐한 농촌 현실이 주제라는 것을 떠올려 볼 수 있겠죠?

이렇게 비 내리는 날이면 원구의 마음은 감당할 수 없도록 무거워지는 것이었다. 그것은 동욱 남매의 음산한 생활 풍경이 그의 뇌리를 영사막처럼 흘러가기 때문이었다. 빗소리를 들을 때마다 원구에게는 으레 동욱과 그의 여동생 동옥이 생각나는 것이었다. 그들의 어두운 방과 쓰러져 가는 목조 건물이 비의 장막 저편에 우울하게 떠오르는 것이었다. 비록 맑은 날일지라도 동욱 오뉘의 생활을 생각하면, 원구의 귀에는 빗소리가 설레고 그 마음 구석에는 빗물이 스며 흐르는 것 같았다. 원구의 머릿속에 떠오르는 동욱과 동옥은 그 모양으로 언제나 비에 젖어 있는 인생들이었다. (중략)

동욱의 말에 의하면 지난번 1·4 후퇴 당시 데리고 왔는데, 요새 와서는 짐스러워 후회할 때가 있다는 것이었다. 그의 남편은 못 넘어왔느냐니까, 뭘 입때 처년데, 했다.

— 손창섭, 〈비 오는 날〉

먼저 이 작품의 배경을 찾아보세요. 시대적 배경이 언제일까요? 1·4 후퇴가 나오는 것을 보니, 6·25 전쟁이 시대적 배경이라는 것을 알 수 있어요. 시대적 배경 말고 다른 배경은 뭐가 있을까요? 우선 '비 내리는 날'이 보이네요. 원구가 생각하는 동욱과 동옥의 집이 '어두운 방', '쓰러져 가는 목조 건물'이라는 것도 나오고요. 먼저 '비 내리는 날'은 우울하고 음산한 분위기를 주고 있어요. '어두운 방'과 '쓰러져 가는 목조 건물'은 동욱 남매의 비참한 삶을 보여 주고 있죠. 이 배경만 해도 주제가 어느 정도 짐작이 가죠? 이 작품의 주제는 전후의 무기력하고 비참한 삶의 모습이에요.

딱! 두 줄 요약

⊙ 문학 작품의 배경에는 공간적, 시간적, 사회적, 시대적 배경이 있다.
⊙ 배경의 기능에는 사실감 부여, 분위기 조성, 인물의 심리와 사건 암시, 주제 암시 등이 있다.

예제 연습문제

01 다음 작품의 시간적·공간적 배경을 찾아 적고 그 기능에 대해 써 보자.

그런 지도 다시 한 보름이나 지나, 뻐꾸기는 또 다시 산울림처럼 건드러지게 울고, 늘어진 버들가지엔 햇빛이 젖어 흐르는 아침이었다. 새벽녘에 잠깐 가는 비가 지나가고, 날은 다시 유달리 맑게 개인 화개장터 삼거리 길 위에서, 성기는 그 어머니와 하직을 하고 있었다. 갈아입은 옥양목 고의 적삼에, 명주 수건까지 머리에 잘끈 동여매고 난 성기는 새로 맞춘 새하얀 나무 엿판을 걸빵해서 느직이 엉덩이 즈음에다 걸었다. 윗목판에는 새하얀 가락엿이 반 넘어 들어 있었고, 아랫목판에는 팔다 남은 이야기책 몇 권과 간단한 방물이 좀 들어 있었다.

그의 발 앞에는, 물과 함께 갈리어 길도 세 갈래로 나 있었으나, 화갯골 쪽엔 처음부터 등을 지고 있었고, 동남으로 난 길은 하동, 서남으로 난 길이 구례, 작년 이맘때도 지나 그녀가 울음 섞인 하직을 남기고 체장수 영감과 함께 넘어간 산모롱이 고갯길은 퍼붓는 햇빛 속에 지금도 환히 장터 위를 굽이돌아 구례 쪽을 향했으나, 성기는 한참 뒤 몸을 돌렸다. 그리하여 그의 발은 구례 쪽을 등지고 하동 쪽을 향해 천천히 옮겨졌다.

한 걸음, 한 걸음, 발을 옮겨 놓을수록 그의 마음은 한결 가벼워져, 멀리 버드나무 사이에서 그의 뒷모양을 바라보고 서 있을 어머니의 주막이 그의 시야에서 완전히 사라져 갈 무렵 하여서는, 육자배기 가락으로 제법 콧노래까지 흥얼거리며 가고 있는 것이었다.

ㅡ 김동리, 〈역마〉

(1) 시간적 배경 :　　　　　　　　　　　　　　(2) 공간적 배경 :

(3) 계절적 배경 :

(4) 기능

　ㅡ 분위기 조성 : 뻐꾸기가 우는 여름날 아침의 (　　　　　　　　) 분위기를 보여 줌

　ㅡ 인물의 심리 암시 : 인물의 내적 갈등이 (　　　　　　　　)될 것임을 암시한다.

02 다음 작품에서 시대적 배경을 알려 주는 소재를 찾고, 시대적 배경을 쓰시오.

　　먼지 나는 길, 공자의 담, 까마중 열매 다음에 생각나는 건 땅에 반쯤 묻혀 있던 노깡들이야. 사택 앞의 쓸쓸한 가로를 따라서 가죽나무가 서 있고, 나뭇가지에는 하늘소벌레가 살았고, 벽돌벽의 어지러운 선전문 자국들, 창고의 탄환 흔적, 그리고 인가 끝에 상두도가가 있었고, 실개천을 가로지르며 노깡들이 엇갈려 길게 누워 있었지. 노깡 속엔 우리가 그 무렵에 눈이 시뻘개서 찾아다니던 총알이 많이 나오곤 했었다. 총알을 찾으러 캄캄한 노깡 속에 들어갔다가 내가 기절했던 걸 어머니에게서 아마 들었을 거야. 애들이 그 속에서 사람이 많이 죽었다며 전혀 접근을 꺼려하길래 어느날 나 혼자 들어갔지. 안은 아주 비좁구 캄캄했는데 물이 질퍽하게 괴어 있더구나. 손으로 더듬으며 중간까지 가보니까 예상대로 기관포 탄환이 많이 있더랬어. 나는 아이들의 찬탄과 선망을 독차지할 일을 생각하고 온통 가슴이 떨렸어. 탄창 사슬에 끼인 게 한 줄이나 되더라. 나는 정신없이 파구 또 팠지. 한참 동안을 파는데 꺼림찍한 기분이 들구 뭔가 손가락에 걸려 나오는 거야. 나뭇조각인 줄 알았어. 돌보다는 가볍구 나무보단 좀 듬직하단 말이야. 그래 눈앞에 바싹 갖다 대구 들여다보니깐 뼈다귀야. 둥그런 관절두 달려 있는 진짜 뼈다귀 말이지. 이크…… 나는 그게 날 잡구 늘어지는 기분이더라. 양쪽 입구를 보니까 꼭 관솔 빠진 구멍만큼 보이는 거야. 소릴 지르다가 뻐드러졌어. 근처 실개천서 빨래하던 아줌마가 나를 끌어내줬단다. 어머니가 야단쳤어. "너 그런 데 들어가면 귀신이 잡아 먹는다." 얼마나 무서웠는지 모른다. (중략)

　　나는 피난지 부산의 학교에서, 수복되고도 수년이 지난 서울로 전학을 해왔던 첫날, 기분이 잡쳐버리고 말았다. / 우리 학교에 미군부대가 들어와 있어서 학년별로 여러 곳에 뿔뿔이 흩어져 빈 창고나 들판에서 공부하고 있는 실정이었다. 흙바닥에 가마니를 깔았고 책상대신 화판을 받쳐 글씨를 썼다. 어둠침침한 창고 교실에서 백 명이 넘는 아이들이 우글거렸으니 언제나 먼지가 뿌옇게 일어나는 게 보였다. 교실이 엉망인 것뿐만 아니라 우리 학교 애들은 질이 나빴는데 전쟁통에 몇 년씩 학년을 묵은 큰 애들이 열 명쯤 되었다. 백여 명의 아이들을 키 순서대로 세워 놓으면 나 같은 건 겨우 앞줄에서 몇 번째가 될 만큼 작았다. 애들은 내게 아무런 관심도 돌리지 않았으나, 첫 번 일제고사에서 수석을 차지하고 나자 친구가 더러 생기게 됐던 거였다.

ㅡ 황석영, 〈아우를 위하여〉

(1) 소재 :　　　　　　　　　　　　　　(2) 시대적 배경 :

02 노깡은 '시멘트나 흙을 구워서 만든 둥글고 큰 관을 뜻하는 토관'의 잘못된 말이에요.

Act 05

맘에 들게 다시 조립할 거야, 구성

레고를 가지고 놀아 본 적이 있나요? 같은 레고로 만든다고 해도 만드는 사람에 따라 누구는 성을 만들 수도 있고, 누구는 집을 지을 수 있잖아요. 어떻게 만드는지에 따라서 다르죠.

소설도 그래요. 같은 내용이라도 어떻게 글을 쓰는지에 따라서 전혀 다른 이야기가 될 수 있어요. 이때 어떻게 글을 쓰느냐가 바로 구성이에요. **구성**은 몇 가지 부분이나 요소를 모아서 하나의 전체를 만드는 것을 말해요. 레고 블록을 모아 집을 만들듯이, 소설 역시도 작은 요소들이 모여 전체를 이루게 돼요. 블록 하나처럼 소설이 만들어지기 위해 필요한 요소는 무엇이 있을까요? 그렇죠, 가장 기본적으로는 앞에서 배운 인물, 사건, 배경 등이 있죠.

인물, 사건, 배경은 소설의 구성을 만드는 핵심 요소이기 때문에 **구성의 3요소**라고도 해요. 앞에서 인물, 사건, 배경에 대해서 다 배웠으니까, 여기에선 이 인물, 사건, 배경을 바탕으로 어떻게 이야기를 구성하는지에 대해서 배워 볼 거예요. 각 부품을 토대로 완성하는 방법, 시작할까요?

| 1 | 발단 – 전개 – 위기 – 절정 – 결말

소설 구성의 기본은 발단 – 전개 – 위기 – 절정 – 결말의 5단 구성이에요. 다음의 만화를 같이 보면서 각 단계별 특징을 한번 살펴볼게요.

● 〔발단〕

발단은 소설 구성의 첫 번째죠. 발단은 어떤 일이 처음으로 벌어지는 단계를 말해요.

옆의 만화에서는 남자가 지나가는 여자를 보고 예쁘다고 생각하는 상황이 제시되고 있어요. 이렇게 발단은 보통 등장인물이 소개되거나 배경 및 기본 상황이 설정되는 경우가 많아요.

● {전개}

　전개는 소설 구성의 두 번째 단계로 본격적으로 이야기가 펼쳐져요. 발단에서 시작된 일이 전개에서 진행되는 거죠.

　옆의 만화에서는 발단에 이어 남자가 여자에게 말을 걸면서 다가가고 있네요. 이야기의 진행!

● {위기}

　위기는 소설 구성의 세 번째 단계로 사건의 반전을 가져오거나 클라이맥스로 이어지는 발판이 돼요.

　옆의 만화에서는 새로운 인물의 등장으로 사건이 새로운 국면을 맞이하고 있지요. 이때 독자의 불안과 긴장은 자연히 고조되고요.

● {절정}

　절정은 일반적으로 갈등이 최고조에 달하는 지점을 말해요. 어떻게든 갈등을 해결하지 않으면 안 되는 때가 절정이에요.

　옆의 만화에서는 위기에서 시작된 긴장이 이제 최고조에 달해 주인공이 연락처를 얻기로 마음을 정하게 되고, 이야기는 이제 끝을 향해 흘러가죠.

● {결말}

　결말은 소설 구성의 마지막 단계로 이야기가 끝이 나는 단계예요. 그동안 지속되었던 갈등이 해소되고 긴장을 발생시키는 문제들이 사라지게 되는 때죠.

　옆의 만화에서도 여자가 남자에게 번호를 알려 주는 것으로 이야기가 끝이 나고 있어요. 남자 친구인 줄 알았던 옆의 남자는 알고 보니 뒤의 치킨 가게를 바라보고 있었네요.

　발단-전개-위기-절정-결말의 다섯 단계는 인물이 겪고 있는 갈등과 사건을 중심으로 생각하면 이해하기 쉬워요. 상황이 제시되면 발단, 상황이 진행되면 전개, 긴장이 고조되면 위기, 사건의 긴장이 최고조로 오르면 절정, 긴장이 해소되면 결말이죠.

쌤의 탑 플롯 vs 스토리 소설을 공부하다 보면 '플롯'이나 '스토리'라는 얘기를 많이 들을 거예요. 둘 다 이야기 흐름 같은 느낌이긴 한데, 정확히 구별하기는 어렵죠? 둘을 한번 비교해 보면, 먼저 스토리는 여러 가지 사건을 시간적인 순서에 따라 늘어놓는 서술 방식을 얘기해요. 무엇이 일어나고, 그리고 또 무엇이 일어나고 하는 형태로 나열하는 거고요. 플롯은 인과 관계를 중요시하여 사건을 짜임새 있게 재구성하는 것을 의미해요. 사건의 필연성을 강조하거나 주제를 효과적으로 드러내기 위해 시간을 재배치하는 것 등이 해당하죠. 간단히 예를 들어서 '왕이 죽고 왕비가 죽었다.'라고 하면, 이건 스토리예요. 그냥 시간의 흐름대로 나열하고 끝이니까요. 그런데 '왕이 죽자 왕비도 슬퍼서 죽었다.'라고 하면, 이건 플롯이에요. 왕비가 죽은 이유, 즉 인과 관계를 밝히고 있으니까요.

| 2 | 순행적 · 역행적 구성

구성은 시간이 흐르는 방향대로 이야기가 전개되는지 아닌지에 따라 순행적 구성과 역행적 구성으로 나눌 수 있어요.

먼저 **순행적 구성**은 시간 순서대로 흘러가는 구성이라고 기억하면 돼요. 앞에서 본 만화도 역시 순행적 구성이에요. 시간이 흘러가는 대로 이야기를 진행하고 있으니까요. '아니, 그럼 시간 순서대로 안 가는 것도 있어요?'라고 물어볼 수 있겠죠?

물론, 있어요. 그게 바로 역행적 혹은 역순행적 구성이에요. 역은 '거스를 역(逆)'인데, 시간을 거스르는 거죠. 이른바 시간을 거스르는 자! 바로 '회상'의 경우예요. 예를 들어 볼게요. 주인공이 길을 걸어가다가 고양이를 만났어요. 그런데 이 고양이가 낯이 익어요. 3일 전에 만난 고양이인 거죠. 그러면서 이야기가 3일 전으로 거슬러 올라가요. 그러고는 3일 전의 이야기가 펼쳐져요. 어라? 3일 전의 일이 오늘 다음에 펼쳐지고 있죠? '오늘 → 3일 전'의 순서로 이야기가 진행되는 것처럼 시간 순서에 맞지 않는 구성이 **역행적 구성** 혹은 **역순행적 구성**이에요.

쌤의 탑 추보식 구성 내신 공부를 하다 보면 '추보식 구성'이라는 말을 볼 때가 있을 거예요. '추보'라는 말은 '따라갈 추(趨)'에 '걸을 보(步)'로, 시간과 여정을 따라서 가는 걸 얘기해요. 간단히 '추보식 구성 = 순행적 구성'이라고 기억해도 돼요.

| 3 | 액자식 구성

액자식 구성은 수능이나 내신 문제에 많이 나오는 구성 중 하나예요. 액자가 뭐죠? 그렇죠, 그림이나 사진을 넣어서 걸어 두는 게 액자죠.

액자식 구성은 액자에 사진이나 그림을 끼워 넣는 것처럼 바깥의 이야기 속에 또 다른 이야기를 끼워 넣는 거예요. 대체로 위쪽의 도식과 같은 형태를 띠어요. 참고로 액자식 구성에서는 액자 속의 이야기가 대체로 비중이 크며 주제를 담고 있는 경우가 많다는 거, 잊지 마세요! 그리고 이때 액자 밖의 이야기를 '외화', 액자 속의 이야기를 '내화'라고 해요. 다음의 작품을 통해 한번 살펴봅시다.

> "글쎄요, 무슨 일자리를 구할 수 있을는지요."
> 나는 내 대답이 너무 냉랭하고 불친절한 것이 죄송스러웠다. 그러나 일자리에 대하여 아무 지식이 없는 나로서는 이외에 더 좋은 대답을 해 줄 수가 없었던 것이다. 그 대신 나는 은근하게 물었다.
> "어디서 오시는 길입니까?"
> "흠, 고향에서 오누마." 하고 그는 휘— 한숨을 쉬었다. 그러자, 그의 신세타령의 실마리는 풀려 나왔다.
> ㉠그의 고향은 대구에서 멀지 않은 K군 H란 외딴 동리였다. 한 백 호 남짓한 그곳 주민은 전부가 역둔토를 파먹고 살았는데, (후략)
>
> — 현진건, 〈고향〉

먼저 '나'와 그의 대화로 이야기가 시작되죠. 이게 바로 '액자 밖의 이야기'에 해당하는 거예요. 그러다가 그의 고향 얘기로 넘어가면서 다른 이야기가 펼쳐지게 되죠. 밑줄 친 ㉠부터 새로운 이야기가 시작되고 있는 거예요. 이게 '액자 속의 이야기'가 돼요. 그리고 이런 형태의 짜임을 액자식 구성이라하고요. 대개 외화는 1인칭 시점, 내화는 3인칭 시점인 경우가 많아요.

쌤의 팁 역(순)행적 구성 vs 액자식 구성 많은 친구들이 이 둘을 헷갈려 해요. 둘 모두 이야기가 진행되어 가다가 다른 이야기가 새로 시작되기 때문이죠. 하지만 이 둘은 기준이 다르기 때문에 둘이 같다, 다르다고 말할 수 없어요. 작품에 따라 두 구성 방식 모두에 해당될 수도 있고, 하나만 해당될 수도 있어요.
중간에 새로 삽입된 이야기가 인물의 과거 회상이라면 이 경우는 역순행적 구성이자 액자식 구성이라고 볼 수 있어요. 하지만 액자식 구성 중에서는 시간을 거스르지 않는 것도 있어요. 이청준의 〈병신과 머저리〉를 보면 액자 속 이야기는 형의 소설 이야기이거든요. 이와 비슷하게 다른 사람의 이야기로 글이 전개되거나 꿈이나 환상 속 이야기가 펼쳐질 수도 있어요. 반대로 역순행적 구성이지만 액자식이 아닌 경우도 있어요. 황순원의 〈학〉은 주인공의 현재에서 시작해서 어린 시절의 이야기로 넘어가죠. 본래의 시간 순서를 바꿔서 시간을 거스르는 형태이지만, 내화와 외화의 구분이 뚜렷하지 않고 중간에 삽입된 과거의 이야기보다 현재의 이야기에 더 중점을 두고 있기 때문에 액자식 구성으로 보기는 힘들어요.

| 4 | 병렬식 구성

병렬식 구성은 밀접한 관련성이 없는 이야기나 사건이 나열되면서 이야기가 이루어지는 구성을 말해요. 초등학교 때에 사용했던 꼬마전구를 생각해 보면 '병렬'이라는 말을 이해하기 쉬워요. 병렬 연결은 건전지를 평행하게 나란히 연결한 걸 말하죠? 이렇게 연결하게 되면 서로 영향을 주고받지 않아요. 소설도 마찬가지로 각 이야기나 사건끼리 서로 연관성이 별로 없는 경우가 이 구성 방식에 해당해요. 대부분의 이야기는 원인과 결과로 이루어지는 인과 관계가 중심인데, 병렬적 구성은 딱히 그런 관계가 없이 그냥 펼쳐지는 거지요.

젊은 내외가, 너댓 살 되어 보이는 아이를 데리고 그곳에 가 승강기를 기다리고 있었다. 이제 그들은 식당으로 가서 그들의 오찬을 즐길 것이다. 흘낏 구보를 본 그들 내외의 눈에는 자기네들의 행복을 자랑하고 싶어 하는 마음이 엿보였는지도 모른다. (중략) 승강기가 내려와 서고, 문이 열려지고, 닫히고 그리고 젊은 내외는 수남이나 복동이와 더불어 구보의 시야를 벗어났다.

구보는 다시 밖으로 나오며, 자기는 어디 가 행복을 찾을까 생각한다. 발 가는 대로, 그는 어느 틈엔가 안전지대에 가 서서, 자기의 두 손을 내려다보았다. 한 손의 단장과 또 한 손의 공책과 – 물론 구보는 거기에서 행복을 찾을 수는 없다.

안전지대 위에, 사람들은 서서 전차를 기다린다. 그들에게, 행복은 알 수 없다. 그러나 그들은 분명히, 갈 곳만은 가지고 있었다.

– 박태원, 〈소설가 구보 씨의 일일〉

위의 소설은 병렬식 구성을 취하고 있는 대표적인 작품이에요. 구보가 젊은 내외와 승강기를 기다리다가 발 가는 대로 걷는 장면이 이어지고, 다시 전차를 기다리고 있죠. 장면과 장면 사이에 연관성이 딱히 보이지 않아요.

| 5 | 피카레스크식 구성 vs 옴니버스식 구성

우선 이 둘은 여러 편의 이야기가 모여 하나의 소설을 이루었을 때에만 적용되는 개념이에요. 한 편의 이야기만 가지고는 피카레스크식 구성이나 옴니버스식 구성이라는 말을 사용하지 않는다는 것에 유의하세요! 그럼 하나씩 알아볼까요? 피카레스크식 구성, 이름부터 어렵네요. 피카레스크식 구성은 쉽게 생각해 시리즈물을 떠올리면 돼요. 시트콤이나 만화를 떠올려도 되고요. 시리즈물이나 만화를 보면 매번 나왔던 주인공이 계속 나오죠? 뽀로로 시리즈에 뽀로로와 친구들이 안 나오면 이상하잖아요. 하지만 각 한 회, 한 회는 다른 독립적인 이야기가 펼쳐지죠. 이렇게 동일한 등장인물과 동일한 배경이 반복되면서도 각각의 이야기가 독립적으로 존재하는 걸 **피카레스크식 구성**이라고 해요. 피카레스크식 구성의 대표작으로는 양귀자의 《원미동 사람들》, 이문구의 《우리 동네》 등이 있어요.

옴니버스식 구성도 이름은 어렵지만 뭔가 낯이 익죠. 옴니버스라는 이름을 보니까 '버스'가 보이죠? 맞아요. 옴니버스는 원래 '합승마차'를 의미해요. 합승은 같이 타는 걸 얘기해요. 합승택시처럼요. 편하게 버스를 떠올려 봐요. 버스를 타는 사람들은 대개 처음 본 사람들이에요. 낯선 사람들이 대부분이죠. 하지만 가는 목적지는 같잖아요? 고속버스나 시외버스를 생각해 봐요! 이처럼 각자 독립적인 이야기지만 같은 주제로 묶은 구성이 **옴니버스식 구성**이에요. 대표적인 작품으로 조세희의 《난쟁이가 쏘아 올린 작은 공》, 고전극 《봉산탈춤》 등이 있어요.

	피카레스크식 구성	옴니버스식 구성
공통점	같은 주제, 서로 독립적인 세부 이야기	
차이점	같은 등장인물, 같은 배경	다른 등장인물

쌤의 팁 여로형 구성 이 밖에 여로형 구성이란 것도 있어요. 여로형 구성은 인물이 여행길을 다니면서 발생하는 사건과 해결을 다루고 있죠.

예제 연습문제

● 다음 글을 읽고, 이야기가 어떤 구성에 해당하는지 쓰시오.

나는 한참을 못 일어나고 쩔쩔맸다. 그러나 얼굴을 드니(눈에 참 아무것도 보이지 않았다.) 사지가 부르르 떨리면서 나도 엉금엉금 기어가 장인님의 바짓가랭이를 꽉 움키고 잡아나꿨다.

내가 머리가 터지도록 매를 얻어맞은 것이 이 때문이다. 그러나 여기가 또한 우리 장인님이 유달리 착한 곳이다. 여느 사람이면 사경을 주어서라도 당장 내쫓았지, 터진 머리를 불솜으로 손수 지져 주고, 호주머니에 히연 한 봉을 넣어 주고, 그리고

"올 갈엔 꼭 성례를 시켜 주마. 암말 말구 가서 뒷골의 콩밭이나 얼른 갈아라."

하고 등을 뚜덕여 줄 사람이 누구냐.

나는 장인님이 너무나 고마워서 어느덧 눈물까지 났다. 점순이를 남기고 인젠 내쫓기려니 하다 뜻밖의 말을 듣고,

"빙장님! 인젠 다시는 안 그러겠어요⋯⋯."

이렇게 맹서를 하며 불랴살야 지게를 지고 일터로 갔다.

그러나 이때는 그걸 모르고 장인님을 원수로만 여겨서 잔뜩 잡아다렸다.

"아! 아! 이놈아! 놔라, 놔⋯⋯."

장인님은 헷손질을 하며 솔개미에 챈 닭의 소리를 연해 질렀다. 놓긴 왜, 이왕이면 호되게 혼을 내 주리라 생각하고 짓궂이 더 댕겼다마는, 장인님이 땅에 쓰러져서 눈에 눈물이 피잉 도는 것을 알고 좀 겁도 났다.

"할아버지! 놔라, 놔, 놔, 놔놔."

그래도 안 되니까,

"애, 점순아! 점순아!"

이 악장에 안에 있었던 장모님과 점순이가 헐레벌떡하고 단숨에 뛰어나왔다.

나의 생각에 장모님은 제 남편이니까 역성을 하는지도 모른다. 그러나 점순이는 내 편을 들어서 속으로 고소해서 하겠지⋯⋯. 대체 이게 웬 속인지(지금까지도 난 영문을 모른다.) 아버질 혼내 주기는 제가 내래 놓고 이제 와서는 달겨들며

"에그머니! 이 망할 게 아버지 죽이네!"

하고 귀를 뒤로 잡아댕기며 마냥 우는 것이 아니냐. 그만 여기에 기운이 탁 꺾이어 나는 얼빠진 등신이 되고 말았다. 장모님도 덤벼들어 한쪽 귀마저 뒤로 잡아채면서 또 우는 것이다.

– 김유정. 〈봄 · 봄〉

구성 : (   )

예제풀이 | 역행적(역순행적) 구성

과거 – 현재 – 과거의 순서로 이야기가 전개되고 있어요.

Act 06

나다운 게 먼데, 문체

<난쟁이가 쏘아 올린 작은 공>을 쓴 조세희가 시험을 대하는 자세

　사람들은 나를 국포자라고 불렀다. 사람들은 옳게 보았다. 나는 국어 9등급이었다. 불행하게도 사람들은 국포자를 보는 것 하나만 옳았다. 그 밖의 것들은 하나도 옳지 않았다. 나는 영어, 수학, 생활과 윤리, 한국사, 그리고 국어를 포함한 수능 점수의 모든 것을 걸고 그들이 옳지 않다는 것을 언제나 말할 수 있다. 나의 '모든 것'이라는 표현에는 '합격 통지서의 목숨'이 포함되어 있다.

<어린 왕자>를 쓴 생텍쥐페리가 시험을 대하는 자세

　수험생이 물었다.
　"'점수'라는 게 뭐지?"

　시험이 대답했다.
　"그건 아무것도 안 했으면서 '그저 잘 나오기만 바란다'는 뜻이야."

　수험생이 물었다.
　"그저 잘 나오기만 바란다고?"

　시험이 대답했다.
　"그래."

　시험과 관련해서 작가들이 글을 쓰면 어떨까 상상해서 써 본 글이에요. 재미없나요?ㅠㅠ 어쨌든 그래도 해당 작가의 특징이 드러나는 것 같죠? 아마 이런 패러디를 인터넷에서도 종종 보았을 거예요.

| 1 | 문체의 개념과 표현 요소

　자, 위와 같은 유머가 가능한 이유가 뭘까요? 그건 바로 문장 표현에 있어 작가별 개성이 존재하기 때문이에요. 이처럼 문장 표현에 드러난 글쓴이의 개성을 **문체**라고 해요. 문체를 표현하는 요소에는 크게 대화, 서술, 묘사 세 가지가 있어요. 하나씩 살펴볼게요.

　가장 쉬운 '대화'부터 시작해 볼까요? 알다시피 **대화**는 등장인물들이 이야기를 나누는 것을 말해요. 대화는 기본적으로 사건의 전개 상황이나 인물의 성격, 심리 등을 나타내요. 문체의 측면에서는 간결한 대화를 통해 의미를 함축적으로 표현할 수도 있고, 사투리를 통해 토속적인 분위기를 연출할 수도 있어요.

간결한 대화	사투리가 포함된 대화
어린 왕자가 말했다. "'길들인다'는 게 뭐지?" "그건 '관계를 만든다'는 뜻이야." "관계를 만든다고?" "그래." 여우가 말했다. ー 생텍쥐페리, 〈어린 왕자〉	한참을 신음하다 도적은 일어나더니 "성님까지 이렇게 못살게 굴기유?" 제법 눈을 부라리며 몸을 홱 돌린다. 그리고 느끼며 울음이 복받친다. 봇짐도 내버린 채 "내 것 내가 먹는데 누가 뭐래?" 하고 데퉁스러이 내뱉고는 비틀비틀 논 저쪽으로 없어진다. ー 김유정, 〈만무방〉

두 번째로 볼 것은 '서술'이에요. **서술**이란 사건이 진행되어 가는 과정을 시간의 흐름과 인과 관계에 따라 표현하는 것을 말해요. 왜 우리 평소에 영화 줄거리 같은 거 설명할 때를 떠올려 봐요. 거의 모든 사람들이 시간의 흐름에 따라 원인과 결과로 설명할걸요?

옆의 그림에서처럼 우리가 평소에 많이 하는 줄거리 설명이 바로 '서술'을 활용한 것이에요. **서술에서 중요한 것은 시간의 흐름이 나타나야 한다는 거예요.** 시간의 흐름이 없으면 서술이라고 보기가 어려워요. 예시를 한번 볼까요?

담임의 예언대로 기표는 결석을 하지 않았다. 형우와 기표 사이에도 이렇다 할 마찰이 없이 여름 방학이 지났다. 교실에서 도시락이 없어지는 일도 드물었다. 물론 재수파들이 기표를 찾아 교실에 들락거리는 횟수가 잦았지만 아이들은 그닥 신경을 곤두세우지 않아도 되었다. 기표는 여전히 침묵하고 있었다. 담임 선생이 가끔 기표에게 학급 사무를 맡기는 게 눈에 띄었다. 기표는 별 표정 없이 그런 일을 맡아 했다.

ー 전상국, 〈우상의 눈물〉

위의 작품에서 보면 시간의 흐름이 드러나면서, 변화된 교실의 상황이 제시되고 있어요. 이와 같은 것을 서술이라고 하는 거예요.

마지막은 '묘사'예요. **묘사**는 어떤 대상에 대해 그림을 그리듯이 표현하는 것을 말해요. 즉, 작가의 마음에 떠오른 모습과 유사한 이미지가 독자의 마음에도 떠오르도록 말로 표현하는 거죠. 그래서 묘사가 잘된 작품을 읽으면 실제로 보거나 듣는 것처럼(혹은 냄새를 맡거나, 맛을 보거나, 손으로 만지는 것처럼!) 느끼게 돼요. **묘사가 이루어지려면 감각적 이미지나 비유적 표현이 많이 사용**될 수밖에 없어요. 그래야 눈에 보이듯 생생하게 장면이 그려질 테니까요.

> 어머니는 악귀처럼 무서운 형상을 하고 와들와들 떨면서 문 쪽을 보고 있었다. 문 쪽엔 아무도 없었지만 어머니는 혼신의 힘으로 누군가와 대결을 하고 있었다. 순간 나는 저승의 사자가 어머니를 데리러 와 거기 버티고 서 있는 게 어머니에게만 보일지도 모른다는 생각이 들었다.
>
> – 박완서, 〈엄마의 말뚝 2〉

위의 작품을 보면 '악귀처럼', '와들와들'과 같은 표현을 활용해서, 어머니의 행동이 눈에 보이듯 생생하게 떠오르도록 표현하고 있어요. 이런 걸 두고 묘사라고 하는 거예요.

쌤의 탑 서술과 묘사 "서술은 그 자체로 사건을 나타내는 경우도 있지만, 대개 묘사와 같이 쓰이는 경우가 많다. 어떤 사건을 서술할 때, 인물의 생김새라든지 배경에 대한 묘사 따위가 동반되는 경우가 대부분인 것이다. 그러나 묘사가 공간적인 것이라면 서술은 시간적인 것이다. 시간의 진행에 따른 사건의 추이가 중심인 것은 서술에 속한다."(네이버 지식백과(국학자료원), 『문학비평용어사전』)

┃ 2 ┃ 문체의 종류

문체는 수능에도 자주 출제되는 부분에 속해요. 주로 5개 선택지 중에 하나로 등장하죠. 보통은 지문에 사용된 문체와 그러한 문체를 사용함으로써 얻는 효과가 무엇인지를 묻는 경우가 많아요. 그러니 문체의 종류와 각각의 효과를 알아 두는 게 좋겠죠?

● 〈구어체 vs 문어체〉

문체에는 우선 구어체와 문어체가 있어요. **구어체**(口語 : 입 구, 말씀 어)는 일상에서 쓰는 말을 그대로 문장으로 옮긴 문체를 말해요. 사투리를 그대로 옮긴다거나, 비공식적이고 일상적인 자리에서 많이 쓰는 편안한 말투로 서술하는 경우 등이 이에 해당해요. 문장이 구어체로 이루어진 경우에는 실제 인물이 말하는 것과 같이 생동감과 사실감이 부여되는 효과가 있어요. 그리고 독자에게 친근감도 줄 수 있죠(우리 책도 구어체인 거 눈치챘어요?).

반면에 **문어체**(文語 : 글월 문, 말씀 어)는 글을 쓸 때만 쓰는 말을 사용한 문체를 말하죠. 일상에서는 잘 사용하지 않는 어구나 어려운 한자어를 사용하는 경우 등이 이에 해당해요. 구어체와 문어체를 비교해서 보면 눈에 더 잘 들어올 거예요. 다음을 한번 봐 봐요.

구어체	문어체
자, 그러니 말이지요. 우리 아저씨라는 양반이 작히나 양심이 있고 다 그럴 양이면, 어허. 내가 어서 바삐 몸이 충실해져서, 어서 바삐 돈을 벌어다가 저 아내를 편안히 거느리고 이 은공과 전날의 죄를 갚아야 하겠구나… 이런 맘을 먹어야 할 게 아니라구요? – 채만식, 〈치숙〉	우리는 그 법을 지키고 어기지 아니하거늘, 지금 세상 사람들은 말하는 것을 보면 낱낱이 효자 같으되, 실상 하는 행실을 보면 주색잡기(酒色雜技)에 침혹하여 부모의 뜻을 어기며, 형제간에 재물로 다투어 부모의 마음을 상케 하며 … 인류 사회에 효도 없어짐이 지금 세상보다 더 심함이 없도다. – 안국선, 〈금수회의록〉

● {간결체 vs 만연체}

　문체는 문장의 길이에 따라 간결체와 만연체로도 나눠 볼 수 있어요. **간결체**는 짧고 간결하게 표현하는 문체예요. 간결체로 된 글은 호흡이 빨라서 속도감이 생겨요. 그래서 인물이 처한 긴박한 상황을 실감나게 보여 주거나, 사건을 속도감 있게 진행하려고 할 때 간결체로 많이 쓰지요. 반면에 **만연체**는 많은 어구를 이용하여 설명함으로써 문장을 장황하게 표현하는 문체를 말해요. 보통 부연 설명이 많거나 묘사가 많아서 문장이 길어진 경우를 말하죠. 만연체는 상황이나 인물의 심리를 좀 더 상세하게 알려 줄 수 있지만, 사건의 진행 속도가 느려져서 자칫 글이 지루해질 수도 있어요.

간결체	만연체
복도로 나선다. 복도에도 인기척은 없다. 선장실로 올라간다. 선장은 없다. 벽장 문을 연다. 총이 제자리에 세워져 있다. 벽장 문을 닫는다. 서랍을 열고, 아까 선장이 들어오는 바람에 미처 돌려놓지 못한 총알을 제자리에 놓는다. 몹시 중요한 일을 마친 사람처럼, 홀가분해진다.　　　　　　－ 최인훈, 〈광장〉	어머니의 걱정처럼 그녀는 오종종하거나 소갈머리 오죽잖은 짓을 가장 싫어했고, 남의 억울한 일에는 팔뚝을 걷어붙이고 나서서 뜯어 싸워 주며, 부지런하려 들기로도 남보다 뒤처짐이 없었던 것이다. 대소 간에 대사가 있을 때마다 그녀가 징발됐던 것도 남의 집 뒷수쇄에 뛰어난 능력을 보였음이니. 온갖 일의 들무새요 안머슴이었던 것이다.　　　　－ 이문구, 〈관촌수필〉

[쌤의 팁] 얼마만큼 짧아야 간결체인 거지? 간결체는 수능이나 평가원 모의고사 문제에 자주 등장하는 단골손님인데, 간결체라고 하려면 한 줄 정도밖에 안 되는 길이의 문장이 연속으로 계속 나와야 해요. 위의 예시에서 보여 준 정도는 돼야 간결한 문체라는 것, 기억해 두세요!

● {의식의 흐름 기법}

　왜 우리 가끔 밤에 이유 없이 잠이 안 올 때가 있잖아요. 그럴 때는 이런 생각도 했다가, 저런 생각도 했다가, 꼬리에 꼬리를 무는 생각들을 계속 이어서 하게 되죠. 이런 경험에서 알 수 있다시피 사실 사람의 생각이라는 건 비논리적으로 아무렇게나 떠오르기 마련인데, 이와 같이 뒤죽박죽으로 나오는 생각들을 전혀 다듬지 않고 그대로 글로 표현하기도 해요. 이런 방식을 의식의 흐름 기법이라고 하죠.

　정리하자면 **의식의 흐름 기법**은 계속적으로 이어지는 생각의 흐름을 인위적인 장치 없이 떠오르는 대로 기술하는 기법을 말해요. 아래의 예시를 보고 다시 얘기할까요?

> 　내가 잠을 깨었을 때는 날이 환히 밝은 뒤다. 나는 거기서 일주야를 잔 것이다. 풍경이 그냥 노랗게 보인다. 그 속에서도 나는 번개처럼 아스피린과 아달린이 생각났다.
> 　아스피린, 아달린, 아스피린, 아달린, 맑스, 말사스, 마도로스, 아스피린, 아달린.
> 　아내는 한 달 동안 아달린을 아스피린이라고 속이고 내게 먹였다. 그것은 아내 방에서 이 아달린 갑이 발견된 것으로 미루어 증거가 너무나 확실하였다. 무슨 목적으로 아내는 나를 밤이나 낮이나 재웠어야 됐나?
> 　　　　　　　　　　　　　　　　　　　　　　　　　　　　　－ 이상, 〈날개〉

위의 내용을 읽어 보면 '나'는 잠에서 깨어난 뒤, 자기가 얼마나 잤는지를 생각하고, 노랗게 보이는 풍경을 언급했어요. 그러고는 번개처럼 떠오른 아스피린과 아달린을 생각하죠. 아스피린과 아달린 이라는 단어를 곱씹어 보다가, 아내가 자신을 속이고 아달린을 먹였다는 사실을 떠올리곤 그 목적이 무엇이었는지 고민하고 있어요. 즉, 스토리 위주의 전통적인 소설과는 다르게, 서술자의 머릿속에 떠오르는 그대로 그 내용이 죽 이어지고 있죠? 이와 같은 서술 방식을 의식의 흐름 기법이라고 하는 거예요. 참고로 위의 작품을 쓴 '이상'이라는 작가가 바로 의식의 흐름 기법을 사용한 것으로 유명한 사람이에요.

딱! 세 줄 요약

⊙ 문체란 문장 표현에 드러난 글쓴이의 개성을 말하며, 문체를 표현하는 요소에는 대화, 서술, 묘사가 있다!

⊙ 문체의 종류에는 구어체/문어체, 간결체/만연체 등이 있다!

⊙ 의식의 흐름 기법이란 계속적으로 이어지는 생각의 흐름을 인위적인 장치 없이 떠오르는 대로 기술하는 기법을 말한다!

01 다음 글을 읽고 가장 알맞은 말을 골라 보자.

> 계연의 시뻘겋게 상기한 얼굴은, 옥화와 그의 아버지가 그들을 지켜보고 있다는 것도 잊은 듯이 성기의 얼굴만 뚫어지게 바라보고 있었으나, 버드나무에 몸을 기대인 성기의 두 눈엔 다만 불꽃이 활활 타오를 뿐, 아무런 새로운 명령도 기적도 나타나지 않았다.
>
> – 김동리, 〈역마〉

(1) 윗글에 나타나는 표현 요소는 (대화 / 서술 / 묘사)이다.
(2) 윗글의 문체는 (간결체 / 만연체)이다.

02 다음 글에 대한 설명으로 가장 적절한 것은?

> "인력거 쌕이 몇 푼이당가?"
> 이 이야기를 쓰고 있는 당자 역시 전라도 태생이기는 하지만, 그 전라도 말이라는 게 좀 경망스럽습니다.
> "그저 처분해 줍사요!"
> 인력거꾼은 담요로 팔짱 낀 허리를 굽실합니다. 좀 점잖다는 손님한테는 항투로 쓰는 말이지만, 이 풍신 좋은 어른께는 진심으로 하는 소립니다. 후히 생각해 달란 뜻이지요.
> "으응! 그리여잉? 그럼, 그냥 가소!"
> 윤직원 영감은 인력거꾼을 짯짯이 바라다보다가 고개를 돌리더니, 풀었던 염낭끈을 도로 비끄러맵니다.
>
> – 채만식 〈태평천하〉

① 외양 묘사를 통해 인물의 성격을 드러내고 있다.
② 간결한 문체를 사용하여 사건 전개에 긴박감을 부여하고 있다.
③ 대화와 독백의 반복적 교차로 인물의 내면 갈등을 드러내고 있다.
④ 의식의 흐름 기법을 사용하여 인물의 내적 욕망을 드러내고 있다.
⑤ 방언과 구어적 표현을 사용하여 생동감 있게 이야기를 풀어가고 있다.

예제풀이 | 01 (1) 묘사 (2) 만연체 **02** ⑤

02 전라도 사투리와 누군가에게 말하듯 서술하는 구어체를 사용하고 있어요.

Prologue 2

질문하라, 소설이 이해될지니!

현대소설은 시처럼 해석이 어려운 것도 아니고, 고전 작품처럼 말이 어려운 것도 아닌데… 모르는 것이 없는 것 같은데도 틀리는 문제들이 자주 나오죠? 앞의 **Act 01∼Act 06**에서는 소설과 관련된 여러 개념들을 익혀 보았다면, 이번에는 어떻게 하면 현대소설을 더 잘 읽을 수 있을지 공부해 보도록 하자고요.

우선 소설 작품을 잘 읽으려면, 본인이 '기자(reporter)'가 되었다는 마음가짐으로 임해야 해요. 기자들이 취재를 나가서 가장 많이 하는 게 뭘까요? 그렇죠. 바로 '질문'이죠.

"이 사건에 대해 어떻게 생각하십니까?"
"그런 행동을 한 동기가 뭡니까?"
"앞으로 어떻게 하실 계획입니까?"

소설 작품을 읽는 독자들도 마찬가지예요. 작품 속 인물들과 작가에게 끊임없이 질문을 던져야 해요.

"어떤 심리에서 저런 행동을 한 걸까?"
"주인공이 앞으로 어떻게 대응할까?"
"주인공에게 '열쇠'는 어떤 의미인 것일까?"

이처럼 계속 궁금해하고 그에 대한 답을 찾아내는 것, 이게 바로 작품을 올바르게 이해하는 첫걸음이에요. 그리 어렵지는 않죠. 다만 기자들과 다른 점은 기자들의 경우 상대방이 직접 대답을 해 줄 수 있지만, 독자들은 작품 속에서 직접 답을 찾아내야 한다는 점이죠. 실제로 능숙한 독자들은 글을 읽을 때 그냥 읽지 않아요. 읽는 내내 질문하고 추측하고 답을 확신하는 과정을 끊임없이 반복하지요. 이처럼 적극적이고 능동적인 자세로 읽어야 작품의 내용을 제대로 이해하고 또 공감할 수 있어요(그래서 사실 소설을 읽는다는 것이 그렇게 쉬운 일은 아니에요. 근데 있잖아요, 조금만 익숙해지면 이런 과정이 의외로 재미가 쏠쏠하다는 거!).

질문을 던지겠다는, 그리고 답을 찾아내겠다는 적극적인 마음가짐을 가졌다면, 이제 첫 번째 단추는 끼운 거예요! 그럼 소설을 읽을 때 어떤 방식으로 접근할지 보다 구체적으로 알아봅시다. Follow me!

Act 07
소설 읽기의 첫 단계, 제목·서술자·배경

스캔~

　새 학년이 된 3월 첫 날, 새 학급의 교실로 들어가면 어떤 행동을 하게 되나요? 보통은 앞으로 같은 반 친구가 될 교실 안의 학생들을 (눈치껏) 살펴보게 되잖아요. 그들의 머리 모양, 옷차림, 표정 등을 스캔하면 그들이 어떤 성격일지 대충 예상이 가능하죠. 그리고 많은 경우에 그 예측이 들어맞곤 하지 않나요?

　소설을 처음 만났을 때도 마찬가지예요. 여러 가지 요소들을 통해 이 소설이 어떤 성격의 소설인지 미리 예측해 볼 수 있어요. 소설을 읽는 첫 단계에서 우리가 파악해야 할 것은 다음의 세 가지 정도죠.

❶ 제목 살피기

↓

❷ 서술자와 시점 파악하기

↓

❸ 배경 파악하기

┃ 1 ┃ 제목 살피기

　시와 마찬가지로 소설 역시 제목을 먼저 파악하면 도움이 될 때가 많아요. 보통은 제목이 그 작품의 핵심 키워드거든요. 게다가 제목은 우리에게 여러 모로 힌트를 주기도 해요. 예를 들어 〈소설가 구보 씨의 일일〉이라는 제목은 이 작품의 주인공이 소설가인 '구보 씨'이고, 시간적 배경이 어떤 날 하루 동안의 일이라는 사실을 알 수 있게 해 주죠. 또 다른 예시로 〈서울, 1964년 겨울〉이라는 제목은 작품의 시간적·공간적·계절적 배경을 모두 알려 주고, 〈우리들의 일그러진 영웅〉이라는 제목은 '우리들의 영웅'이 '일그러질 것'이라는 예측을 할 수 있게 해 줘요. 어때요? 생각보다 제목에서 알 수 있는 것들이 꽤 있죠?

┃ 2 ┃ 서술자와 시점 파악하기

　소설을 읽을 때 서술자가 누구인지, 그의 위치가 어디인지(시점)를 파악하는 것은 매우 중요해요. 시점에 따라 독자가 얻을 수 있는 효과가 각각 다르기 때문이죠. 그래서 소설을 처음 읽을 때 해야 할 일 중 하나가 서술자를 파악하는 일이에요.

Act 01에서 이미 배웠지만 다시 한번 복습해 볼까요?

(1) 우선 '나'라는 말이 나오는지, 안 나오는지를 먼저 봐요. '나'가 나오면 서술자가 작품 속의 등장 인물 중 하나인 경우(1인칭)이죠. '나'가 나오지 않는다면 서술자가 작품 밖에 있는 경우(3인칭)예요.

(2) 1인칭 중에서 '나＝주인공'이면 1인칭 주인공 시점이고, '나≠주인공'이면 1인칭 관찰자 시점이죠.

(3) 3인칭 중에서 서술자가 인물의 내면을 꿰뚫어 보고 있으면 전지적 작가 시점, 서술자가 인물의 내면을 읽어 주지 못하고 있으면 3인칭 관찰자 시점이죠.

이와 같이 (1)~(3)의 단계를 거쳐서 서술자가 누구인지, 시점은 무엇인지를 파악해야 해요. 처음에는 좀 번거롭게 느껴지고 시점을 파악하는 시간이 오래 걸릴 수도 있는데, 저 과정이 익숙해지면 소설의 내용을 읽어 나가면서 동시에 시점을 파악하는 것도 가능해져요. 그러니 소설을 읽을 때마다 (자습서에 쓰여 있는 시점을 그대로 외우지 말고) 서술자와 시점을 스스로 파악하는 과정을 꼭 거치도록 하세요!

│ 3 │ 배경 파악하기

● {시간적·공간적 배경}

시간적·공간적 배경이 구체적으로 나오는 작품의 경우에는 이를 염두에 두고 읽는 게 좋아요. 특히 공간적 배경은 작품에서 중요한 역할을 하는 경우가 많거든요. 또한 기본적인 시·공간적 배경을 파악하고 있어야 장면이 전환되는 지점을 파악하기가 쉽고, 내용을 장면별로 나누어 살펴보기도 좋아요.

● {시대적·사회적 배경}

기본적인 시·공간적 배경을 파악하는 것도 중요하지만, 시대적·사회적 배경을 파악하는 것은 더 중요해요. 거의 모든 작품의 스토리와 주제 의식이 특정 시대, 특정 사회를 바탕으로 하고 있기 때문이죠. 그럼 시대적·사회적 배경은 어떻게 파악할 수 있을까요?

우리 이 지점에서 잠깐 드라마 〈응답하라 1988〉을 떠올려 볼까요? 그 드라마를 보고 있으면 자연스럽게 1988년도로 돌아가는 기분이 드는데, 그 시대적 배경이 어떤 방식으로 드러나나요? 그래요, 그 당시에 많이 쓰던 물건, 유행하던 옷차림, 그때는 있었지만 지금은 사라진 제품의 광고 등을 통해서죠.

소설도 마찬가지예요. 소설 역시 특정 소재나 용어, 인물들의 대화 등을 통해 시대적·사회적 배경을 독자에게 알려 줘요. 그래서 우리는 그런 것들이 우리에게 주는 힌트를 놓치지 않아야 해요(참고로 시험 문제에서는 〈보기〉를 통해 시대적·사회적 배경을 직접 알려 주기도 해요. 역시 놓치지 않아야겠죠?). 자, 그럼 구체적인 작품을 가지고 (1)~(3)을 연습해 볼까요?

● 다음 글을 읽고 제목, 서술자(시점), 배경을 살펴보는 연습을 해 보자.

집에 가 봐야 노루 꼬리만큼 짧다는 겨울 해에 점심이 기다리고 있는 것도 아니어서 우리들은 **학교가 파하는 대로** 책가방만 던져 둔 채 떼를 지어 **선창**을 지나 항만의 북쪽 끝에 있는 제분 공장에 갔다.

제분 공장 볕 잘 드는 마당 가득 깔린 멍석에는 늘 덜 건조된 밀이 널려 있었다. 우리는 수위가 잠깐 자리를 비운 틈을 타서 마당에 들어가 멍석의 귀퉁이를 밟으며 한 움큼씩 밀을 입 안에 털어 넣고는 다시 걸었다. 올올이 흩어져 대글대글 이빨에 부딪치던 밀알들이 달고 따뜻한 침에 의해 딱딱한 껍질을 불리고 속살을 풀어 입 안 가득 풀처럼 달라붙다가 제법 고무질의 질긴 맛을 낼 때쯤이면 철로에 닿게 마련이었다.

우리는 밀껌으로 푸우푸우 풍선을 만들거나 침목(枕木) 사이에 깔린 잔돌로 비사치기를 하거나 전날 자석을 만들기 위해 선로 위에 얹어 놓았던 못을 뒤지면서 화차가 닿기를 기다렸다.

드디어 화차가 오고 몇 번의 덜컹거림으로 완전히 숨을 놓으면 우리들은 재빨리 바퀴 사이로 기어 들어가 석탄 가루를 훑고 이가 벌어진 문짝 틈에 갈퀴처럼 팔을 들이밀어 조개탄을 후벼 내었다. 철도 건너 저탄장에서 밀차를 밀며 나오는 인부들이 시커멓게 모습을 나타낼 즈음이면 우리는 대개 신발 주머니에, 보다 크고 몸놀림이 잽싼 아이들은 시멘트 부대에 가득 석탄을 팔에 안고 낮은 철조망을 깨금발로 뛰어넘었다.

선창의 간이 음식점 문을 밀고 들어가 구석 자리의 테이블을 와글와글 점거하고 앉으면 그날의 노획량에 따라 가락국수, 만두, 찐빵 등이 날라져 왔다.

석탄은 때로 군고구마, 딱지, 사탕 따위가 되기도 했다. 어쨌든 **석탄이 선창 주변에서는 무엇과도 바꿀 수 있는 현금과 마찬가지라는 것을** 우리는 알고 있었고, 때문에 우리 동네 아이들은 사철 검정 강아지였다.

해안촌(海岸村) 혹은 중국인 거리라고도 불리어지는 우리 동네는 겨우내 북풍이 실어 나르는 탄가루로 그늘지고, 거무죽죽한 공기 속에 해는 낮달처럼 희미하게 걸려 있었다.

할머니는 언제나 짚수세미에 아궁이에서 긁어 낸 고운 재를 묻혀 번쩍 광이 날 만큼 대야를 닦았다. 아버지의 와이셔츠만을 따로 빨기 위해서였다. 그러나 바람을 들이지 않는 차양 안쪽 깊숙이 넌 와이셔츠는 몇 번이고 다시 헹구어 푸새를 새로 하지 않으면 안 되었다. / 망할 놈의 탄가루들. 못 살 동네야.

할머니가 혀를 차면 나는 으레 나올 뒤엣말을 받았다.

광석천이라는 냇물에서는 말이다. 물론 난리가 나기 전 이북에서지. 빨래를 하면 희다 못해 시퍼랬지. 어느 독(毒)이 그렇게 퍼렇겠니.

겨울방학이 끝나면 담임인 여선생은 중국인 거리에 사는 아이들을 불러 학교 숙직실로 데리고 갔다. 그리고 숙직실 부엌 바닥에 웃통을 벗겨 엎드리게 하고는 미지근한 물을 사정없이 끼얹었다. 귀 뒤, 목덜미, 발가락, 손톱 사이까지 탄가루가 없는 것을 확인하고서야 왕소름이 돋은 등어리를 찰싹찰싹 때리는 것으로 검사를 끝냈다. 우리는 킬킬대며 살비듬이 푸르르 떨어지는 내의를 머리부터 뒤집어썼다.

봄이 되자 나는 3학년이 되었다. 오전반이었기 때문에 한낮인 거리를 치옥이와 나는 어깨동무를 하고 **천천히 걸어 집으로 돌아오고 있었다.**

나는 커서 미용사가 될 거야.

삼거리의 미장원을 지날 때 치옥이가 노오란 목소리로 말했다.

회충약을 먹는 날이니 아침을 굶고 와야 해요. 선생의 지시대로 치옥이도 나도 빈속이었다.

공복감 때문일까, 산토닌을 먹었기 때문일까, 해인초 끓이는 냄새 때문일까. 햇빛도, 지나다니는 사람들의 얼굴도, 치마 밑으로 펄럭이며 기어드는 사나운 봄바람도 모두 노오랬다.

길의 양켠은 가건물인 상점들을 빼고는 거의 빈터였다. 드문드문 **포격에 무너진 건물의** 형해가 썩은 이빨처럼 서 있을 뿐이었다.

– 오정희, 〈중국인 거리〉

(1) 제목인 '중국인 거리'에서 (   ) 배경을 확인할 수 있다.

(2) 윗글은 '우리들', '나'를 통해 서술자가 (작품 내 / 작품 밖)에 있음을 알 수 있고, 소설의 내용을 보면 중국인 거리에 살고 있는 '우리들의 이야기'임을 알 수 있다. 따라서 (   ) 시점이라고 볼 수 있다.

(3) 윗글에 드러나는 시간적 배경은?

시간적 배경	알 수 있는 사실
'학교가 파하는 대로'	'나'와 동네 아이들은 학교가 끝나면 늘 ( )을 훔치러 갔음을 알 수 있다. ※ 이 시간적 배경에는 공간의 이동이 드러남 선창 → ( ) → ( ) → ( )
'겨울방학이 끝나면' '봄이 되자 나는 3학년이 되었다.'	'나'가 과거의 일을 시간 순으로 ( )하는 중임을 알 수 있다.

(4) 윗글에 드러나는 공간적 배경은?

공간적 배경	알 수 있는 사실
'선창'	( ) 근처에 있는 마을임을 알 수 있다.
'해안촌(海岸村) 혹은 중국인 거리라고도 불리어지는 우리 동네'	'나'가 사는 동네가 ( )인 것이다.
'천천히 걸어 집으로 돌아오고 있었다.'	'나'가 치옥이와 함께 학교에서 집으로 돌아오는 길인데, 여기서 동네의 모습이 ( )되고 있다.

(5) 윗글의 시대적 · 사회적 배경을 알 수 있는 부분을 찾아 쓰고, 어느 때인지 써 보자.

시대적 · 사회적 배경을 알 수 있는 부분	어느 때?
'석탄이 선창 주변에서는 무엇과도 바꿀 수 있는 현금과 마찬가지인 것'	
( )	( )
'포격에 무너진 건물'	

예제풀이   (1) 공간적 (2) 작품 내, 1인칭 주인공 (3) 석탄, 제분공장, 철로, 간이 음식점, 회상 (4) 바닷가, 중국인 거리, 묘사
                   (5) 난리가 나기 전 이북에서, 한국 전쟁 이후

| 4 | 현대소설에 자주 등장하는 시대 및 이와 관련 있는 소재나 용어

사실 시대적 배경은 배경지식이 없다면 알기가 쉽지 않아요. 그래서 이번에는 현대소설에 자주 등장하는 시대와 그 시대와 관련 있는 소재 및 용어에 대해서 알려 주려고 해요. 우선 현대소설에 자주 등장하는 시대는 다음과 같아요.

● **{개화기}**

개화기는 1894년 갑오개혁 때부터 국권 피탈 이전까지의 시기를 말해요. 개화기를 알기 위해서는 먼저 '개화'라는 말을 알아야 해요. '개화'는 '열 개(開), 될 화(化)'로 열리게 된다는 뜻이에요. 대체로 서양 문물을 받아들이게 된 시기라고 생각하면 돼요.

이 시대에는 그래서 '전기, 전차, 전보' 등과 같은 새로운 문물들이 나타나요. '전보'는 이용자가 알리려고 하는 정보를 전기 통신 설비를 사용하여 문자로 신속히 보내어 수취인에게 배달하는 통신 수단을 말해요. 이런 단어들이 나오면 개화기 또는 일제 강점기 정도라고 생각하면 돼요.

또한 물건이나 기술 이외에도 새로운 사상이 들어와서 '신(新)'이 붙는 말들이 많이 생겨났어요. '신학문', '신여성'이 대표적이에요. 신학문은 새로운 학문이에요. 기존의 한문, 유학 등이 아닌 영어, 과학, 수학 등을 말해요. 신여성은 어떤 여성일까요? 조선 시대의 순종적인 여성이 아닌, 교육을 받고 자신의 주장을 펼치는 여성을 말해요. 자신의 주장이 있는 여성이라면 부모님이 맺어 주시는 중매결혼도 싫어하겠지요? 그래서 자유연애 역시 등장해요.

그럼 다음 글에서 '개화기'를 나타내는 소재나 용어 등을 찾아보세요.

차가 남대문에 닿았다. 아직 다 어둡지는 아니하였으나 사방에 반작반작 전기등이 켜졌다. 전차 소리, 인력거 소리, 이 모든 소리를 합한 '도회의 소리'와 넓은 플랫폼에 울리는 나막신 소리가 합하여 지금까지 고요한 자연 속에 있던 사람의 귀에는 퍽 소요하게 들린다. (중략)

저들에게 힘을 주어야 하겠다. 지식을 주어야 하겠다. 그리해서 생활의 근거를 안전하게 하여 주어야 하겠다.

"과학(科學)! 과학!"

– 이광수, 〈무정〉

개화기를 보여 주는 가장 대표적인 작품인 〈무정〉이에요. '전기등', '전차' 등과 같은 새로운 문물의 모습과 함께 '과학'이라는 신학문도 보이죠. 신문물과 신학문이 쏟아져 오는 만큼, 이 시대 지식인들의 화두는 '계몽'이었어요. 계몽은 지식 수준이 낮은 사람들을 가르쳐서 일깨우는 것을 말해요. 새로운 지식과 학문을 당시 사람들에게 가르쳐 일깨우고 싶었던 거죠.

● **{일제 강점기}**

일제 강점기는 일제에 의해 국권이 피탈당한 1910년부터 1945년 광복까지의 시기를 말해요. 일제 강점기이니 일본과 관련된 용어가 많이 나오겠죠. 일본인이 조선인을 비하하는 말인 '요보'나, 일본 경찰인 '순사' 등이 나오기도 하고, '곤니찌와'와 같은 일본어가 직접 대화에 나타나기도 해요.

또 하나 주의해서 보아야 하는 것은 '조선'이라는 말도 이 시대의 작품에는 많이 나온다는 점이에 요. 일제 강점기가 되면서 모든 것의 기준이 일본이 되었기 때문에, 기존의 우리 것을 지칭할 때는 조선이라는 말이 붙었던 거예요. 조선어, 조선 음식, 조선인 등이 이에 해당하죠. 참고로 '내지인(內 地人)'이라는 말이 나오기도 하는데, '내지'는 일본 땅, '내지인'은 일본인을 말해요.

일제 관련 용어 말고도 따로 기억해 두어야 할 단어가 하나 더 있어요. 그건 바로 '사회주의'예요. 사회주의 사상으로 독립을 이룰 수 있을 거라고 생각한 지식인들이 많았기 때문에, 1920년대에는 사 회주의 사상이 널리 퍼지게 되었죠. 그래서 일제 강점기 작품에는 '사회주의'라는 말이 많이 등장하 고, 그 당시에는 사회주의가 긍정적인 대상으로 여겨졌었어요.

> "그놈이 경찰서장 허라닝개루, 생판 사회주의 허다가 뎁다 경찰서에 잽혀? 으응?" (중략)
> "자 부아라, 거리거리 순사요, 골골마다 공명헌 정사, 오죽이나 좋은 세상이여……. 남은 수십만 병 동 병(動兵)을 히여서, 우리 조선 놈 보호히여 주니, 오죽이나 고마운 세상이여?" — 채만식, 〈태평천하〉

위 작품을 보면 '사회주의', '순사' 등의 용어가 나오죠? 이를 통해 이 작품의 시대적 배경이 일제 강 점기라는 사실을 알 수가 있는 거예요.

● {광복 직후 ~ 한국 전쟁}

광복 직후에는 미군과 소련군이 각각 남한과 북한에 주둔했죠. 이데올로기의 대립으로 남북한이 서로 대치하고 있다가 1950년, 결국 6·25전쟁이 터지게 되었어요. 따라서 전쟁과 관련한 말이 나온 다면 이 시기라고 생각하면 될 거예요. 미군, 소련군, 국군, 인민군, 폭격, 후퇴, 포로, 피난 등과 같 은 말이 여기에 해당하겠죠.

또한 전쟁 이후 불안하고 초조한 분위기와 허무 의식을 바탕으로 하거나, 인간 존재의 의미를 파헤 치는 등의 작품들이 많이 나오게 돼요. 이러한 작품들을 따로 묶어서 '전후 문학'이라고 부르니 이것 도 알아 두면 좋아요. 그럼 이 시대를 배경으로 한 작품을 하나 볼까요?

> 그렇게 된 연유를 그는 6·25 사변으로 돌리는 것이다. 피난 나갈 기회를 놓치고 적치 삼 개월을 꼬박 서울에 숨어 지낸 봉우는 빨갱이와 공습에 대한 공포감 때문에 잠시도 마음 놓고 깊이 잠들어 본 적이 없다고 한다. — 손창섭, 〈잉여인간〉

위 작품에서는 '6·25 사변', '피난', '빨갱이', '공습' 등과 같은 6·25 전쟁과 관련된 용어들이 보이죠?

● 〔민주화·산업화〕

민주화·산업화 시기는 1960~1980년대에 해당해요. 광복 이후에 독재 정권이 들어선 만큼 이 시대를 살아가는 사람들에게 민주화는 가장 큰 열망이었죠. 아울러 급속하게 산업화가 진행됨에 따라 빈부 격차가 커지게 되었어요. 이로 인해 삶의 터전을 잃은 사람들도 많이 생기고 농민, 노동자들의 어려움도 커져 갔지요. 따라서 '노동자', '인부', '노가다', '시위', '최루탄' 등의 용어가 많이 나오면 바로 이 시기로 추측해 볼 수 있어요.

> "저것 좀 보라고 청년이 갑자기 소리칩디다. 그렇잖아도 난 이미 보고 있었는데요, 빗속에서 사람들이 경찰하고 한참 대결하는 중이었죠. 최루탄에 투석으로 맞서고 있었어요. 청년은 그것이 마치 자기 조홧속으로 그려진 그림이나 되는 것같이 기고만장입디다만, 솔직히 얘기해서 난 비에 젖은 사람들이 똑같이 비에 젖은 사람들을 상대로 싸우는 그 장면에 그렇게 감동하지 않았어요."
>
> – 윤흥길, 〈아홉 켤레의 구두로 남은 사내〉

이 작품을 보면 '경찰', '최루탄', '투석' 등과 같은 용어를 통해 시위 현장이라는 것을 알 수 있지요. 따라서 1960년대 이후 산업화 시대인 것으로 추측해 볼 수 있어요.

딱! 세 줄 요약

⊙ 소설을 처음 읽을 때는 제목에서 힌트를 얻고, 서술자(시점)와 배경을 파악한다!

⊙ 현대소설에 자주 등장하는 시대에는 개화기, 일제 강점기, 광복 직후~한국 전쟁, 민주화·산업화 시대가 있다!

⊙ 시대적 배경은 작품에 쓰인 소재나 용어 등을 활용하여 파악해야 한다!

● 다음 글을 읽고 물음에 답하시오.

현은 피우던 담배를 내어던지고 저고리 단추를 여미었다. 단풍은 이제부터 익기 시작하나 날씨는 어느덧 손이 시리다.

'조선 자연은 왜 이다지 슬퍼 보일까?'

현은 부여(夫餘)에 가서 낙화암(落花巖)이며 백마강(白馬江)의 호젓함을 바라보던 생각이 난다.

현은 평양이 십여 년 만이다. 소설에서 평양 장면을 쓰게 될 때마다, 이번에는 좀 새로 가 보고 써야, 스케치를 해 와야, 하고 벼르기만 했지, 한 번도 그래서 와 보지는 못하였다. 소설을 위해서뿐 아니라 친구들도 가끔 놀러 오라는 편지가 있었다. 학창 때 사귄 벗들로, 이곳 부회 의원이요 실업가인 김(金)도 있고, 어느 고등 보통 학교에서 조선어와 한문을 가르치는 박(朴)도 있건만, 그들의 편지에 한 번도 용기를 내어 본 적은 없었다. 이번에 받은 박의 편지는 놀러 오라는 말이 있던 편지보다 오히려 현의 마음을 끌었다. — 내 시간이 반이 없어진 것은 자네도 짐작할 걸세. 편안하긴 허이. 그러나 전임으론 나가 주고 시간으로나 다녀 주기를 바라는 눈칠세. 나머지 시간이라야 그리 오래 지탱돼 나갈 학과 같지는 않네. 그것마저 없어지는 날 나도 그때 아주 손을 씻어 버리려 아직은 지싯지싯 붙어 있네. — 하는 사연을 읽고는 갑자기 박을 가 만나 주고 싶었다. 만나야만 할 말이 있는 것은 아니지만 손이라도 한번 잡아 주고 싶어 전보만 한 장 치고 훌쩍 떠나 내려온 것이다.

– 이태준, 〈패강*랭(浿江冷)〉

* 패강 : '대동강'의 별칭

(1) 제목에서 얻을 수 있는 힌트는?
(2) 윗글의 시점은?
(3) 윗글에서 시간적 배경이 드러나는 부분에 밑줄을 그어 보자.
(4) 윗글에 드러나는 공간적 배경은?
(5) 윗글의 시대적·사회적 배경을 알 수 있는 용어에 동그라미를 친 뒤 어느 시대인지 써 보자.

예제풀이 (1) 패강랭은 패강이 얼었다는 뜻으로, 공간적 배경을 엿볼 수 있다. (2) 전지적 작가 시점(선택적 작가 시점)
(3) 단풍은 ~ 손이 시리다. (4) 평양 (5) 보통학교, 조선어, 전보 → 일제 강점기

Act 08
너 얘랑 무슨 사이야, 인물 관계도

제목, 서술자, 배경이 파악되었다면, 이제는 작품의 전체 틀을 살펴볼 차례예요. 이 단계에서는 인물들의 관계와 작품의 구성에 대해 알아볼 거예요. 이를 한눈에 파악하기에 가장 좋은 방법은 바로 '인물 관계도'를 그리는 일이죠. 인물 관계도가 뭐냐고요? 다음과 같은 게 바로 인물 관계도예요.

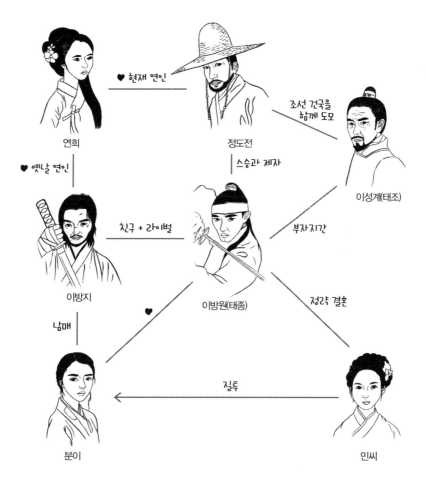

위와 같은 인물 관계도를 그리려면 인물의 **사회적 관계**와 **심리적 관계**, 그리고 **작품의 구성**을 파악해야 해요. 하나씩 살펴봅시다.

여기서 사회적 관계라는 것은 가족 관계나 상사 – 부하의 관계 같은, 사회적으로 맺어진 관계를 말해요. 사회적 관계를 알아야 인물 관계도를 그릴 수 있는데, 이를 파악하기 위해서는 우선 어떤 인물들이 등장하는지를 파악하고, 대화나 독백이 나올 때 그 말을 누가 한 것인지 파악한 다음, 호칭이나 높임법 등을 살펴보면 돼요.

● **{등장인물 파악하기}**

인물들의 관계를 파악하려면 우선 어떤 인물들이 등장하는지부터 파악해야겠죠? 그래서 먼저 해야 할 일은 동그라미나 세모 등의 기호로 각각의 인물에 표시를 하는 거예요(다른 명칭이더라도 같은 인물일 경우 같은 표시!). 또한 소설을 읽어 가면서 새로운 인물이 등장할 때마다 새로운 기호를 하나씩 붙여 줘야 해요. 이렇게 기호로 표시하면서 읽으면 집중력이 높아지고, 비슷한 이름일 때에도 헷갈리지 않을 수 있어요. 예를 들어 다음과 같이 하는 거예요.

식구들은 시아버지 윤직원 영감이 보기가 싫은 건넌방 고씨만 빼놓고, 서울아씨, 태식이, 뒤채의 두 동서, 모두 안방에 모여 종수를 맞이하는 예를 표하고, 그들의 옹위 아래 윤직원 영감과 종수는 각기 아랫목과 뒷벽 앞으로 갈라 앉았습니다. 방금 점심 밥상을 받을 참입니다.

"너 경손 애비, 부디 정신채리라……!"

윤직원 영감이 종수더러 곰곰이 훈계를 하던 것입니다. 안식구가 있는 데라 점잖게 경손 애비지요.

"……정신을 채려야 헐 것이, 늬가 암만히여두 네 아우 종학이만 못히여! 종학이는 그놈이 재주두 있고 착실히여서, 너치름 허랑허지두 않고 그럴뿐더러 내년 내후년이머넌 대학교를 졸업허잖냐? 내후년이지?"

(중략)

마침 이때, 마당에서 헴헴, 점잖은 밭은기침 소리가 납니다. 창식이 윤 주사가 조금 아까야 일어나서, 간밤에 동경서 온 전보 때문에 억지로 억지로 큰댁 행보를 하던 것입니다.

윤 주사는 토방으로 내려서는 아들 종수더러, 언제 왔느냐고, 심상히 알은체를 하면서, 역시 토방으로 내려서는 두 며느리의 삼가로운 무언의 인사와, 마루까지만 나선 이복 누이동생 서울아씨의 입인사를 받으면서, 방으로 들어가서는 부친 윤직원 영감한테 절을 한자리 꾸부리고서, 아들 종수한테 한자리 절과, 이복동생 태식이한테 경례를 받은 후, 비로소 한옆으로 꿇어앉습니다.

– 채만식, 〈태평천하〉

{발화의 주체 파악하기}

그런 다음에는 대화나 독백을 살펴봐요. 그리고 그 말을 누가 한 것인지 확인하고, 마치 시나리오처럼 각 대화나 독백에 인물 기호를 붙여 주는 거예요. 이때 너무 쉽게만 생각하지 말고 조심성 있게 잘 살펴봐야 해요. 왜냐하면 대화를 나누는 사람의 숫자가 많거나 특별한 설명 없이 대화만 길게 이어지면 누가 한 말인지 은근 헷갈릴 수 있거든요. 예를 들어 다음의 ㉠과 같은 경우에는 언뜻 보면 민 노인이 한 말처럼 보일 수 있어요.

☺ : "얘들아, 꺼져 가는 떠돌이 북쟁이 어지럽다. 너무 비행기 태우지 말아라."
　　민 노인의 겸사에도 아이들은 수그러들지 않았다.
☺ : "아닙니다. 벌써 폼이 다른걸요."
☺ : "맞아요. 우리가 칠 때는 죽어 있던 북소리가, 꽹과리보다 더 크게 들리더라니까요."
☺ : ㉠"성규, 이번에 참 욕보았다."
　　난데없이 성규의 노력을 평가하는 녀석도 있었다. 민 노인은 뜻밖의 장소에서 의외의 술친구들과 어울린 자신의 마음이, 외견과는 달리 퍽 편안하다는 느낌도 곱씹었다. 옛날에는 없었던 노인과 젊은이들의 이런 식 담합이, 어디에 연유하고 있는가를 딱히 짚어 볼 수는 없었으되.
　　두어 번의 연습에 더 참가한 뒤, 본 공연이 열리던 날 새벽에 민 노인은 성규에게 일렀다.
☻ : "아무리 단역이라고는 해도, 아무 옷이나 걸치고는 못 나간다. 모시 두루마기를 입지 않고는 북채를 잡을 수 없어."
△ : "물론이지요. 할아버지 옷장에서 꺼내 놓으세요. 제가 따로 가지고 갈게요."
☻ : "두 시부터라고 했지?"
△ : "네."
☻ : "이따 만나자."

　　– 최일남, 〈흐르는 북〉

하지만 뒤의 문장을 읽어 보면 ㉠은 민 노인이 아니라, 아이들 중 한 명이 한 말임을 알 수 있지요? 이처럼 헷갈리는 경우가 충분히 있을 수 있으니, 발화를 누가 한 것인지 확실히 이해하고 넘어가는 게 필요해요. 누가 한 말인지 확실히 이해한 후에, 대화 앞에 인물 기호를 표시하면 돼요.

{호칭과 높임법 살피기}

앞에서 어떤 등장인물이 있는지, 그들이 어떤 말을 하고 있는지가 파악되었다면, 이제는 대화에서 서로를 부르는 '호칭'이나 '높임법'의 사용 여부를 확인하면 돼요. 호칭, 높임법을 보면 인물들이 어떤 관계를 맺고 있는지 대충 견적이 나오지요. 이렇게 파악된 관계를 인물 관계도로 그리는 거예요. 사실 인물 관계도의 기초는 바로 이 사회적 관계에 있어요. 이번에는 앞에서 봤던 〈태평천하〉를 다시 가지고 와서 살펴보자고요.

식구들은 시아버지 윤직원 영감이 보기가 싫은 건넌방 고씨만 빼놓고, 서울아씨, 태식이, 뒤채의 두 동서, 모두 안방에 모여 종수를 맞이하는 예를 표하고, 그들의 옹위 아래 윤직원 영감과 종수는 각기 아랫목과 뒷벽 앞으로 갈라 앉았습니다. 방금 점심 밥상을 받을 참입니다.

□: "너 경손 애비, 부디 정신채리라……!"

윤직원 영감이 종수더러 곰곰이 훈계를 하던 것입니다. 안식구가 있는 데라 점잖게 경손 애비지요.

□: "……정신을 채리야 헐 것이 늬가 암만히여두 네 아우 종학이만 못히여! 종학이는 그놈이 재주두 있고 착실히여서, 너치름 허랑허지두 않고 그럴뿐더러 내년 내후년이머넌 대학교를 졸업허잖냐? 내후년이지?"

(중략)

마침 이때, 마당에서 헴헴, 점잖은 밭은기침 소리가 납니다. 창식이 윤 주사가 조금 아까야 일어나서, 간밤에 동경서 온 전보 때문에 억지로 억지로 큰댁 행보를 하던 것입니다.

윤 주사는 토방으로 내려서는 아들 종수더러, 언제 왔느냐고, 심상히 알은체를 하면서, 역시 토방으로 내려서는 두 며느리의 삼가로운 무언의 인사와, 마루까지만 나선 이복 누이동생 서울아씨의 입인사를 받으면서, 방으로 들어가서는 부친 윤직원 영감한테 절을 한자리 꾸부리고서, 아들 종수한테 한자리 절과, 이복동생 태식이한테 경례를 받은 후, 비로소 한옆으로 꿇어앉습니다.

─ 채만식, 〈태평천하〉

위에 화살표로 표시한 부분을 봐 봐요. 시아버지 윤 직원 영감의 며느리에 해당하는 고씨, 윤 직원 영감이 종수를 경손 애비라고 부르는 것, 윤 직원 영감이 종수과 그의 아우 종학을 비교하는 내용, 창식이 아들 종수에게 알은 체를 하는 것, 창식에게 두 며느리가 인사를 하는 것, 창식의 부친이 윤 직원 영감이라는 것, 창식에게 있어 서울아씨와 태식이가 이복동생이라는 것을 확인할 수 있죠? 이를 활용하면 아래와 같이 정리해 볼 수 있어요.

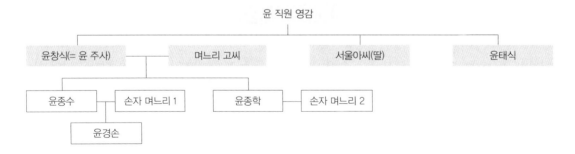

| 2 | 인물의 심리적 관계 파악하기

사회적 관계가 정리되었다면 이제는 인물들의 심리적 관계를 파악해야 해요. 이때 심리적 관계라는 것은 인물들 사이의 우호적 관계, 대립적 관계, 라이벌 관계 같은 것을 말해요. 이를 알기 위해서는 대화, 독백, 행동을 분석하여 인물의 심리를 파악해야 하죠. 이를 통해 인물들끼리 서로 맺고 있는 심리적 관계를 알아낼 수 있어요.

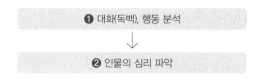

● {대화(독백), 행동 분석}

　인물의 심리를 파악하려면 대화(독백), 행동을 분석해야 해요. 독자는 늘 인물의 심리에 대해 물음표를 지니고 그들의 대화(독백)와 행동에 주목해야 하죠.

　'대화'나 '독백'을 분석할 때는 조사나 어미 같은 아주 작은 단위까지 잘 살펴야 하고, 반어법을 사용하는 경우도 있으니 주의해야 해요. 그래도 대화는 감정 파악이 비교적 쉬워요. 그런데 행동은 조금 어려울 수 있죠. 인물의 '행동'을 분석할 때에는 인물이 처한 상황과 대화 맥락을 잘 고려해야 해요. 예를 들어 볼게요.

　역으로 가면서 백화가 말했다.

　"어차피 갈 곳이 정해지지 않았다면 우리 고향에 함께 가요. 내 일자리를 주선해 드릴게."

　"내야 삼포루 가는 길이지만, 그렇게 하지?"

　정씨도 영달이에게 권유했다. ㉠영달이는 흙이 덕지덕지 달라붙은 신발 끝을 내려다보며 아무 말이 없었다. 대합실에서 정씨가 영달이를 한쪽으로 끌고 가서 속삭였다.

　"여비 있소?"

　"빠듯이 됩니다. 비상금이 한 천 원쯤 있으니까."

　"어디루 가려오?"

　"일자리 있는 데면 어디든지……."

　스피커에서 안내하는 소리가 웅얼대고 있었다. 정씨는 대합실 나무 의자에 피곤하게 기대어 앉은 백화 쪽을 힐끗 보고 나서 말했다.

　"같이 가시지. 내 보기엔 좋은 여자 같군."

　"그런 거 같아요."

　"또 알우? 인연이 닿아서 말뚝 박구 살게 될지. 이런 때 아주 뜨내기 신셀 청산해야지."

　영달이는 시무룩해져서 역사 밖을 멍하니 내다보았다. 백화는 뭔가 쑤군대고 있는 두 사내를 불안한 듯이 지켜보고 있었다. 영달이가 말했다.

　"어디 능력이 있어야죠."

　"삼포엘 같이 가실라우?"

　"어쨌든……."

　영달이가 뒷주머니에서 꼬깃꼬깃한 오백 원짜리 두 장을 꺼냈다.

　"저 여잘 보냅시다."

- 황석영, 〈삼포 가는 길〉

위 작품에서 영달이 ㉠과 같은 행동을 한 이유가 뭘까요?

① 삼포로 가고 싶은네 정씨가 딴 데 가라고 해서

② 백화와 함께 가고 싶으나 부양할 자신이 없어 고민되어서

③ 백화에게 거절의 말을 하기가 미안해서

답이 뭐겠어요? 인물이 처한 상황과 대화 맥락을 잘 살펴봐요! 답은~~~ ②번이죠. 인물이 처한 상황을 살펴보면 정씨, 영달, 백화가 기차역에 있고, 백화는 자신의 고향으로, 정씨도 자신의 고향인 삼포로 갈 것이라며 목적지를 밝히고 있어요. 그런데 영달은 일정한 목적지 없이 일자리만 있으면 어디든 갈 것이라고 했죠. 이런 상황에서 백화가 자기 고향으로 같이 가자고 말했고, 이에 대해 정씨도 영달에게 백화와 함께 가라며 권유했어요. 그러나 뒷부분에서 영달은 "어디 능력이 있어야죠."라며 백화와 함께 가고 싶지만 가지 못하는 이유를 밝히고 있죠. 영달의 이 대사에서 영달도 백화와 함께 가고는 싶으나 능력이 없어 가지 못하는 상황임을 알 수 있어요. 따라서 영달이 ㉠과 같이 행동한 이유는 ②번이라고 할 수 있겠죠.

위의 예시에서 보여 준 바와 같이 행동을 분석할 때는 인물의 상황을 고려하여, 대화와 함께 종합적으로 이해해야 해요.

● 〔인물의 심리 파악〕

앞에서 '영달'의 행동을 통해 그 심리를 파악한 것처럼, 대화(독백) 및 행동 분석은 인물의 심리 파악까지 이어져야 해요(아, 물론 서술자가 친절하게 인물의 심리를 직접 설명해 주기도 해요). 인물의 심리 파악까지 마쳤다면, 인물들이 서로를 어떻게 여기고 있는지 그 심리적 관계가 드러나게 돼요.

그렇게 알게 된 심리적 관계를 앞서 그린 사회적 관계에다가 덧붙여 표시하는 거예요. 그럼 인물 관계도가 완성돼요. 그럼 앞에서 보았던 〈태평천하〉를 다시 가지고 와서 살펴보자고요.

식구들은 시아버지 윤 직원 영감이 보기가 싫은 건넌방 고씨만 빼놓고, 서울아씨, 태식이, 뒤채의 두 동서, 모두 안방에 모여 종수를 맞이하는 예를 표하고, 그들의 옹위 아래 윤 직원 영감과 종수는 각기 아랫목과 뒷벽 앞으로 갈라 앉았습니다. 방금 점심 밥상을 받을 참입니다.

"너 경손 애비, 부디 정신 채리라……!"

윤 직원 영감이 종수더러 곰곰이 훈계를 하던 것입니다. 안식구가 있는 데라 점잖게 경손 애비지요.

"……정신을 채려야 헐 것이, 늬가 암만히여두 네 아우 종학이만 못히여! 종학이는 그놈이 재주두 있고 착실히여서, 너치름 허랑허두 않고 그럴뿐더러 내년 내후년이머넌 대학교를 졸업허잖냐? 내후년이지?" / (중략)

마침 이때, 마당에서 헴헴, 점잖은 밭은기침 소리가 납니다. 창식이 윤 주사가 조금 아까야 일어나서, 간밤에 동경서 온 전보 때문에 억지로 억지로 큰댁 행보를 하던 것입니다.

> 윤 주사는 토방으로 내려서는 아들 종수더러, 언제 왔느냐고, 심상히 알은체를 하면서, 역시 토방으로 내려서는 두 며느리의 삼가로운 무언의 인사와, 마루까지만 나선 이복 누이동생 서울아씨의 입인사를 받으면서, 방으로 들어가서는 부친 윤 직원 영감한테 절을 한자리 꾸부리고서, 아들 종수한테 한자리 절과, 이복동생 태식이한테 경례를 받은 후 비로소 한옆으로 꿇어앉았습니다.
>
> ─ 채만식, 〈태평천하〉

위 지문에 표시한 부분을 잘 봐 봐요. 친절하게도(!) 인물의 심리를 직접 알려 주는 서술 내용이 있죠? 그리고 윤 직원 영감과 종수의 대화에서 윤 직원 영감의 심리가 드러나요. 이를 바탕으로 생각해 보면, 며느리 고씨는 윤 직원 영감을 싫어함을 알 수 있어요. 그리고 창식은 따로 살고 있으며(이를 통해 고씨와 사이가 별로 좋지 않음을 추측할 수 있겠죠), 집에 오는 걸 별로 좋아하지 않는 것으로 보아 윤 직원 영감과 사이가 좋지 않음을 알 수 있죠. 윤 직원 영감의 경우 종수에 대해서는 못마땅해하고, 종학에 대해서는 굉장히 우호적임을 알 수 있어요. 이렇게 파악된 심리적 관계를 사회적 관계에 덧붙이면 다음과 같은 형태가 되겠죠.

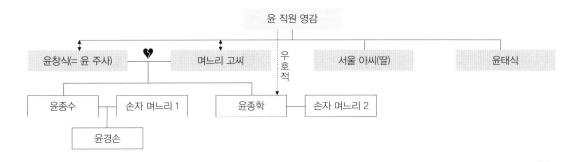

● 〔작품의 구성 파악〕

단일한 구성으로 이루어진 작품도 있지만, 액자식 구성이나 병렬적 구성과 같이 복합 구성으로 이루어진 작품도 있어요. 복합 구성으로 이루어진 작품의 경우, 그 구성을 인물 관계도에 반영하는 것이 좋아요. 특히나 액자식 구성의 경우, 외화와 내화의 등장인물이 다른 경우가 많기 때문에 그러한 구성이 잘 드러나게끔 관계도를 그려야겠죠. 예를 들어 다음과 같은 형식인 거예요.

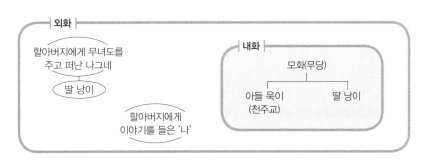

앞의 예시는 김동리의 〈무녀도〉를 정리한 거예요. 이런 식으로 구성까지 잘 고려해서 그리면 한눈에 보이는 인물 관계도가 완성되는 거예요. 인물 관계도를 그릴 때 정해진 양식은 없어요. 본인에게 편하게, 자유롭게 그리면 돼요. 어쨌든 이처럼 인물 관계도를 그리면서 읽다 보면 어느새 작품에 대한 이해도가 높아져 있을 거예요. 또한 인물에 대해 묻는 문제는 아주 식은 죽 먹기가 되죠. 그러니 소설을 읽을 때는 인물 관계도를 그리면서 읽는 습관을 들여 봐요~!

쌤의 팁 줄거리 시험에서 지문에 '앞부분 줄거리'나 '중략 부분 줄거리'가 제시된 경우에는 이를 세심하게 읽을 필요가 있어요. 줄거리는 배경이나 인물이 처한 상황, 인물 관계 등을 파악할 수 있는 초대박 힌트이기 때문이에요. 예를 들어 볼까요?

> [앞부분 줄거리] 장마가 계속되고 있었다. 전쟁 통에 우리 집에 피난 와 있던 외할머니는 국군인 외삼촌이 전사하였다는 통지를 받는다. 외할머니는 건지산에 있는 빨치산들에게 저주의 말을 퍼붓는다. 친할머니는 노발대발한다. 삼촌이 빨치산이기 때문이었다. 어느 날, 어떤 사람의 꼬임에 빠진 나는 삼촌이 집에 다녀간 사실을 말하게 되고, 아버지는 큰 고초를 치른다. 이로 인해 나는 친할머니의 분노를 사 큰방 출입이 금지된다. 친할머니는 점쟁이의 말에 따라 삼촌이 돌아올 날을 기다리며 잔치 준비를 한다. 그러나 그날이 되어도 삼촌은 오지 않는다. 그때 난데없이 구렁이가 집 안으로 들어온다. 친할머니는 졸도를 한다. 구렁이를 삼촌의 현신(現身)으로 생각한 것이다.
>
> – 윤흥길, 〈장마〉

위의 내용을 읽어 보면, 시간적 배경(여름철 장마 기간)과 시대적 배경(한국 전쟁), 서술자 '나'를 둘러싼 가족 관계, 한 가족 내에 국군과 북한군이 둘 다 있던 상황, 삼촌이 죽어 구렁이가 된 것으로 생각한 친할머니의 졸도 사건 등을 확인할 수 있어요. 아주 중요한 내용들이 많지요? 그러니 줄거리를 허투루 읽어서는 절대 안 되겠죠?

딱! 두 줄 요약

⊙ 인물 관계도를 그리면 인물 간의 관계와 작품의 구성이 한눈에 보인다!
⊙ 작품의 구성을 고려하면서 인물의 사회적 관계를 도표로 그린 뒤, 거기에 심리적 관계를 덧붙인다!

예제 연습문제

● 다음 글을 읽고, 앞에서 배운 내용에 따라 인물 관계도를 그려 보자.

> 재종숙은 아무래도 김만호 씨보다는 강 목사에 더 애착이 가는 것 같았다.
> "둘은 소학교와 농업학교를 같이 다녔고, 이 지역에서는 그래도 똑똑하다고 소문이 나 있던 사람들이었지. 강 목사는 농업학교를 나온 후 이곳 소학교에서 교편을 잡으면서 밤이면 야학을 하였어. 나도 토요일이나 방학에 집에 와서는 그 일을 도와 드렸지."
> 그러는 사이에 강 목사와 김만호 씨는 자주 다투게 되었다. 한쪽에서는 일본 말을 가르치는 일을 못마땅히 생각하였고, 한편에서는 세상 돌아가는 형편을 외면한 채 저 잘난 척한다고 생각하였다. 그러는 동안 결국 한글 강습소는 문을 닫아야 하였고 강 목사는 고향을 떠나야 하였다.

"이봐, 그때 그 한글 강습소를 폐쇄시킨 게 바로 김만호였어. 우리가 주재소에 가서 혼이 나도록 당한 것도 다 뒤에서 그 작자가 조종을 한 거야. 나도 학교를 마치지도 않고 고향에 있을 수가 없어서 일본으로 떠나 버렸어. 귀찮은 일이 자꾸 따라다녔지."

재종숙은 그때 일을 바로 어제 일같이 말하였다.

"그 일뿐이 아니라고. 참으로 못할 짓 많이 하였지. 그런데 내가 해방이 되어서 고향에 돌아와 보니까, 아니 어디 숨어 있는 줄 알았던 그가 아주 요란스럽게 행세를 하고 있었어. 난 그 꼴이 보기 싫어서 다시 일본으로 들어가 버렸지만……."

재종숙의 말은 자꾸 헷갈렸다.

김만호 씨는 면 농회 근무 3년 만에 서른이 안 된 나이로 면장이 됐다. 재종숙은 아마 그가 제일 악질적인 면장이었을 거라고 말하였다. 더구나 용서하지 못할 일은, 그가 가장 면민을 위하는 척하면서 제 할 일은 다 했다는 점이었다. 그는 젊은 면장으로서 이 제주 섬에서 가장 도사(島司)의 신임을 얻은 면장이 되었다. 재종숙의 말투는 점점 과격하여 갔다. 인생의 황혼기에서, 아무리 뼈에 사무친 일이라 하더라도 이 나이쯤이면 모두 이해하고 용서할 수 있을 터인데 그게 아니었다.

"생각해 보게. 어떻게 그런 사람에게 '선구적인 시민상'을 주어. 나라를 팔아먹는 데, 권력의 종노릇 하는 데 선구적이었어. 그건 김만호 개인의 문제가 아니여. 신문사 문제만도 아니고, 작은 문제가 아니여. 그 사람이 상을 타면 세상 사람의 본이 되는 건데, 아니 모두들 그렇게 살아도 된다는 거여? 안 되여. 안 돼."

그는 언성을 높였다. 바로 교장 어른을 상대하여 말하는 투였다.

그와 헤어져 거리로 나오자 이번에는 교장 어른을 만나고 싶었다. 역시 그에게서는 재종숙과는 정반대의 말을 들을 것이 뻔하지만, 재종숙에게 듣지 못했던 새로운 이야기를 들을 수 있을 것 같았다.

"자네가 날 찾아올 줄 알았지."

교장 어른은 몸소 써서 만든 '반야심경' 열 폭 병풍 앞에서 한복 차림으로 앉았다가 일어서면서 나를 반갑게 맞았다. 나는 그분에게서 곱게 늙고 있는 행복한 서민의 모습을 보았다. 육십 평생을 어린이 교육을 위해서만 실다 정년퇴임한 지 몇 해가 되지만, 그는 여전히 이곳 사람들의 선생으로 대접받고 있었다. 방 한편 구석 문갑 위에 있는 한란 분이 그 어른의 기품과 어울리는 것 같았다. 세배꾼들이 다녀갔는지 방석들이 즐비하니 널려 있었다.

교장 어른은 아까 종갓집에서와는 다르게 나를 대하면서 벌써 찾아간 연유를 알고 있었다. 나는 신문사로부터 부여받은 일을 설명하고 나서,

"할아버님의 도움을 받아야 하겠습니다. 할아버님께서 그분과 오랜 교분을 갖고 계신 걸 알고 있습니다. 누구보다도 그분을 잘 알고 계시겠기에 밖으로 드러나지 않은 개인적인 일 같은 것을 듣고 싶습니다."

되도록 조심스럽게 말하였다. 사실 나 자신 한 인간의 사회적인 삶을 어떻게 인식하느냐 하는 뚜렷한 생각도 잡혀지지 않은 처지라서 우선 이렇게 얼버무릴 수밖에 없었다.

"그분이 일제 시대에 관리 노릇을 하였고 더구나 면장을 오랫동안 지낸 것은 사실이지만, 그 시국에 누군들 면장을 해야 했을 거이고, 더구나 일본 사람이 면장을 했던 것보담야 훨씬 나았지. 나도 일제 시대 여남은 해 동안 교단에 서서 식민지 교육에 앞장섰던 사람으로서 그분의 행적에 대하여 시비를 가릴 자격은 없어. 큰집에서 내가 좀 강경하게 말한 것은 자네 칠촌 말일세. 일본 가서 살아서 이곳 사정을 모르는 처지에 이러쿵저러쿵 하는 바람에 비위가 상했던 거야. 자기도 그곳에서 살았으면 아니, 일본 사람에게 협조하지 않고 독야청청 민족과 나라를 위하여 애국만 하며 살 수 있었겠냐 말이네. 어림없어. 아마 먼저 더 철저하게 일본 사람들에게 붙어살았을지 누가 알아. 사실 이곳에서 살지 않았던 사람은 이곳에 살면서 좋은 일 궂은 일 모두 겪었던 사람들에 대해서는 말을 말아야 돼."

재종숙의 처사가 못마땅하다는 것이었다. 그런 교장 어른에게서도 새로운 김만호의 면모를 찾을 수 없을 것 같았다.

– 현길언, 〈신열(身熱)〉

재종숙은 아무래도 김만호 씨보다는 강 목사에 더 애착이 가는 것 같았다.

☐: "둘은 소학교와 농업학교를 같이 다녔고, 이 지역에서는 그래도 똑똑하다고 소문이 나 있던 사람들이었지. 강 목사는 농업학교를 나온 후 이곳 소학교에서 교편을 잡으면서 밤이면 야학을 하였어. 나도 토요일이나 방학에 집에 와서는 그 일을 도와 드렸지."

그러는 사이에 강 목사와 김만호 씨는 자주 다투게 되었다. 한쪽에서는 일본 말을 가르치는 일을 못마땅히 생각하였고, 한편에서는 세상 돌아가는 형편을 외면한 채 저 잘난 척한다고 생각하였다. 그러는 동안 결국 한글 강습소는 문을 닫아야 하였고 강 목사는 고향을 떠나야 하였다.

☐: "이봐, 그때 그 한글 강습소를 폐쇄시킨 게 바로 김만호였어. 우리가 주재소에 가서 혼이 나도록 당한 것도 다 뒤에서 그 작자가 조종을 한 거야. 나도 학교를 마치지도 않고 고향에 있을 수가 없어서 일본으로 떠나 버렸어. 귀찮은 일이 자꾸 따라다녔지."

재종숙은 그때 일을 바로 어제 일같이 말하였다.

☐: "그 일뿐이 아니라고. 참으로 못할 짓 많이 하였지. 그런데 내가 해방이 되어서 고향에 돌아와 보니까, 아니 어디 숨어 있는 줄 알았던 그가 아주 요란스럽게 행세를 하고 있었어. 난 그 꼴이 보기 싫어서 다시 일본으로 들어가 버렸지만……."

재종숙의 말은 자꾸 헷갈렸다.

김만호 씨는 면 농회 근무 3년 만에 서른이 안 된 나이로 면장이 됐다. 재종숙은 아마 그가 제일 악질적인 면장이었을 거라고 말하였다. 더구나 용서하지 못할 일은, 그가 가장 면민을 위하는 척하면서 제 할 일은 다 했다는 점이었다. 그는 젊은 면장으로서 이 제주 섬에서 가장 도사(島司)의 신임을 얻은 면장이 되었다. 재종숙의 말투는 점점 과격하여 갔다. 인생의 황혼기에서, 아무리 뼈에 사무친 일이라 하더라도 이 나이쯤이면 모두 이해하고 용서할 수 있을 터인데 그게 아니었다.

☐: "생각해 보게. 어떻게 그런 사람에게 '선구적인 시민상'을 주어. 나라를 팔아먹는 데, 권력의 종노릇 하는 데 선구적이었어. 그건 김만호 개인의 문제가 아니여. 신문사 문제만도 아니고, 작은 문제가 아니여. 그 사람이 상을 타면 세상 사람의 본이 되는 건데, 아니 모두들 그렇게 살아도 된다는 거여? 안 되여. 안 돼."

그는 언성을 높였다. 바로 교장 어른을 상대하여 말하는 투였다.

그와 헤어져 거리로 나오자 이번에는 교장 어른을 만나고 싶었다. 역시 그에게서는 재종숙과는 정반대의 말을 들을 것이 뻔하지만, 재종숙에게 듣지 못했던 새로운 이야기를 들을 수 있을 것 같았다.

☁: "자네가 날 찾아올 줄 알았지."

교장 어른은 몸소 써서 만든 '반야심경' 열 폭 병풍 앞에서 한복 차림으로 앉았다가 일어서면서 나를 반갑게 맞았다. 나는 그분에게서 곱게 늙고 있는 행복한 서민의 모습을 보았다. 육십 평생을 어린이 교육을 위해서만 살다 정년퇴임한 지 몇 해가 되지만, 그는 여전히 이곳 사람들의 선생으로 대접받고 있었다. 방 한편 구석 문갑 위에 있는 한란 분이 그 어른의 기품과 어울리는 것 같았다. 세배꾼들이 다녀갔는지 방석들이 즐비하니 널려 있었다.

교장 어른은 아까 종갓집에서와는 다르게 나를 대하면서 벌써 찾아간 연유를 알고 있었다. 나는 신문사로부터 부여받은 일을 설명하고 나서,

☆: "할아버님의 도움을 받아야 하겠습니다. 할아버님께서 그분과 오랜 교분을 갖고 계신 걸 알고 있습니다. 누구보다도 그분을 잘 알고 계시겠기에 밖으로 드러나지 않은 개인적인 일 같은 것을 듣고 싶습니다."

되도록 조심스럽게 말하였다. 사실 나 자신 한 인간의 사회적인 삶을 어떻게 인식하느냐 하는 뚜렷한 생각도 잡혀지지 않은 처지라서 우선 이렇게 얼버무릴 수밖에 없었다.

☁: "그분이 일제 시대에 관리 노릇을 하였고 더구나 면장을 오랫동안 지낸 것은 사실이지만, 그 시국에 누군들 면장을 해야 했을 거이고, 더구나 일본 사람이 면장을 했던 것보담야 훨씬 나았지. 나도 일제 시대 여남은

해 동안 교단에 서서 식민지 교육에 앞장섰던 사람으로서 그분의 행적에 대하여 시비를 가릴 자격은 없어. 큰집에서 내가 좀 강경하게 말한 것은 자네 칠촌 말일세. 일본 가서 살아서 이곳 사정을 모르는 처지에 이러쿵저러쿵 하는 바람에 비위가 상했던 거야. 자기도 그곳에서 살았으면 아니, 일본 사람에게 협조하지 않고 독야청청 민족과 나라를 위하여 애국만 하며 살 수 있었겠냐 말이네. 어림없어. 아마 먼저 더 철저하게 일본 사람들에게 붙어살았을지 누가 알아. 사실 이곳에서 살지 않았던 사람은 이곳에 살면서 좋은 일 궂은 일 모두 겪었던 사람들에 대해서는 말을 말아야 돼."

재종숙의 처사가 못마땅하다는 것이었다. 그런 교장 어른에게서도 새로운 김만호의 면모를 찾을 수 없을 것 같았다.

– 현길언, 〈신열(身熱)〉

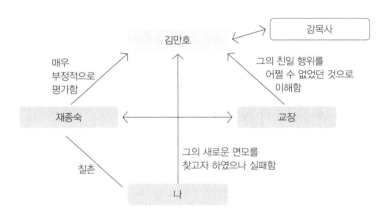

Act 09
사건의 재구성, 인물·사건·배경

이번에는 **Act 07**과 **Act 08**에서 배웠던 내용들을 한꺼번에 종합적으로 적용해 볼 차례예요. 시에서는 상황, 정서, 태도가 핵심이지만, 소설에서는 인물, 사건, 배경이 핵심이에요. 앞에서 배운 내용들을 토대로, 핵심 **인물**이 어떤 **상황** 속에서 어떤 **사건**을 겪었는지를 정리하는 거예요. 이게 바로 마지막 3단계인데, 인물, 사건, 배경을 육하원칙에 따라 정리하는 거죠. 육하원칙은 '누가, 언제, 어디서, 어떻게, 무엇을, 왜'를 말하는데, 이에 따라 작품을 정리할 수 있으면 작품을 거의 다 이해한 거라고 볼 수 있어요. 작품의 내용에 따라서 육하원칙을 다 채우지 못하는 경우도 있으니, 다 채우지 못한다고 해서 좌절하지는 말아요. 그럼 전체 과정을 도표로 한번 정리해 볼까요?

1단계	제목 살피기	→	서술자와 시점 파악	→	배경 파악		
2단계	사회적 관계 파악	→	심리적 관계 파악	→	구성 파악	→	인물 관계도 완성
3단계	인물, 사건, 배경을 육하원칙에 따라 정리						

물론 위의 과정이 무조건 제시된 순서대로 이루어져야 하는 것은 아니에요. 능숙한 독자일수록 소설을 읽어 가면서 '질문 던지기' + '1~3단계'를 동시다발적으로 하게 돼요. 여러분도 곧 익숙해질 테지만, 익숙해지기 전에는 의식적으로라도 저 단계를 생각하면서 읽는 게 좋겠죠.

일단 아래 글부터 읽어 봐요.

> 방울재 허칠복(許七福)이가 고향을 떠난 지 삼 년 만에 미쳐서 돌아와 징을 두들기며, 댐을 막은 뒤부터 밀려드는 낚시꾼들을 쫓아 댔다.
> 덩실덩실 춤을 추며 징을 두들기는 칠복이의 모습은 나무탈을 쓴 도깨비 같다고들 했다. 그리고 그가 그렇게 된 것은 고향을 잃은 서러움, 아내를 빼앗긴 원한 때문이라고들 했다. 아무도 기다리는 사람이 없는 고향에 여섯 살 난 딸아이를 업고 불쑥 바람처럼 나타난 그는, 물에 잠겨 버린 지 삼 년째가 되는 방울재 뒷동산 각시바위에 댕돌같이 앉아서는, 목이 터져라고 마을 사람들의 이름을 하나하나 불러 대는가 하면, 혼자서 고개를 끄덕거려 가며 오순도순 귀신 씨나락 까먹는 소리를 중얼거리다가도, 불컥 고개를 쳐들어 하늘을 찔러 보고, 창자가 등뼈에 달라붙도록 큰 소리로 웃어 대고, 느닷없이 징을 두들기며 껑중껑중 도깨비춤을 추었다. 그런데 이상한 것은 그의 성질이 염병을 앓아 귀머거리가 된 사람처럼

물렁해지고, 바보처럼 느물느물해진 거였다. 황소같이 힘이 세고 성깔이 왁살스럽던 그는, 도깨비 춤추 듯 징을 두들기다가도 방울재 사람들이 쫓아와서 한마디만 질러 대도 슬그머니 징채를 감추고 목을 움 츠리는 거였다. (중략)

"자네 정신 말짱허니께 허는 소리네만 좋은 얼굴로 헤어지세. 지발 부탁이니 지금 떠나도록 히여."

강촌 영감이 볼멘소리로, 그러나 약간은 사정조로 말하고 나서 칠복이의 겨드랑이에 손을 넣어 일으키 려고 했다.

"낼 아침 떠나라 허고 싶네만, 정은 단칼에 자르는 거이 좋은겨."

칠복이는 아이를 업고 천천히 일어서서 희끄무레한 램프 불빛에 비춰 보이는 침울하게 가라앉은 마을 사람들의 얼굴들을 하나하나 가슴 속 깊이깊이 새기며 찬찬히 뜯어보았다. 그의 눈에서는 금방 눈물이 소나기처럼 주르륵 쏟아질 것만 같았다.

"핑 서둘러 나가면 대처 나가는 버스를 탈 꺼여!"

강촌 영감이 앞서 술청을 나가며 하는 말이다. 강촌 영감을 따라 칠복이가 고개를 떨구고 나갔고, 뒤 이어 봉구와 덕칠이, 팔만이가 차례로 몸을 움직였다.

봉구네 주막에서 나온 그들은 칠복이를 앞세우고 미루나무가 두 줄로 가지런히 비를 맞고 늘어서 있 는 자갈길 구신작로를 향해 어둠 속을 걸었다. 그들은 아무도 입을 열지 않았다. 칠복이의 등에 업힌 그 의 딸아이가 캘록캘록 기침을 하자, 바짝 뒤를 따르던 봉구가 잠바를 벗어 덮어씌워 주었다.

빗방울은 점점 굵어졌고 호수를 훑고 온 물에 젖은 가을 바람에 으스스 몸이 떨렸다.

이따금씩 고속도로에서 자동차들이 헤드라이트로 눅눅한 어둠의 이 구석 저 구석을 쿡쿡 쑤셔 대며 바람처럼 내달았다. 자동차의 불빛이 길게 어둠을 가를 때마다 칠복이를 앞세우고 걷는 방울재 사람들 의 가슴이 마치 총을 맞는 것만큼이나 섬찟섬찟했다.

신작로에 당도해서 조금 기다리자 읍으로 들어가는 헌털뱅이 버스가 왔으며, 그들은 서둘러 차를 세 우고 칠복이를 밀어넣었다.

"징헌 고향 다시는 오지 말어."

봉구가 천 원짜리 두 장을 칠복이의 호주머니에 푹 쑤셔넣어 주며 울먹울먹한 목소리로 말했다.

칠복이가 무슨 말인가 하는 것 같았으나 부르릉 버스가 굴러가는 바람에 알아들을 수가 없었다.

그들은 버스가 어둠 속에 묻히고 자동차 불빛이 보이지 않게 되어서야 말없이 돌아섰다.

한사코 가기 싫다는 칠복이 부녀를 억지로 버스에 태워 쫓아 보낸 그날 밤, 방울재 사람들은 잠을 이 룰 수가 없었다. 후두둑후두둑 빗방울이 굵어지고 땅껍질 벗겨 가는 소리가 드세어질 무렵, 봉구는 잠결 에 아슴푸레하게 들려 오는 징소리에 퍼뜩 놀라 일어나 앉았다.

"아니, 이 밤중에 무신 징소리당가?"

그는 마른 기침을 토해 내고 삐그덕 방문을 열어, 송곳 하나 박을 틈도 없이 꽉 들어찬 어둠의 여기저 기를 쑤석여 보았다. 어둠 속 어디선가 딸을 업은 칠복이가 휘주근하게 비에 젖은 채 바보처럼 벌쭉벌쭉 웃으면서 불쑥 나타날 것만 같았다.

그는 문을 안으로 걸어잠그고 자리에 들어 아내의 툽상스러운 허리를 꼭 껴안고 잠을 청하려고 했으 나, 땅껍질을 두드리는 빗방울 소리 사이사이로, 징소리가 쉬지 않고 큰 황소 울음처럼 사납고도 구슬프 게 들려 왔기 때문에 잠시도 눈을 붙일 수가 없었다. 어쩌면 바람 소리와도 같은 그 징소리는 바로 뒤란 의 아카시아 숲께에서 가깝게 들린 것 같다가도 다시 댐 쪽으로 아슴푸레 멀어져 가곤 했다.

"바람 소린지, 징소린지."

봉구는 벌떡 일어나 더듬더듬 담배를 찾아 성냥불을 붙였다. 그는 좀처럼 잠을 이루지 못하고 몇 번인가 누웠다 앉았다 하며 담배만 피웠다. 자꾸만 귓바퀴를 후벼 파고 들려 오는 징소리가 오목가슴 깊숙이에 가시처럼 걸린 때문이었다.

이날 밤, 팔만이도, 덕칠이도, 강촌 영감도 다 같이 방울재 안통 여기저기서 쉴새없이 들려 오는 징소리 때문에 한숨도 잠을 이루지 못하고 뒤척였다.

징소리는 점점 더 가깝게, 그리고 때로는 상여 소리처럼 슬프게 들렸는데, 그 소리에 잠을 이루지 못한 방울재 사람들은, 그게 어쩌면 그들한테 쫓겨난 칠복이의 우는 소리일지도 모른다는 생각들을 다 같이 했다. 그 생각과 함께 징소리가 더욱 무서워졌으며 아침을 맞기조차 두려웠다.   – 문순태, 〈징소리〉

▌ 1 ▌ 1단계

● {제목 살피기} : 제목이 '징소리'인 걸 보니 뭔가 중요한 소재인 것 같은데, 이게 무슨 의미일까요? '징소리'가 갖는 상징적인 의미 같은 게 있지 않을까요?

● {서술자와 시점 파악} : 서술자가 작품 속에 '나'로 등장하지 않고, 등장인물들의 심리를 모두 꿰뚫고 있으니까, 전지적 작가 시점으로 볼 수 있겠어요. 참고로 제목이나 벌어진 사건을 고려할 때, 이 작품의 주인공은 '허칠복'임을 알 수 있죠.

● {배경 파악} : 공간적 배경은 '방울재'예요. 방울재는 3년 전 물에 잠겨 사라진 칠복의 고향이자, 칠복이 돌아와서 징으로 낚시꾼들을 쫓아내는 사건이 벌어진 장소예요.

시간적 배경으로 뚜렷이 제시된 건 방울재 사람들이 칠복을 쫓아낸 밤인데, 그때의 계절은 '가을'이고, 밤에 비가 내렸으며, 징소리가 들렸네요. 칠복이 돌아와서 밤새 징을 친 걸까요? 아니면 환청이었을까요?

시대적 배경을 짐작할 수 있는 것으로는 '신작로'라는 단어와 '(댐 건설로 인해 수몰된) 방울재'가 있어요. '신작로'라는 말 자체가 개화기 이후부터 산업화 시기 정도까지 쓰이던 용어니까, 지금과 가까운 시대는 아닌 걸 알 수 있어요. 그리고 사실 다목적 댐 공사는 1970년대에 많았거든요. 그래서 시대적 배경은 산업화 시기라고 할 수 있어요(물론 배경지식이 없다면 이런 것까지 알아낼 순 없겠죠? 시험에서는 학생들에게 너무 어려울 것 같으면 〈보기〉로 정보가 제시되기 마련이니 너무 겁먹지 않아도 돼요).

│ 2 │ 2단계

● {인물의 사회적 관계 파악} : 인물의 사회적 관계를 파악할 때는 인물을 기호로 표시하고, 누가 한 말인지 확인하고, 호칭이나 높임법을 통해 파악하라고 했었어요. 기억나나요? 앞의 작품에서는 허칠복, 강촌 영감, 봉구, 덕칠, 팔만이가 등장하네요. 그들이 했던 말을 살펴보면 다음과 같아요.

강촌 영감 "자네 정신 말짱허니께 허는 소리네만 좋은 얼굴로 헤어지세. 지발 부탁이니 지금 떠나도록 히여."

"낼 아침 떠나라 허고 싶네만, 정은 단칼에 자르는 거이 좋은겨."

봉구 "징헌 고향 다시는 오지 말어."

강촌 영감과 봉구 둘 다 칠복에게 반말을 사용하고 있어요. 이를 통해 이 둘은 칠복과 친분이 있는 사이임을 알 수 있고, 이들이 3년 전에 칠복과 방울재에 함께 살던 고향 사람들임을 짐작할 수 있죠. 또한 봉구는 칠복에게 징헌(=모진) 고향에 다시는 오지 말라고 말하고 있어요. 이를 통해 봉구가 칠복에게 일어난 일과 그 사연을 잘 알고 있는 사람임을 알 수 있어요.

● {인물의 심리적 관계 파악} : 인물의 심리적 관계를 파악하려면 대화나 행동 등을 통해 인물의 심리를 파악해야 한다고 했었죠? 내용을 보면 '칠복'과 '마을 사람들'의 심리를 파악할 수 있는 부분이 상당히 많아요. 두 가지 색깔의 펜으로 칠복과 마을 사람들의 심리를 알 수 있는 대화나 행동을 각각 칠하면서 봐 봐요.

칠복의 심리와 관련된 부분   마을 사람들의 심리와 관련된 부분

방울재 허칠복(許七福)이가 고향을 떠난 지 삼 년 만에 미쳐서 돌아와 징을 두들기며, 댐을 막은 뒤부터 밀려드는 낚시꾼들을 쫓아 댔다.

덩실덩실 춤을 추며 징을 두들기는 칠복이의 모습은 나무탈을 쓴 도깨비 같다고들 했다. 그리고 그가 그렇게 된 것은 고향을 잃은 서러움, 아내를 빼앗긴 원한 때문이라고들 했다. 아무도 기다리는 사람이 없는 고향에 여섯 살 난 딸아이를 업고 불쑥 바람처럼 나타난 그는, 물에 잠겨 버린 지 삼 년째가 되는 방울재 뒷동산 각시바위에 댕돌같이 앉아서는, 목이 터져라고 마을 사람들의 이름을 하나하나 불러 대는가 하면, 혼자서 고개를 끄덕거려 가며 오순도순 귀신 씨나락 까먹는 소리를 중얼거리다가도, 불컥 고개를 쳐들어 하늘을 찔러 보고, 창자가 등뼈에 달라붙도록 큰 소리로 웃어 대고, 느닷없이 징을 두들기며 정중경중 도깨비춤을 추었다. 그런데 이상한 것은 그의 성질이 염병을 앓아 귀머거리가 된 사람처럼 물렁해지고, 바보처럼 느물느물해진 거였다. 황소같이 힘이 세고 성깔이 왁살스럽던 그는, 도깨비 춤추 듯 징을 두들기다가도 방울재 사람들이 쫓아와서 한마디만 질러 대도 슬그머니 징채를 감추고 목을 움

III. 현대소설 | 281

츠리는 거였다. (중략)

"자네 정신 말짱허니께 허는 소리네만 좋은 얼굴로 헤어지세. 지발 부탁이니 지금 떠나도록 히여."

강촌 영감이 볼멘소리로, 그러나 약간은 사정조로 말하고 나서 칠복의 겨드랑이에 손을 넣어 일으키려고 했다.

"낼 아침 떠나라 허고 싶네만, 정은 단칼에 자르는 거이 좋은겨."

칠복이는 아이를 업고 천천히 일어서서 희끄무레한 램프 불빛에 비춰 보이는 침울하게 가라앉은 마을 사람들의 얼굴들을 하나하나 가슴 속 깊이깊이 새기며 찬찬히 뜯어보았다. 그의 눈에서는 금방 눈물이 소나기처럼 주르륵 쏟아질 것만 같았다.

"핑 서둘러 나가면 대처 나가는 버스를 탈 꺼여!"

강촌 영감이 앞서 술청을 나가며 하는 말이다. 강촌 영감을 따라 칠복이가 고개를 떨구고 나갔고, 뒤이어 봉구와 덕칠이, 팔만이가 차례로 몸을 움직였다.

봉구네 주막에서 나온 그들은 칠복이를 앞세우고 미루나무가 두 줄로 가지런히 비를 맞고 늘어서 있는 자갈길 구신작로를 향해 어둠 속을 걸었다. 그들은 아무도 입을 열지 않았다. 칠복이의 등에 업힌 그의 딸아이가 캘록캘록 기침을 하자, 바짝 뒤를 따르던 봉구가 잠바를 벗어 덮어씌워 주었다.

빗방울은 점점 굵어졌고 호수를 훑고 온 물에 젖은 가을 바람에 으스스 몸이 떨렸다.

이따금씩 고속도로에서 자동차들이 헤드라이트로 눅눅한 어둠의 이 구석 저 구석을 쿡쿡 쑤셔 대며 바람처럼 내달았다. 자동차의 불빛이 길게 어둠을 가를 때마다 칠복이를 앞세우고 걷는 방울재 사람들의 가슴이 마치 총을 맞는 것만큼이나 섬찟섬찟했다.

신작로에 당도해서 조금 기다리자 읍으로 들어가는 헌털뱅이 버스가 왔으며, 그들은 서둘러 차를 세우고 칠복이를 밀어넣었다.

"징헌 고향 다시는 오지 말어."

봉구가 천 원짜리 두 장을 칠복이의 호주머니에 푹 쑤셔넣어 주며 울먹울먹한 목소리로 말했다.

칠복이가 무슨 말인가 하는 것 같았으나 부르릉 버스가 굴러가는 바람에 알아들을 수가 없었다.

그들은 버스가 어둠 속에 묻히고 자동차 불빛이 보이지 않게 되어서야 말없이 돌아섰다.

한사코 가기 싫다는 칠복이 부녀를 억지로 버스에 태워 쫓아 보낸 그날 밤, 방울재 사람들은 잠을 이룰 수가 없었다. 후두둑후두둑 빗방울이 굵어지고 땅껍질 벗겨 가는 소리가 드세어질 무렵, 봉구는 잠결에 아슴푸레하게 들려 오는 징소리에 퍼뜩 놀라 일어나 앉았다.

"아니, 이 밤중에 무신 징소리당가?"

그는 마른 기침을 토해 내고 삐그덕 방문을 열어, 송곳 하나 박을 틈도 없이 꽉 들어찬 어둠의 여기저기를 쑤석여 보았다. 어둠 속 어디선가 딸을 업은 칠복이가 휘주근하게 비에 젖은 채 바보처럼 벌쭉벌쭉 웃으면서 불쑥 나타날 것만 같았다.

그는 문을 안으로 걸어잠그고 자리에 들어 아내의 툽상스러운 허리를 꼭 껴안고 잠을 청하려고 했으나, 땅껍질을 두드리는 빗방울 소리 사이사이로, 징소리가 쉬지 않고 큰 황소 울음처럼 사납고도 구슬프게 들려 왔기 때문에 잠시도 눈을 붙일 수가 없었다. 어쩌면 바람 소리와도 같은 그 징소리는 바로 뒤란의 아카시아 숲께에서 가깝게 들린 것 같다가도 다시 댐 쪽으로 아슴푸레 멀어져 가곤 했다.

"바람 소린지, 징소린지."

봉구는 벌떡 일어나 더듬더듬 담배를 찾아 성냥불을 붙였다. 그는 좀처럼 잠을 이루지 못하고 몇 번인가 누웠다 앉았다 하며 담배만 피웠다. 자꾸만 귓바퀴를 후벼 파고 들려 오는 징소리가 오목가슴 깊숙이에 가시처럼 걸린 때문이었다.

　이날 밤, 팔만이도, 덕칠이도, 강촌 영감도 다 같이 방울재 안통 여기저기서 쉴새없이 들려 오는 징소리 때문에 한숨도 잠을 이루지 못하고 뒤척였다.

　징소리는 점점 더 가깝게, 그리고 때로는 상여 소리처럼 슬프게 들렸는데, 그 소리에 잠을 이루지 못한 방울재 사람들은, 그게 어쩌면 ==그들한테 쫓겨난 칠복이==의 우는 소리일지도 모른다는 생각들을 다 같이 했다. 그 생각과 함께 징소리가 더욱 무서워졌으며 아침을 맞기조차 두려웠다.

대화(독백), 행동	칠복의 심리 추측
• 목이 터져라고 마을 사람들의 이름을 하나하나 불러 대는가 하면, • 가슴 속 깊이깊이 새기며 찬찬히 뜯어보았다. 그의 눈에서는 금방 눈물이 소나기처럼 주르륵 쏟아질 것만 같았다.	마을 사람들에 대한 그리움이 많고, 고향을 잃은 상실감이 매우 큰 상태임을 알 수 있어.
• 칠복이가 고개를 떨구고 나갔고, • 한사코 가기 싫다는 칠복이 부녀 • 그들한테 쫓겨난 칠복이	칠복은 마을을 떠나고 싶지 않으나, 억지로 떠나게 되었음을 알 수 있어. 고개를 떨구는 모습에서 시무룩한 모습을 엿볼 수 있지.

대화(독백), 행동	마을 사람들의 심리 추측
• 칠복이의 모습은 나무탈을 쓴 도깨비 같다고들 했다. • 강촌 영감이 볼멘소리로, 그러나 약간은 시정조로 말하고 나서	칠복이 징을 치는 모습이 도깨비 같다고 하였으므로, 사람들은 그 모습을 꺼려했음을 알 수 있어. 강촌 영감이 볼멘소리로, 사정하듯 이야기한 것을 보면 칠복의 징소리로 인해 마을 사람들이 피해를 입는 상황임을 추측해 볼 수 있지. 칠복의 상실감이야 이해하지만, 자신들의 생계를 위해선 징을 두드리며 손님이 오는 것을 방해하는 칠복을 떠나보낼 수밖에 없었을 거야.
• 침울하게 가라앉은 마을 사람들의 얼굴들 • 그들은 아무도 입을 열지 않았다. • 봉구가 잠바를 벗어 덮어씌워 주었다. • 칠복이를 앞세우고 걷는 방울재 사람들의 가슴이 마치 총을 맞는 것만큼이나 섬찟섬찟했다. • 울먹울먹한 목소리 • 방울재 사람들은 잠을 이룰 수가 없었다. • 자꾸만 귓바퀴를 후벼 파고 들려 오는 징소리가 오목가슴 깊숙이에 가시처럼 걸린 때문이었다. • 상여 소리처럼 슬프게 들렸는데 • 징소리가 더욱 무서워졌으며 아침을 맞기조차 두려웠다.	마을 사람들도 마음이 편해 보이진 않아. 상실감에 몸 둘 바를 모르는, 같은 고향 사람인 칠복을 억지로 내쫓는 마음이 편할 수는 없겠지. 아무도 입을 열지 않고, 칠복의 딸에게 잠바를 씌워 주고, 섬찟섬찟한 기분을 느끼는 것 등은 칠복에게 미안한 마음에서 비롯된 것들일 거야. 밤새 들려오는 징소리로 잠을 이루지 못하는 모습을 통해 마을 사람들의 죄책감이 얼마나 큰지를 짐작해 볼 수 있어.

● {구성 파악} : 이 작품의 경우에는 구성 자체가 그다지 특별하지 않죠? 그냥 순행적 구성이잖아요. 이런 경우에는 구성은 굳이 고려하지 않아도 돼요.

● {인물 관계도 완성}

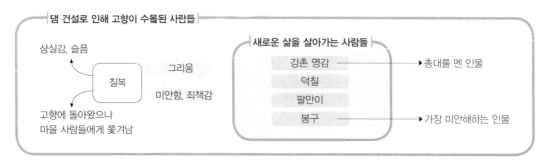

| 3 | 3단계

● {인물, 사건, 배경을 육하원칙에 따라 정리하기} : 위에서 파악한 내용을 바탕으로 정리해 봅시다.

누가	칠복이가
언제	댐 건설로 인해 고향과 아내를 잃은 지 3년 후에(산업화 시기에)
어디서	방울재에서
무엇을	징을
어떻게	도깨비처럼 춤을 추며 두들기다가, 낚시꾼들을 상대로 생계를 이어나가야 하는 마을 사람들에 의해 쫓겨나게 됨
왜	댐이 만들어진 후 몰려오는 낚시꾼들을 쫓아내기 위해(혹은 혼자서 느닷없이)

따라서 이 작품은 칠복의 한(恨)스러운 삶을 통해, 산업화 과정에서 삶의 터전을 잃고 고단한 삶을 살아야 했던 민중들의 이야기를 담은 것이라고 이해할 수 있어요.

마지막으로 이 작품 속 '징소리'의 의미도 생각해 볼까요? 작품의 내용에 따르면 칠복은 낚시꾼들을 쫓아내기 위해 징을 치기도 하고, 혼자 있는 와중에도 느닷없이 징을 두들기며 겅중겅중 도깨비 춤을 추기도 했다고 했어요. 이러한 모습들을 통해 칠복이 고향을 잃은 서러움과 한스러운 마음에 징을 치고 다녔던 것임을 알 수 있어요.

이렇게 하면 소설 작품을 꼼꼼히 읽게 되는 거예요. 그럼 이번엔 직접 한번 연습해 보세요~!

● 다음 글을 읽고 물음에 답하시오.

"너 아범은 내가 어서 죽었으면 시원할 것이다. 너도 못 오게 하느라고 저희끼리 짜고 전보까지 새에서 못 치게 한 게 아니냐."

조부가 이런 소리를 할 제 덕기는,

"그럴 리가 있겠습니까?"

고 하기는 하였지마는 덕기도 의아는 하였다. 부친이 설마 그렇게까지 하랴 싶으나 창훈 아저씨라든지 최참봉이 부친에게 되돌아 붙어서 무슨 일을 하는 것인지 그도 모를 일이라고 의심이 난다. 그러나 아무래도 수원집과 부친이 악수를 할 리는 없고 창훈이와 부친의 새가 금시로 풀렸을 리도 없으니 십중팔구는 수원집이 중심이되어서 무슨 농간이 있을 것이라고 생각된다.

"제 아무리 그래야 밥이나 안 굶게 하여 주지, 그 외에는 막무가내하다."

조부는 이런 소리도 하였다.

"왜 그런 말씀을 하셔요. 그까짓 재산이 무업니까. 그런 걱정은 모두 병환 중이시니까 신경이 피로하셔서 안하실 걱정을 하십니다. 얼마 있으면 꼭 일어나십니다."

덕기는 조부를 안위시키려고 애썼다.

"네 말대로 되었으면 작히나 좋으랴만 다시 일어난대도 나는 폐인이나 다름없을 것이다. 어쨌든 이 금고 열쇠를 맡아라. 어떤 놈이 무어라고 하든지 소용없다. 이 열쇠 하나를 네게 맡기려고 그렇게 급히 부른 것이다. 이것만 맡겨 놓으면 인제는 나도 마음놓고 눈을 감겠다. 그러나 내가 죽기까지는 네 마음대로 한만히 열어 보아서는 아니 된다. 금고 속에는 네 도장까지 있다마는 내가 눈을 감기 전에는 네 도장이라도 네 손으로 써서는 아니 된다. 이 열쇠는 맡아 두었다가 내가 친행으로 일어나면 그대로 내게 다시 다오."

조부는 수원집까지 내보내 놓고 머리맡의 조그만 손금고를 열라고 하여 열쇠 꾸러미를 꺼내 맡기고 이렇게 일러 놓았다.

"아직 제가 맡을 것이야 있습니까? 저는 할아버지 병환만 웬만하시면 곧 다시 갈 텐데요! 그리고 아범을 제쳐놓고 제가 어떻게 맡습니까?"

덕기로서는 도리로 보아도 그렇지만 공부를 집어치우고 살림꾼으로 들어앉을 수도 없는 일이었다.

"다시 간다고? 못 간다. 내가 살아난대도 다시는 못 간다. 잔소리 말고 나 하라는 대로 할 뿐이다."

하고 조부는 절대 엄명이었다.

"하던 공부를 그만둘 수야 있습니까. 불과 한 달이면 졸업인데요."

"공부가 중하냐? 집안 일이 중하냐? 그것도 네가 없어도 상관없는 일이면 모르겠지만 나만 눈 감으면 이 집속이 어떻게 될지 너도 아무리 어린애다만 생각해 봐라. 졸업이고 무엇이고 다 단념하고 그 열쇠를 맡아야 한다. 그 열쇠 하나에 네 평생의 운명이 달렸고 이 집안 가운이 달렸다. 너는 그 열쇠를 붙들고 사당을 지켜야 한다. 네게 맡기고 가는 것은 사당과 그 열쇠 — 두 가지뿐이다. 그 외에는 유언이고 뭐고 다 쓸데없다. 이때까지 공부를 시킨 것도 그 두 가지를 잘 모시고 지키게 하자는 것이니까 그 두 가지를 버리고도 공부를 한다면 그것은 송장 내놓고 장사 지내는 것이다. 또 공부도 그만큼 했으면 지금 세상에 행세도 넉넉히 할 게 아니냐."

조부는 이만큼 이야기하기에도 기운이 폭 빠졌다. 이마에는 기름땀이 쭉 솟고 숨이 차서 가슴을 헤치려고 한다.

"살림은 아직 아범더러 맡으라고 하시지요."

덕기는 그래도 간하여 보았다.

"쓸데없는 소리 마라! 싫거든 이리 다오. 너 아니면 맡길 사람이 없겠니. 그 대신 내일부터 문전 걸식을 하든 어쩌든 나는 모른다."

조부는 이렇게 화는 내면서도 그 열쇠를 다시 넣어 버리려고는 아니하였다.

덕기는 병인을 거슬려서는 아니 되겠기에 추후로 다시 어떻게 하든지 아직은 순종하리라고 기만히 고개를 떨어뜨리고 있으려니까 밖에서 부석부석 옷 스치는 소리가 나더니 수원집이 얼굴이 발개서 들어온다. 이때까지 영창 밑에 바짝 붙어 앉아서 방 안의 수작을 한마디도 놓치지 않고 엿듣고 앉았던 것이다.

덕기는 수원집이 들어오는 것을 보자 앞에 놓인 열쇠를 얼른 집어 들고 일어서 버렸다.

"애 아범, 잠깐 거기 앉게."

수원집의 얼굴에는 살기가 돌면서 나가려는 덕기를 붙든다.

수원집은 열쇠가 놓였으면 우선 그것부터 집어 놓고서 따지려는 것이라서 덕기가 성큼 넣어 버리는 것을 보니 인제는 절망이다. 영감이 좀 더 혼돈 천지로 앓거나 덕기가 이 집에서 초혼 부르는 소리가 난 뒤에 오거나 하였더라면 머리맡 철궤 안의 열쇠를 한 번은 만져 볼 수가 있었을 것이다. 금고 열쇠를 한 번만 만져 볼 틈을 타면 일은 피는 것이었다. 그러나 그 틈을 탈 새가 없이 이 집에 사자가 다녀 나가기 전에 덕기가 먼저 온 것이다. 덕기의 옴이 빨랐던지 사자의 옴이 늦었던지? 저희들의 일 꾸밈이 어설프고 굼뜬 탓이었던지? 어쨌든 인제는 만사 휴의(萬事休矣)다!

— 염상섭, 〈삼대〉

01 [1단계] 제목, 서술자, 시점, 배경 분석하기

(1) 제목에서 알 수 있는 힌트는? (   )

(2) 윗글의 시점은? (   )

(3) 윗글의 공간적 배경은? (   )

(4) 윗글의 시대적 배경을 알 수 있는 단어 두 개를 찾고 어떠한 시대인지 파악해 보자.
　　(   )

02 [2단계] 인물, 구성을 파악하여 인물 관계도 그리기

(1) 각각의 인물에 각기 다른 기호로 표시해 보자.

(2) 각 발화의 주체를 기호로 표시해 보자.

(3) 호칭과 높임법을 통해 인물들 사이의 사회적 관계를 파악하여 관계도를 그려 보자.

(4) 인물들의 심리를 알 수 있는 대화(독백), 행동에 형광펜을 칠해 보자.

(5) 인물들 사이의 심리적 관계를 관계도에 표시해 보자.

03 [3단계] 육하원칙에 따라 내용 정리하기

누가	조부가
언제	아픈 와중에
어디서	조부의 집에서
무엇을	( )
어떻게	아들 대신 ( )인 ( )에게, 수원댁에게 빼앗기지 않고 무사히 주었다.
왜	( )과 ( )이 있기 때문에

02 (1)~(5)

□: "너 아범은 내가 어서 죽었으면 시원할 것이다. 너도 못 오게 하느라고 저희끼리 짜고 전보까지 새에서 못 치게 한 게 아니냐."

조부가 이런 소리를 할 제 덕기는,

○: "그럴 리가 있겠습니까?"

고 하기는 하였지마는 덕기도 의아는 하였다. 부친이 설마 그렇게까지 하랴 싶으나 창훈 아저씨라든지 최 참봉이 부친에게 되돌아 붙어서 무슨 일을 하는 것인지 그도 모를 일이라고 의심이 난다. 그러나 아무래도 수원집과 부친이 악수를 할 리는 없고 창훈이와 부친의 새가 금시로 풀렸을 리도 없으니 십중팔구는 수원집이 중심이 되어서 무슨 농간이 있을 것이라고 생각된다.

□: "제 아무리 그래야 밥이나 안 굶게 하여 주지, 그 외에는 막무가내하다."

조부는 이런 소리도 하였다.

○: "왜 그런 말씀을 하셔요. 그까짓 재산이 무업니까. 그런 걱정은 모두 병환 중이시니까 신경이 피로하셔서 안 하실 걱정을 하십니다. 얼마 있으면 꼭 일어나십니다."

덕기는 조부를 안위시키려고 애썼다.

□: "네 말대로 되었으면 작히나 좋으랴만 다시 일어난대도 나는 폐인이나 다름없을 것이다. 어쨌든 이 금고 열쇠를 맡아라. 어떤 놈이 무어라고 하든지 소용없다. 이 열쇠 하나를 네게 맡기려고 그렇게 급히 부른 것이다. 이것만 맡겨 놓으면 인제는 나도 마음놓고 눈을 감겠다. 그러나 내가 죽기까지는 네 마음대로 한만히 열어 보아서는 아니 된다. 금고 속에는 네 도장까지 있다마는 내가 눈을 감기 전에는 네 도장이라도 네 손으로 써서는 아니 된다. 이 열쇠는 맡아 두었다가 내가 천행으로 일어나면 그대로 내게 다시 다오."

조부는 수원집까지 내보내 놓고 머리맡의 조그만 손금고를 열라고 하여 열쇠 꾸러미를 꺼내 맡기고 이렇게 일러 놓았다.

○: "아직 제가 맡을 것이야 있습니까? 저는 할아버지 병환만 웬만하시면 곧 다시 갈 텐데요! 그리고 아범을 제쳐 놓고 제가 어떻게 맡습니까?"

덕기로서는 도리로 보아도 그렇지만 공부를 집어치우고 살림꾼으로 들어앉을 수도 없는 일이었다.

□: "다시 간다고? 못 간다. 내가 살아난대도 다시는 못 간다. 잔소리 말고 나 하라는 대로 할 뿐이다."

하고 조부는 절대 엄명이었다.

○: "하던 공부를 그만둘 수야 있습니까. 불과 한 달이면 졸업인데요."

□: "공부가 중하냐? 집안 일이 중하냐? 그것도 네가 없어도 상관없는 일이면 모르겠지만 나만 눈 감으면 이 집 속이 어떻게 될지 너도 아무리 어린애다만 생각해 봐라. 졸업이고 무엇이고 다 단념하고 그 열쇠를 맡아야 한다. 그 열쇠 하나에 네 평생의 운명이 달렸고 이 집안 가운이 달렸다. 너는 그 열쇠를 붙들고 사당을 지켜야 한다. 네게 맡기고 가는 것은 사당과 그 열쇠 ― 두 가지뿐이다. 그 외에는 유언이고 뭐고 다 쓸데없다. 이때까지 공부를 시킨 것도 그 두 가지를 잘 모시고 지키게 하자는 것이니까 그 두 가지를 버리고도 공부를 한다면 그것은 송장 내놓고 장사 지내는 것이다. 또 공부도 그만큼 했으면 지금 세상에 행세도 넉넉히 할 게 아니냐."

조부는 이만큼 이야기하기에도 기운이 폭 빠졌다. 이마에는 기름땀이 쭉 솟고 숨이 차서 가슴을 헤치려고 한다.

○: "살림은 아직 아범더러 맡으라고 하시지요."

덕기는 그래도 간하여 보았다.

□: "쓸데없는 소리 마라! 싫거든 이리 다오. 너 아니면 맡길 사람이 없겠니. 그 대신 내일부터 문전 걸식을 하든 어쩌든 나는 모른다."

조부는 이렇게 화는 내면서도 그 열쇠를 다시 넣어 버리려고는 아니하였다.

덕기는 병인을 거슬려서는 아니 되겠기에 추후로 다시 어떻게 하든지 아직은 순종하리라고 가만히 고개를 떨어뜨리고 있으려니까 밖에서 부석부석 옷 스치는 소리가 나더니 수원집이 얼굴이 발개서 들어온다. 이때까지 영창 밑에 바짝 붙어 앉아서 방 안의 수작을 한마디도 놓치지 않고 엿듣고 앉았던 것이다.

덕기는 수원집이 들어오는 것을 보자 앞에 놓인 열쇠를 얼른 집어 들고 일어서 버렸다.

△: "애 아범, 잠깐 거기 앉게."

수원집의 얼굴에는 살기가 돌면서 나가려는 덕기를 붙든다.

(마지막 문단은 수원집의 속마음을 서술자가 제시함) 수원집은 열쇠가 놓였으면 우선 그것부터 집어 놓고서 따지려는 것이라서 덕기가 성큼 넣어 버리는 것을 보니 인제는 절망이다. 영감이 좀더 혼돈 천지로 앓거나 덕기가 이 집에서 초혼 부르는 소리가 난 뒤에 오거나 하였더라면 머리맡 철궤 안의 열쇠를 한 번은 만져 볼 수가 있었을 것이다. 금고 열쇠를 한 번만 만져 볼 틈을 타면 일은 피는 것이었다. 그러나 그 틈을 탈 새가 없이 이 집에 사자가 다녀 나가기 전에 덕기가 먼저 온 것이다. 덕기의 옴이 빨랐던지 사자의 옴이 늦었던지? 저희들의 일 꾸밈이 어설프고 굼뜬 탓이었던지? 어쨌든 인제는 만사 휴의(萬事休矣)다!

– 염상섭, 〈삼대〉

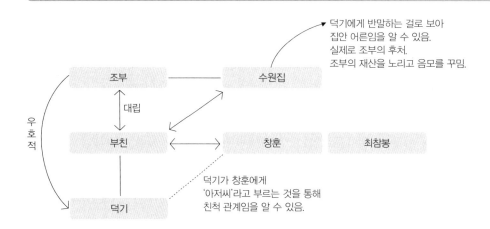

수원집 → 덕기에게 반말하는 걸로 보아 집안 어른임을 알 수 있음.
실제로 조부의 후처.
조부의 재산을 노리고 음모를 꾸밈.

조부 ─ 대립 ─ 부친

우호적

부친 ←→ 창훈   최참봉

덕기가 창훈에게 '아저씨'라고 부르는 것을 통해 친척 관계임을 알 수 있음.

Act 10

이제는 실전이다, ❶ 현대소설 문제풀이법

  압도적인 길이를 자랑하는 현대소설! 현대소설은 변함없이 한 지문씩 꾸준히 수능에 출제되어 왔어요. 대체로 한 지문에 3~4문항 정도가 딸린 단독 지문 형태로 출제되어 왔는데, 지난 2017 수능에서는 문학 평론, 고전소설과 함께 묶여 복합 지문으로 구성되어 출제되었어요. 이러한 현대소설은 작가도 많고 기존 작품도 많은 데다가 새로운 작품들도 계속 나오기 때문에 어느 한 작가나 한 작품의 출제 빈도가 눈에 띄게 높거나 하지는 않아요. 하지만 그래도 조금이나마 그 빈도가 더 높은 작가가 있을 수는 있겠죠. 자, 그러면 수능과 평가원 모의고사에 많이 출제된 작가 Best 8를 확인해 볼까요?

순위	평가원 출제 횟수(수능)	작가	출제 작품
1	5회(2회)	염상섭	삼대(3회), 만세전(2회)
2	4회(3회)	박태원	천변풍경(2회), 소설가 구보 씨의 일일, 골목 안
	4회(1회)	이청준	소문의 벽, 잔인한 도시, 병신과 머저리, 자서전들 쓰십시다
4	3회(2회)	최인훈	광장(3회)
	3회(2회)	채만식	태평천하, 역로, 미스터 방
	3회(3회)	이문구	관촌수필(3회)
	3회(2회)	박경리	김약국의 딸들, 시장과 전장, 토지
	3회(2회)	김유정	만무방, 동백꽃, 봄·봄

수능에서는 현대소설 지문에 대해 대개 다음의 네 가지 유형으로 문제가 제시돼요.

유형 ❶ 서술상의 특징
유형 ❷ 인물 이해
유형 ❸ 핵심 소재 이해
유형 ❹ 〈보기〉 활용 문제

이제 이 네 가지 실전 유형에 대해서 제대로 파헤쳐 보죠.

| 1 | 서술상의 특징

시를 공부할 때 표현상의 특징에 대해 얘기했던 것 기억나요? 소설도 이와 유사해요. 하지만 소설은 시와는 달리 이야기가 펼쳐지다 보니, '표현'이 아니라 '서술'이라는 단어를 쓰는 거죠. 따라서 이 유형의 문제는 현대시의 표현상의 특징 문제와 대체로 비슷한데, 경우에 따라서는 조금 다른 부분도 있어요. 그러니 찬찬히 한번 살펴보세요.

---

43. 윗글에 대한 설명으로 가장 적절한 것은? | 2018 수능 |

① 반복되는 사건을 제시하여 인물들의 갈등을 심화하고 있다.
② 빈번하게 장면을 교차하여 상황의 긴박한 분위기를 조성하고 있다.
③ 과거와 현재를 매개하는 경험을 제시하여 인물이 겪는 인식의 변화를 드러내고 있다.
④ 공간의 이동에 따라 서술자를 달리하여 사건에 대한 다양한 관점을 제시하고 있다.
⑤ 시간의 역전을 통해 인과 관계를 재구성한 서사를 함께 제시하여 사건의 내막을 감추고 있다.

이 유형의 문제는 대개 발문이 '윗글의 서술상 특징으로 가장 적절한 것은?' 혹은 '윗글에 대한 설명으로 가장 적절한 것은?' 등으로 정해져 있어요. 대체로 소설에 해당하는 3~4개의 문항들 중에서 맨 처음에 등장하죠. 이 경우, 다음의 순서대로 문제를 해결하면 돼요.

❶ 지문을 읽으며 시점, 묘사 등과 같은 눈에 띄는 점을 체크한다.
❷ 선택지에서 '통해', '하여'를 찾아서 선택지를 반으로 나눈다.
❸ 선택지의 서술 방식(앞부분)이 지문에 나왔는지 확인한다.
❹ 해당 서술 방식이 주는 효과(뒷부분)를 확인한다.

이 유형은 대체로 적절한 것을 찾으라고 하기 때문에 소설의 핵심적인 서술 방식에 대한 내용을 담고 있는 선택지가 정답인 경우가 많아요. 따라서 ❶ 처음 지문을 읽을 때, 시점이나 묘사 등과 같이 지문에서 눈에 띄는 서술 방식을 먼저 떠올려야 해요. 특히나 회상과 같은 방법을 통해 과거로 돌아가는 내용처럼 여타의 소설과는 조금 다른 특징이 보인다 싶으면, 꼭 짚고 넘어가야 해요. 그런 부분은 시험에 나올 가능성이 매우 높거든요. 그다음부터는 ❷~❹, 곧 시에서 공부한 것과 같은 순서대로 보면 돼요. 반을 나누고 살펴보는 거죠!

쌤의 팁 선택지에서 '통해', '하여' 등의 표현이 나오지 않는 경우 서술상의 특징을 묻는 문제에서 '통해'나 '하여' 등의 표현이 나오지 않는 경우도 있어요. 글 전체의 서술상 특징을 묻기보다는 특정 부분의 서술상 특징을 물을 때 대체로 그래요. 'ⓐ은 '나'의 경험에 대한 분석 내용을 제시하고 있다.'와 같은 형태로 제시되는 거죠. 이런 선택지들은 선택지를 반으로 나누어 살펴볼 수가 없겠죠? 대신 선택지의 내용과 해당 부분의 특징이 맞는지 비교하면서 확인하면 돼요. 당황하지 말고요.

| 2 | 인물 이해

가만히 생각해 보면 앞에서 인물에 대해 유독 자세히 다뤘던 것 같지 않아요? 그건 인물이 그만큼 중요하기 때문이에요. 소설을 이끌어 가는 핵심이 바로 인물인데, 시험에 안 나올 수가 없죠. 그렇기에 소설에서의 내용 이해 문제는 대체로 아래의 경우처럼 인물과 관련해서 나오는 경우가 많아요.

---

44. 윗글의 '나'와 '은자'에 대한 이해로 가장 적절한 것은? | 2019 6월 |

① '은자'는 가수로서의 성공을, '나'는 작가로서의 성공을 확신하고 있다.

② '나'는 '은자'의 전화로부터 심리적 위안을 얻으며 갈등을 해소하고 있다.

③ '은자'는 '나'와의 재회를 기대하고 있고, '나'는 '은자'의 제안을 단호히 거절하고 있다.

④ '나'는 '은자'가 도도하다고 여기고 있고, '은자'는 '나'가 체면을 차린다고 여기고 있다.

⑤ '은자'는 현재의 자신을 '나'에게 보여 주려 하고 있고, '나'는 '은자'를 통해 옛 기억을 돌아보고 있다.

이 유형의 문제는 우리가 앞서 **Act 08**에서 연습한 인물 관계도를 기반으로 보면 돼요. 인물 관계도를 바탕으로 인물들 간의 관계나 상황 등에 대해 살펴보는 거죠. 다음의 순서를 잘 보세요.

❶ 인물 관계도를 생각한다.

❷ 인물들 사이의 관계가 정립된 계기를 떠올린다.

❸ 인물들 사이의 관계와 계기를 선택지와 비교한다.

좀 더 이해하기 쉽도록 선택지 하나를 예로 들어 볼게요.

② '나'는 '은자'의 전화로부터 심리적 위안을 얻으며 갈등을 해소하고 있다.

이 선택지가 맞는지 아닌지 확인하려면, '나'와 '은자'의 관계에 대해 알아야겠죠? 선택지대로라고 한다면, '나'와 '은자'는 나름 가까운 사이겠네요. 그래야 전화 통화를 통해 심리적 위안을 얻을 테니까요. ❶~❸의 과정을 통해 인물 간의 관계를 비교하면서 그 관계와 계기가 선택지의 내용과 맞는지 확인하면 답을 쉽게 찾을 수 있겠죠?

| 3 | 핵심 소재 이해

핵심 소재의 의미도 역시 단골로 출제되는 문제 유형이에요. 핵심 소재는 아무래도 인물과 관련이 큰 만큼, 이 유형의 문제에서는 핵심 소재에 대한 인물의 생각이나 태도를 묻고는 해요.

---

44. ⓐ(한 그릇의 국수)에 대한 설명으로 가장 적절한 것은? | 2018 9월 |

① '어머니'와 '그'의 갈등을 지속시키는 매개물이다.
② '그'가 사회 문제에 관심을 갖게 하는 매개물이다.
③ '그'가 '어머니'의 속마음을 깨닫게 하는 매개물이다.
④ '어머니'에 대한 '그'의 배려를 드러내는 매개물이다.
⑤ 어려운 처지의 '어머니'에게 위안을 주는 매개물이다.

위의 문제를 보면, 핵심 소재를 지목하고 그 소재에 대해 이해하고 있는지를 묻고 있어요. 따라서 이 핵심 소재의 역할 혹은 의미에 대해 알아야겠죠?

❶ 핵심 소재의 속성을 생각한다.
❷ 글에서 핵심 소재를 수식하거나 평가하는 부분을 찾는다.
❸ 핵심 소재가 인물들에게 긍정적 대상인지 부정적 대상인지 확인한다.
❹ 핵심 소재가 인물과 어떤 관계가 있는지, 어떤 의미가 있는지 확인한다.

❶ 먼저 해당 소재의 속성을 생각해 보는 거예요. 내가 해당 소재를 떠올렸을 때 드는 생각을 정리해 보세요. 하지만 소설에서는 기존의 생각이나 인식과는 다른 의미로 쓰일 수도 있겠죠? 그렇기에 ❷ 글에서 핵심 소재를 수식하는 말이 뭔지, 그에 대해 어떻게 평가하는지를 살펴봐야 해요. 이걸 토대로 ❸ 인물에게 해당 소재가 긍정적 대상인지 부정적 대상인지를 확인하세요. 물론 긍정도, 부정도 아닌 경우도 있을 수 있어요. 여기까지 봤다면 이제는 문제 유형에 따라 보면 돼요. ❹ 소재의 의미를 묻는 문제라면 그 의미를 찾아 주면 돼요. 인물과 소재 간의 관계를 묻는 문제라면 어떤 관계가 있는지 혹은 인물이 소재에 대해 어떤 태도를 가지는지를 보면 되고요.

쌤의 팁 암시와 복선 경우에 따라서 소재는 암시나 복선의 역할을 담당하기도 해요. 암시는 '넌지시 알리는 것'으로 말하고자 하는 바를 간접적으로 나타내는 표현법을 말해요. 암시를 활용해서 소설에서 앞으로 일어날 사건을 미리 보이는 것이 복선이 되죠. 그 당시에는 몰랐는데, 결과를 보고나서 '아, 그때 그게 그래서!' 하는 것이 바로 복선이에요. 가령, 윤흥길의 <장마>에서 장명등(밤에 켜는 등)이 꺼지는 장면은 당시에는 단순히 장명등이 꺼진 하나의 사건에 불과하지만, 살아 돌아오길 바랐던 삼촌이 이미 죽었다는 것이 작품 후반부에 밝혀지면서 장명등이 꺼진 것이 삼촌의 죽음을 암시했다는 것을 알 수가 있어요. 그렇기에 여기에서 '꺼진 장명등'은 '삼촌의 죽음'을 암시하는 소재라고 할 수 있는 거죠.

| 4 | 〈보기〉 활용 문제

현대시나 고전시가에서처럼 현대소설에서도 〈보기〉 문제는 빠지지 않고 출제돼요. 시대적 상황과 관련한 작품이라면 시대적 상황이, 인간 본질에 대한 작품이라면 그와 관련한 내용이 〈보기〉를 통해 제시돼요.

---

33. 〈보기〉를 바탕으로 윗글을 감상한 내용으로 적절하지 <u>않은</u> 것은? | 2016 수능 B |

〈보기〉

1970년대 한국 소설에는 산업화 과정에서 공동체적 유대감이 파괴되고 개인주의가 팽배하면서 그 사이에서 고민하게 되는 소시민이 나타난다. 물질적 가치를 중시하는 세태가 심화되고 계층 분화가 일어나면서 주변부로 밀려난 도시 빈민과 같은 소외 계층이 등장하는데, 이들도 소설의 주요한 제재로 반영되고 있다.

① '나'가 '권 씨네'를 의식하면서도 '권 씨네'의 상황에 거리를 두려는 것은 소시민의 내적 갈등을 보여 주는군.
② '권 씨'가 일정한 직업 없이 막일을 할 수밖에 없는 것은 계층이 분화하면서 생겨난 도시 빈민의 처지를 나타내는군.
③ '아내'가 '권 씨네'를 대하는 이중적 태도는 공동체 의식과 개인주의 사이에 놓인 소시민의 모습을 반영하는군.
④ '권 씨 부인'이 혼자 힘으로 해산을 하려는 모습은 궁핍한 삶에 내몰린 소외 계층의 처지를 반영하는군.
⑤ '나'가 '권 씨네'에 대해 염려하며 '우리를 위해서'라고 말한 것은 공동체적 유대감을 회복하려는 소시민의 욕망을 드러내는군.

푸는 방법도 다른 갈래에서 만난 〈보기〉 문제를 대할 때와 같아요. 간단히 복습해 볼까요?

❶ 〈보기〉가 주는 정보가 무엇인지 파악한다.
❷ '선택지-〈보기〉-지문'의 일치 여부를 파악한다.

〈보기〉가 주는 정보를 파악해서 해당 관점을 잡는 것, 기억하죠? 혹시나 작품이 낯설고 어려워 보인다면 〈보기〉를 먼저 읽는 것도 하나의 방법이에요. 그리고 선택지의 내용이 〈보기〉와도 일치하고 지문의 내용과도 일치하는지 확인하면 돼요.

01~04 | 다음 글을 읽고 물음에 답하시오. 2024 6월

【앞부분 줄거리】 아버지가 위독하다는 소식을 듣고 귀향한 정일은 용팔에게 재산 상속에 관한 이야기를 듣는다.

아버지가 아직도 지키고 있는 그의 재산을 넘겨다보는 듯한 용팔이가 따지는 산판알이 거침없이 한 자리씩 올라가는 것을 유심히 바라보고 있는 자신을 의식하며 보고 있을 때, 이렇게 대강만 놓아도, 하고 산판을 밀어 놓으며 쳐다보는 용팔의 눈과 마주치게 되자 정일이는 흠칫 놀라게 되는 자신의 얼굴이 붉어지는 것을 깨달았다. ⓐ 여기 대한 상속세만 해도 큰돈인데 안 물고 할 수 있는 이것은 제 말씀대로 하시지요. 이렇게 결정적으로 말하는 용팔이는 정일이의 앞에 위임장을 내놓으며 도장을 치라고 하였다.

[A] ┌ 정일이는 더욱 불쾌하여졌다. 잠이 부족한 신경 탓도 있겠지만 자기의 눈을 기탄없이 바라보는 용팔이
의 얼굴에 발라 놓은 듯한 그 웃음이 말할 수 없이 미웠다. 이 소인 놈! 하는 의분 같은 ㉠ 심열이 떠오르
며, 언제 내가 이런 음모를 하자고 너와 공모를 하였던가? 하고 그의 뺨을 갈기고 싶은 충동을 느끼었다.
그러나 정일이는 금시에 미끄러지는 듯한 웃음이 자기 얼굴에 흐름을 깨달았다. 이러한 심열은 신경 쇠약
의 탓이 아닐까? 의분이랄 것도 없고 결벽성도 아니고 그런 것을 공연히 이같이 한순간에 뒤집히는 자기
마음 한 모퉁이에 상식을 농쳐 뿌린 결과가 어떤가? 해 보자 하는 놓치기 쉬운 어떤 힌트같이 번쩍이는 생
각을 보자 정일이는 조급히 도장을 뒤져내며, 자 칠 대로 치우, 나는 어디다 치는 것도 모르니까 하였다.
이렇게 지껄이듯이 말하는 정일이는 자기가 실없이 웃기까지 하는 것을 들을 때 내가 지금 더 심한 심열에
└ 떠 있지 않은가? 하는 생각에 갑자기 말과 웃음과 표정까지 없어지고 말았다.

ⓑ 도장을 치고 난 용팔이는 공손히 정일이에게 돌리며, 잔금은 제가 장인께 말씀드리겠습니다, 하고 일어선다. 중문으로 들어가는 용팔이의 뒷모양을 바라보던 정일이는 갑자기 불러내고 싶었다. 궁둥이를 들먹하고 부르는 손짓까지 하였으나 탄력 없이 벌어진 입에서는 말이 나오지 않았다. 창졸간에 용팔이를 어떻게 불러야 할지 몰라서 주저되는 것같이도 생각되었다. 중문 안으로 들어가는 용팔이의 뒷모양은 마치 심한 장난을 꾸미다가 용기를 못 내는 자기를 남겨 두고 ⓒ 그걸 못 해? 내 하마 하고 나서는 동무의 모양같이 아슬아슬한 것이었다. 종시 용팔이가 중문 안으로 사라져서 불러낼 기회를 놓치고 말았다고 후회하면서도 내가 정말 후회하는 것이라면 지금이라도 따라가서 붙들 수도 있지 않은가? 이렇게 생각하는 정일이는 용팔이가 이 말을 시작하였을 때부터 자기는 육감으로 벌써 예기하였던지도 모를 일이 지금 일어나리라는 기대가 앞서는 것을 느끼며 ⓓ 정일이는 실험의 결과를 기다리는 듯이 숨을 죽이고 귀를 기울이고 있었다. 예사로운 말소리는 들리지 않는 거리이므로 긴장한 정일이의 귀에도 한참 동안은 아무런 말도 들리지 않았다. 아버지도 종시 죽음에 굴복하고 마는가? 이렇게 생각되어 정일이는 긴장하였더니만큼 허전한 실망에 담배를 붙이려고 성냥을 그었을 때 자기의 귀를 때리는 듯한 아버지의 격분한 고함 소리를 들었다. / (중략)

사실 이렇게 되어서까지도 죽기가 싫은가 하고 아버지를 눈 찌푸리고 바라보는 자기는 죽음의 공포를 해탈한 무슨 수양이 있는 것이 아니라 단지 애써 살려는 의지력이 없는 것뿐이다. ⓔ 아버지는 한 번도 자기의 생활을 회의하거나 죽음을 생각할 필요가 없었던 사람이므로 이같이 죽음과 싸울 수 있는 것이 아닐까 생각하였다. 그래서 정일이는 어떤 위대한 의지력을 우러러보는 듯한 마음으로 아버지의 고통을 바라보고 있는 자기를 발견하는 때가 있었다.

[B]

　　그때 심한 구토를 한 후부터 한 방울 물도 먹지 못하고 혓바닥을 축이는 것만으로도 심한 구역을 하게 된 만수 노인은 물을 보기라도 하겠다고 하였다. 정일이는 요를 둑여서 병상을 돋우고 아버지가 바라보기 편한 곳에 큰 물그릇을 놓아 드렸다. 그러나 그 물그릇을 바라보기에 피곤한 병인은 어디나 눈 가는 곳에는 물이 보이기를 원하였다. 그래서 큰 어항을 병실에 가득 늘어놓고 물을 채워 놓았다. 병인은 이 어항에서 저 어항으로 ⓛ 서늘한 감각을 시선으로 핥듯이 돌려 보다가 그도 만족하지 못하여 시원히 흐르는 물이 보고 싶다고 하였다. 정일이는 아버지가 보기 편한 곳에 큰 물그릇을 놓고 대접으로 물을 떠서는 작은 폭포같이 들이 쏟고 또 떠서는 들이 쏟기를 계속하였다. 만수 노인은 꺼멓게 탄 혀를 벌린 입 밖에 내놓고 황홀한 눈으로 드리우는 물줄기를 바라보고 있었다. 그 눈을 볼 때 정일이는 걷잡을 사이도 없이 자기 눈에 눈물이 솟아오름을 참을 수가 없었다. 정일이는 일찍이 그러한 눈을 본 기억이 없다고 생각하였다. 더욱이 아버지의 얼굴에서! 자기 아버지에게서 저러한 동경에 사무친 황홀한 눈을 보게 되는 것은 의외라고 할밖에 없었다.

－ 최명익, 〈무성격자〉

01 윗글의 서술상의 특징으로 가장 적절한 것은?

① 회상 장면을 병치하여 사건의 흐름을 반전시킨다.

② 사물의 세부를 구체적으로 묘사하여 장면의 현장성을 강화한다.

③ 중심인물의 반복적인 동작을 강조하여 내적 갈등을 표면화한다.

④ 서술자가 풍자적 어조를 활용하여 중심인물에 대한 비판적 입장을 드러낸다.

⑤ 서술자가 중심인물의 시선에 의존하여 사건의 양상을 제한적으로 나타낸다.

02 ⓐ~ⓔ에 대한 이해로 적절하지 않은 것은?

① ⓐ는 정일이 주목하는 용팔의 이해타산적인 태도를 드러낸다.

② ⓑ는 용팔이 정일에게 예의를 갖추어야 하는 위치임을 드러낸다.

③ ⓒ는 용팔의 행위에 대한 정일의 실망스러운 마음을 드러낸다.

④ ⓓ는 아버지와 용팔 간 대화의 결과를 정일이 주시하고 있음을 드러낸다.

⑤ ⓔ는 아버지가 보여 주는 삶의 태도에 대한 정일의 평가를 드러낸다.

03 [A], [B]를 고려하여 ㉠과 ㉡을 이해한 내용으로 가장 적절한 것은?

① ㉠은 용팔의 '웃음'에 대한 정일의 불쾌감으로 인해, ㉡은 아버지가 내비치는 '황홀한 눈'으로 인해 발생한다.

② ㉠은 정일이 갈등 끝에 '도장'을 찍음으로써, ㉡은 아버지가 사무치는 '동경'을 포기함으로써 지속된다.

③ ㉠은 정일의 '신경 쇠약'을 일으키는 원인이고, ㉡은 아버지가 '꺼멓게 탄 혀'의 고통을 줄이기 위한 방편이다.

④ ㉠은 용팔에 대한 미움이 '뺨을 갈기고 싶은 충동'으로 격화되는 정일의 마음을, ㉡은 '물그릇'에서 '어항', '드리우는 물줄기'로 심화되는 아버지의 갈망을 함축한다.

⑤ ㉠은 용팔의 '공모' 요구로 인해 표면화된 정일의 물질 지향적인 태도를, ㉡은 '심한 구역' 이후로 아버지가 '물'에서 얻고자 하는 육체적 안정에 대한 추구를 드러낸다.

04 〈보기〉를 참고하여 윗글을 감상한 내용으로 적절하지 <u>않은</u> 것은?

> ─────────〈보기〉
> 〈무성격자〉의 정일은 사신을 구속하는 속물적 욕망을 경멸하고 현실에서의 적극적인 행동을 주저하는 한편, 자신과 주변에 관심을 집중한다. 그는 주변 대상을 관찰하여 그 의미를 파악하고, 파악한 내용에 반응하며, 그런 자신을 분석하기도 한다. 나아가 관찰과 분석을 수행하는 자신의 내면마저 대상화함으로써 인간 심리의 중층적 구조를 드러낸다.

① 산판알을 놓으며 이익을 따지는 상대를 경멸하면서도 산판알이 올라가는 것을 주목하는 데에서, 자신을 구속하는 속물적 욕망으로부터 자유롭지 못한 모습을 찾을 수 있군.

② 상대의 웃음에서 공모 의사를 읽어 내자 얼굴에 흐르는 미끄러지는 듯한 웃음을 깨닫는 데에서, 상대에 대한 불쾌감을 웃음으로 무마하려는 자신을 의식하는 모습을 찾을 수 있군.

③ 중문 안으로 들어가는 상대를 불러내지는 못하고 자신이 그를 부르지 못한 이유를 생각하는 데에서, 행동을 주저하고 자신에게로 관심을 돌리는 모습을 찾을 수 있군.

④ 상대의 고통을 바라보며 의지력을 우러러보는 듯한 마음이 있는 자신을 발견하는 데에서, 상대와의 차이를 인식하는 스스로의 내면마저 대상화하는 모습을 찾을 수 있군.

⑤ 물줄기를 바라보는 상대로부터 이전에는 한 번도 보지 못한 눈을 확인하는 데에서, 주변 대상을 관찰하여 상대가 내비치는 생에 대한 강렬한 동경을 파악하는 모습을 찾을 수 있군.

05~08 | 다음 글을 읽고 물음에 답하시오. 2023 수능

밤이 깊어지면, 시장 안의 가게들은 하나씩 문을 닫고, 길가에 리어카를 놓고 팔던 상인들은 제각기 과일이나 생선, 채소들을 끌고 다리 위로 올라오는 것이었다.

[A]
┌ 그 모양을 이만큼에 서서 흔들리는 버드나무 가지 사이로 바라보면, 리어카마다 켜져 있는 카바이드 불빛이, 마치 난간에 무슨 꽃 등불을 달아 놓은 것처럼 요요하였다.

돈이 없어도 염려가 안 되는 곳.
그 사람들은 대부분 어머니를 알았다.
모르는 사람들도 곧 알게 되었다.

[B]
┌ 벽오동집 아주머니.
└ 오동나무 아주머니.

그렇게 어머니를 불렀다.
어느새 나무는 그렇게도 하늘 높이 자라서 저기만큼 걸린 매곡교 다릿목에서도 그 무성한 가지와 잎사귀를 올려다볼 만큼 되었던 것이다.

[C]
┌ 거기다가, 우리 집에서 날아간 오동나무 씨앗이 앞뒷집에 떨어져 싹이 나고, 어느 해 바람에 불려 갔는지 그보다 더 먼 건넛집에도, 심지 않은 오동나무가 저절로 자라나게 되었다.
│ 그래서 나는 속으로 우리 동네를 벽오동촌이라고 별명 지었다.
│ 그것은 어쩌면 이 가난한 동네의 한 호사였는지도 모른다.

아버지가 어머니와 혼인하시고, 작천의 친정어머니를 남겨 두신 채, 신행 후에 전주로 돌아와 맨 처음 터를 잡은 곳이 바로 이 천변이었다.

[D]
┌ 동네 뒤쪽으로는 산줄기가 병풍처럼 둘러쳐져 있고, 앞쪽으로는 흰모래 둥근 자갈밭을 데불은 시냇물이 흐르며 거기다 시장까지 가까운 이곳은, 삼십 년 전 그때만 하여도, 부성 밖의 한적하고 빈한한 동네였을 것이다.

물론 우리도 중간에 집을 고치고, 이어 내고, 울타

리를 바꾸었으나, 그저 움막처럼 나뭇가지를 얼기설기 얽은 뒤, 풍우나 피하자는 시늉으로 지은 집들도 많았을 것이다.

이 울타리 안에서 해마다 더욱더 무성하게 자라는 오동나무는 유월이면, 아련한 유백색의 비단 무늬 같은 꽃을 피웠다. 그윽한 꽃이었다.

그 나무는 나보다 더 나이가 많았다.

나를 낳으시던 해, 지팡이만 한 나무를 구해다가 앞마당에 심으시며

"기념."

이라고 웃으셨다는 아버지.

"처음에는 저게 자랄까 싶었단다. 그러던 게 이듬 해는 키를 넘드라."

해마다 이른 봄이면, 어린아이 손바닥만 하던 잎 사귀가 어느 결에 손수건만 해지고, 그러다가 초여름에는 부채처럼 나부낀다.

그리고 가을에는 종이우산만큼이나 넓어지는 것 같았다.

하늘을 덮는 잎사귀, 그 무성한 잎사귀들······.

그 잎사귀 **서걱거리는 소리**가 골목 어귀 천변에까지 들리는 성싶었다.

어머니는 물끄러미 냇물만 바라보고 계시더니, 문득 고개를 돌려,

"영익이 언제 다녀갔지?"

하고 물으셨다.

┌ "사흘 됐나? 그저께 아니었어요?"
[E] 어머니는 어둠 속에서 고개를 끄덕이셨다.
└ 어머니의 고개는 무거워 보였다.

"참, 어머니 지금 저기, 불빛 뵈는 저 산마루에 절, 저기가 영익이 있는 데예요?"

나는 동편 산마루의 깜박이는 불빛을 가리키며 무심한 듯 물었다.

"아니다. 그건 승암사라구 중바위산 아니냐. 그 애 공부하는 덴 이 오른쪽이지······ 기린봉 중턱에 있는 절이야. 여기서는 잘 뵈지도 않는구나."

그러면서 어머니는 눈을 들어, 어두운 밤하늘에 뚜렷한 금을 긋고 있는 산줄기를 바라보셨다. 산은 검고 깊었다.

동생 영익이는 벌써 이 년째 그 산속의 절에서 사법 고시 준비를 하고 있었다.

그는 말이 없고 우울한 때가 많았다.

그리고 그저께 집에 내려와, 이사 날짜가 결정되었다는 말을 듣고는 아무 말도 없이 고개를 떨어뜨리더니

"내가······."

하고 무슨 말을 이으려다 말고 그냥 산으로 올라갔었다.

그때 영익이의 말끝에 맺힌 숨소리는 '흡' 하고 내 가슴에 얹혀 아직도 내려가지 않은 것만 같았다.

우리가 이사하기로 된 집의 **구조**는 지극히 **천박**하였다.

우선 대문이 번화한 도로변으로 나 있는 데다가 오래되고 낡아서 녹이 슨 철제였다. 그것은 잘 닫히지도 않아 비긋하니 틀어진 채 열려 있었다.

그리고 마당은 거의 없다는 편이 옳았다. 그나마 손바닥만 한 것을 시멘트로 빈틈없이 발라 놓았고, 방들은 오밀조밀 붙어 있어 개수만 여럿일 뿐, 좁고 어두웠다.

그중에 한 방은 아예 전혀 **채광 통풍조차도** 되지 않았다.

그것도 원래는 **창문**이었는데, 아마 바로 옆에 가게를 이어 내느라고 **막아 버린** 모양이었다. 그 가게란 양품점으로, 레이스가 많이 달린 네글리제와 여자용 속옷, 스타킹 따위를 고무 인형에 입혀 세워 놓은 곳이었다.

뿐만 아니라 그 가게를 중심으로 앞뒤에 같은 양품점들이 늘어서 있고 그 옆에는 양장점, 제과소, 음식점, 식료품 잡화상들이 있었다.

여기저기서 들려오는 **불규칙한 마찰음**, 무엇이 부딪쳐 떨어지는 소리, 어느 악기점에선가 쿵, 쿵, 울려오는 스피커 소리······ 끼익, 하며 숨넘어가는 자동차 소리.

한마디로 그 집은, 아스팔트의 바둑판, 환락과 유행과 흥정의 경박한 거리에 금방이라도 쓸려 버릴 것처럼 위태해 보였다.

그리고 우리가 이제 이사 올 집이라고, 그 집 문간에 웅숭그리고 서서 철제 대문 사이로 안을 기웃거리며 들여다보는 우리들은 어쩐지 **잘못 날아든 참새들 같기만** 하였다.

― 최명희, 〈쓰러지는 빛〉

05 윗글에 대한 이해로 가장 적절한 것은?

① '영익'은 가족의 상황을 알고서도 제 생각을 분명히 드러내지 않는다.

② '어머니'는 아들이 출가하여 소식이 끊긴 뒤 그의 근황을 궁금해한다.

③ '나'는 동생의 말을 듣고서 그가 현재 어디에 머무르고 있는지 알게 된다.

④ '시장 안의 가게들'은 밤늦게 물건을 사기 위해 사람들이 모여드는 곳이다.

⑤ '천변'은 아버지와 어머니가 결혼할 때부터 사람들이 북적였던 번화한 동네이다.

06 [A]∼[E]의 서술 방식에 대한 설명으로 적절하지 <u>않은</u> 것은?

① [A] : '이만큼에 서서'와 '바라보면'을 보면, 서술자가 대상을 지각할 수 있는 위치에서 서술하고 있음을 알 수 있다.

② [B] : 호명하는 말을 각각 하나의 문단에 서술하여, 그 호칭이 두드러져 보이는 효과가 나타난다.

③ [C] : '나'와 '우리' 같은 표현을 사용하여, 서술자가 자기 경험을 바탕으로 하는 이야기를 서술하면서 자신의 내면을 드러낸다.

④ [D] : '동네였을 것이다'를 보면, 서술자가 과거 상황에 대해 확정적으로 진술하지 않고 추측의 의미를 담아 서술하고 있음을 알 수 있다.

⑤ [E] : 누가 한 말인지 명시하지 않은 것을 보면, 대화 상황에서 말하는 이와 서술자가 다르다는 사실을 알 수 있다.

07 윗글의 '오동나무'에 대한 이해로 가장 적절한 것은?

① '나'가 계절의 자연스러운 변화와 세월의 흐름을 느끼게 되는 경험적 대상이다.

② 가난한 마을이지만 사람들로 하여금 호사를 누릴 수 있게 하는 경제적 기반이다.

③ '어머니'가 결혼 후에 심고 정성을 다해 키워 내어 무성해진 애착의 결실이다.

④ 동네 사람들이 마을의 특징에 부합한 별명을 자기 마을에 붙일 때 적용한 단서이다.

⑤ '아버지'가 자식을 얻은 기쁨을 이웃과 나눌 생각에 마을 곳곳에 심은 상징적 기념물이다.

08 〈보기〉를 바탕으로 윗글을 감상한 내용으로 적절하지 <u>않은</u> 것은?

〈보기〉

　　집에 대한 정서적 반응은 집의 구조, 주변 환경, 거주 기간 등의 요인에 따라 다를 수 있다. 자신이 거주하는 집의 내·외부와 관계를 맺으며 충분한 시간 동안 쌓은 경험들은 현재 살고 있는 집에 대한 정서를 형성하는 데 영향을 주며, 다른 낯선 공간에 대한 정서적 반응에 영향을 주기도 한다. 〈쓰러지는 빛〉은 이사할 처지에 놓인 한 가족의 이야기를 통해 집에 대한 '나'의 정서적 반응을 보여 준다.

① '나'가 '천변' 집에 살면서 추억을 형성해 온 시간들은, 이사할 처지에 놓인 현재의 상황을 불편하게 여기는 요인이 될 수 있겠군.

② '집을 고치'던 경험을 바탕으로 '구조'가 '천박'한 집의 여건을 살펴보는 것에서, 거주 환경의 변화에 적응하여 낯선 공간에 친숙해지고자 하는 '나'의 생각을 확인할 수 있겠군.

③ '서걱거리는 소리'와 '불규칙한 마찰음'에서 드러나는 집 주변 환경의 차이는, 두 집에 대해 '나'가 느끼는 친밀감의 차이를 유발할 수 있음을 예상할 수 있겠군.

④ '창문'을 '막아 버린' 방은 '채광 통풍조차' 되지 않는 속성으로 인해, 지금 살고 있는 집에 대한 '나'의 정서적 반응과는 다른 정서적 반응을 일으키는 요인이 될 수 있겠군.

⑤ '우리들'의 상황이 '잘못 날아든 참새들 같다'고 한 것은, 변화될 거주 여건을 낯설어하는 심리를 비유적으로 드러낸 것이라 할 수 있겠군.

09~12 | 다음 글을 읽고 물음에 답하시오. 2022 수능

[A]
김달채 씨는 퇴근하기 무섭게 뽀르르 집으로 달려가던 묵은 습관을 버리고 밤늦도록 하릴없이 길거리를 배회하면서 시간을 보내는 새로운 습관을 몸에 붙였다. 지하철이나 버스 혹은 공중변소나 포장마차 안에서, 백화점에서 사지도 않을 물건을 흥정하거나 정류장에서 토큰 아니면 올림픽복권을 사면서, 그리고 행인에게 담뱃불을 빌리거나 더욱 과감하게는 파출소에 들어가 경찰관에게 길을 묻는 시늉을 하는 사이에 마주치는 각계각층의 사람들을 상대로 달채 씨는 실수를 가장하기도 하고 때로는 또렷한 목적의식을 드러내기도 해 가며 우산의 존재를 알리기 위해 갖가지 수단과 방법을 다 동원했다. 그런 다음 상대방의 눈에 과연 우산이 어떻게 비치는지, 그리하여 상대방이 우산 임자인 자기를 어떻게 대우하는지 반응을 떠보는 작업을 일삼아 계속해 나갔다. 잠으로 신장과 진율이 넘치는 뻐근한 나날들이었다. 구청 호적계장의 직위에 오르기까지 여태껏 전혀 몰랐던 세계가 구청과 자기 집구석 바깥에 따로 있음을 그는 우산을 통해서 비로소 실질적으로 체험할 수가 있었다.

그는 사람들의 반응을 종합해서 몇 가지 결론을 얻어내는 데 성공했다.

첫째는, 진짜 무전기에 익숙한 일부 극소수의 사람들을 제외한 거개의 서민들은 의외로 쉽사리 우산에 속아 넘어간다는 사실이었다.

둘째는, 상대방이 무전기를 지니고 있다고 알아차리는 그 순간부터 사람들의 태도가 확 달라진다는 사실이었다. 일껏 하던 이야기를 뚝 그치거나 얼렁뚱땅 말머리를 돌리는 등으로 지은 죄도 없이 공연히 겁부터 집어먹고는 꾀죄죄한 몰골의 자기한테 갑자기 저자세로 구는 것이었다. 밤늦도록 수고가 많다면서 한사코 술값을 받지 않으려 하던 어떤 포장마찻집 주인의 경우가 단적인 예였다.

셋째는, 노골적으로 손에 쥐고 보여 줄 때보다 그냥 뒤꽁무니에 꿰 찬 채 부주의한 몸가짐인 척하면서 웃옷 자락을 슬쩍 들어 ⊙케이스의 끝부분만 감질나게 보여 주는 편이 오히려 사람들을 놀라게 하는 데 훨씬 더 효과적이고 반응도 민감하다는 사실이었다.

김달채 씨는 그러잖아도 짧은 머리를 더욱 짧게 깎았다. 옷차림도 낡은 양복에서 스포티한 잠바 스타일로 개비했는가 하면 구청 밖에서는 항상 선글라스를 끼고 다녀 버릇했다. 달채 씨는 그처럼 달라진 모습으로 짬만 생기면 하릴없이 길거리를 나다니며 청명한 가을날에 우산을 이용해서 사람들을 떠보는 색다른 취미에 점점 깊숙이 빠져 들어가기 시작했다.

(중략)

그리 멀지 않은 곳에서 뭔가 벌어지고 있는 중이라고 생각하자 까닭 모를 흥분과 기대감이 그를 사로잡아 버렸다. 한 건 올리는 정도가 아니라 뭔가 이제껏 맛보지 못한 엄청난 보람을 느끼게 될 일대 사건을 만날 듯싶은 예감 때문이었다. 그는 다른 행인들이 종종걸음으로 달아나는 방향과는 정반대 편을 향해 정신없이 달려가기 시작했다.

예상했던 그대로의 살벌한 풍경이었다. 깨진 보도블록 조각이나 돌멩이들이 인도와 차도 가릴 것 없이 사방에 흩어져 나뒹굴고 있었다. 시커먼 그을음 연기를 피워 올리며 불타는 자동차와 창유리가 박살 난 건물도 보였다. 김달채 씨는 주체 못할 지경으로 쏟아지는 눈물 콧물도 돌볼 겨를 없이 여전히 선글라스를 착용한 채 최루 가스에 심하게 오염된 지역을 향해 가까이 접근했다. 중무장한 전경대에 의해 도로가 완전 차단되어 더 이상 접근이 불가능해지자 달채 씨는 구경꾼들 뒷전에서 작은 키를 한껏 발돋움하고는 시위 현장의 분위기를 살폈다. 어디선가 보이지 않는 저쪽 건물 모퉁이에서 어기찬 함성이 아직도 기세를 올리는 중이었다. 사복 경찰관들한테 붙잡혀 끌려오는 학생의 모습이 구경꾼들 어깨 너머로 내다보였다. 달채 씨는 저도 모르는 사이에 앞사람들 틈바귀를 비집고 전면으로 썩 나섰다.

"이봐요, 거기!"

김달채 씨는 창문마다 철망이 쳐진 버스 안으로 학생들을 마구 밀어 넣는 사복들을 향해 느닷없이 목청을 높였다.

"아직도 어린애야! 다치지 않게 살살 좀 다뤄!"

어디서 그런 용기가 솟아나는지 김달채 씨 자신도 깜짝 놀랄 지경이었다.

"당신 뭐야?"

옷깃에 비표를 단 사복 차림의 청년 하나가 달려와서 김달채 씨의 가슴을 떼밀었다.

"나 이런 사람이오."

김달채 씨는 엉겁결에 잠바 자락 한끝을 슬쩍 들어 뒷주머니에 꿰 찬 우산 케이스를 내보였다. 하지만 상대방 청년은 그런 물건 따위는 애당초 거들떠볼 생심조차 하지 않았다.

"당신도 저 차에 같이 타고 싶어? 여러 소리 말고 빨리 집에나 들어가 봐요!"

이른바 닭장차에 어린 학생들과 함께 실리고 싶은 생각은 물론 털끝만큼도 없었다. 옷깃에 비표를 단 청년이 우산을 ⓛ우산 이상의 것으로 보아 주지 않는다면 그건 어쩔 도리 없는 노릇이었다. 김달채 씨는 남의 채마밭에서 무 뽑아 먹다 들킨 아이처럼 무르춤한 꼬락서니가 되어 맥없이 돌아설 수밖에 없었다.

– 윤흥길, 〈매우 잘생긴 우산 하나〉

09 [A]의 서술상 특징으로 가장 적절한 것은?

① 중심인물이 알지 못하는 사건을 제시해 긴장감을 조성하고 있다.

② 공간 이동에 따른 인물의 내면 변화를 회상을 통해 제시하고 있다.

③ 동시적 사건들의 병치로 사건에 대한 서로 다른 관점을 드러내고 있다.

④ 한 가지의 목적으로 수렴되는 인물의 의도적인 행위들을 나열하고 있다.

⑤ 상대를 달리하여 벌이는 인물의 행동을 서술하여 점진적으로 심화되는 갈등을 묘사하고 있다.

10 윗글의 내용에 대한 이해로 가장 적절한 것은?

① 거리를 배회하며 새로운 습관을 익히려는 김달채는 생활의 활기를 찾기 위해 비 오는 날을 기다린다.

② 꾀죄죄한 몰골의 김달채는 사람들이 자신을 무시하는 태도를 변화시키기 위해 무전기를 보여 준다.

③ 흥미를 느낄 만한 일이 벌어지고 있음을 짐작한 김달채는 달아나는 행인들과 달리 시위 현장으로 향한다.

④ 시위 진압의 영향으로 고통 받던 김달채는 전경대의 위세에 압도되어 구경꾼들 뒤로 물러선다.

⑤ 닭장차에 끌려가게 된 김달채는 건물 모퉁이에서 들려오는 함성에 안도감을 느낀다.

11 ㉠, ㉡에 대한 이해로 적절하지 <u>않은</u> 것은?

① 김달채는 ㉠을 그 생김새로 인해 ㉡으로 인식하는 사람들이 있다는 사실을 발견한다.

② 김달채는 사람들로부터 기대하는 반응을 효과적으로 이끌어 낼 수 있는 ㉠의 사용법을 알게 된다.

③ '일부 극소수의 사람들'에게는 ㉡을 가진 사람으로 보이려는 김달채의 의도가 실현되지 않는다.

④ 김달채는 ㉡에 익숙하지 않은 '거개의 서민들'이 ㉠을 ㉡으로 오인한다고 판단한다.

⑤ '사복 차림의 청년'은 ㉡에 익숙하여 ㉠을 이용하려는 김달채의 의도를 알아챘다.

12 〈보기〉를 바탕으로 윗글을 감상한 내용으로 적절하지 <u>않은</u> 것은?

〈보기〉

소시민은 자신의 기득권을 지키기 위해 권력관계에 민감하게 반응한다. 권력관계가 형성되기 위해서는 타인의 승인이 요구되며, 이로 인해 힘의 우열 관계가 발생한다. 이 작품은 허구적 권력 표지를 통해 타인의 승인을 얻음으로써 자신감을 갖게 된 인물이, 승인을 거부하는 타인 앞에서는 소시민적 면모를 드러내는 상황을 그려낸다. 이를 통해 상황 논리를 따르는 소시민의 타산적 태도를 비판하고 있다.

① 김달채가 각계각층 사람들의 반응을 떠보는 것은, 권력이 타인들에게 미치는 영향을 살핀다는 점에서 김달채가 권력관계를 의식하는 인물임을 드러내는군.

② 김달채가 준 술값을 포장마찻집 주인이 받지 않으려는 것은, 권력에 대한 사람들의 태도를 나타낸다는 점에서 권력이 인물 간의 우열 관계를 형성하는 요인임을 보여 주는군.

③ 김달채가 외양에 변화를 준 것은, 타인의 승인을 용이하게 받으려 한다는 점에서 허구적 권력 표지를 이용하는 데 더 적극적으로 나서려는 김달채의 의도를 나타내는군.

④ 김달채가 사복들에게 목청을 높이며 항의하는 것은, 자신도 모르게 용기를 드러냈다는 점에서 승인받은 경험들을 통해 얻게 된 김달채의 자신감을 보여 주는군.

⑤ 김달채가 비표를 단 청년 앞에서 돌아서는 것은, 학생들과 맺은 유대 관계를 단절하여 기득권을 지키려 한다는 점에서 상황 논리를 따르는 김달채의 타산적 태도를 드러내는군.

13~15 | 다음 글을 읽고 물음에 답하시오. `2020 수능`

한 평도 채 안 되는 구멍가게는 중풍으로 쓰러져 정상적 건강 상태가 아니었던 아버지의 유일한 수입원이자 생존 이유였다. 때문에 ㉠ 그 구멍가게에 대한 아버지의 몰두와 자존심은 각별했다.

한번은 내가 아버지가 가게를 잠깐 비운 사이에 겉에 허연 인공 설탕 가루를 묻힌 '미키대장군'이라는 **캐러멜**을 하나 아무 생각 없이 널름 집어먹은 적이 있었다. 하나에 이 원, 다섯 개에 십 원이었다. 잠시 뒤에 돌아온 아버지는 단박에 그 사실을 알아채고는 불같이 화를 내며 내 목덜미에 당수를 한 대 세게 내려 꽂는 것이었다. 그 캐러멜 갑 안에 미키대장군이 몇 개 들어 있는지조차 훤히 꿰차고 있는 아버지였다.

— 이런 민한 종간나래! 얌생이처럼 기러케 쏠라닥질을 허자면 이 가게 안에 뭐이가 하나 제대로 남아나겠니, 응?

그리고 나서는 좀 머쓱했는지 입이 한 발쯤 튀어나와 뽀로통해서 서 있는 내게 미키대장군 네 개를 집어 내미는 거였다. 어차피 짝이 맞아야 파니까, 하면서 억지로 내 손아귀에 쥐어 주었다. ⓒ 나는 그 무허가 불량 식품인 개러멜 네 개가 끈끈하게 녹아내릴 때까지 먹지 않고 쥔 채 서 있었다.

— 늘큼 털어 넣지 못하겠니, 으잉?

목덜미에 아버지의 가벼운 당수를 한 대 더 없은 다음에야 한입에 털어 넣고 돌아서 나왔다. 아버지도 가게 일을 수월하게 보려면 잔심부름꾼인 나를 무시하고는 아쉬울 때가 많을 터였다. 워낙 짧은 밑천으로 가게를 꾸려 가자니 아버지는 물건 구색을 맞추느라 하루에도 많을 때는 세 번까지 시장통 도매상으로 정부미 포대를 거머쥐고 종종걸음을 쳐야 했고, 막내인 나는 번번이 아버지의 뒤로 **팔을 늘어뜨린 채** 졸졸 따를 수밖에 없었다.

그땐 그게 죽도록 싫었다. 하마 **시장통**에서 야구 글러브를 끼거나 조립용 신형 무기 장난감 상자를 든 **반 친구**를 만나거나, 심지어 과외나 주산 학원을 가는 여자 아이들을 만나는 날에는 정말 그 자리에서 혀를 빼물고 죽고 싶은 생각뿐이었다.

(중략)

어느 날이었다. 아버지와 나는 앞서거니 뒤서거니 하면서 그 정부미 자루를 날라 왔다. 그런데 집에 도착해 한숨을 돌린 뒤 자루를 풀고 물건을 정리해 보니 스무 병이 와야 할 소주가 두 병이 모자란 채 열여덟 병만 온 것이었다.

ⓒ 아버지의 얼굴은 맞보기가 민망할 정도로 금세 하얗게 질렸다. 왜냐하면 그 덜 온 두 병을 빼고 나면 나머지 것들을 몽땅 팔아 봤자 결국 본전치기일 뿐이었기 때문이다. 아버지는 내 등을 떼밀어 물건을 받아 온 수도 상회의 혹부리 영감한테 내려보냈다. 아버지는 말주변도 말주변이었지만 **중풍 후유증** 때문에 약간의 **언어 장애**가 있어 일부러 나를 보냈던 것이다.

— 뭐 하러 왔네?

가게 안에 북적거리는 손님들에게 셈을 치러 주느라 몇 번이고 주판알을 고르는 데 바쁜 혹부리 영감의 눈길을 잡아 두는 데 성공한 나는 더듬더듬 자초지종을 말했다. 그러나 귓등에 연필을 꽂은 채 심술이 덕지덕지 모여 이뤄진 듯한 왼쪽 이마빡의 눈깔사탕만 한 혹을 어루만지며 듣던 ⓓ 혹부리 영감은 풍기 때문에 왼쪽으로 힐끗 돌아간 두터운 입술을 떠들쳐 굵은 침방울을 내 얼굴에 마구 튀겼다. 애초 자기 눈앞에서 까 보이지 않은 것은 인정할 수 없다며 막무가내였다. 나중엔 아버지까지 함께 내려가서 하소연을 해 봤지만 돌아온 대답은 정 그렇게 우기면 거래를 끊겠다는 협박성 경고뿐이었다. 거래가 끊긴다면 아버지한테는 큰 타격이 아닐 수 없었다.

혹부리 영감은 아버지한테 무슨 큰 특혜를 내려 주듯이 거래를 터 준다고 허락을 놓았었다. 같은 함경도 동향이기 때문이라는 말을 덧붙이면서. 하긴 혹부리 영감한테는 매번 소주 열 병 안짝에다 새우깡 열 봉지, 껌 대여섯 개, 빵 예닐곱 개 등 일반 소매 가격 구매자보다 더 많은 물건을 떼어 가지도 않으면서 부득부득 도맷값으로 해 달라고 통사정을 해 쌓는 아버지 같은 사람 하나쯤 **거래를 끊어도** 장부상 거의 표가 나지 않을 것이었다.

결국 아버지는 자신의 과오를 인정하지 않을 수 없었다. ⓔ 당신의 자그마한 구멍가게로 돌아와 나머지 열여덟 병의 소주를 넋 나간 사람처럼 쓰다듬던 아버지는 기어코 아들인 내 앞에서 눈물을 보이고 말았다. 아! 아버지……

– 김소진, 〈자전거 도둑〉

13 윗글에 대한 이해로 가장 적절한 것은?

① 혹부리 영감의 위협적인 경고 때문에, 아버지는 혹부리 영감의 주장을 따를 수밖에 없었다.

② 아버지는 소주 두 병을 덜 받아 왔기 때문에 곤란했지만, '나'에게 당황한 내색을 하지 않았다.

③ 아버지는 '나'의 잘못을 묵인했지만, 혹부리 영감과의 잘못된 거래는 바로잡으려 노력했다.

④ 혹부리 영감은 가게 일로 바빴지만, '나'의 자초지종을 듣고 마지못해 '나'의 염려를 덜어 주었다.

⑤ 아버지는 '나'의 도움이 필요했기에, 친구들의 시선을 의식하여 우울해하는 '나'를 기분 좋게 하려 노력했다.

14 윗글을 감상한 내용으로 적절하지 <u>않은</u> 것은?

① '한 평도 채 안 되는 구멍가게'를 각별한 애정으로 운영하던 아버지에 대한 기억은, '나'에게 아버지의 '생존 이유'를 짐작하게 했겠어.

② '캐러멜'을 먹었다고 화를 냈다가 남은 '캐러멜'을 '나'의 손에 쥐어 준 아버지에 대한 기억은, '나'에게 아버지가 속마음을 드러내는 데 서툰 사람이라고 생각하게 했겠어.

③ '팔을 늘어뜨린 채' 아버지를 따르던 '나'가 '시장통'에서 '반 친구'를 만났던 경험은, '나'에게 궁핍으로 인한 내면의 상처로 남은 기억이겠어.

④ '중풍 후유증' 때문에 '언어 장애가 있는 아버지 대신 혹부리 영감을 상대하게 된 경험은, '나'에게 어린 나이에 이해타산적인 어른들의 세계를 느끼게 한 기억이겠어.

⑤ '거래를 끊어도' 표가 나지 않을 사람이었던 아버지와 거래를 끊지 않은 혹부리 영감에 대한 기억은, '나'에게 형편이 어려운 사람들 간의 유대감을 느끼게 했겠어.

15 〈보기〉를 참고할 때, ㉠~㉤에 대한 반응으로 적절하지 <u>않은</u> 것은?

〈보기〉

　　이 소설의 서술자인 성인 '나'는 주로 세 가지 서술 방식을 활용한다. 첫째는 서술자가 등장인물의 내면 심리나 사건을 설명하는 것이다. 이 경우 독자는 서술자의 해석을 통해 사건을 이해하게 된다. 둘째는 서술자가 인물의 외양이나 행위만을 묘사하는 것이다. 이 경우 독자는 그 묘사가 갖는 의미를 스스로 해석해야 한다. 셋째는 서술자가 유년 '나'로 시선을 제한하여 유년 '나'의 눈에 보이는 다른 인물의 외양이나 행위를 묘사하는 것이다. 이 경우 독자는 사건의 현장을 직접 보는 듯한 느낌을 가질 수 있으며, 둘째 방식에서처럼 그 묘사에 대해 해석해야 한다. 셋째 방식에 유년 '나'의 심리가 함께 서술되면 독자는 인물의 심리에 쉽게 공감하게 된다.

① ㉠ : 서술자가 아버지의 내면을 설명하여 독자는 서술자의 해석을 통해 상황을 이해하겠군.

② ㉡ : 서술자가 유년 '나'의 행위를 묘사하여 독자는 그 행위가 갖는 의미를 스스로 해석하겠군.

③ ㉢ : 유년 '나'로 시선을 제한하여 아버지의 내면이 직접적으로 서술되지 않았다고 생각한 독자라면 아버지의 내면을 스스로 해석하겠군.

④ ㉣ : 유년 '나'로 시선을 제한하여 혹부리 영감의 모습과 행동을 묘사했다고 생각한 독자라면 장면을 직접 보는 듯한 느낌을 받겠군.

⑤ ㉤ : 유년 '나'로 시선을 제한하여 아버지의 행위와 표정을 묘사하면서 유년 '나'의 심리를 함께 제시하여 독자는 그 심리에 공감하겠군.

최명익, 〈무성격자〉

● 지문 해설

[앞부분 줄거리] 아버지가 위독하다는 소식을 듣고 귀향한 정일은 용팔에게 재산 상속에 관한 이야기를 듣는다.

<u>정일이 귀향한 이유(아버지 = 만수 노인)</u>

아버지가 아직도 지키고 있는 그의 재산을 넘겨보는 듯한 용팔이가 따지는 산판알이 거침없이 한 자리씩 올라가는 것을

<u>사위인 용팔이 장인(정일 아버지)의 재산을 노리고 있음</u>　　　　　　<u>수판에서 셈을 하는 단위가 되는 작은 알맹이. 주판알</u>

유심히 바라보고 있는 자신을 의식하며 보고 있을 때, 이렇게 대강만 놓아도, 하고 산판을 밀어 놓으며 쳐다보는 용팔의 눈과

마주치게 되자 정일이는 흠칫 놀라게 되는 자신의 얼굴이 붉어지는 것을 깨달았다. ⓐ <u>여기 대한 상속세만 해도 큰돈인데 안</u>

<u>용팔을 경멸하면서도 정일 자신 역시 아버지의 재산에 관심을 가지고 있음을 들킨 것 같아 부끄러움을 느낌</u>

<u>물고 할 수 있는 이것은 제 말씀대로 하시지요.</u> 이렇게 결정적으로 말하는 용팔이는 정일이의 앞에 위임장을 내놓으며 도장을

<u>장인의 죽음을 앞에 두고, 상속세를 내지 않는 방법을 생각하고 있는 용팔의 속물적이고 이해타산적인 태도</u>

치라고 하였다.

<u>찍으라고</u>

[A]

정일이는 더욱 불쾌하여졌다. 잠이 부족한 신경 탓도 있겠지만 자기의 눈을 기탄없이 바라보는 용팔이의 얼굴에 발라

<u>어려움이나 거리낌이 없이</u>

놓은 듯한 그 웃음이 말할 수 없이 미웠다. 이 소인 놈! 하는 의분 같은 ㉠ <u>심열</u>이 떠오르며, 언제 내가 이런 음모를 하자

<u>뻔뻔하면서도 가식적인 용팔에 대한 정일의 감정(미움)</u>

고 너와 공모를 하였던가? 하고 그의 <u>뺨</u>을 갈기고 싶은 충동을 느끼었다. 그러나 정일이는 금시에 미끄러지는 듯한 웃음

<u>불의에 대하여 일으키는 분노</u>　　　　<u>울화 때문에 생기는 열. 용팔에 대한 정일의 감정(분노)</u>

이 자기 얼굴에 흐름을 깨달았다. 이러한 심열은 신경 쇠약의 탓이 아닐까? 의분이랄 것도 없고 결벽성도 아니고 그런 것

<u>정일의 세속적 면모</u>

을 공연히 이같이 한순간에 뒤집히는 자기 마음 한 모퉁이에 상식을 놓쳐 뿌린 결과가 어떤가? 해 보자 하는 놓치기 쉬운

어떤 힌트같이 번쩍이는 생각을 보자 정일이는 조급히 도장을 뒤져내며, 자 칠 대로 치우, 나는 어디다 치는 것도 모르니

까 하였다. 이렇게 지껄이듯이 말하는 정일이는 자기가 실없이 웃기까지 하는 것을 들을 때 내가 지금 더 심한 심열에 떠

<u>자기 자신에 대한 객관화</u>

있지 않은가? 하는 생각에 갑자기 말과 웃음과 표정까지 없어지고 말았다.

ⓑ 도장을 치고 난 용팔이는 공손히 정일이에게 돌리며, 잔금은 제가 장인께 말씀드리겠습니다, 하고 일어선다. 중문으로 들

<u>정일과 용팔의 관계가 드러남</u>

어가는 용팔이의 뒷모양을 바라보던 정일이는 갑자기 불러내고 싶었다. <u>궁둥이를 들먹하고 부르는 손짓까지 하였으나 탄력 없</u>

<u>용팔의 제안에 대한 정일의 내적 갈등이 드러남. 그러나 적극적으로 행동하지 못함</u>

이 벌어진 입에서는 말이 나오지 않았다. 창졸간에 용팔이를 어떻게 불러야 할지 몰라서 주저되는 것같이도 생각되었다. 중문

<u>미처 어찌할 수 없이 매우 급작스러운 사이</u>

안으로 들어가는 용팔이의 뒷모양은 마치 심한 장난을 꾸미다가 용기를 못 내는 자기를 남겨 두고 ⓒ <u>그걸 못 해? 내 하마 하고</u>

<u>적극적이지 못한 정일의 태도와 대비되는 용팔의 모습</u>

<u>나서는 동무의 모양같이</u> 아슬아슬한 것이었다. 종시 용팔이가 중문 안으로 사라져서 불러낼 기회를 놓치고 말았다고 후회하면

서도 내가 정말 후회하는 것이라면 지금이라도 따라가서 붙들 수도 있지 않은가? 이렇게 생각하는 정일이는 용팔이가 이 말을

시작하였을 때부터 자기는 육감으로 벌써 예기하였던지도 모를 일이 지금 일어나리라는 기대가 앞서는 것을 느끼며 ⓓ <u>정일이</u>

<u>아버지가 용팔의 제안을 거절하기를 기대함</u>

<u>는 실험의 결과를 기다리는 듯이</u> 숨을 죽이고 귀를 기울이고 있었다. 예사로운 말소리는 들리지 않는 거리이므로 긴장한 정일

<u>아버지와 용팔의 대화 내용을 궁금해하고 있음</u>

이의 귀에도 한참 동안은 아무런 말도 들리지 않았다. 아버지도 종시 죽음에 굴복하고 마는가? 이렇게 생각되어 정일이는 긴

장하였더니만큼 허전한 실망에 담배를 붙이려고 성냥을 그었을 때 자기의 귀를 때리는 듯한 아버지의 격분한 고함 소리를 들

<u>기대와 달리 아버지가 용팔의 제안을 수용했다고 생각한 데에 대한 정일의 감정</u>　　　　　<u>아버지가 용팔의 제안을 듣고 격노함</u>

었다.

(중략)

사실 이렇게 되어서까지도 죽기가 싫은가 하고 아버지를 눈 찌푸리고 바라보는 자기는 죽음의 공포를 해탈한 무슨 수양이

있는 것이 아니라 단지 애써 살려는 의지력이 없는 것뿐이다. ⓔ <u>아버지는 한 번도 자기의 생활을 회의하거나 죽음을 생각할</u>

<u>아버지의 삶에 대한 정일의 평가 – 아버지는 삶에 대한 애착이 강함</u>

<u>필요가 없었던 사람이므로 이같이 죽음과 싸울 수 있는 것이 아닐까</u> 생각하였다. 그래서 정일이는 어떤 위대한 의지력을 우러

러보는 듯한 마음으로 아버지의 고통을 바라보고 있는 자기를 발견하는 때가 있었다.

<u>아버지의 모습을 통해 자신의 내면을 들여다보는 정일 – 삶에 대한 아버지의 의지를 존경함</u>

[B]

그때 심한 구토를 한 후부터 한 방울 물도 먹지 못하고 혓바닥을 축이는 것만으로도 심한 구역을 하게 된 만수 노인은

<u>매우 위독한 상황</u>

물을 보기라도 하겠다고 하였다. 정일이는 요를 둑어서 병상을 돋우고 아버지가 바라보기 편한 곳에 큰 물그릇을 놓아 드

렸다. 그러나 그 물그릇을 바라보기에 피곤한 병인은 어디나 눈 가는 곳에는 물이 보이기를 원하였다. 그래서 큰 어항을

병실에 가득 늘어놓고 물을 채워 놓았다. 병인은 이 어항에서 저 어항으로 ㉡ <u>서늘한 감각을 시선으로 핥듯이 돌려 보다</u>

가 그도 만족하지 못하여 시원히 흐르는 물이 보고 싶다고 하였다. 정일이는 아버지가 보기 편한 곳에 큰 물그릇을 놓고

대접으로 물을 떠서는 작은 폭포같이 들이 쏟고 또 떠서는 들이 쏟기를 계속하였다. 만수 노인은 <u>꺼멓게 탄 혀를 벌린 입</u>

<u>밖에 내놓고 황홀한 눈으로 드리우는 물줄기를 바라보고 있었다.</u> 그 눈을 볼 때 정일이는 걷잡을 사이도 없이 자기 눈에

<u>눈물이 솟아오름을 참을 수가 없었다.</u> 정일이는 일찍이 그러한 눈을 본 기억이 없다고 생각하였다. 더욱이 아버지의 얼굴

에서! 자기 아버지에게서 <u>저러한 동경에 사무친 황홀한 눈을 보게 되는 것은 의외라고 할밖에 없었다.</u>

위독한 상황과 대비되는 삶에 대한 의지 (첫줄 오른쪽) 아버지의 모습에 정일이 안타까움과 안쓰러움을 느낌

아버지의 삶에 대한 애착

● 인물 관계도

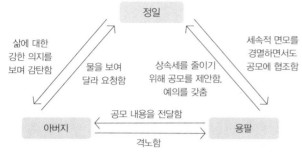

```
                      정일
           ↗        ↑        ↖
삶에 대한          물을 보여    상속세를 줄이기    세속적 면모를
강한 의지를        달라 요청함   위해 공모를 제안함.  경멸하면서도
보며 감탄함                    예의를 갖춤        공모에 협조함
   ↘                                        ↙
      아버지  ←── 공모 내용을 전달함 ──→  용팔
            ────── 격노함 ──────
```

● 핵심 정리

갈래	현대 소설, 심리 소설
성격	비판적, 허무주의적
시점	(제한적) 전지적 작가 시점
배경	일제 강점기
주제	식민지 근대 지식인의 무기력한 삶

● 전체 줄거리 동경 유학생 출신인 정일은 자수성가하여 큰돈을 모아 부자가 된 만수 노인(장만수)의 하나뿐인 아들이다. 만수 노인은 아들이 변호사나 의사가 되기를 바랐으나, 이 아버지의 기대와는 달리 교사가 된 정일은 박봉을 받으며 큰 열정 없이 살아간다. 술에 빠져 무의미한 하루하루를 보내던 정일은 동경 유학 시절, 친구 운학의 소개로 만났던 운학의 사촌 동생 문주를 3년 만에 다시 만나게 되고, 그녀와의 만남을 이어 가다. 정일의 아버지는 정일이 교사가 된 것을 못마땅해하는 한편, 비서 겸 대서사(법무사)인 용팔을 사위로 들여 자신의 재산을 관리하게 하는데. 정일은 돈밖에 모르는 용팔을 경멸한다. [(수록 부분) 정일은 아버지가 위독하다는 소식을 듣고, 병이 들어 아파하는 문주를 남겨 둔 채 귀향한다. 용팔은 아버지가 새로 사 들인 땅의 상속세를 물지 않기 위해 이를 정일의 소유로 할 것을 제안하고, 정일은 이를 수용한다. 그러나 아버지는 그러한 제안에 격노하다 기절한다. 깨어난 아버지는 물조차 넘기지 못하고, 정일에게 눈으로라도 물을 보겠다고 한다. 이에 정일은 병실에 물그릇과 어항을 두고, 흐르는 물이 보고 싶다는 아버지의 요청에 따라 대접으로 물을 떠서 들이 쏟는 행동을 반복한다. 그리고 아버지는 그렇게 흐르는 물을 황홀한 눈으로 바라본다.] 정일은 운학으로부터 문주가 죽었다는 전보를 받게 되는데, 그날 저녁 정일의 아버지도 죽음을 맞이한다.

01 〔유형 ❶ 서술상의 특징〕

이게 정답! ⑤ 이 작품은 제한된 전지적 작가 시점에서 서술되고 있어요. 작품 밖의 서술자가 중심인물인 정일의 시선에 의존하여 사건을 전개하고 있죠. 이로 인해 정일이 경험한 사건이나 정일의 내면을 중심으로 사건의 양상이 제한되어 나타나고 있어요.

왜 답이 아니지? ① 제시된 지문에는 회상 장면이 나타나 있지 않아요. 그러므로 회상 장면을 병치하였다는 서술 역시 적절하지 않아요.

② '산판알, 도장, 물그릇, 어항' 등의 사물이 지문에 제시되어 있기는 하지만, 사물의 세부를 구체적으로 묘사하고 있지는 않아요.

③ 정일이 병실에 큰 물그릇을 놓고 대접으로 물을 떠서 들이 쏟는 행동을 반복하는 장면이 제시되어 있기는 하지만, 이를 통해 정일의 내적 갈등이 표면화되는 것은 아니에요. 정일의 반복되는 행동은 흐르는 물이 보고 싶다는 아버지의 욕구를 충족시키기 위한 거예요.

④ 서술자는 중심인물인 정일의 시선에서 사건을 서술하고 있을 뿐, 풍자적 어조를 활용하여 정일에 대한 비판적 입장을 드러내고 있지는 않아요.

정답 ⑤

02 〔유형 ❷ 인물 이해〕

이게 정답! ③ ⓒ에서 '그걸 못 해? 내 하마'는 중문 안으로 들어가는 용팔의 모습을 정일의 시선에서 표현한 거예요. '용기를 못 내는 자기'와 달리, 재산 상속에 대한 이야기를 하고자 아버지가 있는 중문 안으로 들어가는 용팔의 모습을 서술하고 있는 것으로 볼 수 있지요. 그러므로 ⓒ가 용팔의 행위에 대한 정일의 실망스러운 마음을 드러낸다고 이해하는 것은 적절하지 않아요.

왜 답이 아니지? ① ⓐ는 장인의 죽음을 눈앞에 두고 상속세를 내지 않을 방법을 찾고 있는 용팔이 정일에게 하는 말로, 용팔의 이해타산적 모습을 드러내고 있어요. 그리고 용팔의 그러한 모습을 '유심히 바라보는' 정일은 용팔의 그러한 태도에 주목하고 있다고 볼 수 있어요.

② ⓑ에서는 용팔이 정일에게 도장을 '공손히' 돌려주면서 '제가 장인께 말씀드리겠습니다'라고 존댓말을 하고 있어요. 용팔이 정일에게 예의를 갖추고 있는 거죠. 또한 ⓑ에서 용팔이 정일의 아버지를 '장인'이라고 부르는 것을 통해 용팔이 정일 아버지의 사위이자, 정일의 매부(손위 누이나 손아래 누이의 남편을 이르는 말)임을 알 수 있어요. 그러므로 용팔이 정일에게 예의를 갖추어야 히는 위치임을 느껴낸다는 이해는 적절해요.

④ ⓓ에서 정일은 '실험의 결과를 기다리는 듯이 숨을 죽이고 귀를 기울이고' 있는데, 이를 통해 정일이 아버지와 용팔의 대화가 어떻게 결말을 맺을 것인가에 대해 집중하고 있음을 알 수 있어요.

⑤ 죽음과 싸우고 있는 아버지의 모습을 바라보던 정일은 ⓔ에서 자신의 아버지가 '한 번도 자기의 생활을 회의하거나 죽음을 생각할 필요가 없었던 사람'이라고 생각하고 있어요. 이는 아버지의 삶의 태도에 대한 정일의 평가를 드러내는 것으로 볼 수 있어요.
　　　정답 ③

03 {유형 ❸ 핵심 소재 이해}

이게 정답! ④ [A]에서 용팔은 정일과 '공모'하여 상속세를 물지 않을 수 있는 방법을 찾아 행하려 하고 있어요. 정일은 그런 용팔에 대해 불쾌함과 미움을 느끼고 있죠. 이러한 감정은 ㉠ '심열'로 심화되고, 나아가 용팔의 '뺨을 갈기고 싶은' 마음으로 격화되고 있어요. [B]에서 정일은 '물을 보기라도 하겠다'는 아버지의 요청에 따라 아버지가 바라보기 편한 곳에 큰 물그릇을 놓아 드렸다가, 큰 어항을 병실에 가득 늘어놓고 물을 채워 둡니다. 그러나 이것 역시 아버지의 ㉡ '서늘한 감각'을 만족시키지 못해요. 정일은 '시원히 흐르는 물이 보고 싶다'는 아버지의 요구에 맞춰 대접으로 물을 떠서는 작은 폭포같이 들이 쏟고 또 떠서는 들이 쏟기를 계속하고, 아버지는 그 '드리우는 물줄기'를 바라보고 있어요. 이를 통해 볼 때 ㉡은 '물그릇'에서 '어항', '드리우는 물줄기'로 심화되는 아버지의 갈망을 함축한다고 볼 수 있어요.

왜 답이 아니지? ① [A]에서 정일은 용팔의 뻔뻔하면서도 가식적인 웃음에 미움과 ㉠ '심열'을 느끼고 있어요. 그러므로 ㉠이 용팔의 '웃음'에 대한 정일의 불쾌감으로 인해 발생한다는 설명은 적절해요. 그러나 [B]에서 드리우는 물줄기를 바라보는 '황홀한 눈'은 ㉡ '서늘한 감각'을 갈망하는 아버지의 눈을 표현한 거예요. 그러므로 '황홀한 눈'으로 인해 ㉡이 발생한다는 서술은 적절하지 않아요.

② [A]에서 정일은 도장을 뒤져내어 용팔에게 주며, '내가 지금 더 심한 심열에 떠 있지 않은가?'라며 자신의 내면을 들여다보고 있어요. 그러므로 갈등 끝에 정일이 '도장'을 찍음으로써 ㉠ '심열'이 지속된다는 설명은 적절해요. 그러나 [B]에서 아버지는 ㉡ '서늘한 감각'을 느끼려는 '동경'을 포기하고 있지 않아요. 따라서 '동경'을 포기함으로써 ㉡이 지속된다는 설명은 적절하지 않아요.

③ [A]에서 정일은 '신경 쇠약의 탓'으로 ㉠ '심열'이 일어나는 것이 아닐까 하는 생각을 하고 있어요. 따라서 ㉠이 정일의 '신경 쇠약'을 일으키는 원인이라는 서술은 적절하지 않아요. 한편 [B]에서는 만수 노인이 '한 방울 물도 먹지 못하고 혓바닥을 축이는 것만으로도 심한 구역'을 하고 허가 꺼멓게 탔을 정도로 고통스러운 상태에 있음을 알 수 있어요. 그럼에도 만수 노인은 드리우는 물줄기를 '꺼멓게 탄 허를 벌린 입 밖에 내놓고 황홀한 눈'으로 바라보고 있지요. 즉 ㉡ '서늘한 감각'은 아버지의 고통을 줄이기 위한 방편이라고 볼 수 있어요.

⑤ [A]에서 정일이 ㉠ '심열'을 느끼는 것은 물질 지향적인 용팔의 태도에 대한 반감으로 인한 것으로 볼 수 있어요. 따라서 ㉠이 용팔의 '공모' 요구로 인해 표면화된 정일의 물질 지향적인 태도를 드러낸다는 설명은 적절하지 않아요. 한편 [B]에서 여러 가지 방법을 통해 물을 보려 하는 아버지의 갈망은 물 한 방울 입에 댈 수 없는 상태에서 느끼는 갈증을 해소해 보고자 하는 노력이라고 볼 수 있어요. 따라서 ㉡ '서늘한 감각'이 '심한 구역' 이후로 아버지가 '물'에서 얻고자 하는 육체적 안정에 대한 추구를 드러낸다는 설명은 적절해요.
　　　정답 ④

04 {유형 ❹ 〈보기〉 활용 문제}

이게 정답! ② 정일은 용팔의 속물적 모습에 심열을 느끼다가도 이내 '미끄러지는 듯한 웃음이 자기 얼굴에 흐름을 깨'닫고 있어요. 그리고 용팔로부터 상속세를 물지 않을 수 있는 '번쩍이는 생각을 보자' 조급히 도장을 뒤져내어 용팔에게 건네며 '실없이 웃'고 있지요. 이를 통해 정일의 세속적인 면모를 확인할 수 있어요. 그런데 정일은 이에 대해 자신이 '더 심한 심열에 떠 있지 않은가?'라며 용팔과 다를 것이 없는 자신을 분석하고 있어요. 이를 통해 볼 때 정일의 얼굴에 흐르는 웃음이 상대에 대한 불쾌감을 웃음으로 무마하려는 자신을 의식하는 모습이라는 서술은 적절하지 않아요.

왜 답이 아니지? ① 정일은 용팔이 따지는 산판알이 거침없이 한 자리씩 올라가는 것을 유심히 바라보다가 용팔과 눈이 마주치자 얼굴을 붉히고 있어요. 이는 〈보기〉를 참고할 때 정일 역시 자신을 구속하는 속물적 욕망으로부터 자유롭지 못한 모습과 관련이 있어요.

③ 중문 안으로 들어가는 용팔의 뒷모습을 바라보던 정일은 갑자기 용팔을 불러내고 싶다고 생각하지만 그러지 못하고 있어요. 그러면서 자신이 용팔을 부르지 못한 이유가 무엇인지 생각하죠. 이는 〈보기〉를 참고할 때 적극적인 행동을 주저하면서 자신에게로 관심을 돌리는 모습과 관련돼요.

④ 정일은 스스로에 대해 자신은 죽음의 공포를 해탈한 무슨 수양이 있는 것이 아니라 그저 '애써 살려는 의지력이 없'을 뿐이라고 생각해요. 그와 달리 그렇게 고통스러운 상황에서도 살기 위해 애쓰는 아버지를 바라보며 '위대한 의지력'을 느끼지요. 또한 그런 의지력을 '우러러보는 듯한 마음'으로 아버지의 고통을 바라보고 있는 자기를 발견'하게 돼요. 〈보기〉를 참고하면 정일의 이러한 모습은 상대와의 차이를 인식하는 스스로의 내면마저 대상화하는 모습으로 볼 수 있어요.

⑤ 정일은 드리우는 '물줄기를 바라보'는 아버지의 눈을 '동경에 사무친 황홀한 눈'이라고 표현하고 있어요. 그러면서 '일찍이 그러한 눈을 본 기억이 없'다고 생각'하죠. 〈보기〉를 참고하면 정일의 이러한 모습은 주변 대상을 관찰하여 상대가 내비치는 생에 대한 강렬한 동경을 파악하는 모습으로 이해할 수 있어요.
　　　정답 ②

최명희, 〈쓰러지는 빛〉

● 지문 해설

    밤이 깊어지면, **시장 안의 가게들**은 하나씩 문을 닫고, 길가에 리어카를 놓고 팔던 상인들은 제각기 과일이나 생선, 채소들
밤이 깊어진 시장 상황 묘사 – 시장 안의 가게들은 문을 닫고 리어카 상인들은 리어카를 끌고 다리 위로 올라옴
을 끌고 다리 위로 올라오는 것이었다.

[A]
    그 모양을 이만큼에 서서 흔들리는 버드나무 가지 사이로 바라보면, 리어카마다 켜져 있는 카바이드 불빛이, 마치 난간
카바이드(탄화칼슘)를 이용해 불을 밝히는 조명 기구. 시대적 배경을 짐작할 수 있게 함
에 무슨 꽃 등불을 달아 놓은 것처럼 요요하였다.
천변의 풍경을 긍정적이고 아름답게 인식함
돈이 없어도 염려가 안 되는 곳. / 그 사람들은 대부분 어머니를 알았다. / 모르는 사람들도 곧 알게 되었다.
'나'가 살던 곳에 대한 긍정적 인식. 마을 사람들 간에 정이 있고 친밀함

[B]
    벽오동집 아주머니.   • 마을 사람들이 어머니를 부르던 호칭. 서술자가 오동나무가 있는 벽오동집에 살았음을 알 수 있음

    오동나무 아주머니.   • 어머니에 대한 호칭을 각각 하나의 문단에 서술하여 그 호칭이 두드러져 보이게 함

    그렇게 어머니를 불렀다. / 어느새 나무는 그렇게도 하늘 높이 자라서 저기만큼 걸린 매곡교 다릿목에서도 그 무성한 가지
'나'의 집에 있던 오동나무가 천변의 다릿목에도 보일 만큼 크게 자람. 사람들이 '나'의 어머니를 '벽오동집 아주머니, 오동나무 아주머니'라고 부른 이유
와 잎사귀를 올려다볼 만큼 되었던 것이다.

[C]
    거기다가, 우리 집에서 날아간 오동나무 씨앗이 앞뒷집에 떨어져 싹이 나고, 어느 해 바람에 불려 갔는지 그보다 더 먼
1인칭 시점
건넛집에도, 심지 않은 오동나무가 저절로 자라나게 되었다. / 그래서 나는 속으로 우리 동네를 벽오동촌이라고 별명 지었
'나'가 지은 동네의 별명
다. / 그것은 어쩌면 이 가난한 동네의 한 호사였는지도 모른다.
호화롭게 사치함. 또는 그런 사치
아버지가 어머니와 혼인하시고, 작천의 친정어머니를 남겨 두신 채, 신행 후에 전주로 돌아와 맨 처음 터를 잡은 곳이 바로

이 **천변**이었다.

[D]
    동네 뒤쪽으로는 산줄기가 병풍처럼 둘러쳐져 있고, 앞쪽으로는 흰모래 둥근 자갈밭을 데불은 시냇물이 흐르며 거기다
시장까지 가까운 이곳은, 삼십 년 전 그때만 하여도, 부성 밖의 한적하고 빈한한 동네였을 것이다.
살림이 가난하여 집안이 쓸쓸함
물론 우리도 중간에 집을 고치고, 이어 내고, 울타리를 바꾸었으나, 그저 움막처럼 나뭇가지를 얼기설기 얽은 뒤, 풍우나 피
'나'가 살던 동네가 가난한 동네였음을 짐작할 수 있음
하자는 시늉으로 지은 집들도 많았을 것이다.

    이 울타리 안에서 해마다 더욱더 무성하게 사는 오동나무는 유월이면, 아련한 유백색의 비단 무늬 같은 꽃을 피웠다. 그

윽한 꽃이었다. / 그 나무는 나보다 더 나이가 많았다.

    나를 낳으시던 해, 지팡이만 한 나무를 구해다가 앞마당에 심으시며 / "기념." / 이라고 웃으셨다는 아버지.
오동나무에 아버지에 대한 추억이 깃들어 있음
"처음에는 저게 자랄까 싶었단다. 그러던 게 이듬해는 키를 넘드라."

    해마다 이른 봄이면, 어린아이 손바닥만 하던 잎사귀가 어느 결에 손수건만 해지고, 그러다가 초여름에는 부채처럼 나부낀
계절의 변화에 따라 오동나무가 자라는 모습이 간결하게 묘사됨
다. / 그리고 가을에는 종이우산만큼이나 넓어지는 것 같았다.

    하늘을 덮는 잎사귀, 그 무성한 잎사귀들……. / 그 잎사귀 **서걱거리는 소리**가 골목 어귀 천변에까지 들리는 성싶었다.

    어머니는 물끄러미 냇물만 바라보고 계시더니, 문득 고개를 돌려. / "영익이 언제 다녀갔지?" / 하고 물으셨다.
영익이 가족들과 떨어져 따로 살고 있음

[E]
    "사흘 됐나? 그저께 아니었어요?"

    어머니는 어둠 속에서 고개를 끄덕이셨다. / 어머니의 고개는 무거워 보였다.

    "참, 어머니 지금 저기, 불빛 뵈는 저 산마루에 절, 저기가 영익이 있는 데예요?"
영익이 절에서 지내고 있음
나는 동편 산마루의 깜박이는 불빛을 가리키며 무심한 듯 물었다. / "아니다. 그건 승암사라구 중바위산 아니냐. 그 애 공부
하는 덴 이 오른쪽이지…… 기린봉 중턱에 있는 절이야. 여기서는 잘 뵈지도 않는구나."

    그러면서 어머니는 눈을 들어, 어두운 밤하늘에 뚜렷한 금을 긋고 있는 산줄기를 바라보셨다. 산은 검고 깊었다.
자식에 대한 어머니의 그리움
동생 영익이는 벌써 이 년째 그 산속의 절에서 사법 고시 준비를 하고 있었다. / 그는 말이 없고 우울한 때가 많았다.

    그리고 그저께 집에 내려와, 이사 날짜가 결정되었다는 말을 듣고는 아무 말도 없이 고개를 떨어뜨리더니
'나'의 가족이 이사를 가게 됨
"내가……." / 하고 무슨 말을 이으려다 말고 그냥 산으로 올라갔었다.
영익은 가족의 상황을 알고서도 자신의 생각을 분명히 드러내지 않음
그때 영익이의 말끝에 맺힌 숨적한 숨소리는 '흡' 하고 내 가슴에 얹혀 아직도 내려가지 않은 것만 같았다.
영익의 숨소리가 '나'에게 심적 부담감으로 다가옴

우리가 이사하기로 된 집의 **구조**는 지극히 **천박**하였다. / 우선 대문이 번화한 도로변으로 나 있는 데다가 오래되고 낡아서
_{나의 가족이 이사 갈 집에 대한 부정적 인식}
녹이 슨 철제였다. 그것은 잘 닫히지도 않아 비긋하니 틀어진 채 열려 있었다.

그리고 마당은 거의 없다는 편이 옳았다. 그나마 손바닥만 한 것을 시멘트로 빈틈없이 발라 놓았고, 방들은 오밀조밀 붙어

있어 개수만 여럿일 뿐, 좁고 어두웠다. / 그중에 한 방은 아예 전혀 **채광 통풍조차**도 되지 않았다.
_{창문 따위를 내어 햇빛을 비롯한 광선을 받아 들임}
그것도 원래는 **창문**이었는데, 아마 바로 옆에 가게를 이어 내느라고 **막아 버린** 모양이었다. 그 가게란 양품점으로, 레이스

가 많이 달린 네글리제와 여자용 속옷, 스타킹 따위를 고무 인형에 입혀 세워 놓은 곳이었다. / 뿐만 아니라 그 가게를 중심으

로 앞뒤에 같은 양품점들이 늘어서 있고 그 옆에는 양장점, 제과소, 음식점, 식료품 잡화상들이 있었다.

여기저기서 들려오는 **불규칙한 마찰음**, 무엇이 부딪쳐 떨어지는 소리, 어느 악기점에선가 쿵, 쿵, 울려오는 스피커 소
_{청각적 이미지를 통해 삭막하고 부정적인 분위기를 강조함}
리…… 끼익, 하며 숨넘어가는 자동차 소리. / 한마디로 그 집은, 아스팔트의 바둑판, 환락과 유행과 흥정의 경박한 거리에 금
_{이사 가서 지내게 될 새 집에 대한 부정적 인식}
방이라도 쓸려 버릴 것처럼 위태해 보였다. / 그리고 우리가 이제 이사 올 집이라고, 그 집 문간에 웅숭그리고 서서 철제 대문

사이로 안을 기웃거리며 들여다보는 **우리들**은 어쩐지 **잘못 날아든 참새들** 같기만 하였다.
_{나의 가족이 새로운 집에 쉽게 적응하지 못할 것임을 짐작하게 함}

● 인물 관계도

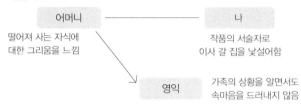

떨어져 사는 자식에
대한 그리움을 느낌

작품의 서술자로
이사 갈 집을 낯설어함

가족의 상황을 알면서도
속마음을 드러내지 않음

● 핵심 정리

갈래	현대 소설, 단편 소설
성격	사실적, 비판적
시점	1인칭 주인공 시점
배경	1960~70년대 우리나라
주제	한 가족의 삶을 통해 바라본 공간의 의미, 가족의 추억이 서려 있는 집에 대한 회고

● 전체 줄거리 아버지와의 추억이 담겨 있는 정든 집을 팔고 난 후. 집을 팔았지만 아직 이사를 가지 않은 '나'와 가족들의 집에 새 집주인이 이사
를 오고, 얼마간 두 가족이 함께 지내게 된다. 새 집주인은 아버지의 서재에 짐을 풀고, '나'와 가족들의 추억이 깃들어 있는 집 안을 마음껏 돌아다
닌다. [(수록 부분) '나'는 '나'의 아버지가 '나'가 태어났을 때 기념으로 심었던 오동나무와 가족들의 추억이 서린 집, 그리고 천변의 풍경들을 떠올린
다. 어머니는 가족과 떨어져 절에서 지내는 영익을 그리워하고, '나'는 새로 이사 갈 집에 대한 부정적 인식을 드러낸다.] 새 집주인은 '나'와 가족들
에게 소중한 추억이 담긴 집의 존재를 증명하던 아버지의 문패를 아무 거리낌 없이 떼어 버리고 자신의 이름이 박힌 문패를 건다. 그리고 오동나무
열매를 따러 온 젊은 남자에게 오동나무를 팔아 달라고 한다. '나'는 떨어져 나가는 문패와 떨어지는 오동나무 잎을 바라보며 아버지의 죽음, 쓰러
지는 것들을 떠올린다.

05 {유형 ❷ 인물 이해}

이게 정답! ① 동생 '영익'은 사법 고시 공부를 위해서 이 년째 산속의 절에 머물고 있어요. 얼마 전 집에 내려왔던 영익은 이사 날짜가 결정되었다
는 말을 듣고도, 고개를 숙인 채 "내가……." 하고 무슨 말을 이으려다 말고 그냥 산으로 올라갔어요. 이는 영익이 가족의 상황을 알면서도 자신의
생각을 분명히 드러내지 않는 것으로 볼 수 있어요.

왜 답이 아니지? ② '어머니'는 아들 '영익'이 어디서 지내고 있는지 알고 있으며, 지문의 내용을 통해 영익이 그저께 집에 다녀갔음을 알 수 있어요.
따라서 아들의 소식이 끊겨 어머니가 그의 근황을 궁금해한다는 설명은 적절하지 않아요.
③ '나'는 동편 산마루의 깜박이는 불빛을 가리키며 저기가 '영익'이 있는 곳이냐고 '어머니'에게 묻고 있어요. 이에 어머니는 거기가 아니라 기린봉
중턱에 있는 절이라며, 여기서는 잘 보이지도 않는다는 답을 해 주고 있죠. 즉, '나'는 동생 영익의 말이 아니라 어머니의 말을 통해, 현재 영익이 머
무르고 있는 절이 동편 산마루의 승암사가 아니라는 것을 알게 돼요.
④ 이 글에서 밤이 깊어지면 시장 안의 가게들은 하나씩 문을 닫고 리어카 상인들은 리어카를 끌고 다리 위로 올라온다고 했어요. 그러므로 '시장
안의 가게들'이 밤늦게 물건을 사기 위해 사람들이 모여드는 곳이라는 설명은 적절하지 않아요.

⑤ 이 글에서 '나'는 아버지와 어머니가 결혼했을 즈음의 이 동네에 대해, '삼십 년 전 그때만 하여도, 부성 밖의 한적하고 빈한한 동네였을 것'이라고 추측하고 있어요. 따라서 '천변'이 아버지와 어머니가 결혼할 때부터 사람들이 북적였던 번화한 동네였다는 설명은 적절하지 않아요. **정답 ①**

06 {유형 ❶ 서술상의 특징}

이게 정답! ⑤ [E]에서 "사흘 됐나? 그저께 아니었어요?"라고 '어머니'에게 이야기하고 있는 사람은 서술자인 '나'예요. 따라서 대화 상황에서 말하는 이와 서술자가 다르다는 설명은 적절하지 않아요.

왜 답이 아니지? ① [A]에서 '나'는 시장 상인들이 다리 위로 올라오는 모습을 묘사하고 있어요. 그 모습을 '이만큼에 서서' '바라보'고 있다고 말하고 있으므로, 서술자인 '나'가 대상인 상인들을 지각할 수 있는 위치에서 서술하고 있음을 알 수 있어요.

② [B]의 '벽오동집 아주머니'와 '오동나무 아주머니'는 모두 '나'의 어머니를 호명하는 말로, [B]에서는 이를 각각 하나의 문단에 서술하고 있어요. 이는 '어머니'의 호칭이 두드러져 보이게 하는 효과를 낸다고 할 수 있어요.

③ [C]에서 서술자인 '나'는 '우리' 집에서 날아간 오동나무 씨앗이 온 마을에 퍼졌던 기억 속으로 자신이 살던 동네를 '벽오동촌'이라고 별명 지었던 기억 등 자신의 경험을 바탕으로 한 이야기를 서술하고 있어요. 그리고 그것이 가난한 동네의 한 호사였는지도 모른다며 자신의 내면을 드러내고 있어요.

④ [D]에서 '한적하고 빈한한 동네였다'라고 확정적으로 진술하지 않고 '동네였을 것이다'라고 표현함으로써, 어머니와 아버지가 결혼했을 즈음의 동네에 대한 서술자 '나'의 추측을 드러내고 있어요. **정답 ⑤**

07 {유형 ❸ 핵심 소재 이해}

이게 정답! ① '나'는 '오동나무'에 대해, 해마다 이른 봄이면 어린아이 손바닥만 하던 잎사귀가 손수건만 해지고, 초여름에는 부채처럼 나부끼고, 가을에는 종이우산만큼이나 넓어진다고 표현하고 있어요. 그리고 유월이 되면 아련한 유백색의 비단 무늬 같은 꽃을 피운다고 말하고 있지요. 그러므로 오동나무가 '나'에게 계절의 자연스러운 변화를 느끼게 하는 경험적 대상이라는 설명은 적절해요. 또한 '나'의 아버지가 '나'의 출생을 기념하여 지팡이만 한 오동나무를 심었고, 오동나무가 서술자인 '나'보다 더 나이가 많았다고 말하고 있으므로, 오동나무가 '나'에게 세월의 흐름을 느끼게 하는 경험적 대상이라는 설명 역시 적절해요.

왜 답이 아니지? ② '나'가 '가난한 동네의 한 호사'라고 이야기한 것은 오동나무 씨앗이 '나'의 집에서 마을 곳곳으로 날아가 동네에 오동나무가 많이 자라게 된 상황에 대해 '나'가 벽오동촌이라는 별명을 붙인 것을 가리키는 것으로 볼 수 있어요. 오동나무가 마을 사람들의 호사를 위한 경제적 기반이라는 것은 글에서 확인할 수 없죠.

③ '나'가 태어나던 해에 '아버지'가 지팡이만 한 오동나무를 심으셨다는 것을 통해 오동나무는 '어머니'가 아니라 아버지가 심은 것임을 알 수 있어요. 또한 어머니는 오동나무에 대해 "처음에는 저게 자랄까 싶었단다. 그러던 게 이듬해는 키를 넘드라."라고 이야기하고 있죠. 이를 통해 누군가 오동나무를 정성을 다해 키웠다고 하기보다는, 오동나무가 자연적으로 잘 성장했음을 짐작할 수 있어요.

④ 오동나무를 보고 속으로 자신의 마을에 '벽오동촌'이라는 별명을 붙인 것은 서술자인 '나'예요.

⑤ 오동나무는 '나'가 태어난 해에 '아버지'가 기념으로 심은 것이므로, 자식을 얻은 기쁨으로 인해 심었다는 설명은 맞아요. 하지만 이 나무는 '나'의 집 앞마당에 심은 것이지, 마을 곳곳에 심은 것은 아니에요. 마을 곳곳에 오동나무가 자라게 된 것은 '나'의 집에서 날아간 오동나무 씨앗이 마을 곳곳에 떨어졌기 때문이에요. **정답 ①**

08 {유형 ❹ 〈보기〉 활용 문제}

이게 정답! ② '나'가 '구조'가 '천박'한 집의 여건을 살펴보고 있긴 하지만, 이것이 '집을 고치'던 경험을 바탕으로 한 것은 아니에요. 또한 '나'는 새로 이사 갈 집에 대해 부정적인 정서를 나타내고 있는 것이지, 거주 공간의 변화에 적응하여 낯선 공간에 친숙해지고자 하는 생각을 보여 주고 있는 것은 아니에요.

왜 답이 아니지? ① '나'는 '천변' 집에 살면서 앞마당에 자라는 오동나무와 아버지에 대한 추억을 쌓고, 이를 소중히 간직하며 지내 왔어요. 그런데 이제 곧 이사를 가야 할 처지이고, 새로 살게 될 집에 대해 굉장히 낯설어하는 모습을 보이고 있어요. 따라서 '나'가 천변 집에 살면서 추억을 형성해 온 시간들은 이사할 처지에 놓인 현재의 상황을 불편하게 여기는 요인이 된다고 볼 수 있어요.

③ '사걱거리는 소리'는 '나'가 현재 살고 있는 집의 오동나무가 내는 소리로, '나'에게 친밀하고 익숙한 소리예요. 그에 반해 '불규칙한 마찰음'은 새로 살게 될 집 주변에서 나는 인위적인 소리로, '나'가 새 집을 더욱 낯설게 느끼는 이유가 되죠. '불규칙한 마찰음'이 들려오는 곳을 '환락과 유행과 흥정의 경박한 거리'라고 표현하고 있으니까요. 그러므로 두 집의 주변 환경 차이는 두 집에 대해 '나'가 느끼는 친밀감의 차이를 유발할 수 있음을 알 수 있어요.

④ 새로 이사 가게 될 집의 한 방은 '창문'을 '막아 버려서 '채광 통풍조차'도 되지 않아요. '나'가 지금 살고 있는, 오동나무가 있는 집과는 달리 답답하고 폐쇄적인 공간이라고 할 수 있죠. 따라서 이사 갈 집의 속성이 지금 살고 있는 집에 대한 '나'의 정서적 반응과는 다른 반응을 일으키는 요인이라는 설명은 적절해요.

⑤ 이사를 앞둔 '우리들'의 상황이 '잘못 날아든 참새들' 같다는 것은 새로 이사 갈 집에 대해 '나'가 느끼는 부정적 심리를 표현한 것으로 볼 수 있어요. 이는 변화될 거주 여건을 낯설어하는 '나'의 심리를 비유적으로 드러낸 것이라 할 수 있죠. **정답 ②**

윤흥길, 〈매우 잘생긴 우산 하나〉
● 지문 해설

[A]

　　김달채 씨는 퇴근하기 무섭게 뽀르르 집으로 달려가던 묵은 습관을 버리고 밤늦도록 하릴없이 길거리를 배회하면서 시간
중심인물, 구청의 호적계장　　　　　　　　　　　　　　　　　　　　　　　　　　　달리 어떻게 할 도리가 없이
을 보내는 새로운 습관을 몸에 붙였다. 지하철이나 버스 혹은 공중변소나 포장마차 안에서, 백화점에서 사지도 않을 물건을
우산을 무전기로 오인하게 하여 권력을 행사하는 일
흥정하거나 정류장에서 토큰 아니면 올림픽복권을 사면서, 그리고 행인에게 담뱃불을 빌리거나 더욱 과감하게는 파출소에 들
길을 가는 사람
어가 경찰관에게 길을 묻는 시늉을 하는 사이에 마주치는 각계각층의 사람들을 상대로 달채 씨는 실수를 가장하기도 하고
때로는 또렷한 목적의식을 드러내기도 해 가며 우산의 존재를 알리기 위해 갖가지 수단과 방법을 다 동원했다. 그런 다음
　　　　　　　　　　　　　　　　　　　　　달채 씨의 고교 동기 중 천재라고 불린 '조 박사'가 선물해 준 독일제 우산. 허구적 권력
상대방의 눈에 과연 우산이 어떻게 비치는지, 그리하여 상대방이 우산 임자인 자기를 어떻게 대우하는지 반응을 떠보는 작
권력이 타인들에게 미치는 영향을 살피는 작업
업을 일삼아 계속해 나갔다. 참으로 긴장과 전율이 넘치는 빠듯한 나날들이었다. 구청 호적계장의 직위에 오르기까지 여태
　　　　　　　　　　　　　　　　　　　　　　　　　　　　　　　　　　　　달채 씨의 작업 및 직위
껏 전혀 몰랐던 세계가 구청과 자기 집구석 바깥에 따로 있음을 그는 우산을 통해서 비로소 실질적으로 체험할 수가 있었다.
권력관계에서 우위에 있는 세계
그는 사람들의 반응을 종합해서 몇 가지 결론을 얻어내는 데 성공했다.

　　첫째는, 진짜 무전기에 익숙한 일부 극소수의 사람들을 제외한 거개의 서민들은 의외로 쉽사리 우산에 속아 넘어간다는 사
　　　　　　권력의 상징　　　　　　　　　　　　　　　　　　거의 대부분　　　　　　　달채 씨가 가진 우산을 무전기로 오인함
실이었다. / 둘째는, 상대방이 무전기를 지니고 있다고 알아차리는 그 순간부터 사람들의 태도가 확 달라진다는 사실이었다.
　　　　　　　　　　　　　　　　　　　　　　　　　　　　　　무전기를 가진 달채 씨를 경찰 등 권력 기관의 특수 기관원으로 생각함
일껏 하던 이야기를 뚝 그치거나 얼렁뚱땅 말머리를 돌리는 등으로 지은 죄도 없이 공연히 겁부터 집어먹고는 꾀죄죄한 몰골
모처럼 애써서　　　볼품없는 모양새
의 자기한테 갑자기 저자세로 구는 것이었다. 밤늦도록 수고가 많다면서 한사코 술값을 받지 않으려 하던 어떤 포장마찻집 주
　　　　　　　　상대편에게 굽실거리는 낮은 자세
인의 경우가 단적인 예였다. / 셋째는, 노골적으로 손에 쥐고 보여 줄 때보다 그냥 뒤꽁무니에 꿰 찬 채 부주의한 몸가짐인 척
　　　　　　　　　　　　　숨김없이 모두를 있는 그대로 드러내는 것
하면서 웃옷 자락을 슬쩍 들어 ㉠ 케이스의 끝부분만 감질나게 보여 주는 편이 오히려 사람들을 놀라게 하는 데 훨씬 더 효과
　　　　　　　　　　　　　　　　　　　　　바라는 정도에 아주 못 미쳐 애가 타게
적이고 반응도 민감하다는 사실이었다.

　　김달채 씨는 그러잖아도 짧은 머리를 더욱 짧게 깎았다. 옷차림도 낡은 양복에서 스포티한 잠바 스타일로 개비했는가 하면
　　　　　　　　　　　　　　　　　　　　　실제 무전기를 가지고 다니는 경찰처럼 외양에 변화를 줌으로써 더 적극적으로 허구적 권력을 누리고자 함
구청 밖에서는 항상 선글라스를 끼고 다녀 버릇했다. 달채 씨는 그처럼 달라진 모습으로 짬만 생기면 하릴없이 길거리를 나다
니며 청명한 가을날에 우산을 이용해서 사람들을 떠보는 색다른 취미에 점점 깊숙이 빠져 들어가기 시작했다. / (중략)
우산이 필요 없는 날씨임에도 불구하고 사람들을 떠보기 위해 우산을 가지고 다님 → 자신이 얻은 허구적 권력을 즐기는 일에 몰입함
　　그리 멀지 않은 곳에서 뭔가 벌어지고 있는 중이라고 생각하자 까닭 모를 흥분과 기대감이 그를 사로잡아 버렸다. 한 건 올
　　　　　　　　　　　　　　　　　　　　　　　이전과 다른 새로운 경험에 대한 기대감
리는 정도가 아니라 뭔가 이제껏 맛보지 못한 엄청난 보람을 느끼게 될 일대 사건을 만날 듯싶은 예감 때문이었다. 그는 다른
행인들이 종종걸음으로 달아나는 방향과는 정반대 편을 향해 정신없이 달려가기 시작했다.
위험한 상황일 수 있는데도 달채 씨는 행인들이 달아나는 방향의 반대편으로 달려감
　　예상했던 그대로의 살벌한 풍경이었다. 깨진 보도블록 조각이나 돌멩이들이 인도와 차도 가릴 것 없이 사방에 흩어져 나뒹
　　　　　　　　　　　　　　　　시위 현장의 모습을 구체적으로 묘사함
굴고 있었다. 시커먼 그을음 연기를 피워 올리며 불타는 자동차와 창유리가 박살 난 건물도 보였다. 김달채 씨는 주체 못할 지
경으로 쏟아지는 눈물 콧물도 돌볼 겨를 없이 여전히 선글라스를 착용한 채 최루 가스에 심하게 오염된 지역을 향해 가까이 접
근했다. 중무장한 전경대에 의해 도로가 완전 차단되어 더 이상 접근이 불가능해지자 달채 씨는 구경꾼들 뒷전에서 작은 키를
한껏 발돋움하고는 시위 현장의 분위기를 살폈다. 어디선가 보이지 않는 저쪽 건물 모퉁이에서 억기찬 함성이 아직도 기세를
　　　　　　　　　　　　　　　　　　　　　　　　　　　　　　한번 마음먹은 뜻을 굽히지 아니하고, 성질이 매우 굳센
올리는 중이었다. 사복 경찰관들한테 붙잡혀 끌려오는 학생의 모습이 구경꾼들 어깨 너머로 내다보였다. 달채 씨는 저도 모르
는 사이에 앞사람들 틈바귀를 비집고 전면으로 썩 나섰다.
지금까지의 경험으로 인해, 자기가 진짜 권력을 가진 것처럼 행동함
　　"이봐요, 거기!"

　　김달채 씨는 창문마다 철망이 쳐진 버스 안으로 학생들을 마구 밀어 넣는 사복들을 향해 느닷없이 목청을 높였다.

　　"아직도 어린애야! 다치지 않게 살살 좀 다뤄!" / 어디서 그런 용기가 솟아나는지 김달채 씨 자신도 깜짝 놀랄 지경이었다.
　　　　　　　　　　　　사복을 입은 경찰
　　"당신 뭐야?" / 웃깃에 비표를 단 사복 차림의 청년 하나가 달려와서 김달채 씨의 가슴을 떼밀었다.
　　　　　　　　　　　남들은 모르고 자기들만 알 수 있도록 표시한 표지
　　"나 이런 사람이오." / 김달채 씨는 엉겁결에 잠바 자락 한끝을 슬쩍 들어 뒷주머니에 꿰 찬 우산 케이스를 내보였다. 하지만
우산에 속아 넘어가지 않는 '진짜 무전기에 익숙한 일부 극소수의 사람들'에 해당함
상대방 청년은 그런 물건 따위는 애당초 거들떠볼 생심조차 하지 않았다.
　　　　　　　　예상과 달리 우산이 무전기로 대접받지 못함
　　"당신도 저 차에 같이 타고 싶어? 여러 소리 말고 빨리 집에나 들어가 봐요!"

이른바 닭장차에 어린 학생들과 함께 실리고 싶은 생각은 물론 털끝만큼도 없었다. 옷깃에 비표를 단 청년이 우산을 ⓒ 우산
　　죄수 등을 태우기 위하여 철망을 둘러친 차를 속되게 이르는 말　　　　　　　　　　　　　　　　　　　　　　　　　　　　　　무전기
이상의 것으로 보아 주지 않는다면 그건 어쩔 도리 없는 노릇이었다. 김달채 씨는 남의 채마밭에서 무 뽑아 먹다 들킨 아이처
　　　　　　　　　　　우산을 무전기로 보이게 하려는 시도가 좌절되자 비굴해지는 달채 씨　　　　　식물을 심어 가꾸는 밭
럼 무르춤한 꼬락서니가 되어 맥없이 돌아설 수밖에 없었다.
　뜻밖의 사실에 놀라 뒤로 물러서려는 듯이 하여 행동을 갑자기 멈춘

● 인물 관계도

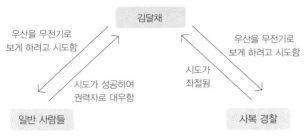

● 핵심 정리

갈래	현대 소설, 세태 소설
성격	상징적, 풍자적, 해학적
시점	전지적 작가 시점
배경	1980년대 우리나라
주제	권력의 속성에 대한 통찰과 소시민의 타산적 태도 비판
특징	• 어리석은 인물의 경험을 통해 권력의 의미와 권력자의 모습을 보여 줌 • 상징적인 소재(우산 = 무전기)를 통해 주제를 드러냄 • 당시의 시대상을 보여 주는 '토큰, 올림픽복권, 최루탄' 등의 용어가 사용됨

● 전체 줄거리 지방 구청의 호적계상인 김달채 씨는 고교 동기인 '죠 박사'의 귀국 축하 파티에서 고급 가죽 케이스에 담긴 독일제 우산을 선물로
받게 된다. 어느 날 김달채 씨는 친구와의 약속 때문에 다방에 가는데, 다방 종업원이 김달채 씨의 행색을 보고 김달채 씨를 물친설하게 대하다가
탁자 위에 놓인 김달채 씨의 우산을 본 후 태도가 급변한다. 케이스에 담겨 있는 우산을 무전기로 오인하고 김달채 씨를 권력 기관의 특수 기관원
으로 생각한 것이다. 또한 후미진 골목에서 한 여자를 괴롭히던 여러 명의 사내들은 김달채 씨가 다가가자 김달채 씨의 뒷주머니 쪽에서 달랑거리
는 우산 케이스를 보고 부리나케 도망쳐 버린다. [(수록 부분) 우산 하나로 여기저기서 주목을 받게 된 김달채 씨는 밤늦도록 길거리를 배회하며 마
주치는 사람들을 상대로 반응을 떠보는 일에 심취하게 된다. 어느 날 시위 현장을 목격한 김달채 씨는 시위가 일어나고 있는 현장의 전면에 나서
사복 경찰들을 향해 목청을 높인다. 김달채 씨는 자신을 향해 달려온 사복 차림의 청년에게 엉겁결에 우산 케이스를 내보였으나 사복 경찰이 거들
떠보지도 않자 맥없이 물러선다.] 김달채 씨가 멀리서 상황을 주시하고 있는데, 곧 격렬한 싸움이 재개된다. 학생들이 화염병에 불을 붙이는 모습
을 본 김달채 씨는 화염병은 안 된다며 학생들을 향해 달려간다. 김달채 씨는 자기 뒤를 쫓아오는, 진짜 무전기를 든 경찰들에게 자신의 우산 케이
스를 흔들어 보이며 괜찮다는 몸짓을 지어 보인다. 학생들은 김달채 씨를 진짜 경찰로 오해하여 그에게 돌멩이를 던지고, 거구의 장정들이 그를 붙
잡아 끌고 간다. 장정들에게 끌려가는 다급한 상황 속에서도 김달채 씨는 뒤를 돌아다보는데, 김달채 씨가 아끼던 그 우산은 길바닥에 떨어져 쫓고
쫓기는 젊은이들의 구둣발길에 무수히 짓밟히는 중이었다.

09 {유형 ❷ 서술상의 특징}

이게 정답! ④ [A]를 보면 김달채는 '지하철이나 버스 혹은 공중변소나 포장마차 안에서, 백화점에서 사지도 않을 물건을 흥정하거나 정류장에서
토큰 아니면 올림픽복권을 사면서, 그리고 행인에게 담뱃불을 빌리거나 더욱 과감하게는 파출소에 들어가 경찰관에게 길을 묻는 시늉을 하'면서 사
람들이 우산 임자인 자기를 어떻게 대우하는지 반응을 떠보고 있어요. 따라서 한 가지 목적으로 수렴되는 인물의 의도적인 행위들을 나열하고 있
다고 볼 수 있어요.

왜 답이 아니지? ① [A]에서 중심인물인 김달채가 알지 못하는 사건을 제시하고 있지는 않아요.
② [A]에서 김달채가 여러 공간을 이동하고 있기는 하지만, 인물의 내면 변화를 회상을 통해 제시하고 있지는 않아요.
③ [A]에 동시에 일어난 여러 사건들을 병치한 부분은 나타나 있지 않으며, 사건에 대한 서로 다른 관점을 드러내고 있지도 않아요.
⑤ [A]에서 상대를 달리하여 벌이는 김달채의 행동을 서술하고 있기는 하지만, 갈등이 점진적으로 심화되고 있지는 않아요. **정답 ④**

10 {유형 ❷ 인물 이해}

이게 정답! ③ '그리 멀지 않은 곳에서 ~ 달려가기 시작했다.' 부분을 보면, 김달채가 근처에서 흥미를 느낄 만한 일이 벌어지고 있음을 짐작하고
달아나는 행인들과 반대 방향으로 달려갔음을 알 수 있어요. 그리고 그렇게 달려간 곳은 시위 현장이었지요.

② 김달채가 들고 다닌 것은 '무전기를 닮은 우산'이지, 실제 '무전기'는 아니에요.

④ 김달채가 구경꾼들을 비집고 선면에 나서서 사복 경찰들에게 목청을 높이는 모습이 나오므로, 김달채가 전경대의 위세에 압도되어 구경꾼들 뒤로 물러선다는 설명은 적절하지 않아요.

⑤ 김달채는 사복 차림의 청년에게 닭장차에 타고 싶냐는 협박을 들었을 뿐, 실제로 닭장차에 끌려가게 된 것은 아니에요. **정답 ③**

11 {유형 ❸ 핵심 소재 이해}

이게 정답! ⑤ ㉠ '케이스'는 무전기를 닮은 '우산 케이스'를 말하는 것이고, ㉡ '우산 이상의 것'은 문맥상 진짜 '무전기'라고 이해할 수 있어요. '사복 차림의 청년'은 김달채가 내보인 우산 케이스를 애당초 거들떠볼 생각조차 하지 않았어요. 따라서 '사복 차림의 청년'이 '우산 케이스'를 '무전기'처럼 보이게 하려는 김달채의 의도를 알아차렸다는 설명은 적절하지 않아요.

왜 답이 아니지? ① 김달채는 자신의 우산 케이스를 보고 이를 무전기로 잘못 인식하는 사람들이 있다는 사실을 알게 됐어요.

② 김달채는 우산 케이스의 끝부분만 감질나게 보여 주는 편이 사람들을 놀라게 하는 데 훨씬 더 효과적이고 반응도 민감하다는 사실을 알게 됐어요. 즉, ㉠의 효과적인 사용법을 알게 된 것이라 할 수 있죠.

③ 김달채가 얻어낸 결론을 보면, '진짜 무전기에 익숙한 일부 극소수의 사람들'을 제외한 거개의 서민들이 쉽사리 우산에 속아 넘어갔음을 알 수 있어요. 이를 통해 '일부 극소수의 사람들'에게는 ㉡을 가진 사람처럼 보이려는 김달채의 의도가 실현되지 않음을 짐작할 수 있어요.

④ 김달채는 진짜 무전기에 익숙하지 않은 '거개의 서민들'이 ㉠을 ㉡으로 오인한다고 판단하고 있어요. **정답 ⑤**

12 {유형 ❹ 〈보기〉 활용 문제}

이게 정답! ⑤ 〈보기〉에서 말하는 허구적 권력 표지는 '우산'이라고 할 수 있어요. 김달채는 이 가짜 권력 표지를 이용해 타인의 승인을 얻고, 타인과의 관계에서 우위를 차지하며, 그로 인해 어느 정도 권력을 누렸다고 할 수 있어요. 그리고 이를 통해 자신감을 얻었지요. 김달채가 비표를 단 청년 앞에서 맥없이 돌아선 것은, '우산'을 통해 이전과 같이 우위를 차지하려던 시도가 좌절되었기 때문이에요. 비표를 단 청년이 '우산'을 '우산 이상의 것'으로 봐 주지 않고 권력의 승인을 거부한 것이죠. 따라서 김달채가 돌아선 이유를 학생들과 맺은 유대 관계를 단절하여 기득권을 지키려 했기 때문이라고 보는 것은 적절하지 않아요.

왜 답이 아니지? ① 김달채가 각계각층 사람들의 반응을 살피는 것은 사람들이 무전기로 상징되는 권력에 대해 어떻게 반응하는지 확인하는 것이라 할 수 있어요. 이는 김달채가 권력관계를 의식하는 인물임을 드러내는 거예요.

② 포장마찻집 주인이 김달채의 술값을 받지 않으려고 한 것은 김달채가 무전기를 가졌다고 생각했기 때문이에요. 이를 통해 권력이 인물 간에 우열 관계를 형성하는 요인임을 확인할 수 있어요.

③ 김달채는 머리를 더욱 짧게 깎고 스포티한 잠바 스타일에 선글라스를 끼는 등 외양에 변화를 주었어요. 이는 자신을 권력을 지닌 인물처럼 보이게 하려는 것으로, 타인의 승인을 더 쉽게 받기 위함이라고 볼 수 있어요. 즉, 허구적 권력 표지를 이용하는 데 더 적극적으로 나서려는 김달채의 의도를 보여 주지요.

④ 김달채는 버스 안으로 학생들을 마구 밀어 넣는 사복들을 향해 목청을 높이며 항의하였는데, 자신도 깜짝 놀랄 지경으로 용기가 솟아났다고 했어요. 〈보기〉에서는 허구적 권력 표지를 통해 타인의 승인을 얻음으로써 자신감을 갖게 된 인물에 대해 설명하고 있으므로, 이에 비추어 볼 때 김달채의 이런 행동은 그동안 승인받은 경험들을 통해 얻게 된 자신감을 단적으로 보여 준다고 할 수 있어요. **정답 ⑤**

김소진, 〈자전거 도둑〉

● 지문 해설

한 평도 채 안 되는 구멍가게는 중풍으로 쓰러져 정상적 건강 상태가 아니었던 아버지의 유일한 수입원이자 **생존 이유였다.**
<small>'나'가 궁핍한 유년 시절을 보냈음을 알 수 있음</small>
때문에 ㉠ 그 구멍가게에 대한 아버지의 몰두와 자존심은 각별했다.

한번은 내가 아버지가 가게를 잠깐 비운 사이에 곁에 허연 인공 설탕 가루를 묻힌 '미키대장군'이라는 **캐러멜**을 하나 아무 생각 없이 널름 집어먹은 적이 있었다. 하나에 이 원, 다섯 개에 십 원이었다. 잠시 뒤에 돌아온 아버지는 단박에 그 사실을 알아
<small>일본식 권법인 가라테를 우리 한자음으로 읽은 이름</small>
채고는 불같이 화를 내며 내 목덜미에 당수를 댓 대 세게 내려 꽂는 것이었다. 그 캐러멜 갑 안에 미키대장군이 몇 개 들어 있
<small>작은 가게를 운영했기에 조금의 이익일지라도 허투루 여길 수 없었던 아버지의 태도가 드러남</small>
는지조차 훤히 꿰차고 있는 아버지였다.
<small>쥐 따위가 이리저리 쏘다니며 물건을 함부로 잘게 물어뜯는 짓</small>
— 이런 민한 종간나래! 얌생이처럼 기러케 쏠라닥질을 허자면 이 가게 안에 뭐이가 하나 제대로 남아나겠니, 응?
<small>미련스러운</small> <small>남의 물건을 조금씩 슬쩍슬쩍 훔쳐 내는 짓을 속되게 이르는 말</small>
그리고 나서는 좀 머쓱했는지 입이 한 발쯤 튀어나와 뾰로통해서 서 있는 내게 미키대장군 네 개를 집어 내미는 거였다. 어차피 짝이 맞아야 파니까, 하면서 억지로 내 손아귀에 쥐어 주었다. ㉡ 나는 그 무허가 불량 식품인 캐러멜 네 개가 끈끈하게
<small>어린 나이임에도 과자를 먹고 싶어 하는 마음보다 자신이 입은 마음의 상처를 더 크게 느끼는 모습. '나'가 자존심이 강한 인물임을 드러냄</small>
녹아내릴 때까지 먹지 않고 쥔 채 서 있었다.

— 널큼 털어 넣지 못하겠니, 으잉?
<small>아버지가 자신의 행동이 다소 과했음을 멋쩍게 여기고 '나'에게 미안함을 드러내는 모습</small>

목덜미에 아버지의 가벼운 당수를 한 대 더 얹은 다음에야 한입에 털어 넣고 돌아서 나왔다. 아버지도 가게 일을 수월하게 보려면 잔심부름꾼인 나를 무시하고는 아쉬울 때가 많을 터였다. 워낙 짧은 밑천으로 가게를 꾸려 가자니 아버지는 물건 구색을 맞추느라 하루에도 많을 때는 세 번까지 시장통 도매상으로 정부미 포대를 거머쥐고 종종걸음을 쳐야 했고, 막내인 나는 번번이 아버지의 뒤로 **팔을 늘어뜨린 채** 졸졸 따를 수밖에 없었다.

<small>아버지의 몸이 불편하기에 일을 도울 수밖에 없는 상황이지만, 어린 마음에 그것을 마뜩찮게 여기고 있는 '나'의 태도를 알 수 있음</small>

그땐 그게 죽도록 싫었다. 하마 **시장통**에서 야구 글러브를 끼거나 조립용 신형 무기 장난감 상자를 든 **반 친구**를 만나거나, 심지어 과외나 주산 학원을 가는 여자 아이들을 만나는 날에는 정말 그 자리에서 혀를 빼물고 죽고 싶은 생각뿐이었다. (중략)

어느 날이었다. 아버지와 나는 앞서거니 뒤서거니 하면서 그 정부미 자루를 날라 왔다. 그런데 집에 도착해 한숨을 돌린 뒤 자루를 풀고 물건을 정리해 보니 스무 병이 와야 할 소주가 두 병이 모자란 채 열여덟 병만 온 것이었다.

<small>마주 대하여 보기가</small>

ⓒ 아버지의 얼굴은 맞보기가 민망할 정도로 금세 하얗게 질렸다. 왜냐하면 그 덜 온 두 병을 빼고 나면 나머지 것들을 몽땅 <small>영세한 구멍가게의 사정으로서는 생존의 문제와 직결되는 문제가 발생했기 때문</small> 팔아 봤자 결국 본전치기일 뿐이었기 때문이다. 아버지는 내 등을 떼밀어 물건을 받아 온 수도상회의 혹부리 영감한테 내려보냈다. 아버지는 말주변도 말주변이었지만 **중풍 후유증** 때문에 약간의 **언어 장애**가 있어 일부러 나를 보냈던 것이다.

— 뭐 하러 왔네?

가게 안에 북적거리는 손님들에게 셈을 치러 주느라 몇 번이고 주판알을 고르는 데 바쁜 혹부리 영감의 눈길을 잡아 두는 데 성공한 나는 더듬더듬 자초지종을 말했다. 그러나 귓등에 연필을 꽂은 채 심술이 덕지덕지 모여 이뤄진 듯한 왼쪽 이마빡의 눈 <small>인물의 외양을 묘사하며 성격을 제시함. 이는 (지문에는 나오지 않지만) 이어지는 내용에서 아버지와 '나'가 곤욕을 치르게 되는 데 개연성을 부여함</small> 깔사탕만 한 혹을 어루만지며 듣던 ② **혹부리 영감**은 풍기 때문에 왼쪽으로 힐끗 돌아간 두터운 입술을 떠들쳐 굵은 침방울을 <small>중풍</small> 내 얼굴에 마구 튀겼다. 애초 자기 눈앞에서 까 보이지 않은 것은 인정할 수 없다며 막무가내였다. 나중엔 아버지까지 함께 내려가서 하소연을 해 봤지만 돌아온 대답은 정 그렇게 우기면 거래를 끊겠다는 협박성 경고뿐이었다. 거래가 끊긴다면 아버지한 <small>혹부리 영감에게 아버지는 거래상 중요한 인물이 아니지만, 구멍가게를 운영하는 아버지는 자신에게 도맷값으로 물건을 넘겨주는 혹부리 영감에게 의지할 수밖에 없음</small> 테는 큰 타격이 아닐 수 없었다. / 혹부리 영감은 아버지한테 무슨 큰 특혜를 내려 주듯이 거래를 터 준다고 허락을 놓았었다. 같은 함경도 동향이기 때문이라는 말을 덧붙이면서. 하긴 혹부리 영감한테는 매번 소주 열 병 안짝에다 새우깡 열 봉지, 껌 대여섯 개, 빵 예닐곱 개 등 일반 소매 가격 구매자보다 더 많은 물건을 떼어 가지도 않으면서 부득부득 도맷값으로 해 달라고 통사정을 해 쌓는 아버지 같은 사람 하나쯤 **거래를 끊인다**도 장부상 거의 표가 나지 않을 것이었다.

결국 아버지는 자신의 과오를 인정하지 않을 수 없었다. ⑩ 당신의 자그마한 구멍가게로 돌아와 나머지 열여덟 병의 소주를 넣 나 <small>생계를 위한 이유이긴 하나 아버지는 아들인 '나'가 보는 앞에서 나약한 모습을 보이고 맒</small> 간 사람처럼 쓰다듬던 아버지는 기어코 아들인 내 앞에서 눈물을 보이고 말았다. 아! 아버지……

● 인물 관계도

| '나' | → | 아버지 | → | 혹부리 영감 |

- 자존심이 강함
- 아버지가 구멍가게를 운영하는 데 일손을 보탬

중풍을 앓은 후 몸이 다소 불편하며 약간의 언어 장애가 있음

아버지의 구멍가게에 들어갈 물건을 도맷값으로 넘겨줌

● 핵심 정리

갈래	단편 소설
성격	회고적, 사실적
시점	1인칭 주인공 시점
배경	① 시간적 배경 : 1970년대('나'의 유년기), 1990년대('나'와 '서미혜'가 만나는 시점) ② 공간적 배경 : '나'의 고향(1970년대), 서울 근교의 신도시(1990년대)
주제	유년 시절의 상처와 삶의 쓸쓸함

● 전체 줄거리 기자인 '나(김승호)'는 자신의 자전거를 몰래 훔쳐 타는 범인이 위층의 젊은 여자(서미혜)임을 알게 되고, 그것을 계기로 오래된 영화 '자전거 도둑'을 떠올린다. '나'는 영화를 보면서 '내'가 겪은 어린 시절의 상처를 떠올린다. [(수록 부분) 어린 시절 '나'의 아버지는 한 평도 채 안 되는 작은 구멍가게를 운영했는데, 그 구멍가게는 중풍으로 몸이 불편한 아버지의 유일한 수입원이자 생존 이유였다. 아버지는 캐러멜 갑 안에 '미키대장군'이 몇 개 들어 있는지조차 훤히 꿰고 있을 정도로 구멍가게에 대한 애정이 각별했다. 어느 날, 아버지를 돕던 중 혹부리 영감의 도매상에서 떼 온 물건의 개수가 장부와 맞지 않음을 알게 된다. '나'와 아버지는 혹부리 영감을 찾아가 자초지종을 설명하고 물건을 더 달라고 하소연을 해 보지만, 혹부리 영감은 매몰차게 이를 거절한다. 아버지는 결국 '내' 앞에서 눈물을 흘리고.] 아버지는 빠진 개수만큼의 물건을 훔치기에 이른다. 하

지만 이내 도둑질은 발각되고, '나'는 아버지 대신 누명을 쓰기를 자처한다. 혹부리 영감의 요구로 아버지는 사실은 죄가 없는 '나'의 빰을 호되게 때리고, '나'는 아버지의 눈에 어린 비참함과 슬픔을 보면서 절대 '아버지'라는 존재는 되지 말자고 다짐한다.
'나'는 자전거를 도둑질하여 타던 서미혜와 가까워진다. '나'는 빰을 맞은 사건 이후 밤에 몰래 혹부리 영감의 가게에 침입해 가게를 쑥대밭으로 만들어 놓은 일화를 서미혜에게 전하고, 서미혜는 어린 시절 오빠와 관계된 상처와 아픔을 '나'에게 털어놓는다. 하지만, '나'는 그 자리가 불편해져 서미혜의 이야기를 끝까지 듣지 않고 집을 나와 버린다. 며칠이 지난 후 '나'는 우연히 서미혜가 다른 자전거를 또 훔쳐서 타는 모습을 목격한다.

13 {유형 ❷ 인물 이해}

이게 정답! ① 아버지는 혹부리 영감에게 물건을 받아 오는 과정에서 소주 스무 병 값을 치르고 열여덟 병만 가져오는 실수를 저질렀음을 깨달아요. '나'와 아버지는 혹부리 영감을 찾아가 사정을 설명하고 하소연을 하지만, 혹부리 영감은 '자기 눈앞에서 까 보이지 않은 것은 인정할 수 없다며' 매몰차게 거절해요. 게다가 '정 그렇게 우기면 거래를 끊겠다'고 '협박성 경고'까지 덧붙이죠. 따라서 아버지는 혹부리 영감의 위협적인 경고로 인해 혹부리 영감의 주장을 따를 수밖에 없었음을 알 수 있어요.

왜 답이 아니지? ② 작은 구멍가게에서는 물건을 팔아도 많은 이윤을 남기지는 못해요. 따라서 아버지는 소주 두 병을 덜 받아 온 사실을 깨닫고는 얼굴이 하얗게 질려 버렸지요. 이는 아버지가 당황한 내색을 보인 것에 해당해요.
③ '나'가 가게에 있던 '미키대장군'이라는 캐러멜을 하나 집어먹은 것을 알고 아버지는 '나'의 목덜미에 당수를 한 대 세게 내리꽂으며 불같이 화를 내요. 그러므로 아버지가 '나'의 잘못을 묵인했다고 볼 수는 없어요.
④ '나'가 아버지 대신 혹부리 영감을 찾아가 자초지종을 설명하고 하소연한 것은 맞지만, 혹부리 영감이 '나'의 염려를 덜어 주는 내용은 지문에서 찾을 수 없어요.
⑤ '나'는 몸이 불편한 아버지가 구멍가게를 꾸려 나가는 것을 도왔어요. 하지만 '팔을 늘어뜨린 채 졸졸 따를 수밖에 없었다.', '그땐 그게 죽도록 싫었다.' 등의 표현을 통해, '나'의 기분과 무관하게 아버지가 '나'를 심부름꾼으로 데리고 다녔음을 추측할 수 있어요. 아버지가 우울해하는 '나'를 기분 좋게 하려 노력했다는 내용은 지문에서 찾을 수 없어요. **정답 ①**

14 {유형 ❷ 인물 이해 + ❸ 핵심 소재 이해}

이게 정답! ⑤ '나'는 혹부리 영감에게 '아버지 같은 사람 하나쯤 거래를 끊어도 장부상 거의 표가 나지 않을 것'인 데 반해, 혹부리 영감과 아버지와의 '거래가 끊긴다면 아버지한테는 큰 타격이 아닐 수 없었다.'라고 생각해요. 자신의 구멍가게로 돌아온 아버지는 결국 '나' 앞에서 눈물을 보이고 마는데, 이는 아버지와 혹부리 영감의 거래 관계에 있어서 혹부리 영감이 절대적인 우위에 있었음을 보여 줘요. 따라서 '나'가 혹부리 영감에 대한 기억을 통해 형편이 어려운 사람들 간의 유대감을 느꼈을 것이라는 감상은 적절하지 않아요.

왜 답이 아니지? ① 아버지는 캐러멜 갑 안에 캐러멜이 몇 개 들어 있는지까지 모두 알고 있을 정도로 구멍가게를 각별한 애정으로 운영해요. '나'는 이를 통해 구멍가게가 아버지의 유일한 수입원이자 생존 이유였음을 짐작하고 있어요.
② 아버지는 억지로 '나'에게 캐러멜 네 개를 쥐어 주면서 '어차피 짝이 맞아야 파니까니'라는 이유를 대고 있어요. 그러면서 '늘금 털어 넣지 못하겠니?'라고 덧붙여요. 이는 자신의 이전 행동이 과했음을 깨닫고는 '나'에 대한 미안함을 에둘러 표현한 것으로 볼 수 있어요. 아버지의 이러한 모습은 아버지가 자신의 속마음을 드러내는 데 서툰 사람이라는 것을 알 수 있게 해 주지요.
③ '나'는 몸이 불편한 아버지가 구멍가게를 꾸려 나가는 것을 도와드려요. 하지만 '그땐 그게 죽도록 싫었다.', '그 자리에서 혀를 빼물고 죽고 싶은 생각뿐이었다.' 등의 표현을 통해, 궁핍한 생활이 어린 시절 '나'의 내면에 상처로 기억되고 있음을 추측할 수 있어요.
④ 아버지는 언어 장애가 있는 자신 대신 '나'를 혹부리 영감에게 보냈어요. 하지만 혹부리 영감은 자신이 직접 확인하지 못한 것은 인정할 수 없다며 야멸차게 대하죠. 이는 '나'에게 손해를 조금도 보지 않으려는 이해타산적인 어른들의 세계에 대한 경험으로 남았을 거예요. **정답 ⑤**

15 {유형 ❹ 〈보기〉 활용 문제}

이게 정답! ⑤ ⑩은 소주병을 쓰다듬던 아버지가 아들인 '내' 앞에서 눈물을 보이는 모습이에요. 이는 〈보기〉에 제시된 서술 방식 중 세 번째 서술 방식인 유년 '나'로 시선을 제한하여 아버지의 행위와 표정을 묘사한 것으로 볼 수 있어요. 하지만 ⑩에서 유년 '나'의 심리를 함께 제시한 부분은 찾아볼 수 없어요.

왜 답이 아니지? ① ㉠에서 구멍가게에 대한 아버지의 몰두와 자존심이 각별했다는 표현은 서술자가 아버지의 내면 심리를 설명하는 것으로, 이는 〈보기〉의 첫 번째 서술 방식을 활용한 것에 해당해요. 이는 성인 '나'가 아버지라는 사람에 대한 판단을 독자에게 전달하는 것인데, 이러한 서술에서 독자는 서술자가 해석한 내용을 통해 상황을 이해하게 돼요.
② ㉡은 서술자가 어린 시절 '나'의 행동을 묘사한 것으로, '무허가 불량 식품'이라는 표현을 고려한다면 이는 〈보기〉의 두 번째 서술 방식을 활용한 것임을 알 수 있어요. 즉, 성인이 된 서술자가 과거 유년 시절의 자신의 행위만을 묘사한 것으로, 이때 인물의 행위에 대한 판단이 제시되지 않았으므로, 독자는 그것이 갖는 의미를 스스로 해석해야 할 거예요.
③ ㉢은 유년 '나'의 시선으로 아버지의 표정을 그대로 묘사한 것으로 볼 수 있어요. 이를 〈보기〉의 세 번째 서술 방식이 활용된 것으로 본다면, 아버지의 내면이 직접적으로 서술되지는 않았으므로 독자가 아버지의 내면을 스스로 해석해야 할 거예요.
④ ㉣을 〈보기〉의 세 번째 서술 방식이 활용된 것으로 본다면, 독자는 혹부리 영감의 생김새와 행동에 대한 생생한 묘사를 통해 마치 그 현장을 직접 보는 듯한 느낌을 받을 수 있을 거예요. **정답 ⑤**

IV

고전소설

Prologue 1

고전소설의 언어를 익혀라!

고전소설의 언어, 즉 고전소설의 패턴을 파악해 보는 단원이에요. 현대소설처럼, 고전소설을 읽을 때도 수동적으로만 작품을 읽어 나가면 문제를 제대로 풀 수가 없죠. 더구나 현대소설과는 다르게 무슨 뜻인지 감조차 오지 않는 옛말도 많이 나와요.

먼저 현대소설과는 다른 고전소설의 특징을 공부할 거예요. 구성이나 배경, 서술자 같은 소설의 특징은 현대소설에서 이미 배웠죠? 이번에는 고전소설의 특징을 알아보고, 고전소설에 나오는 어휘를 정복한 후에 작품을 유형별로 나누어 그 특징을 살펴볼 거예요.

마지막으로 고전소설 중에서 두드러진 특징을 지니고 있고 자주 출제되고 있는 환몽구조 소설과 판소리계 소설도 자세히 공부해 볼 거예요. 두 소설 모두 반드시 알고 가야 해요. 그럼 하나씩 배워 볼까요?

Act 01

현대소설과 조금 달라, 고전소설의 특징

이번 Act에서는 고전소설의 전반적인 특징에 대해 확인해 볼 거예요. 고전소설은 현대소설에 비해 이야기 구조나 인물의 특징이 비교적 단순한 편이에요. 그러니 그 특징을 미리 살펴보면 고전소설을 이해하는 데에 도움이 되겠죠? 아, 참고로 이번 Act에서 배우는 특징들은 어디까지나 '전반적'인 특징이라는 거, 이런 특징들이 모든 작품에 항상 나타나는 것은 아니라는 거 염두에 둬야 해요. 그럼 특징을 하나씩 공부해 봅시다.

| 1 | 우연성과 전기성

고전소설은 우연성과 전기성을 특징으로 하는 경우가 많아요. **우연성**은 필연적이지 않은 것을 말해요. 필연적이라는 건 어떤 사건이 일어나기 위해 마땅한 원인이나 동기가 있다는 거니까, 우연적이라는 건 그런 원인이나 동기가 없다는 거겠죠. 길 가다 우연히 친구를 만났을 때의 바로 그 '우연히'. 그럼 고전소설에서 우연성이 드러나는 예를 한번 떠올려 볼까요? 우리가 잘 아는 〈심청전〉에서 심청이는 아버지인 심봉사의 눈을 뜨게 하기 위해 공양미 삼백 석이 필요하죠. 그런데 때마침 제물로 쓸 처녀를 사기 위해 중국 상인들이 나타나요. 너무도 우연히, 신기하게도, 하필 그때!

고전소설의 다음 특징인 전기성에 대해 살펴봅시다. 우선 **전기적(傳奇的)**이라는 건, '전할 전(傳)+기이할 기(奇)'로, 기이하여 세상에 전할 만한 것이라는 뜻이에요. 한마디로 기이하다는 뜻이죠(참고로 '위인들의 전기'라고 할 때 전기(傳記)와는 한자가 전혀 달라요!). 고전소설을 보면 마치 판타지 소설에서나 볼 법한 모습들이 자주 등장해요. 예를 들어 주인공이 신출귀몰한 재주를 부린다거나, 못생긴 여인이 허물을 벗고 아름다운 모습으로 탈바꿈하는 것과 같은 것이 있죠. 예를 하나 살펴볼까요?

여인은 쓰기를 마친 뒤에 공중에 높이 솟아 가 버렸는데, 어디로 갔는지 알 수가 없었다. 여인이 돌아가면서 시녀를 시켜 홍생에게 말을 전하였다.

"옥황상제의 명이 엄하셔서 나는 이제 흰 난새를 타고 돌아가겠소. 맑은 이야기를 다하지 못했기에 내 속마음이 아주 섭섭하오."

얼마 뒤에 회오리바람이 불어와 땅을 휘감더니 홍생이 앉았던 자리도 걷고 여인의 시도 앗아가 버렸는데, 이 시도 또한 어디로 갔는지 알 수가 없었다. 이상한 이야기를 인간 세상에 전하여 퍼뜨리지 못하게 한 것이었다.

　홍생은 조용히 서서 가만히 생각해 보았는데, 꿈도 아니고 생시도 아니었다. 난간에 기대서서 정신을 모으니는 여인이 하였던 말들을 모두 기록하였다. 그는 기이하게 만났지만 가슴속에 쌓인 이야기를 다 하지 못한 것이 서운하여, 조금 전의 일들을 회상하면서 시를 읊었다.

－ 김시습, 〈취유부벽정기〉

　위 작품은 김시습이 지은 한문 소설집인 《금오신화》에 실린 〈취유부벽정기〉의 일부분이에요. 지문에 표시된 부분을 보면 여인이 공중으로 높이 솟아오른 후에 사라졌다는 것과 회오리바람이 불어 사람도 흔적도 다 사라졌다는 것을 확인할 수 있죠. 어때요? 현실에서 일어날 법한 일들은 아니죠? 이처럼 작품 속에서 비현실적인 사건이 벌어질 때, 우리는 그 작품을 두고 '전기성이 있다', '전기적이다'라고 얘기해요.

┃ 2 ┃ 전지적 작가 시점과 편집자적 논평

　고전소설은 **전지적 작가 시점**에서 쓰인 것들이 많아요. 전지적 작가 시점이 무엇인지 기억나나요? 서술자가 마치 신처럼 모든 것을 다 알고 있으면서 독자들에게 이야기해 주는 시점이 전지적 작가 시점이잖아요.

　전지적 작가 시점에서 이야기를 들려주다 보니 서술자가 직접 등장인물이나 벌어진 사건 등에 대해 평가를 하거나 견해를 드러내는 **편집자적 논평**도 비교적 자주 나타나는 편이에요. 서술자가 이야기에 개입하는 경우가 잦은 거죠. 편집자적 논평, 전지적 작가 시점에 대해서는 현대소설 단원에서 배웠으니까, 여기서는 구체적인 작품을 통해 확인만 하고 넘어가기로 하자고요.

　"금준미주는 천인혈이요 옥반가효는 만성고라. 촉루낙시에 민루낙이요 가성고처에 원성고라."
　그 글 뜻은, 금동이의 아름다운 술은 일천 사람의 피요, 옥소반의 아름다운 안주는 일만 사람의 기름이라. 촛불 눈물 떨어질 때에 백성의 눈물이 떨어지고, 노랫소리 높은 곳에 백성의 원망이 높더라.
　이렇듯이 지어 놓으니 그 아니 명작인가.

－ 작자 미상, 〈춘향전(완판본)〉

　위 내용은 〈춘향전〉에서 이 도령이 변학도의 잔치에 신분을 숨기고 나타나 시 한 편을 지어 읊는 장면이에요. 시는 탐관오리의 악행을 비판하는 내용이었죠. 그런데 지문에 표시된 부분을 보면 '이렇듯이 지어 놓으니 그 아니 명작인가.'라고 되어 있죠? 이건 작중 인물의 평가가 아니라 서술자의 평가예요. 즉, 서술자가 이 도령의 글귀에 대해 자신의 견해를 드러내고 있는 거죠. 이런 게 바로 고전소설 속의 편집자적 논평이에요.

소설에서 인물의 성격 제시 방법으로 '말하기'와 '보여주기'가 있다는 거 기억하죠? 현대소설에서는 '말하기'가 잘 나타나지 않는 반면에, 고전소설에는 '말하기'가 굉장히 흔하게 나타나요. 이 역시 아무래도 고전소설이 대체적으로 전지적 작가 시점에서 쓰였기 때문이겠지요. 예를 들면 다음과 같은 식이에요.

> 그 고장 동쪽에는 동리자라는 미모의 과부가 있었다. 천자가 그 절개를 가상히 여기고 제후가 그 현숙함을 사모하여, 그 마을의 둘레를 봉해서 '동리과부지려(東里寡婦之閭)'라고 정표해 주기도 했다. 이처럼 동리자가 수절을 잘하는 부인이라 했는데 실은 슬하의 다섯 아들이 저마다 성(姓)을 달리하고 있었다.
>
> — 박지원, 〈호질〉

위 작품을 보면 '동리자'라는 여자에 대해 이 사람이 어떤 사람인지 서술자가 직접 설명해 주고 있어요. 대화나 행동을 통해 보여 주는 것이 아니라, 설명을 해 주고 있기 때문에 '말하기(telling)' 또는 '직접적 제시'라고 할 수 있죠. 이렇게 고전소설에서는 현대소설에 비해 '말하기' 기법이 비교적 많이 나타난답니다.

| 3 | 고전소설의 결말

고전소설은 오늘날 우리가 보는 드라마로 비유하자면, 어머니들이 즐겨 보시는 아침드라마 같은 느낌이라고 생각하면 돼요. 아침드라마가 악역들의 향연으로 시청자들의 속을 뒤집어 놓다가도 결국엔 속 시원히 시청자가 바라던 대로 흘러가는 것처럼, 고전소설 역시 중간에 아무리 꼬이고 꼬이더라도 결국에는 독자들이 원하는 대로 이야기가 흘러가게끔 되어 있었어요. 독자들이 원하는 결말이 뭐냐고요? 그거야 지금과 똑같아요. 주인공이 오래오래 행복하게 잘 살았다는 결말이나 착한 사람은 상을 받고 나쁜 사람을 벌을 받게 되는 걸밀! 아무래도 새드엔딩(sad ending)이나 나쁜 사람이 잘 먹고 잘 살게 되었다는 결말은 왠지 찝찝하잖아요. 세상 살맛 안 나고요.

그래서 고전소설의 결말은 크게 두 가지 특징을 가져요. 바로 **해피엔딩**과 **권선징악**이죠. 우리가 잘 알고 있는 고전소설의 결말을 한번 떠올려 봐요. 〈춘향전〉은 성공한 이 도령이 춘향과 다시 만나는 결말이고, 〈홍길동전〉은 서자인 탓에 꿈을 펼칠 수 없었던 길동이가 나중에 병조판서에 오르기도 하고 나라도 하나 세우잖아요. 어때요? 해피엔딩이죠?

한편, **권선징악(勸善懲惡)**은 '권할 권, 착할 선, 징계할 징, 악할 악'으로 착한 일을 권장하고 악한 일을 벌한다는 뜻이에요. 고전소설 속 이야기는 대개 착한 사람은 상을, 나쁜 사람은 벌을 받는 권선징악의 결말로 마무리되었어요. 뿌린 대로 거두는 셈이니 **인과응보**(因果應報 : 과거 또는 전생의 선악에 따라 훗날의 행과 불행이 결정됨)라고도 할 수 있을 것이고, 나아가서는 **교훈적인 결말**이라고도 할 수 있겠죠. 이렇게, 우리 고전소설은 대체로 해피엔딩과 권선징악으로 이야기의 끝을 맺고는 해요. 하지만 언제나 그렇듯, 그렇지 않은 경우도 있다는 거 잊지 마세요.

| 4 | 고전소설 속 인물의 특징

　고전소설 역시 소설이다 보니 주요 인물의 행적을 따라 사건, 즉 이야기가 전개돼요. 그렇다면 고전소설에 나타나는 인물들은 대체로 어떤 특징이 있는지, 현대소설 속의 인물들과는 어떤 차이가 있는지 한번 살펴봅시다.

● **{전형적, 평면적 인물}**

　효녀! 하면 누가 떠오르죠? 그래요, 바로 심청이죠! 이렇게 우리가 특정한 캐릭터 혹은 특징을 이야기하면 머릿속에 자동적으로 떠오르는 사람이 있는데, 이런 게 바로 전형적인 인물이죠.

　현대소설 단원에서 배웠었는데 기억나죠? 특정한 집단이나 계층을 대표할 수 있는 인물 유형을 **전형적 인물**이라고 했잖아요. 고전소설 속 인물들은 거의 다 전형적 인물에 속해요. 앞서 보았던 심청이는 효녀의 전형, 춘향이는 열녀의 전형이고, 변 사또는 탐관오리를 대표하는 전형적 인물이죠.

　고전소설 속 인물들은 전형성을 가지고 있다는 것 외에도, 대체로 평면적이라는 특징이 있어요. 작품이 시작할 때 보여 준 특성을 끝날 때까지도 변함없이 지니고 있는 인물을 **평면적 인물**이라고 한다고 했었던 거 기억나죠? 고전소설 속 인물들은 보통 처음에 지녔던 성품이 끝까지 이어지는 경우가 많아요. 착했던 흥부가 부자가 된 이후에 점찍고 나타나 놀부한테 복수를 한다거나 그런 일은 일어나지 않잖아요. 보통 착한 사람은 처음부터 끝까지 착한 사람, 나쁜 사람은 처음부터 끝까지 나쁜 사람으로 나타나죠. 이렇게 고전 소설 속 인물들은 대체로 평면적이라는 특징이 있어요(간혹 나쁜 사람이 벌을 받고 잘못을 뉘우치는 경우가 있기는 해요. 이렇게 성격의 변화를 보이는 인물은 '입체적 인물'로 보아야 해요! 예를 들면, 놀부는 마지막에 착하게 바뀌기 때문에 입체적 인물이에요).

● **{주동 인물 vs 반동 인물}**

　고전소설에 등장하는 인물들은 대체로 주동 인물과 반동 인물의 대립 구조가 명확한 편이에요. 고전소설 속 인물들은 대개 선(善) 혹은 악(惡), 즉 착함과 악함이라는 두 가지의 가치 중 한 가지에 속해 있는데, 그렇다 보니 양측의 대립이 더 확실하면서도 극명하게 보이는 거죠. 즉, 고전소설에서는 착한 사람은 우리 편(주동 인물), 나쁜 사람은 저쪽 편(반동 인물), 이런 구도가 흔히 나타난다고 할 수 있어요.

　신데렐라의 한국판 동화라 할 수 있는 〈콩쥐팥쥐전〉을 한번 떠올려 보죠. 착하고 선한 콩쥐는 나쁜 계모와 팥쥐로부터 괴롭힘을 당하죠. 그럼에도 착한 심성을 잃지 않고 살아가요. 착하게 산 콩쥐는 나중에 고을 원님을 만나 행복하게 살고, 나쁜 계모와 팥쥐는 벌을 받게 되죠. 이렇게 주동 인물과 반동 인물 간의 대립 구조를 쉽게 찾아볼 수 있는 고전소설은 선과 악의 대립을 그리는 만큼 착한 사람은 상을, 악한 사람은 벌을 받는 권선징악의 결말로 마무리되는 경우가 많은 거예요.

● {재자가인형 인물}

고전소설의 주인공들은 재자가인형인 경우가 많아요. 재자가인(才 ^{재주 재} 子 ^{자식 자} 佳 ^{아름다울 가} 人 ^{사람 인})이라는 말은, '재주 있는 남자와 아름다운 여자'라는 뜻이예요. 요즘 유행하는 드라마나 영화 속 남녀 주인공을 한번 떠올려 봐요. 남자들은 하나같이 잘생기고 능력 있고, 여자들도 하나같이 예쁘고 매력적이죠. 이게 바로 재자가인형 인물이에요. 아, 현실감 없다…. 하지만 우리도 그런 인물들이 수두룩하게 나오는 드라마나 영화에 열광하는 것처럼, 그 당시 사람들도 그런 고전소설들을 보면서 열광하지 않았을까요? 재자가인형 인물이 어떻게 드러나는지, 고전소설의 한 부분을 통해 보여 줄게요.

> 최척은 나이가 어렸지만 생각이 깊고 마음은 한없이 착했으며, 벗과 사귀기를 좋아하였다. 소년의 아버지는 일찍부터 이런 충고를 했다. (중략)
> 그가 공부를 시작한 지도 몇 달이 지났다. 이미 학문은 크게 진전을 보았다. 동네 사람들은 소년의 총명함을 칭찬해 마지않았다.
>
> — 조위한, 〈최척전〉

위의 작품은 소설 〈최척전〉의 한 부분으로, 최척은 어려서부터 생각이 깊고 마음이 착했대요. 친구들하고도 잘 지냈고요. 그런데 총명하기까지 해서 공부를 시작한 지 몇 달 만에 학문에 있어서도 크게 진전을 보았다고 하네요. 완전 사기 캐릭터네요. 왠지 벌써부터 최척이 높은 관직에 올라 승승장구할 것만 같은 예감이 팍팍 들지요?

이번에는 아름다운 여주인공을 묘사한 부분을 한번 보죠.

> 김 진사는 평양에서도 조신하는 양반이라. 문벌과 재산이 남부럽지 않을 만하지만 슬하에 일점 혈육이 없어 항상 한탄하더니, 만년에 딸 하나를 낳아 이름을 채봉이라 하여 금옥같이 기르니, 채봉이 재주가 총명하여 침선여공(針線女工)과 시서문필(詩書文筆)이 일취월장하고, 화용월태(花容月態)가 미인의 자질을 갖추고 있는지라.
>
> — 작자 미상, 〈채봉감별곡〉

〈채봉감별곡〉에서 여주인공인 '채봉'에 대해 묘사한 부분이에요. 밑줄 친 부분을 보면, 채봉이 침선여공(바느질)과 시서문필(시 짓기와 글쓰기 실력)이 나날이 늘 정도로 재주가 뛰어나고, 화용월태(꽃다운 얼굴과 달 같은 자태)의 미모를 갖춘 인물임을 알 수 있어요. 이렇게 재주도 좋고 아름다우니 어떤 남자가 반하지 않을 수 있겠어요.

위의 최적과 채봉 같은 인물들이 바로 재자가인형 인물들이에요. 고전소설 속 주인공들은 대부분 재자가인이라는 거, 기억해 둬요(참고로 '화용월태'는 미인을 이야기할 때 자주 나오는 단어이니 이 참에 외워 두자고요!).

| 5 | 고전소설의 배경

● {배경 ① – 중국과 조선}

고전소설은 대체로 다음의 두 군데 중 하나를 공간적 배경으로 해요. 바로 중국과 우리나라죠(두 군데가 다 배경으로 그려지는 경우도 물론 있어요!). 여기서 우리나라라 함은 조선을 말하는 거예요. 중국을 배경으로 한 경우를 하나 예를 들어 볼까요?

송(宋) 문제(文帝) 즉위 23년이라. 이때는 시절이 태평하여 나라에 일이 없고 백성도 평안하여 태평성대를 즐겨 노래하더라. 이듬해 가을 9월 병인일에 문제께서 충렬묘에 나아가는데, 원래 충렬묘는 만고 충신 좌승상 조정인의 사당이라.

승상 조정인이 이부상서일 때는 황제 즉위 10년이었는데, 불의에 남란을 당하니 사직이 위태함에, 구원할 방도가 없었다. 이에 그는 송나라 왕실의 옥새와 함께 문제를 모시고 경화문을 나와 무봉 고개를 넘어 광임교에 다달아 보니, 성밖과 성안에 울음소리가 진동하고 남녀노소 가릴 것 없이 구르고 넘어지면서 도망하고 있었다.

– 작자 미상, 〈조웅전〉

위의 작품은 소설 〈조웅전〉의 도입부에요. 밑줄 친 부분을 보면 위 작품이 '송나라'를 배경으로 하고 있다는 거 알 수 있겠죠? 이를 통해 위 작품이 중국을 배경으로 했음을 확인할 수 있어요.

고전소설을 읽다 보면, 분명 우리나라 고전소설인데 중국을 배경으로 하는 작품이 생각보다 굉장히 많다고 느낄 수 있을 거예요(사실, 우리나라를 배경으로 했던 작품은 많지 않아요. 오히려 거의 없다고 할 수 있죠). 왜 멀쩡한 우리나라를 두고 중국을 배경으로 이야기했던 걸까요? 그 이유는 두 가지 정도로 추측해 볼 수 있어요.

첫 번째는 사대주의. 사대주의는 다른 나라(여기서는 중국)가 우리나라보다 우월하다는 관점을 바탕으로 외국의 사상이나 문물을 우선시하는 사상을 말해요. 그 당시에는 중국이 조선보다 우월하다는 사대주의가 널리 퍼져 있었어요. 그러다 보니 중국에 대한 호감도도 높고 호기심이 많았을 거예요. 그래서 중국을 배경으로 이야기를 풀어나가는 경우가 많았던 것으로 추측해 볼 수 있죠.

두 번째는 하고자 하는 이야기가 조선을 배경으로 하기에는 조심스러웠기 때문으로 생각해 볼 수 있어요. 조선에 대한 비판적인 의식이나 조선의 발전 방향을 이야기하고 싶은데, 그게 좀 조심스럽고 부담스러울 때 배경을 슬며시 중국으로 바꿨던 거죠. 누군가 이야기를 읽고 뭐라고 하면, '어? 나이거 조선 얘기한 거 아닌데?!!! 중국을 배경으로 했잖아요!'라고 핑계를 대면서 비난의 화살을 피할 수 있게끔 말이죠.

그렇다고 우리나라를 배경으로 하는 작품이 아예 없었던 것은 아니에요. 외적의 침입 등과 같은 국난을 극복하는 내용의 작품들 중에는 우리나라를 배경으로 하는 경우도 있었어요. 또한 사회 비판적인 내용을 담은 경우에도 보다 직접적으로 비판하고자 할 때에는 우리나라를 배경으로 하기도 했어요. 다만 이런 경우에는 비난을 피하기 위한 장치들을 마련해 두곤 했죠. 예를 들어 누군가에게 들은 이야기라고 둘러대거나, 결말 부분에 주인공이 홀연히 사라져 버린다거나 하는 것이죠. 이렇게 우리나라를 배경으로 했던 대표적인 고전소설 작품에는 〈임진록〉, 〈박씨전〉, 〈허생전〉, 〈홍길동전〉 등이 있어요.

● {배경 ② - 천상계와 지상계}

고전소설은 중국과 조선이라는 비교적 구체적인 공간적 배경 이외에, 천상계와 지상계라는 이원적 공간을 배경으로 설정하기도 했어요. 이때 천상계에는 옥황상제가 사는 하늘나라 이외에도 용궁, 저승, 선계(신선 세계)도 모두 포함돼요. 이처럼 천상계와 지상계로 공간을 이원화하는 경우, 세계를 둘로 나누어 본다는 점에서 이분법적 세계관을 바탕으로 하고 있다고 할 수 있어요.

이러한 이원적 공간 구성은 대체로 적강형 소설에서 많이 나타나요. **적강(謫降)**이란 신선 혹은 신적인 존재가 인간 세상에 내려오는 것을 의미하는 말이에요. 보통 소설 속 주인공은 천상계에서 경전 한 글자를 잘못 읽었거나, 찻잔을 깨뜨리거나 하는 등의 사소한 잘못 하나 때문에 지상계로 내려오게 되는데(지상계가 유배지인 셈이죠), 지상계에서 주인공이 겪는 일련의 사건들이 바로 소설의 주된 내용이 되는 거예요. 이와 같은 이야기 구조를 갖는 소설을 **적강형 소설**이라고 해요.

적강형 소설은 천상계와 지상계가 연결되어 있으며, 결국은 천상계의 질서가 모든 것을 관장하고 있다는 의식을 기반으로 하고 있어요. 즉, 지상계에서의 모든 일은 이미 하늘에서부터 정해진, 천상계의 질서에 의한 것이라는 의식이죠. 이는 인물의 삶이 하늘에 의해 예견되어 있다는 점에서 **운명론적 세계관**을 바탕으로 한다고 볼 수 있어요. 운명론적 세계관이란 어떤 일이든 정해진 운명대로 일어난 것이라는 수용적인 태도를 말해요. 예를 들어 기차가 연착되었는데 이에 대해 화내지 않고 이게 다 하늘의 뜻이고 자신의 운명이라고 생각하는 것도 일종의 운명론적 세계관이죠. 어떤 소설이든지 그 밑바탕에는 작가의 세계관이 깔려 있기 마련인데, 고전소설의 경우에는 운명론적 세계관을 바탕으로 하는 경우가 많고, 적강형 소설은 특히 그래요.

　참고로 적강형 소설에서는 신선 등과 같은 초월적 존재가 조력자로 등장하는 경우가 많고, 주인공이 지상계에서 벌을 모두 받은 뒤 다시 천상계로 돌아가는 것으로 마무리되는 경우가 대다수예요.

쌤의 팁 전기성과 천상계　천상계는 현실에서는 볼 수 없는 비현실적 요소이기 때문에, 천상계가 등장하는 작품들은 전부 다 전기적이라고 말할 수 있어요.

쌤의 팁 고전소설 속의 삽입시　고전소설의 경우에는 중간 중간에 시가 삽입된 작품들이 많아요. 옛 문인들에게는 소설보다는 시가 더 익숙했잖아요(시를 더 오래 써 왔으니까요!). 그래서 서사인 소설을 쓰면서도 작중 인물의 감정을 전달할 때는 시를 활용하려고 했던 것 같아요. 고전소설에 삽입된 시는 작품 속에서 여러 가지 기능을 하는데, 대략 다음과 같은 기능들이 있어요.
① 산문의 단순성을 극복함 ② 인물의 심리나 사건을 비유적·함축적으로 제시함 ③ 인물의 심리와 감정을 효과적으로 전달함 ④ 서정적이고 낭만적인 분위기를 형성함 ⑤ 사건이 전개될 방향을 암시함 ⑥ 주제를 집약적으로 제시함
예를 들어 이런 식이죠.

　이씨 집안에서는 일이 여기에 이르자 마음을 돌려 곧 이생을 불러다 그의 의사를 물었다. 이생은 기쁨을 이기지 못하여 시 한 수를 지었다.

　깨진 거울이 다시 합쳐 둥글게 되는 것도 때가 있는 법,
　은하수의 까막까치들이 아름다운 기약을 도와주었네.
　이제 월하노인이 붉은 실로 매어 주리니
　봄바람 불어도 두견새를 원망치 마시오.

　최씨는 이 소식을 듣고 병이 차츰 회복되었다. 그리고 그녀 역시 시 한 수를 지었다.

　나쁜 인연이 바로 좋은 인연이었던가.
　맹세의 말이 마침내 이루어졌네.
　임과 함께 작은 수레 끌고 갈 날이 어느 때일까.
　부축받고 일어나 꽃 비녀를 추스르려네.

　이에 길일을 가려 혼례를 치르니 끊어졌던 사랑의 줄이 다시 이어지게 되었다.　　　　　　－ 김시습, 〈이생규장전〉

위의 내용은 집안의 반대로 헤어져 있던 이생과 최씨가 결국에는 결혼에 성공하게 되는 장면이에요. 이생이 지은 시에는 재회의 기쁨이, 최씨가 지은 시에는 하루 빨리 임을 만나기를 기다리는 심정이 드러나 있어요. 즉, 삽입시를 통해 인물의 심리와 사건을 비유적·함축적으로 제시하고, 인물의 감정을 효과적으로 전달하면서, 서정적인 분위기를 형성하고 있는 거죠. 삽입시의 기능을 묻는 문제가 출제될 수도 있는데, 그럴 때는 전체 글의 맥락과 시의 내용을 통해 그 기능을 파악해야 해요.

◉ 고전소설 속의 사건은 대체로 우연적이며, 전기적(傳奇的)인 요소가 많이 나타난다!

◉ 고전소설은 전지적 작가 시점에서 쓰인 작품이 많으며, 그로 인해 편집자적 논평을 쉽게 찾아볼 수 있다!

◉ 고전소설의 결말은 대체로 해피엔딩이며 권선징악(인과응보)의 내용을 담고 있다!

◉ 고전소설 속 인물은 대체로 전형적·평면적이며 주동과 반동의 대립 관계로 잘 나뉘고, 주인공은 재자가인(才子佳人)인 경우가 많다!

◉ 고전소설에는 삽입시가 자주 등장하며, 삽입시는 여러 가지 기능을 한다!

예제 연습문제

01 다음 글에 대한 설명으로 적절하지 않은 것은?

> 홀연 보니 동남쪽에서 붉은 기운과 안개 자욱이 끼며 용궁 사신 행렬의 깃발이 공중에서 날아오며 사자(使者) 내달아 아뢰되,
> "동정호 용왕이 원수의 남해 태자 깨침과 공주 구하심을 듣고 친히 궁전에서 축하하려 한대 스스로 맡은 땅에서 경계를 넘지 못하는 고로 궁궐에서 잔치를 베풀고 삼가 원수를 청하여 욕되시더라도 잠깐 임하시게 하시고 겸하여 공주를 궁중에 돌아오시게 하시더이다."
> 원수 왈,
> "내 바야흐로 대군을 거느려 적군과 마주하고 있고 동정호가 여기서 만 리 밖이라 비록 가고자 한들 어이 얻으리오."
> 사자 왈,
> "이미 수레를 갖추어 여덟 용이 끌고 있으니 반나절만 하면 돌아오리이다."
> 하더라.
> 양 원수 용녀와 더불어 함께 수레를 타니 신령한 바람이 수레바퀴에 불어 공중에 오르니 이미 인간 세상에서 몇 천 리를 떠난 줄 알지 못하되 다만 흰 구름이 세계를 덮은 양을 볼러라. 잠깐 사이 동정호에 다다르니 용왕이 맞아 주인과 손님의 예법과 위용이 자못 엄숙하더라.
> 왕이 수중 종족을 모으고 큰 잔치를 차려 원수가 싸움 이기고 용녀가 집에 돌아옴을 축하할새, 술이 취하매 온갖 음악을 내니 풍류 질탕하여 인간 세상과 다르더라.
> — 김만중, 〈구운몽〉

① 전기성이 두드러진다.

② 재자가인형 주인공이 등장한다.

③ 천상계의 공간이 설정되어 있다.

④ 말하기와 보여주기가 모두 사용되고 있다.

⑤ 서술자가 객관적인 입장에서 서술하고 있다.

02 다음 글에 삽입된 시의 기능으로 적절하지 <u>않은</u> 것은?

어느 날 저녁 최씨가 이생에게 말했다.

"세 번이나 좋은 시절을 만났지만, 세상일은 뜻대로 되지 않고 어그러지기만 하네요. 즐거움이 다하기도 전에 갑자기 슬픈 이별이 닥쳐오니 말이에요."

그러고는 마침내 오열하기 시작하였다. 이생은 깜짝 놀라서 물었다.

"무슨 일로 그러시오?"

최씨가 대답하였다.

"저승길의 운수는 피할 수가 없답니다. 하느님께서 저와 당신의 연분이 아직 끝나지 않았고, 또 저희가 아무런 죄악도 저지르지 않았음을 아시고 이 몸을 환생시켜 당신과 지내며 잠시 시름을 잊게 해 주신 것이었어요. 그러나 인간 세상에 오랫동안 머물면서 산 사람을 미혹시킬 수는 없답니다."

최씨는 시녀를 시켜 술을 올리게 하고는 '옥루춘곡(玉樓春曲)'에 맞추어 노래를 부르면서 이생에게 술을 권하였다.

창과 방패가 눈에 가득한 싸움터
옥이 부서지고 꽃도 흩날리고 원앙도 짝을 잃네.
여기저기 흩어진 해골을 그 누가 묻어 주랴.
피에 젖어 떠도는 영혼 하소연할 곳 없어라.
무산 선녀가 고당에 한번 내려온 후
깨졌던 거울이 거듭 갈라지니 마음만 쓰려라.
이제 한번 이별하면 둘 사이 아득하니
하늘과 인간 사이에 소식마저 막히리라.

최씨는 한 마디씩 노래를 부를 때마다 눈물을 삼키느라 곡조를 제대로 이어가지 못하였다.

– 김시습, 〈이생규장전〉

① 산문의 단순성이 해소된다.
② 이야기의 전개 과정에 속도감을 준다.
③ 과거 사건을 요약적으로 제시해 준다.
④ 인물의 심리를 효과적으로 제시해 준다.
⑤ 앞으로 사건이 전개될 방향을 암시해 준다.

예제풀이 **01** ⑤ **02** ②

01 서술자가 개입하여 자신의 견해를 드러낸 부분(~엄숙하더라. ~인간 세상과 다르더라)이 있기 때문에 객관적 입장이라고 볼 수 없어요.
02 시가 삽입되면서 이야기의 전개 과정의 속도가 오히려 느려지고 있어요.

Act 02
이거 알면 술술 읽히지, 고전소설 어휘 정복

　고전시가에서처럼 고전소설도 역시 어휘가 관건이에요. 지금은 안 쓰이는 많은 어휘들이 나타나기 때문에 각 단어의 뜻을 알아야 내용을 더 쉽게 이해할 수가 있죠. 여기에서는 고전소설에 많이 나오는 어휘들을 한번 종류별로 살펴볼게요.

| 1 | 관직

　관직은 고전소설에 정말 많이 나와요. 고전소설에 나오는 인물들이 다 한가락씩 하거든요! 지금도 드라마 보면 인물들의 배경이 다 재벌가잖아요? 고전소설도 마찬가지예요. 그럼 하나씩 살펴볼까요? 사람이 도달할 수 있는 가장 높은 위치가 어디일까요? 바로 황제죠. 그러니 황제부터 보자고요.

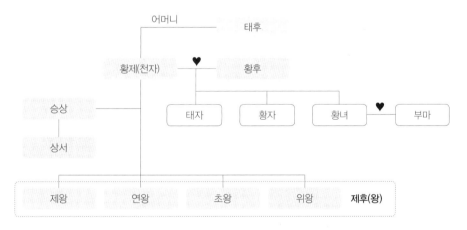

　황제는 동시대에 딱 한 명만 있었다고 보면 돼요. 사실상 중국의 황제만 인정을 하였거든요. 중국의 황제를 하늘의 아들이라고 해서 천자(天子)라고도 불렀어요. 황제의 아내는 황후라고 불렀고요. 여자 중에서는 황후가 가장 높을 것 같지만 실제로는 그렇지 않아요. 황제의 어머니가 살아 계실 수도 있으니까요. 황제의 어머니는 큰 분이시니까 클 태(太)를 써서 태후(太后)라고 불렀어요. 참고로 황제의 할머니가 계시다면 할머니는 태황태후라고 불렀어요. 황제 다음은 역시 황제의 아들들이죠. 황제의 아들 중에서 대개 첫째, 다음 황제가 될 큰아들을 태자(太子)라고 불렀어요. 그 외의 아들은 황제의 아들이니까 황자, 딸은 황녀라고 불렀는데, 황녀의 경우에는 우리가 흔히 아는 공주로 더 많이 나와요. 그리고 황녀의 남편, 즉 황제의 사위를 부마라고 불렀어요. 부마는 원래 황제가 타는 수레를 끄는 말이라는 뜻인데, 이 말을 맡아 보는 관리를 부마도위라고 했었어요. 이 부마도위가 시간이 지나 점차 높은 벼슬이 되었고, 이에 오직 황제의 사위에게만 부여되었어요. 그러다 보니 부마라는 말이 황제의 사위, 공주의 남편을 뜻하게 된 거지요.

벼슬 중에서 가장 높은 것은 뭘까요? 황제 바로 밑에서 일하는, 오늘날 국무총리에 해당하는 승상이에요. 삼국지에서 제갈량도 승상이었죠. 그리고 승상 밑에서 일을 하는, 오늘날 장관에 해당하는 사람이 상서였고요.

중국은 워낙 땅이 넓다 보니 황제가 전 지역을 다 직접 통치하기가 버거워서 땅을 나누어 주면서 알아서 다스리게 했는데 그 사람들이 제후(諸侯)예요. 제후가 다스리는 나라를 제후국이라고 해요. 자연히 제후는 제후국에서 제일 높고, 이 사람들이 왕(王)이 돼요. 각 나라의 이름을 따서 제나라 왕은 제왕, 연나라 왕은 연왕 이런 식으로 붙어요. 황제 다음가는 엄청난 권력을 가진 사람들이죠. 그렇기에 주로 이 제후들이 항상 반란을 일으키죠.

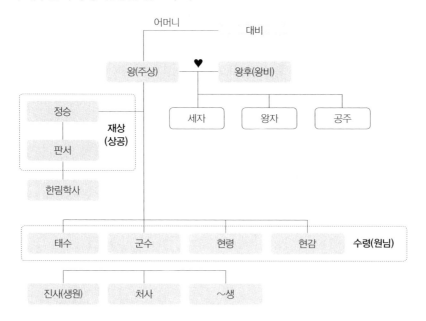

그럼 이번에는 왕들을 보자고요. 왕은 주상(主上) 혹은 상(上)이라고도 불렀어요. 높으신 분이라는 의미죠. 왕의 아내는 왕후 혹은 왕비라고 불렀고, 어머니는 큰 분이시니까 큰 대(大)를 써서 대비라고 불렀고요. 다음 왕이 될 장남은 세자(世子), 그 외는 왕자, 딸은 공주라고 했지요.

황제에게 승상이 있다면, 왕에게는 정승이 있었어요. 영의정, 좌의정, 우의정 들어 봤죠? 그리고 역시 상서와 비슷한 직위로 판서가 있었고요. 대개 이 정승과 판서를 통틀어서, 높은 벼슬을 하는 사람을 재상(宰相)이라고 했어요. 재상은 상공(相公)이라고도 불렸는데, 상공은 대개 다른 사람이 재상을 높여 불러 주는 말이에요. 그 외에 자주 나오는 벼슬이 '한림(翰林)'인데, 한림은 한림학사의 줄임말이에요. 한림학사는 일이 딱 정해져 있다기보다는 임금의 총애를 받으면서 상황에 따라 연구도 하고, 임금의 명에 따라 외교문서도 쓰고 그랬어요. 임금의 신임을 받고 있다는 것을 보여 주면서도 비교적 자유로워 고전소설에서 주인공이 자주 맡는 관직이지요. 주인공이 일이 많아서 아무것도 못하고 있다고 하면 좀 그렇잖아요?

왕이 모든 땅을 일일이 보기 힘드니 지방관을 파견하는데, 이 지방관을 통틀어 수령(원님)이라고 불러요. 지역의 크기에 따라서 태수, 군수, 현령, 현감 등으로 지방관의 명칭이 달라지고요.

고전소설에는 진사라는 이름이 많이 보이는데, 진사 혹은 생원은 소과를 합격한 사람을 일컫는 말이에요. 소과가 오늘날 수능 같은 거니, 요즘으로 따지면 수능 합격생 정도랄까요? 참고로 이생, 양생처럼 '생(生)'도 종종 나오는데, 생은 젊은 남자에게 붙이는 말이에요. 이생은 이씨 성을 가진 젊은 이, 이런 느낌이죠. 요즘으로 하면 '-씨'랑 비슷한 말이 되겠죠? 서생(書生)은 따라서 글을 읽는 젊은 이, 선비가 되는 거고요. 또 하나, 처사가 간혹 나오기도 하는데, 처사는 벼슬길에 나서지 않는 선비를 말해요.

이번에는 특수한 상황을 하나 볼게요. 전쟁이 나는 경우예요. 전쟁이 나면 군대를 통솔하기 위해 임시로 직책을 주게 되거든요. 따라서 전쟁소설에 많이 나오는 직책들이에요.

옆의 그림과 함께 보자고요. 일단 적군이 왔어요. 그럼 우리도 군대를 급히 편성해서 적군에 맞서야겠죠? 이 우리 군대 전체를 통솔하는 사람을 대원수(대장군)라고 해요. 여기서 원수(元帥)는 으뜸이 되는 장수라는 말이에요. 총사령관인거죠. 반장 밑에 부반장이 있듯이 대원수 밑에는 부사령관인 부원수가 있고요. 이 대원수의 지휘에 따라 이제 군대가 움직이는데, 고전소설에는 보통 선봉, 중군, 후군의 형태가 나와요. 선봉(先鋒)은 선봉군이라고도 하는데, 맨 앞에서 나서는 부대를 말해요. 이 선봉군을 이끄는 장군이 선봉장이죠. 중간은 당연히 중군, 뒤는 후군이 되겠죠? 그리고 이들의 장군은 중군장, 후군장이 되고요.

```
          적군
           VS
    ┌──────────────┐
    │  선봉(선봉장)  │
    │  중군(중군장)  │
    │  후군(훈군장)  │
    │              │
    │  대원수(대장군) │
    │   └ 부원수    │
    └──────────────┘
```

쌤의 팁 영원한 을(乙) 노비들 한번쯤, 아 조선시대에 태어나서 나도 놀고 먹고 싶다~ 하는 생각을 한 친구들 있죠? 하지만 양반으로 태어나서 부와 명예를 누리면서 사는 사람보다는 그 사람 밑에서 일만 해야 하는 사람들이 더 많았어요. 흔히 우리가 알고 있는 '노비'들이 여기에 해당하죠. 노비는 '노(奴)'와 '비(婢)'가 결합한 말인데, '노'는 남자 종을 말하고, '비'는 여자 종을 말해요. '노복(奴僕)'은 그럼 남자일까, 여자일까요? 그렇죠. 남자 종을 의미해요. 그럼 '시비(侍婢)'는? 맞아요. 여자 종을 의미하는 거죠. 시비는 '시녀(侍女)'라고도 불렸어요.

| 2 | 천상 세계의 존재

고전소설에는 우리가 사는 세상 외에 또 다른 세계들이 함께 나와요. 바로 천상의 세계나 죽은 뒤의 세계 등이죠. 마치 만화처럼 말이죠. 이번에는 그 다른 세계의 존재들에 대해서 한번 살펴볼게요. 이 다른 세계들은 당시 동양의 가장 큰 두 종교의 영향을 받았어요. 바로 불교와 도교예요. 이 둘은 따로 존재한다기보다는 같이 융합되어 나타나는 경우가 많아요. 내신 시험에 도교적 세계관, 불교적 세계관이 나온다면 바로 이 부분을 묻는 거예요.

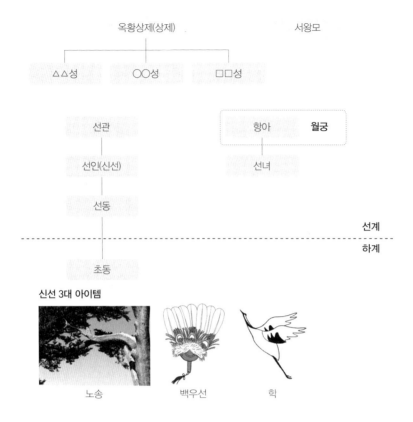

먼저 도교의 세계관과 관련한 것들을 볼게요. 도교는 말 그대로 도(道)를 닦는 것을 중시해요. 도를 닦아서 뭐하냐고요? 신선이 되는 거죠. 그래서 신선과 관련한 것은 다 도교라고 생각을 하면 돼요.

우리가 익히 많이 들어 본 하늘의 황제 옥황상제도 도교에서 나온 말이에요. 옥황상제는 줄여서 그냥 상제(上帝)라고도 불려요. 옥황상제가 제일 높은 것 같지만 사실 꼭 그렇지는 않아요. 도교에서는 삼청(三淸)이라고 해서 3대 신이 따로 있어요. 신 위에 있는 신이라고 할까요? 이 삼청은 인격화되어 나타나지 않기에 고전소설에는 잘 등장하지 않아요(몰라도 돼요). 하지만 옥황상제와 함께 서왕모(西王母)는 기억을 좀 해 두어야 해요. 서왕모는 신선들의 어머니라는 독특한 지위를 가지고 있으면서 제법 많은 영향력을 끼치고 있거든요. 서왕모는 '반도'라고 하는 3천 년에 한 번씩 열린다는 복숭아의 주인인데, 이 반도를 먹으면 장생할 수 있다고 해요. 많은 신선들이 이 열매 덕분에 신선이 되었다고도 하니, 신선이라면 반드시 아침저녁으로 문안인사를 드리며 존경을 표해야 했겠죠?

옥황상제 밑에도 여러 관직이 있지만 그 관직들에 대해서는 고전소설에 별로 나오지 않기에 잘 몰라도 돼요. 다만, 고전소설을 보면 홍란성, 천요성, 견우성 등과 같이 '−성'으로 끝나는 인물들이 하나씩 나와요. 이 성(星)은 사실 별(☆)을 말하는 건데, 별을 신격화하여 표현한 경우예요.

이외에 일반적인 옥황상제의 신하들은 선관(仙官)이 돼요. 관리인 신선이라고 생각하면 되죠. 관리가 아니면 선인(仙人) 혹은 신선(神仙)이라고 불리고요. 이 신선이 아이의 모습을 하고 있다면 선동(仙童)이 되는 거예요. 아이 신선이죠. 신선은 대체로 남자를 지칭하고, 여자 신선은 따로 선녀(仙女)

라고 해요. 이 선녀들 중에서 우리가 한 명 기억해야 할 사람이 있는데, 바로 월궁에 사는 항아죠. 월 궁(月宮)은 달 월, 궁전 궁으로 달 궁전을 의미해요. 이 달에 사는 선녀가 항아예요. 고전소설에 나오는 많은 선녀들은 대개 이 항아의 시비(종)로 일한 경우가 많아요.

이렇게 신선들이 사는 세상을 신선 세계라고 해서 선계(仙界)라고 불러요. 그럼 선계 밑의 우리가 사는 세상은? 밑에 있으니까, 하계(下界)라고 부르는 거죠. 신선들은 선계에만 있지 않고, 가끔씩 하계로도 내려오는데 이때 그 사람이 신선인지 알 수 있는 몇 가지 힌트가 있어요. 하나는 초동(樵童)이에요. 초동은 땔감을 캐는 아이를 말하는데, 신선이 나오기 전에는 대개 초동이 먼저 모습을 보여요. 초동 자체가 신선인 경우도 있고, 신선의 시중을 드는 아이인 경우도 있죠. 다른 하나는 신선의 3대 아이템이에요. 신선은 늙지도 않고, 죽지도 않는 불로불사의 존재이기 때문에 나이가 엄청 많아요. 그래서 장수를 의미하는 늙은 소나무, 곧 노송(老松) 근처에 주로 나타나요. 그리고 손에는 대개 새의 흰 깃털로 만든 부채인 백우선(白羽扇)을 들고 다니고, 학을 타고 다니죠. 이들 단어가 나오면 '도교와 관련이 있구나' 하고 생각하면 돼요.

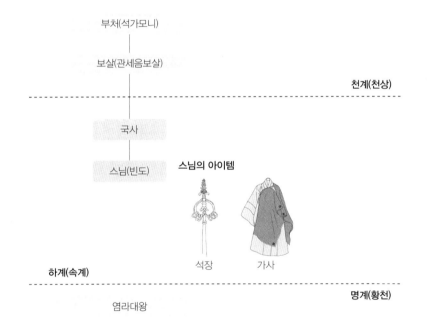

다음은 불교의 세계를 보자고요. 불교는 여러분들도 잘 알다시피 부처를 중심으로 한 종교예요. 사실 부처라는 말은 불교를 창시한 석가모니를 가리키기도 하지만, 궁극적인 진리를 깨달은 사람을 가리키는 보통명사이기도 해요. 그렇기에 부처에는 석가모니 외에도 아미타불, 미륵불, 약사불, 비로자나불 등이 더 있는데 고전소설에서 군이 이들을 구분할 필요는 없어요. 보살이라는 말도 많이 들어 보았을 거예요. 원래 보살은 부처님이 되기 위한 수행을 하는 사람을 말하는데, 고전소설에서의 보살은 신격화되어 나타나요. 가장 대표적인 보살로 관세음보살(觀世音菩薩)이 있는데, 줄여서 관음보살(觀音菩薩)이라고도 해요. 관세음보살은 자비를 베풀기 때문에 일반 사람들이 어려움에 처할 때

도움을 주기 위해 나타난다고 해요. 이렇게 부처와 보살이 있는 하늘의 세상을 천계 혹은 천상계, 상계라고 불러요.

천계가 있다면 역시 밑의 우리가 사는 세상인 하계 혹은 속세가 있겠죠? 이 하계에서 불교를 닦는 사람을 우리는 스님이라고 부르죠. 고전소설에 보면 빈도(貧道)라는 말이 나오는데, 빈도는 스님이 자신을 지칭할 때 쓰는 말이에요. 그리고 이 스님들 중에서 가장 높은 스님을 국사(國師)라고 불러요. 나라의 스승이라는 의미로 특히 불교 국가에서 하나의 관직처럼 책봉했죠. 스님에게도 아이템이 있어야겠죠? 흔히 우리가 알고 있는 염주나 목탁 이외에 석장과 가사가 있었어요. 석장은 스님이 들고 다니는 지팡이를 말하고, 가사는 스님이 입는 옷을 말해요.

불교에서는 하계 밑에 명계(冥界)를 두어 죽은 이들이 가는 곳을 만들어 놓았어요. 명계는 어두울 명(冥)에 세계 계(界)로 어두운 세계를 의미하는데, 명사계 혹은 황천이라고도 불려요. '황천길' 할 때 그 황천이에요. 우리가 많이 들어 본 염라대왕이 바로 이 명계를 관장하는 왕이죠.

┃ 3 ┃ 자주 나오는 말들

● {격문(檄文)}

고전소설에는 전쟁이 자주 나오죠? 전쟁을 하려면 군대를 모아야 해요. 강제로 모으면 반발이 심할 테니 대개는 사람들을 선동해서 불의에 대해 분노를 일으키게 만들어요. 자발적으로 화가 나서 참여하게끔 만드는 거죠. 옛날에는 TV도 라디오도, 인터넷도 없었으니 이를 알리려면 글을 뿌려야 했어요. 이때 사용하는 글을 격문 혹은 격서라고 해요.

● {하직(下直)}

하직은 쉽게 말해 Bye-Bye를 의미해요. 멀리 떠날 때에 윗사람에게 작별을 고하는 거죠. 아래 하, 곧을 직으로, 허리를 곧게 아래로 숙이는 폴더 인사를 떠올리면 기억하기 쉽겠죠? 신하가 전쟁을 위해 떠날 때, 지방 관직을 맡아 서울을 떠날 때 등에 두루 쓰여요. 〈홍길동전〉에 보면 '전하를 하직하고 조선을 떠나가옵니다.'의 형태로 나오죠. 관습적으로 '세상을 하직하다'라고 해서 죽는 것을 의미하기도 해요.

● {대희(大喜) / 대경(大驚)}

대희는 '크게 기뻐하다'라는 말이고, 대경은 '크게 놀라다'라는 말이에요. 고전소설에 둘 모두 정말 많이 나오는데, '공이 대희 왈', '이 말을 듣고 대희 왈'에서 보듯이 '대희 왈'의 형태로 주로 나와요. 왈

(ㅂ)은 '말하길'이라는 의미로 '대희 왈'이라고 하면 '크
게 기뻐하면서 말하길'로 해석하면 돼요. 마찬가지로
'대경 왈'이라고 하면 '크게 놀라며 말하길'이고요.

대희　　　　　　대경

● {수절(守節)}

　다음으로 볼 단어는 '수절'이에요. 이 단어는 〈춘향전〉에서 특히 자주 봤죠? 지킬 수에, 절개 절로
'절개를 지킨다'는 것을 의미해요. 조선시대에 여성에게 강조된 가장 큰 규범은 바로 정조를 지키는
일이었어요. 그렇기에 수절을 여성이 지켜야 할 주요 덕목으로 생각했죠. 특히나 수절은 남편을 잃
은 과부에게 많이 강요되었어요. 박지원의 〈호질〉에 보면 '동리자는 수절을 잘하는 과부였다.'라는
말도 그래서 나온 거예요. 참고로 수절을 잘 지키는 여성을 따로 일컬어 열녀(烈女)라고 불렀어요.
특별히 유명한(?) 경우에는 나라에서 열녀문을 세워 주기도 했답니다.

● {시간 표현}

　과거에는 지금과 시간을 재는 방식이 조금 달랐어요. 지금은
하루를 24시간으로 나누어서 거기에 맞춰서 쓰잖아요? 옛날에
는 지금의 두 시간을 묶어서 한 시진(時辰)으로 삼았어요. 12지
지에 따라 자시(23시~01시)에서 해시(21시~23시)까지를 나누
었죠. 하지만 이것도 고전소설에 잘 나타나진 않아요. 고전소설
에 많이 나타나는 표현은 '식경(食頃)'인데, 식경은 밥 한 그릇 먹
을 정도의 시간을 말하는 것으로 약 20~30분 정도를 의미해요.

고전소설	현재
한 시진	두 시간
한 식경	20~30분
일경(초경)	저녁 7시~9시
이경	저녁 9시~11시
삼경	밤 11시~새벽 1시
사경	새벽 1시~3시
오경	새벽 3시~5시

　이 외에도 밤 시간을 부르는 말이 따로 있었는데, 저녁 7시에서 새벽 5시까지를 다섯 등분으로 나
누어 일경, 이경, 삼경, 사경, 오경이라고 불렀어요. 이 중 특히 저녁 11시에서 새벽 1시까지인 삼경,
새벽 1시에서 3시까지인 사경이 고전소설에 많이 나오죠.

● {말 돌리기, 각설 & 차설}

　고전소설을 보다 보면 갑자기 '각설' 혹은 '차설' 하면서 딴 얘기가 흘러나오는 것을 보게 될 거예요.
각설은 '이야기를 물리친다'는 의미로, 지금까지의 이야기를 그만둔다는 얘기예요. 차설은 '또 다른
이야기'라는 의미로, 새로운 이야기를 하겠다는 거죠. 둘 다 화제를 바꿀 때에 사용해요. 요즘의 '한
편'이라고 생각하면 돼요.

| 4 | 상투적인 표현들

● {우왕 대다나다(감탄을 표현할 때)}

〈반지의 제왕〉 같은 영화를 보면 엄청난 스케일의 장면이 나올 때가 있죠? '우와, 정말 엄청나다!' 하는 그런 기분이 들 때가 있어요. 고전소설에는 이런 상황에서 '광경이 대단하였다', '산세가 웅장하였다', '못내 탄복하였다' 등의 말을 주로 하곤 해요.

'광경이 대단하였다'에서 광경은 벌어진 일의 형편과 모양을 가리키는 말이에요. 그렇기에 '광경이 대단하였다'라고 하면 지금 벌어지는 일의 모습이 엄청나다고 생각하면 돼요. 대개는 전쟁 소설 등에서 어마어마한 군대가 나타날 때 이런 말을 많이 써요.

'산세가 웅장하였다'에서 산세는 산이 생긴 모양을 말하는데, 주인공 등이 누구를 만나러 가거나 전쟁의 전략을 위해 산에 들어갈 때에 주로 나오는 말이에요. '산세가 험하니'라고 한다면 그만큼 산길 등이 험해서 쉽게 접근이 힘들다는 얘기가 되고요.

'못내 탄복하였다'에서 탄복은 매우 감탄해서 마음으로 따른다는 의미를 가지고 있어요. '못내'라는 말은 '(겉으로 드러내지 않지만) 자꾸 마음에 두거나 잊지 못하는 것'을 의미하기도 하고, '이루 다 말할 수 없이' 그렇다는 것을 의미하기도 해요. 만약 '못내 그리워하다'라고 하면 겉으로 내색은 안 하지만 속으로는 계속 마음에 남아서 그리워하고 있다는 것을 의미하는 것이 되겠고, '길동의 지식을 못내 탄복하였다.'라고 하면, 길동의 지식에 말로 다 할 수 없이 감탄했다는 뜻이 되겠죠.

● {안습ㅠㅠ(슬픔을 표현할 때)}

만화에서 주인공에게 슬프고 힘든 일이 있으면, 옆의 지나가는 고양이도 길가의 나무도 'ㅠㅠ' 하고 울 때가 있죠? 고전소설에서도 이렇게 슬픈 일이 나타날 때가 있어요.

대표적인 예가 '산천초목이 슬퍼하였다.'예요. 산천초목(山川草木)은 산, 시냇물, 풀, 나무를 의미하는데 주변의 자연을 전반적으로 아우르는 말이지요. '주변의 자연이 모두 슬퍼하였다.'의 뜻으로 생각하면 돼요.

이 외에도 정말 자주 나오는 말이 '망극하여'예요. '망극하다'는 말은 어버이나 임금님에게 안 좋은 일이 생겨서 매우 슬프다는 것을 말해요. 따라서 '망극하여'라고 소설에서 나온다면, '매우 슬퍼서'로 생각하면 얼추 맞아요. 경우에 따라서는 '황황망극'이라고도 나오는데, '황황'은 갈팡질팡 어쩔 줄 모르게 급한 경우를 말해요. 따라서 '황황망극'은 갑작스레 들은 충격적인 슬픈 소식에 어찌할 줄 모르는 경우를 의미하는 거죠.

성은이 망극하옵니다. '망극하다'라고 하면 사극에서 '성은이 망극하옵니다.'라는 말이 가장 먼저 떠오를 거예요. 이 말은 근데 그럼 '슬프다'랑 관련이 없는 것 같잖아요? 맞아요. '성은이 망극하옵니다.'에서의 '망극'은 임금이나 어버이 의 은혜가 한이 없을 때를 의미해요. 다른 뜻인 거죠. 이 두 '망극'은 한자도 같아서 구별하기 위해서는 문맥을 볼 수밖에 없어요. 하지만 대체로 '성은이 망극하옵니다.'를 빼면 앞에서 설명한 '매우 슬프다'의 의미라고 생각하면 돼요.

딱! 세 줄 요약

⊙ 고전소설에는 당시의 관직명은 물론, 도교와 불교의 세계관이 반영된 여러 어휘가 나온다!

⊙ 격문, 하직, 대희, 대경, 수절 등과 같이 자주 나오는 어휘는 기억을 해 두는 게 좋다!

⊙ 상투적인 말들을 알고 있으면 고전소설을 이해하기가 더 쉽다!

예제 연습문제

01 다음 중 아래의 글을 이해한 내용으로 적절하지 않은 것은?

> 양 상서(楊尙書) 군대를 이끌고 전쟁에 나간 후로 승전보가 계속 날아오자 황제께서 태후를 뵙고 양 상서 의 공을 칭찬하여 가라사대,
>
> "양소유의 공은 곽분양 이래 제일인라. 돌아오기를 기다려 마땅히 승상을 시키려니와 오직 어매(御妹)*의 혼사를 우리러 접지 못하였으니, 마음을 돌이켜 순종하면 매우 좋겠으나 만일 다시 고집하면 공신(功臣)을 매양 죄주기도 어렵고 달리는 처치할 길이 없으니 이로써 염려하나이다."
>
> 태후 가라사대,
>
> "내 들으니 정씨 여자 매우 곱다 하고 양 상서와 서로 보았다 하니 상서 어이 즐겨 버리료. 상서 나간 때를 타 정가(鄭家)에 조서(詔書)를 내려 다른 사람과 혼인하게 함만 같지 못하도다."
>
> 황제께서 침음하여 결정하지 못하시다가 가시거늘, 이때 난양 공주 태후를 모셨더니
>
> "낭랑(娘娘)*의 말씀이 도에 어긋나오니 정씨 여자를 다른 집안에 보내고 안 보내고를 조정에서 지휘할 일이옵니까?" / 태후 가라사대,
>
> "이 일은 너의 종신대사(終身大事)이니 본디 너와 의논하고자 하더니라. 양 상서의 풍류와 문체는 조정 신하 중에 비할 이 없을뿐더러 통소 한 곡조로 인연을 접지 받은 지 오래니 결코 양 상서를 버리고 타인 에게 구혼은 못할 것이오, 상서와 정씨 여자의 혼인 논의가 평범한 것이 아니고 정분이 중하여 서로 버리 지 못할 듯하니 이 일이 극히 난처한지라." (후략)
>
> – 김만중, 〈구운몽〉
>
> *어매(御妹) : 황제의 누이 *낭랑(娘娘) : 공주가 '태후'를 부르는 말

① 주현 : 양소유의 현재 관직은 상서야.

② 승완 : 양소유가 전쟁에서 돌아오면 양 승상이 될 거야.

③ 예림 : 양소유는 정씨 여자를 마음에 두고 있는 것 같네.

④ 수영 : 황제는 자신의 어머니와 양소유의 혼인 문제를 얘기하고 있어.

⑤ 슬기 : 황제는 자신의 딸인 난양 공주와 양소유를 혼인시키려고 하는군.

02 다음에서 도교, 불교와 관련된 어휘를 찾아보자.

> 강남홍이 보살을 따라 올라 한 곳을 바라보니 일월(日月) 광채 휘황한데 누각 하나가 허공에 솟았거늘 백옥 난간이며 유리 기둥이 영롱하여 눈이 부시고 누각 아래 푸른 난새와 붉은 봉황이 쌍쌍이 배회하며 몇몇 선동(仙童)과 서너 명의 시녀가 신선 차림으로 난간머리에 섰으며 누각 위를 바라보니 한 선관과 다섯 선녀가 난간에 의지하여 취하여 자는지라. 보살께 문 왈,
> "이곳은 어느 곳이며 저 선관, 선녀는 어떠한 사람입니까?"
> 보살이 미소 지으며 왈,
> "이곳은 백옥루요 제일 위에 누운 선관은 문창성(文昌星)이요 차례로 누운 선녀는 제방옥녀(諸方玉女)와 천요성(天妖星)과 홍란성(紅鸞星)과 제천선녀(諸天仙女)와 도화성(桃花星)이니, 홍란성은 즉 그대의 전신(前身)이니라."
> 강남홍이 속으로 놀라 왈,
> "저 다섯 선녀는 다 천상에서 입도(入道)한 선관이라. 어찌 저다지 취하여 잠을 잡니까?"
> (중략)
>
> "보살은 뉘십니까?"
> 보살이 웃으며 왈,
> "빈도(貧道)는 남해 수월암 관세음보살이라. 부처의 명을 받아 그대를 지도하러 왔노라."
> 보살이 말을 마치고 석장을 공중에 던지니 오색 무지개 일어나며 홀연 우렛소리 울리거늘 강남홍이 놀라 깨어 보니 몸이 취봉루 책상 앞에 누웠는지라.
> – 남영로, 〈옥루몽〉

(1) 도교 : (   )
(2) 불교 : (   )

03 다음 단어와 그 뜻풀이를 바르게 이어 연결하시오.

단어		뜻풀이
(1) 격문	•	• ① 밤 11시 ~ 새벽 1시를 일컫는 말
(2) 하직	•	• ② 밥 한 그릇 먹을 정도의 시간. 약 20 ~ 30분
(3) 대경	•	• ③ 먼 길을 떠날 때 웃어른께 작별을 고하는 것
(4) 수절	•	• ④ 정절을 지킴
(5) 식경	•	• ⑤ 매우 감탄하여 마음으로 따르다
(6) 삼경	•	• ⑥ 크게 놀라다
(7) 탄복하다	•	• ⑦ 군병을 모집하거나, 적군을 달래거나 꾸짖기 위한 글

예제풀이   **01** ⑤   **02** (1) 도교 : 선동, 신선, 선관, 선녀, 문창성, 천요성, 홍란성, 도화성, 입도   (2) 불교 : 보살, 빈도, 관세음보살, 부처, 석장
        03 (1) ⑦   (2) ③   (3) ⑥   (4) ④   (5) ②   (6) ①   (7) ⑤

01 난양 공주는 황제의 딸이 아니라 누이죠.

Act 03
골라 보는 재미가 있다, 유형 정복

판타지

멜로

공포

극장을 가면 여러 종류의 영화가 걸려 있어요. 멜로 영화, 가족 영화, 전쟁 영화, 사회 비판 영화, 공포 영화 등등. 왜 이렇게 종류가 다양할까요? 관객들마다 좋아하는 장르가 다르기 때문이겠죠. 이 책을 보는 여러분들 역시도 좋아하는 장르가 따로 있잖아요? 고전소설도 마찬가지예요. 독자들의 취향이 다양하기 때문에 다양한 유형의 소설이 나타나요(취향 존중해야 하니까!). 여기에선 다양한 유형의 고전소설 중 가장 대표적인 유형인 애정 소설, 가정 소설, 영웅군담 소설, 풍자 소설에 대해서 알아볼 거예요. 영화도 알고 보면 더 재미있듯이, 소설도 어떤 걸 중점으로 봐야 할지 알고 보면 이해가 쉽고 더 재미있을 거예요.

┃ 1 ┃ 애정 소설

여러분 혹시 드라마 좋아하나요? 우스갯소리로 이런 말이 있죠.

Q. 미국, 일본, 한국 드라마의 차이는?

A. 미국 드라마 : 형사가 수사를 하고 의사가 사람을 살린다.
일본 드라마 : 형사가 교훈을 주고 의사가 교훈을 준다.
한국 드라마 : 형사가 연애를 하고 의사가 연애를 한다.

왠지… 공감이 가죠? 이런 유머가 돌 정도로 한국 드라마 중에는 남녀 간의 사랑을 그리는 드라마가 상당히 많잖아요. 그만큼 우리나라 사람들이 연애에 관심이 많고 그런 얘길 좋아한다고 볼 수 있겠죠?

지금과 마찬가지로 조선시대에도 남녀 간의 사랑을 다루는 소설이 큰 인기를 끌었어요. 다만 애정 실현을 방해하는 요소가 지금과 조금 다를 뿐이죠.

조선시대에는 남녀 간의 사랑이 당사자의 의지대로 이루어질 수가 없었어요. 알다시피 그 당시는 집안에서 자녀의 혼인을 결정하는 시대였잖아요. 더군다나 남녀칠세부동석(男女七歲不同席)이라고 해서, 일곱 살만 되면 남녀가 한자리에 같이 앉지 아니한다는 유교의 옛 가르침도 한몫했죠. 이처럼 윤리적·관습적 규범으로 인해 개인이 자기 의지대로 애정을 실현하기는 다소 힘든 환경이었어요.

게다가 한 가지 제약이 더 있었죠. 그건 바로 '신분 제도'. 지금은 없어졌지만 조선시대에는 신분 제도라는 게 있었잖아요. 가장 높은 양반, 중간 계층인 중인, 그 밑에 평민, 마지막으로 천민까지 계급이 존재했고, 계급을 뛰어넘어 신분을 초월한 사랑을 하기란 여간 어려운 게 아니었죠.

이런 시대적 환경에서 출현한 것이 바로 애정 소설이에요. 그러니 애정 소설을 읽을 때에는 주인공들의 사랑이 어떤 요인에 의해 방해받는지, 주인공들이 애정을 실현하기 위해 얼마만큼의 의지를 보이며 어떻게 행동하는지를 중심으로 읽으면 되는 거예요.

● {대표적인 애정 소설 살펴보기}

대표적인 애정 소설로는 〈춘향전〉, 〈숙향전〉, 〈숙영낭자전〉, 〈운영전〉 등이 있어요. 그중에서 〈운영전〉을 조금 살펴보도록 하죠.

[앞부분의 줄거리] 선비 유영이 꿈에서, 죽은 운영과 김 진사를 만나 그들의 이야기를 듣는다. 안평대군은 궁녀 열 명을 뽑아 가르치면서 궁 밖 사람과의 인연을 금했으나, 궁녀 운영은 김 진사와 사랑에 빠졌다. 김 진사의 노비인 특의 꾀에 따라 둘은 도망가려고 운영의 의복과 재물을 빼냈다.

진사는 다른 말은 하지 않고, 오로지 일렀습니다.

"너는 재물을 잘 지키고 있겠지? 내가 장차 그것을 다 팔아서 부처께 지성으로 발원하여 오래된 약속을 실천하리라."
<small>신이나 부처에게 소원을 빎</small>

특은 집으로 돌아가 혼잣말로 일렀습니다.

"궁녀가 나오지 못했으니, 그 재물은 하늘이 내게 준 것이로다."

특은 벽을 향해 남몰래 웃음을 지었으나, 다른 사람이 그것을 알 리가 없었습니다. 하루는 특이 자기 옷을 찢고 코를 스스로 때려, 피를 온몸에 흠뻑 바르고 머리를 풀어 헤친 채 맨발로 달려 들어와 뜰에 엎드려 울면서 말했습니다.

"제가 강도에게 습격을 당했습니다."

그러고는 기절한 척했습니다. 진사는 특이 죽으면 재물을 묻은 곳을 알 수 없게 될까 염려되어, 약을 입에 흘려 넣는 등 특을 살려 냈습니다. 그러자 특이 십여 일 만에 일어나 말했습니다.

"제가 혼자 산 속에서 지키고 있는데 많은 도적들이 갑자기 들이닥쳤습니다. 박살날 것 같아 죽을힘을 다해 달아나 겨우 목숨을 보존하게 되었습니다. 이 보물이 아니었다면 제가 어찌 이런 위험에 처했겠습니까? 운명이 이리도 험한데 어찌 빨리 죽지 않는고!"

말을 마친 특은 발로 땅을 차고 주먹으로 가슴을 치며 통곡했습니다. 진사는 부모님이 알까 두려워 따뜻한 말로 위로하여 보냈다가, 뒤늦게야 특의 소행을 알고 노비 십여 명을 거느리고 가서 불시에 특의 집을 포위하고 수색을 했습니다. 그러나 금비녀 한 쌍과 거울 하나만을 찾아낼 수 있었습니다. 이 물건을 장물로 삼아 관가에 고발하여 나머지 물건들도 찾고 싶었으나, 일이 누설될까 두려워 고발하지 못했습니다. 진사는 그 재물이 없으면 불공을 드릴 수 없었기에 특을 죽이고 싶었으나, 힘으로 제압할 수 없어 애써 침묵하였습니다.

특은 자기 죄를 알고, 궁궐 담장 아래에 사는 맹인에게 가서 물었습니다.

"내가 며칠 전 새벽에 이 궁궐 담장 밖을 지나가는데, 웬 놈이 궁궐 안에서 서쪽 담을 넘어 나왔소. 도적인 줄 알고 소리를 지르며 쫓아가자, 그놈은 가졌던 물건을 버리고 달아났소. 나는 그 물건을 집에 보관하고 있으면서 임자가 찾아가기를 기다렸소. 그런데 우리 주인은 본래 염치가 없어서 내가 물건을 얻었다는 소문을 듣고 몸소 내 집에 와서 그 물건들을 찾았소. 내가 다른 보물은 없고 단지 비녀와 거울 두 가지만 있다고 대답하자, 주인은 몸소 수색을 해서 과연 그 두 물건을 찾아냈소. 주인은 그것도 부족해서 바야흐로 나를 죽이려 하오. 그래서 내가 달아나려고 하는데, 달아나면 길(吉)하겠소?"

맹인이 말했습니다.

"길하다."

그때 맹인의 이웃이 옆에 있다가 그 이야기를 다 듣더니 특에게 말했습니다.

"너의 주인은 어떤 사람인데, 이처럼 노비에게 포악하게 구느냐?"

특이 말했습니다.

"우리 주인은 나이는 어리나 문장에 능해서 조만간 틀림없이 급제할 사람입니다. 그런데 이처럼 탐욕스러우니, 훗날 벼슬길에 올라 조정에 섰을 때 마음 씀씀이가 어떠할지 알 수 있을 것입니다."

이런 말들이 전파되어 궁중으로 들어가 대군에게 알려지게 되었습니다. 대군은 크게 화가 나서 남궁 사람들에게 서궁을 수색하게 하니, 제 의복과 보화가 하나도 없었습니다. 대군은 서궁의 궁녀 다섯 사람을 붙잡아 뜰 가운데 세우고, 눈앞에 형장을 엄히 갖춘 다음 명령하였습니다.

"이 다섯 사람을 죽여 다른 사람들을 경계하라."

대군은 또 곤장을 잡은 사람에게 지시하였습니다.

"곤장 수를 헤아리지 말고 죽을 때까지 때려라."

이에 다섯 사람이 말했습니다.

"한마디 말만 하고 죽기를 원합니다."

대군이 말했습니다.

"무슨 말이든지 그간의 사정을 다 털어놓도록 해라."

은섬이 말했습니다.

"남녀의 정은 귀하든 천하든 사람이라면 모두 다 있는 법입니다. 한번 깊은 궁에 갇혀서 홀로 지내니, 꽃을 보면 눈물 흘리고 달을 대하여 슬퍼했지요. 매실을 꾀꼬리에게 던져 쌍쌍이 날지 못하게 하고, 발을 쳐서 제비가 쌍쌍이 깃들지 못하게 함은 부러움과 질투심 때문이었습니다. 한번 궁궐의 담을 넘으면 인간 세상의 즐거움을 알 수 있음에도 저희가 그러하지 않은 것은 어찌 힘이 부족해서였겠습니까? 다만 저희는 오로지 주군의 위엄을 두려워하여, 이 마음을 굳게 지키면서 궁중에서 말라 죽을 생각뿐이었습니다. 그런데도 주군께서는 이제 죄 없는 저희들을 죽이려 하시니, 저희들은 황천에서도 눈을 감지 못할 것입니다."

비취가 초사(招辭)를 올려 말했습니다.

"주군께서 보살펴 주신 은혜는 산보다 높고 바다보다도 깊은지라 저희들은 감동하고 두려워하여 오로지 글짓기와 거문고 연주만을 일삼을 뿐이었습니다. 이제 씻지 못할 악명이 서궁에 미쳤으니 사는 것이 죽는 것만 못하게 되었습니다."

– 작자 미상, 〈운영전〉

위의 내용을 정리해 볼까요? 다음 물음에 답해 보세요!

(1) 사랑을 이루려는 사람들은 누구인가요?

(2) 이들의 사랑을 방해한 요소 2가지는 무엇인가요?

(3) 이들이 사랑을 이루기 위해 한 일은 무엇인가요?

'앞부분의 줄거리'에서 운영과 김 진사의 이야기임을 알 수 있고, '제 의복과 보화가 하나도 없었습니다.'라는 말에서, 현재 이야기를 해 주고 있는 사람(서술자)이 '운영'임을 알 수 있어요. 그래서 사랑을 이루려 했던 사람들이 바로 **운영과 김 진사**임을 확실히 알 수 있죠.

운영과 김 진사의 사랑은 2가지 요소에 의해 방해를 받고 있어요. 우선 첫 번째로는 **운영이 궁녀라는 신분** 때문에 방해를 받고 있어요. 이들은 **신분적 제약을 극복하고 사랑을 이루기 위해 함께 도망갈 계획**을 세워요. 그래서 **미리 운영의 의복과 재물을 궁 밖으로 빼놓은 상태**였죠.

그러나 이들의 사랑은 또 다른 요소에 의해 방해를 받게 되는데, 그게 바로 **노비 특**이었죠. 노비 특은 애초부터 운영과 김 진사를 도울 생각이 아니었어요. 김 진사를 꼬드겨서 운영의 재물을 빼낸 다음에 그 재물을 가로챌 생각이었죠. 사랑이 간절했던 김 진사는 특의 꾀에 넘어가서 도망갈 계획을 세우게 되었던 것이고, 결국 특에게 운영의 재물을 다 가로채이고 말죠. 노비 특의 만행은 거기서 끝이 아니었어요. 특이 맹인한테 이 일에 대해 말하는 바람에, 궁녀가 궁 밖으로 나가려고 했다는 사실이 대군의 귀에까지 들어가게 돼요. 그래서 궁녀들은 대군에 의해 형벌을 받는 상황까지 가게 된 거죠.

참고로 은섬이 하는 말을 보면 그 당시 궁녀가 얼마나 불쌍했는지 알 수 있어요. 궁녀라는 신분 때문에 어쩔 수 없이 궁에 갇혀 평생 사랑 한번 해 보지 못하는 거예요. 이러한 발화를 통해, 그 당시 사람들도 지금처럼 자유롭게 사랑하고 싶어 했다는 사실을 짐작해 볼 수 있어요.

| 2 | 가정 소설

가정 소설은 말 그대로 가정 안에서 벌어지는 일을 소재로 한 소설 작품을 말해요. 요즘에도 가정 내 이야기를 다룬 주말 드라마가 많잖아요. 딱 그런 거죠.

조선시대에는 축첩 제도가 있었어요. 축첩 제도란 국가나 사회에서 첩을 두는 것을 허용하는 제도를 말해요. 그래서 조선시대에는 본처 이외에도 첩을 둘 수가 있었죠. 첩이 처를 질투하거나, 처의 자리에 오르길 바라서 처와 첩 사이에 갈등이 생기곤 했는데, 가정 소설 중에서는 이와 같은 처첩 간의 갈등을 소재로 한 작품이 많아요. 김만중의 〈사씨남정기〉나 〈창선감의록〉, 〈옥린몽〉 등이 이에 해당해요.

또한 그 당시 부녀자들이 지켜야 하는 윤리 중에 '열녀불경이부(烈女不更二夫)'라는 것이 있었어요. 이는 '열녀는 두 번 남편을 갖지 않는다.'는 뜻이죠. 그래서 남편과 사별했을지라도 다른 남자와 재혼하지 못하고 평생 독수공방해야 했어요. 그만큼 여성들에게는 강력한 '정절' 개념이 요구되었죠. 여기서 '정절'이란 '여자의 곧은 절개'를 뜻해요. 앞에서도 배웠었죠? 그래서 여성의 정절을 주제로 남녀의 결합 과정을 그려 낸 가정 소설도 있어요. 〈숙영낭자전〉, 〈옥단춘전〉, 〈옥낭자전〉 등이 여기에 해당하죠. 이 작품들은 내용의 특성상 애정 소설이라고도 볼 수 있어요. 대체로 결혼 전의 이야기는 애정 소설, 결혼 후의 이야기는 가정 소설로 보면 돼요.

또 다른 갈등 상황으로는 계모와 전처가 낳은 자녀 간의 갈등도 있어요. 여러분이 익히 잘 알고 있는 〈장화홍련전〉이나 〈콩쥐팥쥐전〉이 이에 해당해요.

이러한 가정 소설의 결말은 권선징악인 경우가 대부분이에요. 고전소설의 독자층이 주로 부녀자였기 때문에 작가들은 소설을 통해 부녀자들에게 교훈을 주고 싶어 했던 것 같아요. 그래서 대부분 부녀자의 덕(德)과 선함, 윤리를 강조하고, 악하게 살면 징벌을 받는다는 것을 그려 낸 경우가 많아요.

그러니 가정 소설을 읽을 때에는 가족 관계와 갈등 관계를 확인하고, 갈등의 원인이 무엇인지, 어떤 사건이 벌어지고 있는지를 파악하면서 읽으면 돼요.

쌤의 팁 가문 소설 가정 소설과 성격이 비슷하지만 가족의 혼인, 출세, 가문 간의 갈등 등을 여러 세대에 걸쳐 그려 낸 가문 소설도 있어요. 이러한 작품들은 가문의 번성이라는 주제를 다루고 있는데, 가족 내적인 문제에서 벗어나 간신의 배척, 국난의 극복과 같은 영웅적인 활동상도 넓게 그리고 있는 경우가 많아요. 대표적인 작품으로는 〈완월회맹연〉, 〈명주보월빙〉 같은 게 있어요.

자, 그럼 대표적인 가정 소설인 김만중의 〈사씨남정기〉를 살펴볼까요?

유 한림은 두(杜) 부인 모자를 집으로 초청했다. 큰 잔치를 열어 전별하려는 것이었다. 두 부인은 그 자
_{잔치를 베풀어 작별함}
리에 사씨가 없는 것을 보고는 온종일 언짢은 표정을 짓고 있다가 마침내 한림에게 말했다.

"오라버니께서 세상을 떠나신 후로 조카님을 의지해 지내왔네. 이제 만 리 먼 작별을 앞두고 내가 한
마디 부탁을 하려고 하네."

유 한림은 무릎을 꿇고 물었다.

"무슨 말씀이신지요?"

"다른 일이 아니라 바로 사씨 문제라네. 사씨는 오라버니께서 아끼던 사람으로 성품이 본래 근실하고
신중하네. 그에게 죄과가 없으리라는 것은 백 번이라도 보장할 수 있지. 내가 떠난 후 다른 사람이 무
슨 말을 해도 절대 그대로 믿지 말게. 설혹 그의 잘못을 눈으로 직접 보았더라도 반드시 내게 편지를
보내 의논해 주게. 부디 가볍게 처리하지 말게나."

"삼가 가르침을 받들겠습니다."

두 부인이 이어서 시비를 돌아보며 물었다.

"부인은 어디 계시냐? 내 직접 가 보아야겠다."

시비는 두 부인을 모시고 사씨가 있는 곳으로 갔다. 사씨는 누추한 방에 거적을 깔고 있어 보기에도
처참했다. 나무 비녀와 베치마에 다북쑥처럼 헝클어진 머리를 하고 있는데, 몸은 초췌하여 의복도 이기
지 못할 듯했다.

사씨는 두 부인을 맞아 절을 올린 후 말했다.

"숙숙*께서 영귀하여 멀리 떠나시지요. 그러나 돌아보건대 저는 상복을 입은 사람이고 또한 씻을 수
_{지체가 높고 귀하게 되어}   _{상중임을 알 수 있음}
없는 죄명을 지고 있어, 감히 뜰에 나가 경하 드리며 떠나시는 길을 바라볼 수 없습니다. 집에 오셨다
_{공경하며 축하함}
는 말을 들었지만 또한 나가서 뵈올 수가 없습니다. 이생에서는 다시 존안을 대할 날이 없을 듯하여
_{얼굴을 높여 이르는 말}
무궁한 한으로 여기고 있는데, 뜻밖에도 부인께서 이 누추한 곳까지 왕림하셨습니다."

"오라버니께서 임종하실 때 한림을 내게 부탁하셨지. 그 말씀이 아직도 귀에 남아 있네. 내가 조카를
잘 인도하지 못한 탓에, 자네를 이 지경에 이르게 했어. 모두 내 허물일세. 그런데 내가 몇 해 전에 자
네에게 했던 말을 혹시 지금도 기억하고 있는가?"

사씨는 다시 절을 하고 대답했다.

"마음속에 깊이 간직하고 있습니다. 어찌 잊을 날이 있겠습니까? 제가 눈은 있으나 사람을 알아보지
못하여 이 지경에 이르렀습니다. 어찌 감히 하늘을 원망하고 사람을 탓할 수 있겠습니까?"

[중략 부분의 줄거리] 두 부인이 떠난 뒤, 사씨는 또 다시 교씨의 흉계에 빠진다. 교씨는 울면서 사씨를 모함한다.

마침내 한림은 화를 벌컥 냈다.

"투부*가 처음에 저주를 했을 때, 나는 부부의 정의를 생각하여 차마 적발할 수가 없었지. 그 후 신성
현에서 더러운 행실을 한 단서가 이미 드러났을 때에도 죄를 묻지 않았어. 지금 또 이렇게 세상에 보
기 드문 흉악한 짓을 하다니… 이 사람을 집안에 그대로 둔다면 조상께서 제사를 흠향하지 않으시고,
_{조상께서 제사 음식을 받아 드시지 않고}
자손도 완전히 끊어질 거야."

한림은 교씨를 위로하였다.

"오늘은 이미 저물었네. 날이 밝으면 일가들을 모아 사당에 고한 후에 투부를 내칠 것이네. 그리고 자네를 부인으로 삼을 것이야. 쓸데없이 슬퍼하지 말게. 꽃 같은 얼굴만 상하겠네."

교씨는 눈물을 거두며 대답했다.

"그같이 조치하시다니…. 이제 첩의 원한이 거의 풀렸습니다. 하지만 부인의 자리를 첩이 어찌 감당하겠습니까?"

한림은 즉시 일가들에게 통지하여 아침에 모두 사당 아래로 모이게 했다.

아아! 유 소사는 지하에서 일어날 수 없고 두 부인도 만 리나 멀리 떠났으니, 누가 한림의 뜻을 돌릴 수 있겠는가? 여러 시비들이 달려가 사씨에게 그 전말을 고하고 통곡하였다.
_{편집자적 논평}

— 김만중, 〈사씨남정기〉

처음부터 끝까지 일이 진행되어 온 경과

* 숙숙 : 두 부인의 아들을 가리킴   * 투부 : 질투심이 많은 여자. 사씨를 가리킴

위의 내용을 정리해 볼까요? 다음 물음에 답해 보세요!

(1) 이 작품에서 남편과 본처, 첩은 누구인가요?

(2) 이 작품의 주된 갈등은 무엇인가요?

(3) 남편은 본처에 대해 어떻게 생각하고 있나요? 그렇게 생각하게 된 이유는요?

한림이 화를 내면서 사씨를 내치고 교씨를 부인으로 삼는다는 부분을 통해서 **한림이 남편**이고, **본처가 사씨**이며, **첩이 교씨**임을 확인할 수 있어요. 그런데 시씨가 교씨에 의해 계속해서 누명을 쓰고 있잖아요. 이러한 갈등 상황을 통해 볼 때, 이 작품의 주된 갈등은 **처첩 간의 갈등**임을 알 수 있어요.

한림은 사씨에 대해 크게 오해하고 있어요. '저주', '신성현에서의 더러운 행실', '세상에 보기 드문 흉악한 짓' 모두 사씨가 한 것으로 굳게 믿고 있죠. 더군다나 사씨를 가리켜 '투부(질투심이 많은 여자)'라고까지 지칭하고 있죠. 즉, **사씨가 질투에 눈이 멀어 교씨를 해하기 위해 나쁜 짓들을 했다**고 생각한 거예요.

그러나 마지막에 편집자적 논평을 보면 '아아! 유 소사는 지하에서 일어날 수 없고 두 부인도 만 리나 멀리 떠났으니, 누가 한림의 뜻을 돌릴 수 있겠는가?'라며 안타까워하고 있어요. 그리고 [중략 부분의 줄거리]를 보면 사씨가 교씨의 '흉계(흉악한 계략)'에 빠지고, 교씨가 사씨를 '모함(나쁜 죄로 남을 어려운 처지에 빠지게 함)'한다고 했잖아요. 이를 통해 볼 때 한림이 사씨를 오해하게 만든, 사씨가 했다는 그 모든 일들이 모두 **교씨가 꾸민 일들**이었음을 짐작할 수 있어요.

이처럼 보통 본처는 선인, 첩은 악인인 경우가 많고, 첩의 계략에 의해 본처가 쫓겨나는 형태의 갈등이 등장해요. 물론 결말은 해피엔딩이어야 하니까, 결국 본처는 누명을 벗게 되고 첩은 벌을 받게 되죠.

여러분 혹시 영화 〈어벤저스〉 시리즈 좋아하나요? 어벤저스는 영화의 제목이기도 하지만, 영화 속 영웅들의 팀명이기도 하잖아요. 어벤저스 팀에는 뛰어난 리더십과 전술 능력을 지닌 '캡틴 아메리카', 최강의 하이테크 수트로 엄청난 능력을 발휘하는 '아이언맨', 신의 세계에서 추방된 천둥의 신 '토르' 등 다양한 영웅들이 포함되어 있죠.

우리 고전소설 속에도 이와 같은 슈퍼 히어로가 등장해요. 어벤저스 팀의 영웅들처럼 고전소설 속 영웅들도 다양한 능력을 가지고 있죠. 신출귀몰하며 도술을 잘 부리는 '전우치'나 '홍길동' 같은 영웅도 있고, 전쟁에 나갔다 하면 무조건 승리할 정도로 무술 실력이 뛰어난 '유충렬'이나 '임경업' 같은 전쟁 영웅도 있죠. 또는 '박씨'나 '홍계월' 같은 여성 영웅도 있어요. 이처럼 주인공의 일생을 그리면서 그들의 영웅으로서의 활약상을 담은 소설을 묶어서 **영웅 소설**이라고 불러요(참고로 영화 〈어벤저스〉처럼 영웅들을 한데 모은 소설도 있어요. 〈임진록〉이라고 해서 임진왜란을 배경으로 여러 영웅들의 활약상을 그린 소설이죠).

할리우드 영화 속 히어로들은 주로 악당을 물리치고 세계의 평화를 지켜 내는 일을 하잖아요. 우리 고전소설 속 영웅들은 그보다는 스케일이 좀 작아요. 주로 전쟁에서 이겨서 나라를 지키거나, 역모를 꾀하는 간신으로부터 임금을 지키는 일을 하죠. 혹은 '홍길동'처럼 민중의 편에 서는 영웅도 있어요.

고전소설에서 주인공의 영웅성이 가장 많이 발휘되는 곳은 바로 전쟁터예요. 그래서 영웅 소설 중에는 전쟁을 소재로 한 소설이 많은데, 이처럼 주인공이 전쟁을 통하여 영웅적 활약을 전개하는 소설을 **군담 소설**이라고 해요. 영웅 소설과 군담 소설을 비교하자면, 영웅 소설이 군담 소설을 포괄하는 보다 큰 범주라고 할 수 있겠지만, 대부분은 이 둘을 특별히 구별해서 생각하지는 않으니 굳이 이 둘을 구별하려고 하지 않아도 돼요.

● 〔영웅의 일대기 구성〕

영웅 소설이든 군담 소설이든, 그 안에 등장하는 주인공들의 삶은 그 과정이 대체로 정해져 있어요. 아주 먼 옛날의 신화에서부터 고전소설에 이르기까지 영웅들의 일생은 계속해서 비슷한 패턴으로 그려져 왔지요. 우리는 이처럼 영웅들의 일생이 정형화된 패턴을 일컬어 **영웅의 일대기 구성**이라고 불러요. 아래쪽에 표로도 나와 있죠?

먼저 영웅적 주인공은 대개 왕족이나 귀족의 혈통이에요. 부모는 결혼 후 몇 년이 지나도록 아이를 갖지 못하다가, 온갖 치성(신이나 부처에게 지성으로 빎)을 다한 후에야 남다른 태몽을 꾸고 아이를 갖게 돼요. 난세를 구할 영웅이니 그리 쉽게 태어나지 않는 거지요. 그렇게 태어난 아이는 어릴 때부터 남다른 총명함을 보여 주죠. 그러나 행복도 잠시, 바로 위기가 찾아와요. 갑자기 난리가 일어나거나 부모가 억울한 누명으로 유배를 당하게 되어, 아직 어린 주인공이 부모와 이별하고 죽을 위기를 맞게 되죠. 그러나 그 순간 조력자(도움을 주는 사람)가 등장해요. 조력자는 주인공을 거두어 성인이 될 때까지 양육시켜 주기도 하고, 혹은 비범한 재주를 지닌 도사로서 주인공을 가르쳐 영웅으로 만들어 주기도 하죠. 그렇게 주인공이 어느 정도 성장했을 때, 갑자기 나라에 전란이 일어나면서 나라가 위기에 처하게 돼요. 이때 비범한 능력을 갖춘 주인공이 짠! 하고 나타나서 나라를 구하고 승리자가 되죠. 주인공은 이 과정에서 헤어진 가족과 재회하기도 하고, 나라를 구한 보상으로 높은 벼슬을 얻어 평생 부귀영화를 누리기도 해요. 이런 게 바로 영웅의 삶이랍니다!

① 고귀한 혈통
↓
② 비정상적 출생
↓
③ 보통 사람과는 다른 비범한 능력을 타고남
↓
④ 죽을 고비를 맞음(1차 위기)
↓
⑤ 조력자를 만나 죽을 고비에서 벗어남
↓
⑥ 장성하여 또 다시 위기에 봉착함(2차 위기)
↓
⑦ 위기를 극복하고 승리자가 됨

쌤의 팁 시험에서 영웅 소설을 만나면 시험에는 소설 중 일부만 제시되잖아요. 그러니 시험 볼 때는 제시된 내용이 영웅의 일생 중 어느 단계에 해당하는지 생각하면서 읽는 게 좋아요. 그렇게 하면 그냥 읽을 때보다 작품이나 구성 전체를 생각하면서 읽게 되기 때문에 내용 이해에 많은 도움이 되거든요.

● {영웅군담 소설의 특징}

영웅군담 소설의 특징을 좀 더 알아볼까요? 영웅군담 소설은 주로 충(忠)을 중심으로 해서, 나라를 바로잡고 큰 공을 세워 부모와 가정을 빛내는(입신양명 : 출세해서 세상에 이름을 드날림) 내용을 다루고 있어요. 공간적 배경은 주로 중국을 무대로 한 경우가 많아요. **Act 01**에서 배웠던 것처럼 중국에 대한 우호적 감정 때문이기도 하고, 우리나라의 사회 현실을 우회적으로 비판하기 위함이기도 해요. 또한 좁은 우리나라보다는 넓은 중국이 전쟁을 소재로 한 이야기의 배경으로 설정하기가 더 편리했기 때문으로도 짐작할 수 있어요.

히어로물들이 으레 그렇듯이, 영웅군담 소설 역시 선인과 악인의 대결로 이루어져 있어요. 그래서 선과 악이 뚜렷이 구별된다는 특징이 있죠. 〈유충렬전〉 같은 작품의 경우에는 천상계에서의 선과 악의 대결이 지상계로 이어지는 구조로 이루어져 있어요. 천상계에서 선인이었던 '자미원 장성(유충렬)'

과 악인이었던 '익성(정한담)'은 천상의 백옥루 잔치에서 싸운 죄로 둘 다 인간 세상으로 추방되었어요(둘 다 신선이었던 거고, '장성'와 '익성'은 이들이 하늘의 별이었음을 보여 주는 거예요). 그러한 관계가 지상계에까지 이어져서 유충렬은 충신이 되고, 정한담은 간신이 되어 서로 맞서 싸우게 돼요. 이처럼 선악의 관계가 천상계에서부터 이어져 내려오는 내용도 있다는 것 정도만 알아 둬요.

앞에서 배운 내용들을 종합하면, 영웅군담 소설을 읽을 때에는 선인과 악인을 구별하고, 영웅의 일대기 구성을 고려하면서, 주인공이 어떤 활약을 펼치는지를 중심으로 읽으면 되겠죠?

쌤의 팁 군담 소설의 두 종류 군담 소설을 좀 더 분류하면, 국내를 무대로 한 역사 군담 소설과 중국을 무대로 하여 가공적 인물이 등장하는 창작 군담 소설로도 나눠 볼 수 있어요. 역사 군담 소설은 실제로 있었던 역사적 사실을 소설화한 것이에요. <임진록>, <임경업전>, <박씨전> 같은 것이 있는데, 주로 전란을 겪으면서 피폐해진 민족적 자존심을 고취하고 무능한 집권층을 규탄하는 내용을 담고 있는 경우가 많아요. 창작 군담 소설은 역사적 사실이 아닌 허구를 그린 것으로 <유충렬전>, <소대성전>, <최척전> 같은 작품들이 있죠.

● {대표적인 영웅군담 소설 살펴보기}

대표적인 영웅군담 소설 중 하나인 <임진록>을 살펴볼까요?

이때, 함경도 공사 땅에 한 사람이 있으되, 성은 김(金)이요 명은 덕령(德齡)이라. 힘은 능히 삼천 근을 들고 신장은 구 척이요. 검술과 육도삼략이 옛날 황석공의 도술을 당하는지라. 아깝도다. 이때는 부친의
<small>척은 길이의 단위로 대략 30.3cm. 구 척은 약 280cm 정도</small>
초토(草土)* 중에 있고, 모부인을 섬겨 하루도 떠나지 아니하더니, 일일은 들으니 왜적이 백 리 안에 온
<small>중국의 오래된 병서(병법에 대해 쓴 책)</small>
<small>시골에 묻혀 발휘되지 못하는 덕령의 능력이 아깝다는 서술자의 개입</small>
다 하거늘 모부인께 여쭈오되,
<small>황석공은 중국의 유명한 병법가. 황석공의 도술과 맞서 이겨 낼 정도로 덕령의 도술이 뛰어나다는 얘기!!</small>

"국운이 불행하여 왜적이 산과 들에 가득 찼사오니, 소자가 비록 초토에 있사오나 지금은 국사가 망극하오니 신민의 도리로 어찌 편안하오리까? 나아가 도적을 물리치고 즉시 돌아오리이다."

부인이 책망하여 왈,

"너는 어찌 무지한 말로 어미를 놀라게 하느냐? 공자(公子)는 구 년 거상(居喪)이요, 군자(君子)는 육 년 거상이요, 대부(大夫)는 삼 년 거상이라. 네 어찌 무슨 지략으로 사정에 어두운 말을 하느냐? 만일 내 말을 거역하면 모자지의(母子之義)를 끊으리라."
<small>어머니와 아들의 관계</small>

덕령이 다시 말을 못하고 마음을 억누르고 있더니, 수일 후 들으니 도적이 머지않아 들어온다 하거늘, 마음이 송구하여 슬하를 떠나 가등청정의 진에 자취도 없이 들어가 외쳐 왈,
<small>무릎의 아래라는 뜻으로, 어버이의 보살핌 아래 있는 것을 의미</small>

"나는 조선 장수 김덕령이라. 왜적의 씨를 없애려니와 천운이 불행하여 내 몸이 상중에 있기로 너희를 이제까지 살렸도다. 무지한 왜적은 천위를 모르고 외람되이 조선을 침범하였으니 목숨을 아끼거든 바삐 살아가라. 너의 명이 내 수중에 달렸으니 빨리 돌아가라. 만일 내 말을 믿지 못하거든 내일 오시(午時)에 올 것이니, 그때를 기다려 재주를 구경하되 백지를 오려 너희 군졸 머리 위에 낱낱이 붙이고 기다리라."
<small>너의 목숨이 내 손에 달렸으니</small>

하고, 마침 간데없거늘, 가등청정이 대로하여 수문장을 베어 장대에 달고 왈,
<small>문을 지키는 사람</small>

"문을 어찌 지켜 요망한 놈이 임의로 출입하는가."

하고, 군중에 전령하여,

　　　명령을 전함

"백지를 오려 머리 위에 낱낱이 붙여라. 내일 오시에 요망한 놈이 반드시 올 것이니, 동정을 살피되 일

시에 함께 총과 활을 쏘아라."

하고, 이튿날 오시가 되도록 종적이 없더니, 오시 후에 북쪽으로부터 일점 흑운이 일어나며 광풍이 대작

하고 시석(矢石)*이 날리며 큰 나무가 부러지며 천지가 뒤넘는 듯하더니 공중에서 한 소년이 상복을 입
　　　　　　한 점의 검은 구름　　　　　　　　　　미친 듯한 거센 바람이 크게 일어나고

은 채 포선(布扇)*을 들고 오른손으로 억만 군중 백화 밭이 된 백지를 거두어 쥐고 천둥같이 호령 왈,

"너희는 내 재주를 보라. 내 몸이 상중이 아니면 너희 장졸의 머리를 이 종이같이 경각에 거두고자 하
　　　　　　　　　　　　　　　　　　　　　　　　　　　　　　　　눈 깜빡할 사이, 아주 짧은 시간

나니, 너희가 목숨을 아끼거든 빨리 퇴병하라. 만일 나의 말을 업신여기면 내 포선으로 너희를 씨도

없이하리라."

하고 간데없거늘, 가등청정이 간담이 서늘하여 차탄 왈,
　　　　　　　　　　　　　　　　　　　　탄식함

"내 팔 년 동안 도술을 배워 조선에 나왔으되 저러한 재주는 처음이라. 천신 같도다."

하고, 진을 풀어 조섭의 진과 합하고자 하더라.

— 작자 미상, 〈임진록〉

* 초토 : 거적자리와 흙 베개라는 뜻으로, 상중에 있음을 이르는 말 * 시석 : 전쟁에 쓰던 화살과 돌 * 포선 : 상주가 외출할 때 얼굴을 가리는 부채

잘 읽어 봤나요? 그럼 작품을 잘 이해했는지 다음 물음에 답하면서 확인해 봐요!

(1) 주인공의 타고난 비범함을 보여 주는 부분은 어느 문장인가요?

(2) 주인공과 모친의 갈등의 원인은 무엇인가요?

(3) 주인공과 대립하는 상대 측 장군의 이름은 무엇인가요?

(4) 전장에서 드러난 주인공의 능력은 어떤 능력인가요?

우선 처음에 '힘은 능히 삼천 근을 들고 신장은 구 척이요, 검술과 육도삼략이 옛날 황석공의 도술을 당하

는지라.'라는 문장에서 주인공 김덕령의 타고난 비범함을 엿볼 수 있어요. 힘도 세고, 키도 크고, 검술

과 병법까지 갖추었죠.

덕령은 부친의 상중이었는데, 왜적이 온다는 소식을 접하고 모친에게 그들을 물리치러 나가겠다고

했어요. 그러자 모친은 '공자'는 부모가 죽었을 때 9년 동안 부모의 죽음을 애도했고, 유교에서 이상

적 인간이라고 하는 '군자'는 6년을 상중에 있어야 하고, '군자'까진 아니지만 훌륭한 인격자라 할 수

있는 '대부'는 3년을 상중에 있어야 한다면서, 전쟁터에 나가는 것을 허락하지 않았어요. 모친이 자

기 말을 어기면 모자간의 관계를 끊겠다며 강력하게 말했음에도 불구하고, 덕령은 결국 나라를 구하

기 위해 전쟁터에 나가게 되죠. 즉, 나라를 생각하는 충심과 상중인 상황이 갈등의 원인이 된 것이죠.

덕령은 곧장 '가등청정'이라는 장군이 이끄는 왜적 진영에 '자취도 없이' 들어가요. 수문장도 모르

게 들어갔다고 했으니, 아마 도술을 부린 거겠죠. 들어가서 왜적에게 자기소개부터 하고, 살고 싶으

면 돌아가라며 경고 한번 해 주고, 내일 오시(오전 11시~오후 1시)에 다시 올 것이니 머리 위에 종이

들을 붙이고 기다리라고 하고 돌아갔어요. 그러자 가등청정은 덕령의 말대로 군사들로 하여금 종이를 머리 위에 붙이게 한 뒤(사실 하라는 대로 안 해도 됐을 텐데 말이죠.), 덕령이 돌아오기를 기다렸어요. 다음날 오시가 지나자 갑자기 검은 구름이 일어나고 광풍이 부는데, 상복을 입은 소년이 공중에 나타났죠. 그게 바로 김덕령! 덕령은 **소년의 모습으로 변할 수 있고, 공중에 떠 있을 수 있으며, 광풍을 일으키는 도술**까지 부릴 수 있는 사람인 거예요. 이러한 덕령의 재주를 본 가등청정은 매우 놀라면서, 혼자서는 안 될 것 같으니 조섭의 군대와 합치려고 하죠.

이 작품의 경우에는 영웅의 일대기 구성을 충실히 따르고 있진 않지만, 덕령이 태어날 때부터 비범했다는 점과 전장에서 능력을 발휘하는 부분에서 주인공의 영웅적 면모가 잘 드러나요. 그리고 **Act 01**에서 전기성에 대해서 배웠었죠? 여기서 덕령이 보여 주는 것과 같은 도술들도 현실에서 일어나기 힘든 것이기 때문에 전기적인 요소라고 할 수 있어요. 기억해 두자고요.

| 4 | 풍자 소설

흙수저 빙고 게임		
화장실에 물 받는 대야 있음	세뱃돈 10만 원 단위 못 넘겨봄	물에 빠진 고기 요리 자주 해 먹음
집에 비데 없음	식탁 아래 식탁보가 비닐로 됨	냉동실에 비닐 안에 든 뭔가가 많음
집에 욕조 없음	인터넷 쇼핑 시 최저가 찾느라 시간 투자함	부모님이 음식 남기지 말라고 잔소리함

1 BINGO!

흙수저 빙고 게임이라고 혹시 들어 봤나요? 위의 표는 그 빙고 게임의 일부를 가져온 거예요. 몇 개나 해당이 돼요? 해 보니까 기분이 어때요? 뭔가 미묘한 감정이 들죠? 웃프다고 할까, 재미있고 웃기기도 한데 이런 현실 자체가 씁쓸하게도 느껴지잖아요. 고전시가에서 배웠듯이 **풍자**는 대상에 대한 부정적인 인식을 바탕으로 하여 대상을 과장하거나 왜곡하고 비꼼으로써 웃음을 유발하면서 공격하는 표현 방식이에요. 위 빙고 게임은 우리 사회가 어느 정도 계급화되어 있고 그것이 대물림되는 현상을 풍자하고 있죠. 고전소설 중에는 이와 같은 풍자의 내용을 담은 소설들이 있는데, 이들을 **풍자 소설**이라 불러요. 그럼 풍자 소설에는 자연히 현실에 대한 비판 의식이 담겨 있겠죠?

고전문학에서는 주로 어떤 현실을 비판하려고 했을까요? 비판의 대상에는 여러 가지가 있지만 가장 대표적인 것은 역시 봉건적인 가치관이에요. 조선시대는 양반 중심의 질서로 이루어진 사회였고 가부장적 가치관이 팽배했어요. 그렇기에 풍자 소설에는 지배 계층인 양반의 부패나 무능력, 허례허식 등을 고발하거나, 가부장적 가치관을 비판하는 내용이 주로 나타나요.

그런데 이러한 내용을 쓴 글이 보이면 당시의 지배 계층은 어떤 반응을 보였을까요? 자기를 비판하는 글이니 당연히 좋아하지 않겠죠. 심한 경우에는 글 쓴 사람을 찾아다 벌하려고 했을 테고요. 따라서 직접적으로 그들을 비판하는 내용을 쓰기란 쉽지 않았을 거예요. 그렇기에 간접적인 방법을 많이 택하는데 그중 하나가 우의적 표현이에요. **우의적**이라는 말은 동식물이나 다른 사물에 빗대어서 비유적인 뜻을 나타내거나 풍자하는 것을 말해요. 이러한 우의적 표현을 사용한 이야기를 따로 '우화'라고 하는데, 여러분이 잘 아는 〈이솝우화〉가 바로 우화의 대표적인 작품이랍니다. 그러니까 이솝'우화'겠죠! 우리 고전문학에서도 〈공방전〉, 〈국순전〉 등과 같은 고려시대의 가전체 소설이나 〈장끼전〉, 〈서동지전〉 등과 같은 조선시대의 소설이 우화에 해당해요. 우의적 표현 이외에도 지배 계층의 비판을 피하기 위해 작가는 다른 빠져나갈 구멍을 만들기도 했는데, 〈광문자전〉과 〈예덕선생전〉처럼 어디선가 들은 이야기라고 하면서 책임을 피하거나, 〈허생전〉처럼 갑자기 주인공이 사라지는 등 이상한 결말로 마무리하는 것이 바로 여기에 해당해요.

따라서 풍자 소설을 읽을 때에는 작가가 비판하려는 대상이 무엇인지, 그 대상의 어떤 점을 비판(풍자)하고자 하는지를 중심으로 살펴보면 돼요.

쌤의 팁 고려의 이솝우화! 가전체 소설 고전소설을 공부할 때 빼놓을 수 없는 것이 바로 고려시대에 주로 창작된 가전체 소설이에요. 가전체 소설은 어떤 사물이나 동물을 의인화해서 그 허구적 일대기를 전기문의 형식으로 기록한 것을 말해요. 그런데 이를 이해하기 위해서는 먼저 전기문이 무엇인지 알아야겠죠? 전기문은 초등학교 때 이미 배운 개념인데, 쉽게 위인전을 떠올리면 돼요. 위인전을 보면 한 인물의 출생부터 죽음까지의 과정을 서술하잖아요? 이렇게 어떤 인물의 일대기를 전하는 글이 바로 전기문이랍니다. 한편 가전은 거짓 가(假), 전할 전(傳)으로, 전기문은 전기문인데 거짓 전기문이란 뜻이에요. 왜 거짓이냐, 바로 실제 존재하는 인물이 아니라 사물이나 동물을 의인화하여 기록한 전기문이기 때문이죠. 대표적인 작품으로는 돈을 의인화한 〈공방전〉, 술을 의인화한 〈국순전〉, 〈국선생전〉 등이 있어요.

● **{대표적인 풍자 소설 살펴보기}**

대표적인 풍자 소설로는 〈광문자전〉, 〈양반전〉, 〈예덕선생전〉, 〈허생전〉, 〈호질〉과 같은 박지원의 소설과 동물이나 사물을 의인화한 소설인 〈공방전〉, 〈국선생전〉, 〈서동지전〉, 〈장끼전〉 등이 있어요. 그중에서 우리는 박지원의 소설 〈호질〉을 조금 살펴보도록 하죠.

정(鄭)나라 어느 고을에 벼슬에 뜻이 없는 선비가 살았으니, 북곽 선생이라 했다. 나이 마흔에 손수 교정해 낸 책이 만 권이었고, 또 구경(九經)의 뜻을 풀어서 다시 지은 책이 일만 오천 권이었다. 천자가 그의 행의를 가상히 여기고, 제후가 그 이름을 사모했다.
행동과 뜻

그 고을 동쪽에는 동리자라는 미모의 과부가 있었다. 천자가 그 절개를 가상히 여기고 제후가 그 현숙함을 사모하여, 그 고을 몇 리의 땅을 봉하여 '동리과부지려(東里寡婦之閭)'라 했다. 이처럼 동리자는 수

_{동리라는 과부가 사는 마을}

절을 잘하는 과부였다. 그런데 그녀는 아들 다섯을 두었으니, 그들은 저마다 다른 성(姓)을 지녔다.

어느 날 밤, 다섯 아들이 서로 말했다.

"강 북쪽에선 닭이 울고 강 남쪽에선 별이 반짝이는데, 방 안에서 흘러나 오는 말소리는 어찌 그리도 북곽 선생의 목소리를 닮았을까."

다섯 형제가 차례로 문틈으로 들여다보니, 동리자가 북곽선생에게 청하고 있었다.

"오랫동안 선생님의 덕을 사모했사온데 오늘 밤엔 선생님의 글 읽는 소리를 듣고자 하옵니다."

북곽 선생이 옷깃을 바로잡고 점잖게 앉아서 시를 지어 읊었다.

"병풍에는 원앙새요 반딧불이는 반짝반짝,

가마솥과 세발솥은 무얼 본떠 만들었나.

_{둘 다 솥이지만 그 모양이 다르므로, 동리자 아들들의 생김새가 제각각임을 지적하며 동리자를 비꼬는 동시에 은근히 유혹하는 말}

흥(興)이라."

이에 다섯 아들이 서로 수군댔다.

"예법에 '과부의 문에는 함부로 들지 않는다.'고 했으니, 북곽 선생은 어진 이라 그런 일이 없을 거야."

"내 들으니, 우리 고을의 성문이 헐었는데 여우 굴이 있다고 하더군요."

"내 들으니, 여우란 놈은 천 년을 묵으면 둔갑하여 사람 시늉을 할 수 있다 하니, 저건 틀림없이 여우란 놈이 북곽선생으로 둔갑한 것일 게다."

그러고서 함께 의논했다.

"내 들으니, 여우의 갓을 얻으면 큰 부자가 될 수 있고, 여우의 신발을 얻으면 대낮에 그림자를 감출 수 있으며, 여우의 꼬리를 얻으면 애교를 잘 부려서 누구라도 그를 좋아한다더라."

이에 다섯 아들이 같이 어미의 방을 둘러싸고 쳐들어가니 북곽 선생이 크게 놀라서 도망쳤다. 사람들이 자기를 알아볼까 겁이 나 한 다리를 목덜미에 얹고 귀신처럼 춤추고 낄낄거리며 문을 나가서 내닫다가 그만 들판의 구덩이 속에 빠져 버렸다. 그 구덩이에는 똥이 가득 차 있었다.

간신히 기어올라 머리를 내밀고 바라보니 한 범이 길을 막고 있었다. 범이 오만상을 찌푸리고 구역질을 하며 코를 싸쥐고 머리를 왼편으로 돌리며 한숨을 쉬고 말했다.

"어허, 유자(儒者)여! 구리도다."

북곽 선생이 머리를 조아리고 엉금엉금 기어 나와서 세 번 절하고 꿇어앉아 우러러 말했다.

"범님의 덕은 지극하시지요. 대인은 그 변화를 본받고 제왕은 그 걸음을 배우며, 자식 된 자는 그 효성을 본받고 장수는 그 위엄을 취합니다. 범님의 이름은 신룡(神龍)의 짝이 되는지라, 한 분은 바람을 일으키시고 한 분은 구름을 일으키시니, 저 같은 하토(下土)의 천한 신하는 감히 아랫자리에 서옵니다."

범이 꾸짖었다.

"내 앞에 가까이 오지 마라. 앞서 내 들건대, 유(儒)란 것은 유(諛)라 하더니 과연 그렇구나. 네가 평소

_{선비} _{아첨하다}

에 천하의 악명을 모아 망령되게 내게 덮어씌우더니, 이제 사정이 급해지자 면전에서 아첨을 떠니 누가 곧이듣겠느냐. 천하의 원리는 하나다. 범의 본성이 악한 것이라면 인간의 본성도 악할 것이요, 인간의 본성이 선한 것이라면 범의 본성도 선할 것이다." (중략)

북곽 선생이 자리에서 물러나 한참 엎드렸다가 일어나 엉거주춤하더니, 두 번 절하고 머리를 거듭 조아리며 말했다.

"『맹자』에 이르기를, 비록 악한 사람이라도 목욕재계를 한다면 상제(上帝)라도 섬길 수 있다 하였사오니, 이 하토에 살고 있는 천한 신하가 감히 아랫자리에 서옵니다."

숨을 죽이고서 가만히 들어 보았다. 오래도록 아무런 분부가 없으므로 실로 황송키도 하고 두렵기도 하여 손을 맞잡고 머리를 조아리며 우러러보니 동녘이 밝았는데, 범은 벌써 가고 없었다.

마침 아침에 밭 갈러 온 농부가,

"선생님, 무슨 일로 이 꼭두새벽에 들판에 대고 절을 하시옵니까?"

라 물으니, 북곽 선생이 말했다.

"내 일찍이 들으니 '하늘이 높다 하되 머리 어찌 안 굽히며, 땅이 두텁다 하되 어찌 조심스레 걷지 않겠는가.' 하였네그려."

– 박지원, 〈호질〉

위의 내용을 정리해 볼까요? 다음 물음에 답해 보세요~!

(1) 작가가 비판하려는 대상은 누구인가요?

(2) 작가는 대상의 어떤 점을 작가는 비판하고자 한 것일까요?

작가가 비판하려는 대상으로 가장 눈에 띄는 건 **북곽 선생**이에요. 북곽 선생이 동리자의 다섯 아들에게 당하고, 호랑이에게 꾸짖음을 당하고(제목인 '호질'은 '호랑이가 꾸짖다'라는 뜻이에요!) 있는 데에서 북곽 선생을 풍자하고자 했다는 것을 알 수 있어요. 그럼 그의 어떤 점을 비판하려고 한 걸까요? 북곽 선생은 세상 사람들에게는 엄청 훌륭한 인품의 학자로 알려져 있지만, 실제로는 과부인 동리자의 집에 드나들며 선비로서의 예법을 어기고 있는 인물이에요. 즉, 작가는 북곽 선생의 겉과 속이 다른 위선적인 모습을 비판하고 있는 거죠.

북곽 선생 외에 작가가 비판하려는 대상으로는 또 누가 있을까요? 얼핏 보면 놓치기 쉬운데, 잘 읽어 보면 **동리자** 역시 비판의 대상이에요. 동리자는 수절을 잘해서 땅까지 받은 부인이라고 나와 있지만 실상은 그렇지 않잖아요. 아들 다섯이 모두 성이 다르다는 것을 통해 짐작할 수 있죠.

이렇게 **겉과 속이 다른 위선적인 모습**을 작가는 비판하고자 하였고, 이를 위해 북곽 선생이 우스꽝스럽게 도망치거나 똥통이 가득한 구덩이에 빠지거나 하는 모습으로 그를 희화화하여 표현했어요. 또 호랑이를 의인화하여 그를 꾸짖고 있죠.

딱! 다섯 줄 요약

⊙ 고전소설의 유형에는 대표적으로 애정 소설, 가정 소설, 영웅군담 소설, 풍자 소설이 있다!

⊙ 애정 소설은 어떤 요인에 의해 사랑이 방해받는지, 주인공들이 애정을 실현하기 위해 얼마만큼의 의지를 보이며 어떻게 행동하는지를 중심으로 읽는다!

⊙ 가정 소설은 가족 관계와 갈등 관계를 확인하고, 갈등의 원인이 무엇인지, 어떤 사건이 벌어지고 있는지를 파악하며 읽는다!

⊙ 영웅군담 소설은 선인과 악인을 구별하고 영웅의 일대기 구성을 고려하면서 주인공이 어떤 활약을 펼치는지를 중심으로 읽는다!

⊙ 풍자 소설은 작가가 비판하려는 대상이 무엇인지, 그 대상의 어떤 점을 풍자하고자 하는지를 중심으로 읽는다!

01 다음 소설들이 각각 어떤 유형의 소설에 해당하는지 괄호 안에 써넣어 보자.

---

(1) 이때는 선군의 나이가 열여섯 살 되던 때였다. 어떤 봄날 선군이 서당에서 글을 읽다가 저도 모르게 몸이 노곤하여 책상에 기대어 졸다가 깜빡 잠이 들었다. 문득 녹의홍상*으로 단장한 낭자가 방문을 열고 들어와서 두 번 절하고 옆에 앉더니,

"도련님은 저를 몰라보시겠습니까? 제가 여기에 온 것은 다름이 아니오라 우리 둘이 천상연분이 있기로 이렇게 찾아왔습니다."

하였다. 이에 선군은,

"나는 진세*의 속객*이요, 낭자는 천상의 선녀인데 어찌 우리 사이에 연분이 있다 하오?"

하고 의아하여 물었다. 그러자 낭자는,

"도련님은 본디 하늘에서 비를 내리게 하는 선관(仙官)이셨는데, 비를 그릇 내리신 죄로 인간세상으로 귀양 오셨으니 장차 저와 상봉할 날이 있을 것입니다."

라고 말하고 홀연히 사라져 버렸다. 선군이 기이하게 여기던 중 문득 잠에서 깨어나니 남가일몽*이었고 방 안에는 선녀의 이상한 향기가 가득했다.

그 뒤로부터 선군은 그 낭자의 고운 모습이 눈에 아른거리고 맑은 음성이 귀에 쟁쟁히 남아 있어 낭자를 잊을 수가 없었다.

– 작자 미상, 〈숙영낭자전〉

(2) 그 부자 그제야 잔기침을 하며 말을 내어 왈,

"옛적에 꾀꼬리와 뻐꾹새와 따오기 세 짐승이 서로 모여 앉아 우는 소리 좋음을 다투되 여러 날이 되도록 결단치 못하였더니 일일은 꾀꼬리 이르되,

'우리 서로 싸우지 말고 송사하여 보자.'

하니, 그중 한 짐승이 이르되,

'내 들으니 황새가 날짐승 중 키 크고 부리 길고 몸집이 어방져워 통량이 있으며 범사를 곧게 한다 하기로 이르기를 황장군이라 하노니, 우리 그 황장군을 찾아 소리를 결단함이 어떠하뇨.'

세 짐승이 옳이 여겨 그리로 완정*하매 그중 따오기란 짐승이 소리는 비록 참혹하나 소견은 밝은지라. 돌아와 생각하되,

'내 비록 큰 말은 하였으나 세 소리 중 내 소리 아주 초라하니 날더러 물어도 나밖에 질 놈 없는지라. 옛 사람이 이르되 모사는 재인이요, 성사는 재천*이라 하였으니 아무커나 청촉*이나 하면 필연 좋으리로다.'

– 작자 미상, 〈황새결송〉

* 녹의홍상 : 연두저고리에 다홍치마   * 진세 : 속세
* 속객 : 속세의 나그네   * 남가일몽 : 꿈
* 완정 : 완전히 정함   * 재천 : 일을 힘써 꾀함은 사람에 달렸으나 일을 성취시키는 것은 하늘에 달렸음
* 청촉 : 청을 넣어 위촉함

---

(1) (   )

(2) (   )

02 다음 빈칸을 채워 영웅의 일대기 구성을 완성해 보자.

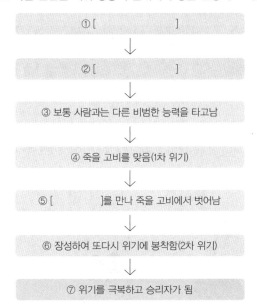

① [   ]

↓

② [   ]

↓

③ 보통 사람과는 다른 비범한 능력을 타고남

↓

④ 죽을 고비를 맞음(1차 위기)

↓

⑤ [   ]를 만나 죽을 고비에서 벗어남

↓

⑥ 장성하여 또다시 위기에 봉착함(2차 위기)

↓

⑦ 위기를 극복하고 승리자가 됨

예제풀이 | **01** (1) 애정 소설 (2) 풍자 소설 **02** ① 고귀한 혈통 ② 비정상적 출생 ⑤ 조력자

01 참고로, (1)의 후반부 내용을 고려하면 가정 소설로도 볼 수 있어요.

Act 04

이런 고전소설도 있다, 환몽구조 소설과 판소리계 소설

    고전소설 중에는 형식적 측면에서나 이야기 구조에서나 조금 남다른 두 녀석이 있어요. 그 두 녀석은 바로 환몽구조 소설과 판소리계 소설이에요.

    왼쪽의 그림에서 아이는 지금 꿈을 꾸고 있어요. 그리고 오른쪽의 그림에서는 소리꾼이 한창 판소리를 열창하는 중이죠. 위의 두 그림은 이번 Act에서 우리가 공부할 두 소설과 관련이 깊어요. 자, 그러면 이제 환몽구조 소설과 판소리계 소설, 이 두 녀석에 대해 알아볼까요?

| 1 | 환몽구조 소설

● {환몽구조 소설이란?}

    다들 기억에 남는 꿈 하나씩은 있죠? 절벽에서 뚝 떨어지는 꿈이라거나 좋아하는 연예인이랑 데이트를 했다거나 하는 그런 꿈 말이에요. 요즘 인기 있는 소설, 영화 중에 꿈을 소재로 한 것들이 많은데, 우리 고전소설에도 꿈을 소재로 한 이야기들이 있었어요. 특히 주인공이 꿈을 꾸기 전부터 꿈속에서 겪는 이야기, 꿈에서 깬 후의 이야기까지 전부 다룬 소설이 있는데, 이처럼 '현실 – 꿈 – 현실'의 구성으로 이루어진 소설을 **환몽구조 소설**이라고 해요.

현실	입몽(꿈을 꿈)	꿈(夢)	각몽(꿈에서 깸)	현실

앞의 표는 환몽구조를 도식화한 건데, '입몽'이란 꿈에 들어간다는 뜻이고 '각몽'은 꿈에서 깨어난다는 뜻이에요. 환몽구조 소설은 이와 같은 구조로 이루어져, 주인공이 꿈속에서 겪는 우여곡절이 내용의 주를 이루는 소설이라고 생각하면 돼요.

● [환몽구조 소설의 두 가지 모습 – 몽유록계 소설과 몽자류 소설]

환몽구조 소설은 그 내용 전개에 따라 몽유록계 소설과 몽자류 소설, 이렇게 두 가지로 나눌 수 있어요. 각각에 대해 하나씩 살펴보자고요.

우선 몽유록계 소설에 대해 알아봅시다. 몽유록이라는 건 '夢꿈몽 遊놀유 錄기록할록'으로 꿈에서 놀았던 기억을 기록한다는 뜻이에요. 조금 더 보태자면, 꿈속에서 놀며 보고 들은 것을 기록한 이야기인 거죠. 몽유록계 소설은 대체로 그 제목이 '~몽유록'으로 되어 있어요. 그러니까 작품의 제목이 '~몽유록'으로 끝나면 '몽유록계 소설이구나!' 하고 알아차리면 돼요.

몽유록계 소설에서 주인공은 현실의 모습 그대로 꿈속으로 들어가 일련의 사건들을 겪은 뒤 현실로 돌아와서 체험한 일들에 대해 스스로 서술하는 구조로 되어 있어요. 현실과 꿈이 단절되지 않고 이어져 있는 형태죠. 그렇다 보니 몽유록계 소설에서 현실의 이야기는 크게 의미가 없어요. 그렇다면 우리는 꿈속 이야기에만 집중하면 되겠죠? 그리고 꿈속 이야기에는 대개 현실 세계에 대한 비판 의식이 강하게 나타나요. 즉, 현실 비판적인 내용을 담는 경우가 많다는 거예요.

대표적인 몽유록계 소설로는 〈운영전〉(다른 이름은 〈수성궁몽유록〉이에요!)과 임제의 〈원생몽유록〉 등이 있어요.

한편 몽자류 소설은 '夢꿈몽 字글자자 類종류류'로, 제목에 글자 '몽(夢)'이 붙어 있는 소설들을 말해요. 〈구운몽〉처럼 '~몽'으로 끝나는 제목의 소설을 보면 '몽자류 소설이구나!' 하면 되겠죠.

몽자류 소설은 주인공이 꿈속 세계에서 다른 인물로 태어나 새로운 삶을 경험하고 꿈에서 깬 후에 어떠한 깨달음을 얻는 이야기 구조를 가져요. 현실 세계와 꿈속 세계의 주인공이 별개의 인물인 거죠. 꿈속 세계에서 주인공은 기존의 현실 세계의 자아에 대한 기억이라거나 자각이 없어요. 꿈속에서 한 인물로서의 생을 마감하고 꿈에서 깬 후에야 주인공이 '아, 이게 꿈이었구나. 꿈속 인물이 바로 나였구나.' 하고 인지하는 거예요. 그리고 심오한 깨달음을 얻게 되죠. 이 깨달음의 내용은 대개 일장춘몽(한바탕의 봄꿈이라는 뜻으로, 인생의 부귀영화가 덧없음)의 성격을 띠어요. 일생을 살면서 부귀영화를 추구해 봤자 다 부질없다는 거죠. 그래서 몽자류 소설에서는 꿈속 이야기보다는 꿈속에서의 체험을 통해 얻은 깨달음의 내용이 더 중요해요.

대표적인 몽자류 소설에는 〈구운몽〉, 〈옥루몽〉 등이 있어요.

다음의 표를 통해 몽유록계 소설과 몽자류 소설에 대해 비교해서 정리해 보죠.

	몽유록계 소설	몽자류 소설
소설의 제목	~몽유록	~몽
현실과 꿈의 관계	현실과 꿈이 이어져 있음	현실과 꿈은 별개임
현실 이야기와 꿈속 이야기의 주인공	같음(동일 인물)	다름(다른 인물)
꿈속 이야기의 내용	서술자가 여러 인물을 만나 이야기를 주고받음	한 인물의 일생
꿈을 대하는 태도	꿈속 이야기 자체가 중요함	꿈속 이야기를 통한 깨달음의 내용이 중요함
주제의 성격	현실 비판 의식이 강함	일장춘몽의 성격이 강함

● {대표적인 환몽구조 소설 살펴보기}

대표적인 환몽구조 소설로 어떤 작품들이 있는지에 대해서는 몽유록계 소설과 몽자류 소설로 나누어 바로 앞에서 공부했죠. 여기서는 임제의 〈원생몽유록〉을 한번 살펴봅시다. 〈원생몽유록〉은 조카를 죽이고 왕위에 오른 세조와 비운의 왕 단종, 그리고 단종에 대한 절의를 지킨 사육신에 대한 역사적 사실을 토대로 창작된 소설이에요. 앞에서 공부한 환몽구조 소설에 대한 내용을 생각하며 지문을 읽고 질문에 답해 보세요.

【앞부분의 줄거리】 꼿꼿한 절개를 지닌 선비 자허가 밤에 독서를 하다가 잠이 든다. 꿈속에서 강 언덕을 거닐며 시를 읊던 자허는 복건을 쓴 사람을 만나는데, 그는 임금과 신하들이 자허를 기다리고 있다고 말하며 정자로 인도한다.

그들은 자허가 오는 것을 보고 일제히 마중을 나왔다. 자허는 그들과 인사를 나누기 전에 먼저 임금에게 나아가 문안을 여쭙고 되돌아와서 각자 자리에 앉기를 기다렸다가 맨 끝에 앉았다. 자허의 바로 윗자리에는 복건을 쓴 이가 앉았고, 그 위로는 다섯 사람이 차례로 앉았다. 자허는 어떻게 된 까닭인지 알 수 없어서 몹시 불안하였다. 그때 임금이 말하였다.

"내가 일찍부터 경의 꽃다운 지조를 그리워하였소. 오늘 이 아름다운 밤에 만났으니 조금도 이상하게 생각 마오."

자허는 그제야 의심을 거두고 일어서서 은혜에 감사하였다. 그 후 자리가 정해지자 그들은 고금 국가의 흥망을 흥미진진하게 논하였다. 복건 쓴 이는 탄식하면서

"옛날 요, 순, 탕, 무는 만고의 죄인입니다. 그들 때문에 후세에 여우처럼 아양 부려 임금의 자리를 뺏
_{고대 중국의 성군(聖君)들}
은 자가 선위를 빙자하였고, 신하로서 임금을 치고서도 정의를 외쳤습니다. 천 년의 도도한 세월이 흘
_{군주가 살아 있으면서 다른 사람에게 군주의 지위를 물려주는 일}
렀건만 누구도 그 폐해를 구제하지 못했습니다. 그러니 이 네 임금이야말로 도적의 시초가 아니고 무엇이겠습니까?" / 하였다.

그러자 말이 채 끝나기도 전에 임금은 얼굴빛을 바로잡고,

"아니오. 경은 이게 대체 무슨 말이오? 네 임금의 덕을 지니고 네 임금의 시대를 만났다면 옳거니와, 네 임금의 덕이 없을 뿐더러 네 임금의 시대가 아니라면 아니 될지니, 네 임금이 무슨 허물이 있겠소? 다만 그들을 빙자하는 놈들이 도적이 아니겠소?"

하고 말했다. 그러자 복건 쓴 이는 머리를 조아리고 절하며,

"마음속에 불평이 쌓여서 저도 모르는 사이에 지나치게 분개했습니다."

하며 사과했다. / 임금은 또,

"그만두시오. 오늘은 귀한 손님이 이 자리에 계시니, 다른 것을 이야기할 필요는 없겠소. 다만 달은 밝고 바람이 맑으니, 이렇게 아름다운 밤에 어찌하려오."

하고 곧 금포를 벗어서 갯마을에 보내어 술을 사 오게 했다. 술이 몇 잔 돌자 임금은 그제야 잔을 잡고 흐느껴 울면서 여섯 사람을 돌아보았다.

"경들은 이제 각기 자기의 뜻을 말하여 남몰래 품은 원한을 풀어 봄이 어떠할꼬."

했다. 여섯 사람은

"전하께옵서 먼저 노래를 부르시면 신들이 그 뒤를 이어 볼까 하옵니다."

하고 대답했다. 임금은 수심에 겨워 옷깃을 여미고 슬픔을 이기지 못한 채 노래 한 가락을 불렀다.
　　　　　　　　　매우 근심하는 마음

　　강물은 울어 옐 제 쉴 줄을 모르는구나 / 기나긴 나의 시름 이 물에 비길까나
　　　　　　　'흐르다'의 옛말
　　살았을 때는 임금이건만 죽어서는 고혼뿐이거늘 / 새 임금은 거짓이라 나를 높여 무엇하리
　　고국의 백성들은 국적이 변했구나 / 예닐곱 신하만이 죽음으로 나를 따르는구나
　　오늘 저녁은 어인 밤인가 강루에 함께 올라 / 차가운 물결 밝은 달이 수심을 자아낼 때
　　슬픈 노래 한 가락에 천지가 아득하구나

노래가 끝나자 다섯 사람이 각기 절구를 읊었다. 첫째 자리에 앉은 사람이 먼저 읊었다.

　　어린 임금 못 받듦은 내 재주 엷음이라 / 나라 잃고 임금 욕보이고 이 몸까지 버렸구나
　　시금 와 천지를 돌리보니 부끄러울 뿐이로다 / 당년에 일찍 스스로 도모하지 못했음을 후회하노라
　　　　　　　　　　　　　　그해, 일이 있는 바로 그해

(중략)

읊기가 끝나자 만좌는 모두 흐느껴 울었다. 얼마 되지 않아서 어떤 기이한 사내 하나가 뛰어드는데 그
　　　　　　　　좌석에 가득 앉은 사람들
는 씩씩한 무인이었다. 키가 훨씬 크고 용맹이 뛰어났으며, 얼굴은 포갠 대추와 같고, 눈은 샛별처럼 번쩍였다. 그는 옛날 문천상의 정의에다 진중자의 맑음을 겸하여 늠름한 위풍은 사람들로 하여금 공경심을 일으키게 했다. 그는 임금의 앞에 나아가 뵌 뒤에 다섯 사람을 돌아보며

"애달프다. 썩은 선비들아, 그대들과 무슨 대사를 꾸몄단 말인가."

하고 곧 칼을 뽑아 일어서서 춤을 추며 슬피 노래를 부르는데, 그 마음은 강개하고 그 소리는 큰 종을 울리는 듯싶었다. 그 노래는 다음과 같았다.

　　바람은 쓸쓸하여 잎 지고 물결 찰 제 / 칼 안고 긴 휘파람에 북두성은 기울었네
　　살아서는 충의하고 죽어서는 굳센 혼을 / 내 금량이 어떻더뇨 강 속에 둥근 달이로다
　　　　　　　　　　　　　　마음속에 깊이 품은 생각
　　함께 일을 도모한 것이 잘못이니 썩은 선비 책하지 마오

노래가 끝나기 전에 달이 어두컴컴해지고 시름겨운 구름이 끼더니, 비가 쏟아지고 바람이 몰아쳤다. 귀를 찢는 천둥소리가 울리니 모두가 홀연히 흩어졌다. 자허도 역시 놀라 깨어 본즉 곧 한바탕의 꿈이었다. 자허의 벗 매월거사는 이 꿈 이야기를 듣고 통분한 어조로 말했다.
　　생육신 중 한 명인 김시습의 별호

> "대체로 보아 옛날로부터 임금이 어둡고 신하가 혼잡하여 마침내 나라를 망친 자가 많았다. 그런데 이제 그 임금을 보건대 반드시 현명한 왕이며, 그 여섯 신하도 또한 모두 충의의 선비인데 어찌 이런 신하와 이런 임금으로서 패망의 화를 입음이 이렇게 참혹할 수 있겠는가. 아아, 이것은 대세가 이렇게 만든 것일까. 그렇다면 이는 불가불 시세에 맡길 수밖에 없을 것이며 또한 원인을 하늘에 돌리지 않을 수 없겠다. 하늘에 원인을 돌린다면, 저 착한 이에게 복을 주며 악한 놈에게 재앙을 주는 것이 하늘의 도리가 아니겠는가. 만일 하늘에 원인을 돌릴 수 없다면 곧 어둡고도 막연하여 이 이치를 상세히 알 수 없이 유유한 이 누리에 한갓 지사의 회포만을 돋울 뿐이구려."
>
> 불가불(하지 아니할 수 없이). 어쩔 수 없이
>
> — 임제, 〈원생몽유록〉

(1) 주인공이 꿈속으로 가기 전후의 이름에 변화가 있었나요?

(2) 입몽과 각몽 부분을 찾는다면 어느 부분일까요?

(3) 주인공은 꿈을 꾼 이후 그 꿈에 대해 어떤 태도를 보이나요?

먼저 현실 세계와 꿈속 세계의 인물이 동일 인물인가를 파악해 보죠. 현실 세계의 자허는 꿈속에서도 여전히 자허라는 이름을 쓰고 있어요. 즉, **동일 인물**이라는 뜻이죠. 현실 세계와 꿈속 세계의 주인공이 동일 인물일 것이라는 점은 '~몽유록'이라고 되어 있는 제목만 보더라도 짐작할 수 있겠죠? 그럼 어디서부터 어디까지가 꿈속 이야기일까요? **꿈속 이야기는 [앞부분의 줄거리]에서부터 시작되고 있어요.** 그리고 **자허가 놀라 깨어 보니 한바탕 꿈이었다는 것을 알게 되었다는 부분에서 꿈속 이야기가 끝났다고** 보면 되겠죠.

자허는 꿈에서 겪은 일에 대해 어떤 태도를 보이고 있을까요? 꿈에서 깬 자허는 친구인 매월거사에게 자신이 꿈에서 보고 들었던 이야기를 들려줘요. 그리고 그 이야기를 들은 매월거사는 현명한 왕과 충성스러운 신하가 화를 입은 현실에 대해 슬퍼하면서도 분노하는 모습을 보여요. 선한 이들이 화를 면하지 못한 현실 상황에 대해 **비판적인 태도**를 취한다고 할 수 있겠죠.

앞에서 언급했던 것처럼 이 작품은 단종과 사육신에 대한 내용이에요. 꿈속에서 만난 임금을 비롯하여, 기이한 사내와 다섯 사람은 모두 망자(죽은 사람)인 듯한데, 숫자가 딱 6명인 걸 보니 사육신이라고 짐작할 수 있겠죠. 결국 자허라는 인물은 조카인 단종을 몰아내고 왕위를 빼앗은 세조, 즉 정치 현실을 비판하고자 했다고 할 수 있겠어요.

| 2 | 판소리계 소설

● {판소리계 소설이란?}

오른쪽 그림, 뭔지 알죠? 그림만 봤는데도 이야기들이 머릿속에 막 떠오르지 않나요? 어린 시절에 전래동화, 혹은 그림책으로 많이 보고 들었을, 익숙한 바로 그 이야기죠. 예나 지금이나 재미있는 이야기는 사람들의 흥미를 끌기 마련인 것 같아요.

내 간이 어디 있더라?

판소리도 원래 처음에는 그냥 재미있는 이야기들이었어요. 단순한 옛날이야기(소설의 근원이 된 옛날이야기를 좀 더 어려운 말로 '근원 설화'라고 해요)가 입에서 입으로 전달되면서 내용이 덧붙고, 거기에 음악적인 요소가 더해져서 판소리가 된 거예요. 그러다 조선 후기에 이르러 판소리를 글로 기록하기 시작했고(판소리 사설), 판소리 사설이 서사화의 과정을 거쳐 판소리계 소설로 발전하게 돼요. 후에 판소리계 소설이 신소설로 개작되기도 했죠.

이와 같은 과정 속에서 탄생한 것이 바로 판소리계 소설이에요. 그래서 **판소리계 소설**은 판소리 사설이 소설로 정착된 작품으로 정의돼요. 우리가 잘 알고 있는 네 작품의 변화 과정을 살펴보면 다음과 같아요.

근원 설화		판소리(사설)		판소리계 소설		신소설
구토지설		수궁가		토끼전		토의 간
방이설화		흥부가		흥부전		연의 각
열녀설화 암행어사설화 신원설화	→	춘향가	→	춘향전	→	옥중화
인신공희설화 효녀지은설화 맹인개안설화		심청가		심청전		강상련

쌤의 팁 〈심청가〉와 〈심청전〉은 다르다? 수능이나 평가원 모의고사 문제에는 '판소리 사설'이 나올 때도 있고, '판소리계 소설'이 나올 때도 있어요. 그래서 제목이 '~가'면 판소리 사설(판소리를 있는 그대로 기록한 것)이고, '~전'이면 판소리계 소설이라고 생각하면 돼요.

● {판소리계 소설의 특징}

앞에서 '판소리계 소설은 어떤 거다!'라는 걸 공부해 봤어요. 그러면 이제 판소리계 소설에는 어떤 특징들이 있는지 예시와 함께 하나씩 살펴볼까요?

① 대체 어떤 이야기가 진짜야? 같은 듯 다른, 이본(異本)

판소리계 소설의 특징 중 하나는 이본(異本)이 많다는 거예요. 기본적인 내용은 같으면서 부분적으로 차이가 있는 작품들을 통틀어 이본이라고 해요. '다를 이, 근본 본'으로 다른 버전이라는 뜻으로 이해하면 돼요. 예를 들어 〈토끼전〉은 〈토생전〉, 〈별주부전〉 등의 이본이 있는데, 각각 세부적인 사항이나 결말 부분이 조금씩 달라요.

이렇게 이본이 생겨난 이유는 판소리계 소설이 적층문학이기 때문이에요. 적층문학(積쌓을 적, 層층 층)이란 오랜 시간에 걸쳐 많은 사람들에 의해 공동으로 창작된 문학 작품을 말해요. 판소리계 소설의 스토리는 설화에서 시작해서 수많은 사람들의 입을 거쳐 내려온 이야기잖아요. 그러다 보니 사람들이 자기 입맛에 맞게 중간에 내용을 삽입하기도 하고, 삭제하기도 하고, 결말을 바꾸기도 하고 해서 이야기가 다양하게 분화된 거죠. 그래서 스토리를 잘 아는 '춘향전/흥부전/토끼전/심청전'이 지문으로 나왔다고 해서 지문을 안 읽고 문제를 풀면 안 돼요! 이본에 따라 내용이 달라지니까 반드시 지문을 읽고 자신이 아는 내용과 어느 부분이 다른지를 꼼꼼히 따져 봐야 해요.

샘의 팁 완판본? 경판본? 문제를 풀다 보면 판소리계 소설의 제목에 <춘향전(완판본 71장)>, <흥부전(경판본)>과 같이 된 것을 볼 때가 있을 거예요. 완판본이니 경판본이니 하는 게 뭐냐면, 어느 지역에서 출판된 판본인지를 나타내는 말이에요. 완판본은 전주에서, 경판본은 서울에서 출판된 판본을 말해요. 별거 아니죠? 뭐, 중요한 건 아니고, 그냥 궁금할까 봐 얘기해 준 거예요!

② 운문이야, 산문이야? 운문체(3·4조, 4·4조)와 산문체의 공존

판소리계 소설은 분명 소설이에요. 그러니 글이 산문체로 되어 있는 것은 당연하겠죠. 그런데 판소리계 소설은 노래였던 판소리에서 온 것이다 보니 기존에 판소리가 가지고 있던 운문적인 요소들 역시 가지고 있어요. 3·4조, 4·4조의 율격이 바로 그것이죠. 자, 아래 <흥부전>의 한 부분을 한번 같이 읽어 볼까요?

> "볼기 구실 들어 보소. 이내 몸이 정승 되어 평교자에 앉아 볼까, 육판서 하였으면 초헌 위에 앉아 볼까, 사복시 관리 하였으면 임금 타는 말에 앉아 볼까, 팔도 감사 하여 선화당에 앉아 볼까, 각 읍 수령 하여 좋은 가마에 앉아 볼까, (중략) 소리 명창 되어 크고 넓은 좋은 집 양반 앞에 앉아 볼까, 많은 돈 벌어 부담마에 앉아 볼까, 쓸데없는 이내 볼기 놀려 무엇 한단 말인가. 매품이나 팔아 먹세." – 작자 미상, 〈흥부전〉

어라, 읽다 보니 나도 모르게 딱딱 끊어 읽고 있죠?

볼기 구실 / 들어 보소 / 이내 몸이 / 정승 되어 / 평교자에 / 앉아 볼까
 1 2 3 4　 1 2 3 4　 1 2 3 4　 1 2 3 4　 1 2 3 4　 1 2 3 4

이렇게 네 글자씩 끊어 읽히는 율격을 4·4조라고 해요. 간혹 '육판서 / 하였으면'에서처럼 세 글자 + 네 글자가 반복될 경우엔 3·4조라고 하는 거죠. 이처럼 3·4조, 4·4조의 율격을 갖춘 문체를 운문체라고 해요.

하나의 작품 안에 '운문체와 산문체가 공존'한다는 것이 판소리계 소설의 큰 특징 중 하나예요. 이와 같은 특징을 갖게 된 이유는 판소리계 소설이 판소리 사설에서 출발했기 때문이죠. 판소리 사설이 판소리를 글로 기록한 것인 만큼, 본래 판소리가 갖고 있던 리듬감이 판소리 사설에도 남게 되었어요. 반복이나 나열, 3·4조, 4·4조의 율격을 갖춘 문장이 고스란히 기록된 것이죠. 그리고 그것이 판소리계 소설에까지 영향을 미치게 된 거예요.

> "인력거 쌕이 몇 푼이당가?"
> 이 이야기를 쓰고 있는 당자(當者) 역시 전라도 태생이기는 하지만, 그 전라도 말이라는 게 좀 경망스럽습니다.
> "그저 처분해 줍사요!"
> 인력거꾼은 담요로 팔짱 낀 허리를 굽실합니다. 좀 점잖다는 손님한테는 항투로 쓰는 말이지만, 이 풍신 좋은 어른께는 진심으로 하는 소립니다. 후히 생각해 달란 뜻이지요.
>
> — 채만식, <태평천하>
>
> ▶ 서술자가 마치 판소리의 소리꾼처럼, 자기 얘기를 곁들여 가며(서술자 개입) 독자에게 말을 거는 것 같은 말투를 사용함

> 우리 아저씨 말이지요? 아따 저 거시키, 한참 당년에 무엇이냐 그놈의 것, 사회주의라더냐 막걸리라더냐, 그걸 하다 징역 살고 나와서 폐병으로 시방 앓고 누웠는 우리 오촌 고모부 그 양반…. 뭐, 말도 마시오. 대체 사람이 어쩌면 글쎄… 내 원! 신세 간 데 없지요.
>
> — 채만식, <치숙>
>
> ▶ 서술자가 독자에게 말을 거는 것 같은 말투를 사용함

위의 두 작품처럼 독자에게 말을 거는 것 같은 구어체와 잦은 서술자의 개입이 있으면 '판소리 사설체'라고 볼 수 있어요.

③ 양반이 쓰는 말이야, 평민이 쓰는 말이야? 문체의 이중성

운문체와 산문체가 공존한다는 특징에 이어, 문체에 관한 한 가지 특징에 대해 더 살펴봅시다. 종합예술이었던 판소리는 그 향유층이 평민층에서 양반층까지로 굉장히 넓었어요. 많은 이들에게 인기 있었던 대중적인 예술이었던 거예요. 향유층이 넓다 보니, 판소리의 창자들은 다양한 고객의 취향에 맞춰야 했겠죠. 그래서 판소리에는 한자어와 같은 양반들의 언어(서민들이 한자를 공부하기란 상당히 어려웠기 때문에 한자어는 곧 양반들의 언어라는 인식이 강했어요)와 일상어라고 할 수 있는 서민들의 언어가 함께 나타나요. 이러한 특징은 판소리계 소설에도 영향을 미쳐서 판소리계 소설에서도 두 가지 문체가 나타나게 되었어요. 이걸 문체의 이중성이라고 해요.

> 춘향의 고운 태도 염용하고 앉는 거동 자세히 살펴보니 백성 창파 새 빛 뒤에 목욕하고 앉은 제비 사람을 보고 놀라는 듯, 별로 단장한 일 없이 천연한 국색이라. 옥안을 상대하니 여운간지명월이요, 단순을 반개하니 약수중지연화로다. 신선을 내 몰라도 영주에 놀던 선녀 남원에 적거하니 월궁에 뫼던 선녀 벗 하나를 잃었구나. 네 얼굴 네 태도는 세상 인물 아니로다.
> 이때 춘향이 추파를 잠깐 들어 이 도령을 살펴보니 금세의 호걸이요, 진세간 기남자라. 천정이 높았으니 소년 공명할 것이요. 오악이 조귀하니 보국 충신 될 것이매 마음에 흠모하여 아미를 숙이고 염슬단좌 뿐이로다.
>
> — 작자 미상, <춘향전>

위의 내용은 〈춘향전〉의 한 부분인데, 무슨 뜻인지 여러분에게 확 와닿지 않을 것 같은 부분들을 표시해 봤어요. 왜 확 와닿지 않을까요? 왜냐하면 표시된 부분은 양반의 언어, 한자어가 많이 사용된 문장들이기 때문이에요.

이렇게 판소리계 소설에는 평민들의 언어로 쓰여 쉽게 읽히는 부분도 있고, 양반들의 언어로 쓰여 한자어가 많이 등장하는 부분도 있어요. 소설에 한자가 많이 나온다 해서 너무 긴장하지 않아도 돼요. 어려운 한자어에 대해서는 분명 설명이 붙어 있을 거예요! 아자!

④ 슬프지만 웃기다, 해학성

판소리계 소설은 대개 탐관오리의 횡포와 그로 인한 서민들의 고통, 양반 계층의 몰락, 서민의식의 성장 등을 그 주제로 해요. 그중에서 궁핍한 생활과 지배층의 횡포로 인한 서민들의 고통에 대한 이야기가 비교적 많이 다루어졌는데, 우리 민족은 그러한 고통을 웃음으로 이겨 내고자 했던 성격이 강했어요. 바로 해학적 표현을 통해서요.

> 흥보 부부 주리다가 양식 많이 얻은 김에 밥을 많이 하여 어찌들 먹었던지, 흥보 아내 배는 배꼽을 만지려면 선반의 것 만지듯 하고, 흥보는 배꼽에 거울 놓고 망건 쓰기 좋게 불렀구나. — 작자 미상, 〈흥부전〉

위의 문장은 〈흥부전〉의 한 부분으로, 흥부 부부가 드디어 박을 타서 쌀과 금을 어마어마하게 얻게 된 대목이에요. 위의 표현을 보면, 서술자는 흥부 부부가 밥을 너무 많이 먹어서 흥부 아내는 배가 나와 배꼽을 만지려면 선반 위의 물건을 만질 때처럼 팔을 위로 쭉 뻗어야 된다고 하고, 흥부 역시 배가 나와 배꼽 위에 거울을 올려두면 머리에 망건을 쓸 수 있을 만큼이 되었다고 하네요. 도대체 밥을 얼마나 많이 먹었으면! 하지만 그 전에, '도대체 그동안 얼마나 오래 굶주렸으면!'이 나와야겠죠. 슬픔과 고통을 웃음으로 이겨 내고자 했던 것, 이게 바로 해학의 정신이에요. 그리고 이러한 해학적 표현은 판소리계 소설에서 쉽게 찾아볼 수 있어요.

⑤ 했던 말 또 하고, 또 하고…, 장면의 극대화

판소리계 소설을 읽다 보면 '그냥 쉽게 한마디로 끝내면 되겠구먼 뭐가 이렇게 장황하게 말이 많아.' 하는 부분이 있을 거예요. 이 역시 판소리에서 관객이 관심을 가지고 들을 만하거나 집중해서 들어야 할 부분을 조금씩 바꿔 가며 몇 번씩 길게 이어가던 특징이 판소리계 소설로 넘어온 거예요. 이런 걸 **장면의 극대화**라고 해요. 시험에서는 '열거와 대구를 통해 장면을 극대화한다.' 혹은 '확장적 문체를 사용한다.'라고 표현하기도 하니 같이 기억해 두세요. 이런 장면에서는 중국 고사가 많이 활용돼요. 중국 고사가 나온다는 건 한자어가 많이 사용된다는 얘기로도 이어질 수 있겠죠.

"이봐 춘향아! 네가 이게 웬일이냐! 나를 영영 안 보려느냐! '하량의 해질 무렵 쓸쓸한 구름이 일어나네.'는 소통국(蘇通國)의 모자 이별, '먼 길 떠난 임 가신 관산 길이 몇 겹이냐?'는 오희(吳姬) 월녀(越女) 부부 이별, '머리에 수유꽃을 꽂았으나 형제 하나가 모자라는구나!'는 용산(龍山)의 형제 이별, '서쪽으로 양관을 나서면 아는 사람도 없겠네.'는 위성(渭城)의 붕우(朋友) 이별. 그런 이별 많아도 소식 들을 때가 있고 상면할 날이 있었으니라. 내가 이제 올라가서 장원 급제 출신(出身)하여 너를 데려갈 것이니 울지 말고 잘 있거라! 울음을 너무 울면 눈도 붓고 목도 쉬고 골머리도 아프니라."

– 작자 미상, 〈춘향전〉

위의 내용은 춘향과 이몽룡이 이별할 때 이몽룡이 하는 말이에요. 표시된 부분을 보면 '세상에 여러 이별이 있었는데 그들도 다 다시 만날 수 있었어. 우리도 다시 만날 날이 있을 거야.'라고 간단히 이야기하면 될 걸, 이별과 관련한 중국의 고사를 줄줄이 나열(열거)하며 장황하게 이야기하고 있어요. 이게 바로 장면의 극대화예요.

⑥ 내 목소리를 들어 봐, 서술자의 개입

판소리 자체가 소리꾼이 청자에게 말을 건네거나 자기 개인의 견해를 제시하는 부분이 많기 때문에, 판소리계 소설에도 서술자가 개입하여 목소리를 내는 부분이 많아요. 서술자의 개입은 주로 서술자가 인물이나 사건에 대한 판단 및 평가를 내리는 부분이나 자신의 정서를 표출하는 부분에서 뚜렷이 확인할 수 있죠. 또한 '저 흥부 거동 보소'와 같이 독자가 인물의 행위에 관심을 갖도록 독자의 참여를 유도하는 표현도 결국 서술자가 자신의 목소리를 내어 한 말이기 때문에 서술자의 개입으로 볼 수 있어요. 단, 후자의 경우에는 독자의 참여만 유도할 뿐 대상에 대한 평가는 아니기 때문에 '편집자적 논평'으로 보기에는 무리가 있을 수 있어요. 서술자의 개입과 편집자적 논평은 거의 같은 개념으로 쓰이지만, 좀 더 명확히 하자면, '논평'이라는 말이 붙은 편집자적 논평보다는 서술자의 개입(반드시 평가가 들어갈 필요는 없으므로)이 조금 더 포괄적인 개념이라고 볼 수 있거든요. 서술자의 개입을 예로 들어 보여 준다면 다음과 같아요.

- 〈춘향전〉: 춘향의 높은 절개 광채 있게 되었으니 **어찌 아니 좋을쏜가.**
- 〈심청전〉: 치마폭을 무릅쓰고 앞니를 아드득 물고, 애고 나죽네, 소리하고 물에 풍 빠졌다 하되, **그리하여서야 효녀 죽음 될 수 있나.**
- 〈흥부전〉: **놀부 놈의 거동 보소.**
- 〈토끼전〉: 대저 자라의 충성이 지극함을 신명이 굽어살피사 저 간사한 토끼를 주심이니, **어찌 기이한 일이 아니리오.**

┃ 3 ┃ 대표적인 판소리계 소설 살펴보기

대표적인 판소리계 소설에는 〈토끼전〉, 〈춘향전〉, 〈심청전〉, 〈흥부전〉이 있어요. 여기서는 앞에서 한 번도 예시로 다루지 않았던 〈심청전〉을 한번 읽어 보자고요.

심청이 수궁에 머물 적에 옥황상제의 명이니 거행이 오죽하랴. 사해용왕이 다 각기 시녀를 보내어 아침저녁으로 문안하고, 번갈아 당번을 서서 문안하고 호위하며, 금수능라 비단옷에 화용월태 고운 얼굴 다 각기 잘 보이려고 예쁜 모습 웃는 시녀, 얌전하게 차린 시녀, 천성으로 고운 시녀, 수려한 시녀들이 주야로 모실 적에 사흘마다 작은 잔치, 닷새마다 큰 잔치를 베푸니, 상당에는 비단 백 필, 하당에는 진주서 되었다. 이처럼 받들면서도 오히려 잘못하지나 않을까 조심이 각별했다.

이때 무릉촌 장 승상 댁 부인이 심 소저의 글을 벽에 걸어 두고 날마다 징험하되 빛이 변하지 아니하더니, 하루는 글 족자에 물이 흐르고 빛이 변하여 검어지니, '심 소저가 물에 빠져 죽었는가?' 하여 무수히 슬퍼하고 탄식하더니, 이윽고 물이 걷히고 빛이 도로 황홀해지니, 부인이 괴이히 여겨 '누가 구하여 살아났는가?' 하며 십분 의혹하나 어찌 그러하기 쉬우리오.

그날 밤에 장 승상 댁 부인이 제물을 갖추어 강가에 나아가 심 소저를 위하여 혼을 불러 위로하는 제사를 바치려 마음먹고 시비를 데리고 강가에 다다르니, 밤은 깊어 삼경인데 첩첩이 쌓인 안개 산골짜기에 잠겨 있고, 첩첩이 이는 연기 강물에 어리었다. 편주를 흘리저어 중류에 띄워 놓고, 배 안에 제사상을 차리고 부인이 친히 잔을 부어 오열하며 소저를 불러 위로하니,

"아이! 슬프다, 심 소저야. 죽기를 싫어하고 살기를 즐거워함은 인정에 당연커늘 일편단심에 양육하신 부친의 은덕을 죽음으로써 갚으려 하고, 한 가닥 쇠잔한 목숨을 스스로 끊으니, 고운 꽃이 흩어지고 나는 나비 불에 드니 어찌 아니 슬플쏘냐. 한 잔 술로 위로하니 응당 소저의 혼이 아니면 없어지지 아니하리니 속히 와서 흠향함을 바라노라."

하며 눈물 뿌려 통곡하니 천지 미물인들 어찌 아니 감동하리. 뚜렷이 밝은 달도 구름 속에 숨어 있고, 사납게 불던 바람도 고요하고, 용왕이 도왔는지 강물도 고요하고, 백사장에 놀던 갈매기도 목을 길게 빼어 꾸루룩 소리 하며, 심상한 어선들은 가던 돛대 머무른다. 뜻밖에 강 가운데로부터 한 줄 맑은 기운이 뱃머리에 어렸다가 잠시 뒤에 사라지며 날씨가 화창해지거늘, 부인이 반겨 일어서서 보니 가득히 부었던 잔이 반이나 없었으므로, 소저의 영혼을 못내 슬퍼하더라.

하루는 광한전 옥진 부인이 오신다 하니 수궁이 뒤눕는 듯 용왕이 겁을 내어 사방이 분주했다. 원래 이 부인은 심 봉사의 처 곽씨 부인이 죽어 광한전 옥진 부인이 되었더니, 그 딸 심 소저가 수궁에 왔다는 말을 듣고, 상제께 말미를 얻어 모녀 상봉하려고 온 것이었다.

심 소저는 뉘신 줄을 모르고 멀리 서서 바라볼 따름이었다. 오색구름이 어린 오색 가마를 옥기린에 높이 싣고 벽도화 단계화를 좌우에 벌여 꽂고, 각 궁 시녀들은 옆에서 모시고, 청학 백학들은 앞에서 모시며, 봉황은 춤을 추고, 앵무는 말을 전하는데, 보던 중 처음이더라.

이윽고 교자에서 내려 섬돌에 올라서며,

"내 딸 심청아!"

하고 부르는 소리에 모친인 줄 알고 왈칵 뛰어 나서며,

"어머니 어머니, 나를 낳고 초칠일 안에 죽었으니 지금까지 십오 년을 얼굴도 모르오니 천지간 끝없이

깊은 한이 갤 날이 없었습니다. 오늘날 이곳에 와서야 어머니와 만날 줄을 알았더라면, 오던 날 부친 앞에서 이 말씀을 여쭈었더라면 날 보내고 설운 마음 적이 위로했을 것을…. 우리 모녀는 서로 만나 보니 좋지만은 외로우신 부친은 뉘를 보고 반기시리까. 부친 생각이 새롭습니다."

부인이 울며 말하기를,

"나는 죽어 귀히 되어 인간 생각 아득하다. 너의 부친 너를 키워 서로 의지하였다가 너조차 이별하니, 너 오던 날 그 모습이 오죽하랴. 내가 너를 보니 반가운 마음이야 너의 부친 너를 잃은 설움에다 비길쏘냐. 묻노라. 너의 부친 가난에 절어 그 모습이 어떠하냐. 응당 많이 늙었으리라. 그간 십수년에 홀아비나 면했으며, 뒷마을 귀덕 어미 네게 극진하지 않더냐?"

얼굴도 대어 보며, 수족도 만져 보며,

"귀와 목이 희니 너의 부친 같기도 하다. 손과 발이 고운 것은 어찌 아니 내 딸이랴. 내 끼던 옥지환도 네가 지금 가졌으며, '수복강녕', '태평안락' 양편에 새긴 돈 붉은 줌치 청홍당사 벌매듭도 애고 네가 찼구나. 아비 이별하고 어미 다시 보니 다 갖추기 어려운 건 인간 고락이라. 그러나 오늘날 나를 다시 이별하고 너의 부친을 다시 만날 줄을 네가 어찌 알겠느냐? 광한전 맡은 일이 직분이 허다하여 오래 비우기 어렵기로 도리어 이별하니 애통하고 딱하나 내 맘대로 못하니 한탄한들 어이할쏘냐. 후에 다시 만나 즐길 날이 있으리라."

하고 떨치고 일어서니, 소저 만류하지 못하고 따를 길이 없어 울며 하직하고 수정궁에 머물더라.

이때 심 봉사는 딸을 잃고 모진 목숨이 죽지 못하여 근근이 살아갈 제, 도화동 사람들이 심 소저가 지극한 효성으로 물에 빠져 죽은 일을 불쌍히 여겨 비석을 세우고 글을 새겼으되,

앞 못 보는 아버지 위해
제 몸 바쳐 효도하러 용궁에 갔네.
안개 어린 먼 바다에 마음도 푸르니
봄풀에 해마다 한이 가없네.

강가를 오가는 행인이 비문을 보고 아니 우는 이가 없고, 심 봉사는 딸이 생각나면 그 비를 안고 울더라.

– 작자 미상, 〈심청전(완판본)〉

위의 내용을 읽고 질문에 답해 보세요.

(1) 장면의 극대화가 나타난 부분에 표시를 해 보세요.

(2) 심청이 있는 장소는 어디이고, 그곳에서 심청에게 벌어진 일은 무엇인가요?

(3) 심청이 살아 있는 줄 모르고 심청의 죽음을 슬퍼한 두 사람은 누구인가요?

(4) 서술자의 개입이 나타난 문장 두 개를 찾아 표시해 보세요.

위 내용은 우리가 잘 알고 있는 심청의 이야기예요. 위의 대목은 심청이 인당수에 몸을 던져 용궁에 가게 된 부분이죠. 첫 번째 문단의 '~ **예쁜 모습 웃는 시녀, 얌전하게 차린 시녀, 천성으로 고운 시녀, 수려한 시녀들**' 부분에서 같은 내용을 굳이 반복함으로써 장면을 극대화하는 게 보이죠? 이처럼 장면을 극대화한 것은 옥황상제의 명으로 심청에게 지극정성을 다하는 용궁의 상황을 강조하기 위함이었을 거예요.

심청은 **수궁에서 엄마(옥진 부인)를 만나게** 되었어요. 심청의 엄마가 죽은 줄로만 알았는데 알고 보니 천상계 광한전에 옥진 부인으로 살고 있었네요? 모녀가 잠깐 상봉한 후 엄마는 심 봉사를 걱정하는 말을 하고, 후에 다시 만나 즐길 날이 있을 거라며 미래를 기약하고 떠나게 돼요.

심청이 수궁에서 엄마를 만나는 사이, 지상계에서는 심청이 죽은 줄로만 알고 슬퍼한 두 사람이 있었어요. 그건 바로 **장 승상 댁 부인**과 **심 봉사**였죠(사실 엄마에 대한 이야기와 장 승상 댁 부인 이야기는 〈심청전〉의 여러 버전 중 하나인 완판본에만 나오는 이야기예요. 몰랐죠?). 장 승상 댁 부인은 심청의 글이 담긴 족자에 물이 흐르고 빛이 검어지는 것을 보고 심청이가 물에 빠졌음_죽었음을 짐작하게 돼요. 이윽고 물이 걷히고 족자의 빛이 황홀해지는 모습을 보면서 '누군가 심청을 구한 것일까?' 하는 의문을 잠시 품지만, 그러하기는 쉽지 않을 거라고 생각하고 강가에 나아가 제사를 지내죠. 그리고 심 봉사의 상황은 마지막 문단에 제시되어 있어요. 심 봉사는 근근이 살아가면서 딸이 생각날 때마다 사람들이 세워 준 비석을 안고 울곤 한다고 했어요.

윗글에도 서술자가 개입한 부분들이 있었어요. 우선 맨 첫 번째 문장에 '**옥황상제의 명이니 거행이 오죽하랴**(거행이 대단하지 않을 수 없다).'와 세 번째 문단에 '**눈물 뿌려 통곡하니 천지 미물인들 어찌 아니 감동하리**(감동하지 않을 수 없다).'에서 찾을 수 있었어요. 둘 다 서술자가 직접 개입하여 자신의 판단을 제시한 부분이죠?

딱! 다섯 줄 요약

⊙ 판소리계 소설은 판소리 사설이 소설로 정착된 것을 말하며 이본이 많다!

⊙ 판소리계 소설은 운문체와 산문체가 공존한다!

⊙ 판소리계 소설은 일상어와 한문 어구가 공존하는 문체적 이중성을 지닌다!

⊙ 판소리계 소설은 해학성이 두드러지고, 장면의 극대화가 많이 나타난다!

⊙ 판소리계 소설은 서술자의 개입이 잦다!

● 다음 글을 읽고, 이 글에서 확인할 수 있는 특징을 〈보기〉에서 모두 찾아 기호를 쓰시오.

자라가 기가 막혀 우는 말이,

"못 보겠네, 못 보겠네, 병든 용왕 못 보겠네. 나의 충성 부족던가, 나의 정성 부족던가? 객사 신세 자라 팔자, 이 아니 불쌍한가? 명천이 감동하와 백호를 죽여 주오, 애고애고 설운지고."

이렇듯이 슬피 우니 호랑이 듣고, / "이놈, 무슨 내게 해로운 소리만 하느냐?"

자라 생각하되, '왕명을 받들어 만 리 밖에 나와 이 지경을 당하니 한 번 죽지 두 번 죽음은 없는지라. 먹지 않는 것 없이 몽땅 먹는다 하니 내 한번 고기 값이나 하리라.' 하고 모진 마음을 굳게 먹고,

"어따, 네가 내 근본을 알려느냐?" / 하며 호랑이 앞턱을 냅다 물고 매어 달리니, 호랑이가,

"애고, 놓아. 아니 먹으마."

자라 놓고 나앉으며 움츠렸던 목을 길게 빼어 염려 없이 기세를 보이니, 호랑이 보더니,

"이크, 장사 갑주 속의 방망이 총 나온다." / 하며 저만치 물러앉으니, 자라 호랑이 질려 하는 껌새를 알고,

"그가 내 근본을 자세히 아는가? 나는 수국충신 간의대부 겸 시랑 별주부, 별나리라 하네."

호랑이 무식하여 자라 별자 못 알아듣고 무수히 새겨,

"별나리, 별나리, 그 나리도 무섭다 하되 별나리 더 무섭다. 생긴 모양보다는 작품은 높고 찬란한데, 그러면 목은 어찌 그리 되었으며, 이곳에는 어찌 나왔는가?"

자라 답하되,

"이곳 나오고 목이 이리 된 근본을 알려나?"

"어디 좀 알아보세."

"우리 수궁이 퇴락하여 새로 다시 지은 후에 천여 개 기와를 내 손으로 이어갈 제, 추녀 끝에 돌아가다 한 발 길 미끄러져 공중에서 뚝 떨어져 빙빙 돌아 나려오다 목으로 쩔꺽 내려 박혀 목이 이리 되었기로 명의더러 물어보니 호랑이 쓸개가 약이 된다 하기에 벽력 장군 앞세우고 도로랑 귀신 잡아타고 호랑이 사냥 나왔으니 게가 호랑이면 쓸개 한 보 못 주겠나. 도로랑 귀신 게 있느냐? 어서 급히 빨리 나와 용천검 드는 칼로 이 호랑이 배 갈라라, 도로랑!"

하고 달려드니 호랑이 깜짝 놀라 물똥을 와락 싸고, 초나라 노랫소리에 놀란 패왕 포위 뚫고 남쪽으로 달아나듯, 적벽강 불 싸움에 패군장 위왕 조조 정욱 따라 도망하듯, 북풍에 구름 닫듯, 편전살 달아나듯, 왜물 조총 철환 닫듯, 녹수를 얼른 건너 동쪽 숲을 헤치면서 쑤루쑤루 달아나 만첩청산 바위틈에 혼자 앉아 장담하고 하는 말이,

"내 재주 아니런들 도로랑 귀신 피할손가? 하마터면 죽을 뻔하였구나."

－ 작자 미상, 〈토끼전〉

〈보기〉

㉠ 운문체와 산문체의 공존　　　㉤ 문체의 이중성　　　㉢ 해학성
㉣ 장면의 극대화　　　㉥ 서술자의 개입

(　　　　　　　　　　)

예제풀이 | ㉠, ㉢, ㉣

㉠ "못 보겠네 / 못 보겠네 / 병든 용왕 / 못 보겠네" 이 부분에서 4·4조의 율격을 확인할 수 있어요. ㉢ 호랑이가 자라를 무서워하며 도망가는 모습에서 해학성을 엿볼 수 있어요. ㉣ 마지막 문단에 '초나라 노랫소리에 ~ 왜물 조총 철환 닫듯'은 호랑이가 잽싸게 도망가는 모습을 고사 인용과 비유를 통해 다양하게 표현한 거예요. 즉, 장면의 극대화에 해당하죠.

Prologue 2

질문하라! 고전소설이 이해될지니!

현대소설도 읽기 힘든데, 고전소설이라니! 눈에 잘 들어오지도 않고, 잘 이해도 안 되고, 참 곤혹스럽죠? 인물은 또 어찌 그리 많이 등장하는지 자칫하면 헷갈리기 쉽고, 예스러운 말과 한자어로 인해 이해되지 않는 문장도 많고요.

그럼에도 불구하고 우리는 이 어려움을 충분히 극복할 수 있어요. 고전소설도 결국 '소설'이거든요.

현대소설 단원의 **Act 07∼Act 09**에서 소설을 잘 읽는 요령에 대해 차례차례 배웠잖아요. 내가 기자가 되었다는 마음가짐으로 질문하기, 기억나죠? 그때 배운 방법을 고전소설에도 적용하면 돼요! 다만 현대와 다른 고전소설만의 개성이라는 게 있으니, 그러한 특징을 고려하면서 읽는 것이 좋겠죠. 그래서 이번에는 고전소설을 읽을 때 특별히 어떤 점을 고려하면 좋은지를 위주로 설명할 거예요.

그럼 시작해 볼까요?

Act 05
숲을 먼저 보시오, 제목·배경·유형

   고전소설은 아무래도 현대소설보다 문장이 생소하고, 그래서 이해하기 더 어렵다고 느껴지기 쉽잖아요. 그래서 무턱대고 읽기보다는 전체를 훑어보면서 이 소설이 어떤 소설인지 추측하면서 읽는 게 도움이 많이 될 수 있어요. 그럼 어떤 것들을 염두에 두고 훑어 읽으면 좋을지 하나씩 알아봅시다.

| 1 | 제목 살피기

   고전소설의 제목은 현대소설에 비해 굉장히 단순한 편이에요. 보통은 '~전, ~몽, ~기, ~가, ~록' 등의 형태로 이루어져 있죠. 그중에서도 '~전'이 가장 많은데, 예를 들어 〈금방울전〉, 〈김원전〉, 〈소대성전〉 같은 작품들이 있어요. '금방울, 김원, 소대성'과 같이, '~전'에는 보통 주인공의 이름이 들어가 있죠. 따라서 '~전'은 제목만 보고도 주인공의 이름을 바로 알 수 있는 거예요. 또한 **Act 04**에서 배웠듯이, '~몽'은 몽자류 소설, '~가'는 판소리 사설임을 알 수 있잖아요. 역시 제목에서부터 힌트를 얻을 수 있는 거죠. 그러니 고전소설도 제목을 먼저 살펴보는 게 좋겠죠?

| 2 | 배경 파악하기

   제목을 본 다음에 할 일은 배경을 파악하는 일이에요. **Act 01**에서 배웠듯이 고전소설은 대부분 중국 또는 조선을 배경으로 하고 있는데, 작품 속에 등장하는 지명이나 어휘 등을 살피면 작품의 배경이 중국인지 조선인지 얼추 파악할 수 있어요. 어휘에 대해서는 **Act 02**에서 배웠었죠? 그걸 떠올려 보면 돼요.

   그리고 자주 나오는 배경 중에 하나는 바로 '천상계'예요. 역시 **Act 01**에서 배웠었죠? 진귀한 보석으로 만든 물건들을 사용하거나, 건물이 옥과 같은 보석으로 만들어져 있다거나, 신선들의 음식이나 술(인간 세계에는 없는)이 등장하면 천상계를 나타내고 있다고 보면 돼요. 천상계와 지상계로 이원화된 세계는 고전소설에 아주 자주 등장하는데, 그 구성이 대개 정형화되어 있어요(보통은 천상계에서 사소한 죄를 짓고 적강한 주인공이 지상계에서 고난을 당하고 그것을 극복하는 구성이죠). 그래서 천상계의 등장 여부를 알면 그 소설을 이해하는 일에서 반쯤은 먹고 들어가는 거예요.

| 3 | 유형 파악하기

아무래도 배경을 파악하다 보면 글 전체를 훑어 읽게 될 거예요. 이때 배경만 파악할 것이 아니라 소설이 어떤 유형에 해당하는지도 파악해 두면 좋아요. 우리 **Act 03**과 **Act 04**에서 배웠던 것들 기억나죠? 애정 소설, 가정 소설, 영웅군담 소설, 풍자 소설, 몽유록계 소설, 몽자류 소설, 판소리계 소설. 이렇게 배웠었잖아요? 이 중에 어떤 유형에 속하는 소설인지 파악하고 그 특징을 고려하여 내용을 미리 예측하는 거죠. 물론 유형이 칼로 무 자르듯 딱딱 나뉘는 건 아니에요. 전반부는 애정 소설인데 후반부는 가정 소설인 경우나, 가정 소설이면서 영웅군담 소설인 경우처럼 유형을 딱 선택하기가 애매한 작품도 있어요. 그런 경우엔 당황하지 않고 침착하게, 둘 다 고려하면 돼요.

앞에서 공부할 때 각 유형의 소설들을 어떻게 읽으면 좋을지 배웠었는데, 그 내용을 아래 표에 한꺼번에 정리해 놓았어요. 다시 한번 상기해 봐요!

소설 유형	어떻게 읽을까?
애정 소설	어떤 요인에 의해 주인공들의 사랑이 방해받는지, 주인공들이 애정을 실현하기 위해 얼마만큼의 의지를 보이며 어떻게 행동하는지를 중심으로 읽는다.
가정 소설	가족 관계 및 갈등 관계를 확인하고, 갈등의 원인이 무엇인지, 어떤 사건이 벌어지고 있는지 파악하며 읽는다.
영웅군담 소설	선인의 무리와 악인의 무리를 구별하고, 영웅의 일대기 구성을 고려하면서, 주인공이 어떤 활약을 펼치는지를 중심으로 읽는다.
풍자 소설	작가가 비판하려는 대상이 무엇인지, 그 대상의 어떤 점을 비판하고자 하는지, 어떤 방식으로 풍자하고 있는지를 중심으로 읽는다.
몽유록계 소설	꿈속에서 비판하고자 하는 대상이 무엇인지를 중심으로 읽는다.
몽자류 소설	주인공이 꿈속에서의 체험을 통해 얻은 깨달음의 내용이 무엇인지를 중심으로 읽는다.
판소리계 소설	판소리계 소설의 개념과 특징을 고려하며, 잘 아는 작품일지라도 꼼꼼히 읽는다.

딱! 세 줄 요약

⊙ 제목을 통해 힌트를 얻는다!

⊙ 배경이 중국인지 조선인지, 천상계가 등장하는지 여부를 파악하여 소설에 대한 이해도를 높인다!

⊙ 어떤 유형의 소설에 속하는지 파악하여 소설의 내용을 미리 예측하며 읽는다!

● 다음 글을 읽고 앞에서 배운 내용을 적용해 보자.

산은 첩첩하고 물은 중중한데, 잠자려는 새들은 숲으로 들어가 객회(客懷)를 자아내니 숙향이 갈 데 없어서 앉아서 울고 있었다. 문득 파랑새가 꽃봉오리를 물고 손등에 앉거늘 숙향이 배고픔을 견디지 못해 꽃봉오리를 먹으니 눈이 맑아지고 배가 불러 정신이 상쾌하며 몸에 향내 진동하더라.

일어나서 파랑새가 가는 대로 따라 두어 고개를 넘어가니 산골짜기에 한 궁궐이 있는데, 그 새가 큰 문으로 들어가거늘 숙향 따라 들어갔다. 한 계집이 마중 나와 숙향을 안고 들어가 큰 전각(殿閣) 앞에 놓으니 한 부인이 머리에 화관(花冠)을 쓰고 황금 의자에 앉아 있다가 숙향을 맞아 팔을 밀어 동편 백옥 의자에 앉기를 청하거늘 숙향이 어찌할 줄 모르고 다만 울 뿐이었다.

부인 왈,

"선녀께서 인간 세상에 내려와 더러운 물을 많이 먹었으니 정신이 바뀌어 전생 일을 모르나이다."

선녀에게 명해 경액(瓊液)*을 드리라 한대 선녀가 만호잔에 호박대를 받쳐 이슬 같은 것을 부어 드리거늘 숙향이 받아먹으니 맛은 젖맛 같고 매우 향기롭더라. 먹은 후에 천상의 일과 인간 세상에 내려와 부모 잃고 헤매며 고생한 일을 일일이 알게 되니 몸은 비록 아이나 마음은 어른이라. 즉시 일어나 부인께 예를 표해 왈,

"첩은 천상에 득죄(得罪)하여 인간 세상에 내려와 고초가 심하거늘 이다지도 불쌍히 여겨 대접하시니 지극히 감격하나이다."

"선녀께서는 저를 알아보시겠나이까?"

"인간 세상에 내려와 정신이 바뀌었사오니 자세히 아옵지 못하나이다."

"이 땅은 명사계(冥司界)요, 저는 후토 부인이니이다. 선녀께서 인간 세상에 내려와 고생을 겪었으매 접때 잔나비와 황새를 보내 도와 드렸고 이번에는 파랑새를 보내었삽더니 보셨나이까?"

"다 보았사오나 부인의 하늘 같은 은혜를 갚을 길이 없사오니 부인의 시비나 되어 만분지일이나 갚사올까 바라나이다."

부인이 정색하고 왈,

"저는 한낱 조그마한 신령이요, 그대는 월궁의 으뜸 선녀라. 비록 천상에서 지은 죄로 인간 세상에 내려와 일시 고생을 겪었으나 그런 말씀을 어찌 하시나이까? 선녀 가실 곳이 또한 머오니 그 사이에 고생을 많이 겪을 것이오매 쉬어 내일 가소서."

하고, 잔치를 배설하여 환대하니 음식과 보배 등이 극히 화려하더라.

숙향이 부인께 왈,

"첩이 전일 듣사오니 명사계는 시왕(十王)이 계신 데라 하더니 그러하오이까?"

"그러하여이다."

"그러하오면 시왕전이 어디오이까?"

"멀지 아니하오이다."

"인간 세상의 부모가 난중에 죽었으면 시왕전에 왔사올 것이니 반가이 만나 볼 수 있겠나이까?"

"그대 부모는 인간 세상에 반석같이 계시고 그들도 원래 인간 세상 사람이 아니요, 봉래산 선관 선녀로서 인간 세상에 귀양 왔사오니 기한이 차면 봉래로 돌아갈 것이요, 이곳은 오지 아니하리이다."

(중략)

이선이 숙향이 보내 온 혈서를 보고 크게 놀라 통곡하고 그 편지를 숙모께 드리고 낙양 옥중에 가서 숙향과 함께 죽으려 하더니 숙부인 왈,

"아직 자세히 알지도 못하는데 성급히 굴지 마라."

하며 하인을 불러 할미 집에 가 보고 오라 하고, 그 고을의 이방 원통을 불러서 그 연고를 물으니 원통이 고하기를,

"상서께서 명을 내리시어 숙향을 잡다가 죽이려 하신고로 원님이 상서 병을 거역하지 못하여 어젯밤에 숙향을 잡다가 죽이려고 큰 매로 치라 하되 집장 사령이 매를 들지 못하여 죽이지 못하였사오나 원님이 오늘 죽이려 하옵고 큰 칼을 씌워 옥에 가두었나이다."

숙부인이 듣고 크게 놀라 왈,

"선이 비록 상서의 아들이나 내가 양자로 들였으매 선과 숙향이 혼사를 치르도록 했거늘, 내게 묻지 아니하고 나를 과부라 업신여겨 이러하니 내 황성에 들어가 상서에게 일러 듣지 아니하면 황후께 아뢰어 황제께서 아시게 하리라."

하고 즉시 행장을 차려서 장안으로 가니라.

한편 이선은 집에 들어가 울며 숙향이 죽었으면 함께 죽으리라고 하더라.

이튿날 김전이 숙향을 올리라 하니 이때 낭자가 옥 같은 두 귀 밑에 흐르나니 눈물이라. 연약한 몸이 큰칼 쓰고 여러 사람에게 붙들려 가니 반은 죽은 사람이라. 이를 보는 사람이 눈물 아니 짓는 이가 없더라.

김전이 왈,

"네 고향은 어디며 이름은 무엇이며 나이는 몇이나 되며 뉘 집 딸이라 하나뇨?"

낭자 왈,

"오 세에 부모를 난중에 잃고 사방에 유리(流離)하옵다가 겨우 의탁한 몸 되었사오니 고향과 부모의 성명은 모르오되 나이 찬 후에 혹 들사오니 김 상서의 딸이라 하오며 이름은 숙향이요 나이는 십육 세로소이다."

김전의 아내 장 씨가 그 말을 듣고 눈물을 흘리며 김전에게 왈,

"그 여자의 얼굴을 보오니 죽은 우리 딸과 같삽고 연치(年齒) 또한 같사오되 다만 김 상서의 딸이라 하니 그 근본을 자세히 모르오나 이름도 같고 나이도 같으니 혹 죽은 자식이 살아서 돌아다니는지 마음이 자연 비창(悲愴)하오니 아직 죽이지 말고 상서께 기별하여 스스로 처치하게 하오소서."

김전이 부인의 말을 옳게 여겨 숙향을 도로 하옥하라 하고, 이 사연을 이 상서에게 회보(回報)하니라.

— 작자 미상, 〈숙향전〉

* 경액 : 신선이 마신다는 신비로운 약물

---

(1) '제목'에서 얻을 수 있는 힌트는?

(2) 위 작품은 조선과 중국 중 어디를 배경으로 한 것인지 판단하고, 이를 알 수 있는 단어들에 네모 표시를 해 보자.

(3) 위 작품에서 숙향이 간 곳이 천상계였음을 알 수 있는 단어들에 동그라미 표시를 해 보자.

(4) 위 작품은 어떤 유형의 소설로 분류할 수 있을까?

예제풀이 (1) 주인공의 이름이 '숙향'이므로 여성이 중심인물인 소설임을 추측할 수 있음 (2) 중국 : 황성, 황후, 황제, 낙양, 장안, 상서 (3) 명사계, 시왕전, 봉래산 / 선녀, 후토 부인, 신령 / 경액 / 황금 의자, 백옥 의자, 만호잔, 호박대 (4) 애정 소설

(3) • 명사계, 시왕전, 봉래산(신선이 사는 중국 전설 속의 산) → 선계(仙界)의 지명
　• 황금 의자, 백옥 의자, 만호잔, 호박대 → 진귀한 보석으로 만든 사물들

(4) 이선과 숙향의 애정 실현이 이선의 부모에 의해 방해받고 있어요. 이선의 부모가 숙향을 반대하는 이유는 숙향이 출신을 알지 못하는 고아이기 때문이죠. 참고로 전체적인 내용을 보면 숙향은 고귀한 혈통으로 태어나 어릴 때 부모와 이별하게 되지만, 조력자에 의해 구출되어 양육돼요. 그 이후에도 시련과 극복을 거듭하다가 마지막에 부귀영화를 누리고 천상계로 돌아가는 내용이에요. 전반적인 구조가 어디서 많이 본 것 같지 않나요? 그래요, 바로 영웅의 일대기 구조죠. 그래서 〈숙향전〉 전체 내용을 고려하면 영웅 소설로도 분류되곤 해요. 다만 다른 소설들과는 다르게 주인공이 여자이고, 주인공이 자신의 영웅적 능력보다는 신이한 존재의 도움으로 시련을 극복하며, 애정 실현이 사건의 중심이라는 특징이 있어요.

Act 06
그자랑 무슨 사이요, 인물 관계도

　제목, 배경, 유형을 살펴보았다면 이제는 인물들 간의 관계를 확인해 볼 차례예요. 현대소설과 마찬가지로 인물의 **사회적 관계**와 **심리적 관계**, 그리고 **작품의 구성**을 파악해서 인물 관계도를 그리면 돼요. 하나씩 살펴봅시다.

┃ 1 ┃ 인물의 사회적 관계 파악하기

❶ 등장인물 파악하기

❷ 발화의 주체 파악하기

❸ 호칭과 높임법 살피기

● {등장인물 파악하기}

　가장 먼저 해야 할 일은 역시 인물에 표시를 하는 일이에요. 각각의 인물에 동그라미나 세모 등의 표시를 하면서 읽는 거 기억나죠? 그런데 고전소설의 경우 주의할 점이 하나 있어요. 그건 바로 '관직명'이에요. 고전소설에서는 이름 대신 관직명으로 인물을 지칭하는 경우가 많은데, 그러다 보니 같은 인물이더라도 관직이 바뀔 때마다 지칭하는 말이 달라져요.

> 　양 상서 군대를 이끌고 전쟁에 나간 후로 승전보가 계속 날아오자 황제께서 태후를 뵙고 양 상서의 공을 칭찬하여 가라사대,
> 　"양소유의 공은 곽분양 이래 제일인이라. 돌아오기를 기다려 마땅히 승상을 시키려니와… (후략)
>
> 　　　　　　　　　　　　　　　　　　　　　　　　　　　　　　　　 – 김만중, 〈구운몽〉

　위의 내용을 보면 '양 상서 = 양소유'라는 걸 알 수 있죠? 즉 원래 이름은 '양소유'인데, 그의 관직에 따라 '양 상서'라고 불리는 것을 볼 수 있어요. 그런데 전쟁에서 계속 이기자 황제가 '양소유'에게 '승상' 직책을 주려고 하고 있네요? 자, 이렇게 되면 '양소유'는 이제 '양 상서'가 아니라 '양 승상'으로 불

리게 되는 거예요. 이처럼 한 소설 안에서도 인물의 호칭이 계속 바뀔 수 있어요. 독자 입장에서는 좀 복잡하겠죠? 그러니 고전소설 속 등장인물을 파악할 때는 관직명에 주의하면서, 같은 인물인지 아닌지 잘 살펴봐야 해요.

● **{발화의 주체 파악하기}**

현대소설에서 인물을 다 파악한 후에 대화나 독백을 살펴보고, 각각의 발화에 인물 기호를 붙여 주라고 했었죠? 고전소설도 마찬가지예요. 그런데 고전소설의 경우에는 '~가 말하기를'과 같이 누가 말한 것인지 친절하게 알려 주는 경우가 많아요. 그래서 발화의 주체를 파악하는 일이 현대소설보다 오히려 쉬울 수 있어요. 발화의 바로 앞문장이나 뒷문장만 확인하면 되죠. 참고로 '가라사대, 왈, 가로되, 아뢰되, 사뢰되'는 '~이/가 말하기를'이란 뜻이니 알아 두고요!

● **{호칭과 높임법 살피기}**

앞에서 어떤 등장인물이 있는지, 그들이 어떤 말을 하고 있는지가 파악되었다면, 이제는 대화에서 서로를 부르는 '호칭'이나 '높임법'의 사용 여부를 확인하면 돼요. 이를 통해 가족 관계, 군신 관계, 상하 관계 등을 파악할 수 있죠. 조선시대에는 신분 제도가 있었으니까, '높임법'을 통해 신분의 차이도 확인할 수 있어요. 예를 들어 볼까요?

"비천한 무녀인 제가 비록 신께 올리는 제사 때문에 간혹 수성궁을 출입하기는 하나, 들어오라는 명령이 없으면 감히 들어가지 못합니다. 그러나 낭군을 위하여 시험 삼아 한번 가 보겠습니다."

진사│는 품속에서 편지 한 통을 꺼내어 주면서 말했습니다.

"삼가 잘못 전달하여 화근(禍根)이 되도록 하지 마시게."

무녀│가 편지를 가지고 궁문으로 들어가자, 궁중 사람들이 모두 그녀가 온 것을 이상하게 생각했습니다. 무녀는 변명을 하고 틈을 엿보다가, 사람이 없는 후원(後園)으로 저를 이끌고 가서 봉한 편지 한 통을 주었습니다.

– 작자 미상, 〈운영전〉

위의 내용을 읽어 보면 '무녀'는 '진사'에게 상대를 아주 높일 때 사용하는 '하십시오체'를 사용하고 있고, '진사'는 '무녀'에게 '하게체'를 사용하고 있어요. 이를 통해 '진사'가 '무녀'보다 신분적으로 높은 계급임을 확인할 수 있어요.

| 2 | 인물의 심리적 관계 파악하기

사회적 관계가 정리되었다면 이제는 심리적 관계를 파악할 차례예요. 고전소설의 경우에는 선악이 뚜렷한 작품이 많기 때문에 주동 인물과 반동 인물을 찾아 편을 가르는 게 가장 중요하다고 할 수 있는데, 이를 위해서는 '인물의 심리'와 '서술자의 태도'를 파악하는 것이 필요해요.

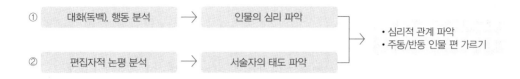

● {대화(독백), 행동 분석 → 인물의 심리 파악}

인물의 심리를 파악하려면 대화, 독백, 행동을 분석해야 한다고 했었죠? 이는 고전소설도 똑같아요. '대화, 독백'을 읽으면서 그 안에 담긴 감정을 분석하고, 상황과 맥락을 고려하면서 인물의 '행동'도 분석해야 하죠. 고전소설의 경우 감정선이 단순한 경우가 많으니 현대소설보다 분석이 오히려 쉬울 거예요. 이러한 분석을 통해 주인공이 경계하는 대상이나 의지하는 대상이 누구인지 파악할 수 있고, 작중 인물들을 주동 인물과 반동 인물로 분류할 수 있죠.

● {편집자적 논평 분석 → 서술자의 태도 파악}

고전소설의 특징 중 하나가 편집자적 논평이 많다는 거잖아요. 서술자가 갑자기 툭 튀어나와서 인물이나 상황에 대해 평가를 내릴 때가 많은데, 고전소설 속 서술자는 100% 주인공(선한 인물)의 편이에요. 따라서 서술자가 인물들을 평가할 때 주인공을 포함한 주동 인물에 대해서는 무한 긍정하고, 반동 인물(악한 인물)에 대해서는 매우 부정적으로 평가해요. 예를 들어 다음과 같은 식이죠.

> 아아! 옛말에 이르기를, '호랑이를 그리는 데는 뼈를 그리기 어렵고, 사람을 사귀는 데는 마음을 알기 어렵다'고 하였다. 교씨는 얼굴이 유순하고 말씨가 공손하였다. 따라서 사 부인은 단지 좋은 사람으로 여겼을 따름이었다. 경계한 말씀은 오직 음란한 노래가 장부를 오도할까 염려한 것이었다. 또한 교씨를 바른길로 인도하려는 것이었다. 본디 사랑하는 마음에서 한 말이었다. 추호도 시기하는 생각은 없었던 것이다. 그런데 교씨는 문득 분한 마음을 품고 교묘한 말로 참소하여 마침내 큰 재앙의 뿌리를 양성하였다. 부부와 처첩의 사이는 진정 어려운 관계라 아니할 수 있겠는가.
>
> – 김만중, 〈사씨남정기〉

위의 내용은 '사 부인이 교씨에게 훈계를 한 일'에 대한 서술자의 평가예요. 서술자는 사 부인이 훈계를 한 것은 다 좋은 의도에서였다고 설명하면서, 교씨가 사 부인의 그런 마음도 모르고 괜히 분한 마음을 품고 재앙을 일으켰다며, 교씨만 나쁜 사람으로 평가하고 있어요. 이러한 평가 내용을 보면, 사 부인이 주동 인물, 교씨가 반동 인물인 것을 바로 확인할 수 있죠.

그러니 고전소설을 읽다가 편집자적 논평이 나오면 그 내용을 잘 읽어 보고, 그걸 통해 평가의 대상이 되는 인물이 주동 인물인지, 반동 인물인지를 파악하면 돼요. 이처럼 인물들 사이의 심리적 관계와 주동 인물/반동 인물이 확인되면, 이를 사회적 관계에 덧붙여 그리면 돼요.

● {작품의 구성 파악하기}

고전소설의 경우에도 액자식 구성이나 병렬적 구성과 같이 복합 구성으로 이루어진 작품들이 있어요. 몽자류 소설의 경우에는 액자식 구성에 포함시킬 수 있고, 천상계와 지상계가 공존하는 작품의 경우에는 공간적 배경이 이원화되어 있는 구성으로 볼 수 있죠. 고전소설의 인물 관계도를 그릴 때에도 이러한 복합적인 구성이 잘 드러나게끔 그리는 게 좋아요. 예를 들어 다음과 같이 하는 거죠. 다음은 〈구운몽〉의 인물 관계도예요.

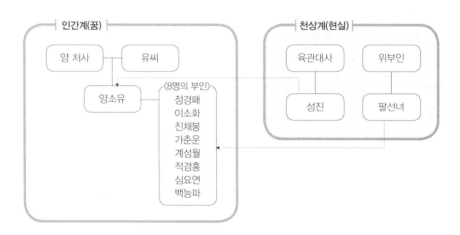

🧑 딱! 세 줄 요약

⊙ 작품의 구성을 고려하면서 인물의 사회적 관계를 도표로 그린 뒤, 거기에 심리적 관계를 덧붙인다!

⊙ 고전소설에서는 등장인물을 파악할 때 관직명의 변화를 조심해야 한다!

⊙ 고전소설은 주동 인물과 반동 인물의 편 나누기가 중요하며, 이때 편집자적 논평을 참고하면 좋다!

예제 연습문제

● 다음 글을 읽고, 앞에서 배운 단계에 따라 인물 관계도를 그려 보자.

【앞부분의 줄거리】홍 판서와 시비 춘섬 사이에서 서자로 태어난 길동은 자신의 처지를 괴로워하다가 부친께 호부 호형을 허락받고, 집을 나와 활빈당 활동을 벌이고 돌아다니다가, 홍 판서의 별세 소식을 듣고 집으로 돌아온다.

　상주 인형이 자세히 보니, 곧 길동이라 붙잡고 통곡하며, "아우야, 그 사이 어디 갔더냐? 아버지께서 평소에 유언이 간절하셨는데, 이제 오니 어찌 자식의 도리이겠느냐."
하며, 손을 이끌고 내당에 들어가 모부인(母夫人)을 뵈옵고 춘섬을 상면하여 한바탕 통곡하였다.

"네가 어찌 중이 되어 다니느냐?"

하니, 길동이 대답했다.

"소자가 조선을 떠나 머리 깎고 중이 되어 지술(地術)을 배웠습니다. 이제 부친을 위하여 좋은 터를 구했으니, 모친은 염려 마소서."

인형이 크게 기뻐 말하였다.

"너의 재주 기이한지라, 좋은 터를 얻었으면 무슨 염려가 있으리오."

다음날 길동이 운구하여 제 모친을 모시고 서강 강변에 이르니, 지휘해 놓은 대로 배가 기다리고 있었다. 배에 올라 화살같이 빨리 저어 한 곳에 다다르니, 여러 사람이 수십 척의 배를 대어 놓고 있었다. 서로 반기며 호위하여 가니 그 광경이 대단하였다. 어언간 산 위에 다다르매, 인형이 자세히 본즉 산세가 웅장한지라. 길동의 지식을 못내 탄복하였다. 일을 마치고 함께 길동의 처소로 돌아오니, 백씨와 조씨가 시어머니와 시숙을 맞아 뵈옵는 한편, 인형과 춘섬은 못내 길동의 지식을 탄복하였다.

여러 날이 되자, 인형은 길동과 춘섬을 이별하면서 산소를 극진히 모시라 당부한 후, 산소에 하직하고 출발했다. 본국에 이르러 모부인을 뵈옵고 전후 사실을 고하니, 부인 이 신기하게 여겼다. 길동이 제사를 극진히 받들어 삼년상을 마치매 모든 영웅을 모아 무예를 익히며 농업에 힘쓰니, 병사는 잘 조련되고 양식도 풍족했다.

남쪽에 율도국이라는 나라가 있었으니, 기름진 평야가 수천 리나 되며 덕화(德化)가 행해지니 실로 살기 좋은 나라라. 길동이 매양 생각해 오던 바였다. 모든 사람을 불러 말하기를,

"내가 이제 율도국을 치고자 하니 그대들은 정성을 다하라." 하고는 그날로 진군하였다. 길동은 스스로 선봉장이 되고 마숙으로 후군장을 삼아, 정예병 오만을 거느리고 율도국 철봉산에 다다라 싸움을 걸었다. 율도국 태수 김현충이 난데없는 군사가 이름을 보고 크게 놀라 왕에게 보고하는 한편, 한 부대의 군사를 거느리고 내달아 싸웠다. 길동이 이를 맞아 싸워 한 번에 김현충을 베고 철봉을 얻어 백성을 달래어 위로하였다. 정철로 철봉을 지키게 하고 대군을 지휘하여 바로 도성을 칠새, 격서(檄書)를 율도국에 보냈으니, 내용은 이러하였다.

"의병장 홍길동은 글을 율도왕에게 부치나니, 대저 임금은 한 사람의 임금이 아니요 천하 사람의 임금이라. 내 하늘이 명을 받아 병사를 일으키매, 먼저 철봉을 깨뜨리고 물밀듯 들어오니, 왕은 싸우고자 하거든 싸우고, 그렇지 않으면 일찍 항복하여 살기를 도모하라."

왕이 보기를 마치자 크게 놀라,

"우리나라가 철봉을 굳게 믿었거늘, 이제 잃었으니 어찌 대항하리오."

하고는, 모든 신하를 거느리고 항복했다.

길동이 성중에 들어가 백성을 달래어 안심시키고 왕위에 오른 후, 율도왕을 의령군에 봉했다. 마숙과 최철로 각각 좌의정과 우의정을 삼고 나머지 여러 장수에게도 각각 벼슬을 내리니, 조정에 가득 찬 신하들이 만세를 불러 하례하였다. 왕이 나라를 다스린 지 삼 년에 산에는 도적이 없고 길에 떨어진 물건도 주워 갖지 않으니, 태평세계라고 할 만하였다.

– 허균, 〈홍길동전〉

【앞부분의 줄거리】 홍 판서와 시비 춘섬 사이에서 서자로 태어난 길동은 자신의 처지를 괴로워하다가 부친께 호부 호형을 허락받고, 집을 나와 활빈당 활동을 벌이고 돌아다니다가, 홍 판서의 별세 소식을 듣고 집으로 돌아온다.

상주 인형이 자세히 보니, 곧 길동이라 붙잡고 통곡하며,

"아우야, 그 사이 어디 갔더냐? 아버지께서 평소에 유언이 간절하셨는데, 이제 오니 어찌 자식의 도리이겠느냐."

하며, 손을 이끌고 내당에 들어가 모부인(母夫人)(남의 어머니를 높여 부르는 말)을 뵈옵고 춘섬을 상면하여 한바탕 통

곡하였다.

△: "네가 어찌 중이 되어 다니느냐?"

하니, 길동이 대답했다.

○: "소자가 조선을 떠나 머리 깎고 중이 되어 지술(地術)을 배웠습니다. 이제 부친을 위하여 좋은 터를 구했으니, 모친은 염려 마소서."

인형이 크게 기뻐 말하였다.

□: "너의 재주 기이한지라, 좋은 터를 얻었으면 무슨 염려가 있으리오."

다음날 길동이 운구하여 제 모친을 모시고 서강 강변에 이르니, 지휘해 놓은 대로 배가 기다리고 있었다. 배에 올라 화살같이 빨리 저어 한 곳에 다다르니, 여러 사람이 수십 척의 배를 대어 놓고 있었다. 서로 반기며 호위하여 가니 그 광경이 대단하였다. 어언간 산 위에 다다르매, 인형이 자세히 본즉 산세가 웅장한지라, 길동의 지식을 못내 탄복하였다. 일을 마치고 함께 길동의 처소로 돌아오니, 백씨와 조씨가 시어머니와 시숙을 맞아 뵈옵는 한편, 인형과 춘섬은 못내 길동의 지식을 탄복하였다.

여러 날이 되자, 인형은 길동과 춘섬을 이별하면서 산소를 극진히 모시라 당부한 후, 산소에 하직하고 출발했다. 본국에 이르러 모부인을 뵈옵고 전후 사실을 고하니, 부인이 신기하게 여겼다. 길동이 제사를 극진히 받들어 삼년상을 마치매 모든 영웅을 모아 무예를 익히며 농업에 힘쓰니, 병사는 잘 조련되고 양식도 풍족했다.

남쪽에 율도국이라는 나라가 있었으니, 기름진 평야가 수천 리나 되며 덕화(德化)가 행해지니 실로 살기 좋은 나라라. 길동이 매양 생각해 오던 바였다. 모든 사람을 불러 말하기를,

"내가 이제 율도국을 치고자 하니 그대들은 정성을 다하라." 하고는 그날로 진군하였다. 길동은 스스로 선봉장이 되고 마숙으로 후군장을 삼아, 정예병 오만을 거느리고 율도국 철봉산에 다다라 싸움을 걸었다. 율도국 태수 김현충이 난데없는 군사가 이름을 보고 크게 놀라 왕에게 보고하는 한편, 한 부대의 군사를 거느리고 내달아 싸웠다. 길동이 이를 맞아 싸워 한 번에 김현충을 베고 철봉을 얻어 백성을 달래어 위로하였다. 정철로 철봉을 지키게 하고 대군을 지휘하여 바로 도성을 칠새, 격서(撤書)를 율도국에 보냈으니, 내용은 이러하였다.

○: "의병장 홍길동은 글을 율도왕에게 부치나니, 대저 임금은 한 사람의 임금이 아니요 천하 사람의 임금이라. 내 하늘의 명을 받아 병사를 일으키매, 먼저 철봉을 깨뜨리고 물밀듯 들어오니, 왕은 싸우고자 하거든 싸우고, 그렇지 않으면 일찍 항복하여 살기를 도모하라."

왕이 보기를 마치자 크게 놀라,

王: "우리나라가 철봉을 굳게 믿었거늘, 이제 잃었으니 어찌 대항하리오."

하고는, 모든 신하를 거느리고 항복했다.

길동이 성중에 들어가 백성을 달래어 안심시키고 왕위에 오른 후, 율도왕을 의령군에 봉했다. 마숙과 최철로 각각 좌의정과 우의정을 삼고 나머지 여러 장수에게도 각각 벼슬을 내리니, 조정에 가득 찬 신하들이 만세를 불러 하례하였다. 왕이 나라를 다스린 지 삼 년에 산에는 도적이 없고 길에 떨어진 물건도 주워 갖지 않으니, 태평세계라고 할 만하였다.

－ 허균, 〈홍길동전〉

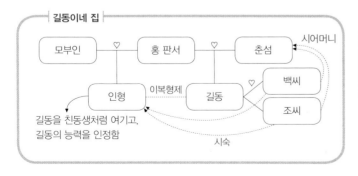

길동이네 집

모부인 ♡ 홍 판서 ♡ 춘섬 — 시어머니

인형 —이복형제— 길동 ♡ 백씨 / 조씨

길동을 친동생처럼 여기고, 길동의 능력을 인정함

시숙

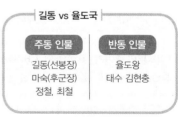

길동 vs 율도국

주동 인물	반동 인물
길동(선봉장) 마숙(후군장) 정철, 최철	율도왕 태수 김현충

Act 07
나누어 기억하시오, 장면별 내용 이해

　인물 관계도까지 완성되었다면 이제는 장면을 나누어 장면별로 내용을 정리하는 단계예요. 현대소설 단원에서 '장면 전환'에 대해 배웠던 거 기억나요? 고전소설의 경우 시·공간적 배경이 자주 변하는 편이에요. 즉, 장면 전환이 잦다는 말이죠. 그래서 내용을 장면별로 나누며 읽으면 고전소설을 수월하게 이해할 수 있어요.

　장면을 나눌 때에는 서술의 중심이 되는 인물이나 시·공간적 배경이 변할 때를 기점으로 하면 돼요. 장면이 바뀌는 문단 앞에 ①, ②, ③과 같은 장면 번호를 붙여 두고, 장면별로 내용을 정리하는 거예요. 어렵지 않죠? 한번 예를 들어 볼까요?

---

　① 이때 **한담**이 원수를 속이고 정병만을 가리어 급히 도성으로 들어가니, 성중에는 지키는 군사가 전혀 없었으며, 천자 또한 원수의 힘만 믿고 잠이 깊이 들어 있었다. (중략)

　② 이때 **원수** 금산성에서 적군 십만 명을 한칼에 무찌른 후, 곧바로 호산대에 진을 치고 있는 적의 청병을 씨 없이 함몰하려고 달려갔다. 그런데 뜻밖에 월색이 희미해지더니 난데없는 빗방울이 원수 면상에 떨어졌다. 원수 괴이해 말을 잠깐 멈추고 천기를 살펴보니, 도성에 살기 가득하고 천자의 자미성이 떨어져 변수 가에 비쳐 있었다. (중략) 눈 한 번 꿈쩍하는 사이에 황성 밖을 얼른 지나 변수 가에 다다랐다.

　③ 이때 천자는 백사장에 엎어져 있고 **한담**이 칼을 들고 천자를 치려 했다.

　　　　　　　　　　　　　　　　　　　　　　　　　　　　　　　　　– 작자 미상, 〈유충렬전〉

　윗글은 서술의 중심이 되는 인물(한담, 원수)이나 공간적 배경(도성, 금산성, 변수 가)의 변화를 기점으로 장면을 나눠 볼 수 있어요.

- 장면 ① : 한담이 도성에 들어감
- 장면 ② : 원수가 금산성에서 적군을 무찌르고 호산대로 가려다가 하늘의 기운을 보고 변수 가로 향함
- 장면 ③ : 변수 가에서 한담이 천자를 칼로 치려 함

　위와 같이 정리해 볼 수 있죠. 이렇게 장면별로 내용을 정리하면 이해도 잘 되고 문제 풀 때 지문 내용이 기억나지 않아 처음부터 다시 읽어야 하는 불상사가 많이 줄어들 거예요. 직접 연습해 보는

것이 좋겠죠? 한번 해 봐요~!

차설, 각설, 차시, 이때 '차설'과 '각설'이 무슨 뜻인지는 Act 02에서 배웠었죠? 화제를 돌릴 때 앞서 이야기하던 내용을 그만둔다는 뜻으로 다음 이야기의 첫머리에 쓰는 말이라고 했었잖아요. 그리고 '차시'는 '이때'와 같은 뜻으로, 역시나 화제를 전환할 때 쓰는 말이에요. 그래서 '차설/각설/차시/이때'가 나오면, 바로 그 지점에서 장면을 나누면 돼요. 위에 예시로 보았던 <유충렬전>도 사실 '이때'만 보고도 장면을 나눌 수 있었겠죠?

딱! 두 줄 요약

⊙ 서술의 중심이 되는 인물이나 시·공간적 배경이 변하는 부분을 기점으로 장면을 나눈다!

⊙ 각 장면이 시작되는 문단 앞에 번호를 붙여 장면별로 내용을 정리하여 기억한다!

예제 | 연습문제

● 다음 글을 장면을 나누어 각 장면이 시작되는 문단 앞에 번호를 붙이고, 장면별로 내용을 정리해 보자.

처사가 말했다.

"제가 한 딸을 두었으나 십육 세가 되도록 혼처를 정하지 못하였삽기로 천하를 떠돌다가, 다행히 존문에 이르러 아드님을 보니 마음에 드는지라. 여식은 용렬하고 재주가 없으나 존문에 용납될 만하니, 외람하오나 혼인을 정함이 어떠하오이까?"

상공이 '처사의 도덕이 높으니 딸 또한 영민하리라.' 생각하고 답했다.

"존객은 선인이요 나는 속세 사람이라. 어찌 인간 세상 사람이 선인과 혼인을 의논하리까?"

처사가 답했다.

"상공은 아국 재상이요 나는 미천한 인물이라. 미천한 인물이 귀댁에 청혼함이 극히 불가하오나 버리시지 아니하오면 한이 없을까 하나이다."

공이 즐겨 즉시 혼인을 허락했다.

이때, 상공이 친척들을 모아 정혼한 일을 이야기하니 부인이 의아해 하며 말했다.

"혼인은 인륜대사라. 어찌 재상가에서 의논도 없이 근본도 모르는 집안과 경솔히 혼약을 하시나이까?"

하고 의논이 분분하자 공이 말했다.

"내 들으니 처사의 딸이 재덕을 겸비했다 하기에 혼약했으니 괜한 시비 마시오."

차설, 이때 혼인날이 임박하자 혼구를 찬란하게 차려 하인들을 거느리고 금강산으로 길을 떠날새, 공은 위풍이 당당하고 시백은 풍채가 빛났다. 이런 경사에 친척과 하인 등이 웃지 않을 자 없고 조정에서도 논박이 그치지 않더라.

여러 날 만에 금강산을 찾아가니, 풍경도 좋거니와 때도 마침 삼춘이라. 좌우 산천 바라보니 각색 화초 만발한데 봉접은 펄펄 날아 꽃을 보고 춤을 추고, 수양버들은 늘어졌는데 황금 같은 꾀꼬리는 환우성(喚友聲)*이 더욱 좋다. 경치를 구경하며 점점 들어가니 사람 발자취가 없는지라. 하는 수 없이 주점을 찾아가 쉬고 이튿날 다시 발행하여 산곡으로 들어가니 인적은 고요하니 볼 수 없고, 층암은 층층하여 병풍을 둘러친 듯, 시냇물은 잔잔하여 남청을 부르는 듯, 비죽새는 슬피 울어 허황한 일을 비양하는 듯, 두견성은 처량하여 사람의 심회를 돕는지라. 공이 자기가 한 일을 돌아본즉 도리어 허탄한지라. 후회막급이나 어찌할 바를 몰라 방황하다가 날이 저물어 다시 주점에서 쉬고, 다음날 산곡으로 들어가니 심산궁곡에 갈 길은 끊어지고 물을 곳은 전혀 없었다. 길 위에서 방황하다가 바위 위에 노송을 의지하고 앉아 허황함을 자탄하더니 홀연 산곡에서 노랫소리 나며 초동 수삼 인이 나오거늘 반겨 길을 물으니 초동이 답했다.

"이곳은 금강산이요, 이 길은 박 처사 살던 터로 통하는 길이온데, 우리 지금 박 처사 살던 곳에서 내려오나이다."

공이 기뻐 또 물었다.

"처사는 집에 계시더냐?"

초동이 대답했다.

"옛 노인이 말하기를 '수백 년 전에 여기에서 어떤 사람이 나무를 얽어 집을 짓고 열매를 먹으며 칭호를 박 처사라 하고 살았는데 돌연 간 곳을 모르겠다.' 하고 말씀하는 것만 들었지, 지금 박 처사가 산단 말은 금시초문이로소이다."

공이 이 말을 듣자 정신이 더욱 아득하여 말했다.

"처사가 그곳에서 살던 때는 몇 해나 되었나뇨?"

초동이 미소를 지으며 답했다.

"게서 산 지가 사백 년이라 하더이다."

하며 다시 물어도 대답하지 않고 가거늘 공이 더욱 막막하여 하늘을 바라 크게 웃으며 차탄했다.

"세상에 허무한 일도 많도다."

이미 지나간 일이라 하는 수 없어 주점에 돌아와 머물새, 시백이 부친을 위로했다.

"옛날 한(漢) 무제도 선술을 구하다가 마침내 구하지 못하고 쓸쓸히 돌아왔으니 후회해도 소용없사온지라. 도로 돌아감만 같지 못하오이다."

공이 웃으며 말했다.

"이미 지나간 일이라. 그저 돌아가도 남에게 웃음을 면하지 못할 것이요, 돌아가지 않은즉 허황함이 막심한지라. 내일은 곧 전안(奠雁)* 날이니 부득이 내일만 찾아보리라."

하고 이튿날 노복을 데리고 다시 길을 재촉하여 반일토록 산중을 왕래하여 찾더라. 그날 오후에 한 사람이 갈건야복으로 죽장을 짚고 백우선으로 얼굴을 가리고 유유히 산곡에서 내려오니 반갑기도 그지없다. 일행이 고대하던 중, 내려오는 모습을 보고 너무 반가워 눈을 씻고 다시 보니 박 처사가 분명한지라.

– 작자 미상, 〈박씨전(朴氏傳)〉

* 환우성 : 벗을 부르는 소리   * 전안 : 전통 혼례 진행 절차 중의 하나

장면	내용
1	
2	
3	
4	
5	
6	

① 처사가 말했다.
벼슬을 하지 않고 초야에 묻혀 조용히 살던 선비

"제가 한 딸을 두었으나 십육 세가 되도록 혼처를 정하지 못하였삽기로 천하를 떠돌다가, 다행히 존문에 이르러 아드님을
'상대방의 가문'을 높여서 일컫는 말
보니 마음에 드는지라. 여식은 용렬하고 재주가 없으나 존문에 용납될 만하니, 외람하오나 혼인을 정함이 어떠하오이까?"
사람이 변변하지 못하고 졸렬함
상공이 '처사의 도덕이 높으니 딸 또한 영민하리라.' 생각하고 답했다.

"존객은 선인이요 나는 속세 사람이라. 어찌 인간 세상 사람이 선인과 혼인을 의논하리까?"
높고 귀한 손님. 여기서는 박 처사를 일컬음   신선
처사가 답했다.

"상공은 아국 재상이요 나는 미천한 인물이라. 미천한 인물이 귀댁에 청혼함이 극히 불가하오나 버리시지 아니하오면 한이
우리나라
없을까 하나이다."

공이 즐겨 즉시 혼인을 허락했다.

② 이때, 상공이 친척들을 모아 정혼한 일을 이야기하니 부인이 의아해 하며 말했다.

"혼인은 인륜대사라. 어찌 재상가에서 의논도 없이 근본도 모르는 집안과 경솔히 혼약을 하시나이까?"
사람이 살아가면서 치르게 되는 중대한 일
하고 의논이 분분하자 공이 말했다.

"내 들으니 처사의 딸이 재덕을 겸비했다 하기에 혼약했으니 괜한 시비 마시오."

③ 차설, 이때 혼인날이 임박하자 혼구를 찬란하게 차려 하인들을 거느리고 금강산으로 길을 떠날새, 공은 위풍이 당당하고
혼인 때 쓰는 제구
시백은 풍채가 빛났다. 이런 경사에 친척과 하인 등이 웃지 않을 자 없고 조정에서도 논박이 그치지 않더라.
대단한 재상의 집안에서 근본 없는 집안과 혼사하려는 것에 대한 주변의 부정적인 반응
④ 여러 날 만에 금강산을 찾아가니, 풍경도 좋거니와 때도 마침 삼춘이라. 좌우 산천 바라보니 각색 화초 만발한데 봉접은
봄의 석 달   벌과 나비
펄펄 날아 꽃을 보고 춤을 추고, 수양버들은 늘어졌는데 황금 같은 꾀꼬리는 환우성(喚友聲)이 더욱 좋다. 경치를 구경하며
꾀꼬리의 소리가 벗을 만나 반가움을 표현하려는 듯 들렸다는 의미임
점점 들어가니 사람 발자취가 없는지라. 하는 수 없이 주점을 찾아가 쉬고 이튿날 다시 발행하여 산곡으로 들어가니 인적은
길을 떠남
고요하니 볼 수 없고, 층암은 층층하여 병풍을 둘러친 듯, 시냇물은 잔잔하여 남청을 부르는 듯, 비죽새는 슬피 울어 허황한
층을 이루어 험하게 쌓인 바위 겹겹이 쌓여
일을 비양하는 듯, 두견성은 처량하여 사람의 심회를 돕는지라. 공이 자기가 한 일을 돌아본즉 도리어 허탄한지라. 후회막급
빈정거림   두견새 소리
이나 어찌할 바를 몰라 방황하다가 날이 저물어 다시 주점에서 쉬고, 다음날 산곡으로 들어가니 심산궁곡에 갈 길은 끊어지
깊은 산속의 험한 골짜기
고 물을 곳은 전혀 없었다. 길 위에서 방황하다가 바위 위에 노송을 의지하고 앉아 허황함을 자탄하더니 홀연 산곡에서 노랫
땔나무를 하는 아이   스스로 탄식
소리 나며 초동 수삼 인이 나오거늘 반겨 길을 물으니 초동이 답했다.
두서너 명

"이곳은 금강산이요, 이 길은 박 처사 살던 터로 통하는 길이온데, 우리 지금 박 처사 살던 곳에서 내려오나이다."

공이 기뻐 또 물었다.

"처사는 집에 계시더냐?"

초동이 대답했다.

"옛 노인이 말하기를 '수백 년 전에 여기에서 어떤 사람이 나무를 얽어 집을 짓고 열매를 먹으며 칭호를 박 처사라 하고 살

았는데 돌연 간 곳을 모르겠다.' 하고 말씀하는 것만 들었지, 지금 박 처사가 산단 말은 금시초문이로소이다."
이제야 비로소 처음 들음
공이 이 말을 듣자 정신이 더욱 아득하여 말했다.

"처사가 그곳에서 살던 때는 몇 해나 되었나뇨?"

초동이 미소를 지으며 답했다.

"게서 산 지가 사백 년이라 하더이다."

하며 다시 물어도 대답하지 않고 가거늘 공이 더욱 막막하여 하늘을 바라 크게 웃으며 차탄했다.

"세상에 허무한 일도 많도다."

⑤ 이미 지나간 일이라 하는 수 없어 주점에 돌아와 머물새, 시백이 부친을 위로했다.

"옛날 한(漢) 무제도 선술을 구하다가 마침내 구하지 못하고 쓸쓸히 돌아왔으니 후회해도 소용없사온지라. 도로 돌아감만 같지 못하오이다."

신선이 마시는 술

공이 웃으며 말했다.

"이미 지나간 일이라. 그저 돌아가도 남에게 웃음을 면하지 못할 것이요, 돌아가지 않은즉 허황함이 막심한지라. 내일은 곧 전안(奠雁) 날이니 부득이 내일만 찾아보리라."

6 하고 이튿날 노복을 데리고 다시 길을 재촉하여 반일토록 산중을 왕래하여 찾더라. 그날 오후에 한 사람이 갈건야복으로

갈건과 베옷이라는 뜻으로, 소박한 옷차림을 이르는 말

죽장을 짚고 백우선으로 얼굴을 가리고 유유히 산곡에서 내려오니 반갑기도 그지없다. 일행이 고대하던 중, 내려오는 모습을

대나무 지팡이

보고 너무 반가워 눈을 씻고 다시 보니 박 처사가 분명한지라.

– 작자 미상, 〈박씨전(朴氏傳)〉

장면	내용
1	박 처사와 상공이 자녀의 혼인을 약속함
2	정혼에 대해 상공의 부인과 친척들의 의논이 분분함
3	상공이 혼구를 차려 시백, 하인들과 금강산으로 떠남
4	금강산에 도착하였으나 며칠이 지나도록 박 처사를 찾을 수 없었음
5	초동의 말을 듣고 주점으로 돌아와 한탄하는 상공을 시백이 위로함
6	이튿날 다시 산중으로 가서 결국 박 처사를 만남

Act 08
사건을 재구성하시오, 인물·사건·배경

이번에는 **Act 05~Act 07**에서 배웠던 내용들을 한꺼번에 종합적으로 적용해 볼 차례예요. 적용을 다 한 뒤에는 핵심 인물이 어떤 상황 속에서 어떤 사건을 겪었는지를, 육하원칙에 따라 정리하는 거예요. 그럼 전체 과정을 도표로 한번 정리해 봅시다.

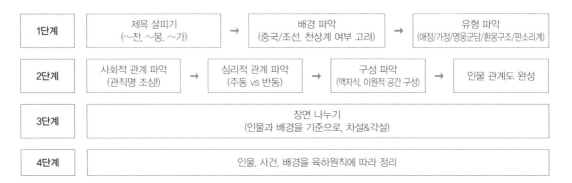

일단 아래 글부터 읽어 봐요.

【앞부분의 줄거리】 천상에서 지은 죄로 인간 세상에 태어난 김진옥은, 내란으로 부모와 헤어지고 화산도사를 만나 무예와 학문을 익혀 한림학사가 된다. 황제는 진옥이 공주와 결혼하기를 바라지만, 천상의 인연에 따라 진옥은 유승상의 딸(유부인)과 결혼한다. 이후 전여선과 결혼한 우양공주는 진옥에 대한 복수심으로 간신들과 결탁하고 진옥이 전쟁에 참여한 틈을 노려 그의 가족을 죽이려고 하지만, 김응철 등의 반대와 황후의 만류로 결국 실패한다. 황제는 진옥을 양산군에, 유부인을 정렬부인에 봉하고, 유부인과 김진옥은 공주의 죄를 용서한다.

부마 전여선과 공주가 양산군을 시기하여 다시 해하고자 하되 온갖 계교를 다 써도 해결할 방도를 찾지 못함이라. 서로 의논하되, 태자(太子)를 죽이고 천자와 양산군을 내치고 천자의 지위를 빼앗고자 하여 계교(計巧)를 행할새, 장군 이지필과 수문장 양철 등으로 더불어 약속을 정하니라.
　궁궐이나 성의 문을 지키던 무관 벼슬
이때 태자의 나이 구세라. 총명하여 백사(百事)를 무불통지(無不通知)하니, 일세성군이 될지라. 일일
　　　　　　　　　　　모든 일을 알지 못하는 바가 없음　　한 시대의 성군
은 후원의 봄 풍경을 완상하고 돌아올새 태자 침전에 드사 우연히 찬 기운이 몸에 닿아 병이 나서 침석
에 누워 계시더니, 공주가 천자께 나아가 아뢰되,
　감상
"태자가 양산군과 함께 후원에 가 놀고 돌아와 병이 나샤 기운이 불평하시니 실로 안타깝고 답답하여이다."
상이 들으시고 대경하샤 양산군을 청하여 태자의 병을 의논하실새, 공주가 태자궁에 이르러 문병하고

모셔 있다가, 시녀가 탕약(湯藥)을 올리려 하거늘 공주가 받아 가지고 들어오며, 미리 독약을 몸에 지녔다가 빨리 내어 탕약에 타 가지고 들어와 태자께 드리니, 태자가 드시려 하다가 약 냄새 심히 독한 듯하니 먹을 길이 없는지라. 이에 가로대,

"아직 싫으니 조금 지체하여 먹으리라."

공주가 왈,

"약을 드시지 않으시면 신체 안위를 어느 때에 회복하시리잇고?"

하며 약그릇을 받들어 간곡히 권하니, 태자가 마지못하여 약을 받아 마시니, 가련하다! 어린 태자가 독약이 장위에 들어가니 어찌 살기를 바라리오.

공주가 가만히 심복¹을 불러, 경화문 밖에 이지필과 양철을 매복하였다가 양산군이 나가거든 내달아 베라 하고, 한편으로 모든 간신에게 알리되, '이제 태자가 약을 먹었으니 분명 죽을지라. 오봉루에 북을 울리면 모든 신하가 들어올 것이니, 불문곡직하고 다 베라.' 하고, 공주가 급히 천자 침전에 들어가 황망히 아뢰되,

> ¹ 마음 놓고 부리거나 일을 맡길 수 있는 사람

"태자가 병세 위중하시니 신첩이 너무나 황공하나이다."

하고 나와 부마를 청하여 귀에 대고 계교를 가르치니, 부마가 기꺼 양산군을 보고 왈,

"내 들으니 정렬부인이 만삭에 낙태하여 위급하다 하더이다."

양산군이 그 말을 듣고 대경하여 급히 나오려 하더니, 홀연 한 궁녀가 고하되,

"태자가 졸지에 승하하시니이다."

할 즈음에 천자가 들으시고 대성통곡(大聲痛哭)²하여 양산군을 부르샤 한가지로³ 태자궁으로 들어가시는지라.

> ² 임금이 세상을 떠남
> ³ 함께

전여선이, 천자와 양산군이 친히 태자의 시체를 보시면 독약에 의해 죽음을 아시고 사정을 조사하여 밝히면 역모가 탄로할까 하여 급히 궐문으로 나가 일을 주선하려 하더니, 매복하였던 복병이 양산군이 나오는 줄 알고 내달아 일시에 창검을 들어 죽이고 보니 양산군이 아니요, 부마 전여선이라. 모두 대경실색하여 아모리할 줄 모르더라.

차시 김응철이 태자가 승하하고 궐내에 대변(大變)이 났음을 듣고 크게 놀라 황극전(皇極殿)에 들어오더니, 황화문 밖에 이르러 보니, 도총장군 정한영이 품속으로 일봉서⁴를 내어주거늘, 응철이 보고 수상히 여겨 수문장(守門將)더러 문왈,

> ⁴ 하나의 편지

"그대 무슨 서간을 받으뇨?"

수문장이 대왈,

"한영이 주기로 받았나이다."

하고 손을 들어서 북(北)을 가리키니, 복병(伏兵)이 이에 응하여 내달아 응철을 에워싸고 죽이려 할새, 동령장군 호동과 우승상 조선이 들어오거늘, 응철이 한칼로 수문장을 베고 그 서간을 앗으니⁵, 복병이 다 흩어져 달아나더라.

> ⁵ 빼앗거나 가로채다

응철이 그 서간을 양산군께 드리니 양산군이 보고 대경낙담하여 정신을 진정치 못하더라. 양산군이 급히 본부(本府)로 돌아와 목욕재계하고 종남산을 향하여 삼 일을 지성으로 기도하니, 화산도사가 구름을 타고 내려와 양산군의 손을 잡고 왈,

"그대 무슨 연고가 있어 나를 청하나뇨?"

양산군이 공경 대왈,

"국가에 망극한 변(變)이 있사와 선생을 뵈옵고자 함이니이다."

도사가 왈,

"이제 태자가 별세하시고 궐중에 대변(大變)이 난 줄 내 이미 짐작하고 회생하는 약을 가져왔으니, 가져다가 태자의 입에 넣으면 회생하리니 빨리 가서 구하고, 더디지 말라."

하고 갑자기 사라지거늘, 양산군이 공중을 향하여 사례하고 궐내를 향하여 들어오더라.

차시 공주가 태자를 독살하였으나 부마가 죽고 의논할 사람이 없으니 정히 답답하더니, 일계를 생각고 궐내에 들어가 울며 상께 아뢰니,

"양산군을 성상이 태산같이 믿으시나, 신첩이 자세히 듣자오니 양산군이 환자(宦者)로 더불어 동모(同 _{환관, 내시}
謀)하여 먼저 태자를 독살하고 천자의 지위를 도모하다가, 부마가 알고 들어오매 황상께는 미처 범치 못하고 먼저 애매한 부마를 해(害)하니이다."

상 왈,

"네 어찌 그 진위를 자세히 아난다?"

공주가 체읍 대왈,
_{눈물을 흘리며 슬피 욺}
"도총장군 한영이 그 말을 하더이다."

상이 진노하샤 급히 한영을 잡아들여 엄히 국문하시니, 한영이 아뢰는 말이 또한 공주의 말과 조금도 다름이 없는지라. 상이 크게 의심하시더니 김응철이 아뢰길,
_{죄인을 심문함}

"공주가 태자 전하를 독살하여 승하하시게 한 후 모역(謀逆)하려다가 성사치 못하고, 하늘이 무심치 않으사 반수기앙(反受其殃)하옵고 죄를 남에게 돌려보내려 하여 무죄한 양산군을 모함하오니 공주를 바삐 국문하샤 그 간상을 자세히 조사하여 밝히옵소서."
_{남에게 재앙을 입히려다 오히려 재앙을 당함} _{간사한 짓을 하는 모양}

상이 들으시고 반신반의하샤 결정을 유보할 즈음에 양산군이 들어오거늘, 상이 문왈,
_{반은 믿고 반은 의심함} _{미룸}

"경이 어디로 갔더뇨?"

양산군이 태자의 급하심을 보고 회생하실 약을 구하러 갔던 일을 아뢰고, 즉시 환약(丸藥)을 내어 드린 후 천자와 한가지로 태자궁에 들어가 태자를 뵈오니, 승하하신 지 오래되 조금도 생시나 다름이 없는지라. 즉시 약을 받들어 태자의 입에 넣으니 이윽고 호흡을 통하여 회생하시거늘, 상이 태자의 환생함을 보시고 크게 기뻐하샤 왈,

"경의 태산 같은 은혜를 무엇으로 다 갚으리오."

하시고 역모를 모의한 자들을 조사하여 장안에 참하고 인하여 양산군과 김응철로 더불어 국사를 의논하여 다스리니, 차후는 천하가 태평하고 사방이 무사하여, 산에 도적이 없고 백성이 평안하더라.

– 작자 미상, 〈김진옥전〉

| 1 | 1단계

● {제목 살피기} : 제목을 보니 〈김진옥전〉이라고 되어 있네요. 그럼 주인공은 '김진옥'이겠네요!

● {배경 파악} : 우선 '황제'라는 말이 등장하는 걸 보니 **중국**을 배경으로 한 소설임을 알 수 있어요. 그리고 '앞부분의 줄거리'를 통해 **천상계**가 따로 설정되어 있음을 알 수 있죠.

● {유형 파악} : 공주와 양산군의 결혼이 무산된 후 공주가 복수심을 품고 역모를 꾀하는 내용이에요. 그래서 사실 애정에서 정치까지 발전한 내용으로 볼 수 있죠. 그래도 애정 실현보다는 충(忠)의 실현이 더 중심적이니까, 이 소설은 **영웅 소설**로 분류할 수 있겠어요. 그럼 선인의 무리와 악인의 무리를 구별하는 것이 중요하겠죠?

┃ 2 ┃ 2단계

● {인물의 사회적 관계 파악} : 윗글은 사회적 관계 파악이 수월해요. 왜냐하면 '앞부분의 줄거리'에 이미 다 설명이 나와 있거든요('앞부분의 줄거리'나 '중략 부분의 줄거리'가 굉장히 중요하다는 거 알죠?). 그리고 내용에 태자 얘기가 나오니, 이를 포함해서 정리하면 다음과 같아요.

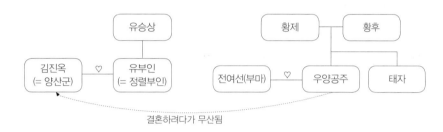

● {인물의 심리적 관계 파악} : 대화(독백), 행동, 편집자적 논평에 드러난 서술자의 태도를 분석하면 인물들 사이의 심리적 관계를 파악할 수 있다고 했었죠? 그런데 윗글에서는 서술자가 직접 인물들 사이의 관계를 알려 주고 있어서 대화, 행동, 편집자적 논평을 다 분석하지 않아도 알 수 있었어요. 우선,

> 부마 전여선과 공주가 양산군을 시기하여 다시 해하고자 하되 ~ 태자(太子)를 죽이고 천자와 양산군을 내치고 천자의 지위를 빼앗고자 하여 계교(計巧)를 행할새, 장군 이지필과 수문장 양철 등으로 더불어 약속을 정하니라.

라는 부분에서, 전여선과 공주(우양공주)가 양산군에게 매우 안 좋은 감정을 갖고 있음을 알 수 있어요. 그래서 역모를 꾸미게 되죠. 그리고 장군 이지필과 수문장 양철은 전여선과 공주와 한편이라는 것을 알 수 있어요.

여기에 더해 '도총장군 정한영이 품속으로 일봉서(一封書)를 내어주거늘'이라는 부분을 참고하면, 정한영 역시 공주와 한편임을 알 수 있었어요. 뒤에 공주가 양산군을 모함할 때 거짓 증언한 사람도 바로 정한영이었죠. 곧 전여선, 공주, 이지필, 양철, 정한영이 바로 반동 인물인 거예요.

반면에 태자가 살아날 약을 가져다준 화산도사와 양산군에게 서간을 가져다주고 황제에게 양산군의 결백을 밝혀 준 김응철은 양산군과 한편임을 알 수 있어요.

편집자적 논평의 경우에는 다음과 같이 두 부분이 있었어요.

- 총명하여 백사(百事)를 무불통지(無不通知)하니, 일세성군이 될지라.
- 가련하다! 어린 태자가 독약이 장위에 들어가니 어찌 살기를 바라리오.

이 부분에서 서술자가 태자에 대해 상당히 우호적인 태도를 보인다는 것을 알 수 있죠. 즉, 태자 역시 주동 인물인 거예요.

이러한 것들을 정리해 보면 황제, 황후, 화산도사, 김응철, 양산군은 모두 주동 인물이라고 할 수 있어요. 그리고 양산군과 함께 천상에서 내려왔다고 설정되어 있는 유부인과 그 아버지 유승상도 주동 인물로 파악할 수 있어요.

● **{구성 파악}** : '앞부분의 줄거리'에 천상계가 등장하긴 하지만, 천상계에서의 사건은 거의 등장하지 않기 때문에 인물 관계도에 포함시킬 필요는 없겠죠.

● **{인물 관계도 완성}** : 앞에서 파악한 것들을 모두 적용해서 인물 관계도를 만들어 보자면 다음과 같아요.

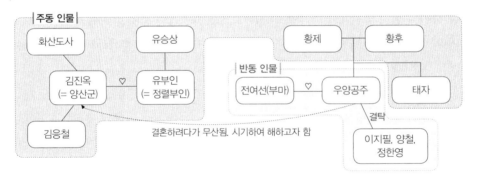

│ 3 │ 3단계

● **{장면 나누기}** : 그럼 이제 장면별로 나누어 이해해 볼 차례예요. 서술의 중심이 되는 인물과 시·공간의 변화를 기점으로 장면을 나누고, 문단 앞에 장면 번호를 붙인 뒤, 장면별로 사건을 정리하면 돼요.

(⬚⬚⬚⬚ : 중심 인물의 변화나 공간의 이동)

> ① 부마 전여선과 공주가 양산군을 시기하여 다시 해하고자 하되 온갖 계교를 다 써도 해결할 방도를 찾지 못함이라. 서로 의논하되, 태자(太子)를 죽이고 천자와 양산군을 내치고 천자의 지위를 빼앗고자 하여 계교(計巧)를 행할새, 장군 이지필과 수문장 양철 등으로 더불어 약속을 정하니라.
>
> ① ▶ 공주와 전여선이 역모를 계획함

②이때 태자(서술의 중심이 되는 인물이 바뀌었으므로 이 문단을 기점으로 장면 나누기)의 나이 구세라. 총명하여 백사(百事)를 무불통지(無不通知)하니, 일세성군이 될지라. 일일은 후원의 봄 풍경을 완상하고 돌아올새 태자 침전에 드사 우연히 찬 기운이 몸에 닿아 병이 나서 침석에 누워 계시더니, 공주가 천자께 나아가(공주의 공간 이동 : 태자 침전 → 천자의 거처) 아뢰되,

"태자가 양산군과 함께 후원에 가 놀고 돌아와 병이 나샤 기운이 불평하시니 실로 안타깝고 답답하여이다." ②▶ 태자가 찬 기운에 병이 나고, 공주가 천자에게 태자가 양산군과 놀다가 병이 났다고 거짓말함

③상이 들으시고 대경하샤 양산군을 청하여 태자의 병을 의논하실새, 공주가 태자궁에 이르러 문병하고 모셔 있다가('천자의 거처'와 '태자궁'이라는 두 공간에서 동시간대 일어나는 일을 병렬적으로 나열. 그중에서도 '공주'가 '태자궁'에서 하는 일이 중요) 시녀가 탕약(湯藥)을 올리려 하거늘 공주가 받아 가지고 들어오며, 미리 독약을 몸에 지녔다가 빨리 내어 탕약에 타 가지고 들어와 태자께 드리니, 태자가 드시려 하다가 약 냄새 심히 독한 듯하니 먹을 길이 없는지라. 이에 가로대,

"아직 싫으니 조금 지체하여 먹으리라."

공주가 왈,

"약을 드시지 않으시면 신체 안위를 어느 때에 회복하시리잇고?"

하며 약그릇을 받들어 간곡히 권하니, 태자가 마지못하여 약을 받아 마시니, 가련하다! 어린 태자가 독약이 장위(腸胃)에 들어가니 어찌 살기를 바라리오. ③▶ 천자가 양산군과 의논할 때 공주가 태자궁에 들러 탕약에 독을 타 태자에게 먹임

④공주가 가만히 심복을 불러, 경화문 밖에 이지필과 양철을 매복하였다가 양산군이 나가거든 내달아 베라 하고, 한편으로 모든 간신에게 알리되, '이제 태자가 약을 먹었으니 분명 죽을지라. 오봉루에 북을 울리면 모든 신하가 들어올 것이니, 불문곡직하고 다 베라.' 하고, 공주가 급히 천자 침전에 들어가 황망히 아뢰되,

"태자가 병세 위중하시니 신첩이 너무나 황공하나이다."

하고 나와 부마를 청하여 귀에 대고 계교를 가르치니, 부마가 기꺼 양산군을 보고 왈,

"내 들으니 정렬부인이 만삭에 낙태하여 위급하다 하더이다."

양산군이 그 말을 듣고 대경하여 급히 나오려 하더니, 홀연 한 궁녀가 고하되,

"태자가 졸지에 승하하시니이다."

할 즈음에 천자가 들으시고 대성통곡(大聲痛哭)하여 양산군을 부르샤 한가지로 태자궁으로 들어가시는지라. ④▶ 공주가 양산군을 죽일 계획을 세웠으나, 양산군이 태자의 승하 소식을 듣고 천자와 함께 태자궁으로 들어감

⑤전여선(서술의 중심이 되는 인물이 바뀜)이, 천자와 양산군이 친히 태자의 시체를 보시면 독약에 의해 죽음을 아시고 사정을 조사하여 밝히면 역모가 탄로할까 하여 급히 궐문으로 나가 일을 주선하려 하더니, 매복하였던 복병이 양산군이 나오는 줄 알고 내달아 일시에 창검을 들어 죽이고 보니 양산군이 아니요, 부마 전여선이라. 모두 대경실색하여 아모리할 줄 모르더라. ⑤▶ 복병이 전여선을 양산군으로 착각하여 죽임

⑥차시 김응철(서술의 중심이 되는 인물이 바뀜)이 태자가 승하하고 궐내에 대변(大變)이 났음을 듣고 크게 놀라 황극전(皇極殿)에 들어오더니, 황화문 밖에 이르러 보니, 도총장군 정한영이 품속으로 일봉서(一封書)를 내어주거늘, 응철이 보고 수상히 여겨 수문장(守門將)더러 문왈,

"그대 무슨 서간을 받으뇨?"

수문장이 대왈,

"한영이 주기로 받았나이다."

하고 손을 들어서 북(北)을 가리키니, 복병(伏兵)이 이에 응하여 내달아 응철을 에워싸고 죽이려 할새, 동령장군 호동과 우승상 조신이 들어오거늘, 응철이 한칼로 수문장을 베고 그 서간을 앗으니, 복병이 다 흩어져 달아나더라.

6 ▶ 김응철이 수문장을 베고 수문장이 한영에게 받은 서간을 빼앗음

7 응철이 그 서간을 양산군께 드리니 양산군(서술의 중심이 되는 인물이 바뀜)이 보고 대경낙담하여 정신을 진정치 못하더라. 양산군이 급히 본부(本府)로 돌아와 목욕재계하고 종남산을 향하여 삼 일을 지성으로 기도하니, 화산도사가 구름을 타고 내려와 양산군의 손을 잡고 왈,

"그대 무슨 연고가 있어 나를 청하뇨?"

양산군이 공경 대왈,

"국가에 망극한 변(變)이 있사와 선생을 뵈옵고자 함이니이다."

도사가 왈,

"이제 태자가 별세하시고 궐중에 대변(大變)이 난 줄 내 이미 짐작하고 회생하는 약을 가져왔으니, 가져다가 태자의 입에 넣으면 회생하리니 빨리 가서 구하고, 더디지 말라."

하고 갑자기 사라지거늘, 양산군이 공중을 향하여 사례하고 궐내를 향하여 들어오더라.

7 ▶ 양산군이 응철이 준 서간을 읽고 사건의 전모를 알게 되고, 화산도사에게서 태자를 구할 약을 얻음

8 차시 공주(서술의 중심이 되는 인물이 바뀜)가 태자를 독살하였으나 부마가 죽고 의논할 사람이 없으니 정히 답답하더니, 일계를 생각고 궐내에 들어가 울며 상께 아뢰니,

"양산군을 성상이 태산같이 믿으시나, 신첩이 자세히 듣자오니 양산군이 환자(宦者)로 더불어 동모(同謀)하여 먼저 태자를 독살하고 천자의 지위를 도모하다가, 부마가 알고 들어오매 황상께는 미처 범치 못하고 먼저 애매한 부마를 해(害)하나이다."

상 왈,

"네 어찌 그 진위를 자세히 아난다?"

공주가 체읍 대왈,

"도총장군 한영이 그 말을 하더이다." 8 ▶ 공주가 천자 앞에서 태자와 부마를 해한 것이 양산군이라며 양산군을 모함함

9 상(서술의 중심이 되는 인물이 바뀜)이 진노하샤 급히 한영을 잡아들여 엄히 국문하시니, 한영이 아뢰는 말이 또한 공주의 말과 조금도 다름이 없는지라. 상이 크게 의심하시더니 김응철이 아뢰길,

"공주가 태자 전하를 독살하여 승하하시게 한 후 모역(謀逆)하려다가 성사치 못하고, 하늘이 무심치 않으사 반수기앙(反受其殃)하옵고 죄를 남에게 돌려보내려 하여 무죄한 양산군을 모함하오니 공주를 바삐 국문하샤 그 간상(奸狀)을 자세히 조사하여 밝히옵소서."

상이 들으시고 반신반의(半信半疑)하샤 결정을 유보할 즈음에 양산군이 들어오거늘, 상이 문왈,

"경이 어디로 갔더뇨?"

양산군이 태자의 급하심을 보고 회생하실 약을 구하러 갔던 일을 아뢰고, 즉시 환약(丸藥)을 내어 드린 후 천자와 한가지로 태자궁에 들어가 태자를 뵈오니, 승하하신 지 오래되 조금도 생사나 다름이 없는지라. 즉시 약을 받들어 태자의 입에 넣으니 이윽고 호흡을 통하여 회생하시거늘, 상이 태자의 환생함을 보시고 크게 기뻐하샤 왈,

"경의 태산 같은 은혜를 무엇으로 다 갚으리오."

하시고 역모를 모의한 자들을 조사하여 장안에 참하고 인하여 양산군과 김응철로 더불어 국사를 의논하

여 다스리니, 차후는 천하가 태평하고 사방이 무사하여, 산에 도적이 없고 백성이 평안하더라.

⑨ ▶ 양산군이 약을 가져와 태자를 살려 공주와 한영이 씌운 누명을 벗고, 천자가 간신들을 벌함

❘ 4 ❘ 4단계

● {인물, 사건, 배경 육하원칙에 따라 정리하기} : 그럼 이제 전체 내용을 육하원칙에 따라 정리해 볼까요?

누가	양산군이
언제	우양공주가 역모를 꾀하는 변고가 일어났을 때
어디서	궐내에서
무엇을	태자를
어떻게	화산도사의 도움으로 살리고, 역모를 막아 나라에 평화를 가져옴
왜	(이유가 정확히 나오진 않지만… 충신이니까)

이렇게 하면 되는 거예요. 그럼 이번엔 직접 한번 연습해 볼까요?

예제 연습문제

● 다음 글을 읽고 물음에 답하시오.

관찰사가 각 고을을 돌아다니며 관곡을 조사하다가 정선 고을에 와서 축난 것을 보고 크게 골을 내며
"어떤 놈의 양반이 이렇게 했단 말이냐."
하고 양반을 잡아 가두라고 하였다. 군수는 그 양반이 워낙 가난해서 관곡을 갚을 길이 없음을 불쌍히 여겨 차마 가둘 수는 없고, 그렇다고 해서 무슨 딴 방도가 있는 것도 아니고 해서 퍽 곤란한 처지였다. 양반은 밤낮으로 울기만 하면서 어찌할 바를 몰랐다. 그 아내는,
"평생 글 읽기만 좋아하더니 관곡을 갚는 데는 전혀 소용이 없구려. 허구한 날 양반, 양반 하더니 그 양반이라는 것이 한 푼어치도 못 되는구려." 했다.
마침 그 마을에 있는 부자 한 사람이 집안끼리 상의하기를
"양반은 비록 가난하지만 늘 존경을 받는데, 우리는 비록 부자라 하지만 늘 천대만 받고 말 한번 타지도 못할 뿐더러 양반만 보면 굽실거리고 뜰 아래서 엎드려 절하고 코가 땅에 닿게 무릎으로 기어 다니니 이런 모욕이 어디 있단 말이요. 마침 양반이 가난해서 관곡을 갚을 도리가 없으므로 형편이 난처하게 되어 양반이란 신분마저 간직할 수 없게 된 모양이니 이것을 우리가 사서 가지도록 합시다."
말을 마친 후 부자는 양반을 찾아가서 빌린 곡식을 대신 갚아 주겠다고 청했다. 양반은 크게 기뻐하며 이를 허락했다. 그리고 부자는 곡식을 대신 갚아 주었다.
군수는 그 양반을 위로할 겸 또한 관곡을 갚은 내력을 들을 겸 그를 찾아갔다. 그런데 양반은 벙거지를 쓰고 소매가 없는 짧은 옷을 입은 채 뜰 아래에 엎드려 '소인, 소인' 하면서 감히 군수를 우러러보지도 못하고 있었다.
군수는 뛰어 내려가 붙들고,

"아니 왜 이렇게 못난 짓을 하시오."

양반은 더욱 두려워하며 머리를 수그리고 엎드려서,

"황송합니다. 실우 소인이 감히 스스로 욕되고 못난 짓을 하는 것이 아닙니다. 양반을 팔아서 관곡을 갚은 것입니다. 그러므로 마을에 사는 부자가 양반입니다. 소인이 어찌 감히 양반인 체하고 자신을 높일 수 있겠습니까." 하는 것이었다.

군수는 이 말을 듣고 탄식하여 말하였다.

"그 부자야말로 군자며 양반이로군. 부자이면서도 인색하지 않으니 의가 있고, 사람의 어려움을 급하게 여겨 구하였으니 그것은 어진 것이요, 낮은 것을 미워하고 높은 것을 사모하니 슬기로운 일입니다. 이는 참으로 양반이외다. 비록 그렇지만 개인끼리 사고팔고 했을 뿐 증서를 만들어 두지 않으면 그다음에 소송거리가 되기 쉽습니다. 그러니 나와 당신이 고을 사람을 모아 놓고 증서를 만들어서 군수인 나도 거기다 도장을 찍으리라."

(중략)

건륭 10년 9월 아무 날에 증서를 만드노니, 천 석의 관곡을 갚기 위하여 양반을 판다. 원래 양반이란 여러 가지 이름이 있다. 글만 읽는 이를 선비라고 하며, 정치에 관여하게 되면 대부가 되고, 덕이 있으면 군자가 된다. 무관은 서쪽 반에 서고 문관은 동쪽 반에 서는 까닭에 이를 양반이라고 한다. 이 중에서 마음대로 고르되 나쁜 일은 절대로 버려야 하고 옛일을 본받아야만 한다. 새벽 4시만 되면 일어나서 촛불을 켜고, 눈은 콧날 끝을 슬며시 내려다보며 무릎을 꿇고, "동래박의"를 마치 얼음 위에 표주박을 굴리듯이 내리외어야만 한다. 배고파도 참고, 추위에도 견디며, 가난함을 입 밖에 내지 말아야 한다. (중략) 속상한 일이 있어도 아내를 때리지 말아야 하며, 화가 나도 그릇을 깨지 말며, 주먹으로 아이들을 때리지 말아야 하며, 종을 꾸짖을 때에도 죽일 놈이라고 하지 말며, 소나 말을 나무랄 때에도 먹이던 주인은 욕하지 말아야 한다. 병이 나도 무당을 부르지 말며, 제사 때에도 중을 불러다 재 올리지 말아야 한다. 화로에 손을 쬐지 말며, 말할 때에 침이 튀지 않게 하며, 소를 잡지 말고, 돈 노름도 하지 않는 법이다. 무릇, 이와 같은 여러 가지 행실이 양반과 틀림이 있을 때에는 이 증서를 가지고 관가에 가서 재판을 할지어다.

이렇게 증서에다 쓰고 성주(城主)인 정선 군수가 이름을 쓰고 좌수(座首)와 별감(別監)이 모두 서명을 했다. 이렇게 한 후 통인(通引)이 여기저기 도장을 찍는데 그 소리는 마치 큰 북을 치는 듯하고 모양은 북두칠성이 길게 늘어서 있는 것 같았다. 이것을 호장(戶長)이 다 읽자 부자는 한참 동안 슬픈 표정으로 있다가 말했다.

"양반이란 것이 겨우 이것뿐이란 말이요. 내가 알기로 양반은 신선과 같다고 하여 많은 곡식을 주고 산 것인데 너무도 억울합니다. 더 좀 이롭게 고쳐 주시기 바랍니다."

그래서 다시 증서를 고쳐 쓰기로 했다.

하늘이 백성을 냄에 있어 그 백성의 종류는 네 가지가 있는데, 네 가지 중에서 가장 귀한 자는 선비인데 이를 양반이라고 하여 모든 점에 이로운 것이 많다. 농사나 장사를 하지 않아도 살 수 있고 조금만 공부하면 크게는 문과에 오르고 작아도 진사는 할 수 있다. 문과의 홍패라고 하는 것은 두 자밖에 안 되지만 무엇이든 할 수 있어 돈자루라고 할 수 있다. 진사는 나이 삼십에 첫 벼슬을 해도 이름이 나고 다른 훌륭한 벼슬을 또 할 수 있다. 귀는 일산 밑 바람으로 희어지고 배는 종놈의 대답 소리에 저절로 불러진다. 방에는 노리개로 기생이나 두고 마당에는 학을 먹일 것이다. 궁한 선비가 되어서 시골에 가 살아도 자기 뜻대로 할 수 있으니 이웃집 소가 있으면 내 논밭을 먼저 갈게 하고 마을 사람들을 불러 내 밭 김을 먼저 매게 하는데 어느 놈이든지 감히 말을 듣지 않으면 코로 잿물을 먹이고 상투를 붙들어 매고 수염을 자르는 등 갖은 형벌을 해도 원망을 할 수 없는 것이다.

부자는 이러한 내용을 듣다가 질겁을 하고,

"아이구 맹랑합니다그려. 나를 도적놈으로 만들 셈이란 말이요."

하면서 머리를 설레설레 젓고는 한평생 다시는 양반이란 말을 입 밖에 내지 않았다.

– 박지원, 〈양반전〉

01 [1단계] 제목, 배경, 유형 분석하기

(1) 제목에서 알 수 있는 힌트는?

(2) 위 소설의 배경으로 알맞은 것을 선택하시오.

　① (중국 / 조선)

　② 천상계가 (등장한다 / 등장하지 않는다)

(3) 위 소설의 유형은?

02 [2단계] 인물, 구성을 파악하여 인물 관계도 그리기

(1) 각각의 인물에 각기 다른 기호로 표시해 보자.

(2) 각 발화의 주체를 기호로 표시해 보자.

(3) 호칭과 높임법을 통해 인물들 사이의 사회적 관계를 파악하여 관계도를 그려 보자.

(4) 양반의 어떤 면모를 풍자하고 있는지, 양반의 부정적 면모가 드러나는 부분에 형광펜으로 표시해 보자.

03 [3단계] 장면별로 나누어 문단 앞에 번호로 표시하고 중심 내용 정리하기

장면	장면별 중심 내용
①	
②	
③	
④	
⑤	
⑥	

04 [4단계] 육하원칙에 따라 내용을 정리하기

누가	
언제	
어디서	
무엇을	
어떻게	
왜	

예제풀이 | **01** (1) '양반'과 관련된 소설이라는 것을 알 수 있다. (2) ① 조선 ② 등장하지 않는다. (3) 풍자 소설

　　　02~04 다음 쪽 참고

01 (2) ① '정선 군수'라고 구체적인 지명이 등장하는 걸 통해 알 수 있어요.

　　(3) 부자가 양반에 대해 '도적놈'이라고 하면서 양반을 포기하는 모습을 통해, 이 소설은 양반의 부정적 행태를 비판하는 풍자 소설임을 알수 있어요.

① 관찰사가 각 고을을 돌아다니며 관곡을 조사하다가 정선 고을에 와서 축난 것을 보고 그게 골을 내며

○: "어떤 놈의 양반이 이렇게 했단 말이냐."

하고 양반을 잡아 가두라고 하였다. 군수는 그 양반이 워낙 가난해서 관곡을 갚을 길이 없음을 불쌍히 여겨 차마 가둘 수는 없고, 그렇다고 해서 무슨 딴 방도가 있는 것도 아니고 해서 퍽 곤란한 처지였다. 양반은 밤낮으로 울기만 하면서 어찌할 바를 몰랐다. 그 아내는,

▽: "평생 글 읽기만 좋아하더니 관곡을 갚는 데는 전혀 소용이 없구려. 허구한 날 양반, 양반 하더니 그 양반이라는 것이 한 푼어치도 못 되는구려." 했다. ▶ 양반의 무능력 비판

② 마침 그 마을에 있는 부자 한 사람이 집안끼리 상의하기를

☆: "양반은 비록 가난하지만 늘 존경을 받는데, 우리는 비록 부자라 하지만 늘 천대만 받고 말 한번 타지도 못할 뿐더러 양반만 보면 굽실거리고 뜰 아래서 엎드려 절하고 코가 땅에 닿게 무릎으로 기어 다니니 이런 모욕이 어디 있단 말이요. 마침 양반이 가난해서 관곡을 갚을 도리가 없으므로 형편이 난처하게 되어 양반이란 신분마저 간직할 수 없게 된 모양이니 이것을 우리가 사서 가지도록 합시다."

말을 마친 후 부자는 양반을 찾아가서 빌린 곡식을 대신 갚아 주겠다고 청했다. 양반은 크게 기뻐하며 이를 허락했다. 그리고 부자는 곡식을 대신 갚아 주었다.

③ 군수는 그 양반을 위로할 겸 또한 관곡을 갚은 내력을 들을 겸 그를 찾아갔다. 그런데 양반은 벙거지를 쓰고 소매가 없는 짧은 옷을 입은 채 뜰 아래에 엎드려 '소인, 소인' 하면서 감히 군수를 우러러보지도 못하고 있었다.

군수는 뛰어 내려와 붙들고,

□: "아니 왜 이렇게 못난 짓을 하시오."

양반은 더욱 두려워하며 머리를 수그리고 엎드려서,

◇: "황송합니다. 실은 소인이 감히 스스로 욕되고 못난 짓을 하는 것이 아닙니다. 양반을 팔아서 관곡을 갚은 것입니다. 그러므로 마을에 사는 부자가 양반입니다. 소인이 어찌 감히 양반인 체하고 자신을 높일 수 있겠습니까." 하는 것이었다.

군수는 이 말을 듣고 탄식하여 말하였다.

□: "그 부자야말로 군자며 양반이로군. 부자이면서도 인색하지 않으니 의가 있고, 사람의 어려움을 급하게 여겨 구하였으니 그것은 어진 것이요, 낮은 것을 미워하고 높은 것을 사모하니 슬기로운 일입니다. 이는 참으로 양반이외다. 비록 그렇지만 개인끼리 사고팔고 했을 뿐 증서를 만들어 두지 않으면 그다음에 소송거리가 되기 쉽습니다. 그러니 나와 당신이 고을 사람을 모아 놓고 증서를 만들어서 군수인 나도 거기다 도장을 찍으리라."

(중략)

④ 건륭 10년 9월 아무 날에 증서를 만드노니, 천 석의 관곡을 갚기 위하여 양반을 판다. 원래 양반이란 여러 가지 이름이 있다. 글만 읽는 이를 선비라고 하며, 정치에 관여하게 되면 대부가 되고, 덕이 있으면 군자가 된다. 무관은 서쪽 반에 서고 문관은 동쪽 반에 서는 까닭에 이를 양반이라고 한다. 이 중에서 마음대로 고르되 나쁜 일은 절대로 버려야 하고 옛일을 본받아야만 한다. 새벽 4시만 되면 일어나서 촛불을 켜고, 눈은 콧날 끝을 슬며시 내려다보며 무릎을 꿇고, "동래박의"를 마치 얼음 위에 표주박을 굴리듯이 내리외어야만 한다. 배고파도 참고, 추위에도 견디며, 가난함을 입 밖에 내지 말아야 한다. (중략) 속상한 일이 있어도 아내를 때리지 말아야 하며, 화가 나도 그릇을 깨지 말며, 주먹으로 아이들을 때리지 말아야 하며, 종을 꾸짖을 때에도 죽일 놈이라고 하지 말며, 소나 말을 나무랄 때에도 먹이던 주인은 욕하지 말아야 한다. 병이 나도 무당을 부르지 말며, 제사 때에도 중을 불러다 재 올리지 말아야 한다. 화로에 손을 쬐지 말며, 말할 때에 침이 튀지 않게 하며, 소를 잡지 말고, 돈 노름도 하지 않는 법이다. ▶양반의 허례허식 비판 무릇, 이와 같은 여러 가지 행실이 양반과 틀림이 있을 때에는 이 증서를 가지고 관가에 가서 재판을 할지어다.

⑤ 이렇게 증서에다 쓰고 성주(城主)인 정선 군수가 이름을 쓰고 좌수(座首)와 별감(別監)이 모두 서명을 했다.

이렇게 한 후 통인(通引)이 여기저기 도장을 찍는데 그 소리는 마치 큰 북을 치는 듯하고 모양은 북두칠성이 길게 늘어서 있는 것 같았다. 이것을 호장(戶長)이 다 읽자 부자는 한참 동안 슬픈 표정으로 있다가 말했다.

☆: "양반이란 것이 겨우 이것뿐이란 말이요. 내가 알기로 양반은 신선과 같다고 하여 많은 곡식을 주고 산 것인데 너무도 억울합니다. 더 좀 이롭게 고쳐 주시기 바랍니다."

그래서 다시 증서를 고쳐 쓰기로 했다.

6 하늘이 백성을 냄에 있어 그 백성의 종류는 네 가지가 있는데, 네 가지 중에서 가장 귀한 자는 선비인데 이를 양반이라고 하여 모든 점에 이로운 것이 많다. 농사나 장사를 하지 않아도 살 수 있고 조금만 공부하면 크게는 문과에 오르고 작아도 진사는 할 수 있다. 문과의 홍패라고 하는 것은 두 자밖에 안 되지만 무엇이든 할 수 있어 돈자루라고 할 수 있다. 진사는 나이 삼십에 첫 벼슬을 해도 이름이 나고 다른 훌륭한 벼슬을 또 할 수 있다. 귀는 일산 밑 바람으로 희어지고 배는 종놈의 대답 소리에 저절로 불러진다. 방에는 노리개로 기생이나 두고 마당에는 학을 먹일 것이다. 궁한 선비가 되어서 시골에 가 살아도 자기 뜻대로 할 수 있으니 이웃집 소가 있으면 내 논밭을 먼저 갈게 하고 마을 사람들을 불러 내 밭 김을 먼저 매게 하는데 어느 놈이든지 감히 말을 듣지 않으면 코로 잿물을 먹이고 상투를 붙들어 매고 수염을 자르는 등 갖은 형벌을 해도 원망을 할 수 없는 것이다. ▶ 양반 신분의 특권을 남용한 횡포

부자는 이러한 내용을 듣다가 질겁을 하고,

☆: "아이구 맹랑합니다그려. 나를 도적놈으로 만들 셈이란 말이요."

하면서 머리를 설레설레 젓고는 한평생 다시는 양반이란 말을 입 밖에 내지 않았다.

－ 박지원, 〈양반전〉

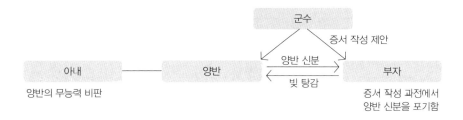

03

장면	장면별 중심 내용
1	관곡을 갚지 못해 곤란한 양반의 처지
2	부자가 양반의 밀린 곡식을 갚아 주고 양반 신분을 삼
3	군수가 양반을 찾아갔는데 양반이 소인 행세를 함. 정황을 들은 군수는 거래 증서를 만들자고 함
4	양반의 허례허식이 담긴 증서
5	부자가 듣고 증서를 더 이롭게 고쳐 달라고 요청함
6	부자가 양반의 횡포를 담은 증서 내용을 듣고 그건 '도적놈'이라며 양반 신분을 포기함

04

누가	부자가
언제	건륭 10년에
어디서	정선에서
무엇을	양반 신분을
어떻게	사려다가 포기함
왜	양반의 허례허식과 횡포를 알고

Act 09

고전소설도 현대소설처럼 매년 한 지문씩 꾸준히 출제되어 왔고, 지문 구성에서 변화가 있을 수도 있지만 이 경향은 앞으로도 계속될 거예요. 고전소설은 작가가 알려지지 않은 경우가 워낙 많아서 어떤 작가의 작품이 많이 나왔는지는 그 의미가 적죠. 주로 잘 알려진 작가의 작품이 많이 나왔어요. 김만중(8회), 허균(3회), 박지원(3회)처럼요. 작가가 이렇게 상대적으로 그 의미가 적은 반면에 어떤 작품이 많이 나왔는지 확인하는 것은 그래도 나름 의미가 있어요. 수능이나 평가원에서는 그래도 중요하다고 생각하는 고전소설을 반복해서 내기 때문이에요. 고전소설의 수는 현대소설과는 달리 한정되어 있기에 중요한 작품은 또 출제될 수밖에 없는 거죠. 그럼 많이 나온 고전소설 작품 Best 10을 볼까요?

순위	평가원 출제 횟수(수능)	작품	작가
1	5회(3회)	사씨남정기	김만중
	5회(1회)	흥부전(흥부가, 박타령 등 포함)	작자 미상
3	4회(2회)	춘향전(춘향가 등 포함)	작자 미상
	4회(1회)	심청전	작자 미상
5	3회(2회)	홍길동전	허균
	3회(2회)	박씨전	작자 미상
	3회(1회)	숙향전	작자 미상
	3회(1회)	구운몽	김만중
	3회(0회)	조웅전	작자 미상
	3회(0회)	전우치전	작자 미상

고전소설 역시 소설 장르인 만큼, 현대소설과 문제 유형이 비슷해요. 여기에서는 현대소설에서 배웠던 유형은 간략히 복습하는 정도로 넘어가고, 고전소설에 자주 등장하는 유형을 더 추가해서 살펴볼게요. 현대소설에서 우리가 살펴본 유형은 다음의 네 가지였어요.

유형 ❶ 서술상의 특징
유형 ❷ 인물 이해
유형 ❸ 핵심 소재 이해
유형 ❹ 〈보기〉 활용 문제

고전소설에는 이 네 가지 외에도 두 가지 유형이 더 있어요. 이 여섯 유형을 하나씩 살펴보죠.

유형 ❺ 장면 혹은 대화의 이해

유형 ❻ 한자성어 혹은 속담

| 1 | 서술상의 특징

현대소설에서와 같이 고전소설에서도 서술상의 특징을 묻는 문제가 출제돼요. 다음과 같은 형태죠.

---

38. ㉠~㉢에 대한 설명으로 적절하지 않은 것은? | 2016 수능 |

① ㉠ : 유사한 어구의 반복과 대구를 통해 인물의 심경을 드러내고 있다.

② ㉡ : 의태어를 활용하여 대상의 움직이는 모습을 생생하게 보여 주고 있다.

③ ㉢ : 동일 행위에 대한 다양한 묘사를 통해 대상이 처한 긴박한 상황을 역동적으로 보여 주고 있다.

④ ㉣ : 고사를 활용하여 상대에게 화자의 의견을 전달하고 있다.

⑤ ㉤ : 편집자적 논평을 통해 인물의 행위에 대한 서술자의 시각을 보여 주고 있다.

문제 푸는 방법은 현대소설에서 했던 것과 같아요.

❶ 지문을 읽으면서 시점, 묘사 등과 같은 눈에 띄는 점을 체크한다.

❷ 선택지에서 '통해', '하여'를 찾아서 선택지를 반으로 나눈다.

❸ 선택지의 서술 방식(앞부분)이 지문에 나왔는지 확인한다.

❹ 해당 서술 방식이 주는 효과(뒷부분)를 확인한다.

참고로 고전소설에 자주 등장하는 서술상 특징이 몇 가지 있어요. 아래와 같은 것들이죠.

㉠ 전기적 요소 활용, 초현실적 요소 삽입

㉡ 고사 활용

㉢ 편집자적 논평, 서술자의 개입

먼저 ㉠ 전기성은 **Act 01**에서 배웠었죠? 전기적 요소는 전기성이 드러나는 요소를 말해요. 주인 공이 사용하는 도술, 하늘에서 내려온 신선, 귀신과의 사랑 등 현실에서 일어나기 힘든 요소는 다 전기적 요소로 보면 돼요. 전기적 요소는 초현실적 요소라고도 바꿔 말할 수 있죠.

㉡ 고사 활용도 많이 나오는 선택지인데, 고사는 쉽게 말해 옛날이야기예요. 고전소설에서는 옛날 이야기 속 상황과 현 상황을 비교하거나, 고사를 통해 설득력을 높이는 경우가 많아요(그걸 어떻게 다 기억했나 몰라요). 한자성어가 나오는 것도 고사 활용에 해당하니 주의해야 해요. "옛말(말씀)에" 라는 말이 나온다면 그 뒤에는 당연히 고사가 나오겠죠?

ⓒ 편집자적 논평, 서술자의 개입도 역시 **Act 01**에서 다루었죠? 서술자가 인물이나 상황에 대한 평가를 내리는 경우가 여기에 해당하는데, 시험에 매우 자주 등장해요.

| 2 | 인물 이해

현대소설에서처럼 고전소설에서도 인물은 매우 중요해요. 특히나 고전소설의 경우에는 인물을 관직명으로 부르는 경우도 많아서 헷갈리기 쉽고, 그래서인지 문제로 많이 나오곤 하죠. 그래도 고전소설의 인물은 대개 편이 갈리니까, 어느 편인지만 확실히 이해하면 그리 어렵지 않아요. '별주부는 ~하고 있다'와 같은 식으로 인물이 처한 상황, 심리 등에 대해 직접 묻기도 하고, 다음과 같은 식으로 인물 간의 관계를 파악할 수 있는지 여부를 묻기도 해요.

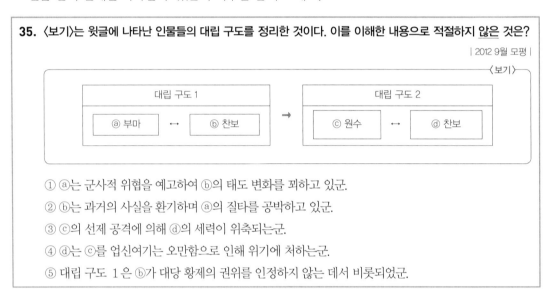

35. 〈보기〉는 윗글에 나타난 인물들의 대립 구도를 정리한 것이다. 이를 이해한 내용으로 적절하지 **않은** 것은?

| 2012 9월 모평 |

〈보기〉

대립 구도 1	대립 구도 2
ⓐ 부마 ↔ ⓑ 찬보	→ ⓒ 원수 ↔ ⓓ 찬보

① ⓐ는 군사적 위협을 예고하여 ⓑ의 태도 변화를 꾀하고 있군.
② ⓑ는 과거의 사실을 환기하며 ⓐ의 질타를 공박하고 있군.
③ ⓒ의 선제 공격에 의해 ⓓ의 세력이 위축되는군.
④ ⓓ는 ⓒ를 업신여기는 오만함으로 인해 위기에 처하는군.
⑤ 대립 구도 1은 ⓑ가 대당 황제의 권위를 인정하지 않는 데서 비롯되었군.

이 유형을 푸는 방법은 현대소설과 같아요. **Act 06**에서 연습한 대로 인물 관계도를 그리면서 편을 나누고, 인물들이 처한 상황 등을 보면 돼요.

❶ 인물의 편을 나누고, 관계도를 생각한다.
❷ 인물들 사이의 관계가 정립된 계기를 떠올린다.
❸ 인물들 사이의 관계와 계기를 선택지와 비교한다.

| 3 | 핵심 소재 이해

고전소설은 어떤 유형의 소설인지 생각하며 읽으면 소재의 기능을 파악하기가 더 쉬워져요. 영웅 소설이라면 대체로 주인공의 비범한 능력을 보여 주는 소재가 출제될 가능성이 높고, 애정 소설이라면 둘을 가로막거나 반대로 둘을 연결시켜 주는 소재가 출제될 가능성이 높아요. **Act 03~04**에서 배웠던 걸 잘 써먹으면 좋겠죠? 핵심 소재 이해는 보통 다음과 같은 형태로 출제가 돼요.

---

36. 비단 주머니의 서사적 기능으로 가장 적절한 것은? | 2012 9월 모평 |

① 원수의 소식을 부마에게 전해주는 매개물이 된다.

② 찬보와 아이영의 결속력이 약화되는 원인이 된다.

③ 원수의 비범한 예지 능력을 알 수 있는 단서가 된다.

④ 부마가 자신이 처한 현실에 대해 고뇌하는 이유가 된다.

⑤ 부마가 찬보에 대해 갖는 의심을 해소하는 계기가 된다.

이 유형은 현대소설에서 했을 때와 접근법이 유사하지만, 앞서 말한 대로 하나만 추가해서 어떤 소설 유형인지 보고, 소재의 기능을 예측해 봐야 한다는 것! 잊지 마세요.

❶ 소설의 유형을 파악해서 소재의 기능을 예측한다.

❷ 핵심 소재의 속성을 생각한다.

❸ 지문에서 핵심 소재를 수식하거나 평가하는 부분을 찾는다.

❹ 핵심 소재가 인물들에게 긍정적인지 부정적인지 확인한다.

❺ 핵심 소재가 인물과 어떤 관계가 있는지 / 어떤 의미가 있는지 확인한다.

| 4 | 〈보기〉 활용 문제

〈보기〉 활용 문제는 현대시부터 꾸준히 나왔어요. 이제는 각자 알아서 풀 수 있겠죠? 그래도 아무 것도 없으면 허전하니까 대표 문제 유형과 방법만 간단히 다시 보고 갈게요.

---

39. 〈보기〉를 참고하여 윗글을 감상한 내용으로 적절하지 <u>않은</u> 것은? | 2016 수능 B |

〈보기〉

〈토끼전〉은 자신이 알고 있는 바를 적절히 활용하여 상대를 설득하거나 공박하는 지혜의 대결을 서사의 기초로 한다. 인물들은 상대가 모르거나 상대에게 불리한 화제로 대화를 이끄는 것 같은 방법을 통해 대결에서 우위를 점하려 하며, 불리한 국면에서는 제삼자를 끌어들이거나 대결을 회피하기도 한다.

① 별주부는 호랑이가 모르는 별주부 자신의 근본으로 화제를 이끌어 자신의 우위를 확보해 나가고 있군.

② 호랑이는 별나리에 대한 자신의 무지를 드러내어 별주부에게 자신을 공략할 빌미를 제공하고 있군.

③ 별주부는 범치가 토끼의 간에 대해 말한 바를 가지고 토끼를 회유하여 토끼와의 대결을 회피하고 있군.

④ 토끼는 용왕의 병과 관련하여 자신으로부터 별주부로 화제를 옮김으로써 불리한 상황을 벗어나려 하고 있군.

⑤ 토끼는 별주부가 자신을 유인했던 과거의 일을 화제로 끌어들여 자신의 우위를 강화하고 있군.

---

❶ 〈보기〉가 주는 정보가 무엇인지 파악한다.

❷ '선택지 – 〈보기〉 – 지문'의 일치 여부를 파악한다.

| 5 | 장면 혹은 대화의 이해

현대소설과는 달리, 고전소설은 장면 전환이 잦잖아요. 그래서 사건 전개를 이해하는 것 자체가 어려울 수 있어요. 그래서인지 다음에 나오는 것처럼 장면 혹은 대화에 대해서 묻는 문제가 종종 출제돼요.

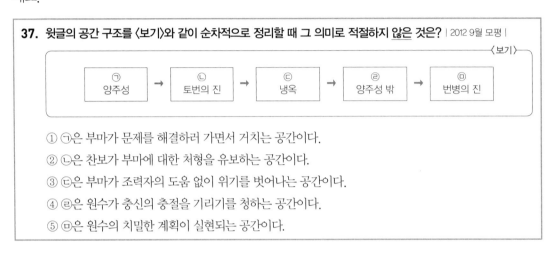

37. 윗글의 공간 구조를 〈보기〉와 같이 순차적으로 정리할 때 그 의미로 적절하지 않은 것은? | 2012 9월 모평 |

〈보기〉

⊙ 양주성 → ⓛ 토번의 진 → ⓒ 냉옥 → ⓔ 양주성 밖 → ⓜ 번병의 진

① ⊙은 부마가 문제를 해결하러 가면서 거치는 공간이다.
② ⓛ은 찬보가 부마에 대한 처형을 유보하는 공간이다.
③ ⓒ은 부마가 조력자의 도움 없이 위기를 벗어나는 공간이다.
④ ⓔ은 원수가 충신의 충절을 기리기를 청하는 공간이다.
⑤ ⓜ은 원수의 치밀한 계획이 실현되는 공간이다.

이 유형은 장면이나 대화를 [A], [B]로 묶고 이에 대한 이해를 묻기도 하고, 위의 예처럼 각 장면을 나누어서 장면별 내용에 대한 이해를 묻기도 해요. 그럼 이 유형을 해결하는 방법을 한번 살펴보죠.

❶ 각 장면에 나오는 인물 / 대화에 참여하는 인물을 찾는다.

❷ ❶에 나오는 인물들 사이의 관계를 파악한다.

❸ 해당 장면의 주요 사건 / 대화의 핵심 내용을 파악한다.

❹ 해당 사건의 배경 / 대화가 나오게 된 계기를 파악한다.

❺ 해당 장면의 의미 / 대화의 의미(목적)를 이해한다.

이 유형은 먼저 ❶ 해당 장면에 나오는 인물이 누구인지부터 알아야 해요. 이를 위해서는 장면을 알맞게 나누어 놓아야겠죠? **Act 07**에서 했던 장면별 내용 이해를 여기서 활용하는 거죠. 문제가 장면이 아니라 대화라고 한다면, 대화에 참여하는 인물이 누구인지 보아야 하고요. 이때 주의할 점은 말하는 사람만 보는 것이 아니라, 그 얘기를 듣는 사람도 누가 있는지 보아야 한다는 거예요. 혼잣말이 아니니까요. 누가 있는지 알았다면, 다음은 ❷ 그 인물들이 어떤 관계에 있는지 확인해야 해요. 어떤 사이인지 알아야 장면과 대화의 의미를 알 수 있거든요. **Act 06**에서 배운 인물 관계도를 여기에서 활용하면 되겠죠?

인물에 대한 판단이 끝났으면, ❸ 해당 장면에서 어떤 사건이 나오는지 보아야 해요. 대화라면, 그 대화의 내용을 보아야 하고요. 그리고 ❹ 해당 사건의 배경, 대화의 계기를 파악해요. 왜 이 일이 일어났는지, 왜 이 얘기를 하는지 알아야 그 의미를 확실히 알 수 있거든요. 여기까지 왔다면 이제 ❺ 이 장면이 소설 전체에서 어떤 의미를 지니고 있는지, 대화라면 이 대화가 어떤 의미가 있는지 혹은 어떤 목적에서 나온 것인지 알면 돼요.

| 6 | 한자성어 혹은 속담

고전소설에는 한자성어 혹은 속담 문제가 자주 출제돼요. 특히 한자성어가 많이 등장하는데, 이 문제를 풀기 위해서 자주 나오는 한자성어 정도는 알고 있어야겠죠? 모든 한자성어를 다 다룰 수는 없고, 지금까지 수능과 평가원 모의고사에 출제됐던 주요 한자성어를 간단히 표로 정리했으니까 이걸 참고해 보세요.

● {수능 / 평가원 모의고사에 나온 한자성어}

– 가나다순. 2회 나온 한자성어 : ☆☆ . 3회 나온 한자성어 : ☆☆☆, 4회 나온 한자성어 : ★

한자성어	뜻
가렴주구(苛斂誅求)	세금을 가혹하게 거두어들이고, 무리하게 재물을 빼앗음
가인박명(佳人薄命)	미인은 불행하거나 병약하여 요절하는 일이 많음
☆☆☆각골통한(刻骨痛恨)	뼈에 사무칠 만큼 원통하고 한스러움
감탄고토(甘呑苦吐)	달면 삼키고 쓰면 뱉는다는 뜻으로, 자신의 비위에 따라서 사리의 옳고 그름을 판단함
☆☆☆갑론을박(甲論乙駁)	여러 사람이 서로 자신의 주장을 내세우며 상대편의 주장을 반박함
☆☆경거망동(輕擧妄動)	경솔하여 생각 없이 망령되게 행동함
고립무원(孤立無援)	고립되어 구원을 받을 데가 없음
☆☆고진감래(苦盡甘來)	쓴 것이 다하면 단 것이 온다는 뜻으로, 고생 끝에 즐거움이 옴
공평무사(公平無私)	공평하여 사사로움이 없음
과대망상(誇大妄想)	사실보다 과장하여 터무니없는 헛된 생각을 하는 증상
괄목상대(刮目相對)	눈을 비비고 상대편을 본다는 뜻으로, 남의 학식이나 재주가 놀랄 만큼 부쩍 늚
구사일생(九死一生)	아홉 번 죽을 뻔하다 한 번 살아난다는 뜻으로, 죽을 고비를 여러 차례 넘기고 겨우 살아남
구우일모(九牛一毛)	아홉 마리의 소 가운데 박힌 하나의 털이란 뜻으로, 매우 많은 것 가운데 극히 적은 수
권불십년(權不十年)	권세는 십 년을 가지 못한다는 뜻으로, 아무리 높은 권세라도 오래가지 못함
근묵자흑(近墨者黑)	먹을 가까이하는 사람은 검어진다는 뜻으로, 나쁜 사람과 가까이 하면 나쁜 버릇에 물들기 쉬움
기고만장(氣高萬丈)	일이 뜻대로 잘될 때, 우쭐하여 뽐내는 기세가 대단함
☆☆기사회생(起死回生)	거의 죽을 뻔하다가 도로 살아남
기호지세(騎虎之勢)	호랑이를 타고 달리는 형세라는 뜻으로, 이미 시작한 일을 중도에서 그만둘 수 없는 경우
☆☆내우외환(內憂外患)	나라 안팎의 여러 가지 어려움
노심초사(勞心焦思)	몹시 마음을 쓰며 애를 태움
능소능대(能小能大)	모든 일에 두루 능함
독야청청(獨也靑靑)	남들이 모두 절개를 꺾는 상황 속에서도 홀로 절개를 굳세게 지키고 있음

동가홍상(同價紅裳)	같은 값이면 다홍치마라는 뜻으로, 같은 값이면 좋은 물건을 가짐
☆☆동문서답(東問西答)	물음과는 전혀 상관없는 엉뚱한 대답
☆☆동병상련(同病相憐)	같은 병을 앓는 사람끼리 가엾게 여긴다는 뜻으로, 어려운 처지의 사람끼리 서로 가엾게 여김
☆☆동분서주(東奔西走)	동쪽으로 뛰고 서쪽으로 뛴다는 뜻으로, 사방으로 이리저리 몹시 바쁘게 돌아다님
☆☆☆동상이몽(同床異夢)	같은 자리에 자면서 다른 꿈을 꾼다는 뜻으로, 겉으로는 같이 행동하면서도 속으로는 각각 딴생각을 하고 있음
두문불출(杜門不出)	집에서 은거하면서 관직에 나가지 아니하거나 사회의 일을 하지 아니함
만시지탄(晩時之歎)	시기에 늦어 기회를 놓쳤음을 안타까워하는 탄식
망양지탄(亡羊之歎)	갈림길이 매우 많아 잃어버린 양을 찾을 길이 없음을 탄식한다는 뜻으로, 학문의 길이 여러 갈래여서 한 갈래의 진리도 얻기 어려움
맥수지탄(麥秀之嘆)	고국의 멸망을 한탄함
명재경각(命在頃刻)	거의 죽게 되어 곧 숨이 끊어질 지경에 이름
목불인견(目不忍見)	눈앞에 벌어진 상황 따위를 눈 뜨고는 차마 볼 수 없음
물아일체(物我一體)	외물(外物)과 자아, 객관과 주관, 또는 물질계와 정신계가 어울려 하나가 됨
방약무인(傍若無人)	곁에 사람이 없는 것처럼 아무 거리낌 없이 함부로 말하고 행동하는 태도가 있음
백년하청(百年河淸)	중국의 황허 강(黃河江)이 늘 흐려 맑을 때가 없다는 뜻으로, 아무리 오랜 시일이 지나도 어떤 일이 이루어지기 어려움
부화뇌동(附和雷同)	줏대 없이 남의 의견에 따라 움직임
분기탱천(憤氣撑天)	분한 마음이 하늘을 찌를 듯 격렬하게 북받쳐 오름
비분강개(悲憤慷慨)	슬프고 분하여 의분이 북받침
☆☆사고무친(四顧無親)	의지할 만한 사람이 아무도 없음
사면초가(四面楚歌)	아무에게도 도움을 받지 못하는, 외롭고 곤란한 지경에 빠진 형편을 이르는 말
사생결단(死生決斷)	죽고 사는 것을 돌보지 않고 끝장을 내려고 함
☆☆사필귀정(事必歸正)	모든 일은 반드시 바른길로 돌아감
삼십육계(三十六計)	서른여섯 가지의 꾀. 많은 모계(謀計)
상전벽해(桑田碧海)	뽕나무밭이 변하여 푸른 바다가 된다는 뜻으로, 세상일의 변천이 심함
☆☆새옹지마(塞翁之馬)	인생의 길흉화복은 변화가 많아서 예측하기가 어려움
생사기로(生死岐路)	사느냐 죽느냐 하는 갈림길
선견지명(先見之明)	어떤 일이 일어나기 전에 미리 앞을 내다보고 아는 지혜
설왕설래(說往說來)	서로 변론을 주고받으며 옥신각신함
수수방관(袖手傍觀)	팔짱을 끼고 보고만 있다는 뜻으로, 간섭하거나 거들지 아니하고 그대로 버려둠
수주대토(守株待兎)	한 가지 일에만 얽매여 발전을 모르는 어리석은 사람
☆☆순망치한(脣亡齒寒)	입술이 없으면 이가 시리다는 뜻으로, 서로 이해관계가 밀접한 사이에 어느 한쪽이 망하면 다른 한쪽도 그 영향을 받아 온전하기 어려움
시시비비(是是非非)	옳고 그름을 따지며 다툼
식자우환(識字憂患)	학식이 있는 것이 오히려 근심을 사게 됨
안하무인(眼下無人)	눈 아래에 사람이 없다는 뜻으로, 방자하고 교만하여 다른 사람을 업신여김
양자택일(兩者擇一)	둘 중에서 하나를 고름
어불성설(語不成說)	말이 조금도 사리에 맞지 아니함
☆☆연목구어(緣木求魚)	나무에 올라가서 물고기를 구한다는 뜻으로, 도저히 불가능한 일을 굳이 하려 함
☆☆오리무중(五里霧中)	오 리나 되는 짙은 안개 속에 있다는 뜻으로, 무슨 일에 대하여 방향이나 갈피를 잡을 수 없음
오매불망(寤寐不忘)	자나 깨나 잊지 못함
오월동주(吳越同舟)	서로 적의를 품은 사람들이 한자리에 있게 된 경우나 서로 협력하여야 하는 상황

☆☆유구무언(有口無言)	입은 있어도 말은 없다는 뜻으로, 변명할 말이 없거나 변명을 못함
이구동성(異口同聲)	입은 다르나 목소리는 같다는 뜻으로, 여러 사람의 말이 한결같음
이란투석(以卵投石)	달걀로 돌을 친다는 뜻으로, 아주 약한 것으로 강한 것에 대항하려는 어리석음
이실직고(以實直告)	사실 그대로 고함
☆☆☆이심전심(以心傳心)	마음과 마음으로 서로 뜻이 통함
이왕지사(已往之事)	이미 지나간 일
일구이언(一口二言)	한 입으로 두 말을 한다는 뜻으로, 한 가지 일에 대하여 말을 이랬다저랬다 함
일벌백계(一罰百戒)	한 사람을 벌주어 백 사람을 경계한다는 뜻으로, 다른 사람들에게 경각심을 불러일으키기 위하여 본보기로 한 사람에게 엄한 처벌을 하는 일
일진일퇴(一進一退)	한 번 앞으로 나아갔다 한 번 뒤로 물러섰다 함
일편단심(一片丹心)	한 조각의 붉은 마음이라는 뜻으로, 진심에서 우러나오는 변치 아니하는 마음
자가당착(自家撞着)	같은 사람의 말이나 행동이 앞뒤가 서로 맞지 아니하고 모순됨
☆☆자승자박(自繩自縛)	줄로 자기 몸을 옭아 묶는다는 뜻으로, 자기가 한 말과 행동에 자신이 옭혀 곤란하게 됨
자중지란(自中之亂)	같은 편끼리 하는 싸움
자포자기(自暴自棄)	절망에 빠져 자신을 스스로 포기하고 돌아보지 아니함
☆☆적반하장(賊反荷杖)	도둑이 도리어 매를 든다는 뜻으로, 잘못한 사람이 아무 잘못도 없는 사람을 나무람
전화위복(轉禍爲福)	재앙과 화난이 바뀌어 오히려 복이 됨
점입가경(漸入佳境)	들어갈수록 점점 재미가 있음 / 시간이 지날수록 하는 짓이나 몰골이 더욱 꼴불견임
조변석개(朝變夕改)	아침저녁으로 뜯어고친다는 뜻으로, 계획이나 결정 따위를 일관성이 없이 자주 고침
☆☆☆중구난방(衆口難防)	뭇사람의 말을 막기가 어렵다는 뜻으로, 막기 어려울 정도로 여럿이 마구 지껄임
중언부언(重言復言)	이미 한 말을 자꾸 되풀이함
지기지우(知己之友)	자기의 속마음을 참되게 알아주는 친구
★진퇴양난(進退兩難)	이러지도 저러지도 못하는 어려운 처지
진퇴유곡(進退維谷)	이러지도 저러지도 못하고 꼼짝할 수 없는 궁지 ≒ 진퇴양난
천려일실(千慮一失)	천 번 생각에 한 번 실수라는 뜻으로, 슬기로운 사람이라도 여러 가지 생각 가운데에는 잘못되는 것이 있을 수 있음
천우신조(天佑神助)	하늘이 돕고 신령이 도움
천재일우(千載一遇)	천 년 동안 단 한 번 만난다는 뜻으로, 좀처럼 만나기 어려운 좋은 기회
청천벽력(靑天霹靂)	맑게 갠 하늘에서 치는 날벼락이라는 뜻으로, 뜻밖에 일어난 큰 변고나 사건
☆☆침소봉대(針小棒大)	작은 일을 크게 불리어 떠벌림
토사구팽(兎死狗烹)	토끼가 죽으면 토끼를 잡던 사냥개도 필요 없게 되어 주인에게 삶아 먹히게 된다는 뜻으로, 필요할 때는 쓰고 필요 없을 때는 야박하게 버리는 경우
표리부동(表裏不同)	겉으로 드러나는 언행과 속으로 가지는 생각이 다름
풍수지탄(風樹之嘆)	효도를 다하지 못한 채 어버이를 여읜 자식의 슬픔
함구무언(緘口無言)	입을 다물고 아무 말도 하지 아니함
허장성세(虛張聲勢)	실속은 없으면서 큰소리치거나 허세를 부림
혈혈단신(孑孑單身)	의지할 곳이 없는 외로운 홀몸
호가호위(狐假虎威)	남의 권세를 빌려 위세를 부림
☆☆혼비백산(魂飛魄散)	혼백이 어지러이 흩어진다는 뜻으로, 몹시 놀라 넋을 잃음
환골탈태(換骨奪胎)	사람이 보다 나은 방향으로 변하여 전혀 딴사람처럼 됨
횡설수설(橫說竪說)	조리가 없이 말을 이러쿵저러쿵 지껄임

01~04 | 다음 글을 읽고 물음에 답하시오. 2024 수능

[A]

황상과 만조백관이 어찌할 줄 모르더니 좌장군 서경태가 급히 입직군을 동원하여 칼을 들고 내달아 크게 꾸짖길,

"이 몹쓸 흉악한 놈아, 어찌 이런 변을 짓느냐?"

하고 칼을 들어 치니 아귀가 몸을 기울여 피하고 입을 벌려 숨을 들이쉬니 서경태가 날리어 아귀 입으로 들어갔다. 상이 보시다가 크게 놀라,

"짐이 여러 번 **전장**을 지내었으되 이런 일은 보도 듣도 못하였으니 제신 중에 뉘 이 짐승을 잡아 짐의 한을 씻으리오."

정서장군 한세충이 나와 아뢰길,

"소장이 비록 재주 없으나 저것을 베어 황상께 바치리이다."

하고 황금 투구에 엄신갑을 입고 팔 척 장창을 들고 청룡마를 내달아 외쳐 말하길,

"흉적은 목을 늘여 내 칼을 받으라."

아귀가 크게 웃고 말하길,

"아까는 내 숨을 들이쉬니 모기 같은 것도 삼켰으니 지금은 숨을 내쉴 것이니 네 눈을 부릅뜨고 자세히 보라."

하고 입을 벌려 숨을 내부니 황상과 만조백관이 오 리나 밀려갔다. 아귀가 궁중이 텅 빈 것을 보고 세 공주를 등에 업고 돌아갔다.

이때 황상이 제신과 함께 정신을 겨우 차려 환궁하시니 세 공주가 다 없었다. 상께 이 연고를 아뢰니 상이 크게 놀라 하교하시되,

"이런 해괴한 변이 천고에 없으니 경들의 소견이 어떠하뇨?"

하고 용루를 흘리시니 **조정**에 모인 여러 신하가 감히 우러러보지 못하였다.

이우영이 아뢰길,

"전 좌승상 김규가 지모 넉넉하오니 불러 문의하심이 마땅할까 하나이다."

상이 깨달아 조서를 내려 김규를 부르셨다.

이때 승상이 원을 데리고 평안히 지내더니 천만의외에 사관이 조서를 가지고 왔거늘 받자와 본즉,

"전임 좌승상에게 부치나니 그사이 **고향**에서 무사한가. ⓐ 짐은 불행하여 공주를 잃고 종적을 모르니 통한함을 어찌 측량하리오. 경에게 옛 벼슬을 다시 내리나니 바삐 올라와 고명한 소견으로 짐의 아득함을 깨닫게 하라."

하였다. 승상이 사관을 후대하고 ㉠ <u>국변</u>을 물으니 아귀 작란하던 일과 세 공주 잃은 말을 대강 고하니 승상이 못내 슬퍼하며 상경하여 사은숙배하니, 상이 보시고,

"경이 고향에 돌아감은 짐이 불명한 탓이로다. 국운이 불행하여 세 공주를 일시에 잃었으니 짐의 이 원을 어찌하리오? 경의 소견으로 이 일을 도모하면 평생의 한을 풀리로다."

승상이 엎드려 아뢰길,

"소신이 자식이 있삽는데 창법 검술이 일세에 무쌍하와 매일 종적 없이 다니옵기 연고를 물으니 **철마산**에 가 무예를 익히다가 일일은 그 산에서 아귀라 하는 짐승을 만나 겨루고 그 뒤를 좇아 바위 구멍으로 들어감을 보았노라 하옵기 과연 허언이 아닌가 싶사오니 ⓑ 자식을 불러 들으심이 마땅하올까 하나이다."

【중략 부분의 줄거리】 원은 황상을 뵙고 원수가 되어 철마산 아귀의 소굴로 들어간다.

원수가 백계를 생각하다가 갑자기 깨달아 공주께 아뢰기를,
"독한 술을 많이 빚어 좋은 안주를 장만하여야 계교를 베풀리이다."
하고, 약속을 정해 여러 여자를 청하여 여차여차하게 계교를 갖추고 기다리라고 하였다.
이때 아귀가 원의 칼에 상한 머리 거의 나으니 모든 시녀를 불러 말하기를,
ⓒ "내 병이 조금 나았으니 사오일 후 세상에 나가 남두성을 잡아 죽여 이 원한을 풀리라. 너희는 나를 위하여 마음을 위로하라."
여자들이 이 말을 듣고 크게 기뻐하여 각각 술과 성찬을 권하기를,
"대왕의 상처가 나으시면 첩 등의 복인가 하나이다. ⓓ 수이 차도를 얻사오면 남두성 잡기야 어찌 근심하리오? 주찬을 대령하였사오니 다 드시어 첩 등의 우러르는 마음을 즐겁게 하소서."
아귀가 가져오라 하거늘, 여러 여자가 일시에 한 그릇씩 드리니 아홉 입으로 권하는 대로 먹으니 그 수를 알 수 없었다. 술이 취하매 여러 여자가 거짓으로 위로하여,
"장군은 잠깐 잠을 청하여 아픔을 잊으소서."
아귀가 듣고 잠을 자려 하거늘, 막내 공주가 곁에 앉아 말하길,
"보검을 놓고 주무소서. 취중에 보검을 한번 휘둘러 치면 잔명이 죄 없이 상할까 하나이다."
아귀가 말하기를,
"장수가 잠이 드나 칼을 어찌 손에서 놓으리오마는 혹 실수함이 있을까 하노니 머리맡에 세워 두라."
하고 주거늘, 공주가 받아 놓고 잠들기를 기다렸다. 아귀가 깊이 잠들었거늘, 비수를 가지고 **협실**로 나와 원수에게 잠들었음을 이르고 함께 후원에 이르러 큰 기둥을 가리키며,
"원수의 칼로 저 기둥을 쳐 보소서."
원수가 칼을 들어 기둥을 치니 반쯤 부러졌다. 공주가 크게 놀라 말하기를,
"만일 그 칼을 썼더라면 성사도 못하고 도리어 큰 화가 미칠 뻔하였습니다."
아귀가 쓰던 비수로 기둥을 치니 썩은 풀이 베어지는 듯하였다.

                                                            – 작자 미상, 〈김원전〉

01 **[A]의 서술상 특징에 대한 설명으로 가장 적절한 것은?**
① 서술자가 개입하여 인물에 대한 평가를 제시하고 있다.
② 대화를 통해 인물 간의 위계나 관계를 보여 주고 있다.
③ 현재와 과거를 교차하여 장면의 전환을 보여 주고 있다.
④ 인물의 회상을 통해 인물 간 갈등의 원인을 암시하고 있다.
⑤ 상황에 대한 인물의 반응을 과장되게 서술하여 사건의 비극성을 완화하고 있다.

02 ㉠과 관련하여 윗글을 이해한 내용으로 적절하지 <u>않은</u> 것은?

① 황상은 ㉠의 심각성을 이전의 '전쟁'과 비교하고, 그때의 경험에 근거하여 ㉠에 대한 대처 방안을 찾아 낸다.

② 이우영은 ㉠의 해결을 위해 '조정'에서 황상의 질문에 답하며 ㉠에 대처할 방안을 찾아 줄 지모 있는 인물 을 거명한다.

③ 황상은 ㉠의 여파가 미치지 않은 '고향'에서 편안히 지내던 승상에게 ㉠으로 인한 위기 상황을 알린다.

④ 승상은 ㉠의 원흉인 아귀를 원이 '철마산'에서 본 것을 황상에게 아뢰고, ㉠을 해결할 단서를 제공할 인물 을 천거한다.

⑤ 원은 ㉠의 해결 방안을 떠올리고, '협실'에서 공주를 만나 ㉠을 해결할 수 있는 기회가 왔음을 알게 된다.

03 ⓐ~ⓓ에 대한 설명으로 가장 적절한 것은?

① ⓐ와 ⓑ에서는 상대에 대한 신뢰를 바탕으로, 숨겨 온 사실을 드러내고 있다.

② ⓑ와 ⓒ에서는 자신의 위세를 드러내어, 상대의 복종을 이끌어 내고 있다.

③ ⓐ에서는 자신의 감정을 상대에게 드러내고, ⓓ에서는 자신들의 의도를 상대에게 숨기고 있다.

④ ⓑ에서는 당위를 내세워 상대의 행위를 요구하고, ⓓ에서는 상대의 안위를 우려하여 자제를 요청하고 있다.

⑤ ⓒ에서는 상대에게 자신의 목표를 위해 행동할 것을 촉구하고, ⓓ에서는 상대의 목표를 위해 행동할 것을 약속하고 있다.

04 〈보기〉를 참고하여 윗글을 감상한 내용으로 적절하지 <u>않은</u> 것은?

〈보기〉

　　〈김원전〉은 당대의 보편적 가치인 충군을 주제로, 초월적 능력을 지닌 주인공과 기이한 존재인 적대자의 필연적 대결 관계를 보여 준다. 특히 적대자의 압도적 무력에 맞서는 과정에서 인물에 따라, 혹은 인물이 처한 상황에 따라 다른 대응 방식을 보여 줌으로써 독자의 흥미를 자극한다.

① 서경태가 입직군을 동원해 아귀와 맞서고 원수가 계교를 마련해 아귀를 상대하는 데서, 압도적 무력을 지 닌 적대자에 대응하는 양상이 서로 다름을 알 수 있군.

② 한세충이 황상의 한을 씻고자 아귀에게 대항하고 승상이 황상의 불행에 슬퍼하며 상경하는 데서, 인물들 이 충군의 가치를 지키고 있음을 알 수 있군.

③ 원이 아귀의 머리를 상하게 한 것과 아귀가 남두성인 원에게 원한을 갚겠다고 다짐하는 데서, 주인공과 적대자의 대결이 피할 수 없는 것임을 알 수 있군.

④ 공주가 황상에게는 국운의 불행으로 잃은 대상이지만 원수에게는 약속대로 아귀를 잠들게 하는 인물인 데서, 여성 인물이 사건의 피해자이자 해결을 돕는 존재임을 알 수 있군.

⑤ 일세에 무쌍한 무예를 갖춘 원수가 아귀의 비수로 기둥을 베어 보는 데서, 주인공이 적대자를 처치하기 위해 자신의 계획대로 초월적 능력을 시험하고 있음을 알 수 있군.

혼례를 마친 후 최척이 아내와 함께 장모를 모시고 집으로 돌아오매 하인들이 기뻐했다. 대청에 오르자 **친척들**이 축하하여 온 집안에 기쁨이 넘쳤고, 이들을 기리는 소리가 사방의 이웃으로 퍼졌다. 시집에 온 옥영은 소매를 걷고 머리를 빗어 올린 채 손수 물을 긷고 절구질을 했으며, 시아버지를 봉양하고 남편을 대할 때 효와 정성을 다하고, 윗사람을 받들고 아랫사람을 대할 때는 성의와 예의를 두루 갖췄다. **이웃 사람들**이 이를 듣고는 모두 양홍의 처나 포선의 아내도 이보다 낫지 않을 것이라고 칭찬했다.

최척은 결혼한 후 구하는 것이 뜻대로 되어 재산이 점차 넉넉히 불었으나, 다만 일찍이 자식이 없는 것이 걱정이었다. 최척 부부는 후사를 염려하여 ㉠ 매월 초하루가 되면 몸과 마음을 깨끗이 하고 함께 만복사에 올라 부처께 기도를 올렸다. 다음 해 갑오년 ㉡ 정월 초하루에도 만복사에 올라 기도를 했는데, 이날 밤 장육금불이 옥영의 꿈에 나타나 말했다.

"나는 **만복사의 부처**로다. 너희 정성이 가상해 기이한 **사내아이**를 점지해 주니, 태어나면 반드시 특이한 징표가 있을 것이다."

옥영은 ㉢ 그달에 바로 잉태해 열 달 뒤 과연 아들을 낳았는데, 등에 어린아이 손바닥만 한 **붉은 점**이 있었다. 그래서 최척은 아들 이름을 몽석(夢釋)이라고 지었다.

최척은 피리를 잘 불었으며, ㉣ 매양 꽃 피는 아침과 달 뜬 밤이 되면 아내 곁에서 피리를 불곤 했다. 일찍이 날씨가 맑은 ㉤ 어느 봄날 밤이었는데, 어둠이 깊어 갈 무렵 미풍이 잠깐 일며 밝은 달이 환하게 비쳤으며, 바람에 날리던 꽃잎이 옷에 떨어져 그윽한 향기가 코끝에 스며들었다. 이에 최척은 옥영과 술을 따라 마신 후, 침상에 기대 피리를 부니 그 여음이 하늘거리며 퍼져 나갔다. 옥영이 한동안 침묵하다 말했다.

"저는 평소 여인이 시 읊는 것을 좋게 여기지 않습니다. 그런데 이처럼 맑은 정경을 대하니 도저히 참을 수가 없군요."

옥영은 마침내 절구 한 수를 읊었다.

왕자진이 피리를 부니 달도 내려와 들으려는데,
바다처럼 푸른 하늘엔 이슬이 서늘하네.
때마침 날아가는 푸른 난새를 함께 타고서도,
안개와 노을이 가득해 봉도 가는 길 찾을 수 없네.

최척은 애초에 자기 아내가 이리 시를 잘 읊는 줄 모르고 있던 터라 놀라 감탄하였다.

【중략 줄거리】 전란으로 가족과 이별한 최척은 명나라 배를 타고 안남에 이르러 처량한 마음에 피리를 불었다.

최척은 동방이 밝아 오자, 강둑을 내려가 **일본인 배**에 이르러 조선말로 물었다.

"어젯밤 시를 읊던 사람은 조선 사람 아닙니까? 나도 조선 사람이어서 한번 만나 보았으면 합니다. 멀리 **다른 나라를 떠도는 사람**이 비슷하게 생긴 **고국 사람을 만나**는 것이 어찌 그저 기쁘기만 한 일이겠습니까?"

옥영도 생각하기를 어젯밤 들은 **피리 소리**가 조선의 곡조인 데다, 평소 익히 들었던 것과 너무 흡사했다. 그래서 남편 생각에 감회가 일어 절로 시를 읊게 되었던 것이다. 옥영은 자기를 찾는 사람의 목소리를 듣고는 황망히 뛰쳐나와 최척을 보았다. 둘은 서로 마주하고 놀라 **소리를 지르며 끌어안고** 백사장을 뒹굴었다. 목이 메고 기가 막혀 마음을 안정할 수 없었으며, 말도 할 수 없었다. 눈에서는 **눈물이 다하자 피가 흘러내려** 서로를 볼 수도 없을 지경이었다. 양국의 **뱃사람들**이 저잣거리처럼 모여들어 구경했는데, 처음에는 친척이나 잘 아는 친구인 줄로만 알았다. 뒤에 그들이 부부 사이라는 것을 알고 서로 돌아보며 소리쳐 말했다.

"이상하고 기이한 일이로다! 이것은 하늘의 뜻이요, 사람이 이룰 수 있는 일이 아니로다. 이런 일은 옛날에도 들어 보지 못하였다."

최척은 옥영에게 그간의 수식을 물었다.

"산속에서 붙들려 강가로 끌려갔다는데, 그때 아버지와 장모님은 어찌 되었소?"

옥영이 말했다.

"날이 어두워진 뒤 배에 오른 데다 정신이 없어 서로 잃어버렸으니, 제가 두 분의 안위를 어떻게 알겠습니까?"

두 사람이 손을 붙들고 통곡하자, 옆에서 지켜보던 사람들도 슬퍼하며 눈물을 닦지 않는 이가 없었다.

－ 조위한, 〈최척전〉

05 윗글에 대한 설명으로 가장 적절한 것은?

① 시를 삽입하여 인물 간의 갈등 양상이 구체화되는 상황을 드러내고 있다.

② 인물의 행위가 연속적으로 나열된 장면을 통해 신분의 변화 과정을 드러내고 있다.

③ 주변 인물이 알고 있는 사례를 근거로 주요 인물에 대해 상반된 평가를 내리게 하고 있다.

④ 감각적인 배경 묘사를 통해 인물의 행동이 전개되는 상황의 낭만적 분위기를 부각하고 있다.

⑤ 인물 간 대화가 오가는 장면을 보여 주어 이전 사건에 따른 다른 인물들의 현재 행선지를 드러내고 있다.

06 윗글의 인물에 대한 이해로 적절하지 않은 것은?

① '뱃사람들'은 최척과 옥영의 관계가 자신들이 생각하던 것과 달라 놀라워했다.

② '최척'은 강둑을 내려가 자신을 '다른 나라를 떠도는 사람'이라 말하며 자신의 처지와 심정을 드러냈다.

③ '최척'은 옥영의 시에 대한 재능을 결혼 전에 알고 있었지만, 옥영이 시를 읊기 전까지 이를 모른 척했다.

④ '옥영'은 가정의 구성원들을 정성스러운 마음으로 대했고, 옥영이 시집온 후 최척의 집안은 점차 부유해졌다.

⑤ '친척들'은 최척의 결혼을 경사로 받아들였고, '이웃 사람들'은 옥영의 행실을 칭찬했다.

07 ㉠~㉤에 대한 이해로 가장 적절한 것은?

① ㉠은 인물의 심리적 갈등이 발생하는, ㉢은 ㉠에서 발생한 갈등이 심화되는 시간의 표지이다.

② ㉢과 ㉤은 모두 과거의 행위를 통해 인물의 성격이 변화됨을 드러내는 시간의 표지이다.

③ ㉣은 인물의 행위가 반복적으로 일어나는, ㉤은 ㉣ 중 한 시점을 특정하는 시간의 표지이다.

④ ㉡은 ㉠에서부터 이어진 행위를 알려 주는, ㉤은 그 행위가 완결된 순간을 지시하는 시간의 표지이다.

⑤ ㉡과 ㉢은 인물의 소망이 실현되어 가는 과정에 포함되는, ㉤은 인물의 소망이 좌절된 시간의 표지이다.

08 〈보기〉를 바탕으로 윗글을 감상한 내용으로 적절하지 <u>않은</u> 것은?

〈보기〉

　〈최척전〉에는 하나의 문제 상황이 해결되면 또 다른 문제가 확인되는 서사 구조가 나타나고 있다. 이 과정에서 도움을 주는 신이한 존재를 나타나게 하거나, 예언의 실현을 보여 주는 특이한 증거를 활용하거나, 문제 해결의 계기가 되는 소재를 제시하거나, 공간적 배경을 확장하여 다양한 국적의 사람들을 등장시키는 등의 서사적 장치들이 확인된다. 이러한 서사 구조와 다양한 서사적 장치는 독자가 이야기에 흥미를 가지고 그것을 자연스럽게 수용하는 데 기여한다.

① 옥영의 꿈에 나타난 '만복사의 부처'는, 옥영이 겪고 있는 현실적인 문제를 해결하는 데 도움을 주는 신이한 존재로서 역할을 한다고 볼 수 있겠군.

② 몽석의 몸에 나타난 '붉은 점'은, '사내아이'의 출생과 관련한 예언이 실제로 이루어졌음을 확인할 수 있는 특이한 증거로 활용된다고 볼 수 있겠군.

③ 최척이 '일본인 배에 이르러 조선말로 물어보는 것'과 '고국 사람을 만나'려 하는 것은, 서사 전개 과정에서 공간적 배경을 조선뿐 아니라 다른 나라로도 확장한 것과 관련이 있겠군.

④ 옥영이 들은 '피리 소리'는, 옥영이 최척을 떠올리게 하여 이별의 상황을 해결하는 계기가 되는 소재로 작용하고 있다고 볼 수 있겠군.

⑤ 최척과 옥영이 '소리를 지르며 끌어안'는 것은 문제의 해결에 따른 기쁨과, '눈물이 다하자 피가 흘러내'리는 것은 또 다른 문제 확인에 따른 인물의 불안감과 관련이 있겠군.

09~12 | 다음 글을 읽고 물음에 답하시오. `2022 수능`

　이때 태보 궐문 밖으로 나오니 그제야 정신없어 기절하거늘 좌우 제신이며 일가 제족이 구완하여 겨우 인사 차려 좌우를 돌아보며 왈,

　"이 몸이 명재경각(命在頃刻)이라. 어찌 살기를 바라리오. 군 등은 태보가 죽거든 죽기로써 간하여 왕비를 내치지 못하게 하옵소서."

한데 이때에 상소 중에 이름 올린 제원(諸員)이 모두 이로되,

[A] ┌ "그대는 죽기로써 간하다 어명을 입고 사경이 되었으나 우리도 역시 한 탓이로다. 막중한 충을 몰랐으니
　　│ 무슨 낯이 있으리오. 일은 여럿이 참여하고 죄는 그대만 혼자 당하였으니 죄스럽고 민망하기 측량없노
　　└ 라."

　무수히 위로하다가 형옥(刑獄)으로 전송하더라. 이튿날에 형조 판서 마지못하여 위계를 갖추고 대강 직계(直啓)로 올렸더니 상(上)이 보시고 다시 하교하사,

　"금부로 가두라."

하시거늘 금부 옥졸이 옹위하여 **금부**에 이르니 만조백관이며 장안 백성이 구름 뫼듯 하더라. 이때에 생가 친척이며 양가 제족이 애연 돌탄하거늘 태보 위로 왈,

[B] ┌ "인명이오면 재천이옵거늘 설마 무죄로 죽어 청춘 원혼이 되리오마는 나의 뜻은 정한 지 오래되었는지
　　│ 라. 하늘이 무너지고 땅이 꺼져도 변할 길이 없사오니 이 몸이 죽거든 영천수 흐르는 물에 훨훨 씻어 다
　　│ 른 곳에는 묻지 말고 남산하에 묻어 주오면 죽은 혼백이라도 궐내를 향하여 우리 주상 심하에 복지하여
　　│ 주야로 간하여 왕비를 다시 환궁하게 하올 것이니 아무리 죽은 사람의 말이라 하옵고 저버리지 마시며
　　└ 부디 명심하소서."

　금부에 수일 잡혀 갔더니, 상이 구태여 왕비는 내치시고 태보는 **진도**로 정배하라 하시니라.

【중략 부분 줄거리】 박태보의 정배를 따라가려다 되돌아온 박태보의 부인은 꿈에서 남편을 만난다.

한림이 울어 왈,

"내 무죄하여 탕탕한 청천이 감동하사 사생풍진을 다 버리고 전고 충신을 따라 황성에로 구경 가나니, 슬프다! 부인은 기다리지 말고 만세 무양하옵소서."

하되, 부인이 대경 왈,

"어디를 가시며 기다리지 말라 하시니까? 한림은 그다지 독하시오. 첩도 한가지로 가사이다."

하며 한림의 소매를 잡고 못 가게 하니 한림이 왈,

"부인은 안심하소서. 구구한 사정을 어찌 잊으리까? 일후 상봉할 날이 있으오리다."

하고 떨치고 나가거늘 부인 한림의 손을 잡고 따라가니 어떤 남자 십여 명이 의관을 정제하고 서 있거늘 겸연쩍어 방으로 들어앉으며 가만 보니 학발의관(鶴髮衣冠)을 갖춘 어린 제자 오륙 인이 분명하거늘 부인이 놀라 깨달으니 남가일몽이라.

부인이 몽사를 생각함에 심신이 산란하여 명월을 대하여 내념에

'분명 한림이 기사하였도다.'

시비를 데리고 몽사를 설화하더니 이미 동방이 밝았거늘 시부모 당하에 문안차로 나가니, **이화촌**에 개 짖으며 문밖에 울음소리 들리거늘 부인이 놀라 문을 열어 보니 한림의 하인 동일이라 하는 사람이 한림의 편지를 드리거늘 대감 부부와 부인이 망극하야 서로 붙들고 통곡하다가 기절하거늘 비복 등이 급히 구완하여 겨우 인사를 분별하는지라.

이때에 원근 제족과 만조백관이 다 조문 후에 장안 백성이 뉘 아니 낙루하리오. 이러구러 곡성이 진동하니 어찌 천신이 감동치 아니하리오. 그 편지를 떼어 보니 하였으되,

'불효자 태보는 두어 자 문안을 부모 전에 올리나이다. 천 리 원정에 가다가 **과천**의 관에서 신병과 심회가 울적하거늘 구천에 들어가오니, 사람의 죄 삼천을 정하였으되 불효한 죄가 제일이라 하였으니 삼천 수죄(首罪) 지었으나 국은을 또한 갚지 못하옵고 중로 고혼이 되어 구천에 돌아가는 자식을 생각지 마옵고 말년 귀체를 안보하시다가 만세 후에 부자지정을 만분지일이나 바라나이다.'

하였더라.

이날 대감이 판서 노복 등을 거느리고 즉시 과천으로 행할새, 장안 백성이 다 애연하며 구름 뫼듯 하더라. 대감과 판서 애통함이 측량없더라. 초종례로 극진히 한 후에 채단으로 염습하고 도로 집으로 옮겨와 장사를 지내니 일문이 애통함을 차마 못 볼러라.

각설, 이때에 상이 민 중전을 내치시고 태보를 정배 후, 자연 심신이 산란하여 밤이면 **성내 성외**를 미복으로 순행하시더니 일일은 **한 곳**에 다다르니 명월은 명랑한데 어떤 아이 오륙 인이 월색 희롱하며 노래하야 즐거워하거늘 상이 몸을 은신하시고 자세히 들으니 그 노래에 하였으되,

"저 달은 밝다마는 우리 주상은 불명하야 충신을 무슨 일로 천 리 원정에 내치시며, 무슨 일로 민 중전은 **외관**에 내치시고 군의신충 없었으니 이 부자자효 쓸데없다. 인심은 분명하건마는 국운이 말세 되어 백성도 못 할 일을 국가에서 행하고 한심하고 가련하다. 사백 년 사직을 뉘라서 붙들랴. 이 애야, 저 애야. 흥망성쇠는 불관하다마는 당상 부모 모셨어라. **심산궁곡**에 들어가 초목으로 붓을 적시고, 금수로 벗을 삼아 세월을 보내다가 성군을 기다리자."

서로 비기며 애연히 가거늘 상이 그 노래를 들으시매 심신이 산란하여 그 아이들 성명을 묻고자 하시니 아이들이 달아나는지라 못내 애연하시며 곧 환궁하시니라.

— 작자 미상, 〈박태보전〉

09 윗글의 내용에 대한 이해로 적절한 것은?

① 태보는 형옥에서 금부로 이송해 줄 것을 자청했다.

② 부인은 꿈에서 학발의관을 갖춘 사람들을 보고 놀라 꿈을 깼다.

③ 대감은 아들의 주검을 집으로 데려와 초종례를 극진히 지냈다.

④ 상은 노래의 내용을 알기 위해 아이들에게 이름이 무엇인지 물었다.

⑤ 형조 판서는 상의 명령대로 태보에 대한 조사 결과를 자세히 보고했다.

10 윗글에 제시된 공간에 대한 설명으로 적절하지 않은 것은?

① '금부'는 임금이 권위를 실현하는 공간이고, '한 곳'은 임금이 권위를 내세우는 공간이다.

② '진도'는 임금에게 정배받은 태보가 향해야 하는 곳이고, '외관'은 임금에게 내쳐진 민 중전이 거처해야 하는 곳이다.

③ '이화촌'은 부인이 시부모에게 직접 문안하는 곳이자 태보가 하인을 보내 부모에게 문안하는 곳이다.

④ '과천'은 태보가 '진도'로 가는 경유지이자, 태보의 소식을 받은 대감이 '이화촌'을 떠나 향하는 지점이다.

⑤ '심산궁곡'은 '성내 성외'와 대비되어 임금을 피하려는 백성의 마음이 투영된 공간이다.

11 [A]와 [B]에 대한 설명으로 가장 적절한 것은?

① [A]에서 태보의 위기에 대해 책임을 통감하는 제원들의 탄식은, [B]에서 그 책임을 자신에게 돌리는 태보의 자책과 대비된다.

② [A]에서 태보가 받은 제원들의 위로는, [B]에서 삶을 도모하여 무죄를 소명하겠다는 태보의 결심으로 이어진다.

③ [A]에서 제원들이 칭송하는 태보의 강직함은, [B]에서 소신을 지키겠다고 하는 태보의 다짐에서 확인된다.

④ [A]에서 제원들 간의 갈등으로 인한 태보의 심리적 상처는, [B]에서 가족과의 만남을 통해 해소된다.

⑤ [A]에서 제원들의 말을 통해 드러난 태보의 후회는, [B]에서 가족들을 향한 태보의 말에서 반복된다.

12 〈보기〉를 참고하여 윗글을 감상한 내용으로 적절하지 않은 것은?

〈보기〉

　〈박태보전〉은 숙종 대의 실존 인물 박태보의 삶을 소설화한 작품이다. 이 작품에서 박태보는 임금의 부당함으로 드러나는 부도덕한 세계와의 대결에서 패배하여 숭고한 뜻을 이루지 못한다. 그럼에도 그는 가족과 국가에 윤리적 책무를 다하는 인물로 인정받음으로써 도덕적 영웅으로 고양된다. 이때 다양한 서사 장치들은 사건의 입체적 전개에 기여한다.

① 하늘이 태보를 무죄로 판명하여 전고 충신을 따르게 함을 몽사로 드러내어, 태보가 윤리적 명분 면에서 인정받은 도덕적 영웅임을 보여 주는군.

② 국은을 갚지 못하고 죽는다는 태보의 한탄을 편지로 제시하여, 태보가 임금을 올바른 길로 인도하려는 숭고한 뜻을 이루지 못하고 세계와의 대결에서 패배했음을 보여 주는군.

③ 만세 후에도 부자지정을 바라는 태보의 염원을 편지로 제시하여, 태보가 죽음에 이른 상황에서조차 부모에 대한 윤리적 책임을 다하려 한 인물임을 보여 주는군.

④ 주상이 밝은 달의 속성과 대비되는 불명한 인물임을 노래를 통해 제시하여, 백성들이 주상을 부도덕한 인물로 평가하여 신임하지 않았음을 보여 주는군.

⑤ 태보에 대한 민심을 편집자적 논평을 통해 반복적으로 나타내어, 태보가 기우는 국운을 회복한 영웅으로 추대되어 백성들의 지지를 받았음을 보여 주는군.

승상 나업은 딸 하나가 있었다. 재예(才藝)가 당대에 빼어났다. 아이는 이 말을 듣고 헌 옷으로 갈아입고 거울 고치는 장사라 속여 승상 집 앞에 가서 "거울 고치시오!"라 외쳤다. 소저는 이 말을 듣고 **거울**을 꺼내 유모에게 주어 보냈다. 소저는 유모 뒤를 따라 바깥문 안쪽까지 나가 문틈으로 엿보았다. 장사가 소저의 얼굴을 언뜻 보고 반해, 손에 쥐었던 **거울**을 일부러 떨어뜨려 깨뜨렸다. 유모가 놀라 화내며 때리자 장사가 울며 말했다.

"거울이 이미 깨졌거늘 때려 무엇 하세요? 저를 노비로 삼아 거울 값을 갚게 해 주세요."

유모가 들어가 이를 승상께 아뢰니 허락하였다. 승상은 그의 이름을 거울을 깨뜨린 노비라는 뜻으로 파경노(破鏡奴)라 짓고 말 먹이는 일을 시켰다. 말들은 저절로 살쪄 여윈 것이 하나도 없었다.

하루는 천상의 선관들이 구름처럼 몰려와 말 먹일 꼴을 다투어 그에게 주었다. 이에 파경노는 말들을 풀어놓고 누워만 있었다. 날이 저물어 말들이 파경노가 누워 있는 곳에 와 그를 향해 머리를 숙이며 늘어서자 보는 자마다 모두 기이하게 여겼다. 승상 부인은 이 말을 듣고 승상에게 말했다.

"파경노는 용모가 기이하고 탄복할 일이 많으니 필시 비범한 사람일 것입니다. 마부 일도, 천한 일도 맡기지 마세요."

승상이 옳게 여겨 그 말을 따랐다. 이전에 승상은 동산에 꽃과 나무를 많이 심었는데, 파경노에게 이를 기르게 했다. 이때부터 동산의 **화초**가 무성하며 조금도 시들지 않아, 봉황이 쌍쌍이 날아들어 꽃가지에 깃들었다.

열흘이 지났다. 파경노는 소저가 동산의 **꽃**을 보고 싶으나 파경노가 부끄러워 오지 못한다는 말을 들었다. 이에 파경노는 승상을 뵙고 말했다.

"제가 이곳에 온 지 여러 해 지났습니다. 한 번도 노모를 뵙지 못했으니, 노모를 뵙고 올 말미를 주십시오."

승상은 닷새를 주었다. 소저는 파경노가 귀향했다는 소식을 듣고 동산에 들어와 꽃을 보고,

"꽃이 난간 앞에서 웃는데 소리는 들리지 않네."라고 시를 지었다. 파경노는 꽃 사이에 숨어 있다가,

"새가 숲 아래서 우는데 눈물 보기 어렵네."라고 **시**로 화답했다. 소저가 부끄러워 얼굴을 붉히며 돌아갔다.

【중략 부분 줄거리】 중국 황제는 신라 왕에게 석함을 보내, 그 안에 있는 물건을 알아내어 시를 지어 올리라 명한다. 신라 왕은 이를 해결하지 못하고 나업에게 과업을 넘긴다.

나업은 집으로 돌아와 석함을 안고 통곡했다. 파경노는 이 말을 듣고 사람들에게 왜 우는지를 물었다. 사람들이 모두 말해 주자, 자못 기쁨을 띠며 꽃가지를 꺾어 외청으로 갔다.

소저가 슬피 울다가 문득 벽에 걸린 **거울**에 비친 그림자를 보았다. 속으로 놀라 창틈으로 엿보니 파경노가 **꽃**을 들고 서 있었다. 소저가 이상히 여겨 묻자, 시치미를 떼며 말했다.

"그대가 이 꽃을 보고 싶다 하여 그대를 위해 가져왔소. 시들기 전에 받아 보시오."

소저가 한숨을 크게 쉬니, 파경노가 위로하며 말했다.

"거울 속에 비친 이가 반드시 그대 근심을 없애 줄 것이오. 근심치 말고 꽃을 받으시오."

소저가 꽃을 받고 부끄러워하며 안으로 들어갔다.

얼마 뒤 소저는 파경노의 말을 괴이히 여겨 승상께 말했다.

"파경노가 비록 어리지만 재주가 남보다 뛰어나고, 신인(神人)의 기운이 있어 석함 속의 물건을 알아내어 **시**를 지을 수 있을 것입니다."

승상이 말했다.

"너는 어찌 쉽게 말하느냐? 만약 파경노가 할 수 있다면 나라의 이름난 선비 가운데 한 명도 시를 짓지 못해 이 석함을 나에게 맡겼겠느냐?"

소저가 말했다.

"뱁새는 비록 작지만 큰 새매를 살린다 합니다. 그가 비록 노둔하나 큰 재주를 지니고 있는지 어찌 알겠습니까?"

이어서 파경노가 걱정하지 말라고 했음을 고했다.

"만약 그가 시를 지을 수 없다면 어찌 그런 말을 냈겠습니까? 원컨대 그를 불러 시험 삼아 시를 짓게 하소서."

승상이 파경노를 불러 구슬리며 말했다.

"만약 이 석함 속의 물건을 알아내 시를 짓는다면 후한 상을 줄 것이며, 마땅히 네 뜻을 이루어 주겠다."

파경노가 거절하며 말했다.

"비록 후한 상을 준다 한들 제가 어찌 시를 짓겠습니까?"

소저가 이 말을 듣고 승상에게 말했다.

"살고 싶고 죽기 싫은 것이 인지상정입니다. 옛날에 어떤 이가 사형을 당하게 되었을 때, 그에게 '네가 만약 시를 짓는다면 내 마땅히 사면해 주겠다.' 했습니다. 그 사람은 무식한 이였으나 그 명을 따랐습니다. 하물며 파경노는 문학이 넉넉해 시를 지을 수 있지만 거짓으로 못하는 체하고 있습니다. 지금 아버님께서 그를 겁박하시면 어찌 삶을 좋아하고 죽음을 싫어하는 마음이 없어 복종치 않겠습니까?"

승상이 그럴듯하다 여기고 파경노를 불렀다.

— 작자 미상, 〈최고운전〉

13 윗글의 서술상 특징으로 가장 적절한 것은?

① 시간의 역전을 통해 사건의 진상을 밝히고 있다.

② 서술자의 개입을 통해 사건의 전모를 밝히고 있다.

③ 인물의 희화화를 통해 사건의 반전 효과를 나타내고 있다.

④ 인물 간의 대화를 통해 사건 해결의 방안을 제시하고 있다.

⑤ 꿈과 현실의 교차를 통해 앞으로 일어날 사건을 암시하고 있다.

14 윗글의 내용에 대한 이해로 적절하지 <u>않은</u> 것은?

① 유모에게 주어 보낸 '거울'은 아이가 소저의 얼굴을 보게 되는 계기를 만들고, 벽에 걸린 '거울'은 파경노가 소저에게 자신의 존재감을 드러내는 계기를 만든다.

② 깨뜨린 '거울'은 아이가 파경노라는 이름을 얻고 승상의 집안으로 들어가는 계기가 되고, 파경노가 관리한 동산의 '화초'는 승상 부인으로부터 인정받는 계기로 작용한다.

③ 동산의 '꽃'은 소저가 보고 싶었으나 파경노로 인해 접근하기 어렵게 된 대상이고, 파경노가 들고 서 있던 '꽃'은 소저에게 자신의 마음을 전달하기 위한 수단이다.

④ 동산에서 화답한 '시'는 파경노가 소저와 교감하기 위해 읊은 것이고, 석함 속 물건에 대한 '시'는 파경노가 해결할 수 있다고 소저가 기대하는 과제이다.

⑤ 석함 속 물건에 대한 '시'는 나업에게 슬픔을 유발하는 과업이지만, 파경노에게는 소저의 슬픔을 해소시켜 줄 수 있는 수단이다.

15 〈보기〉를 참고하여 윗글을 감상한 내용으로 적절하지 <u>않은</u> 것은?

〈보기〉

　　〈최고운전〉은 비범한 인물로서의 최치원을 형상화했다. 주인공은 문제 해결의 국면에서 치밀함, 기지, 당당함을 보인다. 또한 초월적 존재의 도움을 받으면서도 이에 전적으로 의존하지 않고 자신이 지닌 신이한 능력을 발휘하여 개인의 문제와 국가의 과제를 직접 해결한다. 이는 당대 독자들이 원했던 새로운 영웅상을 최치원에 투영하여 작품 속에서 구현한 것이다.

① 아이가 헌 옷으로 바꾸어 입고 거울 고치는 장사라 속이는 장면은 최치원이 치밀한 면모를 지닌 인물임을 보여 주는군.

② 파경노에게 선관들이 몰려와 말먹이를 가져다주는 장면은 최치원이 초월적 존재에게 도움을 받는 인물임을 보여 주는군.

③ 파경노가 기른 뒤로 화초가 시들지 않아 봉황이 날아드는 장면은 최치원이 신이한 능력을 지닌 인물임을 보여 주는군.

④ 파경노가 노모를 핑계 삼아 말미를 얻는 장면은 최치원이 원하는 바를 얻기 위해 기지를 발휘하는 인물임을 보여 주는군.

⑤ 파경노가 승상의 제안을 거절하는 장면은 최치원이 보상을 추구하기보다 스스로 국가의 과제를 해결하려는 당당한 인물임을 보여 주는군.

작자 미상, 〈김원전〉

● 지문 해설

조정의 모든 벼슬아치

① 황상과 만조백관이 어찌할 줄 모르더니 좌장군 서경태가 급히 입직군을 동원하여 칼을 들고 내달아 크게 꾸짖길,

현재 살아서 나라를 다스리고 있는 황제皇帝를 이르는 말 　　　 관아에 들어가 숙직하던 군대. 예상치 못하게 아귀가 나타났기 때문에 입직군을 동원하여 대응함

"이 몹쓸 흉악한 놈아, 어찌 이런 변을 짓느냐?"

하고 칼을 들어 치니 아귀가 몸을 기울여 피하고 입을 벌려 숨을 들이쉬니 서경태가 날리어 아귀 입으로 들어갔다. 상이

작품 속 괴물. 신장이 십 장(30미터)이 넘고 머리는 아홉이며 빛은 오색영롱한 존재로 묘사됨 　　　 황제

보시다가 크게 놀라,

전쟁터

"짐이 여러 번 전장을 지내었으되 이런 일은 보도 듣도 못하였으니 제신 중에 뉘 이 짐승을 잡아 짐의 한을 씻으리오."

임금이 자기를 가리키는 말 　　　 여러 신하

정서장군 한세충이 나와 아뢰길,

"소장이 비록 재주 없으나 저것을 베어 황상께 바치리이다."

하고 황금 투구에 엄신갑을 입고 팔 척 장창을 들고 청룡마를 내달아 외쳐 말하길,

[A]

"흉적은 목을 늘여 내 칼을 받으라." / 아귀가 크게 웃고 말하길,

흉악한 도적

"아까는 내 숨을 들이쉬니 모기 같은 것도 삼켰으니 지금은 숨을 내쉴 것이니 네 눈을 부릅뜨고 자세히 보라."

하고 입을 벌려 숨을 내부니 황상과 만조백관이 오 리나 밀려갔다. 아귀가 궁중이 텅 빈 것을 보고 세 공주를 등에 업고

5리는 2킬로미터에 해당

돌아갔다.

이때 황상이 제신과 함께 정신을 겨우 차려 환궁하시니 세 공주가 다 없었다. 상께 이 연고를 아뢰니 상이 크게 놀라

임금이나 왕비, 왕자 등이 대궐로 돌아옴 　　　 일의 까닭, 사유

하교하시되,

임금이 명령을 내림. 또는 그 명령

"이런 해괴한 변이 천고에 없으니 경들의 소견이 어떠하뇨?"

아주 오랜 세월 동안 　　　 어떤 일이나 사물을 살펴보고 가지게 되는 생각이나 의견

하고 용루를 흘리시니 조정에 모인 여러 신하가 감히 우러러보지 못하였다.

임금의 눈물

이우영이 아뢰길, / "전 좌승상 김규가 지모 넉넉하오니 불러 문의하심이 마땅할까 하나이다."

슬기로운 꾀

상이 깨달아 조서를 내려 김규를 부르셨다.

임금의 명령을 일반에게 알릴 목적으로 적은 문서

② 이때 승상이 원을 데리고 평안히 지내더니 천만의외에 사관이 조서를 가지고 왔거늘 받자와 본즉,

전혀 생각하지 아니한 상태 　　　 몹시 분하거나 억울하여 한스럽게 여김

"전임 좌승상에게 부치나니 그사이 고향에서 무사한가. ⓐ 짐은 불행하여 공주를 잃고 종적을 모르니 통한함을 어찌 측량하

없어지거나 떠난 뒤에 남는 자취나 형상

리오. 경에게 옛 벼슬을 다시 내리나니 바삐 올라와 고명한 소견으로 짐의 아득함을 깨닫게 하라."

고상하고 현명한 　　　 어떻게 하면 좋을지 몰라 막막함

하였다. 승상이 사관을 후대하고 ㉠ 국변을 물으니 아귀 작란하던 일과 세 공주 잃은 말을 대강 고하니 승상이 못내 슬퍼하며

아주 잘 대접함. 또는 그런 대접 　　　 예전에, 임금의 은혜에 감사하며 공손하고 경건하게 절을 올리던 일 　　　 나라의 변고나 난리 　　　 난리를 일으킴

상경하여 사은숙배하니, 상이 보시고,

지방에서 서울로 감

"경이 고향에 돌아감은 짐이 불명한 탓이로다. 국운이 불행하여 세 공주를 일시에 잃었으니 짐의 이 원을 어찌하리오? 경의

사리에 어두움 　　　 억울하고 원통한 일을 당하여 응어리진 마음. 원한

소견으로 이 일을 도모하면 평생의 한을 풀리로다." / 승상이 엎드려 아뢰길,

어떤 일을 이루기 위하여 대책과 방법을 세움

"소신이 자식이 있삽는데 창법 검술이 일세에 무쌍하와 매일 종적 없이 다니옵기 연고를 물으니 철마산에 가 무예를 익히다

한 시대나 한 세대 　　　 서로 견줄 만한 것이 없을 정도로 뛰어나거나 심함

가 일일은 그 산에서 아귀라 하는 짐승을 만나 겨루고 그 뒤를 좇아 바위 구멍으로 들어감을 보았노라 하옵기 과연 허언이

승상의 아들 김원이 철마산에서 아귀를 만난 적이 있음 　　　 실속이 없는 빈말

아닌가 싶사오니 ⓑ 자식을 불러 들으심이 마땅하올까 하나이다."

【중략 부분의 줄거리】 원은 황상을 뵙고 원수가 되어 철마산 아귀의 소굴로 들어간다.

전쟁 시에 군사를 통솔하던 으뜸 장수

③ 원수가 백계를 생각하다가 갑자기 깨달아 공주께 아뢰기를,

여러 가지의 꾀. 또는 온갖 계교

"독한 술을 많이 빚어 좋은 안주를 장만하여야 계교를 베풀리라."

요리조리 헤아려 보고 생각해 낸 꾀

하고, 약속을 정해 여러 여자를 청하여 여차여차하게 계교를 갖추고 기다리라고 하였다.

④ 이때 아귀가 원의 칼에 상한 머리 거의 나으니 모든 시녀를 불러 말하기를,

ⓒ "내 병이 조금 나았으니 사오일 후 세상에 나가 남두성을 잡아 죽여 이 원한을 풀리라. 너희는 나를 위하여 마음을 위로하라."

주인공 김원의 전생 이름

여자들이 이 말을 듣고 크게 기뻐하여 각각 술과 성찬을 권하기를,

풍성하게 잘 차린 음식

"대왕의 상처가 나으시면 첩 등의 복인가 하나이다. ⓓ 수이 차도를 얻사오면 남두성 잡기야 어찌 근심하리오? 주찬을 대령하

어렵거나 힘들지 아니하게 쉬 *병이 조금씩 나아 가는 정도* *술과 안주를 이르는 말*

였사오니 다 드시어 첩 등의 우러르는 마음을 즐겁게 하소서."

아귀가 가져오라 하거늘, 여러 여자가 일시에 한 그릇씩 드리니 아홉 입으로 권하는 대로 먹으니 그 수를 알 수 없었다. 술이 취

하매 여러 여자가 거짓으로 위로하여, / "장군은 잠깐 잠을 청하여 아픔을 잊으소서."

아귀가 듣고 잠을 자려 하거늘, 막내 공주가 곁에 앉아 말하길,

"보검을 놓고 주무소서. 취중에 보검을 한번 휘둘러 치면 잔명이 죄 없이 상할까 하나이다."

보배로운 칼 *얼마 남지 아니한 쇠잔한 목숨*

아귀가 말하기를,

"장수가 잠이 드나 칼을 어찌 손에서 놓으리오마는 혹 실수함이 있을까 하노니 머리맡에 세워 두라."

주가 되는 방에 곁붙은 방

하고 주거늘, 공주가 받아 놓고 잠들기를 기다렸다. 아귀가 깊이 잠들었거늘, 비수를 가지고 협실로 나와 원수에게 잠들었음을 이

날이 예리하고 짧은 칼이라는 뜻으로, 아귀의 보검을 의미함

르고 함께 후원에 이르러 큰 기둥을 가리키며, / "원수의 칼로 저 기둥을 쳐 보소서."

집 뒤에 있는 정원이나 작은 동산

원수가 칼을 들어 기둥을 치니 반쯤 부러졌다. 공주가 크게 놀라 말하기를,

원수의 칼로는 기둥이 한 번에 부러지지 않음

"만일 그 칼을 썼더라면 성사도 못하고 도리어 큰 화가 미칠 뻔하였습니다."

일을 이룸. 또는 일이 이루어짐

아귀가 쓰던 비수로 기둥을 치니 썩은 풀이 베어지는 듯하였다.

아귀의 칼이 원수의 칼보다 날카롭고 예리함

● 장면별 내용 정리

1	아귀가 궁궐에 나타나 세 공주를 납치해 감
2	황제가 승상 김규를 조정으로 불러 일의 해결을 청함
3	아귀의 소굴에 들어간 김원이 공주에게 계교를 전달함
4	공주가 다른 시녀들과 함께 아귀를 술에 취하게 한 뒤 아귀의 비수를 몰래 가지고 나와 김원에게 줌

● 핵심 정리

갈래	전기 소설, 영웅 소설, 적강 소설, 괴담 소설
시점	전지적 작가 시점
배경	중국(명나라), 지하국, 용궁
주제	아귀를 퇴치하고 공주를 구출하는 김원의 영웅적 활약

● **작품의 의의** 이 작품은 작자와 창작 연대가 알려지지 않은 국문 고전 소설로, 주인공 김원의 영웅적인 활약상을 담고 있어요. '지하국 대적 퇴치 설화'를 비롯하여, 천상의 인물이 죄를 짓고 지상에 태어나는 내용의 적강 화소, 허물을 쓰고 있던 주인공이 허물을 벗고 사람으로 변하는 탈각 화소, 인물들이 용궁으로 가는 용궁 화소, 주인공이 살해되지만 되살아나는 재생 화소 등 다양한 모티프들이 나타나 있는 것이 가장 큰 특징이에요. 또한 주인공이 고난을 극복하고 용왕의 사위가 되어 부귀영화를 누리게 된다는 점에서는 전형적인 영웅 소설의 구조를 찾아볼 수 있지요. 작품에 여러 공간이 나타나 있는 만큼 각 공간별 상황을 잘 이해하고 살피는 것이 중요해요.

● **전체 줄거리** 천상적 존재인 남두성은 하늘나라에서 옥황상제에게 죄를 짓고 지상으로 쫓겨난다. 지상에서는 대명 운남 서촉 땅의 김규가 부인 유 씨와 함께 자녀를 낳게 해 달라고 기도하고 있었는데, 남두성은 둘 사이의 아들로 태어난다. 김규 부부는 태어난 아이의 생김새가 눈도 코도 없어 보이고 수박같이 둥근 모양이었기에 이름을 원(圓)이라 짓는데, 이로 인해 근심에 쌓이게 된다. 10년 동안 고난을 겪으며 자란 김원은 태어난 지 10년 만에 허물을 벗고 멋진 장부로 변신한다. 김원이 창검과 활을 가지고 철마산에서 무술 연습을 하고 있을 때 머리가 아홉이고 몸집이 집채만 한 괴물이 미인 셋을 등에 업고 가는 것을 목격한다. 김원은 쫓아가 싸우며 아귀의 머리를 칼로 내리쳤으나 아귀는 전혀 요동치 않고 도술을 부리며 사라진다. **[(수록 부분) 시간이 흘러 궁궐에 아귀가 나타나 황제의 세 공주를 납치한다. 이에 황제는 김규를 불러 오게 하고 김원을 원수로 삼아 공주를 구출하기를 하명한다. 김원은 변신술 등을 쓰며 공주의 도움을 받아 아귀의 지하 소굴에 잠입하고]** 아귀를 죽이는 데 성공한다. 하지만 김원이 공주와 다른 여인들을 먼저 다 지상으로 올려 보내자, 부장 강문추를 비롯한 부하들은 김원의 공을 가로채기 위해 김원에게 지상으로 올라가는 줄을 내려 주지 않고 입구를 돌과 흙으로 막아 버린다. 지하 굴속을 헤매던 김원은 아귀에 의해 나무에 매달린 용왕의 아들을 구해 주게 되고, 함께 용궁으로 가 용왕의 딸과 결혼한다. 김원은 용왕에게 부모님을 만나러 가게 해 달라고 청하고, 용녀(용왕의 딸)의 제안에 따라 기이한 연적을 선물로 받아 지상으로 나온다. 용녀와 함께 황성으로 향하던 김원은 연적을 탐낸 주점 주인에 의해 잠든 틈에 죽임을 당하고 용녀는 사라진다. 한편 궁궐로 돌아간 공주는 김원을 위한 제를 올리던 중 고양이 소리를 따라 가서 김원이 잃어버린 연적을 얻게 된다. 연적에서 나온 선녀(용녀)는 황제에게 자초지종을 고하고, 황제는 주점 주인을 잡아들여 엄형에 처한다. 황제는 신하들을 모아 김원의 신체를 찾고 병수와 금강초로 되살린다. 이후 황제는 김원을 부마로 삼고 용녀를 정숙 공주에 봉한다. 김원은 두 부인과 함께 부귀공명을 누리다가 승천한다.

01 〔유형 ❶ 서술상의 특징〕

이게 정답! ② [A]에는 '소장', '황상', '경' 등의 단어가 대화를 통해 나타나는데, 이를 통해 군주와 신하라는 인물 간의 위계나 상하관계를 확인할 수 있어요. 또한 아귀와 관련해서도 서경태와 한세충이 '이 몹쓸 흉악한 놈', '흉적' 등의 표현을 사용하는 것을 통해 그들 사이의 적대적 관계를 확인할 수 있어요. 그러므로 대화를 통해 인물 간의 위계나 관계를 보여 주고 있다는 설명은 적절해요.

왜 답이 아니지? ① 서술자의 개입은 서술자가 사건이나 인물의 행동 등에 대해 자신의 생각을 드러내는 것을 말하는데, [A]에서 서술자는 상황을 묘사하고 있을 뿐 인물에 대한 평가를 제시하고 있지는 않아요.
③ [A]에는 아귀가 궁궐에 침입해 공주를 납치하려 하고 이에 저항하는 신하들의 모습이 시간의 흐름에 따라 나타나 있을 뿐, 현재와 과거를 교차하는 장면 전환은 나타나 있지 않아요.
④ [A]에는 아귀가 공주를 납치하려 하는 긴박한 상황에 대한 서술과 묘사가 나타나 있을 뿐, 인물의 회상이나 인물 간 갈등의 원인에 대한 암시는 나타나 있지 않아요.
⑤ [A]에는 서경태가 아귀 입으로 들어가는 장면을 목격한 것과, 세 공주가 납치되었음을 알게 된 것에 대한 황상의 충격이 나타나 있어요. 황상은 이러한 상황에 대해 "이런 해괴한 변이 천고에 없으니"라고 하며 눈물을 흘리고 있는데, 이를 과장된 반응이라고 보기는 어렵겠죠. 또한 이를 통해 사건의 비극성은 오히려 강화되고 있으므로, 인물의 반응을 과장되게 서술하여 사건의 비극성을 완화하고 있다는 설명은 적절하지 않아요.

정답 ②

02 〔유형 ❷ 인물 이해〕

이게 정답! ① 황상은 ㉠ '국변'의 심각성에 대해 "짐이 여러 번 전장을 지내었으되 이런 일은 보도 듣도 못하였으니"라며 이전의 '전장'과 비교하고 있어요. 하지만 그때의 경험에 근거하여 ㉠에 대한 대처 방안을 찾아내고 있는 것은 아니에요. 이는 이런 힘겨운 상황에 대한 대안을 제시하지 못한 채 맞서 싸울 장수만을 찾고 있는 데에서 알 수 있지요.

왜 답이 아니지? ② '조정'에 모인 여러 신하 중 이우영은 "전 좌승상 김규가 지모 넉넉하오니 불러 문의하심이 마땅할까 하나이다."라며 ㉠ '국변'의 해결을 위한 인물로 김규를 거명하고 있어요. 이러한 답변은 황상의 하교인 "경들의 소견이 어떠하뇨?"에 대한 것이고요.
③ 김규는 현재 궁궐이 아니라 '고향', 즉 ㉠ '국변'으로 인한 여파가 미치지 않은 곳에 있어요. 그런 김규에게 황상이 조서를 내려 ㉠으로 인한 위기 상황을 알리며 서울로 부르고 있지요.
④ 승상인 김규는 황상을 만나서 "소신이 자식이 있삽는데 ~ 철마산에 가 무예를 익히다가 ~ 아귀라 하는 짐승을 만나 겨루고"라고 하며, 자식인 김원이 아귀를 이미 '철마산'에서 만났음을 알리고 있어요. 그리고 ㉠ '국변'을 해결할 인물로 자신의 자식인 김원을 천거하고 있지요.
⑤ 아귀의 소굴로 들어간 원수는 백계를 생각하다가 갑자기 ㉠ '국변'을 해결할 좋은 계교를 생각해 내요. 하지만 바로 시행할 수는 없기에 공주에게 해결 방안을 알리며 상황을 만들도록 하지요. 아귀가 술에 취해 깊이 잠든 후 공주는 아귀의 비수를 가지고 '협실'로 나오고, 아귀가 잠들었음을 원수인 김원에게 알려요. 이에 김원은 ㉠을 해결할 수 있는 기회가 왔음을 알게 되지요.

정답 ①

03 〔유형 ❺ 장면 혹은 대화의 이해〕

이게 정답! ③ ⓐ에서 황제는 '통한함'이라는 표현을 통해 자신의 감정을 상대인 김규에게 드러내고 있어요. 또 ⓓ에서 여자들은 김원의 계교에 따라 아귀를 깊게 잠들게 하려는 의도를 가지고 있지만 이를 숨긴 채, 아귀에게 "우러르는 마음을 즐겁게 하소서."라고 하면서 아귀가 술을 먹고 잠들기를 유도하고 있어요.

왜 답이 아니지? ① ⓐ에는 아귀에게 공주를 잃은 황상의 통한이, ⓑ에는 황상의 원을 풀어 드리기 위한 김규의 충정이 담겨 있어요. 즉, ⓐ와 ⓑ 모두 상대에 대한 신뢰를 바탕으로 하고 있다고 할 수 있어요. 한편 ⓐ에서는 '공주를 잃고 종적을 모'른다고 하였는데, 이는 김규가 몰랐던 사실이기는 하지만 궁궐의 모든 신하들이 알고 있으므로 숨겨 온 사실로 보기는 어려워요. ⓑ 역시 숨겨 온 사실을 드러내는 것과는 거리가 있죠.
② ⓑ는 김규가 황상에게 자신의 아들을 천거하는 것으로, 이를 통해 자신의 위세를 드러내거나 상대의 복종을 이끌어 내고 있다고 볼 수는 없어요. 김규는 충신으로 승상의 지위에 있으며, 황제에 대한 충정으로 사랑하는 자신의 아들을 보내 아귀와 맞서 싸우도록 천거하고 있으니까요. 반면 ⓒ에서 아귀는 시녀들에게 "너희는 나를 위하여 마음을 위로하라."고 명령하고 있는데, 이는 자신의 위세를 드러내어 상대의 복종을 이끌어 내는 것으로 볼 수 있어요.
④ '당위'는 '마땅히 그렇게 하거나 되어야 하는 것'을 의미해요. ⓑ는 김규가 자신의 아들을 천거하는 것인데, 그 이유는 아들인 김원이 아귀를 이미 만나 겨룬 적이 있고, 아귀가 들어간 장소를 알고 있기 때문이에요. 당위를 내세웠다기보다는, 자신의 아들이 가장 효과적인 적임자이기 때문에 추천한 것으로 보는 것이 더 적절해요. 또한 ⓓ에서는 공주를 비롯한 여자들이 아귀를 속이고 그를 안심시켜 술에 취하게끔 유도하고 있으므로, 상대의 안위를 우려하여 자제를 요청하고 있다고 볼 수 없어요.
⑤ ⓒ에서 아귀는 시녀들에게 자신을 위로하라고 명령하고 있어요. 위로가 필요한 이유는 남두성(김원)에 의해 다친 원한을 풀기 위해서지요. 따라서 아귀가 상대방인 시녀들에게 자신의 목표를 위해 행동할 것을 촉구한다고 볼 수 있어요. 하지만 ⓓ에서 여자들은 원수의 계교에 따라 ⓓ와 같이 말하며 아귀를 속이고 있어요. 그러므로 상대의 목표를 위해 행동할 것을 약속하는 것으로 볼 수는 없지요.

정답 ③

이게 정답! ⑤ 〈보기〉는 〈김원전〉의 주제, 주인공과 적대자와의 대결 관계, 인물의 대응 방식에 대해 설명하고 있어요. 〈보기〉에 따르면 〈김원전〉의 주제는 당대의 보편적 가치인 충군임을 알 수 있어요. 또 주인공과 적대자와의 대결 관계에 있어서는 김원과 아기귀 대척점에 있음을 보여 주는데 이 둘의 대결 관계는 필연적이라고 하였어요. 필연적이라는 것은 두 인물이 반드시 부딪힐 수밖에 없다는 뜻으로, 이 작품에서는 아귀와 김원이 과거에 부딪힌 적이 있고, 이로 인해 다시 대결하게 된다는 설정이 나타나 있어요. 또한 인물 및 상황에 따라 다른 대응 방식을 보여 준다 하였는데, 이는 주인공 김원이 아귀를 대하는 방식과 다른 장수들이 아귀를 대하는 방식이 다르고, 인물이 처한 상황에 따라서도 대응 방식이 다르다는 의미예요. 선택지 ⑤는 원수가 아귀의 비수로 기둥을 베어 보는 것의 의미를 묻고 있는데, 이는 공주의 조언에 따른 행동이에요. 즉, 김원 자신의 계획대로 초월적 능력을 시험해 보고 있는 것은 아니죠. 김원이 지닌 초월적 능력만으로는 부족하여 아귀의 비수라는 강력한 무기가 있어야 적대자를 처치할 수 있음을 보여 주는 대목이니까요.

왜 답이 아니지요? ① 서경태가 아귀를 대하는 태도와 원수 김원이 아귀를 대하는 태도는 서로 달라요. 이는 〈보기〉에서 설명한 인물에 따른 대응 방식의 차이에 해당하는 부분이에요. 서경태는 군사를 동원해서, 원수는 계교를 바탕으로 아귀에 대응하고 있지요.
② 한세충은 서경태가 아귀 입으로 들어감을 보았으면서도 창을 들고 아귀를 향해 나아가는 모습을 보여요. 이는 〈보기〉에서 설명한 당대의 보편적 가치인 '충군'이라는 작품의 주제 의식을 드러내요. 또한 승상 역시 고향에 있다가 황상의 조서에 바로 상경하고 있으므로 충군의 가치를 지키는 인물에 해당하고요.
③ 김원과 아귀는 이전에 부딪힌 적이 있어요. 과거의 이 다툼은 김원이 공주 구출 작전에서 원수가 되는 계기가 되기도 하며, 아귀가 남두성인 김원을 잡아 죽이고자 다짐하는 이유이기도 하죠. 이는 〈보기〉에서 설명한 주인공과 적대자의 필연적 대결 관계를 보여 주는 것이라고 할 수 있어요.
④ '공주'는 처음에는 납치당한 피해자로 묘사되지만 이후에는 김원을 돕는 조력자의 역할을 하고 있어요. 이는 〈보기〉에서 설명한 인물이 처한 상황에 따른 대응 방식의 차이에 해당해요. 공주가 처한 각 상황의 차이가 각기 다른 대응 방식을 이끌어 내고, 이로 인해 공주의 역할 역시 달라지게 되는 거죠. 공주는 황상과 함께 있는 궁궐 속 상황에서는 피해자로 아귀에게 제대로 저항하지 못한 채 끌려갔지만, 원수와 함께 있는 지하 굴에서는 아귀를 잠들게 하는, 김원의 계략이 성공하도록 돕는 역할을 해내고 있어요. **정답 ⑤**

조위한, 〈최척전〉
● 지문 해설

---

① 혼례를 마친 후 최척이 아내와 함께 장모를 모시고 집으로 돌아오매 하인들이 기뻐했다. 대청에 오르자 **친척들**이 축하하여
　　　　　　　　　　　　　　　　　　　　　　　　　　　　　한옥에서, 몸채의 방과 방 사이에 있는 큰 마루
온 집안에 기쁨이 넘쳤고, 이들을 기리는 소리가 사방의 이웃으로 퍼졌다. 시집에 온 옥영은 소매를 걷고 머리를 빗어 올린 채
　　　　　　　　　　　　　　뛰어난 업적이나 바람직한 정신 위대한 사람 따위를 칭찬하고 기억하는
손수 물을 긷고 절구질을 했으며, 시아버지를 봉양하고 남편을 대할 때 효와 정성을 다하고, 윗사람을 받들고 아랫사람을 대할

때는 성의와 예의를 두루 갖췄다. **이웃 사람들**이 이를 듣고는 모두 양홍의 처나 포선의 아내도 이보다 낫지 않을 것이라고 칭
　　　　　　　　　　　　　　　　현명한 아내로 유명한 인물들
찬했다.

② 최척은 결혼한 후 구하는 것이 뜻대로 되어 재산이 점차 넉넉히 불었으나, 다만 일찍이 자식이 없는 것이 걱정이었다. 최척

부부는 후사를 염려하여 ㉠ 매월 초하루가 되면 몸과 마음을 깨끗이 하고 함께 만복사에 올라 부처께 기도를 올렸다. 다음 해
　　　　　　　　대代를 잇는 자식
갑오년 ㉡ 정월 초하루에도 만복사에 올라 기도를 했는데, 이날 밤 장육금불이 옥영의 꿈에 나타나 말했다.
　　　　　　　　　　　　　　　　　　　　　　　　　　높이가 일 장(丈) 육 척(尺)이나 되는(약 4미터) 금으로 칠한 불상
　　"나는 **만복사의 부처**로다. 너희 정성이 가상해 기이한 **사내아이**를 점지해 주니, 태어나면 반드시 특이한 징표가 있을 것이다."
　　　　　　　　　　　　　　　　　　착하고 기특해　　　　　신불이 사람에게 자식을 갖게 하여 줌
　　옥영은 ㉢ 그달에 바로 잉태해 열 달 뒤 과연 아들을 낳았는데, 등에 어린아이 손바닥만 한 **붉은 점**이 있었다. 그래서 최척은

아들 이름을 몽석(夢釋)이라고 지었다.

③ 최척은 피리를 잘 불었으며, ㉣ 매양 꽃 피는 아침과 달 뜬 밤이 되면 아내 곁에서 피리를 불곤 했다. 일찍이 날씨가 맑은 ㉤ 어
　　　　　　　　　　　　　　　　　　매 때마다, 번번이
느 봄날 밤이었는데, 어둠이 깊어 갈 무렵 미풍이 잠깐 일며 밝은 달이 환하게 비췄으며, 바람에 날리던 꽃잎이 옷에 떨어져 그
　　　　　　　　　　　　　　　　　　약하게 부는 바람
윽한 향기가 코끝에 스며들었다. 이에 최척은 옥영과 술을 따라 마신 후, 침상에 기대 피리를 부니 그 여음이 하늘거리며 퍼져
　　　　　　　　　　　　　　　　　　　　　　　　　　　　　　　　소리가 그치거나 거의 사라진 뒤에도 아직 남아 있는 음향
나갔다. 옥영이 한동안 침묵하다 말했다.

　　"저는 평소 여인이 시 읊는 것을 좋게 여기지 않습니다. 그런데 이처럼 맑은 정경을 대하니 도저히 참을 수가 없군요."

　　옥영은 마침내 절구 한 수를 읊었다.
　　　　　　　　　한시(漢詩) 형식의 하나. 기(起)·승(承)·전(轉)·결(結)의 네 구로 이루어짐

　　왕자진이 피리를 부니 달도 내려와 들으려는데,
　　　주나라 영왕의 태자로 피리를 잘 불었다고 전해 내려옴
　　바다처럼 푸른 하늘엔 이슬이 서늘하네.

　　때마침 날아가는 푸른 난새를 함께 타고서도,
　　　　　　　　　중국 전설에 나오는 상상의 새 봉황(鳳凰)과 비슷함

안개와 노을이 가득해 봉도 가는 길 찾을 수 없네.
중국 전설에서 나타나는 가상적 영산(靈山)인 삼신산(三神山) 가운데 하나

최척은 애초에 자기 아내가 이리 시를 잘 읊는 줄 모르고 있던 터라 놀라 감탄하였다.

【중략 줄거리】 전란으로 가족과 이별한 최척은 명나라 배를 타고 안남에 이르러 처량한 마음에 피리를 불었다.
지금의 베트남

④ 최척은 동방이 밝아 오자, 강둑을 내려가 일본인 배에 이르러 조선말로 물었다.
날이 밝음
"어젯밤 시를 읊던 사람은 조선 사람 아닙니까? 나도 조선 사람이어서 한번 만나 보았으면 합니다. 멀리 **다른 나라를 떠도는**
어젯밤 최척이 회한에 젖어 배에서 피리를 불자, 일본인 배 안에서 조선말로 된 시를 읊는 소리가 들려옴
사람이 비슷하게 생긴 고국 사람을 만나는 것이 어찌 그저 기쁘기만 한 일이겠습니까?"

옥영도 생각하기를 어젯밤 들은 **피리 소리가** 조선의 곡조인 데다, 평소 익히 들었던 것과 너무 흡사했다. 그래서 남편 생각
최척의 피리 소리
에 감회가 일어 절로 시를 읊게 되었던 것이다. 옥영은 자기를 찾는 사람의 목소리를 듣고는 황망히 뛰쳐나와 최척을 보았다.
옥영이 시를 읊은 이유   마음이 몹시 급하여 당황하고 허둥지둥하는 면이 있게
둘은 서로 마주하고 놀라 **소리를 지르며 끌어안고** 백사장을 뒹굴었다. 목이 메고 기가 막혀 마음을 안정할 수 없었으며, 말도
극적인 재회에 감격하는 최척과 옥영
할 수 없었다. 눈에서는 **눈물이 다하자 피가 흘러내려** 서로를 볼 수도 없을 지경이었다. 양국의 **뱃사람들이** 저잣거리처럼 모여
가게가 죽 늘어서 있는 거리
들어 구경했는데, 처음에는 친척이나 잘 아는 친구인 줄로만 알았다. 뒤에 그들이 부부 사이라는 것을 알고 서로 돌아보며 소

리쳐 말했다.

"이상하고 기이한 일이로다! 이것은 하늘의 뜻이요, 사람이 이룰 수 있는 일이 아니로다. 이런 일은 옛날에도 들어 보지 못하

였다." / 최척은 옥영에게 그간의 소식을 물었다.

"산속에서 붙들려 강가로 끌려갔다는데, 그때 아버지와 장모님은 어찌 되었소?" / 옥영이 말했다.

"날이 어두워진 뒤 배에 오른 데다 정신이 없어 서로 잃어버렸으니, 제가 두 분의 안위를 어떻게 알겠습니까?"
편안함과 위태함을 아울러 이르는 말
두 사람이 손을 붙들고 통곡하자, 옆에서 지켜보던 사람들도 슬퍼하며 눈물을 닦지 않는 이가 없었다.

● 상변멀 내용 징리

①	최척과 옥영이 혼인함
②	최척과 옥영이 만복사 장육금불의 점지로 아들을 얻음
③	어느 봄날 밤에 최척이 피리를 불고 옥영이 시를 읊음
④	피리 소리와 시 읊는 소리 덕분에, 전란으로 헤어졌던 최척과 옥영이 극적으로 재회함

● 핵심 정리

갈래	군담 소설, 애정 소설, 전기 소설
시점	전지적 작가 시점
배경	① 시간적 배경 – 조선 시대(임진왜란, 정유재란, 병자호란 무렵) ② 공간적 배경 – 조선, 중국, 일본, 안남(베트남)
주제	전란으로 인한 이산의 고통과 가족애를 통한 극복

● 작품의 의의 〈최척전〉은 16세기 말~17세기 초반의 동아시아 전란을 배경으로, 가족의 파란만장한 만남과 헤어짐의 과정을 그린 한문 소설이에
요. 이 작품의 특징은 거듭되는 전란 속에서 가족이 적에게 붙잡혀 가거나 제각기 흩어지게 된 상황을 구체적이고 사실적으로 묘사했다는 점이에
요. 일반 백성들이 전란으로 겪은 가장 큰 고통과 슬픔은 가족의 이산이었을 것이므로, 당대에 가장 절실했던 문제와 가족의 재회에 대한 소망이
반영된 작품이라고 할 수 있어요.

● 전체 줄거리 남원에 살던 최척은 옥영과 사랑에 빠지게 되고, 옥영이 혼사를 반대하는 어머니를 설득해 마침내 두 사람은 약혼한다. 혼인날을
기다리던 중에 최척이 의병으로 뽑혀 참전하게 되자, 옥영의 부모는 이웃의 부잣집 아들인 양생을 사위로 맞으려 한다. 하지만 옥영이 목숨을 걸고
거부하고 최척을 기다려 두 사람은 혼례를 올린다. [(수록 부분) 이후 맏아들 몽석이 태어나고, 정유재란이 일어나 온 가족이 뿔뿔이 흩어진다. 옥영
은 왜병의 포로로 일본에 끌려가고, 최척은 명나라군을 따라 중국으로 건너간다. 여러 해가 지난 뒤 송우를 만나 그와 함께 배를 타고 비단을 팔러
다니던 최척은 안남에서 옥영과 기적적으로 재회한다.] 두 사람은 중국 항주에 정착한 후, 둘째 아들 몽선을 낳는다. 몽선이 장성하여 진위경의 딸
홍도를 아내로 맞고, 이듬해 최척은 명나라군으로 출전하였다가 청나라군의 포로가 된다. 최척은 포로수용소에서 청군의 포로가 된 맏아들 몽석을
극적으로 만나게 된다. 부자가 함께 수용소를 탈출하여 고향으로 향하던 중 몽선의 장인 진위경을 만난다. 옥영 역시 몽선ㆍ홍도와 더불어 천신만
고 끝에 고국으로 돌아와 일가가 다시 만나 단란한 삶을 누린다.

05 {유형 ❶ 서술상의 특징}

이게 정답! ④ '날씨가 맑은 어느 봄날 밤이었는데 어둠이 깊어 갈 무렵 미풍이 잠깐 일며 ~ 그윽한 향기가 코끝에 스며들었다.'에서 시간적, 공간적 배경을 감각적으로 묘사하고 있어요. 이는 최척과 옥영이 피리를 불고 시를 읊으며 함께 시간을 보내는 장면의 배경이기 때문에, 인물의 행동이 전개되는 상황의 낭만적 분위기를 부각하고 있다고 할 수 있어요.

왜 답이 아니지? ① 옥영이 최척의 피리 소리를 듣고 시를 읊은 이유는 '맑은 정경'에 대한 감흥을 주체할 수 없었기 때문이지, 인물 간의 갈등 때문이 아니에요. 따라서 시를 삽입하여 인물 간의 갈등 양상이 구체화되는 상황을 드러내고 있다는 설명은 적절하지 않아요.

② '옥영은 소매를 걷고 머리를 빗어 올린 채 손수 물을 긷고 절구질을 했으며 ~', '둘은 서로 마주하고 놀라 ~ 서로를 볼 수도 없을 지경이었다.'에서 인물의 행위가 연속적으로 나열된 것을 확인할 수 있어요. 하지만 이를 통해 신분의 변화 과정을 드러내고 있지는 않아요.

③ '이웃 사람들이 이를 듣고는 모두 양홍의 처나 포선의 아내도 이보다 낫지 않을 것이라고 칭찬했다.'에서 주변 인물이 알고 있는 사례를 든 것은 맞아요. 하지만 주요 인물, 즉 '옥영'에 대해 상반된 평가를 내리고 있는 것은 아니에요.

⑤ 최척과 옥영이 재회하는 장면에서 인물 간 대화가 오가는 것은 맞아요. 하지만 산속으로 붙들려 강가로 끌려간 다음에 아버지와 장모님이 어떻게 되었는지 묻는 최척의 질문에, 옥영이 "제가 두 분의 안위를 어떻게 알겠습니까?"라고 답하고 있으므로, 이 장면에 이전 사건에 따른 다른 인물들의 현재 행선지가 드러나 있다고 볼 수는 없어요. **정답 ④**

06 {유형 ❷ 인물 이해}

이게 정답! ③ '최척은 애초에 자기 아내가 이리 시를 잘 읊는 줄 모르고 있던 터라 놀라 감탄하였다.'라고 하였으므로, 최척이 옥영의 시에 대한 재능을 결혼 전에 알고 있었지만 옥영이 시를 읊기 전까지 이를 모른 척했다는 이해는 적절하지 않아요.

왜 답이 아니지? ① 뱃사람들은 최척과 옥영이 서로 친척이나 잘 아는 친구인 줄로만 알았다가 부부 사이라는 것을 알고, '이상하고 기이한 일'이라고 말하고 있어요. 따라서 최척과 옥영의 관계가 자신들이 생각하던 것과 달라 놀라워했다고 볼 수 있어요.

② 최척은 자신을 '다른 나라를 떠도는 사람'이라고 설명하며 자신의 처지를 드러내고, "고국 사람을 만나는 것이 어찌 기쁘기만 한 일이겠습니까?"라며 자신의 심정을 드러내고 있어요.

④ '시아버지를 봉양하고 남편을 대할 때 효와 정성을 다하고, 윗사람을 받들고 아랫사람을 대할 때는 성의와 예의를 두루 갖췄다.'에서 옥영이 가족의 구성원들을 정성스러운 마음으로 대했음을 알 수 있어요. 또한 '최척은 결혼한 후 구하는 것이 뜻대로 되어 재산이 점차 넉넉히 불었으나'에서 옥영이 시집온 후 최척의 집안이 점차 부유해졌음을 확인할 수 있어요.

⑤ '친척들이 축하하여 온 집안에 기쁨이 넘쳤고'에서 최척의 결혼을 친척들이 경사로 받아들였음을 알 수 있어요. 또한 '이웃 사람들이 이를 듣고는 모두 양홍의 처나 포선의 아내도 이보다 낫지 않을 것이라고 칭찬했다.'에서 이웃 사람들이 옥영의 행실을 칭찬했음을 확인할 수 있어요. **정답 ③**

07 {유형 ❺ 장면 혹은 대화의 이해}

이게 정답! ③ '매양 꽃 피는 아침과 달 뜬 밤'이 되면 최척이 '아내 곁에서 피리를 불곤 했다'고 하였으므로, ⓔ은 인물의 행위가 반복적으로 일어나는 시간의 표지라고 볼 수 있어요. ⓜ '어느 봄날 밤'은 최척이 아내 곁에서 피리를 분 다음에 옥영이 평소와 달리 시를 읊은 밤이기 때문에, ⓜ은 ⓔ 중 한 시점을 특정하는 시간의 표지라고 할 수 있어요.

왜 답이 아니지? ① '매월 초하루'는 최척 부부가 만복사에서 부처께 기도를 올리는 시간이므로 인물의 심리적 갈등이 발생하는 것과는 관련이 없어요. 또한 ⓒ '그달'은 옥영이 자식을 잉태한 시간이므로 갈등이 심화된다고 볼 수도 없어요.

② ⓒ '그달'은 옥영이 자식을 잉태하여 후사에 대한 염려에서 벗어난 시간이므로 심리적 갈등이 해소된 상황이라고 볼 수 있어요. ⓜ '어느 봄날 밤'은 최척이 피리를 불고 옥영이 시를 읊던 시간이에요. 따라서 ⓒ과 ⓜ 모두 인물의 성격이 변화됨을 드러내는 시간의 표지라고 볼 수 없어요.

④ ① '매월 초하루'와 ⓛ '정월 초하루' 모두 최척 부부가 만복사에 올라 부처께 기도를 올린 시간이므로, ⓛ이 ①에서부터 이어진 행위를 알려 준다고 보는 것은 적절해요. 하지만 이러한 행위가 완결된 순간은 옥영이 자식을 얻은 시간일 것이므로, ⓜ '어느 봄날 밤'이 아니라 자식을 잉태한 시간인 ⓒ '그달'로 보는 것이 적절해요.

⑤ ⓛ '정월 초하루'는 최척 부부가 후사를 염려해 만복사에 올라 기도를 올리는 시간이고 ⓒ '그달'은 옥영이 마침내 자식을 잉태한 시간이므로, ⓛ과 ⓒ은 인물의 소망이 실현되어 가는 과정에 포함되는 시간이라고 할 수 있어요. 하지만 ⓜ '어느 봄날 밤'은 최척이 피리를 불고 옥영이 시를 읊던 시간이므로, 인물의 소망이 좌절된 시간의 표지로 보는 것은 적절하지 않아요. **정답 ③**

08 {유형 ❹ 〈보기〉 활용 문제}

이게 정답! ⑤ 최척과 옥영이 '소리를 지르며 끌어안'은 것은 두 사람이 기적적으로 재회한 것에 대한 기쁨의 표현이므로, 문제의 해결에 따른 기쁨이라고 볼 수 있어요. 하지만 '눈물이 다하자 피가 흘러내'리는 것은 재회의 기쁨이 그만큼 크다는 것을 강조하는 과장된 표현일 뿐, 또 다른 문제 확인에 따른 인물의 불안감과는 관련이 없어요.

왜 답이 아니지? ① 최척과 옥영은 자식이 없는 것을 염려해 만복사에 올라 부처께 기도를 드렸어요. 시간이 흐른 후 '만복사의 부처'가 옥영의 꿈에 나타나 사내아이를 점지해 주었고 옥영이 실제로 아들을 출산하였으므로, '만복사의 부처'는 옥영이 겪고 있는 현실적인 문제를 해결하는 데 도움을 주는 신이한 존재라고 할 수 있어요.

② '만복사의 부처'는 자신이 점지한 사내아이가 태어나면 특이한 징표가 있을 것이라고 예언했어요. 그리고 실제로 태어난 아이의 등을 보니 어린아이 손바닥만 한 '붉은 점'이 있었죠. 따라서 이 '붉은 점'은 '사내아이'의 출생과 관련한 예언이 실제로 이루어졌음을 확인할 수 있는 특이한 증거라고 할 수 있어요.

③ 최척이 '일본인 배에 이르러 조선말로 물'어보는 것과 '고국 사람을 만나'려고 하는 것을 통해, 공간적 배경이 조선뿐 아니라 다른 나라로도 확장되었음을 알 수 있어요.

④ 옥영이 시를 읊은 것은 '피리 소리'를 듣고 최척을 떠올리게 되면서 감회가 일었기 때문이에요. 그리고 다음 날 최척이 간밤에 시를 읊던 사람을 찾아옴으로써 두 사람이 극적으로 재회하게 되었으므로, '피리 소리'는 이별의 상황을 해결하는 계기가 되는 소재라고 볼 수 있어요. **정답 ⑤**

작자 미상, 〈박태보전〉
● 지문 해설

이때 태보 궐문 밖으로 나오니 그제야 정신없이 기절하거늘 좌우 제신이며 일가 제족이 구완하여 겨우 인사 차려 좌우를 돌
　　주인공. 숙종 대의 실존 인물　　　　　　　　　　　　　　　여러 신하　　　여러 가족　　아픈 사람을 간호함
아보며 왈,

"이 몸이 명재경각(命在頃刻)이라. 어찌 살기를 바라리오. 군 등은 태보가 죽거든 죽기로써 간하여 왕비를 내치지 못하게 하
　　　　　　거의 죽게 되어 곧 숨이 끊어질 지경에 이름　　　　　　　　　　　　　　　　　　태보의 부탁
옵소서."

한데 이때에 상소 중에 이름 올린 제원(諸員)이 모두 이로되,
　　　　　　　　　　여러 인원

　　┌ "그대는 죽기로써 간하다 어명을 입고 사경이 되었으나 우리도 역시 한 탓이로다. 막중한 충을 몰랐으니 무슨 낯이 있으
[A]│　　태보의 강직한 성격을 드러냄　　　　　　　　　　　　　제원이 책임을 통감하는 모습
　　└ 리오. 일은 여럿이 참여하고 죄는 그대만 혼자 당하였으니 죄스럽고 민망하기 측량없노라."

무수히 위로하다가 형옥(刑獄)으로 전송하더라. 이튿날에 형조 판서 마지못하여 위계를 갖추고 대강 직계(直啓)로 올렸더니
　　　　　　　　　　예전에, 형벌과 감옥을 아울러 이르던 말　　　　　　　　　　　　　　　직접 임금에게 알림
상(上)이 보시고 다시 하교하사,
임금
　"금부로 가두라."
　　조선 시대에, 임금의 명령을 받들어 중죄인을 신문하는 일을 맡아 하던 관아 (=의금부)
하시거늘 금부 옥졸이 옹위하여 금부에 이르니 만조백관이며 장안 백성이 구름 뫼듯 하더라. 이때에 생가 친척이며 양가 제족
　　　　　　　　　　슬퍼함　　　　주위를 둘러쌈　　　조정의 모든 벼슬아치
이 애연 돌탄하거늘 태보 위로 왈,
　　　혀를 차며 탄식함
　　┌ "인명이오면 재천이옵거늘 설마 무죄로 죽어 청춘 원혼이 되리오마는 나의 뜻은 정한 지 오래되었는지라. 하늘이 무너
　　│　사람의 목숨은 하늘에 달려 있다는 뜻으로, 목숨의 길고 짧음은 사람의 힘으로 어쩔 수 없음
　　│ 지고 땅이 꺼져도 변할 길이 없사오니 이 몸이 죽거든 영천수 흐르는 물에 훨훨 씻어 다른 곳에는 묻지 말고 남산하에
[B]│　죽음 앞에서도 자신의 뜻을 굽히지 않을 것임을 드러냄
　　│ 묻어 주오면 죽은 혼백이라도 궐내를 향하여 우리 주상 심하에 복지하여 수야로 산하여 왕비를 다시 환궁하게 하올 것
　　│　　　　　　　　　　　　　죽어서도 자신의 의지를 관철시키려는 태보의 다짐이 드러남
　　└ 이니 아무리 죽은 사람의 말이라 하옵고 저버리지 마시며 부디 명심하소서."

금부에 수일 잡혀 갇혔더니, 상이 구태여 왕비는 내치시고 태보는 진도로 정배하라 하시니라.
　　　　　　　　　　　　　　　　　　　　　　　　죄인을 지방이나 섬으로 보내 정해진 기간 동안 그 지역 내에서 감시를 받으며 생활하게 하던 일

【중략 부분 줄거리】 박태보의 정배를 따라가려다 되돌아온 박태보의 부인은 꿈에서 남편을 만난다.

한림이 울어 왈,
태보
"내 무죄하여 탕탕한 청천이 감동하사 사생풍진을 다 버리고 전고 충신을 따라 황성에로 구경 가나니, 슬프다! 부인은 기다
　　　　　　썩 크고 넓은　　　　　생과 사의 어지러운 일이나 시련　　　본받을 만한 옛 충신
리지 말고 만세 무양하옵소서."
　　　　오래도록 몸에 병이나 탈이 없음
하되, 부인이 대경 왈,
　　　　　크게 놀람
"어디를 가시며 기다리지 말라 하시니까? 한림은 그다지 독하시오. 첩도 한가지로 가사이다."

하며 한림의 소매를 잡고 못 가게 하니 한림이 왈,

"부인은 안심하소서. 구구한 사정을 어찌 잊으오리까? 일후 상봉할 날이 있으오리라."
　　　　　　　　　　　　　　　　　　　시간이 지나 뒤에 올 날
하고 떨치고 나가거늘 부인 한림의 손을 잡고 따라가니 어떤 남자 십여 명이 의관을 정제하고 서 있거늘 겸연쩍어 방으로 들어

앉으며 가만 보니 학발의관(鶴髮衣冠)을 갖춘 어린 제자 오륙 인이 분명하거늘 부인이 놀라 깨달으니 남가일몽이라.
　　　　　　　　　　　　　　　　　　　　　　　　　　　　　　　　태보를 만난 것이 꿈임을 드러냄
부인이 몽사를 생각함에 심신이 산란하여 명월을 대하여 내념에
　　　　　　　　　　　　　　　　　　　　마음속의 생각
'분명 한림이 기사하였도다.'
　　　　　　이미 죽음

시비를 데리고 몽사를 설화하더니 이미 동방이 밝았거늘 시부모 당하에 문안차로 나가니, **이화촌에 개 짖으며 문밖에 울음**
　　　　　　　　　　　　　이야기함　　　　　　　　　　　　　　　　　　　　　　　　　　　　　　불안한 분위기를 조성함
소리 들리거늘 부인이 놀라 문을 열어 보니 한림의 하인 동일이라 하는 사람이 한림의 편지를 드리거늘 대감 부부와 부인이 망
　　　편지의 내용을 추측하함 – 태보의 죽음
극하야 서로 붙들고 통곡하다가 기절하거늘 비복 등이 급히 구완하여 겨우 인사를 분별하는지라.

이때에 원근 제족과 만조백관이 다 조문 후에 장안 백성이 뉘 아니 낙루하리오. 이러구러 곡성이 진동하니 어찌 천신이 감동
　　　　　　　　　　　　　　　　　　태보에 대한 백성들의 안타까움 – 편집자적 논평　　　　　　　　　　　편집자적 논평
치 아니하리오. 그 편지를 떼어 보니 하였으되,

'불효자 태보는 두어 자 문안을 부모 전에 올리나이다. 천 리 원정에 가다가 **과천**의 관에서 신병과 심회가 울적하거늘 구천에
　　　　　　　　　　　　　　　　　　　　　　　　　태보가 숨을 거둔 곳　　　　　　　　　　　저승
들어가오니, 사람의 죄 삼천을 정하였으되 불효한 죄가 제일이라 하였으니 삼천 수죄(首罪) 지었으나 국은을 또한 갚지 못하
　　　　　　　　　　　　　　　　　　　여러 범죄 가운데에서 가장 크고 무거운 죄=불효한 죄　　　　　　태보가 임금을 올바른 길로 인도
옵고 중로 고혼이 되어 구천에 돌아가는 자식을 생각지 마옵고 말년 귀체를 안보하시다가 만세 후에 부자지정을 만분지일이
하려는 뜻을 이루지 못했음을 드러냄　　　　　　　　　　　죽어서도 부모에게 효도를 다하겠다는 다짐을 통해 태보가 부모에 대한 윤리적 책임을 다하려 한 인물임을 보여 줌
나 바라나이다.'

하였더라.

이날 대감이 판서 노복 등을 거느리고 즉시 과천으로 행할새, 장안 백성이 다 애연하며 구름 뫼듯 하더라. 대감과 판서 애통
함이 측량없더라. 초종례로 극진히 한 후에 채단으로 염습하고 도로 집으로 옮겨와 장사를 지내니 일문이 애통함을 차마 못 볼
　　　　　운명한 후 염습하기 전까지의 절차　　온갖 비단　　시신을 씻긴 뒤 수의를 갈아입고 천으로 묶는 일　　태보에 대한 사람들의 안타까움 – 편집자적 논평
러라.

각설, 이때에 상이 민 중전을 내치시고 태보를 정배 후, 자연 심신이 산란하여 밤이면 **성내 성외를 미복**으로 순행하시더니
　　　　　　　　　　　　　　　　　　　　　　　　　　　　지위가 높은 사람이 무엇을 몰래 살피러 다닐 때에 남의 눈을 피하려고 입는 남루한 옷차림
일일은 **한 곳**에 다다르니 명월은 명랑한데 어떤 아이 오륙 인이 월색 희롱하며 노래하야 즐거워하거늘 상이 몸을 은신하시고
자세히 들으니 그 노래에 하였으되,

"저 달은 밝다마는 우리 주상은 불명하야 충신을 무슨 일로 천 리 원정에 내치시며, 무슨 일로 민 중전은 **외관**에 내치시고 군
　임금이 밝은 달의 속성과 대비되는 불명한 인물임을 제시 → 백성들이 임금을 부도덕한 인물로 평가함을 보여 줌
의신충 없었으니 이 부자자효 쓸데없다. 인심은 분명하건마는 국운이 말세 되어 백성도 못할 일을 국가에서 행하고 한심하
임금과 신하의 충성과 신의　　　　　　　　　　　　　　　　　　　　깊은 산속의 험한 골짜기. 부도덕한 임금을 피하고자 하는 백성의 마음이 투영된 공간
고 가련하다. 사백 년 사직을 뉘라서 붙들랴. 이 애야, 저 애야. 흥망성쇠는 불관하다마는 당상 부모 모셨어라. **심산궁곡에**
　　　　　　　　　　　　　　　　　　　　　　　　　　　　　　관계하지 아니함
들어가 초목으로 붓을 적시고, 금수로 벗을 삼아 세월을 보내다가 성군을 기다리자."

서로 비기며 애연히 가거늘 상이 그 노래를 들으시매 심신이 산란하여 그 아이들 성명을 묻고자 하시니 아이들이 달아나는
지라 못내 애연하시며 곧 환궁하시니라.

● 핵심 정리

갈래	역사 소설
시점	전지적 작가 시점
배경	우리나라(조선 숙종 때, 한양)
주제	죽음 앞에서도 임금에게 충간을 아끼지 않은 충신 박태보의 드높은 지조와 삶

● 작품의 의의 〈박태보전〉은 조선 숙종 때의 역사적 인물인 박태보가 주인공인 역사 소설로, 실존 인물의 삶과 사건을 다룬 작품이에요. 임금과
신하라는 불평등한 권력관계 속에서도 직간을 통해 임금의 불의한 면에 대해 적극적으로 자신의 의사를 표현하는 박태보의 모습이 두드러지게 나
타나 있어요. 그리고 이러한 박태보의 태도에 자신의 권위가 능욕당했다며 노여워하는 임금이 박태보와 팽팽하게 대립하면서 소설적인 흥미를 더
하고 있지요.

● 전체 줄거리 숙종 때 박세당의 둘째 아들로 태어난 태보는 18세에 이조 판서 이경의 딸과 혼인하고 과거에 급제하여 응교(應敎)의 벼슬에 이른
다. 한편 숙종의 후궁 장 씨는 미천한 집 딸로, 왕의 은총이 지나쳐 교만해져서 늘 중전 민 씨를 폐하고자 하였다. 장 씨가 왕자를 낳자 숙종이 애지
중지하였는데, 하루는 중전이 장 씨 방에 가 보니 장 씨는 없고 왕자가 죽어 있었다. 숙종은 중전이 왕자를 죽인 줄 알고 중전을 폐위하고자 한다.
결국 중전의 생일날 숙종이 중전 폐위의 전교를 내리자 신하들이 이에 반대하는 상소를 올린다. 숙종은 여기에 크게 노해 상소한 사람들을 모두 잡
아들이는데, 박태보가 모든 책임을 지고 들어가 임금에게 직간을 한다. 숙종 앞에서도 박태보가 소신을 다해 중전 폐위의 부당함을 직간하자 숙종
은 분노하여 박태보를 형틀에 올려놓고 매우 치는 등 중형을 가한다. 하지만 박태보는 조금도 굴복하지 않고 끊임없이 간하는 모습을 보인다. [(수
록 부분) 끝내 숙종은 중전을 내치고 박태보를 진도로 유배 보내는데, 혹독한 고문을 당한 태보는 유배 가는 도중에 죽고 만다. 이후 숙종은 궁궐 밖
을 나와 돌아다니며 임금을 풍자하는 동요를 듣게 된다.] 하루는 숙종이 후원에 들어가 보니 장 씨가 궁녀들을 데리고 굿을 하며 중전의 허수아비
를 앞에 놓고 저주를 퍼붓고 있었다. 장 씨의 음모를 알게 된 숙종은 민 씨를 복위시켜 환궁하게 하고, 장 씨는 폐위하여 사약을 내려 죽인다. 또한
박태보의 죽음을 슬퍼하며 박태보의 아버지 박세당을 불러 충신 아들을 두었음을 치하하고, 박세당의 큰아들을 대사성으로 삼아 죽은 아우를 대신
하게 한다.

09 {유형 ❷ 인물 이해}

이게 정답! ② 태보가 정배를 간 후 부인은 꿈에서 남편을 만나게 돼요. '학발의관을 갖춘 어린 제자 오륙 인이 분명하거늘 부인이 놀라 깨달으니 남가일몽이라.'라는 내용을 통해 부인이 꿈에서 학발의관을 갖춘 사람들을 보고 놀라 꿈에서 깼음을 알 수 있어요.

왜 답이 아니지? ① 태보가 형옥에서 금부로 이송해 줄 것을 자청하는 모습은 나오지 않아요. 오히려 '상(上)이 보시고 다시 하교하사, "금부로 가두라." 하시거늘'이라는 내용을 통해 태보가 임금의 명령으로 인해 금부로 이송되었음을 알 수 있죠.
③ 지문의 '대감과 판서 애통함이 측량없더라. 초종례로 극진히 한 후에 채단으로 염습하고 도로 집으로 옮겨와 장사를 지내니'라는 내용을 통해, 초종례를 먼저 하고서 태보의 시신을 집으로 옮겨 왔음을 알 수 있어요.
④ 지문의 '그 아이들 성명을 묻고자 하시니 아이들이 달아나는지라'라는 내용을 통해, 임금이 아이들의 이름을 물어보고자 하였지만 아이들이 달아나 결국 묻지 못했음을 알 수 있어요.
⑤ 지문의 '이튿날에 형조 판서 마지못하여 위계를 갖추고 대강 직계(直啓)로 올렸더니'라는 내용을 통해, 형조 판서가 조사 결과를 자세히 보고하지 않고 마지못해 대강 올렸음을 알 수 있어요. **정답 ②**

10 {유형 ❸ 핵심 소재 이해}

이게 정답! ① '금부'는 임금의 명령에 의해 태보가 형옥에서 옮겨져 갇히게 된 공간이에요. 이 점에서 '금부'를 임금의 명령이 실현된 공간으로 볼 수도 있어요. 하지만 태보는 여전히 자신의 뜻을 굽히지 않고 있으며, 만조백관과 장안 백성은 태보의 상황에 안타까움을 느끼고 있죠. 따라서 '금부'는 임금이 권위를 실현하고자 했으나, 그 권위가 오롯이 실현되지는 못한 공간으로 볼 수 있어요. 또한 '한 곳'은 아이들이 임금을 풍자하는 노래를 부르는 곳으로, 임금은 이곳에서 애연함을 느끼고 있으므로, '한 곳'을 임금이 자신의 권위를 내세우는 공간으로 보는 것 역시 적절하지 않아요.

왜 답이 아니지? ② '진도'는 임금의 명령에 의해 정배를 당한 태보가 향해야 하는 곳이고, '외관'은 임금에 의해 내쳐진 민 중전이 거처하는 곳이지요.
③ '이화촌'은 태보의 부인이 시부모 당하에 문안차로 나아가는 곳이자 태보의 하인 동일이 태보의 편지를 가지고 오는 곳이기도 해요.
④ '과천'은 태보가 진도로 정배를 가다가 머물게 된 곳으로, 태보는 이곳에서 숨을 거두게 돼요. 태보가 숨을 거둔 것을 알게 된 대감은 그 소식을 듣고 이화촌을 떠나 과천으로 향하게 되지요.
⑤ '성내 성외'는 임금이 미복 차림으로 순행하고 있는 곳이에요. 임금은 이 중 한 곳에서 아이들이 자신을 비판하는 노래를 듣게 되죠. '심산궁곡'은 아이들이 부른 노래 속에 나오는 곳으로, 백성들은 지금의 임금을 비판하면서 '심산궁곡'에서 세월을 보내며 성군을 기다리자고 하고 있죠. 즉, '심산궁곡'은 '성내 성외'와 대비되어 임금을 피하고자 하는 백성의 마음이 투영된 공간이라고 볼 수 있어요. **정답 ①**

11 {유형 ❷ 인물 이해}

이게 정답! ③ [A]는 상소 중에 이름을 올린 제원(諸員)이 한 말로, 태보가 강직함을 칭송하면서 태보의 위기에 대해 책임을 통감하고 있어요. [B]는 태보가 생가 친척과 양가 제족에게 한 말로, 죽음 앞에서도 자신의 뜻을 굽히지 않을 것임을 분명히 다짐하고 있지요. 따라서 [A]에서 제원들이 칭송한 태보의 강직함이 [B]에 나타난 태보의 다짐에서 확인된다고 볼 수 있어요.

왜 답이 아니지? ① [A]에는 태보의 위기에 책임을 통감하는 제원들의 탄식이 나타나 있지만, [B]에 태보가 자책하는 모습은 나타나 있지 않아요.
② [A]에는 태보를 향한 제원들의 위로가 나타나 있지만, [B]에 삶을 도모하여 무죄를 소명하겠다는 태보의 결심은 나타나 있지 않아요. 오히려 태보는 죽음을 각오하는 모습을 보이고 있지요.
④ [A]에 제원들 간의 갈등이나 그로 인한 태보의 심리적 상처는 나타나지 않아요. 그러므로 [B]에서 태보의 심리적 상처가 가족과의 만남을 통해 해소된다는 것 역시 적절하지 않지요.
⑤ [A]와 [B] 모두에서 태보가 후회하는 모습은 나타나지 않아요. 오히려 자신의 뜻을 굽히지 않고 있지요. **정답 ③**

12 {유형 ❹ 〈보기〉 활용 문제}

이게 정답! ⑤ 〈보기〉에서는 박태보가 자신의 뜻을 이루지 못했음에도 불구하고 가족과 국가에 윤리적 책무를 다하는 인물로 인정받음으로써 도덕적 영웅으로 고양되었음을 이야기하고 있어요. 지문에서 태보에 대한 민심은 '장안 백성이 뉘 아니 낙루하리오.', '어찌 천신이 감동치 아니하리오.', '일문이 애통함을 차마 못 볼러라.' 등에서 편집자적 논평을 통해 반복적으로 나타나고 있어요. 하지만 이것이 태보가 기우는 국운을 회복한 영웅으로 추대되었기 때문은 아니에요. 태보는 자신의 뜻을 이루지 못한 채 죽음을 맞이하였으며, 중전이 내쳐지는 것을 막지도 못했다는 점에서, 국운을 회복한 영웅으로 보기는 어렵지요. 태보에 대한 민심을 편집자적 논평을 통해 반복적으로 나타낸 것은 고난과 시련 끝에 죽음을 맞이한 태보에 대한 백성들의 안타까움을 드러낸 것으로 볼 수 있어요.

왜 답이 아니지? ① 부인의 꿈에서 태보는 "내 무죄하여 탕탕한 청천이 감동하사 ~ 전고 충신을 따라 황성에로 구경 가나니"라고 이야기하고 있어요. 이는 하늘이 태보를 무죄로 판명하여 전고 충신을 따르게 함으로써 태보가 윤리적 명분 면에서 인정받은 도덕적 영웅임을 보여 주는 것에 해당해요.
② 태보는 부모님에게 보낸 편지에서 국은을 갚지 못하고 죽는다며 자신의 한탄을 드러내고 있는데, 이는 결국 임금을 올바른 길로 인도하려는 숭고한 뜻을 이루지 못하고 세계와의 대결에서 패배했음을 보여 주는 거예요.
③ 태보는 부모님에게 보낸 편지에서 "만세 후에 부자지정을 만분지일이나 바라나이다."라고 하며 부모를 향한 효를 강조하고 있는데, 이는 태보가 죽음에 이른 상황에서조차 부모에 대한 윤리적 책임을 다하려 한 인물임을 보여 줘요.
④ 아이들이 부른 노래에 '저 달은 밝다마는 우리 주상은 불명하야'라는 내용이 나오는데, 이는 임금이 밝은 달의 속성과 대비되는 불명한(사리에 어두운) 인물임을 제시하는 것으로, 백성들이 주상을 부도덕한 인물로 평가하여 신임하지 않았음을 보여 주는 거예요. **정답 ⑤**

작자 미상, 〈최고운전〉
● 지문 해설

1 승상 나업은 딸 하나가 있었다. 재예(才藝)가 당대에 빼어났다. 아이는 이 말을 듣고 헌 옷으로 갈아입고 거울 고치는 장사
　　　　　　　　　　　　　재능과 기예를 아울러 이르는 말
라 속여 승상 집 앞에 가서 "거울 고치시오!"라 외쳤다. 소저는 이 말을 듣고 **거울**을 꺼내 유모에게 주어 보냈다. 소저는 유모

뒤를 따라 바깥문 안쪽까지 나가 문틈으로 엿보았다. 장사가 소저의 얼굴을 언뜻 보고 반해, 손에 쥐었던 **거울**을 일부러 떨어

뜨려 깨뜨렸다. 유모가 놀라 화내며 때리자 장사가 울며 말했다.

　　"거울이 이미 깨졌거늘 때려 무엇 하세요? 저를 노비로 삼아 거울 값을 갚게 해 주세요."

　　유모가 들어가 이를 승상께 아뢰니 허락하였다. 승상은 그의 이름을 거울을 깨뜨린 노비라는 뜻으로 파경노(破鏡奴)라 짓고
　　아이가 승상의 집에 들어가 살게 됨
말 먹이는 일을 시켰다. 말들은 저절로 살쪄 여윈 것이 하나도 없었다.

2 하루는 천상의 선관들이 구름처럼 몰려와 말 먹일 꼴을 다투어 그에게 주었다. 이에 파경노는 말들을 풀어놓고 누워만 있었
　　　　　　　　　　　선경(仙境)에서 벼슬살이를 하는 신선　　　　　　　　　　 말이나 소에게 먹이는 풀
다. 날이 저물어 말들이 파경노가 누워 있는 곳에 와 그를 향해 머리를 숙이며 늘어서자 보는 자마다 모두 기이하게 여겼다. 승
　　　　　　　　　　파경노의 신이한 능력 ①
상 부인은 이 말을 듣고 승상에게 말했다.

　　"파경노는 용모가 기이하고 탄복할 일이 많으니 필시 비범한 사람일 것입니다. 마부 일도, 천한 일도 맡기지 마세요."
　　승상 부인이 파경노가 평범한 사람이 아니라는 것을 알게 됨
　　승상이 옳게 여겨 그 말을 따랐다. 이전에 승상은 동산에 꽃과 나무를 많이 심었는데, 파경노에게 이를 기르게 했다. 이때부

터 동산의 **화초**가 무성하며 조금도 시들지 않아, 봉황이 쌍쌍이 날아들어 꽃가지에 깃들었다.
　　파경노의 신이한 능력 ②
3 열흘이 지났다. 파경노는 소저가 동산의 **꽃**을 보고 싶으나 파경노가 부끄러워 오지 못한다는 말을 들었다. 이에 파경노는

승상을 뵙고 말했다.

　　"제가 이곳에 온 지 여러 해 지났습니다. 한 번도 노모를 뵙지 못했으니, 노모를 뵙고 올 말미를 주십시오."
　　　　　　　　　　　　　　　　　　　　　　　　　　　　　　　일정한 직업이나 일 따위에 매인 사람이 다른 일로 말미암아 얻는 겨를
　　승상은 닷새를 주었다. 소저는 파경노가 귀향했다는 소식을 듣고 동산에 들어가 꽃을 보고,

　　"꽃이 난간 앞에서 웃는데 소리는 들리지 않네."라고 시를 지었다. 파경노는 꽃 사이에 숨어 있다가,
　　　　　　　　　　　　　　　　　　　　　　　　　　　파경노가 실제로는 고향에 가지 않음
　　"새가 숲 아래서 우는데 눈물 보기 어렵네."라고 시로 화답했다. 소저가 부끄러워 얼굴을 붉히며 돌아갔다.

【중략 부분 줄거리】 중국 황제는 신라 왕에게 석함을 보내, 그 안에 있는 물건을 알아내어 시를 지어 올리라 명한다. 신라 왕은
　　　　　　　　　　　　　　　　　　　　돌로 만든 함
이를 해결하지 못하고 나업에게 과업을 넘긴다.

4 나업은 집으로 돌아와 석함을 안고 통곡했다. 파경노는 이 말을 듣고 사람들에게 왜 우는지를 물었다. 사람들이 모두 말해

주자, 자못 기쁨을 띠며 꽃가지를 꺾어 외청으로 갔다.
　　　생각보다 매우
　　소저가 슬피 울다가 문득 벽에 걸린 **거울**에 비친 그림자를 보았다. 속으로 놀라 창틈으로 엿보니 파경노가 **꽃**을 들고 서 있

었다. 소저가 이상히 여겨 묻자, 시치미를 떼며 말했다.

　　"그대가 이 꽃을 보고 싶다 하여 그대를 위해 가져왔소. 시들기 전에 받아 보시오."

　　소저가 한숨을 크게 쉬니, 파경노가 위로하며 말했다.

　　"거울 속에 비친 이가 반드시 그대 근심을 없애 줄 것이오. 근심치 말고 꽃을 받으시오."

　　소저가 꽃을 받고 부끄러워하며 안으로 들어갔다.

5 얼마 뒤 소저는 파경노의 말을 괴이히 여겨 승상께 말했다.
　　　　　　　　　　　　　정상적이지 않고 별나며 괴상하게
　　"파경노가 비록 어리지만 재주가 남보다 뛰어나고, 신인(神人)의 기운이 있어 석함 속의 물건을 알아내어 **시**를 지을 수 있을
　　　　　　　　　　　　　　　　　　　　　　 신과 같이 신령하고 숭고스러운 사람
것입니다."

　　승상이 말했다.

　　"너는 어찌 쉽게 말하느냐? 만약 파경노가 할 수 있다면 나라의 이름난 선비 가운데 한 명도 시를 짓지 못해 이 석함을 나에

게 맡겼겠느냐?"

소저가 말했다.

"뱁새는 비록 작지만 큰 새매를 살린다 합니다. 그가 비록 노둔하나 큰 재주를 지니고 있는지 어찌 알겠습니까?"
<small>오목눈잇과의 하나</small> <small>수릿과의 새</small> <small>둔하고 어리석어 미련하나</small>
이어서 파경노가 걱정하지 말라고 했음을 고했다.

"만약 그가 시를 지을 수 없다면 어찌 그런 말을 냈겠습니까? 원컨대 그를 불러 시험 삼아 시를 짓게 하소서."

승상이 파경노를 불러 구슬리며 말했다.

"만약 이 석함 속의 물건을 알아내 시를 짓는다면 후한 상을 줄 것이며, 마땅히 네 뜻을 이루어 주겠다."

파경노가 거절하며 말했다.

"비록 후한 상을 준다 한들 제가 어찌 시를 짓겠습니까?"

소저가 이 말을 듣고 승상에게 말했다.

"살고 싶고 죽기 싫은 것이 인지상정입니다. 옛날에 어떤 이가 사형을 당하게 되었을 때, 그에게 '네가 만약 시를 짓는다면
<small>사람이면 누구나 가지는 보통의 마음</small>
내 마땅히 사면해 주겠다.' 했으나 그 사람은 무식한 이였으나 그 명을 따랐습니다. 하물며 파경노는 문학이 넉넉해 시를
<small>죄를 용서하여 형벌을 면제함</small>
지을 수 있지만 거짓말로 못하는 체하고 있습니다. 지금 아버님께서 그를 겁박하시면 어찌 삶을 좋아하고 죽음을 싫어하는
<small>으르고 협박함</small>
마음이 없어 복종치 않겠습니까?"

승상이 그럴듯하다 여기고 파경노를 불렀다.

● 인물 관계도

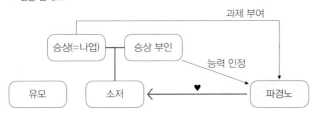

● 장면별 내용 정리

1	아이(주인공 최고운)가 승상 나업의 집에 노비(파경노)로 들어감
2	파경노가 승상 부인과 승상으로부터 비범함을 인정받아 동산의 화초를 기르게 됨
3	파경노는 귀향한다는 거짓말로 소저가 동산에 올 수 있도록 하고, 동산에 온 소저가 시를 짓자 이에 화답함
4	신라 왕으로부터 어려운 과제를 떠안게 된 나업과 소저가 슬퍼하고, 사연을 들은 파경노가 소저에게 자신이 해결할 수 있음을 넌지시 알림
5	소저가 승상에게 파경노에 대해 언급하고, 승상이 파경노를 불러 문제를 해결하도록 함

● 핵심 정리

갈래	전기 소설, 영웅 소설, 적강 소설, 설화 소설
시점	전지적 작가 시점
배경	통일 신라 시대, 신라와 중국
주제	최치원의 비범성과 기지

● 전체 줄거리 신라 때 문창이라는 지방에서는 부임하는 신임 현령마다 부인이 실종되는 사건이 발생한다. 문창에 현령으로 부임한 최충은 부인의 손에 미리 명주실을 매어 두었다가 부인이 실종되자 부인을 찾아 나선다. 실이 뒷산 바위틈으로 들어간 것을 확인한 최충은 부인을 잡고 있던 금돼지를 죽이고 부인을 구해 온다. 그 후 부인이 잉태하여 여섯 달 만에 최치원을 낳는데, 최충은 금돼지의 자식이라 하며 치원을 내다 버린다. 그러자 선녀가 내려와 보호해 주고 하늘의 선비가 내려와 글을 가르쳤다. 최치원의 글 읽는 소리가 중국의 황제에게까지 들리자, 황제는 두 학사를 보내 실력을 겨루게 한다. 하지만 두 학사는 최치원을 당하지 못하고 중국으로 돌아간다. [(수록 부분) **최치원은 승상 나업의 딸 운영이 아름답다는 소문을 듣고 서울로 올라가 운영의 노비가 된다. 중국 황제가 함 속에 물건을 넣어 신라에 보내며 맞히지 못하면 공격할 것이라고 협박하였는데.**] 최치원은 나업에게 물건을 맞히면 자신을 사위로 삼아 줄 것을 약속받고 그것이 계란에서 병아리가 된 것임을 맞힌다. 중국 황제가 함 속의 물건이 무엇인지 맞힌 최치원을 중국으로 보내 달라고 하고, 최치원은 중국으로 간다. 중국에서 최치원은 황제의 간계를 물리치고 중원의 학자들과 문장을 겨루어 이기고, 과거에도 급제한다. 이때 황소의 난이 일어나자 격문을 지어 항복을 받으나, 이를 시기한 신하들의 모함으로 최치원은 유배를 가게 된다. 유배지에서 몇 차례의 위기를 극복한 최치원은 신라로 돌아와 가야산에 들어가 신선이 된다.

13 {유형 ❶ 서술상의 특징}

이게 정답! ④ 파경노와 소저의 대화, 승상 나업과 소저의 대화를 통해 나업이 근심하고 있는 문제, 즉 신라 왕이 나업에게 시를 지어 올리라고 명령한 사건의 해결 방안(파경노에게 시를 짓도록 함)이 제시되고 있어요.

왜 답이 아니지? ① 시간의 순차적 흐름에 따라 사건이 전개되고 있어요. 시간의 역전은 드러나 있지 않아요.
② 수록된 지문에는 서술자가 개입하여 사건의 전모를 밝히는 내용이 나타나 있지 않아요.
③ 희화화는 인물을 우스꽝스럽게 묘사하거나 풍자하는 것을 말하는데, 지문에서 인물을 희화화하는 부분은 찾을 수 없어요.
⑤ 현실에서 일어난 사건만 다루고 있을 뿐, 꿈과 현실이 교차하는 부분은 확인할 수 없어요. **정답 ④**

14 {유형 ❸ 핵심 소재 이해}

이게 정답! ② 아이는 일부러 거울을 깨뜨려 이를 핑계로 승상 집의 노비가 되겠다고 자처했고, 승상이 이를 허락하면서 아이에게 파경노라는 이름을 지어 주었어요. 따라서 '거울'은 아이가 파경노라는 이름을 얻고 승상의 집안으로 들어가는 계기가 되었다고 할 수 있어요. 그러나 승상 부인이 파경노를 인정하게 된 계기는 동산의 '화초'가 아니에요. 승상 부인은 파경노가 돌보는 '말'들에 대한 얘기를 듣고 그의 비범함을 알아차리게 되었죠. 그리고 이 때문에 동산의 화초를 파경노에게 맡기게 된 것이고요. 즉, 동산의 화초는 승상 부인이 파경노를 인정한 계기가 아니라 '결과'라고 할 수 있어요.

왜 답이 아니지? ① 거울을 가져다주러 나온 유모 뒤로 소저가 따라 나오면서 파경노가 소저의 얼굴을 보게 되었으므로, 유모에게 주어 보낸 '거울'은 아이가 소저의 얼굴을 보게 되는 계기가 되었다고 할 수 있어요. 그리고 소저는 벽에 걸린 '거울'에 비친 그림자 때문에 파경노의 존재를 인지하게 되었으므로, 벽에 걸린 '거울'은 파경노가 소저에게 자신의 존재감을 드러내는 계기가 되었다고 할 수 있어요.
③ 소저는 동산의 '꽃'을 보고 싶었지만 파경노가 부끄러워 오지 못하고 있었다고 하였으므로, 동산의 '꽃'은 소저가 보고 싶었으나 파경노로 인해 접근하기 어렵게 된 대상이라고 할 수 있어요. 그리고 파경노는 자신이 들고 있던 '꽃'을 소저에게 주면서 그대를 위해 가져왔다고 말했으므로, 파경노가 소저에게 마음을 전달하기 위해 '꽃'을 수단으로 사용했음을 알 수 있어요.
④ 소저가 동산에서 꽃을 보고 시를 짓자, 파경노가 시로써 화답하였으므로, 파경노가 소저와 교감하기 위해 '시'를 읊었다고 할 수 있어요. 그리고 소저는 승상과의 대화에서 파경노가 석함 속의 물건을 알아내어 시를 지을 수 있으리라는 믿음을 드러내고 있어요. 즉, 석함 속 물건에 대한 '시'는 파경노가 해결할 수 있다고 소저가 기대하는 과제라고 할 수 있어요.
⑤ 나업은 석함 속 물건에 대한 '시'를 지어 올리라는 명을 받고 집으로 돌아와 통곡했어요. 그러므로 이는 나업에게 슬픔을 유발하는 과업이라고 할 수 있겠죠. 그리고 파경노가 소저에게 "거울 속에 비친 이가 반드시 그대 근심을 없애 줄 것이오."라고 말한 것으로 보아, 석함 속 물건에 대한 '시'는 파경노에게는 소저의 슬픔을 해소시켜 줄 수 있는 수단이라고 할 수 있어요. **정답 ②**

15 {유형 ❹ 〈보기〉 활용 문제}

이게 정답! ⑤ 파경노는 시를 지으면 후한 상을 주겠다고 한 나업의 제안을 거절했어요. 이에 대해 소저는 "파경노는 문학이 넉넉해 시를 지을 수 있지만 거짓으로 못하는 체하고 있습니다."라고 말하죠. 즉, 파경노가 진심으로 시를 짓지 않고자 한 게 아니라 다른 원하는 것이 있어 기지를 발휘해 거짓으로 못하는 척한 것임을 짐작할 수 있어요. 따라서 해당 장면이 보상을 추구하기보다 스스로 국가의 과제를 해결하려는 당당함을 보여 주는 것이라고 감상하는 것은 적절하지 않아요.

왜 답이 아니지? ① 아이가 거울 고치는 장사라 속이기 위해 옷까지 헌 옷으로 바꾸어 입는 장면은 최치원의 치밀한 면모를 보여 준다고 할 수 있어요.
② 파경노에게 천상의 선관들이 내려와 말의 먹이를 주는 장면은 최치원이 천상계의 초월적 존재에게 도움을 받는 인물임을 보여 준다고 할 수 있어요.
③ 파경노가 기른 화초가 시들지 않고 상서로운 새인 봉황까지 날아드는 것은 그만큼 최치원이 신이한 능력을 지닌 인물임을 보여 준다고 할 수 있어요.
④ 파경노는 소저가 부끄러움을 느껴 동산에 오지 못한다는 말을 듣고 승상에게 노모를 뵙고 오겠다고 말했어요. 그러나 실제로는 귀향하지 않고 동산에서 소저를 기다렸죠. 즉, 최치원이 소저와의 만남을 위해 기지를 발휘한 장면이라고 볼 수 있어요. **정답 ⑤**

V

수필과 극

수필의 특징과 읽는 법 / 고전수필~ 그것은 설(說) /
극문학의 특징과 읽는 법 / 우리 것은 좋은 거여~ 전통극

Act 01

수필의 특징과 읽는 법

| 1 | 수필이란?

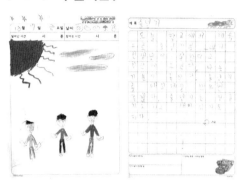

왼쪽 그림, 어쩐지 낯익지 않아요? 맞아요. 어렸을 적에 한 번쯤은 써 봤을 그림일기예요. 수필이라고 하면 그 이름 때문에 뭔가 마음잡고 거창하게 쓴 글이어야 할 것 같은 느낌이 들 거예요. 그런데 이렇게 우리가 어릴 적에 썼던 그림일기, 그리고 혹시 지금도 쓰고 있을지 모를 그런 일기나 편지들도 수필이라고 할 수 있어요.

수필이란 일정한 형식 없이 일상생활이나 자연 등에서 느낀 것이나 그에 대한 생각, 혹은 체험 등에 대해 자유롭게 쓴 글을 말해요. 수필은 일상생활에서 보고 듣고 느낀 것에 대해 자유롭게 쓰는 글인 만큼 그 소재가 다양하다는 것이 특징이에요. 그리고 특정한 형식적 제약이 없어서 무형식의 문학이라고도 해요.

수필에서는 대체로 서술자가 바로 작가 자신이에요. 그래서 수필을 1인칭('나')의 문학이라고 하기도 하죠. 그렇기 때문에 수필은 주관적이면서도 개성적이에요. 전문적으로 글을 쓰는 사람만이 쓸 수 있는 것이 아니라, 누구나 쓸 수 있는 글이기 때문에 비전문적인 것 역시 수필의 특징이라고 할 수 있어요.

| 2 | 수필의 종류

수필은 크게 경수필과 중수필로 나뉘어요. 경수필과 중수필의 '경(輕)', '중(重)'은 '가벼울 경', '무거울 중'으로, 각각을 풀어 쓰면 가벼운 수필과 무거운 수필이라고 할 수 있어요.

경수필은 가볍다는 이름대로 개인적이면서도 신변잡기(자신의 주변에서 일어나는 여러 가지 일을 적은 수필체의 글)적인 성격이 강해요. 반면에 우리가 흔히 에세이라고도 하는 중수필은 비교적 객관적이면서 사회적인 성격이 강하죠. 아래의 표를 통해 경수필과 중수필에 대해 정리해 볼게요.

경수필(miscellany)	중수필(essay)
경쾌한 느낌의 문장 흐름	무거운 느낌의 문장 흐름
1인칭 시점('나'가 드러남), 자기 고백적	논리적, 설명적
정서적, 신변잡기적	사색적, 비판적
개인적, 주관적	사회적, 객관적
일기, 편지, 기행문 등	평론, 칼럼 등
예 그러나 소녀는 안방에 숨어서 나타나지 아니했다. 아주머니는 "갑자기 수줍었니, 얘도 새롭기는." 하며 미안한 듯 머뭇머뭇 기다렸으나 이내 소녀는 나오지 아니했다. 나올 때 뒤를 흘낏 훔쳐 본 나는 숨어서 반쯤 내다보는 소녀의 뺨이 확실히 붉어 있음을 알았다. 그는 부끄러웠던 것이다. – 윤오영, 〈부끄러움〉	예 지조는 선비의 것이요, 교양인의 것이다. (중략) 염결공정(廉潔公正) 청백강의(淸白剛毅)한 지사 정치(志士政治)만이 이 국운을 만회할 수 있다고 믿는 이상 모든 정치 지도자에 대하여 지조의 깊이를 요청하고 변절의 악풍을 타매(唾罵)하는 것은 백성의 눈물겨운 호소이기도 하다. – 조지훈, 〈지조론〉

쌤의 팁 수필과 소설, 공통점과 차이점 산문문학의 두 갈래인 수필과 소설은 그 내용이 우리의 삶을 바탕으로 하고 있다는 점에서 비슷하게 느껴질 수 있어요. 하지만 수필과 소설은 분명히 다른 갈래예요. 소설이 일기 형식으로 쓰였다고 해서 수필이 될 수는 없잖아요. 간략하게나마 수필과 소설에 대해 정리해 볼게요.

구분	수필	소설
공통점	인간의 삶을 소재·바탕으로 함 독자에게 교훈과 감동을 줌	
차이점	작가 = 서술자	작가 ≠ 서술자
	형식적 제약이 없음	형식의 제약이 있음
	사실적	허구적

| 3 | 수필의 구성

수필, 시험에서 만난다면 어떻게 읽어야 할까요? 수능에서 우리가 만나게 될 수필 작품들은 대체로 경수필일 거예요. 그러한 경수필들은 '경험+깨달음'의 구성을 하고 있는 경우가 많아요(예찬적인 내용의 수필은 제외!). 예를 들어, '돌부리에 걸려 넘어질 뻔한 일'을 '경험'하고, 나중에 '아! 길을 걸을 때엔 스마트폰을 보면서 걷지 말아야겠구나!'라는 '깨달음'을 얻는 형태인 거죠. 아래의 작품을 통해 한번 확인해 보죠.

벌써 40여 년 전이다. 내가 갓 세간 난 지 얼마 안 돼서 의정부에 내려가 살 때다. 서울 왔다 가는 길에, 청량리역으로 가기 위해 동대문에서 일단 전차를 내려야 했다. 동대문 맞은편 길가에 앉아서 방망이를 깎아 파는 노인이 있었다. 방망이를 한 벌 사 가지고 가려고 깎아 달라고 부탁을 했다. 값을 굉장히 비싸게 부르는 것 같았다.

"좀 싸게 해 줄 수 없습니까?"

했더니,

"방망이 하나 가지고 에누리하겠소? 비싸거든 다른 데 가 사우."

대단히 무뚝뚝한 노인이었다. 값을 흥정하지도 못하고 잘 깎아나 달라고만 부탁했다. 그는 잠자코 열심히 깎고 있었다. 처음에는 빨리 깎는 것 같더니, 저물도록 이리 돌려 보고 저리 돌려 보고 굼뜨기 시작하더니, 마냥 늑장이다. 내가 보기에는 그만하면 다 됐는데, 자꾸만 더 깎고 있었다.

인제 다 됐으니 그냥 달라고 해도 통 못 들은 척 대꾸가 없다. 타야 할 차 시간이 빠듯해 왔다. 갑갑하고 지루하고 초조할 지경이었다.

"더 깎지 않아도 좋으니 그만 주십시오."

라고 했더니, 화를 버럭 내며,

"깎을 만큼 깎아야 밥이 되지, 생쌀이 재촉한다고 밥이 되나."

한다. (중략)

집에 와서 방망이를 내놨더니 아내는 이쁘게 깎았다고 야단이다. 집에 있는 것보다 참 좋다는 것이다. (중략) 요렇게 꼭 알맞은 것은 좀체로 만나기가 어렵다는 것이다. 나는 비로소 마음이 확 풀렸다. 그리고 그 노인에 대한 내 태도를 뉘우쳤다. 참으로 미안했다.

― 윤오영, 〈방망이 깎던 노인〉

위의 작품은 윤오영의 수필 〈방망이 깎던 노인〉의 한 부분이에요. 위의 작품에서 경험과 깨달음의 내용을 확인해 보면, 우선 글쓴이는 방망이를 깎는 노인을 만나 일련의 사건을 겪고 있죠. 이게 바로 경험이에요. 그리고 나중에 집에 와서, 그것이 노인의 장인 정신이었을 것이라고 생각해요. 이게 바로 깨달음이겠죠? 이렇게 수필을 읽을 때에는 글쓴이의 경험 혹은 체험과 그를 통한 깨달음을 찾아가며 읽으면 돼요!

😀 딱! 세 줄 요약

⊙ 수필은 일정한 형식 없이 일상 속에서의 다양한 생각과 체험에 대해 자유롭게 쓴 글이다!

⊙ 수필의 종류에는 가벼운 내용의 경수필과 무거운 느낌의 중수필이 있다!

⊙ 수필은 보통 '경험 + 깨달음'의 구성으로 나눌 수 있는 경우가 많다!

● 다음 글을 읽고 물음에 답하시오.

광주 비엔날레에서 태국의 수라시 쿠솔웡이라는 작가의 「감성적 기계」라는 작품을 본 적이 있다. 이 작품은 65년형 폭스바겐의 엔진과 핸들, 타이어, 섀시 등을 완전히 제거하고 차체를 뒤집어 그네 침대로 설치한 것이다. 그네 옆에는 타이어를 비롯한 부속을 재활용해 만든 의자들이 놓여 있었다. 차체로 만들어진 그네 침대 속에서 아이들이 텔레비전을 보고 있는 동안 나는 타이어를 쌓아 만든 의자에 걸터앉아 그 '감성적 기계'를 바라보았다. 흔히 '달리는 무기'라고 불리는 자동차가 완전히 해체됨으로써 새로운 용도로 거듭난 모습은 예술 고유의 전복성을 보여 줄 뿐 아니라 자동차에 대한 생각을 곱씹어 보게 했다.

그 무렵 나는 초보 딱지도 떼지 않은 상태여서 자동차가 주는 편리와 불안을 아주 예민하게 느끼고 있었다. 면허를 따 놓고 오 년이 넘도록 차를 살 생각이 별로 없었다. 그런데 아이들을 데리고 객지로 이사한 후로는 하나부터 열까지 내 손으로 해결해야 했고, 어쩔 수 없이 운전을 하게 되었다. 물론 처음엔 출퇴근 때나 장을 볼 게 많을 때만 차를 가지고 다녔다. 그러나 마음이 답답할 때 무작정 차를 몰고 교외로 나가는 습관이 생겨나기 시작했고, 실제적인 목적 없이도 차를 모는 일이 늘어 갔다. 누구의 방해도 받지 않고 나를 어디로든 데려다줄 수 있는 밀폐된 공간에 그렇게 조금씩 길들여져 갔다.

스웨덴의 생태주의자인 에민 텡스룀은 자동차라는 물건이 '자기 자신의 영토 안에 머물고자 하는 의지와 이 영토 밖으로 움직일 필요성'을 동시에 충족시켜 준다고 말한 바 있다. 현대인들이 자동차라는 '아늑한 자궁'으로부터 잠시도 떨어지고 싶어 하지 않는 것도 바로 이 모순된 욕망을 자동차라는 공간이 해결해 주기 때문일 것이다. 앞에서 말한 「감성적 기계」처럼 자동차를 해체하지 않아도 자동차는 이미 충분히 '감성적 기계' 노릇을 하고 있는 셈이다.

하지만 얼마 안 가서 자동차에 대한 낯설고 당혹스러운 경험을 하게 되었다. 갑자기 서울에 갈 일이 생겼는데 주말이라 차표를 구할 수 없었다. 몇 번을 망설이다가 나는 초보 주제에 식구들을 대우고 서울로 가는 고속도로로 접어들었다. 긴장을 해서인지 무사히 서울에 도착해서 일을 보고 다음 날 밤에 광주로 내려올 수는 있었다. 그런데 밤에 고속도로를 달리다 보니 차창에 무언가 타닥타닥 부딪치는 소리가 났다. 처음엔 그저 속도 때문에 모래 알갱이 같은 게 튀는 소리려니 했다.

다음 날 아침 출근을 하려는데 유리창은 물론이고 앞 범퍼에 푸르죽죽한 것들이 잔뜩 엉겨 있었다. 그것은 흙먼지가 아니라 수많은 풀벌레들이 달리는 차체에 부딪쳐 죽은 잔해였다. 마치 거대한 모터 주위에 두텁게 쌓여 있는 먼지 뭉치처럼 말이다. 그것을 닦아 내려다 나는 지난밤 엄청난 범죄라도 저지른 사람처럼 손발이 후들후들 떨려 도망치듯 세차장으로 갔다. 그러나 세차 기계의 물살에도 엉겨 붙은 풀벌레들의 흔적은 완전히 지워지지 않았다. 운전대를 잡을 때마다 풀 비린내는 몸서리치는 기억으로 남았고, 나는 손을 씻고 또 씻었다.

시속 100킬로미터 정도의 속력에 그렇게 많은 풀벌레가 짓이겨졌다는 것도 믿기 어려웠지만, 이런 살상의 경험을 모든 운전자들이 초경험처럼 겪었으리라는 사실이야말로 나에게는 예상치 못한 충격이었다. 인간에게 안락한 공간이 다른 생명을 해칠 수 있다는 자각이 그제야 찾아왔다.

옛날 티베트의 승려들은 입을 열어 말을 할 때마다 공기 중의 미생물을 죽이게 될까 봐 얼굴에 일곱 겹의 천을 두르고 다녔다고 한다. 그걸 생각하면 자동차를 몰고 다니는 것 자체가 엄청난 살생 행위라고도 말할 수 있을 것이다. 그렇다고 하루아침에 차를 없앨 수도 없는 형편이어서 나는 자동차에 대한 태도를 정리할 필요를 느꼈다. 차를 유지하되 사용을 최소화하고 의존도를 낮추는 선에서 타협할 수밖에 없었다. 그리고 그 '감성적 기계'의 편안함에 길들여지려는 순간마다 그것이 풀 비린내뿐 아니라 피비린내를 불러올 수도 있다는 자각을 잊지 않으려고 한다.

운전을 시작하기 전까지 나는 걷기 예찬자였고, 인공적인 공간보다 자연 속에 머물기를 누구보다 좋아했다. 그러나 차를 소유하고부터는 생태적인 어떤 발언도 할 자격이 없다는 생각이 들곤 한다. 차를 소유하되 그에 종속되지 않는다는 것, 이런 아슬아슬한 줄타기가 앞으로 얼마나 지속될 수 있을지 모르겠다. 다만 그날 아침의 풀 비린내가 원죄 의식처럼 운전대를 잡은 내 손에 남아 있을 따름이다.

— 나희덕, 〈풀 비린내에 대하여〉

(1) 글쓴이가 '자동차를 해체하지 않아도 자동차는 이미 충분히 '감성적 기계' 노릇을 하고 있다'고 판단한 이유는 무엇인가?

(2) 수많은 풀벌레들이 자동차에 부딪쳐 죽은 잔해를 발견한 글쓴이의 경험은 글쓴이로 하여금 자동차에 길들여져 가던 자신을 자각하고 (   )하게 하는 계기가 되었군.

(3) '풀 비린내'는 글쓴이로 하여금 자신으로 인해 자동차에 부딪쳐 죽은 풀벌레를 떠올리게 하므로, 현대 기계 문명의 (   )을/를 느끼게 한다.

(4) 필요한 순간에만 자동차를 이용하다가, 그 편안함에 점차 길들여져 가던 글쓴이는 개인적 경험을 통해 자동차의 편안함을 (㉠   )해야겠다는 (㉡   )을/를 얻었다.

예제풀이 | (1) 자동차라는 물건이 '자기 자신의 영토 안에 머물고자 하는 의지와 이 영토 밖으로 움직일 필요성'이라는 모순된 욕망을 모두 충족시켜 주기 때문에 (2) 성찰(반성) (3) 폭력성 (4) 경계, 깨달음(교훈)

Act 02

고전수필~ 그것은 설(說)

| 1 | '설(說)'이란?

이번에는 고전수필에 대해 알아볼 거예요. 고전수필에는 '기', '론', '서', '부', '설' 등 여러 종류가 있지만 여기서는 그중에서 가장 대표적인 '설(說)'에 대해서 살펴볼게요. '설(說)'이라는 한자는 '말하다', '이야기하다'라는 뜻을 갖고 있어요. 작가, 곧 글쓴이가 자신의 시각으로 세상을 바라보며 현상이나 사물이 담고 있는 뜻을 자유롭게 이야기하는 고전수필이 바로 **설(說)**이에요.

설을 쓰는 목적은 대부분 독자에게 교훈을 주기 위함이라고 생각하면 돼요. 설은 일정한 구조를 갖추고 있는데, 내용이 크게 두 부분으로 나뉘어요. 앞부분은 어떤 사실을 전달하거나 글쓴이의 경험을 서술하는 내용이고, 뒷부분은 앞부분에 대한 글쓴이의 의견이나 깨달음을 나타내는 내용이죠. 그래서 설을 읽을 때는 글쓴이가 어떤 사실(경험)을 제시하고 있는지, 그리고 그에 대한 의견이나 깨달음의 내용이 무엇인지를 중심으로 읽되, 독자에게 어떤 교훈을 주는지를 파악하면 돼요.

| 2 | 설(說)의 특징 (1) – 유추를 통한 내용 전개

설 작품 중에는 '유추'를 사용하여 내용을 전개하는 경우가 많아요. 유추에 대해 많이 들어는 보았지만 막상 잘은 모르겠죠? 이번 기회에 제대로 알아 두자고요!

유추란 유비추론(類比推論)의 준말로, 두 대상의 몇 가지 속성이 동일하다는 것을 전제로 하여 나머지 속성도 동일할 것이라고 추리하는 방식을 말해요. 예를 들어 '지구와 화성은 여러 면에서 유사하다'를 전제로 '지구에는 생물이 있다' 그러므로 '화성에도 생물이 있을 것이다'라고 추리하는 것이 바로 유추에 해당하죠. 일반적으로는 'A는 b, c, d, e이다'와 'B는 b, c, d이다'가 성립한다면, 'B도 e일 것이다'로 결론을 내는 형태의 추리라고 할 수 있어요.

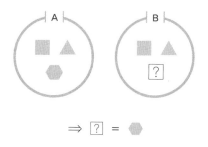

그럼 설에서 어떻게 유추를 사용하고 있는지 확인해 볼까요? 우선 다음 작품을 한번 읽어 봐요.

오래되어 지탱할 수 없을 정도로 낡은 행랑채 세 칸이 있었는데, 나는 마지못하여 이를 수리하게 되었다. 그중의 두 칸은 앞서 장마에 비가 샌 지가 오래 되었으나, 나는 그것을 알면서도 이럴까 저럴까 망설이다가 손을 대지 못했던 것이고, 나머지 한 칸은 한 번밖에 비를 맞지 않았지만 이번에 같이 수리하기로 한 것이다. 이번에 수리하려고 본즉 비가 샌 지 오래된 것은 그 서까래, 추녀, 기둥, 들보가 모두 썩어서 못 쓰게 되었던 까닭으로 수리비가 엄청나게 들었고, 한 번밖에 비를 맞지 않았던 한 칸의 재목들은 완전하여 다시 쓸 수 있었던 까닭으로 그 비용이 많지 않았다.

나는 이에 느낀 것이 있었다. 사람의 몸에 있어서도 마찬가지라는 사실을. 잘못을 알고서도 바로 고치지 않으면 곧 그 자신이 나쁘게 되는 것이 마치 나무가 썩어서 못 쓰게 되는 것과 같으며, 잘못을 알고 고치기를 꺼리지 않으면 해(害)를 받지 않고 다시 착한 사람이 될 수 있으니, 저 집의 재목처럼 말끔하게 다시 쓸 수 있는 것이다.

뿐만 아니라 나라의 정치도 이와 같다. 백성을 좀먹는 무리들을 내버려 두었다가는 백성들이 도탄에 빠지고 나라가 위태롭게 된다. 그런 연후에 급히 바로잡으려 하면 이미 썩어 버린 재목처럼 때는 늦은 것이다. 어찌 삼가지 않겠는가.

– 이규보, 〈이옥설(理屋說)〉

윗글에서 글쓴이는 낡은 행랑채를 수리한 경험을 떠올린 뒤, 이러한 경험을 비슷한 다른 일에 적용하여 깨달음을 얻고 있어요. 구체적인 내용과 논리적 과정을 자세히 살펴보면 다음과 같이 정리할 수 있죠.

유추의 방식	A와 B는 유사하다. A는 C이다. ∴ B도 C일 것이다. (결론)
2문단의 유추	(1) 비가 샌 지 오래된 행랑채 두 칸은 잘못을 알고서도 고치지 않은 사람과 유사하다. 비가 샌 지 오래된 행랑채 두 칸은 서까래, 추녀, 기둥, 들보가 모두 썩어서 못 쓰게 되었다. ∴ 잘못을 알고서도 고치지 않은 사람도 썩어서 못 쓰게 된다. (2) 비를 한 번밖에 맞지 않은 행랑채 한 칸은 잘못을 알고 바로 고치는 사람과 유사하다. 비를 한 번밖에 맞지 않은 행랑채 한 칸은 재목들이 완전하여 다시 쓸 수 있었다. ∴ 잘못을 알고 바로 고치는 사람은 해를 받지 않고 다시 착한 사람이 될 수 있다.
3문단의 유추	비가 샌 지 오래된 행랑채 두 칸은 백성을 좀먹는 무리들을 내버려 두는 것과 유사하다. 비가 샌 지 오래된 행랑채 두 칸은 서까래, 추녀, 기둥, 들보가 모두 썩어서 못 쓰게 되었다. ∴ 백성을 좀먹는 무리들을 내버려 두는 것은 썩어서 못 쓰게 된다(뒤늦게 바로잡기 힘들다).

위의 표에서 볼 수 있다시피 글쓴이의 경험(A)과 다른 일(B)의 유사성을 전제로 한 뒤, A의 속성(빨리 고치지 않으면 썩어 못 쓰게 됨)이 B에도 있을 것으로 보고 결론을 내리고 있어요. 즉, 특정한 경험에서 유추하여 깨달음을 이끌어 내고 있는 거죠. 이게 바로 설에서 유추를 사용하는 방식이에요. 그래서 설의 경우에는 A와 B 사이의 연결 지점을 이해할 수 있어야, 그 작품을 제대로 이해했다고 할 수 있어요.

| 3 | 설(說)의 특징 (2) – 고정관념 깨기

글쓴이는 설을 통해 특정한 사건이나 사물에 대한 통념(일반적으로 널리 통하는 개념)을 뒤집거나 고정관념을 깨고 자신의 새로운 견해를 제시하기도 해요. 예를 들어 볼까요?

10월 초하루에 이자(李子)가 밖에서 돌아오니, 종들이 흙을 파서 집을 만들었는데, 그 모양이 무덤과 같았다. 이자는 어리석은 체하며 말하기를,

"무엇 때문에 집 안에다 무덤을 만들었느냐?"

하니, 종들이 말하기를,

"이것은 무덤이 아니라 토실입니다."

하기에,

"어찌 이런 것을 만들었느냐?"

하였더니,

"겨울에 화초나 과일을 저장하기에 좋고, 또 길쌈하는 부인들에게 편리하니, 아무리 추울 때라도 온화한 봄 날씨와 같아서 손이 얼어 터지지 않으므로 참 좋습니다."

하였다.

이자는 더욱 화를 내며 말하기를,

"여름은 덥고 겨울이 추운 것은 사시(四時)의 정상적인 이치이니, 만일 이와 반대가 된다면 곧 괴이한 것이다. 옛적 성인이, 겨울에는 털옷을 입고 여름에는 베옷을 입도록 마련하였으니, 그만한 준비가 있으면 족할 것인데, 다시 토실을 만들어서 추위를 더위로 바꿔 놓는다면 이는 하늘의 명령을 거역하는 것이다. 사람은 뱀이나 두꺼비가 아닌데, 겨울에 굴 속에 엎드려 있는 것은 너무 상서롭지 못한 일이다. 길쌈이란 할 시기가 있는 것인데, 하필 겨울에 할 것이냐? 또 봄에 꽃이 피었다가 겨울에 시드는 것은 초목의 정상적인 성질인데, 만일 이와 반대가 된다면 이것은 괴이한 물건이다. 괴이한 물건을 길러서 때 아닌 구경거리를 삼는다는 것은 하늘의 권한을 빼앗는 것이니, 이것은 모두 내가 하고 싶은 뜻이 아니다. 빨리 헐어 버리지 않는다면 너희를 용서하지 않겠다."

하였더니, 종들이 두려워하여 재빨리 그것을 철거하여 그 재목으로 땔나무를 마련했다. 그러고 나니 나의 마음이 비로소 편안하였다.

– 이규보, 〈괴토실설〉

위 작품을 보면 먼저 종들이 '토실'을 만들고 있었죠. 토실을 만든 이유는 토실이 온도를 따뜻하게 해 주어 생활에 이로움을 주기 때문이었죠. 보통 사람들이라면 이를 당연하게 생각하고 별다른 의문을 품지 않아요. 여러분도 그렇지 않나요?

그런데 이 글의 글쓴이인 이자(李子, 이규보)는 우리들의 통념을 깨는 새로운 이야기를 해요. 이자의 의견에 따르면 토실은 자연의 이치에 역행하는 일이라는 거예요. 즉, 인간의 욕망과 편리를 위해

자연의 이치를 거슬러서는 안 된다는 교훈적인 내용을 담고 있는 거죠. 독자들은 이 글을 통해 그동안 인간의 편리함과 실용성만 생각하고 자연의 섭리는 존중하지 않으며 살아왔다는 사실을 깨달을 수 있어요.

종들		이재(이규보)
온도를 따뜻하게 해 주어 생활에 이로움을 줌	토실	사계절이라는 자연의 정상적인 이치에 역행하는 일은 옳지 못함
↓		↓
인간 중심적 관점		자연 친화적 관점

이처럼 사람들의 일반적인 생각(고정관념)을 뒤집고 새로운 사고방식을 제시하는 것도 설에 자주 등장하는 내용이에요.

딱! 세 줄 요약

⊙ '설'이란 글쓴이가 자신의 시각으로 세상을 바라보며 현상이나 사물이 담고 있는 뜻을 자유롭게 이야기하는 갈래이다!

⊙ '설'은 보통 '사실(경험) + 의견(깨달음)'으로 이루어져 있으며, 교훈적인 성격을 띠고 있다!

⊙ '설'에는 유추가 흔하게 사용되며, 고정관념을 깨는 내용을 담은 작품도 많다!

예제 연습문제

● 다음 글을 읽고 물음에 답하시오.

내가 집이 가난해서 말이 없으므로 혹 빌려서 탄다. 그런데 여위고 둔하여 걸음이 느린 말이면 비록 급한 일이 있어도 감히 채찍질을 가하지 못하고 조심조심하여 곧 넘어질 것같이 여기다가, 개울이나 구렁을 만나면 내려서 걸어간다. 그래서 후회하는 일이 적었다. 반면에 발이 높고 귀가 날카로운 준마로서 잘 달리는 말에 올라타면 의기양양하게 마음대로 채찍질하여 고삐를 놓으면 언덕과 골짜기가 평지처럼 보이니 심히 장쾌하였다. 그러나 어떤 때에는 위태로워서 떨어지는 근심을 면치 못하였다.

아! 사람의 마음이 옮겨지고 바뀌는 것이 이와 같을까? 남의 물건을 빌려서 하루 아침 소용에 대비하는 것도 이와 같거든, 하물며 참으로 자기가 가지고 있는 것이랴.

그러나 사람이 가지고 있는 것이 어느 것이나 빌리지 아니한 것이 없다. 임금은 백성으로부터 힘을 빌려서 높고 부귀한 자리를 가졌고, 신하는 임금으로부터 권세를 빌려 은총과 귀함을 누리며, 아들은 아비로부터, 지어미는 지아비로부터, 비복(婢僕)은 상전으로부터 힘과 권세를 빌려서 가지고 있다.

그 빌린 바가 또한 깊고 많아서 대개는 자기 소유로 하고 끝내 반성할 줄 모르고 있으니, 어찌 미혹(迷惑)한 일이 아니겠는가?

그러다가도 혹 잠깐 사이에 그 빌린 것이 도로 돌아가게 되면, 만방(萬邦)의 임금도 외톨이가 되고, 백승(百乘)을 가졌던 대부(大夫)도 외로운 신하가 되니, 하물며 그보다 더 미약한 자야 말할 것이 있겠는가?

맹자가 일컫기를 "남의 것을 오랫동안 빌려 쓰고 있으면서 돌려주지 아니하면, 어찌 그것이 자기의 소유가 아닌 줄 알겠는가?" 하였다.

　내가 여기에 느낀 바가 있어서 '차마설'을 지어 그 뜻을 넓히노라.

– 이규보, 〈차마설〉

01 윗글을 경험과 의견으로 나눈다고 할 때, 의견이 시작되는 부분의 첫 어절을 써 보자.

　　　（　　　　　　　　　　　　　）

02 다음 〈보기〉를 읽고 빈칸을 채우거나 물음에 답해 보자.

〈보기〉

1문단	㉠ 말을 빌려 탄 경험(외물(外物)에 따른 심리 변화)
2문단	㉡ 자기 소유일 때의 심리 변화
3~6문단	㉢ 잘못된 소유 관념에 대한 비판
7문단	㉣ 집필 동기

(1) ㉠에서는 (　　　　　　)과/와 처한 상황에 따라 상반된 심리 변화를 언급하고 있다.

(2) 글쓴이는 ㉠에서의 심리 변화보다 ㉡에서의 심리 변화가 더 (심할 것 / 약할 것)이라고 생각한다.

(3) ㉡에서는 ㉠과 같은 개인적 경험을 소유 전반의 문제로 (　　　　　　)하고 있다. 이는 유사한 것에 빗대어 속성을 추론하는 (　　　　　　)의 방식으로 볼 수 있다.

(4) ㉢에 드러나는 글쓴이의 소유 관념은?

(5) ㉣에서 글쓴이가 궁극적으로 당부하고자 하는 삶의 자세는?

예제풀이　**01** 아　**02** (1) 말의 종류 (2) 심할 것 (3) 일반화, 유추 (4) 힘, 권세 등 인간이 소유한 모든 것은 빌린 것이다. (5) 소유의 욕망에서 벗어나야 한다.

Act 03
극문학의 특징과 읽는 법

　해리포터 시리즈, 메이즈 러너 시리즈, 도가니, 우리들의 행복한 시간, 오만과 편견, 완득이. 이 작품들의 공통점은 뭘까요? 바로 소설을 원작으로 한 영화들이라는 거예요! 이렇듯 오늘날에는 소설을 원작으로 하는 드라마나 영화를 쉽게 찾아볼 수 있어요. 자, 그럼 소설을 원작으로 드라마나 영화를 제작하기 위해서는 무엇이 필요할까요? 네, 바로 대본이 필요하겠죠. 그렇게 만들어진 대본이 바로 극문학이에요. **극문학**이란 무대 공연이나 상영을 목적으로 하는 문학 작품이에요. 무대 혹은 세트장에서 연기를 하기 위해 만들어진 거죠. 극문학에는 희곡과 시나리오 등이 있는데, 어쩌면 소설보다도 우리의 일상 속에 더 밀접하게 스며 있는 문학 갈래인지도 몰라요. 다들 챙겨 보는 드라마 하나씩은 있잖아요?!

| 1 | 극문학 vs 소설

　극문학과 소설은 둘 다 작가가 그럴듯하게 꾸며 낸 허구의 이야기라는 점, 인물·사건·배경을 중심으로 내용이 전개된다는 점 등에서 비슷하지만, 다른 점들도 있어요. 극문학의 대표 갈래인 희곡을 중심으로, 극문학의 특징에는 어떤 것들이 있는지, 우리가 무엇을 알고 넘어가야 하는지 등을 아래 표를 통해 살펴보죠.

구분	극문학	소설
정의	무대 상연을 목적으로 하는 문학 작품	사실 또는 상상력에 바탕을 두고 꾸민 산문체의 허구적 이야기
시제	현재 시제로 나타남	다양한 시제가 등장함
제약 정도	시간적·공간적 배경, 장면 변화에 제약이 있음(무대(세트장)에 올라갈 수 있는 인물의 수가 한정됨)	제약 없음 (다양한 내용을 자유롭게 서술할 수 있음)
서술자	없음	있음
표현	대사, 지시문, 해설	서술, 묘사, 대화

　극문학은 정의에서 볼 수 있듯이 무대에서의 상연을 전제로 하기 때문에 현재 시제로 이야기가 진행돼요. 무대 위의 사건이 마치 지금 여기서 벌어지고 있는 것 같은 느낌을 주도록 해야 하는 거죠.
　극문학은 무대에서의 상연을 전제로 한다고 했어요. 극문학 속의 인물들은 무대 위에 올라가야 하고 극문학의 시간과 공간 역시 무대 위에 그려져야 해요. 그렇기 때문에 극문학은 소설에 비해 각종 제약을 받을 수밖에 없어요. 전쟁 장면을 보여 주기 위해 무대 위에 3,000명의 배우가 올라올 수는 없잖아요? 물론 영화나 드라마에서 컴퓨터 그래픽(CG)을 활용하면 가능할 수 있겠죠.

소설은 작품 속에서 이야기를 들려주는 사람인 서술자가 있지만, 극문학에는 서술자가 따로 존재하지 않아요. 배우(인물)의 말과 행동을 통해서 사건을 전달하고 작품의 주제를 구현해야 하죠. 그래서 극문학 작품을 읽을 때는 어떤 인물이 등장하는지, 그 인물이 하는 대사와 지시문의 내용은 무엇인지, 해설은 어떤 이야기를 하고 있는지를 눈여겨봐야 해요. 여기서 **대사**는 등장인물이 하는 말을, **지시문**은 등장인물의 행동이나 말투, 음향 효과나 무대 장치 등을 지시하고 설명하는 부분을 의미해요. 그리고 **해설**은 막이 오르기 전후(극문학에서 커다란 시·공간적 변화가 생길 때)에 배경이나 인물, 무대 장치에 대해 설명하는 부분을 가리켜요. 아래의 예시를 통해 대사, 지시문, 해설이 극문학에서 어떻게 나타나고 있는지 한번 확인해 보죠.

해설

> 때 : 6·25 직후 / 곳 : 서울
> 등장인물
> **철호**   계리사 사무실 서기, 열악한 환경 속에서도 성실히 살아가려고 노력하지만 자신의 힘으로 어쩔 수 없는 현실 앞에서 무력감을 느끼는 인물
> **어머니**   전쟁의 상처를 간직한 인물
> **명숙**   철호의 여동생, 가족의 생계를 위해 양공주가 되는 인물 / (중략)

지시문

> **S# 102. 철호의 집 앞**
> 철호가 휘청거리고 골목을 접어드는데 어머니의 날카로운 "가자" 소리.
> 그 소릴 듣자 철호의 눈에 눈물이 왈칵 솟으며 꽥 소리 지른다.

대사   **철호**   가세요. 갈 수만 있다면….

– 나소운·이종기 각색(이범선 원작), 〈오발탄〉

위의 예시를 통해 확인하니, 이제 극문학 안에서 어떤 부분이 각각 지시문, 대사, 해설인지 쉽게 찾아볼 수 있겠죠? 가끔 극문학에서 서술자가 없다는 한계를 극복하기 위해 때때로 등장인물을 작품의 해설자로 등장시키거나, 내레이션을 통해 세밀한 정보를 전달하는 등의 보완책을 마련하기도 해요. 하지만 그렇다고 그러한 인물이나 장치를 서술자로 보지는 않아요.

쌤의 팁 대사의 기능 앞에서 얘기했던 것처럼 극문학은 무대에서의 상연을 전제로 하기 때문에 각종 제약이 많아요. 작가가 원하는 모든 상황을 다 눈앞에 생생히 보여 줄 수는 없는 거죠. 그럼에도 내용 전개에 꼭 필요한 이야기들이 있어요. 무대 위에서 실제로 그 모습을 직접 보여 줄 수는 없지만 사건의 전개를 위해 관객들이 알고는 있어야 하는 이야기들, 이런 이야기들을 관객에게 전달하기 위해 극문학에서는 대사를 활용해요. 대사를 활용해서 무대 밖에서 어떤 일들이 벌어지고 있는지 관객들에게 알려 주는 거예요. 가령 이런 식인 거죠. 함세덕의 〈동승〉에는 어디선가 들리는 종소리에 대해 '초부'가 "지금 그 종 네가 쳤니?"라고 묻자 '도념'이 "그러믄요, 언젠 내가 안 치구 다른 이가 쳤나요?"라고 대답하는 부분이 나와요. 도념이 종을 치는 모습이 무대 위에 나타나진 않지만, 종을 친 사람이 도념임을 대사를 통해 알려 주는 거죠. 이렇게 대사는 무대 밖의 일을 관객에게 전달하는 기능을 하기도 해요.

| 2 | 대사의 세 가지 종류, 대화 · 독백 · 방백

대사에는 크게 세 가지가 있어요. 바로 대화, 독백, 방백이에요. 무대 위의 등장인물들끼리 서로 이야기를 주고받는 것을 **대화**라고 해요. 하지만 모든 대사가 대화로만 이루어지는 것은 아녜요. 약간 미친 것 같아 보일 수도 있지만, 말을 들어 주는 이가 따로 존재하지 않음에도 등장인물이 말을 하는 경우도 있어요. 이러한 말하기 방식을 우리는 '독백'이라고 해요. **독백**은 극에서 배우가 상대방 없이 혼자 말하는 대사를 말해요. 쉽게 말해 혼잣말인 거죠. 등장인물이 자신의 속마음이나 결심을 툭 터놓고 싶을 때 주로 사용돼요.

한편 방백이라는 말하기 방식도 있는데, **방백**이란 관객에게는 들리지만 무대 위에 있는 다른 등장인물에게는 들리지 않는 것으로 전제하고 하는 말이에요. 등장인물이 분명 말을 하고 있는데 무대 위 다른 인물들은 듣지 못하고 관객에게만 들리는 것으로 약속된 말, 이게 바로 방백인 거예요. 극문학에서 방백이 어떻게 나타날 수 있는지 아래의 예시를 통해 한번 확인해 볼게요.

츄부꼬프 아니 근데 웬 연미복이야? 이건 설날 방문 때 복장인데!

로모프 실은 다름이 아니고요. (바로 서서) 부탁을 드릴 일이 있어서 이렇게 찾아왔습니다, 존경하는 스쩨빤 스쩨빠늬치. 물론 부탁이란 걸… 드리러 온 것은 이번이 처음도 아니고… 에, 그리구 그때마다… 에, 죄송합니다, 제가 좀 긴장해서… 우선 물 한잔 마시겠습니다, 스쩨빤 스쩨빠늬치. (마신다)

츄부꼬프 (방백) 돈 꾸러 온 모양이군! 안 줘! (그에게) 무슨 일인가, 잘난이?

로모프 실은… 존경하시오 스쩨빠늬치… 앗, 실수… 스쩨빤 존경비치… 후― 보시다시피 제가 끔찍하게 긴장하고 있는 것은… 한마디로 말해서, 오로지 당신만이 저를 도와줄 수 있다는 겁니다…

― 안톤 체호프, 〈청혼〉

위에서 밑줄로 표시한 부분 보이죠? 이렇게 극에서 등장인물의 생각이나 속마음 등을 보여 주기 위해서 사용되는 말하기 방식이 바로 방백이에요. 방백은 시나리오에서보다는 희곡에서 더 빈번하게 사용되고는 해요. 시나리오에서는 인물들의 생각이나 속마음 등을 내레이션을 활용하여 드러낼 수 있으니까요.

쌤의 팁 독백과 방백이 헷갈린다면 독백과 방백 둘 다 혼잣말인 건 알겠는데 뭐가 다른지 잘 모르겠다고요? 독백과 방백은 그 말이 주변 인물에게 들리는지 안 들리는지에 따라 구분할 수 있어요. 혼잣말이지만 주변에 다른 인물들도 들을 수 있다면 독백, 주변에 다른 인물들은 듣지 못하고 관객만 들을 수 있다면 방백인 거예요. 이해되죠?

| 3 | 희곡 vs 시나리오

이제는 극문학을 조금 더 세분화해서 공부해 보죠. 극문학은 크게 연극을 위한 대본인 **희곡**과 드라마나 영화를 위한 대본인 **시나리오**로 나뉘어요. 둘 다 극문학이기 때문에 희곡과 시나리오는 비슷한 면이 많지만, 다른 점들도 분명 있어요. 희곡과 시나리오, 어떤 점에서 차이가 있는지 한번 살펴보죠.

첫 번째로, 장면을 전환하는 방식이에요. 희곡과 시나리오는 목적으로 하는 것이 연극과 영화(혹은 드라마)로 다르기 때문에 각각 장면을 전환하는 방식에 차이가 있어요. 우선 무대에서의 상연을 목적으로 하는 희곡은 무대에서 커다란 커튼 혹은 조명 등을 통해 장면이 전환되는 만큼 막과 장을 장면 전환의 단위로 활용해요. 여기서 **막**이라는 건 무대 위 커튼이 한 번 내려가고 올라오는 사이의 단위로 시·공간의 변화가 비교적 클 때 사용돼요. **장**은 조명이나 등장인물의 등장·퇴장으로 구분되는 막의 하위 단위예요. 시·공간적 변화가 비교적 적을 때 사용돼요. 한편 시나리오는 편집이라는 방법을 통해 장면을 전환해요. 카메라로 미리 촬영해 둔 장면들을 편집을 통해 전환하는 거죠. 그래서 시나리오에서는 S#(Scene Number)를 장면 전환의 단위로 활용하는데, 여기서 S#는 바로 장면 번호를 가리켜요. 장면에 번호를 붙여 두는 거죠.

두 번째는 제약에 대한 부분이에요. 앞에서 극문학은 소설에 비해 시·공간적인 부분을 비롯해 제약이 크다고 했었어요. 그렇다면 희곡과 시나리오 중에 어떤 갈래가 제약이 더 클까요? 연극을 통해 실제로 관객의 눈앞에 사건을 보여 주어야 하는 희곡과 촬영한 후에 카메라 편집이나 컴퓨터 그래픽의 도움을 받을 수 있는 시나리오. 아무래도 눈앞에서 생생히 보여 주어야 하는 희곡이 제약이 더 클 거라고 생각해 볼 수 있겠죠? 시나리오에 심심찮게 등장하는 과거 회상이나 상상과 같은 장면을 희곡에서 그대로 따라 하기에는 아무래도 무리가 있을 테니까요.

한편 시나리오는 카메라의 이동이 가능하기 때문에 시선의 이동이 자유로워요. 운동 경기를 볼 때, 경기장에서 응원을 하면서 보면 선수들의 움직임을 똑같은 시점에서 보게 있지만, TV로 시청하면 다양한 시점에서 선수들의 움직임을 볼 수 있잖아요. 마찬가지로 희곡의 관객은 고정된 무대에만 시선을 두게 되지만, 시나리오에서는 카메라를 움직임으로써 시청자의 시선을 자유자재로 이동시킬 수 있어요. 그러면 지금까지 배운 희곡과 시나리오의 차이를 아래 표로 정리해 볼게요.

구분	희곡	시나리오
장면 전환 단위	막과 장	S#
제약 정도	시간적·공간적 배경, 장면 변화에 제약이 많음 (무대에 올라갈 수 있는 인물의 수나 장치는 한정되어 있음)	시간적·공간적 배경, 장면 변화에 제약이 적음 (CG, 편집 등 다양한 기술적 도움을 받을 수 있음)
시선의 이동	시선 이동이 어려움(무대에 시선 고정)	시선 이동이 자유로움

쌤의 팁 희곡과 희극 두 단어가 워낙 비슷하게 생기다 보니 간혹 이 둘을 혼동하는 친구들이 있는데, '님'과 '남'이 점 하나 차이지만 그 차이가 큰 것처럼 이 두 단어도 완전히 다른 개념이에요. 희곡은 앞서 말했듯이 연극의 대본을 말하는 거고, 희극은 '기쁠 희(喜), 연극 극(劇)'으로 사회의 문제점을 경쾌하고 재미있게 표현하여 웃음을 유발하는 연극을 말해요. 희극과 반대되는 개념으로는 슬픈 내용을 담고 있는 '비극'이 있어요.

참고로, 희극을 영어로 번역하면 comedy예요. 웃음을 유발하는 거니까요. 그래서 개그맨 혹은 코미디언들을 희극인이라고도 하는 거죠.

쌤의 팁 시나리오 용어 시나리오에서 장면을 교차하거나 삽입할 때는 그 효과에 따라서 중간중간에 아래와 같은 시나리오 용어를 써 두곤 해요. 자주 등장하는 것만 모았으니까 꼭 기억해 두세요!

S#(Scene Number)	장면 번호
Montage	몽타주. 각각의 장면을 적절하게 이어 붙여서 스토리가 있는 하나의 내용으로 만드는 것, 긴 상황의 요약적 제시·인물의 복잡한 심리나 상황 묘사에 종종 쓰임
N.(Narration)	내레이션(내용이나 줄거리를 장외에서 해설하는 일)
F.I.(Fade In)	화면이 점차 밝아 옴
F.O.(Fade Out)	화면이 점차 어두워짐
C.U.(Close Up)	인물이나 장면을 크게 확대하여 촬영
O.L.(Over Lap)	두 가지 화면이 서서히 겹쳐지면서 장면이 전환됨
E.(Effect)	효과음(화면에 보이는 것 외에 들리는 소리 전반)
Insert	인서트. 장면 사이에 삽입된 화면

딱! 세 줄 요약

◉ 극문학은 소설과 비슷하지만, 무대 공연이나 상영을 목적으로 하기에 서술자의 유무, 제약의 정도, 시제, 표현 등의 부분에서 소설과는 구별되는 특징을 지닌다!

◉ 극문학에서 내용 흐름에 중심이 되는 대사는 대화, 독백, 방백으로 나뉜다!

◉ 극문학은 다시 연극을 위한 대본인 희곡과 드라마나 영화를 위한 대본인 시나리오로 나뉜다!

● 다음 글을 읽고 물음에 답하시오.

이때 그물을 메고 풀이 죽은 연철이 들어온다. 네 사람, 우르르 몰려가 연철을 에워싼다.

곰치 그래 을마나 올렸어?

도삼 기다리는 사람들 생각을 해 줘사 쓸 것 아니라고! 자네 기다리다가 지쳤어! (기대에 찬 얼굴로) 어서 어서 말이나 해 보게!

성삼 석 장은 올랐제?

구포댁 저 사람 무담씨 장난치고 싶응께는 일부러 쌍다구 딱 찡그리고 말 않는 거 봐! (수선스럽게 웃어댄다.)

연철 (아무 말 없이 마루 끝에 가 앉으며 침통하게) 놀려라우? 맘이 기뻐사 놀릴 맘도 생기지라우!

곰치 (영문을 몰라) 믄 소리여? (와락 연철의 팔을 붙들고) 아니, 믄 소리여? 엉?

연철 (처절하게) 다, 다 뺏겼오! 아무 것도 없이 다 뺏겼오!

일동 (비명처럼) 믓이라고?

곰치 (미친 사람처럼) 뺏기다니? 뺏기다니? 믓을 누구한테 뺏겼단 말이여? 엉?

연철 (처절하게) 빚에 싹 잽혔지라우! 그것도 빚은 이만 원이나 남고…. (절규하듯) 믄 도리로 막는단 말이요?

성삼 (주먹을 불끈 쥐곤) 죽일 놈!

도삼 (두 손바닥으로 얼굴을 감싸 버리며) 아아!

구포댁 (손바닥을 철썩 철썩 때려 가며) 그렇게 됐어? 뺏겼어? (신음처럼) 허어!

연철 (사립문 쪽을 가리키며) 쉬잇!

임제순 어색한 미소를 흘리며 들어온다. 그 뒤로 야릇한 표정의 범쇠 따라 들어와선 눈길을 땅에 막은 채, 뒷짐을 쥐고 마당을 서성댄다. 긴장해서 그들을 응시하고 있는 네 사람.

임제순 (능글맞게 웃음을 흘리며) 곰치! 오늘 잘 했어! 자네가 제일 많이 했어! 거 참 멋있거등!

곰치 (건성으로) 예에! 예에!

임제순 부서 떼도 몇 십 년 만이지만 부서 크기도 처음이여! 죄다 허벅다리 같은 놈들이니…. (갑자기 표정을 바꾸며) 그라제만 나는 손해여! 이익이 없그등! 천상 널린 돈 거둔 것뿐잉께…. 그나마도 일부분만 거뒀으니…. (속상한다는 듯이) 진장칠 놈의 것, 그 돈을 다른 사람한테 줘서 이자만 키웠어도…. 에잇! 쯧쯧!

범쇠 (여전히 마당을 서성대며) 아암!

임제순 곰치!

곰치 (넋 빼고 서선, 헛소리처럼) 예에! 예에!

(중략)

임제순 …자네 섭섭할지 모르겠네만은…. (강경하게) 남은 이만 원 청산할 때까지 내일부터 배를 묶겠네! 묶겠어!

곰치 (기겁할 듯 놀라) 예에? 아니 배, 배를 묶어라우?

– 천승세, 〈만선(滿船)〉

(1) 작품의 내용에 따라 아래 인물 관계도의 빈칸을 채워 보자.

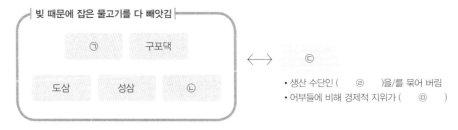

(2) 위 장면은 곰치를 비롯한 어부들과 임제순의 갈등이 시작되는 부분으로, 이를 통해 (㉠) 간의 갈등과 어민의 (㉡) 삶이 드러난다.

예제풀이 (1) ㉠ 곰치 ㉡ 연철 ㉢ 임제순 ㉣ 배 ㉤ 높음 (2) ㉠ 빈부 ㉡ 비참한

Act 04

우리 것은 좋은 거여~ 전통극

| 1 | 전통극의 특징

이번에는 전통극에 대해서 알아볼게요. 전통극이라고 해도 기본적으로 극 장르이기 때문에 현대 극에서 배웠던 것처럼 대사와 지시문, 해설에 유념해서 보는 것은 기본이에요. 여기에서는 현대극과 다른 전통극의 특징에 대해서만 다룰 거예요.

전통극의 특징으로는 크게 세 가지를 꼽을 수 있어요. 첫째는 무대와 객석, 배우와 관객이 엄격하게 구분되지 않는다는 것. 둘째는 언어유희, 희화화 등을 사용해 대상을 풍자하는 내용을 담고 있다는 것. 마지막 셋째는 대체로 가면극(탈춤)이라는 것. 자, 그럼 하나씩 살펴볼까요?

● {무대와 객석, 배우와 관객 우리 모두 얼쑤!}

현대극에서는 무대와 객석이 따로 분리되어 있지만 전통 극은 그렇지 않아요. 그냥 빈 공터나 마당에서 공연을 시작하면 그곳이 무대가 되고, 사람들이 앉아서 보면 그곳이 객석이 되는 거죠. 그렇다보니 전통극을 보면 배우가 관객에게 말을 거는 등 배우와 관객의 소통이 활발히 이루어져요. 가령, "여보, 구경하시는 양반들, 말씀 좀 들어 보시오." 같은 말이 등장한다면 '아하! 관객의 참여를 유도하고 있구나!'라고 생각하면 돼요.

● {웃음(비웃음)을 동반한 비판, 풍자}

여러분도 잘 아는, 오랜 시간 사랑받은 예능 프로그램으로 개그콘서트가 있어요. 이 개그콘서트가 사랑받을 수 있는 이유는 누가 뭐래도 웃기고 재미있기 때문이죠. 지금 우리에게 개그콘서트가 있다면, 200년 전의 조선 사람들에게는 바로 전통극이 있었어요.

당시 사람들이 전통극을 그렇게 재밌게 즐길 수 있었던 이유는 전통극에 풍자가 풍부하게 사용되었기 때문이에요. 풍자의 대표적인 방법에는 먼저 '언어유희'가 있어요. 앞에서 배웠듯이 **언어유희**는 다른 의미를 암시하기 위해 말이나 동음이의어를 해학적으로 사용하는 표현 방법이에요. 예를 들어 "개 잘량(개 가죽)이라는 '양' 자에 개다리소반(밥상)이라는 '반' 자 쓰는 양반이 나오신단 말이오."와 같은 형태로 쓰여요. 양반을 풍자하는 아재개그죠. 그냥 아재도 아니고 아재의 아재이니 오죽하겠어요?

풍자의 또 다른 방법으로 '희화화'가 있어요. 희화화가 뭔지는 앞에서 배웠죠? 어떤 인물의 외모나 성격 또는 사건을 의도적으로 우스꽝스럽게 묘사하거나 풍자하는 것을 일컬어 **희화화**라고 한다고 했었잖아요. 대상을 우습게 만들려면 역시 오버, 즉 과장을 빼놓을 수 없어요. 그래서 희화화는 양반의 탈을 우스꽝스럽게 만든다거나 양반의 부정적인 행동을 과장해서 보여 주는 형태로 많이 나타나요 (참고로 언어유희도 희화화를 위해 사용될 수 있어요).

이러한 풍자는 서민들로 하여금 대리만족을 느끼게 해 주는 역할을 했어요. 내가 하고 싶지만 여러 이유 때문에 차마 못한 말을 살짝 비꼬아서 대신해 줄 때에 오는 짜릿한 쾌감 같은 게 있는 거죠. 가령, "양반 너 멍청해!"와 같이 실제로는 직접 하지 못할 말을 전통극에서 "어찌 그리 모르시오."라고 하면서 비꼬거나, 서민이 양반을 놀리는 모습을 보며 통쾌함을 느끼는 거예요. 그리고 여기에 하나 더! 극중에서는 서민이 양반을 비꼬고 놀리는데도 양반이 이를 눈치채지 못하는 것으로 설정되어 있는데, 이러한 설정이 또 웃음을 유발하는 요소예요. 자신을 놀리는 말인데도 눈치를 못 채는 건 아무래도 멍청해 보이잖아요!

● {나의 정체를 알리지 마라, 가면!}

혹시 아는 전통극 있어요? 이름이라도 들어 본 것! 대표적인 전통극으로는 〈봉산 탈춤〉, 〈양주 별산대 놀이〉, 〈통영 오광대〉, 〈하회 별신굿 탈놀이〉 등이 있는데, 이들의 공통점은 바로 가면을 쓰고 하는 공연인 가면극이라는 거예요. 전통극은 이렇게 가면극의 형태를 띠는 경우가 많아요.

그럼 왜 이렇게 가면(탈)을 쓰고 공연을 하는 걸까요? 너무 못생겨서?? 그건 아니겠죠. 가면을 쓰는 데에는 크게 두 가지 이유가 있어요. 하나는 자신의 정체를 숨기기 위해서죠. 앞에서 얘기한 것처럼 가면극의 주제는 대체로 양반에 대한 풍자가 많아요. 양반을 희화화해서 우스꽝스럽게 만들고, 양반의 모습을 풍자하는 거죠. 우리가 고전소설에서 풍자 소설을 얘기할 때에 우의적으로 표현하거나, 이상한 결말을 짓거나 했던 것 기억하죠? 소설의 작가도 그렇게 몸을 사리는데, 하물며 양반 역할을 하고 양반을 놀리는 사람들은 오죽하겠어요? 더욱 조심해야겠죠. 그러니 자신의 정체를 알 수 없도록 가면을 쓰는 거죠.

두 번째로는 역할과 상징성이예요. 가면을 쓰면 배우가 어떤 역할을 맡았는지 한눈에 알 수 있죠. 양반 가면을 쓰면 양반이구나, 서민 가면을 쓰면 서민이구나 하는 것처럼 말이예요. 그리고 그 역할을 나타내는 가면에는 상징적인 의미가 담겨 있기도 해요. 가령, 〈봉산 탈춤〉의 '생원' 가면에는 빨간 줄이 두 줄 그어 있어요. 이는 양반을 언청이(입술갈림증이 있어서 윗입술이 세로로 찢어진 사람)로 표현하여 희화화하기 위한 거예요. 또 〈봉산 탈춤〉의 '말뚝이' 가면은 검은 바탕이예요. 검은색은 힘을 상징하는 색으로, 이는 민중의 강인함을 보여 준다고 생각할 수 있죠.

| 2 | 대표적인 전통극 살펴보기

대표적인 전통극 중에서 〈봉산 탈춤〉의 일부분을 한번 살펴볼게요.

제6과장 양반춤

말뚝이 (벙거지를 쓰고 채찍을 들었다. 굿거리장단에 맞추어 양반 삼 형제를 인도하여 등장)

양반 삼 형제 (말뚝이 뒤를 따라 굿거리장단에 맞추어 점잔을 피우나, 어색하게 춤을 추며 등장. 양반 삼 형제 맏이는 샌님[生員], 둘째는 서방님[書房], 끝은 도련님[道令]이다. 샌님과 서방님은 흰 창옷에 관을 썼다. 도련님은 남색 쾌자에 복건을 썼다. 샌님과 서방님은 언청이이며(샌님은 언청이 두 줄, 서방님은 한 줄이다.) 부채와 장죽을 가지고 있고, 도련님은 입이 삐뚤어졌고 부채만 가졌다. 도련님은 일절 대사는 없으며, 형들과 동작을 같이 하면서 형들의 면상을 부채로 때리며 방정맞게 군다.)
_{두루마기와 유사한 옷}
_{소매가 없고 허리까지 트인 옷}

말뚝이 (가운데쯤에 나와서) 쉬이. (음악과 춤 멈춘다.) 양반 나오신다아! 양반이라고 하니까 노론, 소론, 호조, 병조, 옥당을 다 지내고 삼정승 육판서를 다 지낸 퇴로 재상으로 계신 양반인 줄 아지 마시오. 개잘량이라는 '양' 자에 개다리소반이라는 '반' 자 쓰는 양반이 나오신단 말이오.
_{개 가죽}
_{낮은 밥상}

양반들 야아, 이놈, 뭐야아!

말뚝이 아, 이 양반들, 어찌 듣는지 모르갔소. 노론, 소론, 호조, 병조, 옥당을 다 지내고 삼정승, 육판서 다 지내고 퇴로 재상으로 계신 이 생원네 삼 형제분이 나오신다고 그리 하였소.

양반들 (합창) 이 생원이라네. (굿거리장단으로 모두 춤을 춘다. 도령은 때때로 형들의 면상을 치며 논다. 끝까지 그런 행동을 한다.)

말뚝이 쉬이. (반주 그친다.) 여보, 구경하시는 양반들, 말씀 좀 들어 보시오. 짤다란 곰방대로 잡숫지 말고 저 연죽전으로 가서 돈이 없으면 내게 기별이래도 해서 양칠간죽, 자문죽을 한 발가웃씩 되는 것을 사다가 육모깍지 희자죽, 오동수복 연변죽을 이리저리 맞추어 가지고 저 재령 나무리 거이 낚시 걸듯 죽 걸어 놓고 잡수시오.
_{담뱃대 파는 가게} _{대나무의 일종} _{담뱃대의 일종}
_{육각형 모양의 담뱃대} _게

양반들 뭐야아!

말뚝이 아, 이 양반들, 어찌 듣소. 양반 나오시는데 담배와 훤화를 금하라 그리 하였소.
_{시끄럽게 떠드는 것}

양반들 (합창) 훤화를 금하였다네. (굿거리장단으로 모두 춤을 춘다.)

생원 이놈, 말뚝아.

말뚝이 예예.

생원 나랏돈 노랑돈 칠 푼 잘라먹은 놈, 상통이 무르익은 대초빛 같고, 울룩줄룩 배미 잔등 같은 놈을
　　　　_{많지 않지만 몹시 아끼는 돈}　_{얼굴}　　　　_{대춧빛}　　　　　_{뱀의}
　　　　잡아들여라.

말뚝이 그놈이 심(힘)이 무량대각이요, 날램이 비호 같은데, 샌님의 전령이나 있으면 잡아 올는지 거저
　　　　　　　　　　_{헤아릴 수 없을 정도}　　_{나는 호랑이}　　　　_{명령서}
　　　　는 잡아 올 수 없습니다.

생원 오오, 그리하여라. 옛다. 여기 전령 가지고 가거라. (종이에 무엇을 써서 준다.)

말뚝이 (종이를 받아들고 취발이한테로 가서) 당신 잡히었소.

취발이 어데, 전령 보자.

말뚝이 (종이를 취발이에게 보인다.)

취발이 (종이를 보더니 말뚝이에게 끌려 양반의 앞에 온다.)

말뚝이 (취발이 엉덩이를 양반 코 앞에 내밀게 하며) 그 놈 잡아들였소.

생원 아, 이놈 말뚝아. 이게 무슨 냄새냐?

말뚝이 예, 이놈이 피신을 하여 다니기 때문에, 양치를 못 하여서 그렇게 냄새가 나는 모양이외다.

생원 그러면 이놈의 모가지를 뽑아서 밑구녕에다 갖다 박아라.

(중략)

[A] 말뚝이 샌님, 말씀 들으시오. 시대가 금전이면 그만인데, 하필 이놈을 잡아다 죽이면 뭣 하오? 돈
　　　　이나 몇백 냥 내라고 하야 우리끼리 노나 쓰도록 하면, 샌님도 좋고 나도 돈냥이나 벌어 쓰지 않
　　　　겠소. 그러니 샌님은 못 본 체하고 가만히 계시면 내 다 잘 처리하고 갈 것이니, 그리 알고 계시
　　　　오. (굿거리장단에 맞추어 일제히 어울러서 한바탕 춤추다가 전원 퇴장한다.)

– 작자 미상, 〈봉산 탈춤〉

한자어 등이 많아서 조금 어려울 수도 있었겠지만, 그래도 이해가 좀 가나요? 그럼 잘 이해했는지
다음 물음에 답하면서 확인해 볼게요.

(1) 등장인물을 신분과 대립 관계를 중심으로 나눠 보세요.

(2) 언어유희가 나오는 장면은 어느 부분일까요?

(3) 양반을 희화화하고 있는 장면은 어느 부분일까요?

(4) 서민에 대한 양반의 극심한 횡포가 드러나는 대사를 찾아보세요.

(5) [A]에서 비판하려는 것은 무엇일까요?

(6) 관객의 호응을 유도하는 부분은 어디일까요?

고전소설처럼 전통극도 인물 관계도를 그리면 편해요. 신분과 대립 관계를 중심으로 인물 관계도
를 그리면 (1)의 답이 바로 나오겠죠?

이제는 전통극의 특징들을 찾아볼게요. 먼저 (2)의 언어유희를 살펴볼까요? 언어유희는 어디에 나올까요? 앞에서 얘기한 부분, "개잘량이라는 ~ 나오신단 말이오."가 있네요.

그럼 (3)의 양반을 우스꽝스럽게 표현한 부분은 어디에 있을까요? 먼저 양반 삼 형제의 모습을 설명한 해설에 있어요. **언청이라고 하여 양반을 희화화**하고 있죠. 또 **도련님이 형들의 면상을 부채로 때리며 방정맞게 구는 것도** 희화화된 모습이에요. 이외에도 뒤의 **취발이를 잡아들이는 부분**에도 희화화가 나타나요. 취발이의 엉덩이를 양반 코앞에 내밀게 하고, 양반의 질문에 말뚝이가 말도 안 되는 변명을 하고 있잖아요.

이번에는 (4)를 볼게요. 서민에 대한 양반의 극심한 횡포가 드러나는 대사가 하나 있어요. 그게 뭘까요? 그건 바로 생원이 **"그러면 이놈의 모가지를 뽑아서 밑구녕에다 갖다 박아라."**라고 한 부분이에요. 아무리 냄새가 나도 그렇지, 모가지를 밑구녕에 박으라니…. 물론 실제보다 과장하여 풍자한 것일 거예요. 그래도 이를 통해 당시 양반의 횡포가 얼마나 극심했는지를 짐작해 볼 수 있죠.

이제 (5)를 볼게요. [A] 부분에도 (4)처럼 당시 현실에 대한 풍자가 드러나요. 현실의 어떤 면모를 비판하고 있는 걸까요? 그래요, 바로 부정부패죠. 부정부패는 사실 취발이에게서 먼저 나타나요. 취발이가 잡혀 온 이유가 나랏돈을 잘라먹었기 때문이잖아요. 칠 푼은 그리 큰돈은 아니지만 어쨌든 횡령을 하긴 한 거니까요. 그런데 양반들도 매한가지예요. 결국 돈을 받고 취발이의 부정을 눈감아 주기로 하잖아요. 이를 통해 **부정부패가 난무하는 현실 상황을 풍자**하고 있는 거죠.

마지막으로 (6) 관객의 호응을 유도하는 부분을 찾아봅시다. 말뚝이가 **"쉬이. 여보, 구경하시는 양반들"**이라고 한 부분이죠. 이때 말뚝이가 얘기하는 '양반들'은 실제 양반 계층을 말하는 게 아니라 관객들을 지칭하는 말이에요.

딱! 세 줄 요약

⊙ 전통극은 무대와 객석, 배우와 관객이 엄격하게 구분되지 않는다!

⊙ 전통극에서는 언어유희, 희화화 등을 통한 풍자가 자주 등장한다!

⊙ 전통극의 가면은 배우의 익명성을 확보하고, 역할을 한눈에 알아보기 쉽게 해 준다!

● 다음 글을 읽고 물음에 답하시오.

제5과장 양반 선비 세도 자랑

초랭이　(무안하여 어쩔 줄 모르다가) 양반요! 각시하고 중하고 춤추다가 도망갔어요.

양반　뭣이라고? 허허 망측한 세상이로다. (주위를 빙빙 돌며 세상을 개탄하듯 부채질을 한다.)

선비　(이매를 앞세우고 나온다.)

초랭이　이매야, 이노마야.

이매　(비실비실 바보스런 걸음걸이로 초랭이 쪽으로 걸어오며) 왜 이노마야.

초랭이　(귓속말로) 아까 중하고 각시하고 춤추다가 도망갔대이.

이매　허허, 우습다, 우스워. (비실비실 선비에게 가서) 선비 어른요, 아까 중하고 각시하고 춤추다가 도망갔다 그래요.

선비　(신경질적으로) 뭣이라고. 에이 고약한지고. (담뱃대 재를 땅바닥에 탁탁 턴다.)

양반　이놈! 거기서 그러지 말고 부네나 불러오너라.

초랭이　(바쁜 제자리걸음으로 뛰어나가 부네를 데리고 나온다.)

부네　(요사스럽게 춤을 추며 몸을 비비 꼬아 대면서 나온다.)

초랭이　(부네의 엉덩이를 만지면서 냄새를 맡는다.)

부네　(초랭이를 때리려고 하지만 손이 뒤로 가다가 그만둔다.)

초랭이　(조착조착 뛰어와서) 양반요, 부네 왔니더.

양반　(부채질을 하다가) 어디 어디?

부네　양반 내 여기 왔잖나.

양반　부네야. 국추단풍에 기체후만강하시며 보동댁이 감환이 들어 자동양반 문안드리오.

부네　그 문안 감사하오나 감자 한 쌍은 왜 왔소?

(중략)

양반　허허, 얘, 부네야. (양반, 부네 어울려 춤춘다.)

선비　(그 광경을 보고 못마땅하여) 에끼! 고약한지고. 에헴 에헴.

부네　(양반과 춤추다가 선비의 기침 소리를 듣고 선비에게 간다.) 선비 어른 내 여기 왔잖나?

선비　오냐 오냐, 부네야. (부네를 안듯이 춤춘다.)

양반　(기분이 좋아져 혼자서 춤추다가 그 광경을 보고 어쩔 줄 모르며) 아니? 저런 망할 년의 요부가? 어흠 어흠.

부네　(양반의 기침 소리에 다시 양반에게 간다.) 양반 내 여기 있잖나.

양반　(좋아서 어쩔 줄 모르는 듯이) 오냐 오냐.

부네　(양반과 어울려 춤을 추다가 선비를 본다.)

선비　(부네와 눈길이 마주치자) 아니, 저런 요망한 계집년 봤나? 에헴 에헴.

부네　(다시 선비에게 간다.)

양반　(그 광경을 보고) 아니, 저놈의 선비가? 옳거니 여보게 선비, 이리 좀 오게. 저길 보면 좋은 구경이 있네. (선비에게 마을 쪽을 가리키고 나서 부네에게 간다.)

선비　(양반이 가리킨 쪽을 바라보다가 아무것도 없자 돌아서서 놀라며) 아니 저놈의 양반이? (양반에게 간다.) 여보게 양반, 이리 오게. 저기에서 각시들이 목욕을 하고 있네.

(중략)

선비　지체가 높으면 제일인가?

양반　그러면 또 무엇이 있단 말인가?

선비　첫째, 학식이 있어야지. 나는 사서삼경을 다 읽었네.

양반　뭣이, 사서삼경? 나는 팔서육경을 다 읽었네.

선비　도대체 팔서육경은 어디 있으며 대관절 육경은 또 뭐야?

초랭이　(방정맞게 양반과 선비 사이로 뛰어들며) 헤헤헤, 나는 아는 육경 그것도 모르니껴? 팔만대장경, 중의 바래경, 봉사의 안경, 약국의 길경, 처녀 월경, 머슴의 쇄경.

이매　그거 다 맞어.

양반　(흐뭇한 표정으로) 이것들도 아는 육경을 선비라는 자가 몰라?

선비　(혀를 차면서) 우리 싸워야 피장파장이니 그러지 말고 부네나 불러 노세.

양반　암, 좋지. 애, 부네야 우─욱.

부네　(양반과 선비가 자기 때문에 싸우는 모양을 지켜보다가 호들갑스런 춤을 추며 나온다.)

－ 작자 미상, 〈하회 별신굿 탈놀이〉

(1) 인물 관계도를 그려 보자.

(2) 언어유희가 드러나는 부분을 찾아 밑줄을 그어 보자.

(3) 작품에서 풍자하고 있는 대상은? (두 명)

(4) 대상의 어떤 점을 풍자하고 있는가? (두 가지)

예제풀이　(1) 아래 참고　(2) 나는 아는 육경 그것도 모르니껴? 팔만대장경, 중의 바래경, 봉사의 안경, 약국의 길경, 처녀 월경, 머슴의 쇄경　(3) 양반, 선비　(4) 위선적인 모습(이성에 대한 관심이 없는 것처럼 하면서 실제로는 여성의 환심을 사기 위해 비굴하게 굶), 양반의 무지(초랭이가 엉터리로 나열한 육경을 맞다고 하는 양반의 무식함)

(1)

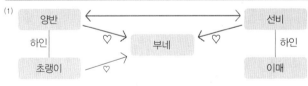

드디어 마지막 페이지를 넘겼구나! 중간에 포기하지 않고 끝까지 열심히 한 네가 정말 자랑스러워!

Believe in yourself!

Remember Your Dream!

공부하느라 힘드시죠?
으라차차^^ 소리 한번 지르세요.
언제나 여러분의 성공을 기원할게요 *^^*

- 공부책 잘 만드는 쏠티북스가 -